刑法總則

林書楷／著　增訂第7版

五南圖書出版公司 印行

甘 序

我國近代刑法學的發展，因地緣關係，早期深受日本刑法學的影響，不但刑法典的制定仰賴日本刑法學者代為起草，刑法理論亦皆承受自日本學者的啟迪。晚近則受德國刑法學的陶冶極深，留學德國的年輕學子日益增多，目前在各大學擔任刑法教席的師資，大多數均屬負笈德國學成歸國者。因德、日兩國均屬歐陸法系的理論重鎮，刑法學的思想與理論代代相傳，雖中間或因時代與環境的變遷以及國情與民俗的差異，學說或有參差，惟整個犯罪理論體系大體上則極為相近。我國亦屬歐陸法系的一環，近代有關刑法學的基本思維與基礎理論，幾均取經於德、日兩國的刑法學，且刑罰法規的制定與修正，亦大皆師法德、日兩國的刑罰法規。

林書楷助理教授於博士班就學期間，曾一度遠赴德國進修，學習彼邦浩如煙海的刑法理論，返國順利獲得博士學位後，在各大學擔任刑法教席多年，課餘之暇，潛心研究，孜孜於刑法理論的探討，近日撰就「刑法總則」一書，凡三十餘萬字。書中對於刑法相關理論的介紹，亦深受德國刑法學的影響，並廣蒐德國與國內相關文獻及司法實務的見解，旁徵博引，論述頗為深入；組織系統及章節份量，亦頗為勻稱；資料之處理與運用，堪稱完整得當；研究之方法與推理，亦甚為嚴謹；且文筆通暢練達，表意清楚，縱係初習刑法學理者，亦能略窺其堂奧。

在本書即將付梓之際，本人對於著者勤勉不懈的精神以及嚴謹治學的態度，深為欽佩；同時，對於著者在書中所表現深厚法學的基礎，獨立思考的能力以及別出心裁的見解，亦頗為讚賞，爰綴數語以為序。相信本書的出版，對於有志研習刑法理論者，必定會有相當大的助益。

甘添貴　謹序
2010.02.01　於挹翠山莊半半齋

自 序

　　本書的撰寫開始於2002年，時值筆者結束於德國邁茵茲大學爲期近一年的短期研究回國之際，在一個很突然的想法下便開始動筆寫書。期間歷經父喪之痛、教書與行政事務繁忙、撰寫博士論文以及一年多當兵期間的多次停頓，再加上自己的疏懶，以致於一直延宕迄今，轉眼間竟已將近八年，著實有時光飛逝之感。

　　個人僅係刑法後學，欲出版教科書其實頗多掙扎，本想再經歷多幾年的刑法教學經驗讓自己的見解更趨於成熟後再行出版，但由於相關中外刑法教科書改版與文獻累積迅速，使我必須頻頻回去修改原來引用之教科書版次並增補文獻，再加上法律的修正需重新修改内容，以致於書寫的進展異常緩慢，讓我意識到如果再拖延下去則出版日將遙遙無期，因此方下定決心讓此書問世。惟也正由於此項因素，筆者一些不盡成熟的見解不免有野人獻曝之嫌，尚祈刑法學界的老師與諸位先進不吝指正，若有應修正之處也請讀者海涵。

　　本書是個人在刑法理解上的一些點滴呈現，授業恩師甘添貴老師多年來的提攜與教導對我影響至深，恩師劉幸義老師在方法論以及刑法研究上的啓迪，以及大學時期陳子平與黃常仁二位老師的課堂引領我進入刑法的領域，都與本書的思考脈絡具有某種程度的因果關係。過去幾年來上過我刑法課的同學，提供我一個表述刑法思考的場域，同學上課的提問也讓個人形成對相關問題的反思，亦相當程度匯集於本書之中。於此，僅藉著本書的序言感謝所有曾經影響過我、幫助過我的人，願大家平安喜樂。

　　　　　　　　　　　　　　　　　　　　　林書楷　謹誌
　　　　　　　　　　　　　　　　　　2010.01.11　於高雄家中

第一部分

導　論

第一章
刑法之基本概念與罪刑法定原則

第一節　犯罪行為及其法律效果

導引案例

(1)甲在馬路上看到乙，便取出預藏之刀子將乙殺死。

(2)若甲之所以會殺死乙，乃是因為乙先持刀攻擊，而甲為了防衛，始在迫不得已之下刺死了乙。其法律效果有無不同？

(3)若甲係一嚴重的思覺失調症患者，在產生幻覺、幻聽的情況下，而將乙殺死。其法律效果有無不同？

　　刑法正如其名係一部關於「刑罰」的法律，刑法規定了何種行為會構成犯罪，以及對於該犯罪應該賦予什麼樣的刑事制裁。因此，精確地來說，刑法其實是一部規定犯罪（Straftaten）及其法律效果（Rechtsfolge）的法律。刑法上所謂的「犯罪」，其定義係指一個具備構成要件該當性、違法性與有責性（罪責）的行為。至於對犯罪的法律效果則為「刑事制裁」，依現行法包括三種類型：亦即針對行為人所為之犯罪行為而科處的「刑罰」、針對行為人之社會危險性為預防其再犯所施加的「保安處分」，以及為剝奪違禁物、犯罪相關物及犯罪所得而宣告的「沒收」。

一、犯罪成立的三階層體系

　　一個刑法上須加以處罰的犯罪行為，必須依序具備三大要件，包括：1.構成要件該當性（Tatbestandsmäßigkeit）；2.違法性（Rechtswidrigkeit）；3.有責性（罪責；Schuld）。這三個要件，也是犯罪檢驗的三大要素，所有的行為是否成立犯罪，都必須經過這三個階段的檢驗之後，才能夠確立。

　　所謂的「構成要件該當性」，乃是指行為符合了刑法、特別刑法或附屬刑法裡面所規定的構成要件之意，此代表該行為已經對某些刑法所欲保護的利益（構成要件保護法益）造成危害（危險或實害）。例如，刑法第271條的殺人罪規定：「殺人者，處死刑、無期徒刑或十年以上有期徒刑。」在本節導引案例(1)中，甲故意持刀將乙刺死的行為（侵害了他人的生命法益），符合該條殺人罪構成要件所規定的「故意殺人」的要件，具備殺人罪之構成要件該當性。如果甲不具備其他的阻卻違法事由（即具備違法性）或阻卻罪責事由（亦即具備有責性），則甲就會成立殺人罪，而被法官依刑法第271條之規定，科以死刑、無期徒刑或十年以上之有期徒刑。

　　構成要件該當性，僅是判斷犯罪是否成立的第一步，第二步還要判斷行為是否具備違法性。所謂的「違法性」，代表該危害了法益的構成要件該當行為欠缺法律上所容許的合法化事由存在，因此與整體法秩序或法規範相對立違背。此種已經具備構成要件該當性與違法性的行為，刑法上將之稱為「不法行為」。也就是說，一個符合刑法分則所規定之犯罪要件而具備構成要件該當性之行為，在某些情況下，可能因為具備了刑法上的阻卻違法事由（Rechtfertigungsgründe；合法化事由），而得以阻卻其違法性，最後導致犯罪不成立的結論。例如，刑法第23條第1項前段規定：「對於現在不法之侵害，而出於防衛自己或他人權利之行為，不罰」，代表正當防衛行為（Notwehr）得阻卻違法。又例如，刑法第24條第1項前段也規定：「因避免自己或他人生命、身體、自由、財產之緊急危難而出於不得已之行為，不罰」，此代表緊急避難行為（Notstand）亦得阻卻違法[1]。在本節導引案例(2)中，甲之所以會殺死乙，乃是因為乙先持刀攻擊，而甲為了自衛，始在迫不得已的情況下刺死了乙。符合刑法第23條關於正當防衛的要件，因此依據刑法規定可以阻卻違法，而不成立殺人罪。這裡所代表的意義是，甲之行為雖然侵害了乙的生命法益，但因為是基於「正當防衛」這個特殊阻卻違法的事由，故為整體法秩序所容許。

　　進一步言，若是行為不只具備構成要件該當性、也因缺乏阻卻違法事由而具備「違法性」，此時還需要再進一步檢驗是否具備「有責性（罪責）」。這裡所謂的「有責性」，也稱之為「罪責」，代表行為人在法律上應該為其所做

---

[1] 刑法第21條至第24條關於各種「法定阻卻違法事由」的效果，條文都規定為「不罰」，用語上並不夠嚴謹，比較精確的說法應該是「阻卻違法性」。關於現行刑法規定用語上的問題，可參閱劉幸義，由法律用語理論區分不罰、不犯罪及無罪之用語與概念，收錄於「現代刑事法與刑事責任—蔡墩銘教授祝壽論文集」，1997，第581頁以下。

的不法行為負責。因此，如果行為人之行為欠缺有責性（罪責），則犯罪仍然不會成立。例如，刑法第18條第1項規定：「未滿十四歲人之行為，不罰」；又例如，刑法第19條規定：「行為時因精神障礙或其他心智缺陷，致不能辨識其行為違法或欠缺依其辨識而為行為之能力者，不罰。」此等規定，即代表行為人可能因為年齡不足、或心理狀態之欠缺而不具備刑法上的責任能力（罪責能力；Schuldfähigkeit），導致犯罪不成立。這二條規定所代表的意義是，刑法認為未成年人或精神、心智狀態有欠缺之人（例如精神病患），在法律上沒辦法完全為自己的不法行為負責。

在本節導引案例(3)中，甲係一嚴重的思覺失調症患者，在產生幻覺、幻聽的情況下，而將乙殺死。若依精神鑑定之結果，其侵害行為係完全因為妄想或幻覺內容之控制而產生的，則已達完全不能辨識其行為違法或欠缺依其辨識而為行為之能力的程度，欠缺責任能力，不成立犯罪[2]。在這裡，甲的行為雖然已經侵害了乙的生命法益而具備構成要件該當性，也不存在任何阻卻違法的事由，但因為其係因罹患嚴重的思覺失調症在無法操控自己行為的情況下所為，也就是所謂的「身不由己」的情況，在刑法上毋庸為其不法行為負責，依刑法第19條第1項之規定應為無罪。

二、犯罪的法律效果

一個行為經過了三階層犯罪要件的檢證之後，若確實具備了構成要件該當性、違法性以及有責性（罪責），即是一個犯罪行為。對於此等犯罪行為，刑法上也規定了對其處罰之法律效果，亦即所謂的刑事制裁（Strafrechtliche Sanktionen）。對此，我國刑法的刑事制裁體系是採取所謂的「雙軌制」（Zweispurigkeit；亦稱二元主義），也就是對犯罪行為的法律效果係採取「刑罰」（Strafe）與「保安處分」（Maßregeln）雙軌並行的方式。

2　關於精神疾病患者責任能力的認定標準，自從台大精神醫學教授林憲先生於民國65年於台灣醫誌上發表「精神疾病患者刑責能力之精神病理學研究」一文後，其於文中所提出的認定標準，即陸續為國內法學界所採用，如張甘妹，犯罪學原論，1995，第101頁以下；張麗卿，刑事法學與精神醫學之整合─精神疾病犯罪人處遇之比較研究，1994，第34頁；吳賢藏，我國精神疾病犯罪之處遇，刑事法雜誌，28卷6期，1984/12，第23頁以下。在此項標準中，精神分裂病患（現稱為「思覺失調症」）之犯罪行為若是全由妄想或幻覺內容之控制而發生，應屬於心神喪失（舊刑法中之用語）──亦即完全喪失辨識其行為違法或依其辨識而為行為之能力──的範疇。

　　「刑罰」主要係針對「行為人過去的行為」而發動，目的在制裁行為人先前的犯罪行為以及預防其再犯，較具應報色彩，且基本上刑罰的輕重必須與行為人的罪責成正比。刑法上所規定的刑罰，可分為主刑（Hauptstrafe）與從刑（Nebenstrafe）兩種：所謂「主刑」，係指得獨立對犯罪人科處的一種主要刑罰的手段，現行法的主刑種類包括死刑、無期徒刑、有期徒刑、拘役與罰金五種（§33）。至於「從刑」，則是指必須附隨於主刑而科處之刑罰，現行法的從刑僅有「褫奪公權」一種（§36）。

　　至於「保安處分」則係針對「行為人未來可能的再犯行為」而發動，其目的在改善犯罪行為人的社會危險性，以預防其將來再犯，本質上為一種社會保安的法律手段，保安處分之期限長短原則上無關犯罪行為之輕重，而是應與行為人的再犯危險性成正比。刑法上的保安處分類型，主要包括：針對少年犯施以保護與教育的「感化教育」處分（§86）、針對精神障礙或心智缺陷犯罪人施以治療的「監護」處分（§87）、針對有毒癮或酒癮之犯罪人以促使其戒毒或戒酒的「禁戒」處分（§§88, 89）、治療性侵犯以降低其再犯危險性的「強制治療」處分（§90-1）以及針對外國籍犯罪人的「驅逐出境」處分（§95）。

　　「刑罰」取決於「罪責原則」（Schuldprinzip），必須以行為人具備罪責為前提，無罪責即無刑罰，且刑罰之輕重亦應與罪責之輕重成正比；相對於此，「保安處分」則取決於「危險性原則」（Gefährlichkeitsprinzip），其有可能僅單純繫於不法行為之上，只要行為人具有繼續為不法行為之危險性即可對之施以保安處分[3]，此由我國刑法第87條第1項規定得對於因精神障礙或其他心智缺陷而導致無責任能力之行為人施以監護之保安處分，即可明瞭。

　　另外，104年12月修正公布（105年7月施行）的刑法將「沒收」由原本的「從刑」予以抽離出來獨立規定為「沒收」一章（刑法第五章之一），讓「沒收」在體系上成為與「刑罰」、「保安處分」並列的第三種刑事制裁類型。刑法的沒收制度是一種獨立的特殊刑事制裁類型，其因沒收型態的不同而可能具有刑罰、準不當得利的衡平措施或保安處分之性質，由於「沒收」難以界定為單純的「刑罰」或是「保安處分」，性質上乃成為「雙軌制」刑事制裁體系中的一種例外體制[4]。

---

[3]　Hoyer, ATI, S. 3.

[4]　Lackner/Kühl, StGB, Vor §38 Rn. 1.

第二節　罪刑法定原則

導引案例

甲在學校附近賃居，為省收視費用乃偷接第四台業者的訊號線收看有線電視頻道。某日，甲到朋友住處看世界杯足球賽，一群人邊飲酒、邊看球賽，球賽結束後，甲離開朋友住處欲騎機車回家。途中，碰巧路過女生宿舍，因酒精作用催化，竟大膽潛伏到女生宿舍浴室旁，透過窗戶縫隙偷窺女同學A洗澡，A洗澡至一半時發現不對勁大叫：「有色狼！」，甲趕緊逃之夭夭，騎著自己的機車離去。豈料，途中適逢警方實施酒駕新法上路大臨檢，甲於晚上11點50分被警察攔下進行酒測，於新法開始生效的凌晨零點8分完成酒測，吹氣檢驗後酒精濃度達每公升0.3毫克，遂被警察以公共危險罪移送法辦。

「罪刑法定原則（主義）」（Grundsatz "nulla poena sine lege"），可以拉丁法諺所指的「無法律、即無犯罪與刑罰」（nullum crimen, nulla poena sine lege）為其代表。詳言之，「罪刑法定原則」乃是指，何種行為構成犯罪、以及該行為應科以如何之刑事制裁（刑罰與保安處分），均須事先以法律明文規定，如果行為當時沒有法律明文規定處罰該行為者，即無所謂的犯罪或刑罰可言。我國刑法第1條規定：「行為之處罰，以行為時之法律有明文規定者為限。拘束人身自由之保安處分，亦同。」此即為我國法上「罪刑法定原則」的明文規定，藉此來保障人民不受國家刑罰權恣意發動的侵害。

依據司法院釋字第384號解釋的見解，「罪刑法定原則」屬於憲法第8條所規定之「正當法律程序」（due process of law）下的子概念，故「罪刑法定原則」在我國實具有憲法位階上效力[5]。因此，不論是立法者制定法律時、或是

---

[5] 司法院釋字第384號解釋理由書：「……實質正當之法律程序，兼指實體法及程序法規定之內容，就實體法而言，如須遵守罪刑法定主義；就程序法而言，如犯罪嫌疑人除現行犯外，其逮捕應踐行必要之司法程序、被告自白須出於自由意志、犯罪事實應依證據認定、同一行為不得重複處罰、當事人有與證人對質或詰問證人之權利、審判與檢察之分離、審判過程以公開為原則及對裁判不服提供審級救濟等為其要者。……」

法官爲裁判時，都必須要遵守罪刑法定原則的要求，否則其所通過的法律或所做的裁判就會成爲「違憲」的法律或判決。

　　理論上，「罪刑法定原則」包括以下四項具體內涵[6]：

一、成文法之要求（習慣法之禁止）

　　「罪刑法定原則」之首要內涵，即是要求何種行爲構成犯罪（罪）以及該等犯罪的法律效果（刑），均需以成文法律（Geschriebene Gesetze）加以明文規定，此稱之爲「罪刑之法定性」。此等罪刑法定性之要求，係在保障一般國民，免於遭受國家刑罰權恣意擴張濫用的侵害。在刑事法律的適用上，基於「罪刑法定原則」此項罪刑均必須以成文法來加以規定之要求，致使法官在審判時無法適用不成文的「習慣法」來作爲定罪科刑的依據，因此可再進一步地導出所謂「習慣法之禁止」（Gewohnheitsrechtsverbot）的結論。此與民法上規定，當系爭事項爲民事法律所未規定時，法官得適用習慣法來加以審判的情形，迥然不同[7]。

　　從另一個角度來看，此項罪刑成文法之要求，其實也是憲法第23條「法律保留」（Vorbehalt des Gesetzes）的具體化[8]。根據憲法第23條條文的反面解釋（Umkehrschluss），當國家基於特定公益的理由（爲防止妨礙他人自由、避免緊急危難、維持社會秩序、增進公共利益）而有必要對人民的基本權利加以限制時，應以「法律」爲之。由於刑罰法律所定的法律效果會剝奪人民的生命、身體權等重要法益，因此在這裡的法律保留必須是屬於「國會保留」的領域[9]；換句話說，必須是以立法院三讀通過、總統公布的法律來進行，而排除法規命令的形式。

　　由於「罪刑法定原則」的最主要目的，在於避免人民遭受國家刑罰權恣意擴張濫用的侵害，因此這裡所謂習慣法之禁止，指的是禁止法官適用不利於人

---

[6]　關於「罪刑法定原則」的詳細論述，中文文獻可參見：劉幸義，罪刑法定原則的理論與實務批判，刑事法雜誌，38卷5期，第41頁以下；38卷6期，第13頁以下。

[7]　民法第1條：「民事法律所未規定者，依習慣；無習慣者，依法理。」民法第2條：「民事所適用之習慣，以不背於公共秩序、善良風俗者爲限。」

[8]　請比較靳宗立，罪刑法定原則與法律變更之適用原則，收錄於「刑法總則修正重點之理論與實務」，2005，第100頁以下。

[9]　釋字第443號解釋理由書。

民的習慣法（即創設或擴張刑罰權的習慣法）而言。例如，刑法學理上透過「原因自由行為」之理論，對行為時處於無責任能力狀態之人予以處罰，實質上有違反「罪刑法定原則」之疑慮[10]，故於刑法修正時乃在第19條第3項予以明文規定原因自由行為屬「行為與責任能力同時存在原則」之例外，以確保符合「罪刑法定原則」之要求。

另外，我國學說與法院實務上均一致承認之「間接正犯」（Mittelbare Täterschaft）概念。由於我國刑法上欠缺「間接正犯」之明文規定，而間接正犯概念在性質上又近似於一種擴張刑罰權範圍的習慣法，倘若承認法院得適用間接正犯之概念來對於幕後之人予以論罪科刑，實質上不無違反「罪刑法定原則」之嫌。因此，為貫徹罪刑法定原則之精神，誠有於刑法中針對「間接正犯」加以明確規定之必要[11]。

應強調者，倘若是有利於人民的習慣法（即排除或限縮刑罰權的習慣法），則不受禁止，因為其與罪刑法定原則之精神並不相違背[12]。例如，刑法學上所謂的「超法規阻卻違法事由」（得被害人之承諾、推測承諾、義務衝突等），性質上就屬於一種限縮國家刑罰權的習慣法，刑法學理上多承認其效力，而不至於認為其違反「罪刑法定原則」。

二、明確性之要求

所謂「明確性之要求」（Bestimmtheitsgebot），亦稱之為「罪刑明確性原則」或「明確性原則」（Der Bestimmtheitsgrundsatz），乃是指刑法典中所規定的犯罪構成要件（罪）以及法律效果（刑），均必須力求明確。此項原則主要是在要求立法者，於制定刑事法規時，應摒棄使用含糊不清、模稜兩可的詞語，而盡其所能地將犯罪構成要件及其相關法律效果描述的清清楚楚。此項罪刑法定原則下對刑事法規的明確性之要求，其主要目的在於避免刑法因為規定上的不明確而予人有恣意擴張解釋的空間。

憲法法庭就關於是否符合法律明確性的認定，向來以「可理解性」、「可

---

[10] Heinrich, AT, Rn. 26.

[11] 關於「間接正犯」應否明文化之相關意見，可參閱余振華，教唆未遂之廢止與間接正犯之界定，收錄於「刑法總則修正重點之理論與實務」，2005，第298頁以下。

[12] Ebert, AT, S. 8.；Heinrich, AT, Rn. 26.；Krey/Esser, AT, Rn. 100.；Wessels/Beulke/Satzger, AT, Rn. 54.

預見性」以及「司法審查可能性」三要件來作爲判斷基準。也就是說，立法者
所選擇之法律概念與用語之意義，自其文義、立法目的與法體系整體關聯性之
觀點並非難以理解（可理解性），且個案事實是否屬於法律所欲規範之對象爲
一般受規範者所得預見（可預見性），並可經由法院審查認定及判斷（司法審
查可能性），符合此三要件即無違反法律明確性原則[13]。應強調者，憲法法庭
將判斷法律明確性的三要件一概適用於犯罪構成要件的審查，由於刑法的法律
效果會涉及對人身自由的完全剝奪，應採取嚴格審查基準來進行是否符合罪刑
明確性之審查，自不待言。

　　刑法構成要件中有時難以避免的會使用到一些有待評價補充的不確定概念
（例如刑法第235條所謂的「猥褻」物品）或是一般性條款（例如刑法第10條
第4項第6款所謂的「其他於身體或健康有重大不治或難治之傷害」），此種情
形一般認爲在法理上是可以被允許的[14]。但須強調的是，在罪刑法定原則的要
求下，無論如何刑罰法律的文字至少必須要明確到足以讓一般受規範之人能夠
認知其適用範圍，俾使人民得以清楚地瞭解什麼樣的行爲是被法律所禁止的，
如此人民才能有所遵循，刑法也才能發揮其規範功能[15]。而且，此處所謂「一
般受規範之人」，依據憲法法庭之見解應認係指「一般受該規範限定範圍之
人」，而非指一般通常智識之人[16]。例如在經濟刑法中的構成要件是否具可預
見性，應係以從事該類經濟活動領域之人的理解力作爲判斷標準，而非以一般
市井小民的標準作認定。

　　據此，此原則實際上包括兩部分的重要內涵，亦即：

---

[13]　憲法法庭112年憲判字第5號判決、司法院釋字第804號、第803號、第799號、第794號等解
　　釋。另，在專門針對犯罪構成要件進行明確性審查時，有時會僅強調「可理解性」與「可預
　　見性」二要件，例如司法院釋字第792號解釋。

[14]　司法院釋字第617號解釋：「……刑法第二百三十五條規定所稱猥褻之資訊、物品，其中
　　『猥褻』雖屬評價性之不確定法律概念，然所謂猥褻，指客觀上足以刺激或滿足性慾，其內
　　容可與性器官、性行爲及性文化之描繪與論述聯結，且須以引起普通一般人羞恥或厭惡感而
　　侵害性的道德感情，有礙於社會風化者爲限（本院釋字第四○七號解釋參照），其意義並非
　　一般人難以理解，且爲受規範者所得預見，並可經由司法審查加以確認，與法律明確性原則
　　尚無違背。」

[15]　Wessels/Beulke/Satzger, AT, Rn. 47.另外，大法官於釋字第680號解釋理由書中強調空白刑法之
　　補充規定的明確性時，亦提及了類似的觀點。

[16]　憲法法庭112年憲判字第5號判決。

（一）構成要件之明確性

所謂構成要件之明確性（Bestimmtheit des Tatbestandes），係指刑法分則上的犯罪構成要件，其內容必須明確的描述出什麼樣的行為會構成犯罪，而不可使用太過抽象或模糊不清的字句。例如，舊刑法第100條普通內亂罪的條文規定為：「意圖破壞國體，竊據國土，或以非法之方法變更國憲，顛覆政府，而著手實行者，處七年以上有期徒刑；首謀者，處無期徒刑。」由於在本條的構成要件當中，除了行為人主觀的不法意圖之外，並沒有明確地描述出什麼樣的行為會構成內亂行為，因此就被學者認為有違反「罪刑明確性要求」的問題[17]。又例如，在司法院釋字第636號解釋中，認為舊檢肅流氓條例（已廢止）第2條第3款關於「欺壓善良」以及第5款關於「品行惡劣」、「遊蕩無賴」等規定，都與法律明確性原則不符[18]。

（二）法律效果之明確性

所謂法律效果之明確性（Bestimmtheit der Rechtsfolgen），則即指刑法關於犯罪成立後的法律效果（亦即刑罰與保安處分），不論是種類、方式或是期限之長短，均必須以法律加以明確地規定。因此，所謂的「絕對不定期刑」[19]，在罪刑法定原則之下，是被嚴格加以禁止的，惟若僅是「相對不定期刑」[20]，由於犯罪的法律效果得被確認在一定的期限之內，因此一般並不認為係違反「罪刑法定原則」。

三、溯及既往之禁止

所謂「溯及既往之禁止」（Rückwirkungsverbot），乃是指創設或加重刑罰之法律在時間上僅能從法律生效日起，向後發生效力，不論是立法者或法官

17　劉幸義，內亂罪的爭議問題與新舊法的評估，中興法學，第36期，第1頁以下、第29頁。

18　檢肅流氓條例的規定，非屬刑罰構成要件，但其法律效果會造成行為人遭移送感訓處分，性質上屬強制工作的保安處分。

19　「絕對不定期刑」乃是指，關於剝奪犯罪人自由的期間，完全不加以限制，而是任由犯罪矯治機構或人員視受刑人是否改過自新而定。

20　「相對不定期刑」則是指，關於剝奪犯罪人自由的期間，僅僅定有最高或最低期間之限制，犯罪矯治機構或人員只能在該期限內決定受刑人的執行時間。

均不得賦予此等刑罰法律溯及既往之效力。「罪刑法定原則」之所以要求創設或加重刑罰的法律不得溯及既往，主要係基於以下幾個原因[21]：

第一，禁止刑罰法律溯及既往，代表行為時合法之行為不會因為未來法律之修改而被溯及處罰，可以保護人民自始就免於受到立法者恣意立法的侵害。

第二，允許刑罰法律可以具有溯及既往之效力將會有礙於法安定性（Rechtssicherheit），因為既存的法秩序可能會被後面的立法溯及推翻其效力，導致其處於一種不確定的飄搖狀態。

第三，允許刑罰法律溯及既往也不符合刑法上一般預防之精神，因為後來的法律並無法對於行為人先前的行為產生嚇阻效果（指消極的一般預防；Negative Generalprävention），具溯及效力的法律更無法強化人民對於法秩序的信賴（指積極的一般預防；Positive Generalprävention）。

應注意的是，以下幾種情形並不牴觸禁止溯及既往之原則：

（一）刑事訴訟程序之規定

「溯及既往禁止」原則上只適用於涉及犯罪成立與刑事制裁（涉及罪與刑）的刑事實體法，但並不適用於刑事訴訟程序的規定，因此刑事訴訟法中的程序規定原則上並無「溯及既往禁止」原則的適用。也就是說，當行為人犯罪後於被刑事司法機關進行追訴處罰、但尚未經判決確定的過程中，倘若刑事訴訟法之相關規定有所修正，此時應直接適用修正後的新法，而非「行為時」之舊法的程序[22]。所謂「程序從新、實體從舊」之法諺，即代表此等意義。

例如，刑事訴訟法第349條於109年修法將上訴期間從原來的10日延長為20日，因此所有仍繫屬於法院中而尚未判決確定的案件，均會適用新法20日上訴期間的規定。

（二）裁判時之法律較有利於行為人時（從舊從輕原則）

由於「罪刑法定原則」主要是在於保障人民不受國家刑罰權恣意發動的侵害，因此若是行為後才生效之法律有利於行為人時，即無法律不溯既往原則適

---

[21]　Vgl. Krey/Esser, AT, Rn. 52.

[22]　刑事訴訟法施行法第2條：「修正刑事訴訟法施行前，已經開始偵查或審判之案件，除有特別規定外，其以後之訴訟程序，應依修正刑事訴訟法終結之。」

用之餘地。換句話說，如果後法有利於行為人者，即使是刑事實體法上之變更，新法也可以具有溯及既往的效力。對此，我國刑法第2條第1項規定「行為後法律有變更者，適用行為時之法律。但行為後之法律有利於行為人者，適用最有利於行為人之法律。」此即一般所謂的「從舊從輕原則」。另外，基於此項刑法從輕原則之精神，刑法第2條第3項更進一步規定「處罰……之裁判確定後，未執行或執行未完畢，而法律有變更，不處罰其行為……者，免其刑……之執行。」

在本節導引案例中，甲於新法開始生效前酒醉駕車被攔檢，雖於新法開始生效後才完成酒測，但行為時仍屬於舊法之時期，應有刑法第2條第1項「從舊從輕原則」之適用。由於刑法第185條之3的醉態駕駛罪於103年1月修正後，不僅成立範圍更寬鬆且刑度也加重，前後法相較舊法對甲較為有利，因此依「從舊從輕原則」甲仍應適用舊法。依舊法之標準，甲吹氣檢驗後酒精濃度雖達每公升0.3毫克，但仍未達舊法每公升0.55毫克的公共危險標準，因此不構成醉態駕駛罪，甲之行為僅應適用交通法規科予行政罰。

（三）非拘束人身自由之保安處分

保安處分在性質上可區分為「拘束人身自由之保安處分」以及「非拘束人身自由之保安處分」兩種，前者包括感化教育、監護處分、禁戒處分、強制治療、強制工作等處分[23]；後者包括保護管束[24]與針對外國人之驅逐出境處分。關於「拘束人身自由之保安處分」，依據刑法第1條後段之規定，解釋上有禁止溯及既往之適用，並無疑問。至於「非拘束人身自由之保安處分」，我國刑法第2條第2項與第3項分別明定：「非拘束人身自由之保安處分，適用裁判時之法律。」「……保安處分之裁判確定後，未執行或執行未完畢，而法律有變更，……不施以保安處分者，免其……保安處分之執行。」也就是說，在「非拘束人身自由之保安處分」的情形，係一律適用新法（裁判時法）、而非舊法，此代表新法在這裡可具備溯及既往的效力，不屬於禁止溯及既往原則之適用範圍。

---

[23] 最高法院95年度第8次刑事庭會議認為監護處分、禁戒處分、強制治療與強制工作處分等，性質上皆屬於均屬人身自由之保安處分，故於新法施行後應依新法第2條第1項之規定，適用最有利於行為人之法律。

[24] 最高法院96年台非字第161號判決。

（四）沒收採「從新原則」產生違憲疑慮

2016年刑法第2條第2項增訂：「沒收……適用裁判時之法律」，將2016年7月1日開始生效施行的沒收新制採「從新原則」，此規定將整個的沒收新制溯及既往適用於所有行為發生在舊法時期、但尚在法院繫屬中而仍未判決確定之案件。甚至，針對數十年前的舊案，如果因事實或法律上之原因而未能追訴犯罪行為人之犯罪或判決有罪者，尚得透過單獨宣告沒收之規定（§40III），對陳年舊案的犯罪所得或犯罪關聯物實施沒收。例如行為人甲逃亡海外二十年未能追訴、之後甲死亡由其子乙繼承遺產，此種情形依原來的刑法本來並無法沒收已經歸屬於乙名下的犯罪所得，但2016年7月1日沒收新制生效後，因刑法第2條第2項對沒收採「從新原則」，檢察官遂得依新法規定聲請單獨宣告沒收乙繼承自甲的犯罪所得，導致沒收新制竟然能溯及既往適用於數十年前的舊案。惟由於沒收是否具有類似刑罰的性質而有罪刑法定原則的適用，在法理上仍有爭議，因此刑法第2條第2項明文針對沒收制度採「從新原則」賦予其相當的溯及效力，恐有違反「罪刑法定原則」溯及既往禁止要求的違憲疑慮（此部分將留待本書第十三章第四節再行詳述）。

四、類推適用之禁止

所謂「類推適用」，乃是指對於法律所未規定之事項，比附援引其他類似事項之規定而予以適用。刑法上關於類推適用之禁止（Analogieverbot），是「罪刑法定原則」的最重要內涵之一。理論上，刑法之所以禁止類推適用，主要有二個原因[25]：

（一）法治國原則（Rechtsstaatsprinzip）

首先，對於刑罰法律未規定予以處罰之行為，倘若允許法官以「類推適用」之方式援引其他規定來加以定罪科刑，無異是由法官自己創設、擴張了國家刑罰權的範圍，不僅有害法的安定性，亦使人民遭受法官恣意適用刑罰法律之害，此明顯違反法治國原則之精神。

---

[25]　Krey/Esser, AT, Rn. 79.

（二）民主原則（Demokratieprinzip）

　　在民主原則之下，只有經由人民選舉、代表國民意志的國會才有權發布刑罰法律剝奪人民的生命身體財產等基本權。因此，那些未獲得國會通過明定處罰之行為，倘若允許法官經由類推適用的方式來加以處罰，無異是違反民主原則之精神。

　　不過，在「罪刑法定原則」之下，是否完全禁止對於刑罰法律的類推適用？抑或是僅禁止不利於行為人的類推適用？學說上仍有爭論存在：少數學者認為，不論係有利或不利於行為人之類推適用，均應一概禁止之[26]。惟「罪刑法定原則」的精神本在於避免人民遭受國家刑罰權恣意擴張之侵害，目的在於保護行為人，因此僅禁止不利於行為人之類推適用（即擴張國家刑罰權的類推適用），若是有利於行為人的類推適用，則應不在禁止之列[27]。

　　「罪刑法定原則」所禁止的類推適用（Analogie），必須與對法律的解釋（Auslegung）、尤其是擴張解釋區分清楚。基本上，所有的法律都需要解釋才可以確定其規範內容，故對法律進行解釋在本質上是無法禁止的，事實上也不可能禁止。據此，就會產生一個問題，亦即：被禁止的類推適用與合法的解釋究竟應該如何加以區別？基本上，在罪刑法定原則的要求下，對刑罰法規的解釋僅能在「可能的日常生活文義」（der mögliche umgangssprachliche Wortsinn）範圍內為之[28]。也就是說，超出可能日常生活文義範圍外的法條詮釋應歸類為被禁止的類推適用，至於在可能日常生活文義範圍內的法條詮釋性質上則是屬於被允許的法律解釋。

　　舉例以言之，在網際網路上架設賭博網站供人賭博以營利，是否構成刑法第268條的圖利供給賭博場所罪，爭議關鍵在於簽賭網站是否屬於該條構成要件中「賭博場所」的文義涵蓋範圍之內？於此，所謂「賭博場所」係屬供人進行賭博行為的空間，此種空間通常係指實體空間（例如設在建築物內的賭場），至於提供網路虛擬空間（賭博網站）供人賭博是否亦成立刑法第268條

---

[26]　韓忠謨，刑法原理，第67頁。

[27]　此為通說見解：王皇玉，刑法總則，第47頁；蔡墩銘，刑法總論，修訂5版，2004，第38頁以下；Kindhäuser, LPK-StGB, §1 Rn. 6.；Ebert, AT, S. 9.；Heinrich, AT, Rn. 34.；Krey/Esser, AT, Rn. 97.；Wessels/Beulke/Satzger, AT, Rn. 54.

[28]　Roxin, AT I, §5 Rn. 28.類似見解：Baumann/Weber/Mitsch, AT, §9 Rn. 84 ff.認為應以「自然文義」（die natürliche Wortbedeutung）來作為解釋的界限。

之圖利供給賭博場所罪，需視「賭博網站」是否在該條構成要件「賭博場所」的可能日常生活文義涵蓋範圍內，否則基於罪刑法定原則即無法將經營賭博網站之行為人論以該條之罪[29]。為杜絕爭議，刑法遂於2022年增訂刑法第266條第2項處罰網路賭博之條款，如此則基於賭博罪章各罪間之體系解釋，同法第268條圖利供給賭博場所罪之「賭博場所」自然亦包含供網路賭博之場所（即賭博網站在內）在內，故架設賭博網站供人進行網路投注賭博之行為人應成立該罪，解釋上已不再具有疑義。

　　再舉一例，刑法第144條的投票行賄罪係以「對於有投票權人」行賄為要件，第143條的投票受賄罪則以「有投票權人」受賄為要件。此等規定在議會之議長選舉發生提前賄選之情形造成解釋上的爭議，因實務上發生事先行賄、待之後取得正式議員資格後，行賄者登記為議長候選人，而受賄者取得議員資格具投票權後依約投票，此時可否論以雙方投票受賄罪與投票行賄罪？對此，最高法院實務見解採肯定說，認為行賄、受賄時，縱候選人尚未登記參選，惟於日後該有意參選者登記成為候選人，受賄者亦成為有投票權人之時，犯罪構成要件即屬成就，固不因其賄選在先，而影響犯罪之成立[30]。惟實務此種見解，雖係基於填補可罰性漏洞的考量，但等同於將構成要件中的「有投票權人」之適用範圍，擴張至「行賄或受賄時尚無投票權、但將來會取得投票權之人」，恐已逸脫出該要件的可能日常生活文義外而屬於類推適用，有違反「罪刑法定原則」之虞[31]。

　　應特別強調的是，即使是以構成要件之「可能日常生活文義」來作為「類推適用」與「解釋」的界限，這個界限仍然不是絕對確定的。舉例以言，竊盜罪的行為客體是他人之「動產」（§320Ⅰ），故偷電的行為是否可以論以

---

[29] 此問題在實務上曾產生爭議，經檢察總長提起非常上訴後，最高法院以107年度台非字第174號判決採肯定說，認為刑法第268條圖利供給賭博場所罪之賭博場所包含「虛擬空間」在內，而認為在網路上架設投注簽賭網站，供人藉由網際網路連線登入下注賭財物，該網站仍屬賭博場所，行為人仍構成該罪。

[30] 見最高法院98年台上字第3494號判決。應強調者，此判決雖認為提前賄選的雙方行為人仍可構成投票行賄罪與投票受賄罪，但同時也認為如「日後該特定候選人卻未實際登記或取得候選人資格時，因非惟行賄者或行賄者所支持之特定候選人自始未取得候選人資格，且受賄者亦無從為一定投票權之行使，達成雙方約定之條件而完成其犯罪行為，並無礙於投票之公平、純正或影響選舉之結果，自不宜任意擴張解釋，遽予繩之於罪，而違反罪刑法定主義原則」。

[31] 相關批評可見蔡聖偉，所謂的提前賄選行為，收錄於氏著「刑法判解評析」，2019，第283頁以下。

竊盜罪，不無疑問存在，因為在一般社會大眾的認知中「電」似乎難以和「動產」劃上等號。對此，立法者特別在我國刑法第323條規定：「電能……，關於本章之罪，以動產論。」由這個規定可以發現，立法者當時係認為「電能」並不在「動產」的可能日常文義範圍之內，因此為符合罪刑法定原則的要求才特別規定將電能擬制為動產。德國法的情況基本上亦與我國法類似，德國刑法亦特別規定了有所謂的「違法竊取電能罪」（§248c StGB），主要即是認為電能（Elektrizität）非屬該國普通竊盜罪構成要件中所謂的「物」（Sache），故其目的也是要符合「罪刑法定原則」的要求。然而相對地，在比較法上饒富趣味的是，法國法院判決卻認為「電能」是有體物，可以作為普通竊盜罪的客體[32]。

　　在本節導引案例中，甲偷接第四台業者的訊號線收看有線電視頻道，竊取的客體為有線電視的「影音訊號」，此種影音訊號在性質上已經不屬於「動產」（§320）或「電能、熱能及其他能量」（§323）的「可能日常生活文義範圍」之內，因此基於罪刑法定原則禁止類推適用的精神，甲的行為不構成竊盜罪[33]。

---

[32] Baumann/Weber/Mitsch, AT, §9 Rn. 88.

[33] 實務採相同見解：臺灣高等法院97年度上易字第648號判決：「……刑法第三百二十三條規定：『電能、熱能及其他能量，關於竊盜罪章以動產論』，此所謂其他能量應以性質上等同電能、熱能之能量為限，否則即與罪刑法定主義之類推適用禁止原則有違，準此以言，具消長性質之『能量』始為刑法竊盜罪章所欲保護之客體，而有線電視台所傳輸之『影音視訊』，乃係利用設置纜線方式以電磁系統傳輸影像聲音供公眾直接視、聽之訊息，其為電磁波之一種，使用之後物質的全部能量並不會減少，性質上非屬於電能、熱能等概念範疇內之能量，非刑法竊盜罪章所欲保護之客體，甲未經乙公司同意，而截收或接收系統播送之影音視訊內容，並不會排除他人對影音視訊接收或播送之所有或持有狀態，其行為態樣亦與刑法竊盜罪之構成要件有間，自難論以刑法第三百二十三條、第三百二十條第一項之竊盜罪，充其量僅應否依有線廣播電視法第七十四條第一項之規定補繳基本費用，其造成系統損害時，並應負民事損害賠償責任（臺灣高等法院暨所屬法院八十九年法律座談會刑事類提案第八號研討結果參照）……。」

第二章
刑法的效力與解釋

第一節　時的適用範圍（時的效力）

導引案例

甲於動員戡亂時期觸犯「動員戡亂時期XX法」，而於戡亂時期結束（該「動員戡亂時期XX法」亦同時失效）後，始被逮捕而遭受審判。問法官可否再適用該法律對甲予以論罪科刑？

一、限時法

　　刑法在時間的適用範圍上，與其他法律並無不同，原則上均於公布施行時開始發生效力，而於廢止後失其效力。而且，基於「罪刑法定原則」，刑法的效力禁止溯及既往，故刑法只能於公布施行後才會發生效力。惟由於我國現行刑法第2條第1項採「從舊從輕原則」，因此若是新法對於行為人較有利，則新法即應溯及既往適用於舊法時期之行為，此種從輕原則下的溯及既往效力，因有利於行為人，故不違反罪刑法定原則的精神。也就是說，在「罪刑法定原則」與「從舊從輕原則」底下，創設或加重刑罰的法律只能於公布施行後向後生效，至於減輕刑罰或除罪化的法律因有利於行為人則會往前生效溯及既往。不過，學理上有爭議者是在所謂「限時法」（Zeitgesetz）的情形。

　　所謂「限時法」，乃是指基於一定之需要，而自始就規定僅於特定期間內生效之法律。此種法律，只要該施行之特定期間一屆滿，即自動失其效力。例如，我國早期為因應動員戡亂時期所頒布的諸多法令解釋上僅於動員戡亂期間內生效，性質上均屬此種限時法。由於此種限時法的失效，僅係基於外在經濟

或事實情況的變更而來，並不是立法者在刑事政策的評價上有所轉變[1]，故倘若是在限時法有效期間內所違犯之行為，縱使於受裁判時該限時法已經失去效力，仍應適用該限時法予以定罪科刑，此即所謂限時法之法理。

二、限時法與「從舊從輕原則」

我國由於並無關於限時法的明文規定，故限時法是否有刑法第2條第1項「從舊從輕原則」的適用，學說與實務見解仍有歧異：

（一）否定說

此說認為，基於限時法之法理，如行為係在限時法有效期間內所犯，縱然裁判時該限時法已經失效，仍應該適用該限時法予以定罪科刑，此為刑法第2條第1項「從舊從輕原則」的「例外」[2]。我國實務上，司法院院解字第3409號解釋謂：「(一)中華民國戰時軍律未廢止前，犯該軍律第十四條第一項第一款無故不就指定地點或擅離配置地之罪，經判決確定者，此項行為原與陸海空軍刑法第九十三條無故不就職役或無故離去職役相當，該軍律雖已廢止，尚不能謂已因法律變更而不處罰其行為，……。」此項解釋即是採取否定說之見解。

若採此說，於本節導引案例中，甲於動員戡亂時期觸犯「動員戡亂時期XX法」，雖於審判時該法已失效，但依據限時法之法理，仍應該適用該法予以論罪科刑，並無刑法第2條第1項「從舊從輕原則」適用之餘地。

（二）肯定說

有學者認為，由於我國法並未於刑法總則中就「限時法」設有一般性的規定，為避免違反罪刑法定原則，仍應認為有刑法第2條第1項「從舊從輕原則」之適用[3]。我國實務上，最高法院76年7月14日第12次刑事庭會議決議謂：「非軍人於戒嚴區域犯陸海空軍刑法第二條所列各款之罪，於解嚴後為裁判者，當

1　Krey/Esser, AT, Rn. 62.

2　採此說者：蔡墩銘，刑法精義，第29頁。

3　採此說者：王皇玉，刑法總則，第67頁以下；林山田，刑法通論（上），第103頁以下；洪福增，刑法判解研究，1983，第3頁；楊建華，刑法總則之比較研究，第30頁。類似見解：甘添貴／謝庭晃，捷徑刑法總論，第32頁。

然不再適用該法。」基本上即係採此見解。若採此見解，前舉本節導引案例中，甲雖於動員戡亂時期觸犯「動員戡亂時期XX法」，但於審判時該法已失效，依據刑法第2條第1項的「從舊從輕原則」，即無法適用該對甲較不利之舊法予以論罪科刑。

　　筆者認為適用「限時法」法理的結果既然在結論上是實質造成國家刑罰權的擴張，為避免有違反「罪刑法定原則」之疑慮，在我國刑法並無類似德國刑法有限時法之明文規定的情況下[4]，仍以採肯定說為宜。也就是說，縱使在「限時法」的情況，仍應認為有刑法第2條第1項「從舊從輕原則」的適用。然而應強調者，由於「限時法」中有時往往會明定其失效之日期，如果認為限時法亦有刑法第2條第1項「從舊從輕原則」之適用，或會有行險僥倖之徒在預期限時法即將失效的情況下，故意違犯該限時法之規定，而期待於限時法失效後不致遭受處罰或僅受輕罰。故，根本解決之道還是應該在刑法第2條中增訂有關限時法不適用「從舊從輕原則」的明文，似較為妥當。

第二節　地的適用範圍（地的效力）

導引案例

　　甲參加公司舉辦的員工旅遊，搭乘新加坡籍的郵輪出國至新加坡旅遊。在新加坡旅遊期間，甲沈溺於賭場賭博幾乎輸光身上帶的現金，竟起盜心偷走住同房之同事乙所持有由我國T銀行所發行的信用卡，並偽簽乙的簽名盜刷購買許多物品，因乙在當地多以現金消費未發覺信用卡遭盜刷。搭郵輪回程途中行至公海領域，乙發現信用卡不見懷疑遭甲偷走，雙方遂起爭執，乙一氣之下出拳將甲打傷，甲當場揚言回台灣必向法院提出傷害罪的告訴。豈料，船至半途竟遭遇菲律賓武裝海盜劫持，所幸我國海巡船艦正在附近執行任務，緊急前往救援，最後順利將海盜驅離救回郵輪，並逮捕多位海盜押解回台灣。

[4] 德國刑法第2條第3項規定：「僅規定生效於特定期間之法律，對於在其生效期間內所發生之行為，在該法律失效後，仍有其適用。但法律有特別規定者，不在此限。」

　　我國刑法關於地的適用範圍，以「屬地原則」爲主，而以「屬人原則」、「保護原則」、「世界法原則」爲輔：

一、屬地原則

　　我國刑法關於地的適用範圍，最主要是採取所謂的「屬地原則」（Territorialitätsprinzip；Gebietsgrundsatz）。所謂的「屬地原則」，乃是指國家的刑罰權及於任何發生於該國領域內的犯罪行爲，因此我國刑法對於所有發生在中華民國領域內的犯罪行爲，皆有其適用效力。理論上，一國之領域，除了一般常指的領土、領空、領海之外，尙包括了所謂的「浮動領土」在內，亦即屬於該國籍之飛機或船艦。因此，刑法第3條即規定：「本法於在中華民國領域內犯罪者，適用之。在中華民國領域外之中華民國船艦或航空器內犯罪者，以在中華民國領域內犯罪論。」

　　所謂的「犯罪地」通常尙可分爲犯罪行爲地以及結果發生地兩個部分，依據我國刑法第4條之規定：「犯罪之行爲或結果，有一在中華民國領域內者，爲在中華民國領域內犯罪。」換句話說，犯罪行爲的整個過程不一定要全部發生在我國領域內，只要犯罪行爲地或結果發生地其中之一發生於我國領域之內，本法即視爲係發生於我國領域內之犯罪，而有我國刑法之適用[5]。例如：行爲人在國外對被害人實施詐騙（犯罪行爲地在國外），被害人乃通知國內家屬在台灣匯款（結果發生地在國內），仍屬我國領域內之犯罪。應強調者，由於刑法的犯罪類型有分實害犯與結果犯，此處所指犯罪行爲之「結果」，解釋上應同時包含實害結果與危險結果在內，以避免產生刑法適用效力上的漏洞。

　　在網路犯罪的案例中（例如網路誹謗、散布性影像），由於網路無遠弗屆的特性，此時應如何判斷是否屬中華民國領域內之犯罪，可能會產生爭議。解釋上，若相關網路犯罪資訊的上傳或是儲存地點（儲存伺服器所在地）其中之一有在我國境內，即可認定犯罪行爲地在國內而有刑法的適用；但倘若犯罪資訊的上傳及儲存地點均不在我國境內，此時因無法認定行爲地在國內，就只能實質判斷結果（包含實害結果及危險結果）是否發生在我國境內來加以認定。例如，行爲人在國外上傳不實誹謗言論至本土網路社群，由於資訊儲存地點在

5　此處之中華民國領域，實務見解甚至認爲應包含中國大陸地區，故只要「行爲地」或「結果地」有其一在中國大陸地區者，均得適用我國刑法的之規定予以處罰。實務見解可參見最高法院108年度台上字第334號判決。

我國境內，屬犯罪行爲地在我國境內而有刑法之適用。相對地，若犯罪資訊的上傳及儲存地點均不在我國境內，則必須看犯罪結果是否發生在我國境內來判斷。例如，行爲人在國外上傳我國被害人之性影像至外國網路社群，雖行爲地在境外，但因被害人隱私及名譽法益的受損結果均發生在國內，可認爲犯罪結果地在我國境內[6]，仍有刑法的適用。

在本節導引案例中，甲偷信用卡以及盜刷都發生在新加坡、乙涉及的傷害亦在新加坡籍的郵輪上，似均不符合刑法第4條之屬地原則。惟甲於新加坡盜刷乙的信用卡購物涉及詐欺罪的部分，由於遭盜刷的是我國T銀行所發行之信用卡，故甲在新加坡當地盜刷卡時，當地商店必須將資料送回我國國內的銀行授權中心，再由發卡銀行的授權中心回傳授權碼後始得進行交易，最後我國的發卡銀行亦須支付該筆款項，因此犯罪之行爲與結果均有部分係發生在我國領域內，依刑法第4條之規定得依我國刑法予以追訴處罰[7]。

二、屬人原則

所謂的「屬人原則」（Personnalitätsprinzip），乃是指國家的刑罰權適用於具有該國國籍之人（國民），縱使其係於本國領域之外的犯罪行爲，刑法對之仍有適用之餘地。我國刑法採取「屬人原則」之規定，包括以下兩種：

（一）本國人在國外犯最輕三年以上之重罪

依據我國刑法第7條之規定：「本法於中華民國人民在中華民國領域外犯前二條以外之罪，而其最輕本刑爲三年以上有期徒刑者，適用之。但依犯罪地

6　不同見解：最高法院109年度台上字第5703號刑事判決，認爲在意圖使人不當選而傳播不實事項（違反選罷法第104條）的案例中，認爲任何「……有網路設備之地點，均得以接獲上訴人傳播之訊息，而爲散布不實事項之結果發生地……」然若採此種解釋，則只要可以透過網路接獲訊息之地均爲此類案件的結果發生地，將導致概念上全世界都可能屬於犯罪結果發生地之結論，如此見解顯然過於寬泛，誠有所不當。

7　最高法院93年台非字第190號判決：「……被告等前揭行使僞造之信用卡盜刷購物過程中，因所僞造信用卡之發卡銀行爲我國內銀行，縱其係利用韓國特約商店之刷卡機進行交易，然當信用卡磁條於刷卡機刷過後，磁條資料即自動送至我國內銀行授權中心，經核對資料與密碼無誤，傳回授權碼後，始能完成該項交易。並使我國內發卡銀行誤信係眞正持卡人消費，而代墊系爭消費款項予該特約商店。故其犯罪之行爲及結果有部分在我國領域內，仍應認爲在我國領域內犯罪，自得依我國刑法予以追訴處罰。」

之法律不罰者，不在此限。」此項規定亦屬於「屬人原則」之性質。

　　在本節導引案例中，甲於新加坡偷竊乙的信用卡後並予以盜刷購物，涉及的竊盜罪（§320）與偽造並行使偽造私文書（§§210, 216）的部分，由於發生地點均在新加坡境內、非屬我國領域範圍，且亦不符合刑法第7條所定之最輕本刑三年以上有期徒刑之罪，故無我國刑法的適用。甲在新加坡賭博的行為亦同，而且在新加坡當地賭場賭博，依新加坡當地法律亦屬合法的行為，故也沒有我國刑法的適用。至於，乙在公海於新加坡籍的郵輪上打傷甲，由於傷害罪也不符合刑法第7條所定的最輕本刑三年以上有期徒刑之罪，故此部分亦無法適用我國刑法予以追訴處罰。

（二）我國公務員在國外犯特定犯罪

　　刑法針對我國公務員在國外犯特定瀆職罪採「屬人原則」，依據刑法第6條規定，本法於中華民國公務員在中華民國領域外犯下列各罪者，亦適用之：

1. 第121條至第123條（受賄罪與準受賄罪）、第125條（濫權追訴處罰罪）、第126條（凌虐人犯罪）、第129條（違法徵收、抑留剋扣款物罪）、第131條（公務員圖利罪）、第132條（洩漏國防以外秘密罪）及第134條（不純正瀆職罪）之瀆職罪。
2. 第163條之脫逃罪（公務員縱放或便利脫逃罪）。
3. 第213條之偽造文書罪（公務員登載不實罪）。
4. 第336條第1項之侵占罪（公務公益侵占罪）。

　　應留意者，若我國公務員在國外所犯者為上述罪名以外之罪，但如果該罪係屬最輕本刑為三年以上有期徒刑之重罪，例如公務員在國外犯殺人罪，此時依刑法第7條之規定，亦仍有我國刑法的適用。

三、保護原則

　　所謂的「保護原則」（Schutzprinzip），乃是指基於保護國民及本國重要利益之目的，凡對於本國人或本國重要法益造成危害之犯罪行為，縱使是在國外所為，也屬於本國刑罰權所及之範圍而有刑法適用之餘地。我國刑法採取「保護原則」之立法，主要有以下兩種情形：

（一）在國外犯危害我國重要法益之犯罪

基於「保護原則」，針對下列侵害我國重要法益之犯罪，縱使是在我國領域外所犯，且不論行為人是本國人或外國人，均有我國刑法之適用：

1. 內亂罪（§5①）。
2. 外患罪（§5②）。
3. 第135條之普通妨害公務罪、第136條之聚眾妨害公務罪以及第138條之毀損公文書罪（§5③）。
4. 偽造變造貨幣罪（§5⑤）。
5. 第201條至第202條之偽造有價證券罪（§5⑥）。
6. 第211條之偽造公文書罪、第214條之使公務員登載不實罪、第218條之偽造公印文罪以及第216條之行使偽造或登載不實之公文書罪（§5⑦）。

例如，意圖供行使之用，外國人在我國領域外偽造新臺幣，雖行為未發生於我國領域內，但偽造之新臺幣若大量流入國內，將會對國內貨幣金融秩序造成重大影響，因此刑法為保護我國的重要貨幣金融秩序利益，乃對於偽造變造貨幣罪採保護原則之立法，縱使於國外犯之，均有我國刑法之適用。

（二）外國人在國外對我國人民犯最輕三年以上之重罪

外國人在國外，對於我國人民犯刑法第5條、第6條以外之罪，而其最輕本刑為三年以上有期徒刑之重罪者，仍有刑法之適用。不過，倘若依犯罪地之法律不罰者，則不在此限（§8準用§7之規定）。

例如，外國人在國外搶劫我國國民，因強盜罪是最輕本刑五年以上的重罪（§328Ⅰ），故若行為人之後入境我國，我國之司法機關仍得適用刑法對之予以追訴及處罰。

四、世界法原則

所謂的「世界法原則」（Weltrechtsgrundsatz），乃是指對於某些侵害跨國界之共通價值或法益的犯罪行為，基於維護世界共同利益之目的，不論任何人、於任何地方違犯，刑法對之均有適用的一項原則。我國刑法第5條第4、

8、9、10款性質上係屬「世界法原則」之規定，故凡在中華民國領域外犯下列各罪者，我國刑法對之均有適用：

(一)第185條之1劫持航空器或其他公眾運輸工具罪及第185條之2危害飛航安全或設施罪（§5④）。

(二)毒品罪，但施用毒品及持有毒品、種子、施用毒品器具罪除外（§5⑧）。

(三)第296條使人為奴隸罪及第296條之1買賣質押人口罪（§5⑨）。

(四)第333條海盜罪、準海盜罪及第334條之海盜罪結合犯（§5⑩）。

據此，本節導引案例中，菲律賓武裝海盜在公海劫持新加坡籍郵輪，雖屬於外國人在我國領域外所為之犯罪，但依刑法第5條第10款所揭櫫之「世界法原則」，該海盜行為仍有我國刑法之適用。

另外，有鑑於我國籍詐騙集團經常將電信機房設於外國實施境外詐欺，為利於爭取將我國籍詐騙集團成員引渡回台受審，立法者遂於2016年11月30日在刑法第5條增訂第11款，將在我國領域外犯刑法第339條之4加重詐欺罪的情形亦納入刑法適用範圍，以讓跨境電信犯罪（例如，將電信機房設於菲律賓的詐騙集團，利用電話對新加坡人實施詐騙）得以直接適用我國刑法予以論處。惟此種特殊立法與保護原則及世界法原則的法理均不甚相同，甚難歸類，考量此款規定係將可能與我國法益無任何關聯之跨境國際詐騙案件亦得適用我國刑法之加重詐欺罪予以論處，此處只能勉強將之歸類於類似世界法原則的性質。

五、關於外國裁判之效力

由於我國刑法除了採取「屬地原則」之外，尚兼採「屬人原則」、「保護原則」、以及「世界法原則」，因此即可能發生刑法對於發生在國外之犯罪亦有適用之情形。而該於國外發生之犯罪行為，發生地之國家基於主權所及亦有管轄權與審判權，此時即發生兩國對該犯罪行為均有審判權的情形。倘若該行為已經被外國法院予以起訴並且裁判確定，此時我國法應該如何處理即不無疑問？

對此刑法第9條規定：「同一行為雖經外國確定裁判，仍得依本法處斷。但在外國已受刑之全部或一部執行者，得免其刑之全部或一部之執行。」據此，同一行為，即使已經經過外國法院的確定裁判，仍然得再次依我國刑法加以論罪科刑。不過，為避免犯罪人因同一行為而遭受兩次處罰，如果其在外國已經遭受刑之全部或一部之執行者，於我國法院審判時得免其刑之全部或一部

之執行。條文規定係「得免」，並非一定要免除其刑之全部或一部之執行，仍然繫於法院之裁量權。

第三節　人的適用範圍（人的效力）

導 引 案 例

　　甲係在野黨之立法委員，某日接獲選民提供之可靠消息，指出執政黨Ａ官員曾於某日在KTV與友人飲酒作樂時，涉及對他人性騷擾。甲見機會難逢，乃於立法院召開記者會揭發此項醜聞。Ａ極力否認此事，為證明其清白，並至地檢署按鈴申告甲誹謗。最後，法院調查結果發現，真正涉及性騷擾的官員並非Ａ，而係其同姓之下屬Ｂ。甲自此始知弄錯，乃向Ａ公開道歉，惟Ａ表示事件已進入司法程序，應交由法院作公平之裁判，不願意撤回告訴。問甲是否可以主張立法委員之「言論免責權」？

　　如前所述，我國刑法關於地的適用範圍主要係採取「屬地原則」，因此原則上不論任何人，凡在我國領域內所為之犯罪行為，均得適用我國刑法予以追訴處罰，惟在某些範圍內仍可能存有例外情形。

一、總統之刑事豁免權

　　我國憲法第52條規定：「總統除犯內亂或外患罪外，非經罷免或解職，不受刑事上之訴追。」因此，除非是總統犯了內亂或外患罪，否則在總統尚未被罷免或解職之前（亦即在總統身分仍未消失前），總統具有不受刑事上追訴的豁免權。從憲法條文的意義來看，此項總統所享有的刑事豁免權，並非代表總統於任期內所為之任何行為均不負相關刑事責任，而僅是一種暫時性的訴訟障礙事由（Prozesshindernis）而已，因此只要該訴訟障礙消失（亦即卸任總

統），仍然可以對總統再進行刑事訴追[8]。

二、民意代表之言論免責權

憲法第73條規定：「立法委員，在院內所為之言論及表決，對院外不負責任。」因此，立法委員在立法院內所為之言論及表決，即無刑法適用之餘地。另外，除了中央民意代表有言論免責權之外，司法院釋字第165號解釋將言論免責權擴張及於地方議會的議員認為：「地方議會議員，在會議時就有關會議事項所為之言論，應予以保障，對外不負責任。但就無關會議事項所為顯然違法之言論，仍難免責。」應強調者，此項關於民意代表於議會之言論免責權，正如其名性質上係屬於「刑事免責權」，在刑法犯罪體系定位上為「個人阻卻刑罰事由」（Persönliche Strafausschlißungsgrund）的一種，自始就排除其議會言論的可罰性，因此縱使民意代表卸任後，仍然不能再對其先前於議會的言論進行追訴。

關於此項民意代表「言論免責權」之範圍，司法院釋字第435號解釋曾作出清楚的詮釋謂：「憲法第七十三條規定立法委員在院內所為之言論及表決，對院外不負責任，旨在保障立法委員受人民付託之職務地位，並避免國家最高立法機關之功能遭致其他國家機關之干擾而受影響。為確保立法委員行使職權無所瞻顧，此項言論免責權之保障範圍，應作最大程度之界定，舉凡在院會或委員會之發言、質詢、提案、表決以及與此直接相關之附隨行為，如院內黨團協商、公聽會之發言等均屬應予保障之事項。逾越此範圍與行使職權無關之行為，諸如蓄意之肢體動作等，顯然不符意見表達之適當情節致侵害他人法益

8　釋字第627號解釋：「……依本院釋字第三八八號解釋意旨，總統不受刑事上之訴究，乃在使總統涉犯內亂或外患罪以外之罪者，暫時不能為刑事上訴究，並非完全不適用刑法或相關法律之刑罰規定，故為一種暫時性之程序障礙，而非總統就其犯罪行為享有實體之免責權。是憲法第五十二條規定『不受刑事上之訴究』，係指刑事偵查及審判機關，於總統任職期間，就總統涉犯內亂或外患罪以外之罪者，暫時不得以總統為犯罪嫌疑人或被告而進行偵查、起訴與審判程序而言。但對總統身分之尊崇與職權之行使無直接關涉之措施，或對犯罪現場之即時勘察，不在此限。總統之刑事豁免權，不及於因他人刑事案件而對總統所為之證據調查與證據保全。惟如因而發現總統有犯罪嫌疑者，雖不得開始以總統為犯罪嫌疑人或被告之偵查程序，但得依本解釋意旨，為必要之證據保全，即基於憲法第五十二條對總統特殊身分尊崇及對其行使職權保障之意旨，上開因不屬於總統刑事豁免權範圍所得進行之措施及保全證據之處分，均不得限制總統之人身自由，例如拘提或對其身體之搜索、勘驗與鑑定等，亦不得妨礙總統職權之正常行使。……」

者，自不在憲法上開條文保障之列。至於具體個案中，立法委員之行爲是否已逾越保障之範圍，於維持議事運作之限度內，固應尊重議會自律之原則，惟司法機關爲維護社會秩序及被害人權益，於必要時亦非不得依法行使偵審之權限。」

由此可知，並非立法委員所有在立法院院內所發表的言論，均可以主張言論免責權，如果是屬於「與行使職權無關之言論」，即不得主張言論免責權。在本節導引案例中，甲指稱A涉及性騷擾（誹謗罪），與立法委員職權之行使並無關聯，故不得僅因爲其舉行記者會之場所係在立法院院內，即主張言論免責權[9]。當然，如果立法委員在立法院院內打架傷人的話（傷害罪），就更不可能主張言論免責權了。

三、外交豁免權

國際法上各國基於尊重彼此主權以及平等互惠原則，往往互相承認派駐國外交使節於駐在國享有「外交豁免權」（Diplomatische Immunität；diplomatic immunity）。目前國際法上規範此等外交豁免權的依據，主要是聯合國「維也納外交關係公約」（Vienna Convention on Diplomatic Relations），此條約經我國立法院通過，具有相當於國內法的法律效力。依「維也納外交關係」第31條規定之精神，於我國領域內之外交代表，包含使館館長或使館外交職員，對於我國的刑事管轄享有外交豁免權，得免於受我國刑事訴訟程序之追訴。因此，與我國有正式外交關係之邦交國之外交人員，縱使於我國領域內犯罪，亦可能因爲具「外交豁免權」而無我國刑法之適用[10]。

9　此處僅討論民意代表「言論免責權」的問題，至於導引案例中甲是否會成立誹謗罪的問題，仍應注意刑法第310條第3項本文與刑法第311條的免責事由，此涉及言論自由與個人名譽、隱私等權利的基本權衝突（Grundrechtskollision）。關於此問題，可參閱釋字第509號解釋文。

10　除「維也納外關係係公約」外，立法院也批准了「維也納領事關係公約」（Vienna Conventionon on Consular Relations），依該公約第43條之規定，「領事官員及領館僱員對其爲執行領事職務而實施之行爲不受接受國司法或行政機關之管轄。」

第四節　刑法之解釋

導引案例

　　甲為市政府聘僱的正式員工，於市府擔任保全的工作。某日，甲於上班巡邏時發現一位與家長走失的六歲女童，突起色心假意帶女童去找家長，並以糖果餅乾誘騙女童至偏僻處，開始對女童上下其手進行猥褻，女童覺得不舒服叫：「我不要、我不要」，甲不予理會仍繼續強行猥褻，於猥褻時甲之手指並侵入女童下體。此時，女童突然放聲大哭，女童父親聽到哭聲急忙趕過來，見甲正要逃離，乃狠狠的將甲痛毆一頓，因下手過重導致甲受傷送醫治療，經醫院檢查脾臟破裂必須動手術予以切除，經切除脾臟後甲撿回一命。

一、刑法之解釋方法

　　法律的適用乃是一個涵攝（Subsumtion；包攝）的過程，亦即探討特定案例事實是否該當於法律規範構成要件，並因而獲致結論的一個過程。既然要探討該特定案例事實是否能歸於某法律規範構成要件之下，那麼對於法律規範構成要件的解釋便無法避免。因此，法律解釋在法律適用的過程中，誠屬必要。問題是，在法律的解釋與適用上，它牽涉到包括：一直在發生之變化多端的法事實、難以把握其內涵的價值標準、價值的多元性、不能精確傳達消息的語言、以及人類能力的有限性等[11]。故，如何為法律規範找出一最妥適的規範意旨，以正確的適用法律，實非易事。正因為如此，法律解釋方法的提出有其重要性。

　　刑法的解釋方法與一般法律之解釋方法相較並無特殊歧異，基本上可包括以下五種解釋方法：

---

[11]　黃茂榮，法學方法與現代民法，增訂版，1987，第305頁。

（一）文義解釋

所謂「文義解釋」（Grammatische Auslegung），乃是指透過相關法律字義或日常生活文義來解釋法律的一種方法。文義解釋可以說是一切法律解釋的起點，在刑法的解釋上它同時也是解釋的最外沿界限，因為依據「罪刑法定原則」的精神，對刑法構成要件之解釋不能超出可能的日常生活文義範圍之外。

針對法條字義的文義解釋，應採取如下的檢驗順序[12]：

1. 如果該名詞本身於同一法律中具有特定的意義內涵，應優先適用該特定意義來做解釋。例如，對刑法上「公務員」之解釋應優先適用刑法第10條第5項立法解釋之意義；又如，由於刑法第13條第1項對直接故意已定義為「明知並有意使其發生」，故刑法分則構成要件中經常出現的「明知」要件（見§§213～215），即代表行為人應具備「直接故意」之意。

2. 否則，次應適用一般法律用語上之意義內涵來做解釋。例如，關於追訴權期間（§80）之計算應適用民法關於期日與期間之規定（民法§119以下）來加以解釋；又如，刑法第320條第2項之竊佔罪所稱的「不動產」，就可以用民法上的意義「土地及其定著物」（民法§66I）來加以解釋；再如，刑法第237條之重婚罪，其重婚行為亦應符合民法關於結婚應有書面、二人以上證人簽名以及為結婚登記之要件（民法§982），才會構成重婚罪。

3. 倘若前二項之情形都不存在，此時再以日常生活文義之意義內涵來加以解釋。例如，刑法第296條之1買賣質押人口罪中所謂的「買賣人口」，依據日常生活文義可以得知應係一方以人作為標的物交付於他方，而他方支付對價的一種契約。

一般而言，由於日常文義的多樣性，因此「文義解釋」通常僅是法律解釋的起點，而且往往須要再進一步配合其他的解釋方法，才能對於刑法構成要件之意涵獲得正確的理解。

（二）歷史解釋

所謂「歷史解釋」（Historische Auslegung），乃是指以法制史或立法資

---

[12]　Vgl. Wank, Die Auslegung von Gesetzen, S. 50.

料（包括草案、立法理由、立法過程中的各種相關紀錄等）爲依據來詮釋法律意義的一種方法。例如，民國94年新修正的刑法第29條，從法條文義上雖然看不出來在「共犯從屬性」的立場上究竟係採取「嚴格從屬形式」抑或是「限制從屬形式」的立法，但由於該條的修法理由中已表示，爲符合現代刑法思潮「故改採德國刑法及日本多數見解之共犯從屬性說中之『限制從屬形式』（§30關於幫助犯的立法理由中亦有相同之說明）」，故乃應從「限制從屬性」的觀點來詮釋該兩條文規定的意涵。又如，刑法第26條不能犯之規定，其立法理由特別明示係採取「客觀未遂理論」的立法，因此解釋時即可考量「客觀未遂理論」的精神來加以詮釋該條規定的意涵。

　　歷史解釋在「主觀解釋理論」盛行的年代，幾乎就是「法律解釋」的代名詞，因爲「主觀解釋理論」所強調的「立法者意思」，只有從立法資料上始能予與探求，兩者的結合似乎無法避免。然而，於此應強調的是，刑法的解釋實不應過度拘泥於古老立法者的意思，眞正應該探求的是「法律的客觀意旨」，此即所謂「客觀解釋理論」的精神。

（三）體系解釋

　　所謂「體系解釋」（Systematische Auslegung），乃是指依據個別條文與其他條文、個別條文在法典中或是該法典在整個法秩序中的體系關聯，來解釋法律的一種方法。舉例以言之，我國刑法第164條之藏匿人犯罪僅處罰藏匿人、不處罰被藏匿之脫逃人；而刑法第165條之湮滅刑事證據罪亦只處罰湮滅他人刑事案件證據之行爲、而不處罰湮滅自己刑事案件證據之行爲；另刑法第167條又規定有親屬間犯前二條之罪的減免規定，可見立法者已經考量到此等人於此種情形下所面臨的心理強制狀態。因此，若從「體系解釋」之角度將此等構成要件予以綜合觀察，應認爲在刑法第164條之構成要件中，法律考量到渴望自由、努力避免自己遭受監禁係屬人性，在所難免，因此無法期待犯人或脫逃人在此情況下爲符合規範之行爲（即乖乖束手就縛），故有意在這裡放棄對法益的保護。也就是說，在這種情況下藏匿人犯罪構成要件所要保護的「確保國家刑事司法權行使之法益」相對於該犯人與脫逃人而言係不受刑法保護的，犯人與脫逃人無法以刑法上相關之方式來侵害刑法第164條之構成要件保護法益，因此如果行爲人教唆他人藏匿或隱避自己，應認爲根本就欠缺對構成

要件保護法益之侵害而不該當於構成要件，不構成教唆藏匿人犯罪[13]。

（四）目的論解釋

　　所謂「目的論解釋」（Teleologische Auslegung），主要係基於法律規範之目的而爲之法律解釋，其主要是在確認「規範的當代目的」[14]，目的論解釋可以說是刑法解釋中最重要的一種解釋方法。由於刑法係以保護法益爲其主要目的，因此所謂「目的論解釋」其實就是一種以法益爲導向的解釋方法[15]。例如，刑法第161條的自行脫逃罪，其目的係在保護公之拘禁力的延續，因此基於法益導向的目的論解釋應認爲該條之自行脫逃罪僅指受國家公務員依法逮捕拘禁時脫逃的情形，不包括於私人逮捕拘禁中脫逃的情況。因此，行爲人如係被一般人依刑事訴訟法第88條之規定施以現行犯逮捕，在未送交檢察官或司法警察（官）之前即自行脫逃成功，此時即不具自行脫逃罪的構成要件該當性。

　　應強調者，目的論解釋固然是在解釋刑法構成要件時最重要的一種解釋方法，惟其仍應受到「罪刑法定原則」類推適用禁止之限制，不得做超出法條構成要件可能日常生活文義範圍外的目的論擴張（teleologische Extension）。例如，刑法第185條之4的肇事逃逸罪，雖立法理由中明示肇事逃逸罪之目的在「促使駕駛人於肇事後，能對被害人即時救護」，但卻不可以因此即將刑法第185條之4的肇事逃逸罪解釋爲包含「肇事後停留現場但未救助車禍傷患」的情形，因此種詮釋顯然已超出法條「逃逸」要件的可能日常生活文義範圍之外，已非屬法條文義範圍內的目的論解釋，而是超出法條文義外的目的論擴張，違反「罪刑法定原則」類推適用禁止的要求[16]。

（五）合憲性解釋

　　所謂「合憲性解釋」（Verfassungskonforme Auslegung），乃是指當法律有多種解釋可能性同時存在時，此時應該選擇與憲法規定或精神相符合之解

---

[13] 實務見解採相同結論，24年上字第4974號判例：「犯人自行隱避，在刑法上既非處罰之行爲，則教唆他人頂替自己以便隱避，當然亦在不罰之列。」

[14] Treder, Methoden und Technik der Rechtsanwendung, 1998, S. 57.

[15] Baumann/Weber/Mitsch, AT, §9 Rn. 68.

[16] 不同見解：盧映潔，刑法分則新論，14版，2019，第251頁以下，認爲肇事者留在現場但未救助車禍傷患，基於立法規範目的，解釋上仍可構成肇事逃逸罪。

釋，據以詮釋法律。而且，倘若其中只有一種解釋方法可以符合憲法的精神，此時更必須只能做該種合乎憲法精神的解釋。例如，我國刑法第310條誹謗罪之規定，雖係為保護他人名譽而設，但立法者為避免誹謗罪之規定對憲法所保障之言論與新聞自由造成不當箝制，乃於同條第3項規定「對於所誹謗之事，能證明其為真實者，不罰」。在這裡，條文中所謂能證明其所誹謗之事為「真實」，解釋上可能指「完全真實」、「部分真實」或是只要「行為人依其所查證之資料可合理相信其為真實」即可。大法官於釋字第509號解釋中，選擇了最符合憲法保障言論與新聞自由之精神的解釋，以避免刑法誹謗罪之規定產生限制言論與新聞發表的寒蟬效應，亦即認為刑法第310條第3項規定所指「能證明其所誹謗之事其為真實」之情形，只要「依其所提證據資料，可認為行為人有相當理由確信其為真實者」即可[17]，此即屬「合憲性解釋」之一種展現。

又如，刑法第329條準強盜罪之構成要件規定：「竊盜或搶奪，因防護贓物、脫免逮捕或湮滅罪證，而當場施以強暴脅迫者，以強盜論。」因構成要件文字並未區分強暴脅迫之程度，故若僅純就法律文義予以形式理解，則縱使行為人僅當場施以「較輕度」之強暴脅迫行為，仍應一律論以準強盜罪而比照強盜罪之法定刑予以重罰，如此可能導致「情輕法重」之法律效果，違反「罪刑相當原則」。對此，司法院釋字第630號解釋即針對刑法第329條準強盜罪構成要件予以合憲性解釋，認為「經該規定擬制為強盜罪之強暴、脅迫構成要件行為，乃指達於使人難以抗拒之程度者而言，是與強盜罪同其法定刑，尚未違背罪刑相當原則，與憲法第二十三條比例原則之意旨並無不符。」據此，基於合憲性解釋，將準強盜罪構成要件之適用限縮在其強暴脅迫須「達於使人難以抗拒之程度」的範圍內，才足以構成準強盜罪。

需強調的是，上述五種解釋方法並非互相排斥，事實上它們應該是互補的。法律解釋很少僅使用一種方法就能獲致結論，通常是混合使用多種解釋方

---

[17] 釋字第509號解釋：「……刑法第三百十條第一項及第二項誹謗罪即係保護個人法益而設，為防止妨礙他人之自由權利所必要，符合憲法第二十三條規定之意旨。至刑法同條第三項前段以對誹謗之事，能證明其為真實者不罰，係針對言論內容與事實相符者之保障，並藉以限定刑罰權之範圍，非謂指摘或傳述誹謗事項之行為人，必須自行證明其言論內容確屬真實，始能免於刑責。惟行為人雖不能證明言論內容為真實，但依其所提證據資料，認為行為人有相當理由確信其為真實者，即不能以誹謗罪之刑責相繩，亦不得以此項規定而免除檢察官或自訴人於訴訟程序中，依法應負行為人故意毀損他人名譽之舉證責任，或法院發現其為真實之義務。……」關於釋字第509號解釋與刑法第310條第3項的解釋與適用關係，可見王乃彥，誹謗罪與真實性誤信，收錄於「刑與思─林山田教授紀念論文集」，2008/11，第107頁以下。

法來增加其論據的基礎，學者將此種現象稱之為「方法論的混和主義」[18]。法律解釋乃是一個綜合運用各種解釋方法以探求「客觀法律規範意旨」的一個過程，因此若只是單獨運用某種解釋方法就直接得出結論，在法學方法上是不夠嚴謹的。每一種解釋方法，在法律解釋的過程中，均扮演著不同的功能，但也同時受有不同的限制，只有將之綜合運用，始能獲致合理的結論。

誠然，法律解釋方法的運用增加了法律的可預測性，但是這並不代表透過法律解釋方法的運用，就一定能使法規範意旨的詮釋通往一定正確的方向，得到相同的解釋結果，充其量只是提高了不同解釋者間獲得相同解釋結論的機率，如此而已。社會科學本來就沒有所謂的絕對真理，它只能透過不斷的推論與反證的未曾出現，而獲得其相對真理性。

二、立法解釋

我國刑法有針對某些法典上的特定用語，予以明文規定，此種直接以立法方式對於特定用語所為之解釋，學說上稱之為立法解釋。我國刑法第10條即為其典型，茲敘述如下：

（一）稱以上、以下、以內者，俱連本數或本刑計算

根據刑法第10條第1項之規定，凡是刑法條文中有規定以上、以下或以內之文字者，解釋上都包含本數或本刑在內。例如，刑法第271條第1項規定：「殺人者，處死刑、無期徒刑或十年以上有期徒刑。」其中法律規定的十年以上有期徒刑，應依本條規定俱連本刑計算，故包括本刑「十年」在內，亦即殺人罪之最低刑度應為十年，而非十年零一天。

又如，刑法第320條第1項之竊盜罪規定為：「意圖為自己或第三人不法之所有，而竊取他人之動產者，為竊盜罪，處五年以下有期徒刑、拘役或五十萬元以下罰金。」其中法律規定的五年以下有期徒刑，依本條規定俱連本刑計算，故包括本刑「五年」在內，亦即竊盜罪之最重刑度應為五年，而非五年減一天；同樣的，罰金部分最重也是新臺幣「50萬元」罰金。

---

[18]　吳庚，論憲法解釋，法令月刊，第41卷第8期，第6頁。

（二）公務員之定義

　　刑法有許多犯罪都有要求行為主體必須具備公務員之資格，例如瀆職罪章中之各種瀆職罪，因此公務員之意義為何必須予以定義清楚。依據刑法第10條第2項之規定，刑法上所指稱之公務員，包括下列人員[19]：

1. 身分公務員

　　所謂「身分公務員」，係指依法令服務於國家、地方自治團體所屬機關而具有法定職務權限之人（§10II①前段）。此處所謂國家、地方自治團體之「所屬機關」，係指行使公權力之國家或地方行政機關及其所屬機關，如總統府、五院及其所屬各部會、各級地方政府及其所屬鄉鎮市區公所等。身分公務員之任用方式，祇須有法令之任用依據即可，不論係經考試晉用、選舉產生、約聘僱用或政治任命，更不論係專職或兼任、長期性或臨時性[20]。據此，凡受聘於各級政府及其所屬機關之員工，且亦不以參加公教人員保險者為限，幾乎均屬此類身分公務員，其可能是通過國家考試後依法銓敘派用之公務員、機關內的約聘及聘僱人員（例如約聘職員）或者是依選舉而取得資格之人（如總統、縣市長、立法委員、議員、里長等）。基本上，「身分公務員」的概念著重於其公務員的身分，祇須具有法定職務權限，為公務員職務範圍內所應為或得為之事務，即應負有特別保護義務及服從義務，至於該項職務是否為涉及公權力行使之公共事務，則非所問[21]。

　　「身分公務員」之定義與一般人印象中之公務員最為相近，亦即服務於政府機關之員工，往往均屬於刑法上的公務員。惟立法當時亦特別考量到政府機關內之員工繁多，如不區別其從事職務之種類而一律視為是刑法上公務員，恐有不當擴大刑罰權之疑慮。因此，刑法亦特別規定除了具備服務於國家或地方自治團體所屬機關之身分外，尚須具有「法定職務權限」，方屬於本款所指之公務員。倘若僅係單純從事技術性、勞務性之庶務工作而不具有法定職務權限

---

[19] 關於刑法公務員概念的詳細論述，請參閱甘添貴，刑法新修正之公務員概念，收錄於「刑法總則修正重點之理論與實務」，2005，第133頁以下；甘添貴，刑法上公務員之定義與涵蓋範圍，月旦法學雜誌，第92期，2003/01，第26頁以下；張麗卿，刑法上公務員受賄犯罪之研究，輔仁法學，第44期，2012/12，第9頁以下。

[20] 最高法院105年度台上字第1244號刑事判決。

[21] 最高法院96年台上字第5853號判決。

者，例如政府機關僱用之保全、清潔人員或司機等，縱使其係服務於國家或地方自治團體所屬機關之人員，也不屬於刑法上之公務員。在本節導引案例中，甲雖然屬市政府聘僱的保全，但因僅單純從事保全工作而不具有法定職務權限，故仍非屬刑法上之身分公務員。

軍人是否屬於刑法上的「身分公務員」，需視其是否具有法定職務權限而定。若係具法定職務權限之軍人，應屬刑法上之公務員；但倘若僅係一般負責戰鬥任務之普通士兵，未離開軍營、亦未獨立執行職務，最高法院實務見解即認為非屬刑法上之公務員[22]。

解釋上有爭議者，係法條內所謂「依法令」與「法定職務權限」，其範圍為何？對此，最高法院實務見解係採取最寬鬆的解釋，認為此處所謂「依法令」係指依法律與命令而言，此命令又包括法規命令與行政規則在內；而所謂「法定」職務權限，亦包含依「法律」或「行政命令」所定之職務在內。依法律者，如組織條例、組織通則；以行政命令者，如組織規程、處務規程、業務管理規則、機關其他之內部行政規章等固毋庸論，甚至機關長官基於內部事務分配而為之職務命令，亦屬之[23]。不過，實務見解將此處之法令與法定職務權限泛指所有一切法律與行政命令皆包含在內，例如機關長官基於內部事務分配之職務命令指定專責清潔之人員也會因此屬於具法定職務權限的公務員，如此將讓當初限定公務員範圍以限縮國家刑罰權之立法目的喪失殆盡，恐有商榷餘地。解釋上，宜認為此處之「法定」職務權限，係僅指依法律或依法律授權制定之法規命令所定之職務，較為合理。

各縣市鄉鎮區公所所屬之清潔隊員，實務見解認為係依各地方自治條例及組織規程規定服務於地方自治團體所屬機關之人員，並依廢棄物清理法具有一般廢棄物清理、環境清潔維護、資源回收及環境稽查等法定工作事項，係屬依法令服務於地方自治團體所屬機關而具有法定職務權限之身分公務員[24]。

應強調者，公營事業、公立學校、公立醫院等非政府機關之公家機構附屬單位或是由政府所捐助成立之財團法人（如法律扶助基金會、國家衛生研究院等），解釋上應非屬此處所謂之國家、地方自治團體之所屬機關。因此，此等機關所屬人員並非刑法上的「身分公務員」，但若另有法令授權其從事公共事

22　最高法院104年度台上字第1684號判決。

23　最高法院111年度台上字第2號判決。

24　最高法院103年度台上字第1551號判決、100年度台上字第6951號判決。

務的職務權限，則有可能屬於下述之「授權公務員」。

2. 授權公務員

　　所謂「授權公務員」，係指雖非屬服務於國家或地方自治團體所屬機關之人員，但卻依據法令從事於公共事務，且具有法定職務權限者（§10Ⅱ①後段）。由於刑法採取的是實質的公務員概念，因此縱非服務於各級政府機關，但如果其係依法令授權而從事於公共事務且具有法定職務權限者，亦屬於刑法上的公務員。此種「授權公務員」，在主體要件上，限於依法令從事於公共事務而具有法定職務權限者；在事務要件上，與前述「身分公務員」不同的是，其職務必須是以涉及有關公權力行使之事項始足以當之，如果是單純的私經濟行為則並不包含在內[25]。因為雖然法令特別規定將處理公共事務之權限授權特定團體之成員行使，但如果該事務不涉及公權力之行使而與國家統治權之作用無關，即難謂其對國家法秩序有高度服從及保護之義務存在，因此欠缺將其視為是刑法上公務員之基礎[26]。屬於此類由法律授權從事與公權力行使有關之公共事務的「授權公務員」，例如依政府採購法規定之各公立學校或公營事業之承辦監辦採購業務之人員[27]、依律師法之規定律師懲戒委員會之委員等，於其職務之行使涉及有關公權力之事項範圍內，均屬於刑法上的公務員。

　　應留意者，公立學校教職員或公營企業（例如中油、台電、台水、公立醫院）的員工，原則上非屬刑法上之公務員，但各公立學校或國營企業的員工若有承辦或監辦採購的業務，因須依政府採購法之規定辦理採購業務，就會變成依法令從事行使公權力之公共事務的授權公務員。例如，公立學校負責設備採購的總務處員工、公立醫院負責藥品採購之人員，均為刑法上的授權公務員。而且，關於承辦或監辦採購業務，實務見解係採廣義解釋，包括完成採購作業之各階段行為均屬之，舉凡處理訂定招標文件、招標、開標、審標、比價、議

---

[25] 最高法院96年台上字第6032號判決、100年台上字第2140號判決。

[26] 甘添貴，公立大學教師是否為刑法上之公務員，台灣法學雜誌，第204期，2012/07，第114頁。

[27] 最高法院97年台上字第3868號判決：「……公營事業之員工，若依政府採購法之規定承辦或監辦採購之行為，縱其採購內容係涉及私權或私經濟行為之事項，惟因公權力介入甚深，仍解為有關公權力之公共事務，自屬於修正後刑法第十條第二項第一款後段所稱之『授權公務員』。……」

價、決標、訂約、履約管理、驗收及爭議處理之人員[28]，均屬於刑法上的授權公務員。

至於替代役男是否爲刑法上的「授權公務員」，須視其所從事職務而定，未可一概而論。若依其役別係警察役，依替代役實施條例施行細則第3條第1款第1點之規定，警察役包括擔任矯正機關警衛之輔助勤務等，故替代役男奉派往監獄、看守所擔任立哨、崗哨、巡邏勤務者，因其所從事之法定職務權限涉及公權力行使，應視爲刑法上的授權公務員。若其所擔任之工作與公權力之行使無關，例如被派擔任兒童與少年、老人與病、殘榮民及身心障礙者之照顧，資源回收、環境清潔維護，特殊教育與國外輔助教學及中輟生之輔導，農業資源展覽導覽服務等事務，即非屬刑法上的「授權公務員」[29]。

實務上引發爭議者，係公立大學教師接受政府或公立單位委託、補助而辦理採購事務時，是否屬於刑法上之授權公務員？對此，最高法院以往判決曾採肯定見解，認爲此種情形公立大學教師就其承辦或監辦採購事務，仍屬刑法上之授權公務員[30]。其後，最高法院改變見解認爲公立大學教師接受政府或公立單位委託、補助而辦理採購事務，因係依「科學技術基本法」而不適用「政府採購法」，非屬執行公權力之公共事務，不是刑法上的授權公務員[31]。此項見解應可資贊同，大學教師之本職爲教學與研究，公立大學教師雖使用政府或公立單位之經費辦理採購，但此項採購係用於學術研究非屬公共事務，且不適用政府採購法，亦不涉及招標、審標與決標等公權力之行使，概念上應非屬刑法上的「授權公務員」[32]。

---

[28] 最高法院107年度台上字第3164號判決。

[29] 最高法院98年台上字第2828號判決。

[30] 最高法院100年台上字第459號判決：「公立學校、公立研究機關受政府補助、委託、或出資之科學技術研究發展，如符合科學技術基本法第六條第三項規定，僅就其辦理採購不適用政府採購法之規定（依該條但書規定，仍應依政府補助科學技術研究發展採購監督管理辦法爲之），但其承辦或監辦採購人員，就其從事採購行爲，乃屬『授權公務員』，倘其辦理採購有貪污、舞弊情事，自仍有貪污治罪條例之適用。」

[31] 最高法院102年台上字第1448號判決認爲：「公立大學教師……依據『科學技術基本法』規定承辦『國科會』、『工研院』等委託機關補助之科技研究經費採購事務，不適用『政府採購法』招標、審標、決標之規定，非執行公權力行爲之『公共事務』，不具『授權公務員』身分。……」

[32] 此爲學界通說見解：甘添貴，公立大學教師是否爲刑法上之公務員，台灣法學雜誌，第204期，2012/07，第115頁以下；馬耀中，國科會報帳─國立及私立學校不同，月旦法學雜誌，第217期，2013/06，第39頁以下；張麗卿，刑法上公務員受賄犯罪之研究，輔仁法學，第44

3. 委託公務員

　　所謂「委託公務員」，係指受國家或地方自治團體所屬機關依法委託，從事與委託機關權限有關之公權力事務者。這裡委託公務員，其意義等同於一般公法上所稱之公權力委託[33]的受託人。例如，各公私立大學校、院、系所教師評審委員會委員係受教育部委託辦理教師升等評審事務之委託公務員；又例如，陸委會依臺灣地區與大陸地區人民關係條例委託財團法人海峽交流基金會處理兩岸事務，海基會人員辦理驗證業務之承辦人員；或如受公務主管機關委託辦理汽車定期檢驗業務的民間檢驗場人員等。在這裡，因為受託人得於其受委任範圍內獨立行使委託機關之公權力，因此立法者特別將此等公權力之受託人亦納入刑法的公務員概念之中。應強調者，雖受國家或地方自治團體所屬機關之委託，但倘若所從事者係非關公權力行使之事務或僅屬私經濟行為者，由於不涉及公權力之行使，即非屬刑法之公務員。

　　另外，應與公權力委託之受託人（即委託公務員）加以區別者係所謂的「行政助手」（亦稱「行政輔助人」），其僅是協助行政機關處理涉及公權力行使之公共事務時的輔助人，並未受託獨立行使公權力，故非屬刑法上委託公務員。例如，地方政府委託民間拖吊業者從事違規車輛之拖吊業務、地檢署依「地方法院檢察署辦理施用毒品犯受保護管束人尿液採驗應行注意事項」以契約委託民間業者執行採尿業務等。

　　有疑問者，受環保機關委託代為進行機車廢氣排放標準檢驗的民間機車行，在辦理機車廢氣排放定期檢驗業務的範圍內，是刑法上的委託公務員抑或僅屬行政助手？對此，由於受環保機關委託的民間機車行，在進行機車廢氣排放檢驗業務時，僅單純協助安置設備進行廢氣檢驗，但關於機車廢氣排放檢驗的排放數值以及檢驗是否通過，民間機車業者並無獨立判斷之權限，而是取決於環保機關置放在該地的檢驗設備的判讀結果，因此解釋上該受委託的民間機車行負責安置廢棄檢驗設備之人員性質上僅屬於行政助手，而非委託公務員。

　　另外，關於金融機構受稅捐稽徵機關委託從事收納稅款事務之人員，是否屬受託行使公權力之委託公務員，解釋上亦不無疑問。對此，實務見解係採肯

期，2012/12，第17頁以下；蕭宏宜，不實請領國科會補助並非貪污犯罪，台灣法學雜誌，第204期，2012/07，第128頁以下。

[33] 行政程序法第16條第1項：「行政機關得依法規將其權限之一部分，委託民間團體或個人辦理。」

定說，認為稅捐之徵收（含稅款之收納）係屬公權力行政，代收稅款之金融機構人員係受稽徵機關之委託從事收納稅款事務，並於收納稅款後在繳款書收據聯加蓋出納章作為納稅憑證，其所為係涉及收納稅款公權力之行使，並非私經濟行為，因此代收稅款之金融機構人員係屬刑法上之委託公務員[34]。

惟實務此項見解是否合理，不無探討空間。金融機構代收稅款人員僅機械性純粹代收稅捐稽徵機關所核定之稅款，並無自行決定應納稅額之權限，縱於納稅義務人延遲繳款之情形可能需另行加計法定滯納金後收取款項，但此項滯納金係附隨於原核定之遲繳稅款而依法產生[35]，金融機構代收稅款人員僅係依固定公式代為計算後填入金額並代為收取款項，蓋出納章亦純粹僅係代表已收訖款項之意，此類單純機械性代為計算滯納金並代收款項之事務並未涉及公權力行使，僅係協助稅捐機關收取稅款及滯納金，應僅屬行政助手之性質，而非委託公務員。同理，代收稅款、罰款或其他政府規費之便利超商店員，亦僅是行政助手[36]，而非委託公務員。

（三）稱公文書者，謂公務員職務上製作之文書

依據刑法第10條第3項之規定，刑法上所稱之公文書，須符合以下兩要件：1.須為公務員所製作；2.須本於職務所製作。如果文書並不符合此公文書之定義，在法律上即歸類為「私文書」。其區分之實益乃在於，行為人所偽造、變照者若係「公文書」，成立的是偽造、變造公文書罪（§211），若係「私文書」，則成立的僅是偽造、變造私文書罪（§210）。

依實務見解，公務員代表國家機關與私人間所訂立之私法上契約，不屬於刑法上之公文書[37]。例如，公務員為添購辦公設備，而與廠商訂立的買賣契約。另外，如前述依最高法院見解代收稅款之金融機構人員係委託公務員，則該代收稅款之金融機構人員代收款項後交予納稅義務人收執作為納稅憑證之繳款書收據聯，依實務見解即係委託公務員因從事與委託機關權限有關之公共事

34　最高法院110年度台上字第2280號判決。

35　稅捐稽徵法第20條第1項：「依稅法規定逾期繳納稅捐應加徵滯納金者，每逾三日按滯納數額加徵百分之一滯納金……。」

36　王皇玉，刑法總則，7版，2021，第108頁，亦認代收稅款之超商店員並非委託公務員。

37　最高法院28年7月11日第2次刑庭決議。

務所製作之文書，而屬公文書[38]。惟依本書見解，該代收稅款之金融機構人員與超商店員僅是行政助手、非委託公務員，故其收訖款項後交予繳款人收執之繳款憑據，自然亦非屬公文書，而僅屬私文書的性質。

（四）重傷之定義

依據刑法第10條第4項之規定：「稱重傷者，謂下列傷害：

一、毀敗或嚴重減損一目或二目之視能。

二、毀敗或嚴重減損一耳或二耳之聽能。

三、毀敗或嚴重減損語能、味能或嗅能。

四、毀敗或嚴重減損一肢以上之機能。

五、毀敗或嚴重減損生殖之機能。

六、其他於身體或健康，有重大不治或難治之傷害。」

本條第1至5款所謂的「毀敗」，係指視能、聽能、語能、味能、嗅能、肢體機能、或生殖機能，遭受傷害以至於完全喪失其效用，縱使經過診治亦無法再恢復原狀[39]。另外，縱使上述身體功能並未達毀敗之程度，但如果該傷害已經足以嚴重減損其機能者，亦屬於重傷的範疇，而非輕傷。例如被害人之感官或肢體機能已經喪失大部分功能，此時縱使未達百分之百的喪失效用之毀敗程度，亦屬於重傷。

至於第6款所稱：「其他於身體或健康，有重大不治或難治之傷害」，係指除去前述第1款至第5款之傷害，而對於身體或健康有重大不治或難治之傷害者而言[40]。此項對重傷定義的概括條款，此項對重傷定義的概括條款，關於重傷的判斷必須同時符合二要件：第一，傷害必須「重大」；第二，傷害須為「不治或難治」。因此若傷害並非重大，或傷害雖屬重大但並非不治或難治，均不符合重傷之立法定義，解釋上即非屬重傷。例如，被害人雖遭受重創送醫急救，但之後經醫療機構細心照護而完全康復，此時因傷害並非不治或難治，定義上即仍屬輕傷、而非重傷。

---

[38] 最高法院110年度台上字第2280號判決，並因而認為偽造其上蓋有銀行收款章之暫繳稅額繳款書收據並加以行使，係行使偽造公文書，而非行使偽造私文書。

[39] 原28年上字第1089號判例。

[40] 原25年上字第4680號判例。

　　毀容與臟器切除是實務上常見的重傷類型，例如以小刀將人毀容[41]、以強酸毀容[42]、毆打他人導致其左腎破裂必須切除[43]、傷害他人導致其脾臟傷害遭手術切除[44]……等，實務見解均認為屬於重傷。因此，於本節導引案例中，女童父親當場在極度氣憤下狠狠的將色狼甲痛毆一頓，導致甲受傷脾臟破裂必須動手術予以切除，甲所受的傷害屬於「重傷」，故女童父親應構成義憤重傷罪（§279）。

（五）性交之定義

　　刑法的妨害性自主罪章以及妨害風化罪章中之各罪，有許多都是以性交作為其構成要件行為，故在立法上即有需要對性交之概念予以定義清楚。依據刑法第10條第5項之規定，所謂性交者，係指非基於正當目的所為之下列性侵入行為：

1. 以性器進入他人之性器、肛門或口腔，或使之接合之行為。
2. 以性器以外之其他身體部位或器物進入他人之性器、肛門，或使之接合之行為。

　　現行刑法第10條第5項的立法定義，將刑法上的「性交」範圍擴張，除了包含以性器進入他人性器的情形外，也將以性器進入他人肛門的「肛交」，以及以性器進入他人口腔的「口交」，都涵攝入刑法對於「性交」的定義當中（第1款）。甚至，在以性器以外之其他身體部位或器物進入他人性器、肛門之情形，例如以手指或棍棒進入被害人性器或肛門，也都包含在刑法「性交」的定義內（第2款）。因此，在本節導引案例中，色狼甲強制以手指進入六歲女童之下體，符合刑法「性交」的意義，應構成對未滿十四歲之男女所犯的加重強制性交罪（§222 I ②）。

　　至於，刑法第10條第5項之定義中所謂「使之接合之行為」，主要是針對女性對男性實施性侵的情形，因女性對男性實施性侵可能未必以「進入」的方

---

[41] 原47年台上字第1433號判例。

[42] 原80年台上字第2128號判例。

[43] 最高法院76年台上字第2967號判決。

[44] 最高法院89年台上字第3263號判決：「刑法第十條第四項第六款所謂重傷之意義，係指身體與健康兩者而言。脾臟在醫學上之見解，縱使與健康無重大影響，但究屬人身臟器之一，既毀敗至不治而割除，應屬重傷害，……。」

式來進行，故法條乃將「接合」的方式也列入，以杜絕爭議。例如女性對男性下藥使之昏迷，再對昏迷中的男性被害人實施口交之情形，亦可成立加重強制性交罪（§222Ⅰ④）。

（六）電磁紀錄之定義

　　刑法有些罪名會以「電磁紀錄」作為其要件，例如刑法第201條之1的偽造變造信用卡罪、刑法第359條的侵害電磁紀錄罪等，因此立法者乃於總則規定了電磁紀錄的立法定義。依據刑法第10條第6項之規定，所謂「電磁紀錄」，係指「以電子、磁性、光學或其他相類之方式所製成，而供電腦處理之紀錄」。據此，凡是可以供電腦處理的任何電子資訊紀錄，均屬於電磁紀錄。例如，於電腦硬碟、磁碟機、隨身碟、光碟片所儲存或燒錄之資料；又如信用卡、金融卡、儲值卡之磁條或晶片上所儲存之紀錄等，均屬於刑法上所稱之電磁紀錄。

（七）凌虐之定義

　　刑法有些罪名會以「凌虐」作為構成要件，例如刑法第286條規定「對於未滿十八歲之人，施以凌虐或以他法足以妨害其身心之健全或發育者」，構成妨害未成年人發育罪。對此，第10條第7項特別規定其立法定義：「稱凌虐者，謂以強暴、脅迫或其他違反人道之方法，對他人施以凌辱虐待行為。」此定義除強暴、脅迫外，尚特別將其他非人道待遇亦列入「凌虐」的概念。這裡所謂的「凌虐」概念，可能包含積極行為，例如經常予以毆打、經常不讓其吃飽；也可能是消極行為，例如生病不將其送醫、受傷不使其治療等，均包含在凌虐的意義範圍之內。

　　有爭議者，係凌虐行為是否須具備持續性，僅單一一次傷害行為是否有可能構成凌虐。關於此問題，立法理由有謂：「實務上認為凌虐行為具有持續性，與偶然之毆打成傷情形有異」，似採肯定說。惟修法後近期實務判決則改變見解採否定說，認為凌虐行為並不以具持續性為必要[45]。對此，筆者亦認為凌虐行為並不以具持續性為必要，只要符合違反人道之凌辱虐待性質，縱使僅有一次性的行為，仍可構成凌虐。例如，將未成年幼兒吊起來或綁起來鞭打，

---

[45] 最高法院109年度台上字第4353號判決。

縱使僅有一次仍可構成凌虐。

（八）性影像之定義

刑法於2023年增訂「妨害性隱私及不實性影像罪」罪章，針對未經同意攝錄他人性影像（§319-1）、強制攝錄他人性影像（§319-2）、未經同意重製或外流他人性影像（§319-3）以及製作或散布他人不實性影像（深偽性影像）（§319-4）等行為予以犯罪化，為避免對性影像之解釋產生爭議，故同步在總則編第10條亦配合增訂「性影像」之立法定義。依刑法第10條第8項之規定，有下列各款內容之一的影像或電磁紀錄，均屬「性影像」：

一、第五項第一款或第二款之行為（即性交行為）。
二、性器或客觀上足以引起性慾或羞恥之身體隱私部位。
三、以身體或器物接觸前款部位，而客觀上足以引起性慾或羞恥之行為。
四、其他與性相關而客觀上足以引起性慾或羞恥之行為。

依此規定，影像內容含有性交、性器或其他客觀上足以引起性慾或羞恥身體隱私部位（例如胸部、臀部或肛門等）者，固屬性影像（第1～2款）無論。甚至，縱使未實際拍攝到性交、性器或身體隱私部位，若影像內容包含以身體、器物接觸性器或身體隱私部位，且內容在客觀上足以引起性慾或羞恥感者，亦屬刑法所指的性影像（第3款）。例如，以親吻、撫摸等方式或以器物表面接觸性器或身體隱私部位，縱使遭攝錄之行為未達性交程度、影像也未呈現性器或隱私部位，但只要客觀上足以引起性慾或羞恥感，亦屬刑法所指的性影像，且不論自己或他人所為者均屬之。

刑法第10條第8項第4款為概括條款，係指除同條項前3款外，凡內容上含有其他與性相關而客觀上足以引起性慾或羞恥之行為者，亦為刑法所指的性影像。例如，影像內容未直接呈現性交、性器或身體隱私部位，而是對該等行為或部位以打馬賽克或模糊處理等方式予以遮掩；或如，竊錄他人親密影像雖因攝錄角度因素並未呈現性交、性器或身體隱私部位，如內容在客觀上足以引起性慾或羞恥感者，仍屬刑法所指的性影像。

第五節　空白刑法

導引案例

　　甲於民國88年6月因私運少量管制物品黃金出口被查獲，並於同年9月遭檢察官以觸犯懲治走私條例第2條私運管制物品出口罪（走私罪）起訴。其後，於第一審法院審理中，行政院於同年10月18日以行政院（88）台財字第3844號函發布刪除「管制物品項目及其數額」乙項第1款黃金為管制出口物品之規定，致使黃金已不再屬於管制出口物品。試問：甲於本案中是否仍應以懲治走私條例第2條私運管制物品出口罪論處？

一、意義

　　通常一般刑罰法律之條款，都是屬於不需要補充的「完整刑法」（或完整犯罪構成要件）。相對地，所謂的「空白刑法」（Blankettstrafgesetz），則係指其構成要件中具有某些空白要素（Blankettmerkmale）[46]的刑事法律，此種刑事法律的條款雖然規定了犯罪行為及其法律效果，不過其犯罪構成要件的禁止內容（Verbotsinhalt）則是空白的，必須要透過其他法律、法規命令或行政命令的補充，才能成為一個完整的犯罪構成要件。

《舉例1》刑法第192條第1項違背預防傳染之法令罪：「違背關於預防傳染病所公布之檢查或進口之法令者，處二年以下有期徒刑、拘役或三萬元以下罰金。」本罪需要透過其他關於「預防傳染病之法令」來加以補充，始足以確定其內容而成為一個完整的犯罪構成要件。

《舉例2》懲治走私條例第2條第1項：「私運管制物品進口、出口逾公告

---

[46] Kindhäuser, AT, §9 Rn. 14.

數額者，處七年以下有期徒刑，得併科新臺幣三百萬元以下罰
金。」同條第4項「第一項所稱管制物品及其數額，由行政院公
告之。」於此所謂之「管制物品」究竟為何，尚需透過行政院
發布之行政命令「管制物品項目及其數額」的補充，始可以確
定其內容。

此種「空白刑法」的使用並非法所禁止，特別是在需因應事實環境變遷的
經濟刑法（財經刑法）中更是蔚為常態，惟無論如何「空白刑法」的使用仍然
應符合構成要件明確性的要求，其授權主管機關發布法規命令為補充規定時，
必須自授權的空白刑法規定中得預見其行為之可罰，其授權始為明確而符合罪
刑明確性原則[47]，否則將有違「罪刑法定原則」的精神。

二、空白刑法之補充法令變更，是否有刑法第2條第1項「從舊從輕原則」之適用？

關於空白刑法之補充法令的變更，是否有刑法第2條第1項「從舊從輕原
則」適用之餘地？對此問題，學說與實務尚有所爭議：

學界多數說基本上採肯定見解，認為空白刑法補充法令的變更，因為足以
影響到空白構成要件的可罰性範圍，因此仍屬於刑法第2條第1項所指的「法律
變更」，應肯定有「從舊從輕原則」的適用[48]。若採取此說，則本節導引案例
中的甲，即可主張刑法第2條的「從舊從輕原則」，而適用對其最有利之新

---

[47] 釋字第680號解釋理由書中謂：「……刑罰法規關係人民生命、自由及財產權益至鉅，自應
依循罪刑法定原則，以制定法律之方式規定之。法律授權主管機關發布命令為補充規定時，
須自授權之法律規定中得預見其行為之可罰，其授權始為明確，方符刑罰明確性原則（本院
釋字第五二二號解釋參照）。其由授權之母法整體觀察，已足使人民預見行為有受處罰之可
能，即與得預見行為可罰之意旨無違，不以確信其行為之可罰為必要。……」

[48] 採此說者有：吳耀宗，刑法第二條第一項「法律變更」之研究—兼評大法官會議釋字第103
號解釋以及最高法院相關裁判，台灣本土法學，第13期，2000/08，第79頁以下；林山田，
刑法通論（上），第109頁以下；洪福增，刑法判解研究，第8頁以下、第13頁以下；另外，
亦有學者認為應分別情形以觀之，如果補充規範之變更係由於事實狀態變更，應認為無刑法
第2條第1項之適用；惟若空白刑法補充規範之變更，非由於事實狀態變更，而係原來之補充
規範有不盡適當而予以變更者，則仍應認為有刑法第2條第1項之適用。見楊建華，刑法總則
之比較研究，1988，第33頁以下；韓忠謨，刑法原理，第560頁（註6），亦採取類似的見
解。

法，故不成立走私罪。

　　惟關於此問題，學說上亦有見解認爲，空白刑罰法律本身並未變更，僅其補充法令有所變更，此項變更係屬於「事實變更」，而非「法律變更」，故無刑法第2條第1項「從舊從輕原則」之適用[49]。我國實務見解向採此說，司法院釋字第103號解釋即謂：「行政院依懲治走私條例第二條第二項專案指定管制物品及其數額之公告，其內容之變更，對於變更前走私行爲之處罰，不能認爲有刑法第二條之適用。」

　　最高法院51年台非字第76號判決（原判例）亦謂：「刑法第二條所謂有變更之法律，乃指刑罰法律而言，並以依中央法規制定標準法第二條（現行條文爲第四條）之規定制定公布者爲限，此觀憲法第一百七十條、第八條第一項，刑法第一條之規定甚明。行政法令縱可認爲具有法律同等之效力，但因其並無刑罰之規定，究難解爲刑罰法律，故如事實變更及刑罰法律外之法令變更，均不屬本條所謂法律變更範圍之內，自無本條之適用[50]。」若採此實務見解，則本節導引案例中的甲，即無刑法第2條第1項「從舊從輕原則」之適用，故仍應依行爲時法（舊法）處理，甲之行爲成立走私罪。

　　本書認爲，由於空白刑法補充法令的變更，事實上已經改變了空白構成要件的適用範圍，此種情形與透過立法程序去修正刑罰法規所造成的法律適用範圍及可罰性變動，在性質上並無不同，基於相同事物、相同處理的「平等原則」，應認爲此種空白刑法補充法令的變更，本質上應係刑法第2條第1項的「法律變更」，而有「從舊從輕原則」的適用，似較爲妥適[51]。

---

[49]　採此說者：蔡墩銘，刑法精義，第29頁；同作者，刑法總論，第64頁。

[50]　最高法院在較近期的判決中，仍然採取此種否定說之見解。例如94年台上字第771號判決即謂：「行政院依懲治走私條例第二條第四項之委任立法，將原公告之管制物品及其數額重行公告，乃行政上爲適應當時社會環境需要所爲事實上之變更，並非刑罰法律有所變更，自不得據爲廢止刑罰之認定，是無論公告內容如何變更，其效力僅及於以後之走私行爲，殊無溯及既往而使公告以前之走私行爲受何影響，即無刑法第二條第一項之適用。」

[51]　至於在財經刑法領域的空白刑法補充法令變更，考量財經刑法的特殊性，處理上則可能有所不同。見林書楷，資本市場刑法—以內線交易及操縱市場罪爲中心，月旦財經法，第23期，2010/12，第59頁以下。

第三章
犯罪類型與刑法的行為概念

第一節　犯罪之類型（構成要件類型）

導引案例

(1)流氓甲因細故欲「教訓」A，乃對A施以拳打腳踢，事後A去醫院療傷，不料行至半夜，A因傷勢過重而死亡。問甲應構成傷害致死罪（§277Ⅱ）或是殺人既遂罪（§271Ⅰ）？

(2)乙有一現無人居住之破舊房屋座落於稻田之中，四周除田地之外，並無任何其他建築物。其後乙為改建成新房子，乃放火將該自己所有之舊屋焚毀。問乙是否構成公共危險罪？

(3)黑道流氓丙將商人強行押至山區小木屋關起來，二個月後才將商人釋放，之後丙因擔心遭警察逮捕而展開逃亡。問丙所觸犯之剝奪行動自由罪的追訴權時效應自何時起算？

(4)丁某日與其父親到海邊釣魚，其父親不慎失足掉落海中，並大聲向丁求救。惟丁一時貪念大起，心想父親一死自己就可繼承龐大之遺產，遂不理會父親的呼救而袖手旁觀，最後丁的父親終於不幸溺斃。問丁是否構成犯罪？

(5)未婚媽媽戊於生產後，因罹患產後憂鬱症，而將嬰兒殺死。問戊應成立何罪？

(6)己意圖建立「台灣共和國」，乃組織游擊隊發動武裝革命，其後因悔悟而解散游擊隊棄械投降。問法官可否適用刑法第27條中止犯之規定，予以減輕其刑？

一、故意犯與過失犯

　　犯罪類型（Deliktsarten），依行為人主觀上是否具備故意、抑或僅是出於過失，而可區分為「故意犯」與「過失犯」。所謂「故意犯」（Vorsatzdelikte），係指行為人主觀上具備故意而違犯之犯罪，例如刑法第271條的故意殺人罪；至於「過失犯」（Fahrlässigkeitsdelikte），則係指行為人缺乏故意，僅係出於過失所違犯之犯罪，例如刑法第276條的過失致死罪。

（一）故意的類型

　　「故意」在我國刑法上，又可區分為「直接故意」與「未必故意」兩種：

1. 直接故意

　　刑法第13條第1項規定：「行為人對於構成犯罪之事實，明知並有意使其發生者，為故意」，本條項所指者即為直接故意（Direkter Vorsatz bzw. dolus directus）。「直接故意」為一較高強度之故意，亦即行為人事先對於所有的客觀構成要件事實有清楚的認識，且有明顯意願經由其行為之實施而直接促成構成要件事實的實現。在本節導引案例(1)中，流氓甲欲教訓A而對之拳打腳踢，甲明知對A施以拳打腳踢會導致A受傷，而甲也有意藉由其拳打腳踢之行為讓A受傷，甲顯然具有傷害的直接故意。

2. 未必故意

　　刑法第13條第2項規定：「行為人對於構成犯罪之事實，預見其發生而其發生並不違背其本意者，以故意論。」本條項所指者即為「未必故意」的情形（Eventualvorsatz bzw. dolus eventualis），亦可稱之為「間接故意」或「條件故意」（Bedingter Vorsatz）。「未必故意」相較於前述的「直接故意」而言，其意欲強度較低，行為人對於所有的客觀構成要件事實雖也有認知，但對於其行為是否會導致構成要件事實的實現，自己並不確定，只是因為其內心存有一種「容忍」犯罪事實發生的心態，因此在刑法上仍將其視為是故意。簡單的說，在未必故意的情形，行為人雖不確定構成要件事實是不是會發生，但行為人內心意念是「即使發生了也無所謂」。

　　在導引案例(1)中，流氓甲為教訓A而對其拳打腳踢，如果甲處處下重手打

A的頭部或其他致命要害，顯露出即使把A打死也無所謂的心態，則甲的主觀犯意就不僅僅是傷害而已，而是具備殺人的未必故意，再加上最後A真的因傷勢過重而死亡，此時甲應直接成立故意殺人既遂罪（§271Ⅰ），而非成立較輕的普通傷害致死罪（§277Ⅱ）或重傷致死罪（§278Ⅱ）。

　　原則上，刑法分則中的故意犯構成要件，行為人不論是出於「直接故意」、抑或是僅出於「未必故意」，均足以實現之。惟應注意的是，倘若構成要件中規定有「明知」之要件，原則上即必須行為人具備直接故意始足以當之，若僅是具備未必故意則尚不足以構成該罪。舉例以言之，刑法第213條公務員登載不實罪的構成要件規定為：「公務員明知為不實之事項，而登載於職務上所掌之公文書，足生損害於公眾或他人者，處一年以上七年以下有期徒刑。」此項公務員登載不實罪之成立，必須以公務員對於其所登載之事項係屬不實具有「直接故意」為前提，若僅為未必故意（間接故意），尚無法成立本罪[1]。

（二）過失的類型

　　現行刑法關於「過失」概念的基礎，主要是建立在行為人違反了其法律上應盡之注意義務（注意義務違反）的內涵上。基本上，現行刑法將「過失」區分為「無認識過失」與「有認識過失」兩種類型：

1. 無認識過失

　　刑法第14條第1項規定：「行為人雖非故意。但按其情節應注意，並能注意，而不注意者，為過失。」此處所指的即為「無認識過失」（Unbewusste Fahrlässigkeit）的情形。在「無認識過失」中，行為人對於具客觀預見可能性之構成要件事實，因為違反注意義務而根本未預見其可能會發生（應注意、能注意、而不注意），以至於未能採取避免發生危害的防範措施，最後行為人的行為果真的導致了構成要件結果的出現。此時，由於行為人違反了其法律所負的結果注意義務（應該有預見結果、卻未預見），故對於該構成要件結果的發生應負過失之責任。

---

[1] 最高法院46年台上字第377號判決（原判例）：「刑法第二百十三條之登載不實罪，以公務員所登載不實之事項出於明知為前提要件，所謂明知，係指直接故意而言，若為間接故意或過失，均難繩以該條之罪。」

《案例1》甲於夜間將貨車停放路邊在車內睡覺，其停車時根本沒預料到
　　　　可能會有機車騎士因此撞上車尾的事實，故未顯示停車燈光、
　　　　亦未放置警示標誌，最後導致機車騎士因黑夜視線不佳自後車
　　　　尾撞上當場死亡[2]。

　　在本案例中，由於交通規則有明定夜間在照明不清的路旁停車應顯示停車
燈光或其他標識，此規定代表法規範已提醒車輛駕駛，夜間在照明不清的路旁
停車有肇事風險，故應在車後顯示停車燈光或其他標識以迴避此種風險，甲既
然已經通過駕照考試領有駕駛執照，對此應有認識。因此，甲將大貨車停放路
邊在車內睡覺當時，對於夜間於照明不清之路旁停車可能引發交通事故之事實
具有「預見可能性」，但其卻完全沒預料到對此可能肇事之事實，違反其「結
果預見義務」（即刑法第14條第1項中所謂的應注意、能注意而不注意），因
此甲之行為存在「無認識過失」，應成立過失致死罪。

2. 有認識過失

　　刑法第14條第2項規定：「行為人對於構成犯罪之事實，雖預見其能發生
而確信其不發生者，以過失論。」此處所指的即為「有認識過失」（Bewusste
Fahrlässigkeit）的情形。於「有認識過失」中，行為人雖沒有違反結果預見義
務，而已經預見其行為有導致構成要件結果發生的可能性，但卻相信其應該不
至於真的會發生，以致於未能採取防範措施（違反結果迴避義務），最後其行
為果真造成了構成要件結果的出現。在刑法規範的要求上，行為人一旦預見其
行為有導致構成要件結果的可能性，理應放棄該行為或是採取防範措施以避免
結果的發生，倘若行為人執意為該行為、又未採取防範結果發生之措施，則其
對於該構成要件結果之發生即不得不負過失之責任。簡言之，行為人雖未違反
結果預見義務，而有預料到行為可能產生的風險，但卻因心存僥倖而未採取防
範措施，違反了結果迴避義務，此即為「有認識過失」的內涵。

2　最高法院65年台上字第3696號判決（原判例）：「夜間在照明不清之道路，將車輛停放於路
　旁，應顯示停車燈光，或其他標識，為道路交通安全規則第一百十二條第一項為十二款所明
　定，上訴人執業司機，對此不能諉稱不知，且按諸當時情形，又非不能注意，乃竟怠於注
　意，遽將大貨車停於右側慢車道上，既不顯示停車燈光，亦未作其他之標識，即在車內睡
　覺，以致被害人駕駛機車，途經該處，不能及時發現大貨車之存在，而自後撞上，不治死
　亡，則其過失行為與被害人之死亡，顯有相當之因果關係。」

《案例2》汽車駕駛乙開車到十字路口剛好遇到黃燈轉紅燈，因趕時間仍
　　　　然不踩煞車想衝過去，雖然乙有想到闖紅燈可能有出車禍的危
　　　　險，但因對自己的駕駛技術過度自信，心想不至於那麼倒楣會
　　　　出車禍，因而仍然闖紅燈通過路口，最後果真該在路口與他車
　　　　相撞，導致他車駕駛死亡，此時乙存在「有認識過失」，應成
　　　　立過失致死罪。

（三）故意與過失的區別

　　關於「故意犯」與「過失犯」二者的區別，亦可說是「未必故意」與「有認識過失」之區別，依據刑法第13、14條之規定以觀，我國法係採取所謂的「容忍說」（Billigungstheorie）[3]。也就是說，「未必故意」與「有認識過失」雖然對於構成要件事實均有所認知，然其二者之不同處在於：「未必故意」係行為人在心態上「容忍」構成要件結果之發生，此即刑法第13條第2項中所謂的「行為人……預見其發生而其發生並不違背其本意」之情形；相對地，在「有認識過失」中，行為人在心態上並未容忍構成要件結果之出現，而係自己在主觀上確信該結果並不至於會發生。

　　問題乃在於，如何判斷行為人主觀上是否「容忍」構成要件結果之發生，此往往應從其行為人之客觀行為來加以審視，例如將爆裂物放置在人跡罕至、無人往來之處，可判斷其並無殺害他人之意，故縱使爆裂物爆炸時碰巧有人經過而被炸死，亦屬於「有認識過失」，行為人對於被害人死亡之結果亦僅負過失之責（§186-1 II）；相對地，如將爆裂物置放於鬧區或車站等人群眾多之處，則可判斷其對於爆裂物爆炸所可能導致他人死傷之結果均予以容忍（縱使有人被炸死亦無所謂的心態），具備殺人的「未必故意」[4]，此時倘若果真有人因此被炸死，則行為人除公共危險罪（§186-1 I）外，對於他人被炸死之結果尚應負故意殺人既遂（§271 I）之刑責。

　　在刑法上區別故意與過失有其實益，例如未遂犯與共犯（包括教唆犯與幫

3　相關學說的詳細整理，可參見Hillenkamp, 32 Probleme aus dem Strafrecht AT, S. 1 ff.不同見解：黃榮堅，刑法解題—關於故意與過失，收錄於「刑法問題與利益思考」，第16頁以下，支持「可能性說」（Möglichkeitstheorie）的觀點，認為只要行為人在具體事件中認知到構成要件結果之發生是可能的，就具備「未必故意」了。

4　此類案例有時甚至可認為行為人具有「直接故意」，例如恐怖分子在鬧區放置炸彈造成多人死亡的情形。

助犯）之成立均須以行為人具備故意為其前提，在刑法中並不存在有所謂的過失未遂、過失教唆抑或是過失幫助犯的情形。因此，若行為人欠缺故意，就不可能有論以未遂或共犯的問題。

二、結果犯與行為犯

於犯罪類型中，依犯罪之既遂是否必須發生構成要件結果來加以區分，可分為「結果犯」與「行為犯」二種：

所謂「結果犯」（Erfolgsdelikte），係指法定構成要件中規定有行為及其可能發生之結果的一種犯罪類型。在結果犯中，由於結果的發生係客觀構成要件要素之一，故倘若構成要件結果沒有發生，至多僅能成立未遂犯。例如，殺人罪（§271）中若被害人沒有死亡，行為人僅成立殺人未遂；又如，於竊盜罪（§320）中，若行為人尚未將他人之物置於自己實力支配之下，亦僅能構成竊盜未遂。在結果犯中，構成要件所要求的結果，有實害結果與具體危險結果二種型態：前者屬於「實害犯」的情形，例如毀損罪構成要件要求有他人之物遭受「毀損」之實害結果；後者則屬於所謂「具體危險犯」的情形，例如刑法第185條的妨害公眾往來安全罪要求須有「致生往來之危險」的具體危險結果。

至於所謂「行為犯」（Tätigkeitsdelikte），學說上亦稱之為「舉動犯」，則係指法定構成要件中僅單純規定行為、而無構成要件結果的一種犯罪類型。在「行為犯」中，由於結果並非客觀構成要件要素，故只要行為人一為符合該構成要件描述之行為即足以完全實現犯罪而構成既遂，無待於犯罪結果之發生。例如，在刑法第168條之偽證罪中，證人一旦於法庭上具結並就案情有重要關係之事項為虛偽之陳述，即足以構成該罪，並不以被告因該偽證而受有罪之判決為必要。

學說上區分「結果犯」與「行為犯」的實益主要乃在於，個案中是否有必要進行因果歸責（因果關係與結果歸責）的判斷，亦即只有在「結果犯」的情形才必須要作行為與結果間的因果歸責判斷，若係「行為犯」則無此必要。

三、結果加重犯與結合犯

「結果犯」中有一種特殊的加重型態，即所謂的「結果加重犯」（Erfolgsqualifizierte Delikte）。所謂的「結果加重犯」，乃是指行為人故意實現特定之基本犯罪（基本構成要件）後，該犯罪行為又附帶發生了其他的加重結果，以至於刑法特別予以加重處罰的一種犯罪。例如，以傷害之故意將他人殺傷，本應構成刑法第277條第1項之普通傷害罪，其刑度亦僅有三年以下有期徒刑、拘役或罰金而已。但倘若被害人卻因此而不幸傷重死亡，此時行為人將會轉為成立傷害罪的結果加重犯，亦即同條第2項的傷害致死罪，刑度也將跟著加重為無期徒刑或七年以上之有期徒刑。

　　理論上，「結果加重犯」係一種故意與過失相結合的特殊犯罪型態，亦即：行為人首先以「故意」來違犯基本犯罪，而後再因「過失」（亦即該加重結果至少應具預見可能性）而導致另一加重結果的發生。因此，我國刑法針對結果加重犯特別於第17條規定：「因犯罪致發生一定之結果，而有加重其刑之規定者，如行為人不能預見其發生時，不適用之」，即本此意旨而來。應注意者，結果加重犯之成立仍然必須以法律有明文規定者為限，例如醉態駕駛致死或致重傷罪（§185-3Ⅱ）、強制性交致死或致重傷罪（§226Ⅰ）、加工墮胎致死或致重傷罪（§289Ⅱ）、遺棄致死或致重傷罪（§§293Ⅱ, 294Ⅱ）、搶奪致死或致重傷罪（§325Ⅱ）、強盜致死或致重傷罪（§328Ⅲ）等。

　　相對於「結果加重犯」係一種結合故意基本犯與過失犯加重結果的犯罪類型，所謂「結合犯」則是結合兩個故意犯而成為一種獨立犯罪型態的構成要件類型。例如刑法第332條第1項的強盜殺人罪，由其構成要件可明顯得知其係結合了「殺人罪」與「強盜罪」兩種故意犯罪而成為一個獨立的「強盜殺人罪」結合犯構成要件。又如，刑法第226條之1的強制性交故意殺人罪，則是結合了「強制性交罪」與「殺人罪」兩種故意犯罪而成為獨立的「強制性交故意殺人罪」結合犯構成要件。

　　「結果加重犯」與「結合犯」的主要區別在於，行為人對於相結合的犯罪事實係具有故意或是只存在過失。如果行為人除故意基本犯罪之外，對於相結合的犯罪事實也具備故意（亦即故意＋故意），此時應成立「結合犯」；相對地，若行為人係以故意違犯基本犯罪，但僅因過失而導致加重結果的發生，對於加重結果的事實並無故意（亦即故意＋過失），此時就僅能構成結果加重犯。舉例以言之，甲基於故意實施性侵時導致被害人窒息而死，倘若甲是故意殺死被害人，此時應成立「強制性交故意殺人罪」的結合罪（§226-1），但如甲並非故意殺死被害人、只是在過程中不小心因過失導致被害人窒息而死，此時其就僅構成「強制性交致死罪」的結果加重犯（§226Ⅰ）。

四、實害犯與危險犯

依據行爲對法益造成危害程度的不同，犯罪類型可區分爲「實害犯」與「危險犯」二種：

所謂「實害犯」（Verletzungsdelikte），係指構成要件中要求行爲須對法益造成實際侵害始足以構成既遂的犯罪類型。例如，於殺人罪中行爲人殺害他人之行爲，已對他人之生命法益造成實際之侵害（§271）；毀損罪中行爲人毀棄損壞他人之物的行爲，已對他人之財產法益造成實際侵害（§§353, 354）。「實害犯」在性質上往往屬「結果犯」，故於個案中若行爲並未導致法益實害結果的出現，就僅能構成未遂，若該罪無未遂犯之處罰規定，則犯罪即不成立。

相對地，所謂「危險犯」（Gefährdungsdelikte），則係指構成要件並不要求行爲須對法益造成實害，而是只要行爲足以對法益發生危險就可以構成犯罪的類型。例如，刑法第十一章公共危險罪章中之各種犯罪均屬之。一般而言，「危險犯」又可再細分成「具體危險犯」、「抽象危險犯」與「適性犯（適格犯）」三種型態：

（一）具體危險犯

「具體危險犯」（Konkrete Gefährdungsdelikte），係指行爲必須導致對法益的具體危險狀態始足以成立既遂犯罪的一種構成要件類型。於此等犯罪中，「具體危險狀態的存在」爲構成要件要素，因此法官在個案中必須判斷該具體危險狀態是否確實存在，如該具體危險狀態並不存在，頂多就只能構成未遂犯，若該罪無未遂犯之處罰規定，則犯罪即無由成立。在我國刑法，此種具體危險犯的構成要件中，往往會規定有「致生……危險」的字樣。例如，刑法第185條妨害公眾往來安全罪須以行爲「致生往來之危險」爲要件；又如刑法第189條之2的阻塞逃生通道罪須以行爲「致生危險於他人生命、身體或健康」爲要件。此種具體危險的概念，通常係指依據事理判斷在具體情況下具有導致損害發生之高度或然性的一種不尋常狀態[5]，惟不容否認者此種具體危險狀態的判斷在個案中往往易生爭議。

5　Jescheck/Weigend, AT, §26II2, S. 264.

於本節導引案例(2)中，乙之行為是否成立犯罪，主要考慮者乃是公共危險罪。刑法第174條第2項規定，放火燒燬現非供人使用之「自己所有」住宅或建築物，致生公共危險者，處六月以上五年以下有期徒刑。本條係屬於「具體危險犯」之規定，必須行為人放火燒燬現非供人使用之自己所有住宅，並導致對公共安全的具體危險狀態時（例如，火勢可能波及其他住宅），犯罪才會成立。但在本節導引案例(2)中，乙所放火燒毀自己的廢棄舊屋，係位於大片田地之中，且四周沒有任何其他建築物，火勢並無波及其他住宅之虞，並未導致對公共安全具體危險狀態的出現，因此乙的行為不構成刑法第174條第2項的公共危險罪，在此罪亦不處罰未遂的情況下，乙之行為無罪。

（二）抽象危險犯

所謂「抽象危險犯」（Abstrakte Gefährdungsdelikte），係指行為只要符合法條構成要件的描述，即被認定對保護法益有危險而得以成立犯罪的一種構成要件類型。其性質上並未如「實害犯」構成要件般要求須具有實際的法益侵害結果，也不像「具體危險犯」構成要件般要求須造成法益具體危險狀態之存在。「抽象危險犯」乃係立法者根據經驗法則，認為某種行為對於法益或行為客體具有「一般危險性」（Die generelle Gefährlichkeit）或「典型危險性」（Die typische Gefährlichkeit），而有加以禁止必要，因而將該行為規定於刑罰法規上的一種犯罪構成要件。基本上，抽象危險犯是一種被立法者假定為對法益具有（抽象）危險的犯罪，立法者之所以採取此種抽象危險構成要件的立法方式，其主要目的乃在於對法益做前置性的保護（Vorfeldschutz），亦即在法益還沒有遭受現實侵害或對法益的具體危險狀態還未出現之前，就提早採用刑法的禁止規範予以介入制止，以求能更周延的保護法益[6]。

在抽象危險犯中，對法益的危險狀態只是立法者的假定，並不像在具體危險犯中具體危險狀態是構成要件要素，法院於個案中必須認定對法益的具體危險是否存在。因此，一個行為只要符合了抽象危險構成要件中所描述的行為態樣，它就會被假定成一個對保護法益具有危險性（抽象危險）的行為，法官在個案中就沒有必要再去判斷具體危險狀態是否確實存在。例如，刑法第173條

---

[6]　請比較王皇玉，論危險犯，月旦法學雜誌，第159期，2008/08，第239頁；林東茂，危險犯的法律性質，收錄於氏著「危險犯與經濟刑法」，1996，第15頁以下；張麗卿，交通刑法中的抽象危險犯，收錄於「罪與刑—林山田教授60歲生日祝賀論文集」，第227頁以下。

第1項的住宅放火罪，行為人只要對現供人使用之住宅放火，不論實際上是否確實造成對公共安全的具體危險狀態，均該當本條之放火罪；又如，刑法第185條之3第1項第1款的醉態駕駛罪，行為人只要「吐氣所含酒精濃度達每公升零點二五毫克或血液中酒精濃度達百分之零點零五以上」，不論行為人之酒駕行為實際上是否已造成對公眾交通往來安全的具體危險狀態，均足以構成該罪。

（三）適性犯（適格犯）

　　所謂「適性犯」（Eignungsdelikt；適格犯），亦稱為「抽象具體危險犯」（abstrakt-konkretes Gefährdungsdelikt）或「潛在危險犯」（potentielles Gefährdungsdelikt），係指構成要件中雖不要求行為須造成對保護法益的具體危險，但至少要具備「足以發生法益危險的本質」（足以發生法益危險的適格），始能該當構成要件的犯罪類型。此種適格犯的構成要件，在我國刑法的規定中往往會以「足以妨害……」、「足以生損害……」或「有損害……之虞」的形式來呈現[7]。例如刑法第286條第1項妨害自然發育罪之「足以妨害其身心之健全或發育」；或如刑法第210條第1項偽造變造私文書罪之「足以生損害於公眾或他人」等均屬適性犯之性質。

　　與其他危險犯的不同處在於，適性犯構成要件並不像「抽象危險犯」般只要行為一符合構成要件描述即該當構成要件[8]，但也不像「具體危險犯」般要求行為必須導致對保護法益的具體危險狀態，而是僅要求行為至少要具備「足以發生法益危險的本質」（行為有可能發生法益危險）才得以成罪。換句話說，若行為不可能發生對保護法益的危險，欠缺足以發生法益危險的本質，就不該當「適性犯」構成要件。例如，刑法第286條第1項妨害自然發育罪之保護法益為「未成年人身心之健全與發育」，本罪構成要件雖並非一有對未成年人有凌虐或不當行為即立刻成罪（此與抽象危險犯不同），但構成要件中也沒有要求行為必須實際導致對被害人身心健全發育的具體危險（此與具體危險犯不

7　關於「適性犯」之介紹可參見蔡聖偉，從刑總法理檢視分則的立法，月旦法學，第157期，2008/06，第279頁以下。

8　Roxin, AT I，§11 Rn. 162.則認為縱使於構成要件中加入必須經由法官解釋始能確定的適格要素（Eignungsmerkmale），也不改變此種構成要件屬於「抽象危險犯」的本質，並將此種犯罪類型稱為「抽象適性犯」（abstrakte Eignungsdelikte）。

同），而是只要行爲有可能妨害未成年人身心健全發育即可，也就是只要其行爲在本質上具備足以發生妨害未成年人身心健全發育的法益危險就夠了，就可以該當此罪之構成要件。

（四）爭議——抽象危險與無危險性反證

在「抽象危險犯」中，行爲所具有的一般危險性乃是建立抽象危險犯實質不法內涵（materialer Unrechtsgehalt）的關鍵，以刑法第173條第1項的對住宅放火罪爲例，其立法目的乃在於保護居住於該住宅之人以及其周圍鄰居（火勢可能延燒鄰宅）免於因發生火災而遭受生命、身體之危險。該放火行爲的不法內涵，一方面來自於對保護法益的（抽象）危險，此爲結果非價（Erfolgsunwert）；另一方面則來自於行爲人的意志指向於刑法第173條第1項的相關非價事實，此爲行爲非價（Handlungsunwert）[9]。因此，當行爲人明知該住宅屬於有人所在之住宅而仍爲放火行爲時，就具備了該罪的不法內涵。

然而，在抽象危險犯中，此種建立不法關鍵的法益危險（對於公眾生命身體安全的危險）並沒有被明示於法律的構成要件之中，而僅是立法者未說出的動機而已，故即使此種立法者推定的危險在個案中並未實際出現時（欠缺結果非價），而行爲人也知道他的行爲完全沒有危險性（欠缺行爲非價），只要行爲人實施構成要件所描述之行爲，形式上仍會符合抽象危險構成要件[10]。在這樣的情況下就產生一個問題，倘若立法者所假定對保護法益的抽象危險在實際個案中並未出現時，此時是否可排除抽象危險犯的構成要件該當性？

《案例3》 甲有意對A在山上的別墅縱火，A的別墅座落於山上是一座由廣大庭園環繞的獨棟別墅，四周別無其他住宅，甲爲避免造成人員傷亡，特意利用A全家出國無人在家時前往縱火，大火導致A的別墅完全燒毀，但無波及其他房屋之虞。

---

[9]　Rudolphi, Inhalt und Funktion des Handlungsunwertes im Rahmen der personalen Unrechtslehre, in:Maurach-FS, 1972, S. 59 f.

[10]　此種抽象危險構成要件的運用，實務上特別是在經濟刑法的領域具有避免舉證困難的考量，因爲法律已經擬制此等行爲對於保護法益具有抽象危險，故行爲只要在形式上符合抽象危險構成要件所描述的行爲態樣即足以構成犯罪，於個案中並無須舉證實害或具體危險結果是否確實出現，也毋庸證明行爲與結果間之因果歸責關係，更毋庸探討行爲人對於結果的故意。Vgl. Wittig, Wirtschaftsstrafrecht, §6 Rn. 9.

《案例4》乙因心情煩悶喝了兩罐啤酒喝後開車回家。行至半路，巧遇警察執行路邊臨檢勤務而遭攔檢，警察要求甲作酒精測試，乙酒測之呼氣酒精濃度爲每公升0.26毫克，雖然乙通過接著的平衡測試證實酒精不影響其安全駕駛能力，但警察仍將乙移送法辦。

　　在上述兩案例中，雖然行爲形式上都符合了刑法第173條第1項對住宅放火罪與同法第185條之3第1項第1款的醉態駕駛罪（不能安全駕駛罪）兩個抽象危險犯的構成要件，但個案中對保護法益的具體危險實際上並未出現，此時甲、乙兩人之行爲是否仍應成立該抽象危險犯之罪。對此學說與實務上存在重大爭議，大致包括以下幾種不同的見解：

1. 法益危險擬制說

　　此說認爲抽象危險犯之危險係立法上的「擬制」，故行爲人只要爲形式上符合構成要件所描述之行爲即可成罪，至於其行爲在個案中是否確有致生對保護法益之危險存在，法院並毋庸爲實質判斷。此種見解的典型代表爲最高法院105年度台非字第213號判決：「……抽象危險乃立法者將一些被認對法益具有『典型危險』之行爲，擬制爲有該行爲就會發生立法者所預定之危險，一有該行爲，即承認有其危險性存在，毋庸積極舉證證明，即可認定，無待審判者再爲實質判斷危險是否存在。……」

　　若採此種見解，在前述《案例3》與《案例4》中，甲一旦對住宅放火、乙一旦酒駕，兩人的行爲即符合抽象危險構成要件，就被擬制爲對保護法益具有危險（抽象危險），而毋庸再判斷個案中對保護法益的危險是否確實存在，因此甲會成立刑法第173條第1項的對住宅放火罪，乙也會構成刑法第185條之3第1項第1款的醉態駕駛罪。

2. 無危險性反證說

　　此說認爲若將抽象危險犯之危險視爲是一種法律上的擬制而完全不做個案中的法益危險判斷，則在實際上未發生法益危險的個案中將會導致違反「罪責原則」（Schuldprinzip）的問題，因爲此時行爲事實上明明無法益危險、法律上卻仍擬制其對法益具有危險（即所謂的抽象危險），進而令其負抽象危險犯

之罪責，此時其罪責是無可反駁的被認定，甚至是被虛構的[11]。因此，爲避免違反「罪責原則」，當行爲客觀上並無法發生對保護法益的危險且行爲人自己也確定可以完全排除此種對保護法益之危險時，這種並未對法益發生危險的情形，可以排除抽象危險犯的可罰性。也就是說，若行爲在個案中存在對法益無危險性之反證（Gegenweis der Ungefährlichkeit）時，則得以排除抽象危險犯的構成要件該當性，此種見解代表即使是在抽象危險犯中也必須對法益危險做具體判斷[12]。最高法院實務判決於針對刑法第173條第1項之對住宅放火罪的案例中，採取了此種見解[13]。

　　若採此見解，在前述《案例1》與《案例2》中，甲、乙兩人均可以主張無危險性之反證來排除抽象危險犯的構成要件該當性，因此甲不成立刑法第173條第1項的放火罪，而只成立刑法第353條的毀損房屋罪，至於乙則不構成刑法第185條之3的醉態駕駛罪，但會因違反道路交通安全管理處罰條例而遭科處行政罰鍰。

　　此種透過「無危險性反證」來限制抽象危險犯之可罰性的見解，一般被認爲是基於法律規範（或法律構成要件）之目的而來。不過，在方法論上的歸屬則有不同的意見，有學者認爲「無危險性反證」乃是對抽象危險構成要件所爲

---

[11] Vgl. Arthur Kaufmann, Unrecht und Schuld beim Delikt der Volltrunkenheit, in: Schuld und Strafe, 2. Aufl., 1983, S. 249 f.

[12] 採類似見解者：游明得，我國刑法第185條之3醉態駕駛罪危險概念的流變，中原財經法學，第41期，2018/12，第229頁以下；Frank Zieschang, in: NK-StGB, 5. Aufl. 2017, § 316 Rn. 4f.；Jescheck/Weigend, AT, § 26 II 2, S. 264.；Rudolphi, in: Maurach-FS, 1972, S. 59 f.；Samson, in: SK-StGB, Vor § 26 Rn. 49.；Seitz/Nussbaum, JuS 2019, S. 1062.而Schröder, Die Gefährdungsdelikte im Strafrecht, ZStW 1969, S. 15 ff, 17.則認爲，須視構成要件所保護的客體或法益而定，如果針對的是特定客體或個人法益，就不能舉反證推翻；如果針對的是犯罪時不確定的客體或是超個人法益，就可以舉反證推翻。另外，學說上也有從不同的角度去對抽象危險犯做限制者，參見王榮聖，論遺棄罪之危險屬性，興大法學，第2期，2007/11，第272頁以下。

[13] 最高法院105年度台上字第142號判決：「刑法公共危險罪章，以有害公共安全之行爲爲對象。其中抽象危險犯，係指特定行爲依一般經驗法則衡量，對公共安全有引發實害或具體危險之可能性。例如放火燒燬現供人使用住宅或現有人所在建築物之行爲，依火之蔓延性及難以控制性，通常情形會密接發生行爲人無法控制之不特定人生命、身體、財產受侵害之具體危險或實害，係典型引起公共安全危害之危險行爲，屬抽象危險犯。只要行爲人認知其係放火燒燬系爭住宅或建築物，即有該抽象危險犯罪之故意，不問有無發生具體之公共危險或實害結果，均成立犯罪。惟若行爲時確定排除法律預設之抽象危險存在，亦即確定無發生具體危險或實害之可能性時，因無危險即不具刑罰正當性，自不構成該抽象危險罪。」

的「限制解釋」（die einschränkende-bzw. restriktive Auslegung）[14]；然而，此處所謂「無危險性反證」，並非是對構成要件之文字採取較狹義的字義解釋，而是藉著添加某種限制性的準則來限縮抽象危險構成要件的適用範圍，故性質上應屬於對抽象危險構成要件所為的一種「目的論限縮」（Teleologische Reduktion），而非「限制解釋」[15]。

3. 本書見解──適性犯說

基於「罪責原則」的精神與謹守法解釋界限以避免違反權力分立原則的考量，筆者認為應將所有的抽象危險犯均作「適性犯」的理解，亦即行為縱使在形式上符合抽象危險構成要件的描述，但如果實質上欠缺足以發生法益危險的本質（行為不可能發生法益危險），此時即仍應排除其構成要件該當性，不成立該抽象危險犯。茲說明理由如下：

(1)立法擬制之危險概念違反「罪責原則」

法理上，刑法之所以處罰某個行為的最主要基礎，係在於該行為可能對法益發生危害（危險或實害），因此一個不可能發生法益危害的行為在刑法上根本不具備應刑罰性。對於那些事實上絕對不可能發生法益危險的行為類型，若以所謂「立法擬制的危險」來作為建立其不法的基礎並據此認定其罪責[16]，此時行為人的罪責將等同是被虛構的（亦即行為明明對法益無危險、卻被擬制為有所謂的「抽象危險」），如此無疑是讓行為人負了其不該負的責任，難脫違反「罪責原則」的質疑。固然，個案中毋庸檢驗行為對法益之危險以避免實務上的舉證困難，可能正是該抽象危險犯立法的主要目的[17]，但此種立法者的意

---

[14] BGHSt 26, 124.；Rudolphi, in: Maurach-FS, S. 60.

[15] 相同看法：林東茂，危險犯的法律性質，收錄於氏著「危險犯與經濟刑法」，1996，第51頁；鄭昆山，環境刑法之基礎理論，1998，第235頁。

[16] 依據「罪責原則」的精神，罪責應與不法相符（Kongruenz zwischen Unrecht und Schuld），因此行為人的罪責必須包含所有行為的不法內涵，也只有在罪責非但包含不法行為中建立或升高不法的所有情狀時，才可以將該整個不法行為歸由行為人去負責。見Arthur Kaufmann, in: Schuld und Strafe, S. 233。

[17] 例如2013年刑法第185條之3修正的立法理由即謂：「一、不能安全駕駛罪係屬抽象危險犯，不以發生具體危險為必要。爰修正原條文第一項，增訂酒精濃度標準值，以此作為認定『不能安全駕駛』之判斷標準，以有效遏阻酒醉駕車事件發生。」

志並不能凌駕於具有憲法位階效力的「罪責原則」[18]之上，植基於立法目的的構成要件解釋也不能違反「罪責原則」。因此，「法益危險擬制說」之見解在法理上誠非妥適[19]。

(2)無危險性反證逾越法律解釋界限、違反權力分立

「無危險性反證說」主張個案中可以舉無危險性之反證來排除抽象危險犯的成立，固然可以避免違反「罪責原則」的問題，但仍存有法理上的疑慮。因為基於「無罪推定原則」的精神，任何人在經法院判決有罪確定之前都應假定其是無罪的，故關於所有建立犯罪的不法與罪責之的事實都應該由檢察官負舉證責任，而非被告（行為人）。因此，此種對法益具危險性的證明既涉及行為之不法內涵的建立，解釋上即應由檢察官負舉證責任，也就是檢察官在個案中必須證明行為確實導致對法益的具體危險，個案中法官也必須對法益具體危險是否確實存在加以認定，但如此結果等同是法院仍然必須做個案中的具體危險判斷，這樣無異是將立法者刻意制定的抽象危險犯構成要件透過法律詮釋的方式再轉換回具體危險犯的性質[20]，如此實已逾越法律解釋的界限而進入實質立法的領域，難脫侵犯立法權而違反「權力分立的民主原則」的質疑。據此，「無危險性反證說」之見解固有所據，但筆者對此亦持保留看法。

(3)抽象危險犯應作「適性犯」的理解

如前所述，完全不考慮實質法益危險的「法益危險擬制說」會違反「罪責原則」，而必須判斷個案中對法益之具體危險的「無危險性反證說」則難脫逾越法律解釋界限、違反權力分立的質疑。因此，為避免違反「罪責原則」同時並兼顧立法上所設定的抽象危險犯之本質，本文認為基於抽象危險犯的本質及其立法目的，法院仍然無須個案判斷對保護法益的具體危險狀態是否確實存在，但為了避免違反「罪責原則」，解釋上應認為該行為至少應具備足以發生

---

[18] 司法院歷來解釋均肯認「罪責原則」（責任原則）係憲法位階之原則，例如釋字第551號解釋、第669號解釋與第775號解釋（刑罰與罪責相當）、釋字第687號解釋（無罪責即無刑罰）。

[19] 其他批評例如，古承宗，論不能安全駕駛罪之解釋與適用，刑事政策與犯罪防治研究專刊，第22期，2019/08，第4頁，認為最高法院如此見解創設了一個學理上前所未見的擬制危險概念，是基於錯誤的刑法理論知識而來。

[20] Vgl. Roxin, AT I , § 11 Rn. 154.

法益危險的本質始可以該當抽象危險構成要件。

　　由於刑法上建立抽象危險犯之不法與可罰性的基礎，本來就來自於行為對保護法益所具有的一般危險性（generelle Gefährlichkeit）或典型危險性（typische Gefährlichkeit），此種對法益的典型危險只是植基於立法者過往的一般經驗性認知而將之轉化成抽象危險構成要件，故倘若此種立法上所預設作為構成要件核心不法內涵的法益典型危險性在個案類型中根本不可能發生，此時對於抽象危險犯的處罰基礎也將消失。據此，當行為欠缺足以發生法益危險的本質而不可能發生法益危險時，自然應該排除該行為成立抽象危險犯的可能性。應強調者，這裡所謂「足以發生危險於保護法益的本質」，指的並不是個案中對保護法益的具體危險，而是僅指行為在本質上至少要具備「發生法益危險的可能性」。簡言之，就是行為至少要具備可能發生法益危險的本質（適格）。

　　據此，縱使一個行為於形式上符合抽象危險構成要件的描述，倘若其行為「在本質上完全不可能發生法益危險」時，將會因為不具備可能發生法益危險的適格而仍然排除抽象危險犯的成立[21]。此處對抽象危險犯之理解，係透過加入「足生危險於保護法益」（亦即行為可能發生法益危險的本質、但不需要到致生對保護法益之具體危險的程度）的這個不成文構成要件要素，讓抽象危險犯在實質上轉化成「適性犯」的理解以適當限縮抽象危險構成要件的適用範圍[22]，俾符合「罪責原則」的精神以及抽象危險犯不用判斷對法益之具體危險的本質，方法論上的定位則是一種基於保護法益觀點而對抽象危險構成要件所進行的一種合憲性與目的論限縮[23]。也就是說，所有的抽象危險犯構成要件都只能作為「適性犯」來理解，法理上不能將抽象危險犯之法益危險視為是一種法律上毋庸置疑的擬制。

　　此處的論據基礎在於，基於刑法保護法益的目的思考，一個人類的行為只

---

[21] 針對刑法第185條之3不能安全駕駛罪的解釋係採相同見解者：陳子平，刑法各論（下），增修版，2016，第93頁。

[22] Vgl. Roxin, AT, § 11 Rn. 154 ff, 162.

[23] 我國文獻上類似將「抽象危險犯」以「適格犯」來作理解的類似觀點，主要是出現在食安刑法的領域：謝煜偉，風險社會中的抽象危險犯與食安管制—「攙偽假冒罪」的限定解釋，月旦刑事法評論，第1期，2016/07，第88頁以下，主張以「經風險評估有危害健康之虞」來限縮食品安全衛生管理法第49條的攙偽假冒罪的抽象危險構成要件；蕭宏宜，攙偽假冒的刑事爭議問題，台灣法學雜誌，第242期，2014/02，第69頁以下，亦主張以「有危害人體健康之虞」來限縮攙偽假冒罪的成立範圍。另外，古承宗，刑法作為保障食品安全之手段，台灣法學雜誌，第261期，2014/12，第80頁以下，則主張在食品安全的立法領域，可考慮採「適格犯」的立法技術來取代抽象危險犯。

有在危害了法益時才可以被認定為具備了刑法上的不法[24]。因此，若行為在形式上雖符合構成要件所描述的行為態樣，但實際上卻欠缺對構成要件保護法益造成危害的可能性時，此時仍應認定其構成要件不該當。這裡所代表的是一種前實證的實質不法概念觀（die Vorstellung eines vorpositiven materiellen Unrechtsbegriff）—亦即形式構成要件僅僅是關於行為的事實描述，但是犯罪行為的實質，亦即不法，並沒有被完全揭示出來，因此需要對於構成要件予以實質的觀察，目的則在於闡明不法規定的內涵[25]。因此，行為雖然在形式上符合抽象危險構成要件的描述，但卻欠缺足生危險於保護法益之本質時，此時基於對抽象危險構成要件的目的論限縮，應認為該行為自始即排除在系爭構成要件的適用範圍之外，因此乃欠缺構成要件該當性。

　　近期實務見解針對特定抽象危險犯類型亦有改採此觀點之傾向，例如最高法院110年度台上字第187號判決即認為，刑法第168條偽證罪規定「於案情有重要關係之事項」，係指該事項之有無「足以影響裁判之結果」；而同法第169條誣告罪之成立，亦必須行為人所虛構之事實「足使被誣告人有受刑事處罰或懲戒處分之危險者」始足以當之，並將此類犯罪稱為「實質適性犯」。

　　在憲法法庭的近期判決中，也採取了此種透過於抽象危險構成要件中加入適性犯要件的合憲性限縮（解釋）方式，來適度限縮抽象危險犯成立。例如憲法法庭113年憲判字第5號判決在針對刑法第140條侮辱公務員罪是否違憲的憲法訴訟中，認為侮辱公務員罪性質上是妨害公務罪，其保護法益乃是「確保公務執行」，因此人民當場侮辱公務員之行為應僅限於「足以影響公務員執行公務」之範圍內，始得以構成該罪[26]。例如，行為人若僅是於公務員執行公務時，因一時情緒性反應而辱罵一二句隨即停止，因對公務執行不會發生影響，因行為欠缺足以發生法益危險的本質，即不應成立侮辱公務員罪。

　　若採此見解，在前述《案例3》，甲的放火行為雖然形式上符合刑法第173條第1項的放火罪構成要件，但因行為欠缺足生危險於保護法益之本質（行為不可能發生對不特定公眾生命身體安全的公共危險），故不成立刑法第173條第1項的放火罪，僅成立刑法第354條的毀損房屋罪，因其放火行為侵害了他人

---

[24] Hassemer, Einführung in die Grundlagen des Strafrecht, 2. Aufl., 1990, S. 24.

[25] Sommer, Das tatbestandslose Tatverhalten des Agent provocateur, JR 1986, S. 488.

[26] 憲法法庭113年憲判字第5號判決：「……系爭規定所處罰之當場侮辱公務員之行為，應限於上開『足以影響公務員執行公務』之範圍內，始為達成系爭規定立法目的所必要之手段，且與刑法最後手段性原則不致違背。……」

的財產法益，殆無疑問。

　　至於在《案例4》中，乙酒駕而且呼氣酒精濃度超過每公升0.25毫克，該當醉態駕駛罪的構成要件（§185-3Ⅰ①），且因為酒後駕車會影響注意力並造成反應遲鈍，於道路酒駕之行為具足生危險於公眾交通往來安全的本質，並不需要進一步判斷其酒駕行為在個案中是否已確實導致公眾交通往來之具體危險，因此《案例4》中乙仍應成立醉態駕駛罪。

　　在特定情況下，倘若酒駕行為於個案中不可能發生對公眾交通往來安全的危險，因行為不具足生危險於保護法益之本質，此時即應對刑法第185條之3第1項第1款的醉態駕駛罪構成要件作「目的論限縮」，而認定此種情形不構成醉態駕駛罪。例如，行為人在自己不對外開放的大庭園內酒醉駕車、或是在自己的洗車廠內將洗好的車輛移至角落停放，因行為本質上不可能發生公共危險，故均不成立醉態駕駛罪。

五、繼續犯與狀態犯

　　在構成要件類型中，依犯罪既遂後犯罪行為是否仍會繼續一段時間，抑或僅是犯罪所導致之法益侵害狀態的延續，而可區分為「繼續犯」與「狀態犯」：

　　所謂「繼續犯」（Dauerdelikte），係指於犯罪「既遂」（vollendet）後，行為人仍以其意志控制犯罪行為繼續進行一段時間，一直到行為人終止其行為或是犯罪被發覺而終止時，犯罪才會「終結」（beendet）的一種犯罪。簡言之，這裡所謂的繼續，係指犯罪行為的繼續。例如，私行拘禁罪（§302Ⅰ）、擄人勒贖罪（§347Ⅰ）等，行為人將被害人私行拘禁或擄走後囚禁起來，犯罪行為一直繼續進行，直到被害人被釋放重獲自由為止，犯罪才算終結。

　　至於所謂的「狀態犯」（Zustandsdelikte），則係指行為造成構成要件結果發生後，犯罪行為往往同時既遂與終結（或既遂與終結間僅間隔極短的時間），只是犯罪所造成的法益侵害狀態仍然會持續的一種犯罪。「狀態犯」之所以得名，主要係代表其犯罪所造成之法益侵害狀態的繼續，而非犯罪行為的繼續。例如，傷害罪（§277）、侵占罪（§335）、毀損罪（§§353, 354）等構成要件。以傷害罪為例，行為人將被害人打傷後逃逸，此時犯罪就已經算既遂且終結了，雖說被害人受傷的狀態可能會持續一段時間才會完全痊癒，然

此僅是法益侵害狀態的持續，並非傷害罪犯罪行為的繼續。

　　兩相比較，在「狀態犯」中，犯罪行為通常隨著特定法益侵害狀態的出現而終結（例如傷害罪被害人已受傷），只是法益侵害狀態仍然持續（例如傷害罪被害人的傷勢仍要持續一段時間才會痊癒）；相對地，在「繼續犯」中，特定法益侵害狀態雖然已經出現（例如私行拘禁罪的被害人已經被關起來了），但犯罪行為則仍然繼續，通常是等到行為人以其意思而停止時，犯罪行為才會終結（例如私行拘禁罪中之被害人被關了一星期後釋放）。簡單地來說，於「繼續犯」一詞所代表的是犯罪行為的繼續性，至於「狀態犯」一詞所代表的則非犯罪行為的繼續性，而僅僅是法益侵害狀態的持續。

　　「繼續犯」與「狀態犯」區別之實益在於時效的進行，我國刑法第80條第2項規定，追訴權時效期間「……自犯罪成立之日起算。但犯罪行為有連續或繼續之狀態者，自行為終了之日起算。」據此，在「狀態犯」的情形，由於一旦既遂，犯罪行為亦同時終結，故追訴權時效依法即應該馬上起算。例如，在傷害罪的情形，追訴權時效應從被害人被打傷時就開始起算。相對地，在「繼續犯」的情形，犯罪於既遂後，違法行為仍然持續進行，一直到行為人停止其犯罪行為或是其犯罪行為遭外力終止時，犯罪行為才算終結，故追訴權的時效依法即應自行為終了時才開始起算。例如，非法持有刀械罪（槍砲彈藥刀械管制條例§14III）為繼續犯，其一經持有刀械該罪即告成立，但其犯罪行為會繼續至持有行為終了之時為止，追訴權時效才會開始計算[27]。

　　於本節導引案例(3)，黑道流氓丙將商人強行押至山區小木屋拘禁長達二個月後才釋放，其剝奪行動自由的犯罪行為繼續持續達二個月之久才終結，因此追訴權時效應自犯罪行為終了時（即被害人被釋放時）才開始起算。

六、作為犯與不作為犯

　　犯罪類型依據其所要求之行為態樣為積極的作為或消極的不作為，又可以區分為「作為犯」與「不作為犯」兩種：

　　所謂「作為犯」（Begehungsdelikte），係指行為人經由「積極的作為」以實現構成要件的一種犯罪。至於所謂的「不作為犯」（Unterlassungsdelikte），則係指行為人經由「消極的不作為」以實現構成要件的一種犯罪。

---

[27] 最高法院94年度台上字第7415號判決。

　　一般犯罪構成要件大都屬於「作爲犯」（例如殺人、竊盜、詐欺等），往往行爲人多以積極的作爲違犯之。例如，砍殺、竊取、施用詐術等。凡此類之構成要件，即稱之爲「作爲構成要件」（Begehungstatbestände）。

　　不過，刑法典中亦規定有不少的構成要件，本質上即必須以不作爲的方式始得爲之。此種本質上只有行爲人藉由「消極不作爲之行爲方式」始能實現構成要件之犯罪，學說上稱之爲「純正不作爲犯」（Echte Unterlassungsdelikte）。例如，聚眾不解散罪（§149）須行爲人已受該管公務員解散命令三次以上而仍「不解散」始足以構成；再如，無故滯留他人住宅不退罪（§306Ⅱ）須行爲人受退去之要求而仍「滯留」始足以當之。凡此類之構成要件，均屬於所謂的「不作爲構成要件」（Unterlassungstatbestände）。

　　另外，亦有所謂的「不純正不作爲犯」（Unechte Unterlassungsdelikte），其係指以不作爲的方式來實現本應屬「作爲犯構成要件」的一種犯罪型態。詳言之，「不純正不作爲犯」乃是指，有義務阻止構成要件結果發生之人，於應作爲時、而不作爲，且其不作爲與經由積極作爲以實現構成要件之情形在刑法評價上係屬相當的一種犯罪。例如，在本節導引案例(4)中，丁與其父親在法律上相互具有保護救助義務，當其父親不愼落海時，丁有援救其父親、防止其溺斃之義務。今丁竟然因貪圖繼承而袖手旁觀，係以不作爲的方式導致父親死亡的結果，在刑法評價上就如同丁親手以作爲之方式殺死父親一樣，故丁應該成立刑法第272條的不作爲殺直系血親尊親屬罪（殺直系血親尊親屬罪的不純正不作爲犯）。

　　刑法第15條規定：「對於犯罪結果之發生，法律上有防止之義務，能防止而不防止者，與因積極行爲發生結果者同。因自己行爲致有發生犯罪結果之危險者，負防止其發生之義務。」此所指者即爲「不純正不作爲犯」的情形。

七、一般犯、身分犯與己手犯

　　依據犯罪行爲主體的範圍界限，可區分爲「一般犯」、「身分犯」與「己手犯」三種型態：

（一）一般犯

　　所謂「一般犯」（Allgemeindelikte），係指構成要件對於犯罪行爲主體之

資格並不作任何限制，任何人均得爲適格之行爲主體的一種犯罪。大多數刑法所規定之犯罪均屬於一般犯。例如，任何人均可能爲殺人罪、傷害罪、竊盜罪、強盜罪等犯罪之行爲主體。

（二）身分犯

　　所謂「身分犯」，又稱之爲「特別犯」（Sonderdelikte），係指構成要件中明文規定，須具備特定身分或關係之人始得爲適格之犯罪行爲主體，或者是以行爲人具備特定身分來作爲加重或減輕刑罰事由的犯罪型態。例如，受賄罪之行爲主體，必須具備公務員或仲裁人之身分（§§121, 122）；生母殺嬰罪之行爲主體須具有被殺嬰兒之生母的身分（§274）。進一步細分，「身分犯」，其又可再區別爲「純正身分犯」與「不純正身分犯」兩種類型：

　　所謂的「純正身分犯」，或稱爲「純正特別犯」（Echte Sonderdelikte），乃是指構成要件明定必須行爲人具備特定身分或關係始足以構成之犯罪。由於行爲主體必須具備特定身分才可能成立該犯罪，學說上亦有將其稱之爲「構成身分犯」者。解釋上，在純正身分犯中，只有具備該特定身分之人才有可能侵害構成要件所要保護的法益。最典型的身分犯是刑法瀆職罪章中所規定的各種瀆職罪。例如，刑法第121條之收賄罪或是貪污治罪條例中之貪污罪的行爲主體必須是公務員，而且解釋上也只有具備公務員身分者才可能透過收賄行爲而損及該條構成要件所要保護的法益——即人民對國家公務執行之公正與廉潔的信賴。

　　至於所謂的「不純正身分犯」，或稱爲「不純正特別犯」（Unechte Sonderdelikte），係指行爲人的特定身分或關係並非是構成犯罪所絕對必要之要件，而僅是作爲加重、減輕或免除刑罰之作用而已。換句話說，其基本型態之犯罪，任何人均得違犯之，只是在行爲人具備特定身分或關係時，始加重、減輕、或免除其刑而已，故其亦被稱之爲「加減身分犯」。例如，殺直系血親尊親屬罪（§272）；生母殺嬰罪（§274）；未滿十八歲之人犯與幼女爲性交猥褻罪（§227-1）等。

　　例如在本節導引案例(5)中，未婚媽媽戊於生產後因罹患產後憂鬱症而將嬰兒殺死，係成立所謂的生母殺嬰罪。依據刑法第274條第1項之規定：「母因不得已之事由，於生產時或甫生產後，殺其子女者，處六月以上五年以下有期徒刑」，本條犯罪係屬於「不純正身分犯」之性質。在這裡，任何人殺死該嬰兒，均構成普通殺人罪（§271Ⅰ），不過由於本案例中的行爲人具備「甫生

產後之母親」的身分關係，因而適用刑罰較輕的生母殺嬰罪（§274 I）。

（三）己手犯（親手犯）

　　所謂「己手犯」（Eigenhändige Delikte），亦稱爲「親手犯」，係指構成要件之實現，在性質上必須以自己親手實行構成要件行爲作爲前提的一種犯罪類型。在「己手犯」中，倘若未親自實施構成要件行爲，則僅有可能成立教唆犯或幫助犯等共犯，而無法成立正犯，尤其是間接正犯與共同正犯。例如，僞證罪（§168）[28]、醉態駕駛罪（§185-3）[29]、肇事逃逸罪（交通事故逃逸罪）（§185-4）、血親性交罪（§230）、重婚罪（§237）等。

　　理論上，正犯之成立並不以自己親手實行構成要件行爲爲必要，最典型的例子即爲間接正犯與未參與實行構成要件行爲之共同正犯的情形。然而在所謂「己手犯」的犯罪類型中，由於其特殊行爲不法係建立在行爲人的自己親手實行構成要件行爲的己手性（Eigenhändigkeit）上[30]，因此只有自己親手實行構成要件行爲才可能成立正犯，未親手實行構成要件行爲之犯罪參與者，頂多只能成立共犯（即教唆犯或幫助犯），不可能成立該己手犯之正犯。據此，間接正犯以及未親手實行構成要件行爲之共同正犯，於己手犯的犯罪類型中都沒有存在的可能性[31]。例如，犯罪組織首腦甲命令組織成員在法庭上作僞證，由於甲並未在法庭上親自實行僞證行爲，頂多只能成立教唆僞證罪，並無法構成僞證罪之間接正犯。

七、著手犯

　　所謂「著手犯」（Unternehmensdelikte），亦稱之爲「企行犯」或「企圖

---

[28] 甘添貴，間接正犯與己手犯之再認識，收錄於氏著「刑法之重要理念」，第207頁，認爲僞證罪性質上係屬於「己手犯」。

[29] 張麗卿，交通刑法，第91頁。

[30] Krey/Esser, AT, Rn. 231.

[31] 實務亦承認「己手犯」的概念，司法院（81）廳刑一字第13529號函所附法律問題研究意見認爲：「所謂『己手犯』的特徵即在於：正犯以外之人雖可對之爲加工，而成立該罪之幫助犯或教唆犯，但不得爲該罪之間接正犯或共同正犯，亦即該罪之正犯行爲唯有藉由正犯一己親手實施之，並無共同正可言，且數證人分別所爲具結之效力，僅個別及於具結之各該證人，而不及於他證人，故僞證罪僅得由一人實施，無法由數人共同實施之可能。」

犯」，係指法律主要係針對犯罪的著手而予以處罰，故不論行爲是既遂或是未遂，在法律上均一視同仁。也就是說，只要行爲人「著手」於該構成要件行爲之實行，即構成該罪，而毋庸再理會行爲的既、未遂。例如我國刑法第100條將內亂罪之構成要件規定爲「意圖破壞國體、竊據國土，或以非法之方法變更國憲、顛覆政府，而以強暴脅迫『著手』實行者……」，其中犯罪行爲之著手（Unternehmen）解釋上應包括既遂（Vollendung）與未遂（Versuch）兩個部分。而且，刑法第100條第2項僅有處罰預備犯之規定，並未有處罰未遂犯之明文，可見立法者有意將內亂行爲之既、未遂等同視之[32]。

　　刑法將內亂罪構成要件規定爲「著手犯」的型態，其實具有現實意義的考量，因爲如果內亂罪已經「既遂」了，同時也代表著另一個新國家或新政府的成立，此時對於發動內亂的革命者而言，即已成了新國家的開國元勳，再要追究其內亂罪的罪責已經是不可能的了[33]。因此，內亂罪規定爲著手犯的型態，亦即毋庸區別既、未遂，可以說是其性質上所不得不然。

　　刑法將著手犯之既、未遂都一視同仁的理論基礎係在於，此等著手犯之行爲在本質上即隱含著一種「一般危險性」，亦即當其行爲一旦進入著手階段後，行爲人對於整個犯罪事件的發展將失去可支配性[34]。一般而言，「著手犯」這個概念在刑法理論上的實用意義主要是在於：刑法總則中關於「普通未遂犯」（§25）與「中止犯」（§27）的減免規定，於「著手犯」上均無適用之餘地[35]。值得一提的是，雖然學說普遍認爲「著手犯」不適用普通未遂的減輕規定，但關於不能未遂（Untauglicher Versuch）的規定（§26），則仍應肯定其有適用之餘地[36]。

　　於本節導引案例(6)中，己意圖建立「台灣共和國」而組織游擊隊發動武裝暴動革命，係構成刑法第101條第1項的暴動內亂罪。其後己雖因悔悟而解散游擊隊並棄械投降，但由於內亂罪係屬於「著手犯」的性質，故法官無法適用刑法第27條關於中止犯的規定來減輕其刑。

---

[32] 關於「著手犯」，詳參閱林東茂，危險犯的法律性質，收錄於氏著「危險犯與經濟刑法」，第7頁以下。

[33] Radtke, in: MK-StGB, §11 Rn. 84.

[34] Radtke, in: MK-StGB, §11 Rn. 84.

[35] Roxin, ATI, §10 Rn. 124.；Baumann/Weber/Mitsch, AT, §8 Rn. 48.；Kindhäuser, LPK-StGB, Vor §13 Rn. 259.

[36] Kindhäuser, LPK-StGB, §11 Rn. 32.

第二節　刑法的行為概念

導引案例

(1)甲具有夢遊症，某日在睡覺時夢遊至便利商店偷東西，試問甲的行為構成竊盜罪（§320）嗎？

(2)國際犯罪組織黑手黨的老大下令手下乙去殺人，並警告乙如果不執行命令的話，將依幫規處罰，乙因而被迫去殺人。問乙行為是否構成殺人罪（§271）？

　　刑法上的犯罪，係以「人的行為」（Menschliche Handlung）為前提要件。因為，只有人能夠作為（刑法）規範的對象，亦只有人才能夠有意義地被期待去遵守社會共同生活的基本規則[37]。倘若不屬於人的行為，例如野狗把人咬死、或雷電把人劈死，則沒有再進行刑法上犯罪判斷的必要，因為不論是動物行為、抑或是自然現象，均與刑法的規範意義無關。另外，縱使是人的舉止當中，也並非所有的情況都具有刑法規範上的意義，因此就有需要探討「究竟什麼樣的行為才符合刑法的行為概念」？原則上，不符合刑法之行為概念的人類舉止，就不會進入犯罪三階層結構的判斷，此為行為概念的篩濾功能。

一、行為理論

　　「行為理論」（Handlungslehre），乃是指探究刑法上之行為概念的一種理論。一般而言，刑法的「行為理論」主要可分為「因果行為論」、「目的行為論」與「社會行為論」三種不同的學說見解：

（一）因果行為論

　　「因果行為論」（Die Kausale Handlungslehre）認為，行為指的乃是「基於意思所為的身體舉動」與「其於外界所導致之變動」間的一種因果歷程

---

[37]　Baumann/Weber/Mitsch, AT, §13 Rn.1.

（Kausalvorgang）。以傷害罪為例，從行為人毆打被害人的舉動至被害人身體受傷的整個因果歷程，即為傷害行為。

（二）目的行為論

「目的行為論」（Die finale Handlungslehre）則認為，人的行為並非是偶然之因果事件，而是一種目的活動的實施（Ausübung der Zwecktätigkeit），亦即人的行為是一種具有目的性（Finalität bzw. Zweckhaftigkeit）的活動。於此，刑法上的行為，係指人基於對因果關係的認知，在特定範圍內預見其行為的可能結果，而有計畫地操控其行為以達成特定目的之舉動[38]。

（三）社會行為論

目前，綜合「因果行為論」與「目的行為論」所形成之綜合的行為理論——「社會行為論」（Die soziale Handlungslehre）乃是目前學界的多數說。「社會行為論」認為，行為乃係由人類意思所支配或可得支配（具有意思支配可能性）之具有社會重要性的人類舉止。這裡所謂的人類舉止，可能包括積極的作為與消極不作為。

（四）評析

基本上，上述三種行為理論是各有優缺點，學說上亦各有支持者。大致而言，上述三種行為理論中之任何一種，均各僅能適切地反應一種特定的犯罪型態，「因果行為論」較適合於過失犯；「目的行為論」最適合於故意犯；「社會行為論」則是較適合於不作為犯。早期行為理論曾在刑法階層體系體論中扮演重要角色，然目前此種功能已經式微，故在刑法上實已不需要再過度鑽研於行為理論的窠臼，而應放棄以行為概念來作為所有犯罪類型之上位概念的企圖，僅將其限縮在純粹排除「非刑法上之行為」的篩濾功能即可[39]。

---

[38] Welzel, Das Deutsche Strafrecht, S. 33.

[39] Vgl. Krey/Esser, AT, Rn. 293 f.

二、「非」刑法上的行為

在刑法的犯罪判斷上，行為的檢驗係先於構成要件該當性、違法性及有責性（罪責）的。因此，倘若通不過行為的檢驗，而認定非屬於刑法概念上之行為，就不用再進行構成要件該當性、違法性、有責性的三階層犯罪判斷。在這裡，行為的檢驗實具有篩濾的功能，亦即把非屬於刑法概念上之行為給過濾掉了。不過須強調的是，並非於所有的案例中，均必須從事行為的檢驗，通常只有在某些無法確知其是否屬於刑法意義上之行為的例外情況時，才會特別進行對行為之檢驗。

基本上，以下之情形均不屬於刑法上的行為：

（一）非屬人之行為

刑法係以人為規範對象，故非人類之行為自然不屬於刑法上之行為。例如，動物之行為或自然現象所造成之損害，在刑法上均不具任何意義。

（二）非屬人的意思所可得支配之行為

所謂非屬人的意思所可得支配之行為，係指「不具備意思支配可能性之行為」而言。此又可再分成幾種情形：

1. 不可抗拒之強制力所導致的動作

例如：被他人強力一推，身體無法自主而撞壞他人物品，此時物品雖是其身體所撞壞的，但因屬不可抗拒之強制力所導致之動作，無意思支配可能性，非屬刑法上之行為，故不會構成毀損罪。

2. 無意識狀態下之身體活動

例如：睡覺、夢遊或催眠狀態下行為。因此，若行為人遭催眠後而傷人、或是在夢遊中至商店竊取物品（導引案例(1)），因催眠或夢遊狀態下的身體活動欠缺意思支配可能性，不是刑法上之行為，故此種情形均不會成立犯罪。

3. 無意識的反射動作（Reflexbewegung）

例如：遭受電擊或痙攣中所爲之行爲。因此，若行爲人痙攣發作而打傷旁人，因係未經過腦部的反射動作，欠缺意思支配可能性，非屬刑法上之行爲，不會成立傷害罪。

在導引案例(2)中，乙在犯罪組織幫規的壓迫下去殺人，雖然有遭受強制力，然而此並非不可抗拒之強制力，該行爲仍屬乙之意思所可得支配（例如乙可以決定去自首參與犯罪組織而不受命殺人），故仍屬於刑法上之行爲。因此乙的殺人行爲，仍會構成殺人罪[40]。

---

[40] 至於犯罪組織黑手黨的老大應成立何罪，學說上則有「教唆犯」與「間接正犯」（所謂「正犯後正犯」）二種不同看法。本書支持應成立「間接正犯」的見解，參見本書第九章、第三節、三之說明。

第二部分

故意之作為犯

第四章
構成要件該當性

第一節　構成要件之概念

導引案例

　　甲某日至銀行辦事，因為急著跑三點半，下車後即直奔銀行櫃檯，卻忘記把車子的鑰匙拔下來。此時甲的鄰居乙碰巧路過，發現車子鑰匙仍在車內，而乙當時又急著趕赴他處辦事，於是乃將甲的車子開走，並於辦完事後，將車開回甲家門口停放，鑰匙投入甲的信箱中。問乙的行為是否具備竊盜罪（§320 I）之構成要件該當性？

一、構成要件與法益

　　所謂犯罪構成要件（Deliktstatbestand），通常簡稱為「構成要件」（Tatbestand），乃是指構成犯罪行為所必須具備的成立要件，屬於犯罪結構中建立犯罪不法所必要的要素。現今刑法上所謂的構成要件，係專指狹義構成要件而言。在狹義構成要件（Tatbestnad im engeren Sinne）[1]的概念之下，所謂「構成要件」，乃是指在刑法分則或其他刑罰法規中對於各種犯罪之成立要件所為的規定。立法者透過構成要件描繪了各種犯罪行為的類型，將其典型的不法內涵予以特徵化，因此亦稱之為「不法構成要件」（Unrechtstatbesatnd）。

　　刑法是一部法益保護法，每一個刑罰構成要件都有其要保護的法益，刑法

---

[1] 早期學者一度採取「廣義構成要件」（Tatbestand im weiteren Sinne）的觀點，認為所有構成犯罪行為可罰性的前提要件均屬於構成要件，包括不法構成要件（狹義構成要件）、違法性、有責性甚至是客觀處罰條件（Die objektiven Bedingungen der Strafbarkeit）等，都屬於「廣義構成要件」的概念範疇。

之所以處罰一個行為的基礎即在於行為造成了對構成要件保護法益的危害（危險或實害），法益因此是構成要件的保護客體。所謂「法益」，指的是法律所要加以保護的利益、社會價值，甚至是一種機制，而作為構成要件的保護對象。例如收賄罪（貪污罪）（§§121～123）構成要件所要保護的法益是國家公務執行的公正與人民對公務員廉潔的信賴、醉態駕駛罪（§185-3）構成要件所要保護的法益是公眾交通往來的安全、殺人罪（§271）構成要件保護的則是每個人的生命法益。

刑法分則中的各種犯罪構成要件類型，即係按照保護法益性質的不同而進行體系分類，目前我國採取的國家法益、社會法益與個人法益的法益三分法，也因此刑法分則的犯罪類型也分成侵害國家法益之犯罪（如內亂罪、外患罪、瀆職罪等）、侵害社會法益之犯罪（如公共危險罪、偽造文書罪、妨害風化罪等）與侵害個人法益之犯罪（如殺人罪、傷害罪、竊盜罪、詐欺罪等）三大類。

基本上，當某一個人的行為實現了刑法中的構成要件時，通常即具備構成要件該當性。不過，構成要件的目的既然是在保護法益，那麼在解釋行為是否該當構成要件的時候，以法益為導向的解釋方法就占有舉足輕重的地位。由於刑法中的不法構成要件是在描述各種法益危害的行為類型，構成要件該當性表徵的是一種對法益的危害（危險或實害）狀態，因此若某個行為在形式上雖然符合構成要件的文義，但是卻欠缺對該構成要件保護法益之危害時，此時仍應對構成要件進行限縮解釋或目的論限縮而認定其構成要件不該當，並排除犯罪的成立。因為基於刑法保護法益的目的思考，一個人類的行為只有在它危害了法益時才可以被認定為具備了刑法上的不法。

二、構成要件要素

所謂「構成要件要素」（Tatbestandsmerkmale），乃是指組成構成要件內容的各個要素。構成要件要素依其性質大致有以下的分類：

（一）「描述性構成要件要素」與「規範性構成要件要素」

「描述性構成要件要素」（Deskriptive Tatbestandsmerkmale），乃係指純粹客觀描述具體之事實對象，無須經過價值判斷即得以確定其意義之構成要件

要素。例如，竊盜罪（§320）構成要件中「動產」、殺人罪構成要件（§271）中的「人」等。

「規範性構成要件要素」（Normative Tatbestandsmerkmale），則是指必須透過法官之價值判斷予以補充始得以確定其意義的構成要件要素。例如，義憤殺人罪（§273Ⅰ）構成要件中的「義憤」、散布猥褻物品罪（§235）構成要件中的「猥褻文字、圖畫、聲音、影像或其他物品」等。

由於「規範性構成要件要素」，必須經過法官之價值判斷始得以確定其意義，其明確性自然較純客觀描述具體之事實對象之「描述性構成要件要素」為低，基於罪刑法定原則要求「罪刑明確性」的精神，在刑事立法上，應儘量減少使用「規範性構成要件要素」，而儘可能地以「描述性構成要件要素」為之。惟事實上刑法分則的構成要件欲完全使用「描述性構成要件要素」是不可能的，「規範性構成要件要素」的使用毋寧可以說是一種立法技術上的常態。

（二）「客觀構成要件要素」與「主觀構成要件要素」

「客觀構成要件要素」（Objektive Tatbestandsmerkmale），乃是指描述犯罪行為之客觀外在形象的構成要件要素。在構成要件中，屬於「客觀構成要件要素」的主要有以下幾種：

1. **行為主體**：指構成要件中所明定的犯罪行為人，例如收賄罪之行為主體為「公務員或仲裁人」（§121）。
2. **行為客體**：指犯罪行為所侵害或攻擊的對象，不論是人或物都有可能是犯罪的行為客體，例如殺人罪（§271）之行為客體為「人」、竊盜罪之行為客體則是「他人之動產」（§320）。
3. **實行行為**：指構成要件所規定的犯罪行為方式，例如竊盜罪構成要件之實行行為係「竊取」（§320）、詐欺罪構成要件之實行行為則是之施用「詐術」（§339）。
4. **特殊行為情狀**：指構成要件中所要求於實施行為時必須存在的特殊情狀，例如須「當場基於義憤」而殺人始足以該當義憤殺人罪（§273）、須於「公然」的情狀下實施侮辱才可以該當公然侮辱罪（§309）。
5. **行為結果**：指犯罪行為所造成之結果，例如殺人罪中被害人死亡之結果（§271）、恐嚇危安罪中「致生危害於安全」之結果（§305）。

6. **因果歸責**：即行為與構成要件結果間之因果關係與客觀歸責。例如在殺人罪中，被害人死亡之結果與行為間須具備因果關係，且被害人死亡之結果係可歸責於該行為。

相對於「客觀構成要件要素」係描述犯罪行為之客觀外在形象，所謂「主觀構成要件要素」（Subjektive Tatbestandsmerkmale），則是指描述犯罪行為人之心理、精神或意思等主觀領域的構成要件要素。在構成要件要素中，屬於「主觀構成要件要素」的主要有：

1. **故意**：例如傷害罪之傷害他人身體或健康之「傷害故意」（§277）。
2. **意圖**：例如竊盜罪之「不法所有意圖」（§320）。

構成要件該當性之判斷，在「既遂犯」中，先檢驗「客觀構成要件」是否符合，其後再檢驗「主觀構成要件」是否具備。不過，由於刑法並不處罰過失未遂，行為人若不具故意就沒有構成未遂犯的問題，因此基於犯罪檢驗上之效率對於「未遂犯」的檢驗程序則是與既遂犯的檢驗相反，亦即先檢驗「主觀構成要件」（即故意）是否具備，其後再檢驗「客觀構成要件」是否該當。惟不論既遂犯或未遂犯，行為人均必須同時具備「客觀構成要件」與「主觀構成要件」，始可認定為具備構成要件該當性。

於本節導引案例中，乙未經甲的許可私自將甲的車開去辦事，此等行為客觀上符合刑法第320條第1項竊盜罪「竊取他人之動產」的構成要件，乙的行為具備客觀構成要件該當性。在主觀構成要件上，乙亦明知該車非自己所有，仍有意將該車取走，具備竊取他人動產之故意（§13Ⅰ）。不過，從乙辦完事後，即將車開回甲家門口，鑰匙並投入甲的信箱等行為觀之，乙並無將甲之車子據為己有之不法意圖，不符合竊盜罪（§320Ⅰ）「意圖為自己或第三人不法之所有」的主觀構成要件要素，故不具備竊盜罪之構成要件該當性，因此也不會成立竊盜罪。

第二節　客觀構成要件

導 引 案 例

　　甲因辦事趕時間而違規停車，當甲處理完事後，發現車子已被私人拖吊業者吊走，想起這個禮拜已經被拖吊多次，荷包失血慘重，內心憤憤不平。此時卻又發現拖吊車又來拖吊，火氣隨即上升，乃對該私人拖吊業者罵三字經、出言恐嚇，並撿起一塊石頭揚言若其再繼續拖吊將砸碎車子的玻璃，拖吊車司機無奈下只得離去而停止拖吊。問甲之行為是否構成刑法第135條之妨害公務罪？

一、行為主體

　　「行為主體」（Handlungssubjekt bzw. Tatsubjekt），指構成要件中所明定之犯罪行為人。一般而言，構成要件通常不會對於行為主體資格做出限制，此即代表任何人均得為犯罪之行為主體，例如，殺人罪、竊盜罪、詐欺罪等均屬之，此種不限定行為主體資格的犯罪類型稱之為「一般犯」。在少部分情形，構成要件會限制行為主體的範圍，明文規定必須具備特定身分或關係之人始有可能構成犯罪，或是以行為人具特定身分來作為加重或減輕刑罰的事由，此即「身分犯」的情形。

　　在「純正身分犯」中，構成要件明文規定須具備特定身分之人始得為適格之犯罪行為主體，因此只有具備該身分之人才有可能成立該罪。例如，只有具「公務員或仲裁人」身分者收受賄賂才可能構成刑法上的收賄罪（§§121,122）；只有已結婚之人始能構成重婚罪（§237）；只有「為他人處理事務」之人才可能構成背信罪（§342）；只有「債務人」始可能構成損害債權罪（§356）。

　　在「不純正身分犯」中，行為主體的身分，則是會造成加重、減輕或免除刑罰的效果。例如，在殺人罪中，若所殺之被害人為自己的直系血親尊親屬，亦即行為人若具備直系血親卑親屬的身分，即加重其殺人的刑責，而另成立較

重之殺直系血親尊親屬罪（§272）；倘若係具「生母」身分之人因不得已之事由，於生產時或甫生產後殺其子女者，則減輕其殺人刑責，僅成立較輕之生母殺嬰罪（§274）。

二、行為客體

　　「行為客體」（Handlungsobjekt bzw. Tatobjekt），係指犯罪行為所侵害或攻擊的法定對象，可能為人或物。例如，妨害公務執行罪（§135 I）的行為客體是「公務員」、殺人罪（§271 I）的行為客體是「他人」、竊盜罪（§320 I）的行為客體則是「他人的動產」。

　　對刑法學理而言，「行為客體」（Handlungsobjekt）與所謂的「法益」（Rechtsgut），在概念上是必須加以區別的。基本上，「法益」是一種理念上的社會價值而作為刑法構成要件所要保護的對象，也就是構成要件的保護客體；而「行為客體」指的則是犯罪行為所針對的具體對象，構成要件亦只有在此等對象上才有可能被實現[2]。

《舉例1》甲故意持刀殺害A，殺人罪構成要件的保護法益是他人的「生命權」，而行為客體則是「他人」（§271 I）。

《舉例2》乙偷走B的電腦，竊盜罪構成要件所要保護之法益是對財物的「持有利益」或「所有權」，而行為客體則是「他人之動產」（§320 I）。

《舉例3》丙故意砸毀C的車子，毀損罪構成要件所要保護的法益是「所有權」，而行為客體則是「他人之物」（§354）。

　　在本節導引案例中，由於妨害公務執行罪（§135 I）的行為客體為「公務員」，因此甲的行為是否構成該罪，其關鍵乃在於私人拖吊業者執行拖吊是否屬於刑法第135條第1項所稱的「公務員依法執行公務」的情形？按私人拖吊業者執行違規車輛之拖吊，法律性質上係屬於所謂的行政輔助人（行政助

2　Wessels/Beulke/Satzger, AT, Rn. 8.；Krey/Esser, AT, Rn. 10.

手），尙非接受委託行使公權力之受託人，不符合刑法第10條第2項第2款之公務員定義[3]，因此甲的行爲尙非屬對於依法執行公務之公務員施以強暴脅迫之情形，不成立妨害公務執行罪（§135Ⅰ）。不過，甲對該私人拖吊業者罵三字經、出言恐嚇的行爲，仍然可以成立恐嚇個人罪（§305）與公然侮辱罪（§309）。

三、實行行爲

「實行行爲」（Ausführungshandlung），係指構成要件所規定的犯罪行爲方式，例如，僞造變造私文書罪（§210Ⅰ）的實行行爲是僞造或變造行爲；強制罪的實行行爲是強暴、脅迫之行爲（§304）；竊盜罪（§320Ⅰ）之實行行爲是竊取行爲；侵占罪（§335Ⅰ）之實行行爲是侵占行爲；詐欺罪（§339Ⅰ）之實行行爲則是施用詐術之行爲。

構成要件中之實行行爲通常不會限定行爲方式，例如不論使用任何手段殺人都可以該當殺人罪之構成要件。惟有時法律於構成要件中，也會限定只有使用某些特定之行爲方式或手段方足以構成該犯罪，例如利用權勢性交猥褻罪（§228）必須「利用權勢或機會」而爲性交或猥褻行爲；入侵電腦罪（§358）必須「無故輸入他人帳號密碼、破解使用電腦之保護措施或利用電腦系統之漏洞」而入侵他人之電腦或其相關設備，始足以該當構成要件。在此類構成要件中，若行爲人並未使用該明定於構成要件中的特定行爲方式，則基於罪刑法定原則，其行爲即無法構成該犯罪。例如，利用他人未關閉電腦而暫時離開座位去上廁所時，偷點進去其電子郵件信箱察看內容，因並未輸入他人帳號密碼、也沒有破解電腦的保護措施或利用電腦系統之漏洞，即不會構成入侵電腦罪。

四、特殊行爲情狀

有時立法者也會於構成要件之中，另外明定行爲時所必須存在之特殊情狀。例如，不履行賑災契約罪必須「於災害之際」（§194）；公然猥褻罪

---

[3] 甘添貴，刑法新修正之公務員概念，收錄於「刑法總則修正重點之理論與實務」，2005，第149頁。

（§234 I）或公然侮辱罪（§309 I）之構成必須在不特定人得共見共聞之「公然」的情況下；義憤殺人罪（§273 I）必須在「當場基於義憤」的情況下；損害債權罪必須於債務人「將受強制執行之際」（§356）而爲之，始得構成相關之犯罪。因此，若行爲時不符合此等特殊行爲情狀，例如甲在房間內與室友吵架而辱罵對方，雖有侮辱的行爲，但因行爲時不符合「公然」的特殊行爲情狀，故甲即不會構成公然侮辱罪。

五、行爲結果

「行爲結果」（Taterfolge），指的是犯罪行爲所發生之結果。例如，違背建築成規術罪（§193）中「致生公共危險」之危險結果；殺人罪（§271 I）中被害人「死亡」之結果；毀損罪（§§352～354）中「毀壞或不堪用」之結果。構成要件中規定有行爲結果者，只有「結果犯」，不包括「行爲犯」（舉動犯）。因爲於「行爲犯」中，行爲人只要單純地實行完畢符合構成要件之行爲犯罪即會成立，無待於行爲結果之發生。

六、因果關係與客觀歸責

在故意結果犯的領域中，關於行爲與結果間之因果關係與客觀歸責的問題（因果歸責）是構成要件該當性判斷上的重點，其所涉及的核心問題乃在於：在什麼樣的情況下，刑法可以將某客觀上發生的構成要件結果視爲是行爲人之行爲成果，並將此結果歸由該行爲人去負責？從不同的角度來看，這其實涉及一個法律上普遍的重要議題，亦即法律應如何合理地去界定行爲人應負責任的範圍。對此，我國最高法院實務長久以來係採取所謂的「相當因果關係說」（Adäquanztheorie；「相當理論」）作爲其一貫見解，認爲只有在與行爲具相當因果關係的範圍內，才屬於行爲人所應負責的範疇，若構成要件結果與行爲間欠缺相當因果關係，即排除於行爲人應負責任的範疇之外。相對於法院實務於此處的一貫見解，刑法學界則主要分流成二種不同的模式：一種受日本通說影響而採取與我國實務判決相同的「相當因果關係說」之觀點，透過相當性的概念來適度節制結果責任的範圍，晚近的「相當因果關係說」並發展出以具備條件關係爲前提，再斷具條件關係之行爲與結果間是否具備相當性的二階段判

斷流程[4]；另一種見解則承襲德國通說的「客觀歸責理論」（Lehre von objek-tiven Zurechnuhg）[5]發展出一套將因果關係與結果歸責分離的思維模式，先以「條件說」判斷行為與結果之間的因果關係，再以「客觀歸責理論」來處理構成要件結果是否應歸由該行為人負責的問題，藉此以節制結果責任的範圍[6]。

　　本書採學界多數說區分「因果關係」與「客觀歸責」的見解，於結果犯中判斷某構成要件結果是否應歸由行為人來負責，應分成二階段來處理，亦即：第一階段應討論「因果關係」的問題，此因果關係依據「條件理論」之條件公式來加以判斷；惟倘若經判斷行為與構成要件結果間具備因果關係，則第二階段尚須再進一步討論該結果是否應歸由行為人負責的結果歸責問題，此歸責判斷則係藉由「客觀歸責理論」為之。

第三節　行為與結果間之因果關係

導引案例

(1)甲欲謀殺A，乃於A之車子中裝置炸藥，只要引擎一發動，車子就會爆炸。然而，當A坐進車子正要發動引擎時，A之仇人M忽然騎機車經過開槍將A擊斃。

---

[4]　甘添貴／謝庭晃，捷徑刑法總論，修訂二版，2006，第86頁；余振華，刑法總論，2011，第153頁；陳子平，刑法總論，增修版，2008，第167頁以下；另靳宗立，刑法總論Ⅰ，2010，第219、215頁，雖原則上不採相當因果關係說與客觀歸責理論的觀點，但在相當因果關係說中則認為「客觀說」較為可採。

[5]　亦有譯為「客觀歸屬理論」或「客觀歸咎理論」。

[6]　此為我國多數說之見解：王皇玉，刑法總則，第173頁以下；林山田，刑法通論（上），第224頁以下；林東茂，刑法綜覽，第1-74頁以下；林鈺雄，新刑法總則，第151頁以下；柯耀程，刑法概論，2007，第200頁以下；黃常仁，刑法總論，第29頁以下；許澤天，刑總要論，第83頁以下；張麗卿，刑法總則理論與運用，第148頁以下；李聖傑，因果關聯的發展在實務實踐的光與影，台灣本土法學，第101期，2007/12，第169頁以下；許玉秀，檢驗客觀歸責的理論基礎─客觀歸責理論是什麼，收錄於氏著「主觀與客觀之間」，1997，第219頁以下；黃惠婷，職業風險的客觀歸責，台灣本土法學雜誌，第82期，2006/05，第280頁以下；蔡聖偉，絕命醫療站（上）─透過不可歸責之途徑所發生的結果與中止，月旦法學雜誌，第173期，2009/10，第297頁以下。

(2)乙與丙同時在B的飲料中下劇毒，不過乙與丙相互間均不知對方有下毒。其後，B因為喝了該飲料而死亡。事後調查發現，不論是乙所下的毒、抑或是丙所下的毒，任何一人之毒性均足以單獨致B於死地。

(3)丁於登山健行途中，在山區與另一登山客C發生嚴重口角爭執，丁在盛怒之下，乃持小刀在C的手臂上劃一刀，以示教訓。豈料，C因患有極為嚴重的血友病而導致該傷口流血不止，再加上事發地點位於山區無法及時送醫，最後竟因流血過多而死亡。

在故意結果犯中，犯罪行為是否可認定為既遂，必須具備兩個前提要件：首先，必須行為與結果間具備「因果關係」；其次，必須該行為對於結果的發生具備「客觀可歸責性」。如行為與結果之間，缺乏「因果關係」或是「客觀可歸責性」，則通常僅能成立犯罪未遂，甚至不成立犯罪。

關於行為與結果之間因果關係（Kausalität）的認定，主要的學說有「條件理論（條件說）」以及「相當理論（相當因果關係說）」：

一、條件理論（條件說）

（一）條件公式

「條件理論」（Bedingungstheorie）認為，所有對於結果之發生所不可或缺的條件，都與結果間具備因果關係。換句話說，於某一犯罪事件中，倘若把該系爭行為（條件）予以排除，則結果即不至於會發生者，此時該行為與結果之間即具備因果關係。例如，甲為將其仇敵乙殺死，乃於其飲料中下毒，乙喝下該杯毒飲料後隨即中毒身亡，於此案例中若沒有甲下毒之行為，則乙死亡之結果即不會發生，故依據「條件理論」甲下毒之行為與乙之死亡結果間具因果關係。「條件理論」可以簡化成如下之公式：

$$若非A，則非B \rightarrow A與B間具備因果關係$$

此即所謂「無條件即無結果之公式」（Conditio-sine-qua-non-Formel），或簡稱「條件公式」（Conditio-Formel）。於此，由於「條件理論」將所有促

成結果發生所不可或缺之條件均予以同等看待，故學說上亦稱之爲「等價理論」（Äquivalenztheorie）。在本節導引案例(1)中，當A坐進車子正要發動引擎時，A之仇人M忽然騎機車經過，開槍將A擊斃。於此，若無M開槍射擊的行爲（條件），A死亡的結果就不會發生，因此M的槍擊行爲與A的死亡結果之間，具有因果關係；相對地，此案例中縱使沒有甲安置炸彈之行爲，A的死亡結果還是會出現（A還是會被M槍殺而死），故甲安置炸彈之行爲與A之死亡結果間即欠缺因果關係。據此，在本案中，M應成立殺人既遂罪（§271 I），而甲之行爲因與A之死亡結果間不具因果關係而僅能成立殺人未遂罪（§271 II）[7]。

　　惟應特別強調者，適用此種條件公式來做因果關係之判斷，必須單獨取決於已經發生的具體事件與具體結果間的因果關聯，至於該構成要件結果是否之後也可能基於其他原因而發生，則不在考慮範圍之內。簡言之，於此處因果關係判斷的基礎只能取決於「至結果發生時點所存在的一切具體事實」，不允許再考慮將來可能發生之其他事實的假設性因果流程（Hypothetische Kausalverläufe）[8]。例如，殺人案件中不能主張被害人多年後也必然會死而排除殺人行爲與被害人死亡結果間之因果關係，否則將會導致在所有殺人案件中都不存在因果關係的荒謬結論。

　　據此，於導引案例(1)中，因果關係之判斷基礎僅能考量至被害人被殺死之時點所存在的一切具體事實，不能以「縱使沒有M的槍擊行爲，被害人幾分鐘後也必然會被甲所安置的炸彈炸死」爲由而排除M之行爲與被害人死亡之結果間之因果關係。

（二）條件公式的修正——「擇一因果關係」

　　「條件理論」的此種條件公式，在特定情形下會出現漏洞，亦即在「數種

---

[7]　在此種案例類型中，由於最初行爲所置入之條件（導引案例(1)中甲安置炸彈）在尚未發生效果前，另一行爲介入（導引案例(1)中M衝出射殺A）並超越前行爲進行中之因果歷程而直接發生構成要件結果，導致前行爲的因果關係因而被排除，學說上往往也稱爲「超越的因果關係」（Überholende Kausalität）。此種類型以往多稱之爲「因果關係中斷」（Unterbrechung der Kausalität），但由於所謂「因果關係中斷」本身即是一種自相矛盾的概念，學說上多已不再使用此名詞。可參見林書楷，因果關係中斷與客觀歸責，收錄於「刑事法理論與財經刑法之接軌」，第21頁以下。

[8]　Kindhäuser, AT, § 10 Rn. 17ff.；Krey/Esser, AT, Rn. 308 ff.；Kühl, AT, § 4 Rn. 11ff.；Roxin, AT I, § 11 Rn. 23.；Wessels /Beulke/Satzger, AT, Rn. 161.

獨立條件同時發生作用，而任何一個條件均足以導致結果之發生」的情形，此即學說上所謂的「擇一因果關係」（Alternative Kausalität）或「雙重因果關係」（Doppelkausalität）[9]的情形。例如在本節導引案例(2)中，不論是乙所下的毒、抑或是丙所下的毒，任何一人之毒性均足以單獨致B於死地。換句話說，縱使沒有乙的下毒行為，B死亡的結果亦會發生；同樣地，若係沒有丙的下毒行為，則B死亡的結果也依然會發生，如果僅單純機械化地依據「條件公式」來判斷，將會得出乙與丙之行為與B之死亡結果間均欠缺因果關係的荒謬結果。

據此，通說均認為條件理論即應針對此種「擇一因果關係」的特殊情形而做出修正，亦即：當多數具有擇一性、而非累積性的條件共同發生作用時，縱使該條件不存在，結果亦會發生，此時各個條件與結果間均具備因果關係[10]。依據此對條件理論公式之修正，在本節導引案例(2)此種「擇一因果關係」之情形，不論是乙的行為或是丙的行為，與B的死亡結果間均具備因果關係。因此，乙與丙兩人均各自成立殺人既遂罪（§271 I）。

（三）補充理論的開展

「條件理論」此種「無條件即無結果之公式」，優點係在於判斷標準明確，但是為學界所詬病的缺點就是導致因果關係的範圍漫無邊際。例如在本節導引案例(1)中，M的父母親、手槍的發明人，在條件理論的判斷公式下，均與A的死亡結果，具有因果關係。因為，如果沒有M的父母親將M生下來、如果手槍沒有被發明，則A即不會死於M的槍下。但若刑法要求殺人兇手的父母親、手槍的發明人也要為被害人的死負責，顯然會是非常荒謬的不合理結論。

因此，刑法學理上乃紛紛出現一些修正或補充的理論，其中較重要者乃係「相當理論」（Adäquanztheorie；即我國實務所採的相當因果關係說）、「重要性理論」（Relevanztheorie）以及「客觀歸責理論」（Die Lehre von der objektiven Zurechnung）等。「相當理論」係對於條件理論的一種修正，將因果關係與結果歸責的問題融為一體而以一個相當性的概念加以綜合判斷。「重要

---

[9]　Ebert, AT, S. 47f.；Kühl, AT, §4 Rn. 19.

[10]　此為通說之見解：林山田，刑法通論（上），第217頁以下；林東茂，刑法綜覽，第1-89頁；黃常仁，刑法總論，第25頁以下；張麗卿，刑法總則理論與運用，第138頁；Ebert, AT, S. 47f.；Krey/Esser, AT, Rn. 316 f.；Kühl, AT, §4 Rn. 19.；Wessels/Beulke/Satzger, AT, Rn. 157.

性理論」則是首先將因果思想（Kausalgedanken）與歸責思想（Haftungsgedan-ken）的不同明確區別出來，這個觀點成為當代「客觀歸責理論」的基礎。之後，「客觀歸責理論」更進一步地在承認條件理論的前提下，將因果關係與結果歸責的問題區分開來處理。亦即，先以「條件理論」來判斷行為與結果之間的因果關係，然後再以「客觀歸責理論」來判斷該結果於規範上是否可視為行為人的作品，而歸責給該行為人來負責（客觀歸責）。

二、相當理論（相當因果關係說）

「相當理論」（Adäquanztheorie），或稱之為「相當因果關係說」，係流行於民法學界的理論，其主要係適用於對侵權行為因果關係之判斷。在刑法上，「相當因果關係說」的導入代表著對於條件理論牽連過廣所做的一種修正。在「相當因果關係說」的理解中，並非所有促成結果發生所不可或缺之條件，都與結果間具備因果關係，而係只有「構成要件相當之條件」（die tat-bestandadäquante Bedingung），才可被認定為是結果之原因。

「相當因果關係說」認為，倘若某行為依據一般日常生活經驗往往均足以造成該結果者，該行為即為導致結果發生之相當條件，此時行為與構成要件結果之間即具備相當因果關係，行為人就應對結果負責。相對地，如果依據一般日常生活經驗，同樣的行為通常均不足以導致該結果，此時即應該排除行為與構成要件結果間相當因果關係的存在，行為人對結果就不用負責。我國法院實務見解向來採取「相當因果關係說」，以最高法院76年台上字第192號判決（原判例）為代表：「所謂相當因果關係，係指依經驗法則，綜合行為當時所存在之一切事實，為客觀之事後審查，認為在一般情形下，有此環境、有此行為之同一條件，均可發生同一之結果者，則該條件即為發生結果之相當條件，行為與結果即有相當之因果關係。反之，若在一般情形下，有此同一條件存在，而依客觀之審查，認為不必皆發生此結果者，則該條件與結果不相當，不過為偶然之事實而已，其行為與結果間即無相當因果關係。」

「相當因果關係說」迄今仍是我國法院實務的主流見解，而且與一般學界通說區別「因果關係」與「客觀歸責」的二階段判斷流程不同，實務通常僅純粹以相當因果關係之判斷來決定行為人對於結果應否負責，並不討論結果歸責

（客觀歸責）的問題[11]。不過，近期實務之穩定見解則逐漸傾向於先依「條件理論」判斷條件關係，再依「相當因果關係說」判斷行為與結果之相當性的二階段判斷模式[12]。

惟「相當因果關係」的判斷基準（相當性的判斷基準），學說上大致又可再分為以下三種不同的見解：

（一）主觀相當因果關係說

所謂「主觀相當因果關係說」，係以行為當時行為人主觀上認識或可能認識（應認識）之事實為判斷基準來認定其因果關係。若依主觀相當因果關係說，於本節導引案例(3)中，丁之行為與C的死亡結果是否有因果關係，須視丁是否知道C患有血友病而定。如果丁不知道C患有血友病，則丁的行為與C的死亡結果間欠缺相當因果關係，丁僅成立普通傷害罪（§277Ⅰ）。因為持美術刀在手腳上劃一刀，經驗上通常不足以造成死亡的結果。但是如果丁知道C患有極為嚴重的血友病，則應該可認為丁之行為與C之死亡結果間具備相當因果關係，此時丁應該成立普通傷害致死罪（§277Ⅱ）。因為，依據一般生活經驗，嚴重血友病人的傷口無法止血，在手腳上劃一刀，甚有可能因此流血過多而致死。

（二）客觀相當因果關係說

所謂「客觀相當因果關係說」，係以行為當時「客觀存在之事實」來作為判斷相當因果關係之基準，並不考慮行為人的主觀認識。「客觀相當因果關係說」為我國實務所採取之見解，最高法院76年台上字第192號判決（原判例）即認為相當因果關係之判斷應「依經驗法則，綜合行為當時所存在之一切事實，為客觀之事後審查」，採取的即是客觀相當因果關係說之立場。如採此說，於本節導引案例(3)中，客觀存在之事實係C患有血友病，依據一般生活經

11　惟「客觀歸責理論」似亦開始對實務見解產生影響，參見張麗卿，客觀歸責理論對實務判斷因果關係之影響──兼評最高法院九十六年度台上字第五九九二號判決，法學新論，第13期，2009/08，第15頁以下。

12　最高法院107年度台上字第847號判決：「行為與結果間，是否有相當因果關係，不僅須具備『若無該行為，則無該結果』之條件關係，更須具有依據一般日常生活經驗，有該行為，通常皆足以造成該結果之相當性，始足當之。」近期實務見解如最高法院110年度台上字第6078號判決、112年度台上字第20號判決均重申此種觀點。

驗，在血友病人之手臂腳上劃一刀，甚有可能導致其因流血過多而致死，故丁的行為與C的死亡結果間具備相當因果關係，丁應該成立普通傷害致死罪（§277Ⅱ）。至於丁主觀上是否認知C患有血友病，並不在客觀相當因果關係說的考慮範圍內。

（三）折衷相當因果關係說

所謂「折衷相當因果關係說」，則認為除了依據行為時「一般人可認知之客觀事實」[13]外，尚需考量到行為時「行為人的主觀認識」（尤其是行為人的特殊認知），來作為判斷相當因果關係的基準。如依據「折衷相當因果關係說」之見解，於本節導引案例(3)中，倘若被害人C患有嚴重血友病之事實，於行為時一般人從外表上並無從認識，而丁亦不知道C罹患嚴重血友病，則應認為丁的行為與C的死亡結果間欠缺相當因果關係，丁僅成立普通傷害罪（§277Ⅰ）。但是，倘若丁與被害人C係朋友而知道C患有嚴重血友病之事實，此時即可認為丁之行為與C之死亡結果間具備相當因果關係，丁應該成立普通傷害致死罪（§277Ⅱ）。

（四）小結

「相當因果關係說」（相當理論）在實務的操作上固頗為便利，然最為學說上所批評的之處係在於，其試圖透過相當性（Adäquanz）這個規範性的準則，來決定屬於自然科學領域的因果關係，並因此而無法明確區分出結果原因與結果歸責的不同[14]。另外，「相當因果關係說」也有不精確的缺點，因為什麼是一般生活經驗中足以導致結果發生之相當條件，在認定上會因人而有相當大的差異，缺乏具體明確的標準，於個案中最後往往會取決於法官的自由心證。

---

[13]　此須為「有意思能力」之一般人所可認知之客觀事實。

[14]　Wessels/Beulke/Satzger, AT, Rn. 171.；Haft, AT, S. 63.

第四節　行為結果之客觀歸責

導引案例

(1)甲素知某航空公司飛安記錄惡劣，經常發生墜機事故。甲希望A能死於空難，乃贈送A該航空公司之國外機票，並慫恿A去搭乘該班機，A不疑有詐欣然接受，最後A竟果真死於該次飛行之空難，事後飛安調查認定失事原因係機齡過久導致機身因金屬疲乏而破裂。試問：甲的行為是否構成殺人既遂罪？

(2)乙基於殺人故意，持刀砍殺B數刀後逃逸。路人見狀趕緊叫救護車，B乃被送至醫院。豈料，當晚醫院發生大火，B在醫院被燒死。問乙之行為構成殺人既遂或是未遂？

(3)於案例(2)中，倘若是救護車運送B前往醫院的途中發生車禍，B因而死亡。則此時乙之行為應構成殺人既遂或是未遂？

(4)丙與丁同時在C的飲料中下劇毒，不過丙與丁相互間均不知對方有下毒。其後，C因為喝了該飲料而死亡。事後調查發現，不論是丙或是丁任何一方所下之毒，因為毒性輕均不足以致C於死地。不過，卻由於兩人同時下毒，毒性相累積之結果，導致C的死亡。問丙與丁各應成立何罪？

(5)飆車族戊於街道上超速飆車，忽然前方路口有一小女孩走出，戊隨即緊急煞車，因高速行駛中緊急煞車而發出極大的煞車聲響，路旁一老婆婆因此驚嚇過度而造成休克，送醫急救後仍然不治死亡。問對於老婆婆之死，戊是否應構成過失致死罪（§276Ⅰ）？亦即，老婆婆之死，於客觀上是否可歸責於戊的超速飆車行為？

(6)於海灘邊，衝浪好手庚趁著大浪一顯身手，其朋友D（為衝浪初學者）見狀亦躍躍欲試，庚乃把衝浪板借給D，並鼓勵D乘著大浪練膽量。D想自己的技術應該沒有問題，乃決定出海衝浪，卻不幸因為浪大而慘遭溺斃。問庚是否成立過失致死罪？

(7)縱火狂辛在市區縱火，火勢一發不可收拾，消防隊立刻趕來奮力救火，但消防隊員E在救火時卻不幸殉職。問消防隊員E之死亡結果，可不可以由縱火狂辛來加以負責？亦即，辛對於E之死亡，是否應該負過失致死罪的責任？

　　雖然明瞭「相當理論」（相當相當因果關係說）必須藉由規範性的因果準則來修正「條件理論」牽連過廣的缺陷，不過卻沒有真正注意到因果關係與結果歸責的不同。一直要到「重要性理論」的出現，刑法理論上才首次明確區分因果與歸責思想的不同。

　　「重要性理論」認為，「結果原因」（因果關係）與「結果歸責」（對結果的客觀可歸責性）必須嚴加區分。首先，在因果關係的判斷上仍須藉助條件理論，認為所有對於結果之發生所不可或缺之條件，均為結果之原因；其次，在所有這些對結果發生所不可或缺之條件中，只有那些在因果關聯中「該當於構成要件的重要條件」（tatbestandsmäßig relevante Bedingungen），才可以被歸責[15]。此種「重要性理論」將因果關係與結果歸責明確區分的概念，一般認為係現代「客觀歸責理論」的基礎。

　　本書採學界多數說區分「因果關係」與「客觀歸責」的見解，於結果犯中判斷某構成要件結果是否應視為行為人之行為成果而歸由其負責，應分成二階段來處理，亦即：第一階段應討論「因果關係」的問題，此因果關係依據「條件理論」之條件公式來加以判斷，若判斷行為與結果間欠缺因果關係，則行為人毋庸對該結果負責，此時在過失犯中行為人不成立犯罪（因過失犯不罰未遂），在故意犯中則僅成立未遂犯，若該罪不處罰未遂則亦無罪；倘若經判斷行為與構成要件結果間具備因果關係，此時尚須進入第二階段進一步討論該結果是否應歸由行為人負責的「客觀歸責」問題，此歸責判斷則係藉由「客觀歸責理論」（Lehre von objektiven Zurechnuhg）為之。據此，縱使行為與結果間具備因果關係，惟倘若欠缺客觀可歸責性的話，結果仍不應歸由該行為負責。

　　如前所述，現行實務主流見解仍採取「相當因果關係說」，但近期最高法院判決也逐漸採納「客觀歸責理論」的觀點[16]，具體個案中的操作則是將「客觀歸責理論」作為判斷相當因果關係中之「相當性」的輔助判斷基準[17]。另

---

[15]　Gropp, AT, §5 Rn. 39.

[16]　例如最高法院108年度台上字第3842號判決即謂：「……因因果關係之『相當』與否，概念欠缺明確，在判斷上不免流於主觀，且對於複雜之因果關係類型，較難認定行為與結果間之因果關聯性。晚近則形成『客觀歸責理論』，明確區分結果原因與結果歸責之概念，藉以使因果關係之認定與歸責之判斷更為精確……因之，為使法律解釋能與時俱進，提升因果關係判斷之可預測性，應藉由『客觀歸責理論』之運用，彌補往昔實務所採『相當因果關係說』之缺失，而使因果關係之判斷更趨細緻精確。……」其他採相同見解之判決如最高法院108年度台上字第1808號判決。

[17]　最高法院112年度台上字第20號判決：「……行為人之行為與結果間，如具備相當因果關係，亦即若無該行為，則無該結果之條件關係，及依一般日常生活經驗，有該行為，通常皆

外，近期有最高法院判決在過失犯的領域中導入「客觀歸責理論」的判斷[18]，也有判決在結果加重犯中要求故意之基本犯與加重結果間，須具備因果關係及客觀歸責[19]。最高法院實務見解逐漸導入「客觀歸責理論」作為判斷，此種轉變誠值肯定，是否之後會成為最高法院的穩定見解，頗值得持續關注。

在採「因果關係」與「客觀歸責」二階段區分判斷的概念底下，當肯定行為與結果間具備「因果關係」後，即應進一步檢驗對結果的歸責，亦即「客觀可歸責性」的判斷。依據「客觀歸責理論」，只有在行為人之行為對於保護法益製造了法所不容許的風險，而這個風險之後於具體的構成要件結果中實現了，此時該結果即應歸由行為人來負責[20]。因此，如果行為人並未製造法所不容許的風險，或是其所製造的風險未實現，或是結果屬於他人應負責任的範疇（非屬構成要件效力範圍），則該構成要件結果均不可歸責於行為人。

在這個客觀歸責的概念定義之下，對於構成要件結果的客觀可歸責性判斷應包含以下三個領域，其檢驗方式基本上是採取反面排除歸責的方式來進行：

一、未製造法所不容許的風險（未製造風險）

客觀可歸責性的第一個前提要件乃是，行為人的行為必須製造了法所不容許的風險。故倘若行為人的行為根本沒有製造風險、或者是所製造者係屬於法律所容許之風險，此時即應該排除該行為對結果的客觀可歸責性。而且，由於行為人根本沒有製造出刑法規範上所在意的法益風險，故此時行為人之行為完全不成立任何犯罪。在這裡，行為是否製造了法所不容許的風險，其實涉及的

足以造成該結果之相當性，即足令負既遂責任；該相當性得以審酌行為人是否有客觀可歸責性而為判斷，即行為人之行為倘對行為客體製造並實現法所不容許之風險，亦無第三人行為之介入，而使行為人之行為與結果間產生重大因果偏離，結果之發生與行為人之行為仍具常態關聯性時，該結果自仍應歸由行為人負責。」其他採相同觀點之判決如最高法院106年度台上字第3118號判決。

[18] 最高法院111年度台上字第4258號判決、111年度台上字第5170號判決、110年度台上字第3063號判決。

[19] 最高法院111年度台上字第1821號判決、111年度台上字第3432號判決。

[20] Roxin, AT, §11 Rn. 47.；Gropp, AT, §5 Rn. 42.；Wessels/Beulke/Satzger, AT, Rn. 179.另外，Kühl, AT, §4 Rn. 43.則將歸責公式定義為：一個危險必須以加重的方式被創造或被提高，而這個危險必須在構成要件結果中被實現。關於「客觀歸責理論」，詳細中文文獻可參閱許玉秀，檢驗客觀歸責的理論基礎—客觀歸責理論是什麼？，刑事法雜誌，第38卷第1期，第30頁以下；第2期，第61頁以下。

是該行為是否可被評價為「構成要件行為」的一種判斷，是歸責判斷的先決問題，因為只有在一個行為對於構成要件結果的發生製造一定程度的風險時，該行為才有可能作為後續結果歸責的評價對象[21]。因此，倘若行為根本未製造法所不容許的風險，結果即為完全不構成任何犯罪，連未遂犯都不會構成。

　　一般而言，以下數種情形行為人都未製造法所不容許的風險，而應該排除其客觀可歸責性，不構成犯罪：

（一）降低風險

　　所謂「降低風險」（Risikoverringerung），係指行為人之行為不僅未製造風險，反而是降低被害人「既存之危險」，例如降低結果發生的機率、延後結果發生之時間、減輕損害的範圍或以較輕微之結果來取代，此時縱使該行為對於結果之發生具因果關係，也應認為欠缺客觀可歸責性，因為行為人並非惡化，反而是改善了行為客體的狀況，對行為客體有利[22]。

《案例1》　某人向A之頭部丟擲石頭，甲伸手拍掉該石頭，不料石頭卻因此轉向而砸到A的腳，造成A的腳受傷。此時，甲之行為對於A腳受傷的結果雖有因果關係，但因其行為使石頭的傷害發生在比較不嚴重的地方，屬於降低風險的行為，不具客觀可歸責性，客觀構成要件不該當，不成立故意或過失致傷罪。

《案例2》　乙原本計畫持開山刀傷害B，丙乃勸其不要使用開山刀改以交付給他殺傷力較低的木棍教訓B，則丙的行為減輕B可能遭受傷害的程度，亦屬降低風險之行為而不可歸責，不會構成幫助傷害罪[23]。

21　古承宗，刑事交通事件中的容許風險與信賴原則，月旦法學雜誌，第193期，2011/06，第50頁以下。

22　承認此種排除客觀歸責之事由者：林山田，刑法通論（上），第225頁以下；林東茂，刑法綜覽，第1-81頁以下；張麗卿，刑法總則理論與運用，第149頁以下；林鈺雄，新刑法總則，第162頁以下；許澤天，刑總要論，第96頁以下；Ebert, AT, S. 52.；Gropp, AT, §5 Rn. 45.；Haft, AT, S. 65.；Heinrich, AT, Rn. 246 ff.；Jescheck/Weigend, AT, §28IV2., S. 287.；Kindhäuser, AT, §11 Rn. 16 f.；Roxin, ATI, §11 Rn. 53 f.；Wessels/Beulke/Satzger, AT, Rn. 193 ff.

23　Vgl. Heinrich, AT, Rn. 1297.

　　上述案例情形，學說上亦有反對以「降低風險」的概念來排除客觀歸責者，而認為合理的處理途徑應該適用「得被害人承諾」之法則來處理，特別是「推測之承諾」（mutmaßliche Einwilligung）[24]。惟此種處理方式顯然不符合刑法規範之本意，因為刑法規範並不會禁止此類目的係在排除或降低法益侵害的行為，故在此類「降低風險」的案例中，仍應以其欠缺客觀可歸責性為由來排除其構成要件該當性，較為妥適[25]。

　　應強調者，「降低風險」的行為只有在減低「既存事件」之危險的部分可以排除其客觀可歸責性，倘若行為人之行為除了降低原有既存事件之風險外，又另外創造了一個全新、獨立的、法律所不容許的風險，此部分就無法以「降低風險」為由來排除其客觀可歸責性[26]。

《案例3》丙知道有人計畫埋伏在C上班的路上狙擊殺害C的計畫後，為阻止此事乃火速趕往C處提出警告。惟由於雙方互不認識導致C不相信此事，再加上當天公司仍有重要會議要開，故C仍決定依照原訂時間上班，丙不得已只好將C關起來以阻止其被殺害。

　　此案例中，丙將C予以監禁之行為雖然阻止了C被殺的風險，但也另外創造出一個全新、獨立的風險（妨害自由的部分），此部分無法以降低風險為由來排除客觀歸責，其行為具備刑法第302條剝奪行動自由罪的構成要件該當性，此時只能從違法性的部分來處理，特別是適用「緊急避難」（§24）或「推測承諾」來阻卻其行為之違法性[27]。

（二）未製造具法律重要性的風險

　　行為人的行為雖未降低法益侵害的風險，但是也沒有製造具法律重要性的風險，或以法律所重視的方式提高法益侵害的危險，此時該行為屬於未製造風

---

[24]　Baumann/Weber/Mitsch, AT, §14 Rn. 69.

[25]　Heinrich, AT, Rn. 247.

[26]　Vgl. Roxin, ATI, §11 Rn. 54.；Wessels/Beulke/Satzger, AT, Rn. 193.；Haft, AT, S. 65.；Heinrich, AT, Rn. 248.

[27]　多數說見解認為，於此情形「推測承諾」或「緊急避難」原則上都有適用之可能。例如Roxin, ATI, §11 Rn. 54.；Wessels/Beulke/Satzger, AT, Rn. 193.；Heinrich, AT, Rn. 248.至於Kindhäuser, AT, §11 Rn. 19則僅認為應適用「推測承諾」來阻卻違法。

險的行為，亦欠缺客觀可歸責性。此類情形往往出現二種類型：第一種為「久遠的條件」（ganz entfernter Bedingungen），例如甲持槍殺死乙，甲的父母生下甲、槍的發明人發明了槍的行為，雖與乙之死亡結果具因果關係，但因未製造具有法律重要性的風險，都欠缺客觀可歸責性；第二種為慫恿他人從事一般生活風險之日常活動的情形，例如爬樓梯、游泳、坐雲霄飛車、搭飛機等，由於此類日常活動只有在機率極低的情況下才會導致意外結果的發生，此等極微小的危險性並不為法律所重視，因此行為人在未製造具有法律重要性之風險的情況下，自始即不具備客觀可歸責性[28]。

《案例4》甲希望A游泳溺水而死，乃買一張海水浴場的門票送A，慫恿其去游泳，A果真因此去海邊游泳，但結果不幸慘遭溺斃。甲的行為雖與A的死亡具因果關係（甲若不故意送門票，A即不會去海水浴場游泳而溺斃），但由於未製造具有法律上重要性的風險而不具備客觀可歸責性，因為游泳溺水僅係日常活動中所存在的一般生活風險。

　　惟應注意的是，這裡的歸責判斷必須考慮到行為人的特殊認知（Sonder-wissen），倘若基於行為人的特殊認知，其行為確實已經創造出一個具有法律上重要性的風險。例如，本例中，假如甲知道當時在海水浴場的某處水域藏有危險漩渦，而甲仍慫恿A前往該處危險水域游泳，則甲的行為即已經製造了具有法律上重要性的風險，故若A果真在游泳遭漩渦捲進而溺斃，其所製造的風險就實現了，此時A的死亡結果在客觀上應歸責於甲的行為，故甲應負故意殺人既遂罪（§271Ⅰ）之責[29]。

　　在本節導引案例(1)中，甲希望A能死於空難，乃贈送機票慫恿A去搭乘某飛安不良之航空公司班機，最後A竟果真死於該次飛行之空難。由於空中交通

---

[28]　承認此種排除客觀歸責之事由者：林山田，刑法通論（上），第226頁；Roxin, ATI, §11 Rn. 55.；Wessels/Beulke/Satzger, AT, Rn. 183.；Jescheck/Weigend, AT, §28Ⅳ1., S. 287.；Kühl, AT, §4 Rn. 46 f.；Gropp, AT, §5 Rn. 43.另外，Krey/Esser, AT, Rn. 334認為此種情形行為人因「欠缺對因果歷程的支配可能性」（Mangelnde Beherrschbarkeit des Kausalverlaufs），因此禁止將該結果作為其行為之成果而歸由行為人去負責。至於，Ebert, AT, S. 48 f 則將「久遠的條件」（例如父母生下殺人兇手）以及「反常因果歷程」，都基於欠缺對因果歷程的支配可能性的理由而排除其客觀歸責。

[29]　Vgl. Roxin, ATI, §11 Rn. 56.

與地上交通一樣，亦係公眾日常生活所必需的活動，故縱使飛機具有失事的風險，亦屬機率極端低的一般日常生活風險，故於此案中甲之行為並未製造具有法律重要性之風險，不具備客觀可歸責性。不過，此歸責性的判斷依舊必須考慮到行為人的特殊認知，因此如果導引案例(1)中之飛機係因為遭恐怖分子置放炸彈而失事，且甲事前即已知道恐怖分子放置炸彈之情事，卻仍基於致人於死之故意慫恿A去搭乘飛機，此時甲之行為即具備客觀可歸責性，仍應負故意殺人既遂罪之責。

（三）容許風險

有時行為雖製造了具有法律上重要性的風險，其客觀可歸責性依舊會被排除，此即是所謂「容許風險」（Erlaubtes Risiko）之情形。所謂「容許風險」，係指行為人之行為雖然附帶產生某種程度的危險性，不過由於該行為對一般公眾有益且為社會生活所必需，從法律的觀點來看不可能為了避免此種行為所附帶產生的危險性而禁止此等行為，故此等行為所附帶產生的危險性就成了被法律所容許的風險[30]。因此，縱使行為人之行為確實製造了具有法律重要性之風險，如果該風險係屬於此種「容許風險」的範圍內，則其對於因此所發生之構成要件結果即欠缺客觀可歸責性。

「容許風險」最典型的例子是在參與公共交通的案例，車子在馬路上行駛，即使是遵守交通規則，對於生命、健康及財產仍然製造了具有法律重要性的風險，這點由每年交通事故的統計資料即可加以證明。不過，由於交通行為是公眾日常生活所必需的活動，故法律基於公眾利益的考量，只得容許該風險之存在（前提是必須遵守交通規則），否則勢將造成公眾生活的停頓。因此，在遵守交通規則的情況下，如果還是發生車禍了，此時就可以「容許風險」為由來排除其過失（容許風險多數發生在過失犯的情形），不成立犯罪。

30　承認此種排除客觀歸責之事由者：林東茂，刑法綜覽，第1-83頁以下；林鈺雄，新刑法總則，第163頁以下；Ebert, AT, S. 52.；Roxin, ATI，§11 Rn. 55.；Wessels/Beulke/Satzger, AT, Rn. 184.另外，Heinrich, AT, Rn. 245將前述「一般生活風險」與「社會所容忍之風險」等情形，均以「容許風險」來加以含括。另外，林山田，刑法通論（上），第226頁以下；許澤天，刑總要論，第97頁，雖均承認「容許風險」作為排除客觀歸責的事由，但將慫恿他人從事一般日常活動之案例（希望他人死亡而慫恿其搭飛機之案例）置於容許風險下討論。另外，學說上亦有主張「容許風險」（容許危險）係阻卻行為之違法性者，例如甘添貴／謝庭晃，捷徑刑法總論，第112頁；陳子平，刑法總論，第212頁以下；黃常仁，刑法總論，第84頁以下。

「容許風險」的概念甚為廣泛，基本上只要是屬於有益於公眾日常生活或是日常生活所必須的活動領域，法律基於公共利益的考量均容許該活動風險之存在，惟前提是必須遵守該活動領域之注意規範要求。例如公眾交通行為、工業生產（某些危險設備）、各種具危險性的運動類型（例如拳擊）以及醫師的醫療行為等均具有此種特徵[31]。另外，我國實務認為，關於電梯的使用[32]、救護車實施緊急救護時的交通安全風險[33]，亦屬「容許風險」的範疇。

《案例5》拳擊手甲與乙進行拳擊賽，雙方均使出全力希望擊倒對方，最後於第五回合時由甲將乙擊倒獲勝。甲與乙之行為雖然都造成了對方的傷害結果，但因屬於「容許風險」的範疇，因雙方之行為均未製造法所不容許的風險，故都不會構成傷害罪。

二、未實現法所不容許的風險（未實現風險）

客觀歸責的前提要件，除了製造法所不容許的風險外，尚須該風險在構成要件結果中真的實現了，始足以當之[34]。倘若行為只製造了法所不容許的風險，但是該風險卻未實現，此時由於對結果不可歸責，因此行為人頂多只能成立故意未遂犯。倘若針對該罪法律亦無處罰未遂之明文規定，則該行為將不會構成任何犯罪。以下數種情形，行為人雖製造了法所不容許的風險，但因風險未實現，而應該排除其對結果之客觀可歸責性：

---

[31] Roxin, AT I , §11 Rn. 66 f.

[32] 最高法院83年台上字第6023號判決。

[33] 最高法院104年度台上字第1447號判決：「……被告所駕駛之救護車，係特種車，為緊急救護，達迅速救護或運送病人之目的，可能於執行任務時，伴隨程度不一之危險存在，在合理之範圍內，應係其他用路人所應容忍、承擔之風險。被告既係於執行任務中，縱有超過速限、闖紅燈之行為，如何亦為交通法規所特別容許，並未逾越社會所容許之界限。……」

[34] 反對見解：黃榮堅，衛爾康事件的基本刑法問題，收錄於氏著「刑罰的極限」，1998，第70頁；同作者，論風險實現，前揭書，第147頁以下，認為「實現法所不容許之風險」（風險實現）並非客觀歸責之要件。

（一）反常因果歷程

　　所謂「反常之因果歷程」（Atypischer Kausalverlauf）係指，行為人對於保護法益雖然製造了法所不容許之風險，不過構成要件結果的發生，並不是基於該風險的實現，而係因為其他不可預料的因素所造成的，此時行為人對於該結果並不具備客觀可歸責性。其典型的情況通常出現於，原本犯罪尚停留於未遂狀態、風險仍未實現，但最後卻經由某種無法預見的因果歷程（unvorhersehbarer Kausalverlauf）而導致構成要件結果的發生，此時由於該結果並非行為人原來所製造風險的實現，故該結果不可歸責於行為人[35]。於此，是否屬於「反常因果歷程」的判斷，原則上應以因果歷程是否已經超出「一般人日常生活可預見的範圍」之外，來作為其判斷基準。倘若導致結果的因果歷程已超出一般人日常生活可預見的範圍之外，即排除對結果之歸責；反之，若因果歷程仍在一般人日常生活可預見的範圍內，即非屬重大偏離，此時對結果即仍具客觀可歸責性。惟不容否認的，在判斷結果的歸責上，究竟怎樣的情況下是典型因果歷程，怎樣的情況下又屬於無法預見的反常因果歷程，在個案中往往是一個難題[36]。

　　在此種「反常因果歷程」中，因果關係雖然無法排除，但足以排除行為與最終結果間之客觀可歸責性。排除客觀歸責的理由主要有二：首先，行為人對於不可預見的因果事件欠缺支配可能性，因此其所造成的結果從刑法評價的觀點來看無法再將之視為是該行為人的成果；其次，在此種「反常因果歷程」中，構成要件結果之所以會發生，通常係由於其他因素之危險所導致的，並非行為人先前所創造之危險的實現，此時該構成要件結果性質上已不再屬於行為人的成果，而是另一偶然事件之成果[37]，故該結果即不應歸由先前之行為人來負責。在本節導引案例(2)與(3)的情形中，乙基於殺人故意持刀砍殺B數刀，起初B沒死（犯罪仍屬於未遂狀態），不料最後B卻分別因為救護車出車禍、或是醫院發生火災而死亡，兩者均屬於超出一般人日常生活可預料範圍之外的

---

[35] Roxin, ATI, §11 Rn. 69.承認此種排除客觀歸責之事由者：Heinrich, AT, Rn. 249.；Wessels/Beulke/Satzger, AT, Rn. 196.；林鈺雄，新刑法總則，第165頁以下；許澤天，刑總要論，第98頁以下。類似見解：Ebert, AT, S. 53.；Krey/Esser, AT, Rn. 335 ff；Kühl, AT, §4 Rn. 61 ff；林東茂，刑法綜覽，第1-86頁以下；另外，張麗卿，刑法總則理論與運用，第156頁以下，則稱此種情形為「偏離的因果關係」，似將其置於因果關係之領域來處理。

[36] Wessels/Beulke/Satzger, AT, Rn. 196.；Heinrich, AT, Rn. 249.

[37] Heinrich, AT, Rn. 249.

「反常因果歷程」，故B之死亡結果客觀上不可歸責給乙，乙不成立殺人既遂，而僅能成立殺人未遂罪。

於本節導引案例(4)中，丙與丁同時在C的飲料中下劇毒，不論是丙或丁任何一方所下之毒，均不足以致C於死地，不過卻因為兩人同時下毒，毒性相累積之結果，導致C的死亡[38]。如果沒有丙的下毒行為，C死亡的結果即不至於發生；同樣地，若沒有丁的下毒行為，則C死亡的結果亦不會發生，依據「條件理論」，丙與丁的行為對於C的死亡結果而言，均具備因果關係。不過，由於此種與其他人毒藥相累積才導致C死亡結果之因果歷程已超出一般人日常生活經驗可預見的範圍之外，屬於「反常因果歷程」，故C之死亡結果不可歸責給丙與丁，兩人都各只能成立殺人未遂罪。

就實質內涵而言，客觀歸責理論於此處所謂「反常因果歷程」的排除規則，其實就是相當因果關係的判斷。也就是說，「相當因果關係說」中的相當性準則，在「客觀歸責理論」底下，其實是被化身為所謂「反常因果歷程」的排除規則而出現。就此而言，在客觀歸責理論中，「相當因果關係」其實是客觀歸責理論底下的歸責判斷標準之一。

（二）無效的注意義務（欠缺義務違反關聯性）

在某些情況下，雖然行為人因違反了注意義務而製造了法所不容許的風險，且構成要件結果亦在正常的因果關係下出現，但是事後卻被確認，行為人所應盡之義務，係一無效之注意義務，此時行為人對於該結果之發生仍然不具備客觀可歸責性。也就是說，雖然行為人違反注意義務之行為導致了構成要件結果的出現，但縱使是行為人為完全遵守注意義務之行為，構成要件結果也確定一樣會出現，此時由於結果發生是一種不可避免的因果歷程，無法視為是行為人違反義務之行為所製造風險的實現，因此該結果在客觀上不應歸由行為人去負責。此種情形在學說上往往稱之為「欠缺義務違反之關聯性」（Fehlender Pflichtwidrigkeitszusammenhang）[39]基本上，此種排除歸責事由僅會出現在「過

---

[38] 此即所謂的「累積因果關係」（Kumulative Kausalität）的情形，亦即必須數個條件共同累積發生作用才足以導致結果之發生，任何單一條件均無法獨自使結果出現。

[39] 承認此種排除客觀歸責之事由者：林山田，刑法通論（上），第230頁以下；林東茂，刑法綜覽，第1-87頁；林鈺雄，新刑法總則，第166頁以下；Ebert, AT, S. 51.；Gropp, AT, §5 Rn. 46 f.；Heinrich, AT, Rn. 251.；Jescheck/Weigend, AT, §28IV5., S. 288 f.；Kühl, AT, §4 Rn. 73.；Wessels/Beulke/Satzger, AT, Rn. 197 ff.

失犯」的領域。

　　此等案例類型之所以應排除客觀歸責，係因爲不管行爲人之行爲有沒有製造法所不容許之風險其結果都是一樣的（構成要件結果都一樣會發生），故依據「平等原則」（Gleiheitsgrundsatz）的精神，其結果歸責之判斷也不應做差別處理[40]。詳言之，由於平等原則要求「相同事物爲相同處理、不同事物爲不同處理」（Gleichbehandlung des Gleichen und Verschiedenbehandlung des Ungleichen），在行爲人所應盡之義務係無效之注意義務的案例中，行爲人未盡注意義務時構成要件結果固然會發生，即使已經盡了注意義務構成要件結果仍舊會發生，此時基於平等原則要求「相同事物爲相同處理」的精神，在法律上必須將此二種情形予以一視同仁、平等對待。

《案例6》甲於高速公路上超速行車，忽然有流浪漢自高速公路旁衝進車道，甲因煞車不及撞上該流浪漢，導致該流浪漢當場死亡。事後，經專家鑑定結果，由於該流浪漢在很近的距離內突然自路旁衝進高速公路，在如此近的距離下，縱使事發當時甲並未超速且完全遵守交通規則，必定還是會因煞車不及而無法避免此次事故。於此案例中，甲縱使完全遵守道路交通安全規則之規定行車，該流浪漢被撞死之結果仍然無法避免，行爲所應盡之義務係無效之注意義務，因此甲違反交通規則之行爲雖然製造了法所不容許的風險，但流浪漢死亡結果的發生是不可避免的因果歷程，無法視爲是行爲人違反義務之行爲所製造風險的實現，故甲對於流浪漢死亡之結果不具客觀可歸責性[41]。

---

[40] Roxin, ATI, §11 Rn. 74.

[41] 針對此類案例，我國實務往往從「相當因果關係」的角度來理解，認爲若被告未違反交通規則亦難以避免事故之發生時，則其違規行爲與事故之發生即欠缺相當因果關係。最高法院92年度台上字第4164號判決：「……過失犯罪行爲之不法，不只在於結果發生之原因，而且尚在於結果乃基於違反注意要求或注意義務所造成者；若行爲人雖違背注意義務，而發生構成要件該當結果，但可確認行爲人縱然符合注意義務之要求，保持客觀必要之注意，而構成要件該當結果仍會發生者，則此結果即係客觀不可避免，而無結果不法，行爲人即因之不成立過失犯。被告雖有超速違規，但於見梁○○超速跨越中心線，占用被告車道迎面快速駛來時，被告已煞車減速而仍被撞及，實屬無可避免，故被告之超速與梁○○等之死亡無相當因果關係，即無過失可言。……」另臺灣高等法院103年度交上訴字第130號判決，亦同。

　　實務見解亦認為在此種欠缺義務違反關聯性之情形，結果不可歸責於行為人。最高法院112年度台上字第2505號判決即謂：「……倘被告無超速行駛之注意義務違反，客觀上仍無避免被害人死亡結果發生之可能性，自難將被害人遭撞擊死亡之結果，歸責於被告之超速行為。……」

　　但是，如果行為人所應盡之義務是否為一無效之義務，並無法確定時，例如在上述《案例6》中，若甲係於市區超速行使而撞倒突然衝出的流浪漢，且根據事後調查鑑定結果，縱使甲當時有遵守交通規則行車，是否可以避免此次車禍並無法確定。也就是說，即使甲有依交通規則行車，流浪漢死亡之結果仍然有可能會發生。此時應該如何處理，學說上即有爭議：

　　多數說見解主張，當無法確定行為人是否已經實現了法所不容許之風險時，此時應該依據「罪疑唯輕之原則」（罪疑唯有利於被告之原則；Grundsatz "in dubio pro reo"），作有利於行為人之認定，因此結果不應歸責給行為人，故於此例中流浪漢死亡之結果不可歸責給甲，甲不成立過失致死罪[42]。

　　但亦有持「風險升高理論」（Risikoerhöhungstheorie）之見解者，認為雖然行為人所應盡之義務是否為無效之義務並無法確定，但是由於行為人違反義務之行為將「剛好可被容忍的風險」進一步地升高，逾越了容許風險之界限，無疑已創造出一個法所禁止的風險，此時若構成要件結果真的發生，該被禁止的風險就已經被實現了，故行為人對結果之發生即具備客觀可歸責性[43]。如果採取此「風險升高理論」，則於本例中甲即應該對於該流浪漢死亡之結果負責，而成立過失致死罪[44]。

（三）結果不在注意規範的保護目的範圍之內[45]

　　有時雖然行為人製造了法所不容許的風險，且構成要件結果也發生了，但是，如果阻止該結果的發生並不在注意規範的保護目的範圍之內（Schutzz-

---

[42] 採此見解者：Groop, AT, §12 Rn. 48 ff.；Heinrich, AT, Rn. 1045.；Kindhäuser, AT, §33 Rn. 42 ff, 48.；Krey/Esser, AT, Rn. 1354 ff.；Wessels/Beulke/Satzger, AT, Rn. 680 ff.

[43] Roxin, ATI, §11 Rn. 90.

[44] 由於與此相關的案例類型係存在於「過失犯」的領域，故於此不多贅述。較詳細的討論請參閱本書第十章、第二節、二、（一）、2之說明。

[45] 不同見解：Wessels/Beulke/Satzger, AT, Rn. 179 ff, 182將此種情形歸類為「未製造法所不容許之風險」。

weck der Sorgfaltsnorm），此時亦應該排除對該結果的歸責[46]。此種排除歸責事由的基礎乃在於，在注意規範保護目的範圍內的風險，才是法律要求行爲人應盡注意義務所要避免的風險，如果結果的發生並非來自此等風險的實現，則結果不可歸責於行爲人。

《案例7》甲、乙二位機車騎士在黑暗中行車，兩人均沒有依照交通規則開大燈。甲騎在前面，因爲沒有開燈的關係而與迎面而來的另一台車子相撞，甲因而受傷。根據事後調查，倘若騎在後面的乙有開燈，車禍就不至於發生。於此案中，乙不開機車大燈雖然與甲的受傷有因果關係，但是卻不具客觀可歸責性。因爲道路交通安全規則（注意規範）要求夜間行車必須開燈之規定，目的乃在於避免直接發生於自己車輛之車禍，至於照亮他人車輛並阻止其與第三人發生車禍，並不在道路交通安全規則的該條規範保護目的範圍之內。

又如，在本節導引案例(5)中，飆車族戊違規超速，爲閃避小女孩而緊急煞車，因超速急煞導致車子發出極大的煞車聲響，導致路旁老婆婆因此驚嚇過度而休克死亡。戊的違規超速行爲與老婆婆的死雖有因果關係（條件關係），但不具客觀可歸責性。交通規則禁止超速的規定，目的係在於保護他人免於遭受因車禍所導致的身體直接侵害，故避免他人免於遭受驚嚇等精神上之侵害，並不在交通規則的保護目的範圍之內。由於避免因超速發生車禍造成傷亡才是交通規則（注意規範）要求行爲人盡不得超速之注意義務所要避免的風險，如果結果的發生並非來自此等風險的實現（老婆婆並非因車禍致死而是被嚇死），則結果不可歸責於行爲人。

---

[46] 承認此種排除客觀歸責之事由者：林山田，刑法通論（上），第228頁以下；林東茂，刑法綜覽，第1-87頁以下；黃常仁，刑法總論，第30頁；林鈺雄，新刑法總則，第167頁以下；Ebert, AT, S. 52.；Gropp, AT, §5 Rn. 48 f.；Heinrich, AT, Rn. 250, 1046.；Roxin, ATI, §11 B Rn. 84 ff.；Wessels/Beulke/Satzger, AT, Rn. 674.此種情形，學說上亦有將稱之爲欠缺「危險關聯」（Risikozusammenhang）者，參見Lackner/Kühl, StGB, §15 Rn. 43.

三、屬於他人應負責任的範疇（構成要件效力範圍）

在某些案例中，行爲人雖然製造了法所不容許的風險，且構成要件結果亦出現了，但是如果結果之發生係屬於他人應負責任的領域，則該結果仍然不可歸由最初之行爲人來負責。此主要是發生在中間有他人應負責行爲之介入，而導致前行爲與結果間之歸責關聯性（Zurechnungszusammenhang）中斷的情形。關於他人行爲介入足以中斷「歸責關聯性」的問題，其主要理論基礎乃在於所謂的「自我負責原則」（Prinzip der Eigenverantwortlichkeit）。基本上，所謂的「自我負責原則」，係指依據刑法的法秩序每一個人原則上只爲自己的行爲負責，此同時代表任何人均無須爲其他人應自我負責之行爲負責，因此由他人應負責之行爲所造成的構成要件結果原則上僅能歸責給該他人去負責。在這樣的思考基礎上，如果是屬於他人應負責任的範疇，則歸責關聯性就會中斷[47]。也就是說，在「自我負責原則」的基礎上，倘若行爲後有他人行爲的介入而導致構成要件結果，即可能造成對前行爲歸責關聯性中斷的影響。因爲當他人行爲介入整個事件發生的歷程時，此時刑法所關注的問題乃是該構成要件結果是否仍可視爲是最初行爲人的行爲成果而歸由其負責，還是屬於被害人自己或第三人應自我負責的範疇[48]。

被害人或第三人應負責自我危害行爲介入，有時可能會直接導致原行爲所製造的風險未實現，但有時構成要件結果的發生雖然仍是原行爲所製造風險的實現，但是中間因爲有被害人或第三人應負責自我危害行爲的介入，導致在歸責判斷上基於「自我負責原則」的精神而須將構成要件結果歸屬於該被害人或第三人去負責，因此本書此處乃將「屬他人應負責的範疇」列爲獨立的排除歸責原因，並未將其置於「未實現法所不容許風險」的要項下去討論。此排除客觀歸責要項，學說上亦稱之爲「構成要件效力範圍」（Die Reichweite des Tatbestandes）[49]。

---

[47] Geppert, Zur Unterbrechung des strafrechtlichen Zurechnungszusammenhangs bei Eigenschädigung/-gefährdung des Opfers order Fehlverhalten Dritter, Jura 2001, S. 491.

[48] 詳細討論可參閱林書楷，因果關係中斷與客觀歸責，收錄於「刑事法理論與財經刑法之接軌」，第24頁以下。

[49] Roxin, AT I, § 11 Rn. 106 ff.

（一）被害人應負責自我危害行爲[50]

　　倘若結果的發生係由於被害人故意的自我侵害或自我危險行爲（Selbstverletzung od. Selbstgefährdung des Opfers）所造成的，則該結果在客觀上即不應歸由行爲人來負責，此主要的理論基礎乃在於「自我負責原則」（Eigenverantwortlichkeitsprinzip）。

　　依據「自我負責原則」的精神，每一個人只爲自己行爲所製造的風險及其導致的結果負責，無須爲他人所製造的風險及結果負責，故倘若被害人在自由意志下有意識地決定從事自我危害行爲，此項由被害人自己所創造的風險及其所導致之結果即應由被害人自己來承擔，而非歸由最初的行爲人去負責。也就是說，因被害人應負責之自我危害行爲介入，而導致對最初行爲人歸責關聯性的中斷[51]。例如，甲毆傷乙，乙因遭毆傷而羞忿自殺，因乙在具完全自我負責能力的情況下基於自主決定而爲自我危害行爲（自殺），此時對於該自我危害行爲所導致之結果即應由乙自負其責，而非歸由甲去負責，故甲僅成立傷害罪、而非傷害致死罪。就實質而言，乙死亡之結果是其自我危害行爲所導致的，已非甲傷害行爲所製造風險的實現，故乙死亡之結果不應歸由甲負責。

《案例8》毒販甲賣海洛因給A吸食，其後A因吸食該海洛因過量死亡。甲除了構成毒品危害防制條例之販賣一級毒品罪外，對於A死亡之結果並不會再成立過失致死罪（§276 I）。因爲，被害人A在具完全自我負責能力的情況下決定爲吸毒之危險行爲，該行爲之後果（吸毒致死）即應由自己承擔，此項被害人應負責之自我危害行爲阻斷了甲之行爲對A吸毒致死之結果的客觀可歸責性（歸責關聯性）。

---

[50] 學說上有將此種情況歸類爲「未製造法所不容許之風險」者，例如Wessels/Beulke/Satzger, AT, Rn. 179.；亦有將之歸類爲「未實現（法所不容許之）風險」者，例如Heinrich, AT, Rn. 249 ff, 252.另外，許澤天，刑總要論，第97頁以下、第99頁，則認爲被害人自我負責的情況可能屬於未製造法所不容許之風險的情形，也可能屬於風險並未實現的情形。

[51] 通說承認此種排除客觀歸責之事由：林鈺雄，新刑法總則，第170頁以下；許澤天，刑總要論，第99頁；Ebert, AT, S. 49.；Gropp, AT, §12 Rn. 61 f.；Heinrich, AT, Rn. 252, Rn. 1047 ff.；Kindhäuser, AT, §11 Rn. 23 ff.；Krey/Esser, AT, Rn. 359 ff.；Kühl, AT, §4 Rn. 86 ff.；Wessels/Beulke/Satzger, AT, Rn. 186 f. 結論上相同者：黃常仁，刑法總論，第30頁。

《案例9》乙慫恿朋友B上快速道路飆車，並把自己的重型機車借給B，B乃騎該重型機車上快速道路飆車，但因超速失控出車禍而摔死。乙之慫恿行為與B之死亡結果間雖有因果關係，但缺乏客觀可歸責性，不構成過失致死罪。理由相同，亦即被害人在具完全自我負責能力的情況下決定為飆車危險行為，該行為之後果即應由自己承擔，被害人應負責自我危害行為阻斷了行為人對構成要件結果的客觀可歸責性（歸責關聯性）。

又如，在本節導引案例(6)中，衝浪好手庚把衝浪板借給D，並鼓勵D乘著颱風來臨前的大浪練習，D認為自己的衝浪技術應無問題，乃決定出海衝浪，卻不幸因為浪大而慘遭溺斃。若沒有庚的衝浪板與鼓勵，D即不會出海，故庚的行為與D之死亡具備因果關係。但是，由於D在具完全自我負責能力的情況下決定從事自我危險行為，該行為必須由D自己來負責，庚對於D之死亡結果並不具備客觀可歸責性，因此庚的行為不構成過失致死罪。

此種被害人自我危害行為介入而阻斷歸責關聯性的情形，必須建立在被害人具備完全自我負責能力的基礎上，亦即依據被害人個人之年齡、智識程度以及當前的狀況（是否有生病、酒醉、藥物成癮、意識不清等）其完全明瞭自己行為之意義及其危險性[52]，並且是在自由意志下所做的決定，如此方能阻斷先前行為人的歸責關聯性。例如，被害人是幼童、酒醉或是吸毒後陷於精神錯亂者，均不具完全自我負責能力。此種被害人是否具備完全自我負責能力的判斷，應針對個別案例中之情況予以具體認定。當行為人的風險認知（Risikoerkenntnis）已經明顯地超越該被害人時，亦即在被害人認識能力不足，而行為人卻具備優勢認知（überlegenes Wissen）的情形下，此時仍應認為先前行為人對構成要件結果仍然具備客觀可歸責性[53]。

《案例10》毒販丙把海洛因賣給未成年之少年，該少年因為心智未成熟且對毒品亦認識不深，因而吸食海洛因過量導致死亡。此時，由於被害人係未成年人，對於毒品可能造成的身體危害認識不

---

[52] Geppert, Jura 2001, S. 491.

[53] Wessels/Beulke/Satzger, AT, Rn. 187.另，Kindhäuser, AT, §11 Rn. 29.認為是否可以阻斷客觀歸責應完全取決於被害人是否具備足夠的風險認知，與行為人的認知是否較被害人具優勢、劣勢或相等無關。

足，欠缺完全自我負責能力，此時毒販丙即仍應對少年吸毒過量死亡的結果負責，丙販毒給未成年少年之行爲除構成販毒罪外，尚應成立過失致死罪（§276Ⅰ）[54]。

　　在被害人認知到風險的前提下，倘若被害人因拒絕接受治療或救助而導致結果的發生，此時由於被害人已經自行承接或同意了結果發生的風險，亦屬於應負責的自我危害行爲而得以阻斷前行爲之歸責關聯性[55]。例如甲開車違規超速撞傷乙，乙遭車禍撞傷送醫院急救，但乙卻拒絕接受輸血手術，最後乙因此而死亡，甲違規超速駕駛行爲所製造之發生車禍致死的風險雖然已經實現了，但因中間介入被害人乙應負責的自我危害行爲（拒絕接受手術），導致前行爲對結果的歸責關聯性中斷，因此甲僅負過失致傷罪之責，而非過失致死罪。應強調者，此種被害人拒絕接受治療或急救的情形，必須是屬於「重大非理性行爲」始足以阻斷前行爲的歸責關聯性[56]，因此在經過醫師評估手術風險過高而由被害人或其家屬（當被害人陷入昏迷時）決定放棄急救或手術的情形，由於係經過正常醫療評估後的理性決定，性質上無法被認爲是承接風險的「自我危害行爲」，故亦不應阻斷前行爲的歸責關聯性[57]。惟倘若被害人係在因車禍受傷引發精神或意識障礙的情況下拒絕接受治療而致死，此時即難認爲被害人仍具備完全自我負責的能力[58]，故無法阻斷被害人死亡結果與前行爲之歸責關聯性，行爲人仍應負過失致死罪之責。

《案例11》甲下毒欲謀殺A，A中毒後因毒性發作異常痛苦，在無法忍受痛苦的情況下爲求解脫，自縊身亡。

　　此案例中，雖介入被害人自我危害行爲（自殺），但由於當時被害人遭下

---

[54] 倘若毒販係有意讓未成年人吸毒過量致死，則毒販應成立殺人罪之間接正犯。見Roxin, ATII, §25 Rn. 98.

[55] Jescheck/Weigend, AT, §28IV3.；Kindhäuser, AT, §11 Rn. 53.；ders, in:LPK-StGB, Vor §13 Rn. 151.；Puppe, in: NK-StGB, Vor §13 Rn. 247.；Roxin, ATI, §11 Rn. 118.；Walter, in: LK-StGB, Vor §13 Rn. 120.；Wessels/Beulke/Satzger, AT, Rn. 187.

[56] Vgl. Heinrich, in: HK-GS, 2008, Vor §13 Rn. 132.

[57] Vgl. Kindhäuser, in: LPK-StGB, Vor §13 Rn. 151.；Puppe, in: NK-StGB, Vor §13 Rn. 247.

[58] Vgl. Kindhäuser, AT, §11 Rn. 54.

毒後毒發異常痛苦，在極度疼痛難以忍受的情況下顯然已經影響到被害人的自由決定意志，甚至被害人可能已因極度疼痛而陷入意識不清的狀態，解釋上實難認為被害人於此時仍具完全自我負責能力，因此被害人之自縊行為無法視為是其應負責的自我危害行為，不能阻斷結果與行為間之客觀可歸責性，甲仍應為其下毒行為負故意殺人既遂之責[59]。

　　須強調者，針對某些被害人故意的自我危害行為，倘若法律已明文將其加工或參與者之行為予以犯罪化，此時結果仍可歸由最初的行為人來負責，因立法者已經透過明文規定排除了阻斷歸責的可能性。例如，刑法第275條第2項的加工自殺罪規定：「教唆或幫助他人使之自殺者，處五年以下有期徒刑。」因此，若是參與（例如教唆、幫助）他人之故意的自殺行為，並無法排除對結果的歸責，參與人仍成立加工自殺罪。又如，犯強制性交或強制猥褻罪導致被害人羞忿自殺或意圖自殺而致重傷者，亦無法因被害人是自殺而阻斷歸責，行為人仍應論以刑法第226條第2項之結果加重犯。不過，此種透過法律規定所為之立法上的歸責擬制，是否符合「自我負責原則」的精神，恐不無探討空間。

（二）應負責第三人行為介入[60]

　　在某些案例中，行為人製造了法所不容許的風險，而構成要件結果也發生了，此時雖然行為與結果間之因果關係仍然存在，不過卻因為中間有「應負責第三人之行為」（特別是第三人的故意犯罪行為）介入，而阻斷了最初行為人對結果的客觀可歸責性。換句話說，當第三人於具備完全責任的情形下，創造了一個全新的、足以導致結果發生的獨立危險，而該危險亦單獨實現於構成要件結果之上，導致原行為所製造的風險並未實現，此時該構成要件結果即應由該第三人去負責，而非歸由最初之行為人去承擔[61]。這也是基於「自我負責原

---

[59]　Vgl. Otto, AT, §6 Rn. 60.不同見解：最高法院29年上字第2705號判決（原判例）：「原審認定上訴人以毒耙給予某甲服食，某甲回家毒發，肚痛難忍，自縊身死，是上訴人雖用毒謀殺某甲，而某甲之身死，究係由於自縊所致。其毒殺行為既介入偶然之獨立原因而發生死亡結果，即不能謂有相當因果關係之聯絡，祇能成立殺人未遂之罪。」最高法院此見解係從相當因果關係說進行論述，應強調者縱使是基於相當因果關係說的角度來看，最高法院此判決之見解仍有商榷餘地。

[60]　學說上有將此種情況歸類為「未製造法所不容許之風險」者，例如Wessels/Beulke/Satzger, AT, Rn. 179 ff, 192.；亦有將之列為「未實現（法所不容許之）風險」者，例如Heinrich, AT, Rn. 249 ff, 253.；許澤天，刑總要論，第99頁以下。

[61]　Heinrich, AT, Rn. 253.；Wessels/Beulke/Satzger, AT, Rn. 192.

則」而來的結果，因爲在這種情況下，該構成要件結果的發生實際上已經是第三人行爲的成果了，任何人均無須爲別人的行爲而負責。

應強調者，倘若第三人行爲的介入，已經足以排除最初行爲人與結果間的因果關係時（超越的因果；亦稱因果關係中斷），即毋庸再討論客觀歸責的問題。例如，甲在乙的飲料中下毒，乙喝完飲料後在毒藥藥性尚未發作前，卻被丙開槍射殺，此時甲下毒之行爲與乙死亡結果間之因果關係已經因爲丙槍殺行爲的介入而排除（沒有甲下毒之行爲，乙還是會死），毋庸再討論客觀歸責的問題，甲僅負殺人未遂之責。據此，只有在先前行爲與構成要件結果間之因果關係仍然存在時，此時才應再進一步討論第三人行爲之介入是否足以排除最初行爲人之客觀歸責的問題。

1. 第三人故意犯罪行為介入

在故意犯中，當故意犯罪行爲實施後，中間有「第三人故意犯罪行爲」的介入而直接導致構成要件結果的發生，此時由於第三人的故意犯罪行爲往往會創造了一個全新、足以導致結果發生的獨立危險，且該危險亦實現於構成要件結果之上，故原則上總是足以阻斷先前行爲的歸責關聯性[62]。

《案例12》甲基於殺人故意，持扁鑽將A刺倒後逃逸，適逢好心路人發現而打電話叫救護車，最後A被救護車送達醫院。A在醫院被醫師進行急救手術後，因仍未脫離險境乃被送至加護病房。豈料，此時竟被另一位仇人乙撞見，乙見機不可失，乃趁機潛入加護病房拔掉A的呼吸器與維生設備，A因此而死亡。在此例中，甲之行爲製造了法所不容許的風險，而該風險也實現了（被害人死於扁鑽所造成的傷勢），但由於有應負責任之第三人乙的故意犯罪行爲介入，而阻斷了對A死亡結果的客觀可歸責性，故甲僅成立殺人未遂罪（§271Ⅱ），乙則成立殺人既遂罪（§271Ⅰ）。

62　Heinrich, AT, Rn. 253.；Kühl, AT, §4 Rn. 84.；Wessels/Beulke/Satzger, AT, Rn. 192.結論上相同：Ebert, AT, S. 51.；Walter, in:LK-StGB, Vor §13 Rn. 109.應留意者，在過失犯的領域中，若過失行爲中間介入第三人的故意犯罪行爲，有些情況下仍無法阻斷歸責（此可見本書第十章、第二節、二、（四）的說明）。

2. 第三人過失行為介入

在介入之第三人行為僅是違反注意義務之過失行為時，此時是否足以阻斷前行為的歸責關聯性，解釋上即存在爭議。實務上最典型者即為醫療過失行為介入的案例類型，例如被害人遭人殺傷送醫，但因醫師延誤治療或手術疏失而導致死亡，此時前行為人是否應為被害人的死亡負責？關於此問題，學說上見解分歧：

第一種見解認為，應視該介入之第三人行為的過失輕重程度而定，若介入之第三人過失行為屬於「重大過失」（grobe Fahrlässigkeit），可以阻斷歸責關聯性；相對地，若僅為「輕過失」（leichte Fahrlässigkeit）則不足以阻斷歸責關聯性[63]。至於所謂重大過失，則係指完全超出通常經驗外的注意義務違反[64]。第三人重大過失行為介入可以阻斷歸責關聯性的理由在於，此項重大過失行為的介入對於結果的發生占有舉足輕重的份量，導致前行為對結果的關聯性退居次要地位，因此從刑法目的而言，不論是一般預防或特別預防的觀點都不需要再將最終結果歸責給最初之行為人[65]。

第二種見解則認為，應取決於第三人過失介入的是「作為」或「不作為」而定，倘若第三人之過失係經由積極的作為而導致構成要件結果，此時該結果只能歸責給第三人；惟若第三人僅是單純未避免結果之不作為，此時最後的結果仍應歸由前行為人去負責。因為若第三人僅是因過失不作為，而未阻止最初行為人所製造危險的進一步發生，此代表由最初行為人所製造之風險已經在最後出現的構成要件結果中實現，因此無法阻斷前行為的歸責關聯性[66]。

關於此問題，筆者認為仍應從風險實現的角度來處理，亦即應視第三人過

---

[63] Burgstaller, Erfolgszurechung bei nachträglichem Fehlverhalten, in: Jescheck-FS, S. 364 ff.；Ebert, AT, S. 51.；Rengier, AT, 2009, §13 Rn. 95.；Walter, in: LK-StGB, Vor §13 Rn. 110.類似見解：Heinrich, in: HK-GS, Vor §13 Rn. 150 認為當醫師出於「嚴重且無法預料的疏失」而導致結果發生時，可以阻斷歸責關聯性。

[64] Burgstaller, aaO., S. 366.

[65] Burgstaller, aaO., S. 365.

[66] Rudolphi, in: SK-StGB, Vor §1 Rn. 74.類似見解：Kindhäuser, AT, §11 Rn. 47 ff.；ders, in: LPK-StGB, Vor §13 Rn. 145 ff 認為，若第三人僅不作為固無法阻斷歸責關聯性，因此時由於該違反義務之不作為並未創造風險，而只是未迴避先前行為人所置入風險的實現。惟倘若第三人係經由積極之行為而導致結果的出現，則此時是否可以中斷歸責關聯性應視第三人行為介入所導致的結果是否具預見可能性（Vorhersehbarkeit）而定。

失行為介入是否會阻斷構成要件結果與原行為所製造風險間的關聯性而定，若構成要件結果的發生與前行為所製造的風險不具備風險實現關聯性時，應排除前行為人對結果之客觀歸責，反之則前行為人仍應對結果負責。例如甲基於殺人故意駕駛車輛撞擊被害人，被害人受重創送醫院急救，此時甲之行為所製造的風險可能包括被害人遭受創傷致死、流血過多致死、因創傷引發感染致死等，因此若被害人果真是死於此等甲所製造的風險，則甲對被害人之死亡結果應具客觀可歸責性。相對地，若被害人並非死於甲之行為所製造的風險，而是因醫院輸血錯誤引發排斥致死，或是因麻醉失誤、用藥錯誤引發過敏或併發症致死，此時由於與前行為所製造之風險欠缺風險實現的關聯性，應排除甲對結果之客觀歸責，此時甲僅成立殺人未遂罪，至於有疏失之醫療人員則成立過失致死罪。也就是說，此時被害人之死亡結果已非前行為人甲所製造風險的實現，而是屬於第三人過失行為介入所應負責的範圍[67]。

（三）屬於專門職業人員應負責的範疇

　　另外一種排除結果歸責的情形，係介入的第三者屬於「對危險源有排除、監控職權之專門職業人員」（例如，消防隊員、警察、救難隊員甚至是士兵等）的情形。當此類對危險源有排除、監控職權的專門職業人員當場承接了危險控管的責任後，於其承接控管的責任領域範圍內，倘若再另外發生其他事件，此時即不能再歸責給先前之行為人[68]。

《案例13》甲駕駛一輛尾燈故障之汽車在黑夜中行駛，結果被交通警察攔下。警察將紅色手電筒放置於車道上示警，以避免後車追撞。開完罰單後，警察要求甲將車子駕駛至附近的修理場修理，警察並會開燈尾隨在後，以避免他車追撞。不過，就在警察將手電筒收走，準備發動車子的空檔時，另一輛車子在黑夜中看不

67　類似情形，實務見解往往以「因果關係中斷」為理由來排除行為與結果間之因果關係。例如，最高法院95年台上字第219號判決：「……醫院之醫療行為介入時，是否中斷因果關係，應視情形而定，倘被害人所受傷害，原不足引起死亡之結果，嗣因醫療錯誤為死亡之獨立原因時，其因果關係中斷；如被害人係因行為人之傷害行為引發疾病，嗣因該疾病致死，縱醫師有消極之醫療延誤，而未及治癒，乃醫師是否應另負過失責任問題，與其行為無影響，其傷害行為與死亡結果仍有因果關係。……」

68　Roxin, ATI, §11 Rn. 137 f.

到甲尾燈不亮的汽車，因而發生追撞，該車上之駕駛當場死亡。

　　在本例中，甲在黑夜駕駛尾燈故障的車輛，違反交通規則製造了法所不容許的風險（因為很可能導致後車追撞），且該風險也實現了（被害人在黑夜中看不到甲尾燈不亮的汽車，發生追撞而死亡），不過卻由於中間有交通警察應負責任之行為的介入，而阻斷了客觀可歸責性，故甲對於該死亡結果不必負責。因為，當交通警察將甲攔下開罰單時，即已當場承接了危險控管的責任，此時對於其所承接之責任領域再另外發生的事件，已無法再歸由最初的行為人甲來負責。同樣的情形，在交通事故發生後交通警察趕至現場處理，由於仍須對現場進行測量而暫時未馬上將車輛移走、傷者也仍在現場等候救護車到來，若此時有其他車輛再撞到肇事車輛或車禍傷者導致其死亡，由於交通警察趕至現場處理後已經承接了車禍現場危險控管的責任，故對於後面再發生於車禍現場的追撞事故，即不應再歸由最初之行為人去負責。

　　本節導引案例(7)之情形則略有不同，縱火狂辛在市區縱火，火勢一發不可收拾，消防隊立刻趕來奮力救火，不過消防隊員E在救火時卻不幸殉職。雖然辛的縱火行為與消防隊員E之死亡結果有因果關係，但是由於消防隊員具有排除危害之義務，且救火行為具有危及生命身體安全的典型危險，E基於自由意志選擇消防隊員作為其職業，應承擔此種消防隊員典型的職業風險，故縱火狂辛毋庸對消防隊員之死負責，其僅成立放火罪（§173 I）以及對火場居民的死傷成立過失致死傷等罪，但不會因消防隊員之死亡而再對之論以過失致死罪（§276 I）。類似情形，當警察飛車追捕毒販卻因此而出車禍致死，此亦屬於警察職務執行之典型風險，屬專門職業人員自我負責之範疇，毒販不會對因追捕而出車禍殉職之警察的死再額外成立過失致死罪[69]。

---

[69] Vgl. Roxin, AT I，§11 Rn. 139 f.；黃惠婷，職業風險的客觀歸責，台灣本土法學，第82期，2006/05，第283頁；林東茂，刑法綜覽，第1-89頁。

第五節　主觀構成要件

　　故意作為犯之構成要件該當性，除了必須符合前述之客觀構成要件外，尚需具備主觀構成要件，始足以當之。而在主觀構成要件中，又可再區分成「一般主觀構成要件要素」以及「特殊主觀構成要件要素」兩種：所謂「一般主觀構成要件要素」，乃係指「故意」而言，所有故意作為犯之構成要件均必須要具備此要件。至於「特殊主觀構成要件要素」則是指「意圖」（不法意圖），由於其僅存於某些構成要件中（意圖犯），並非所有故意之作為犯均必須具備此等要件，因此乃稱之為「特殊主觀構成要件要素」。

一、故意之要素

在刑法文獻上，關於「故意」概念的爭論大致可分成「意欲理論」（Willenstheorien；Voluntative Theorien）與「認知理論（認識理論）」（Vorstellungstheorie；Kognitive Theorien）兩大理論[70]，其對於故意內涵的主要觀點差異在於，故意除了必須具備認知要素（Wissenselement）外，是否也要具備意欲要素（Willenselement）才得以構成故意。依「意欲理論」的觀點，故意乃係實現構成要件事實的「知」與「欲」，因此行為人主觀上必須同時兼具認知要素與意欲要素才可謂為是具備故意[71]。相對於意欲理論的觀點，「認知理論」則認為行為人只要具備對實現構成要件事實（或其危險）的特定認知即具備故意，意欲要素對行為人故意的認定並不是必要的[72]。

現行刑法第13條之規定已經為故意下了一個明確的立法定義，而將故意分成兩種類型：第一種類型是「行為人對於構成犯罪之事實，明知並有意使其發生者」，此即所謂「直接故意」（dolus directus）的類型；第二種類型則是「行為人對於構成犯罪之事實，預見其發生而其發生並不違背其本意者」，此為所謂的「未必故意」（dolus eventualis）[73]。基本上，不管是哪一種類型的故意，此立法定義關於故意內涵的描述，除了對構成要件事實的認知（明知或

---

[70] 關於故意概念理論的詳細論述，可參見黃榮堅，刑法解題─關於故意與過失，收錄於「刑法問題與利益思考」，1995年，第18頁以下；陳友鋒，論故意─民國90年以來最高法院判決之動向觀察，華岡法粹，第44期，2009/07，第71頁以下；Hillenkamp, 32 Probleme aus dem Strafrcht AT, 13. Aufl. 2010, S. 1 ff.；MüKoStGB/Joecks §16 Rn. 33 ff.

[71] 「意欲理論」是我國學界的通說見解：王皇玉，刑法總則，2版，2016，第211頁；甘添貴／謝庭晃，捷徑刑法總論，修訂版，2006，第91頁以下；余振華，刑法總論，2011，第162頁以下；林山田，刑法通論（上），10版，2008，第286頁以下；林東茂，刑法綜覽，7版，2012，第1-92頁；林書楷，刑法總則，3版，2017，第120頁以下；柯耀程，刑法釋論Ｉ，2014，第302頁以下；陳子平，刑法總論，2版，2008，第177頁以下；許澤天，刑總要論，2版，2009，第103頁以下；靳宗立，刑法總論，2010，第206頁以下。

[72] 採「認知理論」觀點者：黃榮堅，基礎刑法學（上），4版，2012，第415頁以下；同作者，故意的定義與定位，收錄於「刑罰的極限」，1998，第358頁以下；同作者，刑法解題─關於故意與過失，收錄於「刑法問題與利益思考」，1995，第22頁以下；陳友鋒，論故意─民國90年以來最高法院判決之動向觀察，華岡法粹，第44期，2009/07，第75頁以下，其同時認為認知理論與意欲理論相互間的爭辯，可能只是一場誤會，兩者間不論在論述上或實證上其實高度相似。

[73] 文獻上，「直接故意」亦稱之為「確定故意」；「未必故意」亦稱之為「間接故意」、「不確定故意」或「附條件故意」。

預見其發生）以外，尚要求行為人在主觀上必須存在「有意」使構成要件事實發生或是「容忍」其發生（不違背其本意）的心理欲念才足以符合故意的要求，就此以觀，現行刑法在立法層次應係明確採取了「意欲理論」的觀點。

在現行法採「意欲理論」的故意概念底下，故意乃是實現構成要件事實的知與欲（認知與意欲），包含認知要素與意欲要素：

（一）認知要素

故意的認知要素，我國刑法第13條稱之為「明知」與「預見」，乃是指行為人主觀上必須認識所有的客觀構成要件事實（刑法第13條法條用語為「構成犯罪之事實」）。此故意所應認知的構成要件事實，應包含法定構成要件所描述的所有具體要件事實，包括行為主體、行為客體、實行行為、行為結果等，都是故意的認知對象。因此，若行為人於行為時未認知到此法定構成要件事實或是發生誤認，都可能會影響其故意。例如，刑法第135條第1項妨害公務罪的構成要件事實為「對於公務員依法執行職務時，施強暴脅迫」，因此若行為時不知道其施暴的對象是公務員，因行為人並未完全認知構成要件事實，也就不會具備妨害公務的故意；又如，刑法第320條竊盜罪的構成要件事實為「竊取他人動產」，故若於離開餐廳時將他人同款式之雨傘誤認為是自己的雨傘而取走，因對「竊取他人動產」的構成要件事實欠缺認知，亦不具竊盜故意。

在本節導引案例(1)中，倘若甲對該未完工之大樓縱火時，根本就沒有想到會有人在裡面，此時其對於流浪漢的死即欠缺故意，不會成立故意殺人罪（§271 I），頂多只能在具備過失要件的情況下成立過失致死罪（§276 I）。

在所謂「不成文構成要件要素」的情形，雖然不成文構成要件事實主要係透過刑法理論或實務見解[74]的補充才得以確認，並未具體顯現在法條構成要件中，但仍屬行為人之故意所應認知的對象。例如在間接正犯中建立正犯性的犯罪支配地位（Tatherrschaft）（意思支配）或是在不純正不作為犯中的保證人地位（Garantenstellung）等，法律本身並無明定、單從法律條文本身也看不出來，但經由刑法學說的補充而確立為間接正犯與不純正不作為犯之客觀構成要件要素之一，故解釋上行為人的故意也應包含對其具備犯罪支配地位與保證人

---

[74] 例如司法院釋字第630號解釋透過合憲性解釋（合憲性限縮）的方法，為刑法第329條的強盜罪增加了強暴脅迫行為「須達於使人難以抗拒之程度」的不成文構成要件。

地位等事實的認知[75]。因此，如果行為人於行為時對未認知或誤認其犯罪支配地位或保證人地位，也會欠缺故意。例如，甲不知倒臥路旁之人為其父親而未予以施救（未認知其保證人地位），因未完全認知（不成文）構成要件事實，解釋上也會欠缺遺棄故意[76]。

　　在「描述性構成要件要素」中，構成要件之內容純粹是對外在現實世界之對象或事件的描述，例如殺人罪構成要件（§271Ⅰ）中的「殺人」、醉態駕駛罪構成要件（§185-3Ⅰ）中的「駕駛」等，此等描述性構成要件事實可經由其自然的意義內涵而被理解，因此行為人原則上只需要單純認知到描述性構成要件所指涉的事實即可[77]。相對地，如果是需經過規範評價方足以掌握其意義內涵的規範性構成要件要素，例如收賄罪構成要件（§121Ⅰ）中的「公務員」、竊盜罪構成要件（§320Ⅰ）中的「他人之動產」、散布猥褻物品罪構成要件（§235）中的「猥褻資訊或物品」等，則行為人對於該規範性構成要件事實除了事實的認知外，尚需正確理解該事實的意義內涵，始足以當之[78]。例如，甲向乙購買限量鋼筆並先支付價金，乙卻頻頻拖延交付鋼筆的時程，甲認為購買鋼筆的契約已成立生效且已支付價金完畢，該限量鋼筆的所有權已歸屬於他，遂趁乙不注意時將該限量鋼筆取走。此案例中，甲對於竊取鋼筆的事實有認知，但是卻誤認鋼筆所有權歸屬的意義內涵（誤以為鋼筆已屬自己所有），由於甲對「他人之動產」的構成要件事實欠缺正確的意義認知，解釋上仍不具備竊盜故意而無法構成竊盜罪。

　　依據通說之見解，行為人對於「規範性構成要件要素」的意義認知並不需要精準的認識到相關概念事實的法律意義，而僅僅是一種「法律門外漢的平行評價」（Parallelwertung in der Laiensphäre）[79]。此處所謂「法律門外漢的平行評價」，代表從一個法律門外漢的角度來觀察，行為人能掌握到立法者與法律

---

[75] Vgl. Joecks, in: MüKoStGB, 3. Aufl., 2017, §16 Rn. 68-69.；Sternberg-Lieben/ Sternberg-Lieben, Vorsatz im Strafrecht, JuS 2012, S. 884 f.

[76] 關於故意認知對象的進一步說明，可參見林書楷，論構成要件錯誤──回歸故意概念的解讀，收錄於「刑事法學的浪潮與濤聲：刑法學──甘添貴教授八秩華誕祝壽論文集」，2021，第446頁以下。

[77] Joecks, in:MüKoStGB, 3. Aufl., 2017, §16 Rn. 70.

[78] Jescheck/Weigend, AT, S. 295.

[79] Heinrich, AT, Rn. 271.；Jescheck/Weigend, AT, S. 295.；Kühl, Strafrecht AT, §5 Rn. 93.；MüKoStGB/Joecks StGB §16 Rn. 70 f.

適用者在法定構成要件事實中所表達的意義[80]，如此即可肯定其具備對構成要件事實的意義認知，精準的法律意義認知是不需要的。對構成要件故意而言，並不要求行為人必須將所認知的事實精準地涵攝於法律規定之下，否則恐怕就只剩下精通法律的人才可能具備故意了[81]。

（二）意欲要素

故意的「意欲要素」，係指行為人在主觀上除了要對所有的客觀構成要件事實有認知外，尚必須「有意」促使該客觀構成要件事實的發生（直接故意）（§13Ⅰ），或至少必須是行為人「容忍」其發生（未必故意）（§13Ⅱ）。因此，縱使行為人有認知到可能發生的構成要件事實，但倘若其主觀上欠缺此等意欲，仍然不具備故意。例如開車違規闖紅燈撞傷行人，行為人闖紅燈當下雖有想到可能會肇事（具認知要素），但並無容忍他人受傷的心態（欠缺意欲要素），僅因心存僥倖才闖紅燈，由於對可能傷人的事實欠缺意欲，不具備故意，頂多只能成立過失致傷罪。

二、故意的型態

故意的型態，大致上可分為以下幾種：

（一）直接故意

「直接故意」（Direkter Vorsatz；Dolus directus），依據我國刑法第13條第1項之規定，係指「行為人對於構成犯罪之事實，明知並有意使其發生者」。詳言之，倘若行為人明確認識其行為將會導致法定構成要件事實的發生，而仍然執意進行該行為並促使構成要件結果出現者，即可認定為具備直接故意。在本節導引案例(1)中，縱火狂甲明確認識其行為足以導致大樓被燒毀（認知要素），並有意使大樓被燒毀（意欲要素），甲具備縱火之直接故意實毋庸置疑，故應成立刑法第174條第1項的放火罪。

一般而言，刑法上的故意犯，只要行為人具備故意即可，不論是「直接故

80　Kühl, AT, §5 Rn. 93.

81　Vgl. Hinderer, JA 2009, S. 864.；Wessels/Beulke/Satzger, AT, Rn. 351.

意」、或是「間接故意」均無妨。不過，在刑法分則上的某些構成要件，有時法條中會特別規定有「明知」之用語，此時該犯罪即必須行為人具備「直接故意」才可以成立。例如，刑法第213條之公務員登載不實罪規定：「公務員明知為不實之事項，而登載於職務上所掌之公文書，足以生損害於公眾或他人者，處一年以上七年以下有期徒刑。」故於公務員登載不實罪中，如果行為人只具備未必故意尚有不足，必須要有直接故意才足以成立該罪[82]。倘若公務員對於所登載之事項是否真實並不確定，縱使其具有容忍不實登載之心態（縱使不實登載亦無所謂），但由於欠缺登載不實之直接故意，解釋上仍不成立公務員登載不實罪。

（二）未必故意（間接故意）

「未必故意」（Eventualvorsatz；Dolus eventualis），亦稱之為「間接故意」（Indirekter Vorsatz；Dolus indirectus），依據我國刑法第13條第2項之規定，乃是指「行為人對於構成犯罪之事實，預見其發生，而其發生並不違背其本意者」。在未必故意的類型中，行為人雖不是很確定構成要件事實是否真的會發生，但其主觀上卻認為即使真的發生亦無所謂，也就是說，行為人主觀上存在著容忍構成要件事實發生的心態，故刑法乃將其視同故意。此種「未必故意」相較於前述之「直接故意」而言，其導致法益侵害的意念較低、不法內涵亦較輕，屬於一種程度較輕微之故意類型。

值得注意的是，最高法院依「公民與政治權利國際公約及經濟社會文化權利國際公約施行法」（以下簡稱兩公約），並參照兩公約的意旨及兩公約人權事務委員會之解釋，認為我國現行法上之死刑規定，僅能針對情節最重大之罪、並在最嚴格的限制下適用死刑。而所謂「情節最重大之罪」必須作嚴格解讀僅限於涉及故意殺人的極嚴重罪行，應限縮於殺人具備「直接故意」的情況，始足以當之，不包含間接故意在內。也就是說，最高法院實務見解認為若行為人殺人僅係基於未必故意（間接故意）[83]，即非屬情節最重大之罪，因而依據兩公約的精神，法院即不得判處被告死刑。

---

[82] 46年台上字第377號判決（原判例）：「刑法第二百十三條之登載不實罪，以公務員所登載不實之事項出於明知為前提要件，所謂明知，係指直接故意而言，若為間接故意或過失，均難繩以該條之罪。」

[83] 最高法院112年度台上字第1291號判決、110年度台上字第3266號判決。

在本節導引案例(1)中，對於流浪漢之死，甲是否可被認定為具備實現構成要件之知與欲，尚無法一概而論，須依情形分別討論之：

倘若甲知道裡面有流浪漢過夜而仍執意縱火，代表甲對於其放火行為會燒死人之事實明知並有意使其發生，甲即具備殺人的「直接故意」，除放火罪（§174 I）外，尚應成立故意殺人既遂罪。倘若於縱火時甲雖然並不確定裡面有沒有人，但是甲主觀上卻又認為縱使有人在大樓內亦無所謂（亦即「容忍」燒死人之事實的發生），仍然進行放火行為，則甲具備殺人的「間接故意」，同樣成立故意殺人既遂罪。

相對地，倘若甲於縱火時根本沒有預見大樓裡面可能會有流浪漢（欠缺殺人的認識要素），或是雖有預見但確信當時並無人在大樓內（欠缺殺人的意欲要素），此時甲對於殺人欠缺故意，故對於該流浪漢被燒死一事，甲頂多只會成立過失致死罪（§276 I）。

「未必故意」（§13 II）與「有認識過失」（§14 II）兩者，其相同點在於對客觀構成要件事實均有所認知（認識）；至於其不同點，則在於行為人主觀上是否「容忍」構成要件事實之發生──倘若行為人「容忍」構成要件事實之發生，為「未必故意」；倘若行為人確信結果不會發生、或不希望其發生，則為「有認識過失」。此等「間接故意」與「有認識過失」之界限，同時亦代表著「故意」與「過失」的界限。

（三）擇一故意

所謂「擇一故意」（Alternativer Vorsatz；Dolus alternativus），乃是指行為人在著手於特定行為之實行時，雖然無法明確知道該行為「究竟會實現兩種相斥之構成要件中的哪一種」、或無法明確知道「結果會發生在多數行為客體中的哪一個」，但是行為人對於該數種可能性均予以容忍其發生的一種故意型態[84]。例如，在本節導引案例(2)中，乙欲在熙來攘往的街道上射殺A，其對於構成要件結果究竟會發生在哪一個行為客體雖然並不確定（可能為射中A、也可能會射中A身旁其他逛街的人），但是由他仍執意往人群中射擊的行為可知，乙對於該數種可能性均予以容忍（射中誰均無所謂），故乙具備殺人之「擇一故意」，其對於B的死亡，應負故意殺人既遂罪（§271 I）之責。

---

[84]　Wessels/Beulke/Satzger, AT, Rn. 231.

　　在本節導引案例(3)中，丙並不確定該名犬究竟係他人所遺失、抑或屬鄰居所有，該狗若僅係他人所遺失者，丙的行爲涉及的是侵占遺失物罪（§337），惟倘若該狗係鄰居所有只是跑出來尿尿而已，則丙的行爲所涉及的即是竊盜罪（§320Ⅰ）。然無論如何，丙對於此兩種可能性均有預見並予以容忍，因此丙對於侵占遺失物罪或竊盜罪之構成要件事實具備「擇一故意」。如果該狗僅係他人所遺失，丙的行爲成立侵占遺失物罪；但如果該狗眞係鄰居所有，則丙的行爲構成竊盜罪。

（四）累積故意

　　「累積故意」（Kumulativer Vorsatz；Dolus cumulativus），係指行爲人認識其行爲將會實現多數構成要件事實或侵害多數行爲客體，而仍然執意實施該行爲，對於該行爲的所有可能結果均予以容忍的一種故意型態。例如，在本節導引案例(4)中，恐怖分子丁認知到炸彈爆炸可能造成飛機全毀、以及許多人死亡的結果，而仍執意爲之，即使果眞造成這些結果亦在所不惜，具備累積故意（概括故意），因此應成立一百八十六個故意殺人既遂罪（§271Ⅰ）以及一個準放火罪（§§173Ⅰ，176），屬於一行爲觸犯數罪名的「想像競合犯」，依刑法第55條之規定應該從一重處斷。

（五）概括故意

　　「概括故意」（Generalvorsatz；Dolus generalis）一詞，在刑法學上可能代表以下二種不同之意義，包括[85]：
　　第一種「概括故意」的意義，指涉的是行爲對於結果之發生雖具有確定之認識，但對於結果將發生於若干之目的物或客體，則沒有確定之認識[86]，此種意義與上述所謂「累積故意」之意涵相當。
　　第二種「概括故意」的意義，指涉的則是行爲人實現構成要件之故意並非單獨指涉特定行爲，而是包括整體犯罪事件的因果流程。此種情形特別存在於某種多行爲犯罪事件的歷程中，行爲人誤以爲其第一行爲已導致犯罪之結果，並在此認知下進而爲第二行爲，惟事實上該構成要件結果之發生卻係由行爲人

---

[85]　Vgl. Kindhäuser, AT, §14 Rn. 37.
[86]　甘添貴／謝庭晃，捷徑刑法總論，第96頁；韓忠謨，刑法原理，第220頁。

之第二行爲所實現的，學說上乃認爲此時行爲人對構成要件結果之發生具備「概括故意」。例如，甲基於殺人故意而殺乙，致乙陷於昏迷奄奄一息（但仍未死亡），甲卻誤認乙已經死亡，爲掩飾其罪行乃將乙掩埋，最後導致乙因而窒息死亡，由於將被害人掩埋僅是整體行爲的一個非獨立部分，故甲對乙死亡之結果具備「概括故意」，仍應成立故意殺人既遂罪[87]。目前，此種概括故意之理論已少爲人採用，現今通說往往將其置於「因果歸責」或「因果歷程錯誤」的問題上來處理（詳參閱本書第四章、第六節、四部分之論述）。

三、意圖

　　刑法分則上的某些故意犯，法條構成要件中會特別明文規定，行爲人主觀上必須具備特定之意圖（Absicht）始足以當之，學說上稱之爲「意圖犯」（Absichtsdelikte）。換句話說，在意圖犯之情形，如果行爲人僅具備故意、但卻「缺乏意圖」時，仍然會阻卻構成要件該當性，而不成立犯罪。由於只有意圖犯，而非所有的故意犯均必須具備此主觀要件，因此「意圖」乃被稱之爲「特殊主觀構成要件要素」（或「特別主觀不法要素」）。例如，刑法第195條的「僞造變造貨幣罪」須具備「供行使之意圖」；刑法第231條第1項的「圖利使人爲性交猥褻罪」以及以及同法第231條之1第1項之「圖利強制使人爲性交猥褻罪」須具備「營利之意圖」；刑法第320條第1項的竊盜罪須具備「不法所有之意圖」[88]。

　　在本節導引案例(5)中，戊雖然以高階電子產品僞造出幾可亂眞的千元大鈔，不過其目的僅在供作玩大富翁之用，並不具備「行使之意圖」，缺乏特殊主觀構成要件要素，構成要件不該當，不會成立僞造通用貨幣罪（§195 Ⅰ）。

---

[87] Welzel, Das Deutsche Strafrecht, S. 74.；vgl. Heinrich, AT, Rn. 287.

[88] 我國刑法在財產犯罪中，要求「不法所有之意圖」的犯罪不少，例如，搶奪罪、強盜罪、侵占罪、詐欺罪、背信罪、恐嚇取財罪等。

第六節　構成要件錯誤

導引案例

(1)甲欲殺A，惟於黑暗中誤認B為A，因而錯將B殺害。問甲成立何罪？

(2)乙得知消息仇人C將於晚上12點至森林巡察，乙乃於11點半時先行至該處埋伏，夜色中，乙忽見有人走近，料想必為C無誤，乃對其開槍射擊，該人隨即倒地。事後才發現，其所射擊者並不是C，而是一野生台灣黑熊。問乙成立何罪？

(3)丙舉槍欲射殺D，但卻因為槍法欠準頭而誤中E，導致E重傷死亡。問丙應該如何論罪？

(4)丁為其妻投保高額保險，為了謀取保險金，乃計畫製造其妻的意外。某日，丁與其妻一同去登山健行，行至某山谷，丁趁機將其妻推落山谷，欲使其妻摔死以製造山難意外之假象。不過，由於山谷下有河流，故其妻並未摔死，反倒是因水流湍急而慘遭溺斃。問丁對於其妻之死，應成立何罪？

　　如前所述，我國刑法上的「故意」，必須包含行為人對於客觀構成要件事實的「知」與「欲」兩項要素，缺一不可。其中的「認知要素」（知），係指行為人主觀上必須「認識」所有的客觀構成要件事實（刑法第13條稱之為「構成犯罪之事實」）。因此，倘若行為人主觀上所認知之構成要件事實，與客觀上實際所發生的事實有所不同時，此時就「有可能」影響到其故意的成立。此種行為人對於客觀構成要件事實之欠缺認知或誤認的情況，學說上稱之為「構成要件錯誤」（Tatbestandsirrtum）[89]。應強調者，「構成要件錯誤」事實上並非精準用詞，因所謂的「錯誤」指的是對事實的「誤認」，但是刑法學理上所

---

[89] 早期刑法文獻多將發生於構成要件階層的錯誤稱之為「事實錯誤」（Tatsachenirrtum；error facti），而將發生於有責性（罪責）階層的錯誤稱之為「法律錯誤」（Rechtsirrtum；error juris(iuris)），不過現今學界多已揚棄此等名詞區分，而是以「構成要件錯誤」（Tatbestandsirrtum）來取代舊時的事實錯誤，而以「禁止錯誤」（Verbotsirrtum）來代替舊時的法律錯誤。

謂的「構成要件錯誤」，在概念上除了可能指對構成要件事實存在「誤認」的情況外，也包含行為人對於構成要件事實根本「欠缺認知」的情形[90]。雖如此，但「構成要件錯誤」一詞仍已經是刑法文獻上的共同用語。

　　故意既然必須認識客觀構成要件事實，則理論上對所有構成要件事實的認知錯誤均屬於「構成要件錯誤」，而「有可能」阻卻故意[91]。通常有可能產生構成要件錯誤的情形，大體上可分為以下幾種：

一、關於「行為主體」的錯誤

　　刑法上的犯罪，多屬於「一般犯」（Allgemeindelikte），構成要件對於犯罪行為主體之資格並不作任何限制，任何人均得為適格之行為主體，因此在一般犯中並不會發生有關行為主體之構成要件錯誤。相對地，在所謂「純正身分犯」（或稱為「純正特別犯」；Echte Sonderdelikte）中，構成要件已經明定只有具特定身分或關係之人始得為適格之犯罪行為主體，因而在故意的認知要素中行為人尚必須具備對於此項行為人適格（Täterqualikation）的認識，否則即可能發生構成要件錯誤。例如，行為人在對自己具備公務員之資格發生誤認的情況下收賄，此時可以阻卻收賄罪的故意[92]。

　　需注意的是，在「不純正身分犯」的情形，如果對於加重身分的要素事實發生誤認，雖然會發生阻卻該加重身分犯之故意的結果，但是仍然會成立基本犯的故意犯。例如，甲因細故與人發生口角，乃憤而持刀將其殺害，其後甲之母趕至警局見面時，才發現死者竟然是甲失散多年的親生父親。本例中，甲主觀上所認識之構成要件事實係殺一般人（涉及§271Ⅰ普通殺人罪的構成要件事實），不過客觀上所發生的事實卻是殺直系血親尊親屬（涉及§272Ⅰ殺直系血親尊親屬罪的構成要件事實），因此產生構成要件錯誤的問題。由於甲對於自己係被害人之子的事實並不知曉，以為自己殺的是一般人，亦即甲僅在其主觀認知與客觀事實重疊的範圍內（亦即普通殺人罪之構成要件事實）具備知與欲，故甲僅具備殺一般人之故意，只能構成普通殺人罪，而無法論以殺直系

---

[90]　Joecks, in:MüKoStGB, 3. Aufl., 2017, §16 Rn. 2.

[91]　將相關「構成要件錯誤」學術性之術語抽離而回歸到原始的故意概念去理解，參見劉幸義，以物為人？以人為物？構成犯罪事實錯誤之案例解析，月旦法學雜誌，第176期，2010/01，第313頁以下。

[92]　Ebert, AT, S. 143.

血親尊親屬罪。

二、關於「實行行為」之錯誤

　　行為在客觀上雖然已經符合客觀構成要件事實，但是由於行為人主觀上對此並未有正確的認識，而形成對實行行為的錯誤，此時亦足以阻卻故意的成立。

《案例1》於電影拍片現場，演員正在攝影棚進行槍戰場景的拍攝工作，惟甲為設計殺害另一演員A已事先暗中將演戲所使用之空包彈掉包成真彈，演員乙在不知道槍內係真彈的情況下，仍然依照劇本指示之動作對演員A射擊，導致A中彈身亡。本例中，演員乙的行為客觀上係一殺人行為，不過由於乙誤以為道具槍裡面裝的是不具殺傷力的空包彈，乙行為時對其殺人之行為事實欠缺認知，此項構成要件錯誤足以阻卻其殺人故意，乙不成立故意殺人罪。

　　另外，當法律以某特別行為型態作為加重構成要件要素時，如果行為人對於該加重構成要件要素事實發生誤認，此時亦會阻卻該加重構成要件之故意，行為人頂多僅成立基本構成要件之故意犯而已。

《案例2》丙攜帶友人贈與之改造手槍進行竊盜，但丙卻誤以為其所持者僅為一普通之玩具手槍，並不具殺傷力，其實該改造手槍之威力足以造成人生命身體之危險。在此案例中，由於丙對於其攜帶凶器竊盜之行為（§321Ⅰ③）產生錯誤認知，此項構成要件錯誤足以阻卻攜帶凶器竊盜罪的故意。然無論如何，由於丙畢竟仍具備對其自己所為（普通）竊盜行為之知與欲，因此其行為仍會構成刑法第320條之普通竊盜罪。

三、關於「行為客體」之錯誤

關於「行為客體」之錯誤，係構成要件錯誤領域中的核心問題，主要可分成「客體錯誤」與「打擊錯誤」兩種情形：

（一）客體錯誤

所謂「客體錯誤」（Irrtum über das Handlungsobjekt；error in persona vel objecto），乃是指行為人對於行為客體之同一性發生誤認所形成的錯誤，亦即行為人誤認「其他的客體」為其目標客體，並進而對其實施犯罪行為。由於行為客體是法定構成要件事實，若行為時對客體發生誤認，即有可能阻卻行為人之故意。基本上，客體錯誤主要是依其「誤認客體」與「原目標客體」在法律評價上是否等價而異其法律效果，故此處區分成「等價客體錯誤」與「不等價客體錯誤」兩種類型來加以論述：

1. 等價客體錯誤

所謂「等價客體錯誤」，係指客體錯誤發生於構成要件等價客體間的一種錯誤。也就是說，行為人誤認其他客體為其目標客體對其實施攻擊行為，而且遭其誤認之客體與其原本的目標客體具「構成要件等價性」。此種構成要件等價性的判斷，主要是取決於該兩種客體是否可以同樣被涵攝在相同的構成要件要素之下[93]。例如，本節導引案例(1)中，甲誤認B為A，而錯將B殺害，因不論是A或B都一樣可以被涵攝在「人」這個殺人罪構成要件之下，誤認客體具構成要件等價性，此即為典型的等價客體錯誤案例。基本上，此種對等價客體之認知錯誤，性質上僅僅是屬於單純的動機錯誤（Motivirrtum），此種動機錯誤並不會影響到故意的成立，因為故意所指涉的對象僅及於構成要件的事實，不包含行為的目的或動機[94]。

《案例3》甲與鄰居F素有嫌隙，某夜欲趁F熟睡時砸毀其車，惟因天色昏暗導致甲誤認G的車子為F之車子，因而將G的車子砸毀。此案例中，由於行為人主觀上的目標客體（F的車子）與實際發生構

---

[93] Wessels/Beulke/Satzger, AT, Rn. 361.

[94] Haft, AT, S. 251.；Kindhäuser, AT, §27 Rn. 41.；Kühl, AT, §13 Rn. 25.

成要件結果之客體（G的車子）均屬於刑法第354條的「他人之物」，二者在構成要件上是等價的，在毀損罪的故意上，行為人只要認知到其毀損的客體是「他人之物」就夠了，至於其實際毀損的究竟是F或G之物，對毀損罪之評價而言並無任何不同，因此縱使行為人誤認G之車為F之車，也不會影響到毀損故意的成立，故本例中甲仍然成立毀損器物罪（§354）[95]。

　　同樣地，在本節導引案例(1)中，甲欲殺A，惟於黑暗中誤認B為A，而錯將B殺害，亦係屬於構成要件等價之客體錯誤，不阻卻故意，甲對B仍然成立故意殺人既遂罪（§271 I）。因為，在關於殺人罪的故意上，行為人甲只要認識其攻擊的客體是「人」就足夠了，至於實際上是A或B，對於刑法殺人罪之構成要件而言，評價上並沒有什麼不同[96]。雖然甲若知道其攻擊的人是B就不會殺他，不過此種錯誤性質上僅屬於不重要的動機錯誤，並不會影響到殺人故意的評價。關於此種「構成要件等價之客體錯誤」不阻卻故意的見解，我國學界通說[97]與最高法院實務看法[98]，亦均持相同之結論。

　　應強調者，在此類等價客體錯誤中，行為人對於遭誤認而發生結果之客體因不阻卻故意而直接構成故意犯罪，但行為人對於原來的目標客體並不會再成立一個故意未遂罪。以本節導引案例(1)為例，甲誤B為A而殺之，甲誤殺B的部分雖發生等價客體錯誤，但不影響故意，仍應對B成立故意殺人既遂罪，但

---

[95] 此種認為發生同一構成要件間之錯誤不阻卻故意的見解，我國文獻上多稱之為「法定符合說」，德國文獻上則多稱之為「（客體）等價理論」（Gleichwertigkeitstheorie）。

[96] Vgl. Tröndle/Fischer, StGB, §16 Rn. 6.

[97] 王皇玉，刑法總則，7版，2021，第236頁以下；甘添貴，刑法總論講義，第104-105頁；林山田，刑法通論（上），第419頁以下；林東茂，刑法綜覽，第1-273頁；黃常仁，刑法總論，第40頁以下；許澤天，刑法總則，2版，2021，第249頁以下；張麗卿，刑法總則之理論與運用，第274頁以下；蘇俊雄，刑法總論II，第150頁以下。等價客體錯誤不阻卻故意是通說的一致結論，但論證過程可能有所不同，參見林書楷，論構成要件錯誤—回歸故意概念的解讀，第455頁以下。

[98] 最高法院86年台上字第3604號判決：「刑法上關於客體錯誤，此種認識錯誤之事實與法定之事實，法律上非難價值相同，例如欲殺甲，卻誤認乙為甲而殺之，其生命法益相同，殺人之故意無異，法律上但問其是否預見為人而實施殺人之行為，至於其人為甲或為乙，無關於犯罪之成立。」此判決實延續早期28年上字1008號判例之見解：「（一）殺人罪之客體為人，苟認識其為人而實施殺害，則其人之為甲為乙，並不因之而有歧異。(二)打擊錯誤，係指行為人對於特定之人或物加以打擊，誤中他人等之情形而言。若對於並非為匪之人，誤認為匪而開槍射擊，自屬認識錯誤，而非打擊錯誤。」

對於A的部分，甲並不會再成立一個故意殺人未遂罪。其原因在於，故意是行為人於實行構成要件行為時的知與欲，既然解釋上係認為甲殺B時之等價客體錯誤並不影響其殺人故意，此即代表甲於行為時的殺人故意就是針對B，在甲的故意並非屬累積故意的情況下，概念邏輯上並不可能再認為甲於實行構成要件行為時也同時對A有故意[99]。因此，在甲誤B為A而殺之的案例中，甲應僅單獨對B成立一個故意殺人既遂罪。

2. 不等價客體錯誤

所謂「不等價客體錯誤」，則係指客體錯誤發生在不等價的客體間之情形。如前所述，客體間是否具構成要件等價性的判斷，主要是取決於兩種客體是否可以同樣被涵攝在相同的構成要件要素之下，故此處所謂的不等價客體，指得即是目標客體與遭誤認客體無法被涵攝在相同的構成要件要素之下的情形。

《案例4》乙欲殺鄰居之惡犬，於黑暗中卻誤認鄰居的兒子為該惡犬，遂對其開槍射擊，導致鄰居兒子死亡。

在此例中，由於行為人主觀上的目標客體為狗，法律意義上僅視為是「物」，與實際發生構成要件結果的客體「人」之間，兩者並無法被涵攝在相同構成要件要素之下，欠缺構成要件等價性。在刑法評價上無論如何都不會把「人」與「物」等同視之，無法認為甲行為時對於殺「人」的事實有認知（其主觀上是認為在殺狗），此種不等價客體錯誤已經超越單純動機錯誤的範疇，因而會阻卻故意的成立因此不等價客體錯誤已經超越單純動機錯誤的範疇，而得以阻卻故意的成立。

在適用上，於此種「不等價客體錯誤」的情形，對於「實際發生結果之客體」的部分，由於發生構成要件不等價之客體錯誤而阻卻故意，因此頂多只能成立「過失犯」；至於，行為人對「原來的目標客體」而言，故意仍然存在，

---

[99] 相同見解：Heinrich, AT, 6. Aufl., 2019, Rn.1104.；許澤天，刑法總則，2版，2021，第249頁以下。不同見解：林東茂，刑法綜覽，第1-273頁；林鈺雄，新刑法總則，8版，2020，第210頁，均認為在殺人時發生等價客體錯誤的情形，應對原目標客體成立殺人未遂罪，對結果發生客體成立殺人既遂罪，形成想像競合（§55）從一重依殺人既遂罪處斷。

只是因構成要件結果未發生而僅論以「故意未遂犯」[100]。據此，在上述《案例4》中，乙對於鄰居兒子死亡之部分阻卻殺人故意，頂多只能論以過失致死罪（§276 I）；至於針對惡犬的部分，原則上應構成（故意）毀損未遂罪，但是由於刑法第354條的毀損器物罪並不處罰未遂犯，故此部分不成立犯罪。

另外，於本節導引案例(2)中，乙誤黑熊為仇人C而加以射殺，亦屬不等價客體錯誤，因為熊在刑法的評價上屬於物，與人相比自無法等價視之。關於殺死黑熊的部分，涉及的是野生動物保育法第41條之獵捕宰殺保育類動物罪，乙之殺死台灣黑熊既係出於不等價客體錯誤而阻卻故意，頂多只能論以過失，但因該條之宰殺保育類動物罪並不處罰過失，故此部分即不構成犯罪。至於有關其原來的目標客體仇人C的部分，乙應該成立殺人未遂罪[101]。

（二）打擊錯誤（行為失誤）

所謂「打擊錯誤」，又稱之為「行為失誤」（aberratio ictus；Fehlgehen der Tat），乃是指行為人對於行為客體雖並未發生誤認，不過卻由於行為時的失誤，而使結果發生在「目標客體以外的其他客體」上。

《案例5》甲欲以槍射殺A，結果由於槍法欠準未射A，但其發射之子彈卻因撞擊牆壁反彈造成跳彈，該跳彈最後誤中B，導致B受傷。

關於此種「打擊錯誤」的法律效果，我國學界多數說見解均採取所謂的「具體符合說」或「具體理論」（Konkretiesierungstheorie），認為行為人對於特定客體的故意必須要具體，如果行為人所認識之事實與實際發生之構成要件事實並未「具體符合」者，即應阻卻故意之存在。因此，對「實際發生結果之客體」的部分僅能成立過失犯，而對行為人原來「目標客體」的部分則成立故意未遂犯。兩罪屬於一行為觸犯數罪名的「想像競合犯」，應從一重處斷之

---

[100] 通說見解相同：甘添貴，刑法總論講義，第107頁以下；林山田，刑法通論（上），第420頁；林東茂，刑法綜覽，第1-273頁以下；黃常仁，刑法總論，第40頁；張麗卿，刑法總則之理論與運用，第274頁以下；蘇俊雄，刑法總論II，第150頁以下；Ebert, AT, S. 148.；Kindhäuser, AT, §27 Rn. 42.；Wessels/Beulke/Satzger, AT, Rn. 248.

[101] 至於是「障礙未遂」或「不能未遂」，則尚有進一步探討之空間。Wessels/Beulke/Satzger, AT, Rn. 248.認為由於毀損罪的客體是「物」，「人」對於毀損罪構成要件而言並非適格的客體，此部分會因「客體不能」而屬於不能未遂的性質。

（§55）[102]。

最高法院實務亦從通說見解，自「具體符合說」的角度來說明打擊錯誤之所以阻卻故意的理由。例如最高法院74年度台上字第591號判決即謂：「……關於『打擊錯誤』，本院歷年來見解及我國學者通說，均採『具體符合說』，認為因行為錯誤致實際上發生之犯罪事實與行為人明知或預見之犯罪事實不符時，關於明知或預見之事實，應成立未遂犯，而實際上發生之犯罪事實，則應分別其有無過失及處罰過失與否，決定應否成立過失犯，並依想像競合犯之例，從一重處斷。……」基本上，認為打擊錯誤應阻卻故意，是我國法院實務的一貫見解[103]。

據此，在本節導引案例(3)中，丙舉槍欲射殺D，卻因槍法欠準未中D而誤擊斃E。此係打擊錯誤之情形，丙應對原目標客體D成立殺人未遂罪（§271 II），對誤中客體E則成立過失致死罪（§276 I），屬於一行為觸犯數罪名的想像競合犯，從一重處斷（§55）。

本書以為，通說與實務關於打擊錯誤應阻卻故意的結論洵屬正確，不過若僅從「具體符合說」的角度來說明打擊錯誤為何阻卻故意，將陷入前後標準難以一致的困境，因為無法說明為何在「等價客體錯誤」的情形行為人的主觀認知與客觀事實係屬「具體符合」而不阻卻故意，但在「等價打擊錯誤」的情形卻又認為屬「未具體符合」而阻卻故意。茲舉以下兩例加以說明：

《等價打擊錯誤》甲欲殺A而對A開槍，子彈未中A卻因跳彈誤中剛好騎機車從遠處經過的B，導致B死亡。

《等價客體錯誤》甲欲殺A，卻因行為時誤認B為A，直接對B開槍，導致B死亡。

在上述兩案例中，行為人甲的主觀認知事實均是「其開槍射殺A」，實際發生的客觀事實也一樣是「其誤殺了B」，若從「具體符合說」的角度來看此

---

[102] 甘添貴，刑法總論講義，第105頁；林山田，刑法通論（上），第360頁以下；黃常仁，刑法總論，第37頁以下；張麗卿，刑法總則之理論與運用，第275頁以下；蘇俊雄，刑法總論 II，第151-153頁；反對見解：陳子平，刑法總論，第194頁以下，對打擊錯誤採「法定符合說」。

[103] 其餘採打擊錯誤阻卻故意之見解的判決，如最高法院102年度台上字第153號判決、91年度台上字第6672號判決、37年上字第2318號判決（原判例）。

兩種案例類型並無差異，但通說與實務見解卻是在結論上做了差別處理（亦即等價客體錯誤不阻卻故意、等價打擊錯誤阻卻故意），顯然判斷標準前後並不一致。相對地，若認為是在「客體錯誤」採「法定符合說」而在「打擊錯誤」則是採「具體符合說」，此固然可以說明「等價客體錯誤」不阻卻故意、「等價打擊錯誤」則阻卻故意的結論，但如此卻是針對同屬行為人主觀認知與客觀事實不一致的構成要件錯誤情形，適用不同的判斷標準去獲致結論，亦難脫先射箭再畫靶的質疑。

對此，本書以為解決此難題的根本之道，還是應該回歸故意的內涵去理解。「等價打擊錯誤」與「等價客體錯誤」會導出不同結論的理由乃是，在「等價打擊錯誤」的情形，行為人的故意並非指向於「事實上發生結果的等價客體」，故對該「事實上發生結果的等價客體」並不具故意；相對地，在「等價客體錯誤」的情形，行為人的故意則是確實地指向於該「事實上發生結果之等價客體」，中間雖有發生客體同一性誤認，但其誤認僅屬動機錯誤不影響故意，故行為人對該「事實上發生結果的等價客體」仍應成立故意犯。

在前述《等價打擊錯誤》的案例中，甲於行為時的殺人故意係指向於A並對A開槍，故其對於B根本無殺人故意可言，自然無法對B成立故意犯。相對地，在前述《等價客體錯誤》的案例中，乙於行為時雖然發生了認錯人的客體錯誤，但其主觀上的殺人故意確確實實的是指向了他當下所攻擊的客體——也就是B，在B屬於等價客體的情況下，甲並無法阻卻其對B的殺人故意。雖說兩者從同一構成要件錯誤（構成要件等價之錯誤）的角度來看，並無任何差別，然而若從「行為時故意所指向的客體」來看，兩者間的區別即躍然顯現，亦即：於前述《等價打擊錯誤》的案例，甲的故意並非指向於實際發生結果的客體B，故對於其殺死B的事實自難謂其具備知與欲，欠缺殺人故意；相對地，在前述《等價客體錯誤》的案例，甲於行為時其故意則確確實實是指向於該事實上發生結果的客體B，故具備對其殺死B之事實的知與欲，雖因誤認客體同一性而發生動機錯誤，但此種動機錯誤並無法阻卻故意的成立，甲對B仍應成立故意殺人罪。

在伴隨客體錯誤而同時發生打擊錯誤之情形，解釋上並不會影響打擊錯誤阻卻故意的結果，例如甲欲殺A，但黑暗中誤認B為A，進而對B開槍，但因槍法欠準未射中B，卻因跳彈打到在遠處散步的C。於此案例中，甲對B開槍的部分，係等價客體錯誤不阻卻故意，成立故意殺人未遂罪；對於誤中C的部分，仍屬於打擊錯誤而阻卻故意，僅因其開槍誤中他人之過失而成立過失致死罪。

　　應強調者，在行為人因行為失誤而誤中第三人之情形，並非一律均可視為是打擊錯誤。倘若行為人對於可能誤中第三人具有認知，且心態上亦容忍可能誤中第三人之結果，此時對於誤中第三人的結果解釋上仍可認為行為人具有未必故意[104]，而非屬打擊錯誤的情形。例如，A與B並肩而行，乙欲殺A而從50公尺外對準A開槍，但因槍法不準而誤中B，導致B死。由於A與B係並肩而行，誤中B的可能性甚高，乙卻仍執意要在此刻開槍，可認為乙對可能誤殺B之事實應認為具有未必故意，應直接對B成立殺人既遂罪（§271 I）。關於此類案例，我國早年實務見解曾有誤解，而認為行為人仍應成立打擊錯誤[105]。惟較近期之實務見解已傾向於認為此類案例係屬於「不確定故意」（即未必故意）的情形，而非打擊錯誤[106]。

　　同理，若行為人在人潮眾多之處對於目標開槍，例如丙於數公尺外對著正在逛夜市的C開槍，但誤中另一位逛夜市的民眾D，由於在人潮眾多的夜市開槍誤中第三人之可能性甚高，丙卻仍執意開槍，解釋上即可認為其對於可能誤中第三人之結果有容忍（§13 II 其發生不違背其本意），此種情形亦非打擊錯誤，而應認為丙對D成立故意殺人既遂罪。

四、關於因果歷程之錯誤

　　所謂「因果歷程錯誤」（Irrtum über den Kausalverlauf），乃是指構成要件結果雖然如行為人所預期的確實發生，不過其間因果關係進行的歷程卻與行為人所認知的因果歷程有所偏離。

---

[104] MüKoStGB/Joecks, StGB § 16 Rn. 100.

[105] 最高法院81年度台上字第2265號：「……按不確定故意，係指『行為人對於構成犯罪之事實，預見其發生；而其發生並不違背其本意者』而言。至若行為人欲槍殺甲，而誤中在旁之乙，則係基於殺人之確定故意，而發生打擊錯誤之問題，與目的錯誤有異，尤非不確定故意之範疇。……。」

[106] 最高法院102年度台上字第153號判決：「…殺人之不確定故意，與打擊錯誤之區別，在於前者以行為人對於殺人之構成犯罪事實，預見其發生，且其發生死亡不違反其本意為要件，而後者則指行為人對於特定之人加以打擊殺害，誤中他人，其發生該他人死亡並非其本意而言。依上訴人於第一審法院羈押訊問及審理時所供情節，其欲駕車衝撞之主要對象雖為吳峰議，然當時莊○○站立於吳峰議身旁，其已認知駕車衝撞吳峰議時會撞擊在旁之莊○○，惟仍不顧莊○○生命法益而為之，自有殺人之不確定故意，而非屬打擊錯誤甚明。……。」

《案例6》甲基於殺意持刀砍擊A數刀，A因此倒地不起，甲以為A已經當
　　　　場死亡，為隱匿犯行遂將其掩埋，惟事實上A被殺傷後，並未立
　　　　即死亡，而是因為甲後來將其掩埋時才窒息而死。於此例中，
　　　　甲基於殺人故意殺A，A最後也因此而死亡，然A死亡之事實上
　　　　因果歷程（先受傷、後被掩埋窒息而死），與行為人甲主觀上
　　　　所認知的因果歷程（A直接被刀砍擊至死）有所不同，此處存在
　　　　「因果歷程錯誤」。

　　關於此種「因果歷程錯誤」的法律效果，傳統學說上有認為，構成要件故
意必須包含因果歷程的重要輪廓，因此若客觀上實際發生的因果歷程與行為人
主觀想像之因果歷程發生「重要偏離」（wesentliche Abweichung）時，即會產
生阻卻故意的效力。倘若因果歷程的偏離是不重要的，由於故意並不要求行為
人必須認知到因果歷程的所有細節，故此時對行為人的故意而言便沒有影響。
至於，什麼樣的因果歷程偏離對於構成要件故意而言才是不重要的呢？傳統學
說見解大致認為，因果歷程的偏離若仍保持在「一般生活經驗可預見的範圍」
之內，此種因果歷程的偏離即是不重要的，並不會阻卻故意；相對地，如果因
果歷程的偏離超出了「一般生活經驗可預見的範圍」之外，就會被認為是重要
的因果歷程偏離，而屬於阻卻故意的因果歷程錯誤[107]。

　　上述學說見解，本書認為容有進一步檢討之空間，因為所謂「阻卻故意之
因果歷程錯誤」，實際上並沒有成立之可能。行為人在行為當時已經存在的認
知或故意，沒有理由會被事後所形成的事實（客觀上實際發生的事實）而被回
溯地排除或阻卻[108]。倘若因果歷程發生重要偏離（即超越一般生活經驗可預見
範圍之外的偏離）的話，行為人之行為與現實所發生之結果間，如果不是欠缺
因果關係，就是不具備客觀可歸責性[109]，而只能成立未遂犯，惟此種未遂犯仍
然是故意犯。據此，一般學說上所謂「因果歷程錯誤」的情形，究其實質應該
是屬於因果關係或因果歸責的判斷問題（影響者為既未遂與否），而與構成要

---

[107] Baumann/Weber/Mitsch, AT,§20 Rn. 24,§21, Rn. 10.；Ebert, AT, S. 149 f.；Heinrich, AT, Rn. 287 f, 1088 ff, 1098.；Lackner/Kühl, StGB,§15 Rn. 11.；Wessels/Beulke/Satzger, AT, Rn. 258.

[108] 陳友鋒，論故意—民國90年以來最高法院判決之動向觀察，華岡法粹，第44期，2009/07，第77頁；蔡聖偉，重新檢視因果歷程偏離的難題，東吳法律學報，第20卷第1期，2008/07，第128頁以下。

[109] Haft, AT, S. 250.；Kühl, AT,§13 Rn. 42.

件錯誤（影響者爲是否阻卻故意）無關[110]。也就是說，倘若該因果歷程的偏離，造成因果關係或是客觀歸責阻斷之效果，則阻卻故意既遂之成立，只成立故意未遂犯[111]。倘若因果歷程的偏離，並未造成因果關係或客觀歸責的中斷，則行爲人仍然成立故意既遂罪[112]。

　　進一步言，在所謂因果歷程錯誤的案例中，行爲人應該成立既遂或是未遂（行爲人對結果是否具備客觀可歸責性的判斷），關鍵即在於其是否屬於「反常之因果歷程」（Atypischer Kausalverlauf）的情形。倘若原本犯罪尚停留於未遂狀態，但是最後卻經由「不可預料的因果歷程」（超出一般生活經驗可預見範圍的因果歷程）而導致構成要件結果的發生，此時行爲人之故意雖無法排除，但僅構成故意未遂犯。

《案例7》乙持刀砍殺B，B因受傷而被送至醫院，卻意料之外死於醫院大火之中。在此案例中，因果歷程已經超出一般人日常生活經驗可預見的範圍之外，此時乙的砍殺行爲與B死亡結果間之因果關係雖然無法排除，但是構成要件結果之所以會發生，係由於其他危險所導致的（如或許有人縱火），卻並非係行爲人先前所創造之危險（刀傷致死的危險）的實現，因此該結果不可歸責給先前之行爲人乙，乙僅成立「故意殺人未遂罪」。

　　相對地，在前述《案例6》中，甲殺A數刀後誤以爲A已死亡而將其掩埋，但事實上掩埋時A尚未死亡，反而是因爲被掩埋後才窒息而死。此種因果歷程錯誤之情形，由於仍在一般人日常生活經驗可預見的範圍之內，不屬於反常之因果歷程，故甲對於A之死亡結果仍具備客觀可歸責性，甲應直接成立故意殺

---

[110] 甘添貴，刑法總論講義，第106頁以下、第309頁以下；陳子平，刑法總論（上），第179頁以下；蔡聖偉，重新檢視因果歷程偏離的難題，東吳法律學報，第20卷第1期，2008/07，第128頁以下；蔡墩銘，刑法精義，第145頁以下；Haft, AT, S. 249 f.

[111] 實務見解亦將因果歷程偏離定位爲是因果關係的問題（既未遂的問題），與構成要件錯誤無關，例如最高法院106年度台上字第3118號判決、107年度台上字第847號判決、110年度台上字第6078號判決。

[112] 學說上也有不同觀點認爲，重大因果歷程偏離的法律效果，可能阻卻的是「客觀歸責」，但也可能阻卻的是客觀構成要件事實歸責到行爲時所存在之故意的「故意既遂之歸責」。參見蔡聖偉，刑法案例解析方法論，3版，2020，第110頁以下、第262頁以下；同作者，重新檢視因果歷程偏離之難題，第128頁以下。

人既遂罪（§271Ⅰ）。

　　同樣地，在本節導引案例(4)中，丁趁登山健行時將其妻推落山谷，欲使其妻摔死，以詐領保險金，但是由於山谷下有河流，故其妻並未摔死，反倒是因為水流湍急而慘遭溺斃。此種因果歷程錯誤之情形，亦仍然在一般人日常生活經驗可預見的範圍之內，因此丁對於其妻之死亡仍具備客觀可歸責性，丁應成立故意殺人既遂罪（§271Ⅰ）。

第七節　包攝錯誤

導引案例

　　由於鄰居所養的狗偶爾於夜間亂吠，甲不堪其擾乃對鄰居的狗下毒，其雖然知道下毒行為會導致鄰居的狗死亡，但卻認為狗並不屬於刑法第354條第1項所稱的「物」，因此將狗毒死並非毀損他人之物，並不會構成毀損罪，頂多只應負民法上之侵權行為責任而已。

　　「構成要件該當性」的判斷，基本上係循著邏輯三段論法而行，亦即：以刑法犯罪構成要件之規定作為大前提，以行為事實作為小前提，結論則是行為事實是否具有構成要件該當性。在其中，判斷某行為事實是否涵攝在某刑法犯罪構成要件之內的這個過程，就叫做「包攝」（Subsumtion）。

　　所謂的「包攝錯誤」（Subsumtionsirrtum），亦稱為「構成要件包攝錯誤」，乃是指行為人在將行為事實涵攝到某刑法犯罪構成要件的過程中所發生的錯誤。詳言之，行為人對於其行為事實雖有完全之認識，但是由於對法律的解釋錯誤，以致誤以為該行為事實並不在刑法犯罪構成要件的效力範圍涵蓋之下，惟實際上該行為已經符合構成要件了。

《案例1》A誤以為將汽車輪胎刺破放氣不屬於毀損，而將其情敵之汽車的四個輪胎通通予以刺破放氣。

《案例2》B誤以為口交不屬於性交，為逃避強制性交罪之刑責，乃持開山刀脅迫夜歸獨身女子為其進行口交。

　　此種「包攝錯誤」係屬對法律的解釋錯誤，與對構成要件事實發生認知錯誤的「構成要件錯誤」，二者間在性質上並不相同。就「故意」之本質而言，只要行為人對屬於構成要件所描述之行為事實具備知與欲即為已足，並不要求行為人必須將其行為事實正確的包攝於刑法的構成要件規定之下，否則大概只剩下精通法律的人才有可能會具備故意了，因此在行為人發生此種包攝錯誤的情形，解釋上並不能阻卻故意[113]。據此，上述《案例1》與《案例2》中行為人A與B之包攝錯誤均不阻卻故意，其仍分別具備毀損故意與強制性交故意。

　　在本節導引案例中，甲誤認殺死他人之狗並非屬於刑法第354條第1項的「毀棄、損壞他人之物」，亦屬於「包攝錯誤」之情形而不阻卻故意。對此應強調者，「包攝錯誤」雖不阻卻故意，但由於包攝錯誤很可能造成行為人欠缺不法意識（或稱違法性意識）的結果，此時仍應依「禁止錯誤」的相關理論與規定（§16）來加以處理，自不待言[114]。

---

[113] 此為多數說見解：甘添貴，刑法總論講義，第91頁；林山田，刑法通論（上），第427頁以下；黃常仁，刑法總論，第38頁以下；Kindhäuser, AT, §27 Rn. 15.；Krey/Esser, AT, Rn. 419.；Wessels/Beulke/Satzger, AT, Rn. 242.反對見解：蔡墩銘，刑法精義，第151頁，則認為「包攝錯誤」應阻卻故意。

[114] Baumann/Weber/Mitsch, AT, §21, Rn. 7.；Krey/Esser, AT, Rn. 419.

第五章　違法性

第一節　違法性概說

導引案例

　　便利商店內有人行竊，被店內之監視系統錄下其犯案情節。便利商店店長甲，自錄影帶中發現小偷乃是鄰居正就讀大學之子A，立即登門造訪，甲並向A提出兩樣要求：第一，賠償該店的損失；第二，為使其避免再犯，A應至社福機構擔任二十小時的志工服務，以培養服務精神。甲並要脅，如果不照做將提出刑事告訴。A雖不情願，但因害怕被移送法辦身敗名裂，在不得已的情況下，兩件要求均全部照做。問：甲的行為是否構成強制罪（§304 I）？

　　如前所述，犯罪是一個具備「構成要件該當性」、「違法性」以及「有責性」（罪責）的行為。在這裡，「違法性」（Rechtswidrigkeit）是三階層犯罪檢驗的第二個階段，當某行為具備構成要件該當性後，就應進入違法性的審查，倘若該構成要件該當之行為不具備違法性，此時犯罪就不會成立，該行為之可罰性同時亦應予以排除。

一、「構成要件該當性」與「違法性」的關係

　　刑法的目的在於保護法益，刑罰必要性（Strafbedürfnis）的有無係取決於有無「對法益的侵害或危險」這個前提要件[1]。倘若行為具有對法益造成侵害或危險的特質，立法者便將其納入構成要件之中，明文宣示對該類行為科以刑罰，以藉此來保護法益。因此，一個具備構成要件該當性的行為，實際上代表著該行為已經對法益造成侵害（或至少對法益造成了危險）。

---

[1]　陳志龍，法益與刑事立法，1992，第30頁以下、第55頁以下。

　　至於「違法性」，則是指行爲與整體法秩序（Gesamtrechtsordnung）或法規範（Rechtsnorm）相對立違背的一種狀態。如前所述，一個具備構成要件該當性的行爲代表其對於法益造成某種程度的侵害或危險，該危害法益之行爲在通常情況下往往被認爲與整體法秩序或法規範相對立違背（因法秩序要求不得爲危害他人法益之行爲），此等對法益的危害彰顯出特定的不法內涵，因此一個構成要件該當行爲在某種程度上即可「推定」其亦具備違法性，學說上稱此爲構成要件該當性的「違法性推定機能」。正因爲有此機能，所以「構成要件該當性」實可視爲是一種「違法性的表徵」（Indiz der Rechtswidrigkeit）。

　　不過，須注意的是，經由構成要件該當性所推定的違法性並非是最終的確定，某些構成要件該當行爲，於個案中可能基於某種法律上的事由（例如基於正當防衛在不得已的情況下殺人）而例外地爲整體法秩序所容忍與接受，並因此而排除其行爲之違法性。對於此種排除違法性的事由，學說上乃稱之爲「阻卻違法事由」（Ausschlißungsgründe der Rechtswidrigkeit）或「合法化事由」（Rechtsfertigungsgründe）。此外，由於阻卻違法事由能例外地排除那些符合不法構成要件之行爲的違法性，這就如同「容許」此等構成要件行爲一般，故學說上亦將阻卻違法事由之規定稱之爲「容許構成要件」（Erlaubnistatbestand），以對應所謂「不法構成要件」（Unrechtstatbestand）的稱謂。

　　基於構成要件的「違法性推定機能」，形成在違法性判斷上的便利。因爲，當一個行爲具備構成要件該當性之後，由於具有違法性推定機能，故只須從事違法性的反面判斷，而無須就正面去評價行爲是否具備違法性。換句話說，在違法性的階段，只需要去檢查有沒有「阻卻違法事由」的存在，而不需正面去判斷該構成要件行爲有沒有違反整體法秩序或法規範的精神。倘若有阻卻違法事由，就排除其違法性；相反地，如果欠缺阻卻違法事由，即應肯定其違法性。基本上，由於阻卻違法事由有利於行爲人，因此當個案中阻卻違法事實之存在與否無法被證明時，法官依據「罪疑唯輕原則」（罪疑唯有利於被告之原則；Grundsatz "in dubio pro reo"）應作有利於被告之認定，亦即適用阻卻違法事由而否定其行爲之違法性[2]。

2　Heinrich, AT, Rn. 331.

二、構成要件該當性之違法性推定機能的例外 ── 開放性構成要件

　　構成要件該當性的違法性推定機能，於部分學說上承認有其例外存在，此即所謂「開放性構成要件」（Offene Tatbestände）之情形。依據「開放性構成要件理論」，在開放性構成要件中由於法條構成要件的字義包含太廣，以至於許多缺乏不法內涵的經常性日常活動亦被含攝在內，因此學說上乃否定此等構成要件的違法性推定機能[3]。詳言之，在開放性構成要件的情形，行為縱使具備構成要件該當性，亦不得立即推定其具有違法性，仍必須對於違法性做正面的評價，來判斷該符合構成要件的行為是否與整體法秩序或法規範相衝突，而非只是從事負面的審查（審查是否具有阻卻違法事由）而已。

　　在「開放性構成要件」中，倘若對形式上符合構成要件描述之行為進行正面的違法性判斷後，而認定該行為並未具備構成要件所要求之實質不法內涵的話，此時該行為仍然會因為欠缺違法性而不成立犯罪。例如，刑法第304條之強制罪構成要件規定：「以強暴、脅迫使人行無義務之事或妨害人行使權利者，處三年以下有期徒刑、拘役或九千元以下罰金」，此即係一「開放性構成要件」，對於一個形式上符合強制罪構成要件所描述之行為，尚必須判斷行為人所使用的手段與其所要達到的目的兩者間的關係，在法律上是否可加以非難，此即所謂「手段─目的─關係之可非難性」（Verwerflichkeit von Mittel-Zweck-Relation）判斷[4]。據此，當一個形式上符合強制罪構成要件描述之行為，但卻不具備「手段與目的關係之可非難性」時，此時仍然應認為該行為不具違法性而不成立犯罪。這裡所謂「可非難性」的概念，乃係基於社會道德的評價，當一個行為具有嚴重違反社會道德的特徵而遭受高度讉責，並為社會所無法容忍時，在法律上即屬於可非難的[5]。

---

[3]　Welzel, Deutsches Strafrecht, §14 2. b), S. 82.

[4]　學說上肯定我國刑法第304條之強制罪規定係一「開放性構成要件」者：參見陳志龍，開放性構成要件理論─探討構成要件與違法性之關係，台大法學論叢，21卷1期，第168頁；同作者，構成要件理論之變遷，收錄於「刑事思潮之奔騰─韓忠謨教授紀念論文集」，2000，第64頁；吳耀宗，強制行為之可非難性判斷，月旦法學教室，第92期，2010/05，第23頁。另外，雖未明白表示我國刑法第304條之強制罪係「開放性構成要件」，但肯定應作「方法─目的─關係之可非難性」判斷者：見林山田，論強制罪及其與他罪之競合之關係，刑事法雜誌，39卷3期，第126-127頁；林山田，刑法各罪論（上），第173頁以下；林東茂，刑法綜覽，第2-59頁以下。

[5]　Wessels/Hettinger, Strafrecht BTI, Rn. 426.

　　基本上，如果行為人使用「合法的手段」去實現「符合社會道德動機之目的」，由於手段合法、目的也正當，此時在刑法評價上即屬不可非難。在本節導引案例中，便利商店老闆甲以提出刑事告訴為手段，脅迫A賠償該店之損失以及至社福機構從事二十小時志工服務。A因害怕被移送法辦而身敗名裂，不得已乃全部照做。由於A並無義務至社福機構從事志工服務，故甲之行為符合刑法第304條「以……脅迫使人行無義務之事……」的構成要件，具備構成要件該當性。但欲對此種行為論以強制罪，顯然有違一般人民的法感，在這裡仍須對書店老闆之行為進行「手段與目的關係之可非難性」的判斷。由於提出刑事告訴本為犯罪被害人之合法權利，故書店老闆之行為係屬合法之手段，而脅迫偷書賊至社福機構從事二十小時志工服務之目的又在促使行為人改善，符合社會道德之動機，便利商店老闆之強制行為從手段與目的關係來看應不具可非難性，故欠缺強制罪之違法性，不成立犯罪。

　　相對地，如果行為人使用「非法的手段」（例如以暴力脅迫），或是雖使用「合法的手段」但卻是為達到「不符合社會道德動機的目的」，此時其手段目的關係的綜合判斷即會具備可非難性。

《案例》甲素來暗戀公司女同事A，某日甲發現A女侵占公司公款，甲因貪圖A女姿色，乃威脅A女與其同居，否則將告發其犯行，A女因恐遭刑事追訴只得被迫同意。於此，甲以刑事告發為手段雖屬合法（手段合法），但係為求達其貪圖A女姿色的不道德動機（目的不正當），具方法與目的關係綜合判斷之可非難性，因此應肯定其具強制罪之違法性。

　　應補充說明的是，學說上亦有對「開放性構成要件」之概念持反對見解者，其認為既然構成要件被理解為是一種「不法類型」，它就僅能是封閉的，因為構成要件必定包含了犯罪行為的全部不法內涵，因此在違法性的階段就僅能從事負面判斷，否則就會喪失構成要件作為不法類型的本質。誠然，在各個刑法的規定中，其禁止物質的構成強度並不相同，但是其補充是可以由法官透過一般價值判斷或透過與其他要素的關聯而獲得的[6]。

6　Jescheck/Weigend, AT, S. 247.類似見解：Lenckner/Eisele, in:Sch/Sch-SGB28, Vor §13 ff. Rn. 66.；Freund, in: MK-StGB, Vor §13 ff. Rn. 18f.

三、「違法性」與「不法」

　　「違法性」與「不法」並非是同義之名詞，在刑法學說上有所區分。所謂「不法」（Unrecht），通常係指具備構成要件該當性與違法性的「行為」，亦即不法行為；至於違法性（Rechtswidrigkeit），則是指行為與整體法秩序或法規範相對立違背的一種「狀態」。

　　基本上，「違法性」的概念是一種是或否的判斷，一個行為如果不是合法（rechtmäßig）就是違法（rechtswidrig），中間並沒有灰色地帶，也沒有什麼高度違法、低度違法等階層程度的差別。相對地，「不法」（精確地說應該是指不法行為）不是一種單純是或否的概念，而是具有高低階層程度之差別的，因此高度不法與低度不法之分是有可能的[7]。例如，在刑事不法的領域上，殺人行為與竊盜行為相較，殺人行為的不法內涵即顯然較竊盜行為為高，具有較高度的不法，因此也科以較高的法定刑。

四、違法性與「法秩序的一體性」

　　所謂「法秩序的一體性原則」（Das Prinzip der Einheit der Rechtsordnung），乃是指在整個法秩序中違法性是種「一體的概念」，因此當一個行為依據刑法以外的其他法律（如民法或公法）之規定，並不具備違法性時，該行為在刑法的領域上亦不會被認定為違法。

　　基於此等「法秩序的一體性原則」，我國刑法第21條第1項規定：「依法令之行為，不罰。」因此，當行為依據其他法律之規定係屬合法時，在刑法領域上，就可以其係「依法令之行為」，而阻卻違法，不成立犯罪。例如，依據民法第151條與第152條所為之「自助行為」[8]、或是依據刑事訴訟法第88條所為的「現行犯之逮捕」[9]，均可以認為是屬於刑法第21條第1項的「依法令之行

---

[7]　Haft, AT, S. 71.

[8]　民法第151條規定：「為保護自己權利，對於他人之自由或財產施以拘束、押收或毀損者，不負損害賠償之責。但以不及受法院或其他有關機關援助，並非於其時為之，則請求權不得實行或其實行顯有困難者為限。」
　　民法第152條規定：「依前條之規定，拘束他人自由或押收他人財產者，應即時向法院聲請處理。前項聲請被駁回或其聲請遲延者，行為人應負損害賠償之責。」

[9]　刑事訴訟法第88條規定：「現行犯，不問何人得逕行逮捕之。犯罪在實施中或實施後即時發

為」，而阻卻違法，不會構成妨害自由等相關罪名。

五、阻卻違法事由之分類

阻卻違法事由，又可再細分為「法定阻卻違法事由」以及「超法規阻卻違法事由」二種類型：

（一）法定阻卻違法事由

所謂「法定阻卻違法事由」，乃是指法律上有明文規定之阻卻違法事由。刑法總則上的阻卻違法事由，總計包括：

1. 依法令之行為（§21 I）。
2. 依所屬上級公務員命令之職務上行為（§21 II）。
3. 業務上正當行為（§22）。
4. 正當防衛（§23）。
5. 緊急避難（§24）。

（二）超法規阻卻違法事由

在前述法定阻卻違法事由之外，某些事由雖然法律沒有明文規定得阻卻違法，不過依據整體法秩序予以判斷，在實質上可認為其並不具備違法性者，即稱之為「超法規阻卻違法事由」。通說所承認的「超法規阻卻違法事由」大致有以下幾種類型：

1. 得被害人承諾之行為。
2. 推測承諾。
3. 義務衝突。（此多發生於「不純正不作為犯」的情形）[10]

覺者，為現行犯。有左列情形之一者，以現行犯論：(一)被追呼為犯罪人者。(二)因持有兇器、贓物或其他物件、或於身體、衣服等處露有犯罪痕跡，顯可疑為犯罪人者。」

10　此外，亦有學者認為在嚴格的條件下，應承認教師具有「懲戒權」，而成為超法規阻卻違法事由之一。參見林東茂，教師懲戒行為的刑法問題，收錄於氏著「一個知識論上的刑法思考」，88年，第191頁以下；黃常仁，刑法總論，第83頁以下。

六、「形式違法性」與「實質違法性」

所謂「形式違法性」（Formelle Rechtswidrigkeit），乃是指純就成文法律之形式規定而加以判斷之違法性，一個行為倘若違反了成文法律的規定時，就具備形式違法性。換句話說，當一個構成要件該當行為，缺乏法律上所規定之阻卻違法事由時，該行為即具備形式違法性。至於所謂的「實質違法性」（Materielle Rechtswidrigkeit），則是指非單就成文法律的形式規定來判斷違法性，而係以行為在實質上是否與整體法秩序或法規範的價值理念相對立違背，來認定其違法性。由於學說上承認此種「實質違法性」的觀點，才會造成「超法規阻卻違法事由」的出現，否則若是只承認純基於成文法律觀點的「形式違法性」，則超法規阻卻違法事由勢必無出現之餘地。

不過，「形式違法性」與「實質違法性」卻並非是互斥，而是互補的。「形式違法性」可認為是「實質違法性」的前提，一個行為若不具備形式違法性，就同時亦不具備實質違法性。反之，若是一個行為具備形式違法性，此時尚不能終局地判斷該行為係屬違法，而是仍須就實質的觀點來判斷該行為是否與整體法秩序或法規範的價值理念相違背，來據以認定其違法性。

通常，如果行為具備了某些足以讓法秩序容許之理由，此時縱使該行為不符合法律所明定的法定阻卻違法事由，亦能被認定為欠缺實質違法性。阻卻違法的理由可能包括：行為具備社會相當性（Sozialadäquanz）、或因法益持有人放棄法益保護而造成利益欠缺（Interessenmangel）的狀態、又或是為了保全較優越之利益（或法益）而為之行為等。

第二節　正當防衛

導 引 案 例

(1)小偷偷走甲的腳踏車，騎經路旁，被甲撞見，甲乃緊追在後，於追及時將小偷強行推開，導致該小偷跌倒遭受輕傷，並追回自己心愛的腳踏車。問甲可否主張正當防衛？

(2)某便利商店遭逢歹徒持槍搶劫，店員乙趁機持木棒擊打搶匪頭部，造

成搶匪遭受重傷。不過，事後發現，該歹徒所持者並非真槍，而僅係假槍。問乙可否主張正當防衛？

(3)丙與朋友聊天時發生嚴重口角，丙乃嘲笑對方性無能、戴綠帽，對方一氣之下，隨即衝上前來欲毆打丙，丙懼於對方之身材魁武，便隨手撿起地上的木棒防衛，並將對方打傷。問丙是否可主張正當防衛？

(4)丁與戊仇人見面分外眼紅，一見面丁隨即率先出拳打戊，戊亦不甘示弱予以反擊，兩人乃打成一團。問戊可否主張係丁先出拳打他，其僅係正當防衛而已？

「正當防衛」，或稱為「緊急防衛」（Notwehr），乃是法律賦予個人對抗他人不法侵害或攻擊的一種權利。刑法第23條規定：「對於現在不法之侵害，而出於防衛自己或他人權利之行為，不罰。但防衛行為過當者，得減輕或免除其刑。」此即為我國刑法關於「正當防衛」的明文。應強調者，條文中謂正當防衛之法律效果為「不罰」，精確地來說係指「阻卻違法性」或是「不違法」之意。

刑法承認「正當防衛」得阻卻違法之理由，主要是基於「優越利益原則」（Das Prinzip des überwiegenden Interesses）而來。也就是說，由於防衛行為所可能維護之利益大於其所損害之利益，因此正當防衛行為乃得以被法秩序所容許而阻卻違法。在這裡，「正當防衛所維護之利益」，包括：(1)對被攻擊之法益的保護——因為任何人都毋需容忍他人的侵害；以及(2)對法秩序的維持——因為合法毋需對於不法行為讓步[11]。

基本上，「正當防衛」成立的要件，包括以下幾項：

一、正當防衛情狀

一個正當防衛行為要成立，首先必須存在正當防衛情狀（Notwehr-lage）。所謂「正當防衛情狀」，係指自己或他人現正遭受不法侵害的一種狀態，也就是刑法第23條第1項所謂的「現在不法之侵害」。茲將此要件說明如下：

---

[11] Ebert, AT, S. 70 f.

（一）對法益之侵害行為

正當防衛的成立，首先必須有一個對法律所保護之法益造成侵害之行為存在，這裡的行為必須是屬於「人的行為」，倘若是遭受動物的攻擊，則受害人不得主張「正當防衛」[12]，頂多只能主張「緊急避難」（§24）。

《案例1》甲經過鄰居家門口時，突然遭到鄰居所飼養之猛犬攻擊，甲在不得已的情況下，乃持球棒將該猛犬擊斃。

在本例中，甲將他人所飼養之猛犬打死，屬於故意毀損他人之物的行為，具備刑法第354條第1項毀損罪之構成要件該當性。惟在違法性方面，由於甲所遭受的係狗的攻擊，而非人的不法侵害行為，因此無法適用正當防衛，不過甲的行為仍能主張刑法第24條之「緊急避難」而阻卻違法。應注意的是，如果該猛犬之所以攻擊甲係因為主人下達攻擊命令之緣故，此時由於該猛犬實際上已等同於其主人欲傷害甲之武器，在刑法的評價上該猛犬的攻擊與其主人持武器攻擊是一樣的，因此甲對之仍得主張正當防衛。

其次，這裡所指「對法益造成侵害之行為」，除了作為之外，也有可能是不作為（Unterlassen）。不過，在不作為的情況，必須是為侵害行為之人在法律上具有作為義務時，始足以對其主張正當防衛[13]。

《案例2》游泳池內有人溺水，但救生員卻見死不救，不諳水性之乙見義勇為乃持小刀脅迫救生員救人，救生員心生畏懼被迫下水救人，最後溺水者乃撿回一命。

在本例中，乙之行為雖具備恐嚇危害安全罪（§305）的構成要件該當性，但是得主張是「正當防衛」而阻卻違法。因為依據刑法第23條之規定，不論是為防衛自己或他人（第三人）之權利，均得主張正當防衛。

基本上，刑法第23條中所謂的「出於防衛自己或他人權利」，並不包括缺

12　不同見解：川端博，刑法總論（甘添貴監譯／余振華譯），第145頁以下，認為行為人可以主張對物防衛。

13　Baumann/Weber/Mitsch, AT, §17 Rn. 6.；Heinrich, AT, Rn. 343.；Krey/Esser, AT, Rn. 476.；Wessels/Beulke/Satzger, AT, Rn. 326.

乏具體被害人的公共利益。也就是說，任何人均不得以維護公共利益的名義，來主張正當防衛。例如，對穿著暴露涉及公然猥褻的檳榔西施，以維護公序良俗之名，強制其不得營業，即無法主張正當防衛。因為，維護公共秩序乃是國家的專屬權利，必須由國家機關為之，否則如果人人均得借正當防衛之名以公共秩序的維護者自居，不但無助於公益，恐怕反而會變成社會的亂源[14]。我國實務上，司法院32年院字第2464號解釋曾謂：「刑法第二十三條所稱之權利，不包含國家拘禁力在內，執行拘禁之公務員，追捕脫逃罪犯而將其擊斃者，不適用該條規定。」即係採取相同之見解。

學說上有認為，如果是在國家重大利益遭受國家機關無法處理的緊急危害時，則保護國家利益的正當防衛行為將會「被例外的允許」。例如，間諜攜帶國家機密正要偷渡出境之際，為避免國家機密外洩，不得已乃對間諜施以強制力而押送至警局，此時亦得主張正當防衛[15]。此項見解，固有所據。惟此種情形一般人往往可直接基於刑事訴訟法第88條之相關規定對該間諜進行現行犯之逮捕，屬於依法令之行為（§21 I），因此承認其為特殊例外可基於保護國家利益為由來主張正當防衛，似尚非絕對必要。

另外，由於國家在性質上也是屬於法人（公法人），因此當屬於國庫的財產遭受侵害時，此時國家係立於私所有人的地位，故亦得由國家公民對侵害者主張正當防衛[16]。例如，發現有人正欲放火燒公用電話亭，乃上前阻止將對方推開，對方乃因而摔傷，行為雖具傷害之構成要件該當性，不過得主張係正當防衛而阻卻違法。

（二）侵害的現在性

依據刑法第23條之規定，必須是對於「現在不法之侵害」始足以主張正當防衛，因此侵害的現在性（Gegenwärtigkeit）也是正當防衛成立的要件之一。

---

[14] 黃榮堅，論正當防衛，收錄於氏著「刑罰的極限」，1998，第91頁；林山田，刑法通論（上），第319頁；蔡墩銘，刑法精義，第204頁；另外，蘇俊雄教授採取不同見解，其則認為原則上不得以保護公共秩序利益為名而主張正當防衛，但如果對於公共法益之侵害如果個人亦直接蒙受其害者，亦具有防衛可能性。例如，對於刑法第234條之公然猥褻行為，固然在維護善良風俗，但亦在保護個人之羞恥心。參見蘇俊雄，刑法總論 II，第188頁以下。

[15] 黃榮堅，論正當防衛，第91頁；蘇俊雄，刑法總論 II，第189頁。

[16] Baumann/Weber/Mitsch, AT, §17 Rn. 9.；Kühl, AT, §7 Rn. 37.；蘇俊雄，刑法特論 II，第188頁以下。

這裡所謂「侵害的現在性」，即是指現在之侵害的意思。所謂現在之侵害，大致上又可分為以下三種情形，包括：(a)侵害已經是迫在眉睫即將發生；或(b)侵害已經開始；又或是(c)侵害仍然在繼續當中[17]。茲以圖示如下（橫向為時間軸）：

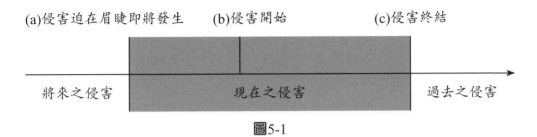

(a)侵害迫在眉睫即將發生　　　(b)侵害開始　　　　　(c)侵害終結

將來之侵害　　　　　　　現在之侵害　　　　　過去之侵害

圖5-1

　　上圖中的灰階部分表示屬於「現在之侵害」的階段，係可以主張正當防衛的時點，至於「將來之侵害」以及「過去之侵害」的階段，都不得主張正當防衛，因於法不合。因此，所謂的預防性措施（Präventivmaßnahme），由於係針對將來的侵害，而非現在的侵害，故原則上不得以「正當防衛」為由來阻卻其違法性[18]。例如，甲前往拜訪朋友A，在門外忽然聽到A與B正在商議明天要埋伏殺死自己的計畫，甲為預防明天被殺，乃直接衝進門去殺死A與B。此時，甲並無法主張正當防衛，因為侵害尚屬未來，而非現在之侵害[19]。

　　不過，如果預防措施必須等到將來實際侵害來臨時，才會發生防衛之效果，則仍然可以被認為屬於對「現在侵害」的防衛，因為防衛行為是在侵害開始時才發生效果的。例如，為防竊賊而在水泥牆上加入碎玻璃，當小偷要爬進來行竊時割傷其手腕，此時仍可被認定係對於「現在之侵害」為防衛行為[20]。

---

[17] Hoyer, ATI, S. 81.；Heinrich, ATI, Rn. 345.；Krey/Esser, AT, Rn. 485 f.；Wessels/Beulke/Satzger, AT, Rn. 328.

[18] Jakobs, AT, 20/31.；Lenckner/Perron, in: Scn/Sch-StGB, §33 Rn. 7認為此種針對將來侵害之預防性之防衛，係屬於一種「擴張性過當防衛」（Extensiver Notwehrexzeß），行為人得主張「防衛過當」而減免其有責性。

[19] 38年台上字第29號判例：「(二)正當防衛以對於現在不法之侵害為條件，縱如上訴人所云恐遭傷害，始開槍示威，但被害人之加害與否，僅在顧慮之中，既非對於現在不法之侵害加以防衛，即與刑法第二十三條之規定不符。」

[20] 甘添貴，刑法總論講義，第142頁以下；陳子平，刑法總論，第243頁；反對見解：蔡墩銘，刑法精義，第202頁，認為此時竊盜行為尚處於預備之階段，故仍不屬於現在之侵害。此問

雖然如此，此種到侵害發生時才會產生防衛作用的預防性措施，必須特別注意者爲該防衛行爲是否具備必要性（Erfordlichkeit）的問題（參見後面二、（二）的敘述）。例如，以預先裝置致命性的自動射擊裝置來對付未攜帶任何凶器的獨行竊賊，就會因爲缺乏「必要性」而不能阻卻違法，因爲防衛行爲必須在數種相同有效的手段中，採取其中最溫和的手段爲之。

不過，究竟要到什麼時點，才可以被認爲是「侵害已經開始」而屬現在之侵害，並得對之主張正當防衛？對此，學說上有認爲不法侵害行爲必須已達「著手實行」（§25Ⅰ）之階段始屬於現在之侵害，而得以對之主張正當防衛。著手實行以前之階段，均屬於未來之侵害，可以藉官署之保護，故不得實施防衛行爲[21]。

關於對侵害是否已經開始的認定，應揚棄以行爲人開始實行構成要件行爲作爲基準的見解，因如此會將侵害開始的時點過於延後，而導致被害人來不及有效行使其防衛權的後果[22]。解釋上應認爲，倘若行爲對法益之威脅已經迫在眉睫，就可以認爲是現在之侵害，而得以實施正當防衛，並無須等到攻擊者開始實行構成要件行爲那一刻[23]。也就是說，當攻擊者之行爲已經進展到與法益侵害近接密切之階段，無須再有其他中間步驟，實際侵害行爲緊接著就會被實施，此時即代表不法侵害已經開始[24]。例如，當欲攻擊的一方已伸入口袋準備掏槍時，即可對之實施正當防衛，而無須等到其扣扳機的那一刻；再如，發現意圖傷人者握刀於身後並逐步朝目標接近時，即可對之實施正當防衛，而無須等到其至目標身邊開始砍殺的那一刻。

相對地，倘若侵害行爲已經終結，即非屬現在之侵害，而是過去之侵害，此時即無法再主張阻卻違法之正當防衛[25]。例如，持刀攻擊的一方已經放棄攻

題涉及對侵害開始之界定上的爭議。

21 蔡墩銘，刑法精義，第201頁以下；另外，蘇俊雄，刑法總論Ⅱ，第190頁，似亦採取相同之看法。

22 黃榮堅，論正當防衛，第96頁以下，主張只要侵害行爲已經達到防衛者「最後有效的防衛時間點」時，即屬現在之侵害，而得對之主張正當防衛。而所謂「最後有效的防衛時間點」，係指如果超過此一時間點，即無法達到防衛之目的或是必須付出額外的代價。

23 甘添貴，刑法總論講義，第141頁；陳子平，刑法總論，第242頁。實務見解亦採相同見解認爲「不法侵害直接即將發生（迫在眼前）」即屬現在之侵害，參見最高法院111年度台上字第3235號刑事判決。

24 Kühl, AT, §7 Rn. 40.

25 Jakobs, AT, 20/31.；Perron, in: Sch/Sch-StGB[28], §33 Rn. 7認爲此種在侵害已經終結過後的防

擊或侵害行爲已經失敗無法再行攻擊、攻擊的一方已經轉身逃逸等，均屬於過去之侵害。有時侵害行爲歷時甚短、一發生隨即終結，針對此等行爲即難以實施正當防衛，例如行爲人公然以三字經辱罵他人，一罵則侮辱之行爲隨即結束，被害人事實上難以對此公然侮辱行爲主張正當防衛。應強調的是，攻擊者的侵害行爲是否已經終結，並不是以行爲的既遂與否來作爲判斷標準，而是須視法益遭受侵害是否仍有挽救之餘地而定。換句話說，已經確定無法挽救的侵害，就是過去的侵害；倘若侵害仍有挽救之餘地，則侵害行爲仍尚未終結，屬現在之侵害，對之得主張阻卻違法之正當防衛[26]。據此，在對人身法益實施攻擊的情形，只要行爲人一放棄攻擊轉身離去，解釋上不法侵害即已過去，不得再對之實施正當防衛。但是在針對財產法益的侵害，即使犯罪人已於得手財物後轉身離去，只要遭侵害的財產還有挽救的餘地，解釋上對於財產權的不法侵害即仍存在，而得以主張正當防衛。

在本節導引案例(1)中，小偷已將甲的腳踏車置於自己的實力支配之下，竊盜行爲已經既遂。但是，由於侵害仍有挽救之餘地，侵害行爲尚未終了，故甲爲防衛自己的權利仍得主張正當防衛。不過，倘若小偷已經將車子帶回家中或其他安全地點，則此時侵害行爲既已終結，已非屬「現在之侵害」，如果甲過幾天又遇見竊賊就不得再主張阻卻違法之正當防衛了[27]。於此，倘若小偷當時仍持有甲的腳踏車（贓物），則甲得對該小偷施以現行犯（準現行犯）之逮捕（刑事訴訟法§88Ⅲ③）；但倘若小偷當時並未持有任何贓物，則甲僅得主張「自助行爲」對小偷施以暫時性的拘束自由，並應立刻將其交至警局（民法§§151, 152；§21Ⅰ）。

（三）侵害的違法性

由於刑法第23條所規定的正當防衛情狀爲「現在不法之侵害」，故侵害者的攻擊行爲必須具備「違法性」，才可以對其主張正當防衛。因此，對於正當防衛或是緊急避難行爲，由於足以阻卻違法，均不得再對其主張正當防衛行

衛行爲，也是屬於「擴張性過當防衛」，行爲人亦得主張防衛過當來減免其有責性。

[26] 黃榮堅，論正當防衛，第95頁以下。

[27] 這是國內多數說的看法，見林山田，刑法通論（上），第321頁；蔡墩銘，刑法精義，第201頁以下；蘇俊雄，刑法總論Ⅱ，第191頁；另外，甘添貴，刑法總論講義，第142頁，認爲當竊賊已經將物品置於自己實力支配之下時，竊盜行爲即已完成，事後竊賊繼續持有贓物，只是違法狀態之繼續，故乙的行爲屬於「自救行爲」，而非正當防衛。

爲。須注意的是，「過當防衛」（§23後段）與「過當避難」（§24Ⅰ後段），由於不能阻卻違法，頂多只能減免罪責，故仍屬於現在不法之侵害，因此針對他人之過當防衛或過當避難行爲所爲之防衛，仍可以主張正當防衛而阻卻違法。例如，甲徒手攻擊乙，乙竟取槍還擊，甲爲避免被射殺之可能性立刻取鋁棒擊落手槍但也同時導致乙手腕骨折。此案例中，乙的還擊雖屬於對現在不法侵害之防衛，但對徒手攻擊立刻以槍還擊欠缺必要性屬於「過當防衛」，不能阻卻違法，故仍屬對甲生命、身體法益的「不法侵害」，因此甲仍可主張正當防衛權，只是由於甲對於正當防衛情狀之發生具可歸責事由，其防衛權會受限（參見本書以下二、（三）、3之說明）。但此案例中，衡諸當時情況甲難有迴避空間且遭受生命重大危險，其持鋁棒直接實行對抗式防衛而導致乙手腕骨折之行爲應仍可以主張阻卻違法之正當防衛。

另外，由於侵害者的攻擊行爲具備違法性，就可以對其主張正當防衛，因此即使是無責任能力人的侵害行爲（例如精神病患、或未滿十四歲未成年人的攻擊行爲），仍然可以對其主張正當防衛。不過，應強調的是，在對精神病患或未滿十四歲未成年人主張正當防衛時，須特別注意是否有「防衛權濫用」的情形（參見本書以下二、（三）、2之說明）[28]。

二、防衛行為

一個阻卻違法之正當防衛行爲必須符合以下幾個要件：(1)針對攻擊者；(2)具備必要性；(3)非屬防衛權的濫用。

（一）針對攻擊者

「正當防衛」必須針對「攻擊者」始得爲之，倘若係針對攻擊者以外之第三人，則沒有成立正當防衛的可能性。然如果該行爲符合緊急避難的要件，則可以適用「緊急避難」而阻卻違法。例如，甲遭受仇人持刀追殺，在不得已的情況下，乃敲破他人住宅之玻璃進入他人之住宅躲藏。此時，關於甲的毀損

---

28 少數說：黃榮堅，論正當防衛，第99頁以下，認爲正當防衛必須是針對「不法的、有責的侵害行爲」才可以行使。亦即，攻擊者的行爲必須具備構成要件該當性、違法性與有責性時，才得對之主張正當防衛。如採此種見解，則對於精神病患或未免十四歲等無責任能力人的攻擊行爲，均不得對之主張正當防衛。

（§353）與侵入住居（§306）之行為，並不得主張正當防衛，因正當防衛只能針對攻擊者（追殺甲之人）主張。然而，由於甲之行為係為避免自己生命之緊急危難所為之不得已行為，故仍得適用緊急避難之規定而阻卻違法（§24）。

（二）具備「必要性」

正當防衛行為必須具備所謂的「必要性」（Erforderlichkeit），這裡所指的「必要性」應滿足兩項要求：第一，行為對於排除自身所遭受之現在不法侵害必須是「適當的」，此為防衛行為的「適當性」（Geeignetheit）問題；第二，防衛行為所採取的必須是所有有效之防衛方法中「最溫和的防衛手段」，有學者將此稱之為「最溫和手段原則」（Prinzip des mildesten Mittel）[29]。

防衛行為對於排除法益之侵害，必須是適當的。這裡所謂的適當乃是指，防衛行為必須是一個排除或減輕法益侵害的可能手段。如果防衛行為對於法益侵害的排除或減輕根本就沒辦法產生任何效果，該行為就不具適當性，不具防衛行為的質，無法主張係正當防衛行為。例如，於他人對自己實施暴力攻擊時，應施以物理力予以防衛，倘若受攻擊之一方係以言詞辱罵實施攻擊之人，即屬於無法產生任何防衛效果之不適當防衛手段，欠缺防衛行為的質，無法主張正當防衛，故就其辱罵部分仍應構成公然侮辱罪（§309）。

倘若存在數種防衛之手段可供選擇，而且此數種防衛手段均足以發生相同之效力時，此時主張正當防衛之人即必須採取其中一項「最溫和的防衛手段」來排除侵害[30]。如果有數種效力相同的防衛手段，而主張正當防衛之人並未採取其中最溫和的一項手段時，此時就會構成「過當防衛」（§23後段）而無法阻卻違法，頂多只能減輕或免除其有責性（罪責）而已[31]。

須強調的是，「最溫和手段」的要求必須立基於有數種效力相同之手段可供選擇的基礎上，否則雖然存在數種手段，但是效果不同時，則主張正當防衛之人仍然有權選擇「最有效的防衛手段」來保護自己的利益。縱使此最有效的

---

[29]　Krey/Esser, AT, Rn. 503 ff.

[30]　Heinrich, AT, Rn. 355.；Wessels/Beulke/Satzger, AT, Rn. 335.

[31]　63年台上字第2104號判例：「刑法上之防衛行為，祇以基於排除現在不法之侵害為已足，防衛過當，指防衛行為超越必要之程度而言，防衛行為是否超越必要之程度，須就實施之情節而為判斷，即應就不法侵害者之攻擊方法與其緩急情勢，由客觀上審察防衛權利者之反擊行為，是否出於必要以定之。」

防衛手段並非最溫和的手段，亦同。其主要理由在於，法律不能要求被害人對犯罪委曲求全、而付出其他代價[32]。例如：少女甲夜晚回家的路上，碰上色狼欲對其非禮，就在色狼將少女甲強行壓制在地欲逞獸慾時，甲隨手拿起旁邊的尖銳石頭往色狼的太陽穴用力砸去，結果導致該色狼因而死亡。此時，少女甲雖然沒有使用較溫和的防衛手段（例如咬色狼），而直接選擇「最有效的防衛手段」（以石頭攻擊色狼頭部），仍然可以主張正當防衛而阻卻違法。因為，該較溫和之手段並無法保證有效遏止色狼的攻擊，甚至可能導致少女甲被殺的危險。

　　這裡關於防衛行為的適當性以及是否為最溫和手段的判斷，性質上都是一種「客觀事中判斷」（Objektives Urteil ex ante）。也就是說，以一個正常理性之第三人於相同的時間點、處於相同的情況下，客觀上所能認識之情況來作為判斷之基礎[33]。據此，在本節導引案例(2)中，便利商店店員在緊急下誤以為歹徒持真槍搶劫，而以木棒直接痛擊歹徒頭部將其擊成重傷。雖然事後發現歹徒所持僅係假槍，店員或可採取較溫和的防衛手段，不過由於一般正常理性之第三人處於相同的情況下，均會認為歹徒係持真槍搶劫，而真槍具有高度致命性，因此乙以木棒擊打歹徒頭部，在客觀上仍屬必要，故依然可以主張「正當防衛」而阻卻違法，不會構成防衛過當。

　　與「緊急避難」不同，在「正當防衛」的情況中，並不需要特別考慮到受侵害法益與經由正當防衛所保護之法益間之法益權衡（或利益衡量）問題，此主要係基於二點理由：第一，「正當防衛」除了保護防衛者個別的法益之外，也兼具維護法秩序的利益[34]；第二，基於「合法者毋需迴避不法」的原則[35]。也就是說，「正當防衛」與「緊急避難」不同，並「不要求」經由正當防衛所保護之法益必須大於（或至少等於）攻擊者所侵害之法益。例如，甲從銀行提款機剛提出1萬元放入皮包中，尾隨在後的扒手趁其不備將皮包扒走，甲發現後追上去並與扒手發生拉扯，甲在拉扯中將扒手推倒在地致使扒手受傷。雖然甲的防衛行為所要保護之財產法益（1萬元），小於攻擊者所遭受之侵害（身體法益遭受侵害），不過甲仍然可以主張正當防衛，不成立故意傷害罪。

32　黃榮堅，論正當防衛，第103頁以下。

33　Heinrich, AT, Rn. 355.；Krey/Esser, AT, Rn. 504.；Kühl, AT, §7 Rn. 107.；Wessels/Beulke/Satzger, AT, Rn. 337.

34　Gropp, AT, §6B, Rn. 80.

35　Heinrich, AT, Rn. 335.

（三）非權利濫用

雖然通說認為正當防衛不需要考慮到法益權衡（或利益衡量）的問題，不過應注意的是，正當防衛在某種程度上仍然必須受到社會道德的限制（Sozialethische Schranken），否則即屬於權利之濫用（防衛權之濫用），而不得阻卻違法[36]。根據文獻上的探討，屬於正當防衛的權利濫用（Rechtsmissbrauch）之情形，大致有以下幾種情形：

1. 極端失衡

在「正當防衛」中，雖然原則上並不需要考慮到受侵害法益與經由正當防衛所保護之法益間的法益權衡問題，但倘若「正當防衛所要保護之法益」與「正當防衛所造成之損害」間有極端失衡（極端不成比例；krasses Missverhältnis）的情形，亦即僅為了保護極輕微之法益，而以防衛行為造成攻擊者的巨大損害，此時即屬於防衛權之濫用，而不得主張正當防衛[37]。例如，對於竊取夾在門縫之報紙後騎腳踏車溜走之竊賊，予以開槍射擊或是命令猛犬攻擊，導致竊賊重傷而後奪回報紙。此時並不得主張係正當防衛，因為正當防衛所保護之法益（報紙一份），與正當防衛所造成之損害（竊賊的生命）顯然極端失衡（極端不成比例），行為人仍應構成重傷既遂罪（甚至是殺人未遂罪）。

2. 無責任能力人之攻擊

由於無責任能力人之攻擊行為仍屬違法行為，故被攻擊的一方仍可以主張正當防衛，只是對於小孩或精神病患等無責任能力人之攻擊行為，正當防衛權會受到限制。因此，受侵害之人首先必須盡可能地「迴避」無責任能力人之攻擊（例如，逃開、尋求他人或警察協助）。如果迴避攻擊在客觀上並不可能，亦只能實施單純防禦性的「保護式防衛」（Schutzwehr），例如阻擋攻擊、拍落對方武器等。只有在「保護式防衛」依然不足以保護法益時，此時始被允許採取積極的「對抗式防衛」（Trutzwehr）來攻擊侵害者者，例如直接將對方擊倒。此即所謂正當防衛權受限下的「三階段理論」（Dreistufentheorie），

---

[36] 關於此可參閱張天一，對正當防衛受社會道德限制之再檢討—以正當防衛阻卻違法之實質根據為中心，刑事法雜誌，第45卷第4期，第71頁以下。

[37] 反對見解：黃榮堅，論正當防衛，第105頁，認為不論所保護之利益多麼微不足道，均得主張正當防衛。

亦即迴避—保護式防衛—對抗式防衛（攻擊式防衛）三階段的正當防衛行為實施順序[38]。

不過，應強調的是，「對抗式防衛所造成之損害」與「其所保護之法益」間，仍然必須合乎比例，不得有極端失衡的情形[39]。例如，甲遭到十歲小孩之持美術刀搶劫，乃直接使用武力將搶劫之小孩擊倒，該搶劫之小孩乃因而受傷。此時，甲並不得主張正當防衛而阻卻違法，因為對於此等無責任能力人之攻擊，甲有迴避之義務，而甲竟然逕行實施防衛行為，係屬於防衛權之濫用，故無法主張正當防衛來阻卻違法，甲仍應構成傷害既遂罪。

3. 挑唆防衛

(1)意圖式挑唆防衛

所謂「意圖式挑唆防衛」（Absichtsprovokation；意圖挑唆），係指行為人意圖利用自己所挑唆引發之防衛情狀，藉以假防衛之名而遂行侵害他人法益之行為。也就是說，行為人一開始即有意圖地挑唆引起他人對自己的攻擊，藉以製造出符合正當防衛之事實情狀（現在不法侵害），自己再假防衛之名而實施侵害他人法益的行為。例如，熱中討論政治話題的甲與乙，兩人因談論政治時事立場不同引發激烈爭吵而產生仇隙，甲有意教訓乙，乃計畫利用乙衝動易受激怒的脾氣，故意以偏激言語刺激激怒乙，引發乙對自己的攻擊，再以事先準備好的木棍假借防衛之名而將乙打傷。在此種「意圖式挑唆防衛」的情形，行挑唆防衛之人的主要目的其實是在行法益侵害，他只是利用自己所刻意製造出來防衛情狀來達成其侵害他人法益的目的。也就是說，挑唆防衛的行為人事實上是「假防衛之名、而行法益侵害之實」。

學界多數見解認為「意圖式挑唆防衛」應屬於正當防衛權的濫用，將導致正當防衛權的喪失，故不得主張正當防衛[40]。主要理由在於，權利濫用禁止原

---

[38] Wessels/Beulke/Satzger, AT, Rn. 348.

[39] Ebert, AT, S. 78.

[40] 王皇玉，刑法總則，第284頁；余振華，刑法總則，第248頁；林山田，刑法通論（上），第332頁；吳耀宗，挑撥防衛之問題，月旦法學教室，第101期，2011/03，第21頁；盧映潔，挑唆防衛，月旦法學教室，第7期，2003/05，第50頁；蔡墩銘，刑法精義，第201頁；韓忠謨，刑法原理，第157頁；蘇俊雄，刑法總論Ⅱ，第199頁；Ebert, AT, S. 79.；Heinrich, AT, Rn. 375.；Kretschmer, Jura 1998, S. 245.；Rengier, AT, § 18 Rn. 86.；Roxin, AT I, § 15 Rn. 65.；Rudolphi, Notwehrexzess nach provoziertem Angriff, JuS 1969, S. 464.另外，陳子平，刑法總論，二版，2008，第246頁以下，基本上亦採權利濫用不得主張正當防衛之見解，惟又補

則是拘束所有權利的一般法律原則，也包括正當防衛權，因此當挑唆人係意圖假藉其所引發的正當防衛情狀而行侵害他人法益之行為時，基於權利濫用禁止的思想，永遠都是不應該被允許的[41]。而且，挑唆人自己故意自陷於危險情狀（故意挑唆他人攻擊自己），就法秩序的觀點也不需要予以保護[42]。

　　惟筆者認為挑唆人雖然意圖引發防衛情狀並加以利用，但不應完全剝奪其主張正當防衛的可能性，特別是在受挑唆者採取超乎常理預期的重大攻擊行動時（例如對方直接持手槍或武士刀攻擊），因為無論如何法律並不應該讓人民陷入兩難的困境——他要麼選擇不防衛而付出犧牲生命或重傷的代價、要不然就得選擇實施防衛但必須遭受刑罰[43]。因此，筆者以為在「意圖式挑唆防衛」中，當挑唆人面臨他方超乎常理預期的重大攻擊行為而造成生命身體之高度危險時，應例外承認為挑唆之行為人仍然可以主張正當防衛權，只是其防衛權應受到極大程度的限制，僅在作為最後手段的情況下才被允許。挑唆者在面對他方重大攻擊行為時應先選擇迴避，只有在欠缺迴避可能且亦無其他自我保護的可能性時，才可以對攻擊者的超乎常理預期的重大攻擊行為實行攻擊式防衛。也就是說，意圖式挑唆防衛之挑唆人雖然由於濫用了刑法的正當防衛制度，基於權利濫用禁止的法理導致其正當防衛權會遭到重大限制，但並非百分百完全被剝奪[44]。

(2)非意圖式挑唆防衛

　　相對地，在「非意圖式挑唆防衛」的情形，防衛人雖不存在自始假防衛之名而行侵害法益之實的意圖，但是仍對於防衛情狀的惹起具有可歸責的事由。例如，甲與乙因故口角，甲按耐不住怒氣一時衝動公然羞辱乙，導致乙怒不可抑揮拳攻擊甲。於此案例中，甲當眾羞辱乙的行為雖然激起了乙的不法侵害行為，但其事先並無刻意引發乙攻擊而假防衛之名以行侵害之實的意圖，此種情

充認為當對方施以侵害異常重大之反擊行為時，仍可成立正當防衛。

[41] Rudolphi, JuS 1969, S. 464.；Heinrich, AT, Rn. 375.

[42] Heinrich, AT, Rn. 375.; Roxin, AT I, §15 Rn. 65.

[43] 陳俊榕，論挑唆防衛，國立中正大學法學集刊，第39期，2013/04，第91頁以下；Jescheck/ Weigend, AT, S. 347.；Berz, JuS 1984, S. 343.；另外，Jakobs, AT, 12/50 ff.；Kühl, AT, §7 Rn. 239 f.似亦採此說。

[44] 關於挑唆防衛問題的詳細論述，可參見林書楷，論挑唆防衛及其防衛權限制，收錄於「廖正豪七秩華誕祝壽論文集」，2016，第77頁以下。

形相較於前述之「意圖式挑唆防衛」在程度上顯然較為輕微，故應予以差別處理[45]。

在此種「非意圖式挑唆防衛」的情形，多數說見解往往認為挑唆人並未完全喪失正當防衛權，僅其防衛權會遭到限制，限制的方式也就是適用正當防衛權受限下的「三階段理論」，亦即僅能採「迴避─保護式防衛─對抗式防衛」三階段防衛步驟[46]。首先，防衛人有迴避攻擊之義務，例如逃走、大聲呼救、尋求他人（包括警察）的幫助等。其次，如果客觀上不可能迴避攻擊，亦只能採取防禦措施的保護式防衛，於此防衛者得容忍一些造成輕微損害之危險。最後，倘若要對攻擊者實施具侵害性質的對抗式防衛，則只有在對自己發生重大危險（例如生命危險）時，才會被允許。

在本節導引案例(3)中，丙嘲笑對方而導致對方一氣之下欲毆打丙，丙乃以木棒防衛而將對方打傷。雖然丙沒有假防衛之名而行侵害之實的意圖，不過畢竟對方之所以會攻擊，主要係由於丙的嘲笑所挑起，丙具有可歸咎之事由，故其防衛權應受到限制。此時，丙應先採取迴避之措施，但是本案中丙卻立即進行「對抗式防衛」，已屬於「權利之濫用」，因此不得主張「正當防衛」阻卻違法。

解釋上有問題者在於，行為人在防衛權受限的情況下，若未採「迴避─保護式防衛─對抗式防衛」三階段防衛步驟而直接實施對抗式、攻擊性的防衛行為，固然無法主張阻卻違法之正當防衛，但是否有成立「過當防衛」的可能性，解釋上不無疑問。對此，學說上似認為此種情形防衛人不僅不能主張阻卻違法的正當防衛，亦無法適用防衛過當而減輕罪責與刑罰[47]。惟本書以為行為人的防衛權既然仍存在，則在其違反「迴避─保護式防衛─對抗式防衛」的三階段防衛步驟時，類似於放棄較溫和手段、而直接採過度防衛行為之情形，解釋上應認為防衛人仍可主張「防衛過當」而得以減輕其罪責與刑罰。也就是說，若行為人在對方實施不法攻擊的當下，因遭受攻擊時的驚懼、憤怒、恐慌而導致在錯誤的時機、選擇了過度的防衛手段，在遵守規範行止之期待可能性降低的情況下，應得適用刑法第23條但書關於過當防衛之規定，予以減輕罪

---

[45] Vgl. Hohmann/Matt, JuS 1993, S. 134.

[46] Ebert, AT, S. 79 f.；Heinrich, AT, Rn. 379 f.；Rengier, AT, §18 Rn. 56.；Roxin, AT I, §15 Rn. 69；Wessels/Beulke/Satzger, AT, Rn. 348.

[47] Beulke, Klausurenkurs im Strafrecht I, 6. Aufl., 2013, Rn. 213 f.

責，並減輕其刑。

以往實務見解多認為，攻擊行為不論是否係出於防衛者之挑動，也不論防衛者的挑動是否出於假防衛之名、而行侵害法益之實的意圖，只要是基於排除現在不正侵害所為，均得主張正當防衛[48]。亦即，此種實務見解認為在挑唆防衛的情形並不會影響挑唆者的防衛權利，其仍得主張完整的正當防衛權。在本節導引案例(3)中，如採取此種實務見解，丙就仍得主張完整的正當防衛權，因此縱使丙不迴避而立刻以木棒實施「對抗式防衛」也沒有關係，仍得主張正當防衛而阻卻違法。

惟近期實務見解似有所轉變，例如最高法院107年度台上字第2968號判決即謂：「……正當防衛……之行使亦受到『權利不得濫用』之一般法律原則所限制。若行為人所遭受之現在不法侵害係因可歸咎於行為人自身之行為所導致，且行為人本即能預見自身行為可能導致侵害之發生時，為免濫用正當防衛權，暨基於所防衛的法秩序必要性較低之考量，其防衛權自應受到相當程度之限制。亦即此時行為人應優先選擇迴避所面臨之侵害，僅在侵害無迴避可能性時始得對之主張正當防衛。……」若依此實務見解，基於權利濫用禁止的精神，若現在不法侵害係因可歸咎於防衛者之行為所招致，防衛者應先「迴避」，在無迴避可能性時始得實施防衛。

4. 最近親屬之攻擊

通說亦認為，於遭受最近親屬攻擊之情形（特別是相互間負有保證人義務之最近親屬，例如父母、配偶、兄弟姊妹等），正當防衛權也應該受到限制。同樣應該採取如上述之「迴避―保護式防衛―對抗式防衛」三階段防衛步驟，亦即：先「迴避」，無法迴避時則行「保護式防衛」，最後在遭受重大危險時才可以行「對抗式防衛」。例如，父親酒後無故欲打兒子，兒子有先迴避之義務（如暫時離家以避免攻擊），不得立刻進行對抗式防衛，否則即屬權利濫用，不得主張正當防衛阻卻違法。

不過，對於妻子長期遭受丈夫持續性的毆打與虐待等家庭暴力的情形，學說上則認為，此等長期且持續性的家庭暴力已經足以使「最近親屬間正當防衛權的限制」消失，因此受虐之妻子可以主張完全之防衛權，當丈夫即將施以拳

---

[48] 最高法院98年度台上字第443號判決、97年度台上字第4642號判決。類似見解：黃榮堅，論正當防衛，第113頁以下。

打腳踢時可立即採取對抗式的防衛措施，而毋庸迴避丈夫的暴力。因為，於現在社會中，沒有人能被苛求去容忍此等發生於家庭內的身體攻擊，縱使其僅會造成輕傷之結果，亦同[49]。

三、防衛意思

在正當防衛中，防衛者所具備的「防衛意思」性質上乃是「主觀阻卻違法要件」或「主觀合法化要件」。所謂「防衛意思」（Verteidigungswille），乃是指防衛自己或他人權利之意思。防衛者必須知道客觀上具備符合正當防衛之情狀，而主觀上基於「防衛意思」而為防衛行為，始得成立正當防衛而阻卻違法。

《案例3》甲與A均為流氓，兩人因爭搶地盤而結怨。某日，甲在街上看到
　　　　 A走過來，就拿出預藏之手槍將A射殺。惟事後才發現，當時A
　　　　 正走向甲，實際上已經預藏了扁鑽欲刺殺甲。（偶然防衛）

此種行為人主觀上欠缺「防衛意思」，但客觀上卻符合正當防衛情狀的情形，學說上一般稱之為「偶然防衛」。此種「偶然防衛」的情形，由於行為人主觀上並不具備「防衛意思」，故不得主張正當防衛來阻卻違法，學說上對此並無疑問。有疑問者在於，本案例中甲之偶然防衛行為，究竟應該構成殺人既遂罪、還是僅成立殺人未遂罪？

針對此種「偶然防衛」的法律效果，學說上有認為此時行為人仍應構成既遂[50]，但也有主張行為人應該僅構成未遂者[51]。持「既遂說」之觀點者，主要是著眼於構成要件結果既然已經出現，自然應論以既遂犯。若採「既遂說」見解，在《案例3》中甲即仍應成立殺人既遂罪。相對地，採「未遂說」見解

---

[49] Ebert, AT, S. 79.

[50] Krey/Esser, AT, Rn. 469.；川端博，刑法總論二十五講（甘添貴監譯／余振華譯），第144頁以下。

[51] 多數說認為「偶然防衛」應成立未遂：Baumann/Weber/Mitsch, AT, §16 Rn. 68.；Jescheck/Weigend, AT, §31 IV 2., S. 330.；Kindhäuser, AT, §29 Rn. 8 f.；Kühl, AT, §6 Rn. 15 f.；Lackner/Kühl, StGB, §22 Rn. 16.；Wessels/Beulke/Satzger, AT, Rn. 279.；Lenckner/Sternberg-Lieben, in:Sch/Sch-StGB28, Vor §32 Rn. 15.

者，主要則著眼於誤想防衛所造成之結果，因客觀上符合正當防衛事實而欠缺結果不法（結果非價），因此對行為人只能論以未遂。若採「未遂說」見解，在《案例3》中，甲在欠缺防衛意思的情況下，基於殺人故意對A開槍，其具備行為不法（行為非價）固無疑問。但由於甲之行為客觀上存在正當防衛之事實，此項正當防衛之客觀事實足以排除其行為之結果不法（結果非價）。換句話說，其偶然防衛行為所造成A之死亡結果在法律上無法予以非難（因為此結果客觀上是正當防衛所造成的），故結論會認為甲應該僅成立殺人未遂罪。

對於此爭議，筆者個人認為「未遂說」結論較為合理，惟「未遂說」的觀點如何融入現行三階層犯罪體系是一個難題，可能遭質疑是在三階說的體系下採取二階說的思維。因此，偶然防衛之行為人在論罪上似仍以成立既遂犯為宜，但在法律效果的部分，則考慮行為欠缺結果不法的因素，而類推適用刑法第25條第2項未遂之規定予以減輕其刑，且若該罪不罰未遂則亦不成立犯罪。

另外，實例上常見兩人互毆之案例，當事人是否得主張係「正當防衛」，不無疑問？學說上有見解認為，由於互毆雙方僅係出於報復之心理，欠缺「防衛意思」，故均不得主張正當防衛[52]。如採此見解，則於本節導引案例(4)中，丁與戊均不得主張正當防衛，因為雙方均欠缺「防衛意思」。然而，究竟行為人是否出於防衛意思而反擊造成互毆，仍應按個案情形判斷之，於此上述見解似稍嫌武斷。基本上，先動手者固不能主張正當防衛，但因對方先動手而實施反擊之一方，如果確實具有「防衛意思」，仍有主張正當防衛的可能[53]。我國實務基本上亦採相同見解，認為在互毆之情形，只要是基於防衛意思而排除對方之現在不法侵害，仍得主張正當防衛[54]。

據此，在本節導引案例(4)中，兩人一見面丁隨即率先出拳打戊，戊亦不甘示弱予以反擊，兩人乃打成一團。由於丁率先出手，無主張正當防衛之餘地。至於戊，則須視其是否出於「防衛意思」而為防衛行為，如果均符合正當防衛之要件，戊仍得主張正當防衛而阻卻違法。

52　蘇俊雄，刑法總論Ⅱ，第193頁。

53　甘添貴，互毆與正當防衛，收錄於氏著「刑法案例解評」，1999，第67頁以下。

54　最高法院92年度台上字第5087號判決：「……所謂正當防衛，必須對於現在不法之侵害始得為之，倘係互毆，必須一方初無傷人之行為，因排除對方不法之侵害，始得主張正當防衛。……」

第三節　緊急避難

導引案例

(1)甲女的丈夫具有暴力傾向，長久以來甲女均飽受丈夫的暴力虐待與強姦，經常被打的遍體鱗傷，甚至甲女的家人也屢屢慘遭丈夫的凌虐。某日，丈夫酒醉歸來，又照例對甲女實施毒打一番，隨即因酒力發作上床睡覺，並表示之後要再給她好看。甲女想起長久以來的痛苦生活，為避免以後繼續再遭受丈夫凌虐，遂持刀將仍在睡夢中的丈夫殺死。試問甲女是否成立故意殺人罪（§271 I）？

(2)醫師乙欲為罹患絕症末期之病患開刀，不過該病患嚴正拒絕之，該醫師為搶救其性命，遂不顧病患自己之反對而強行進行手術。問醫師乙可否主張阻卻違法之緊急避難？

(3)丙雨天違規超速行駛，導致車子打滑煞車不及，為了避免撞上前方車輛，乃故意將車子開去衝撞停在路邊無人在內之車輛。試問丙的故意毀損行為（§354）可否主張緊急避難而阻卻違法？

「緊急避難」（Notstand）如同正當防衛一樣，是法定阻卻違法事由之一。我國刑法第24條規定：「因避免自己或他人生命、身體、自由、財產之緊急危難而出於不得已之行為，不罰。但避難行為過當者，得減輕或免除其刑。前項關於避免自己危難之規定，於公務上或業務上有特別義務者，不適用之。」

「緊急避難」之所以得阻卻違法的理由，跟正當防衛一樣，乃是基於「優越利益原則」（Das Prinzip des überwiegenden Interesses）而來。亦即，在刑法的評價上，當「避難行為所維護之利益」「大於」「避難行為所造成之損害」時，緊急避難行為乃得以被法秩序所容許而阻卻違法。不過，與正當防衛不同的是，「緊急避難」所維護之利益，僅僅只有「對於遭受緊急危難之法益的保護」，而沒有包括「對於法秩序的維護」。因此，在「緊急避難」的要件中，利益衡量（Interessenabwägung）遂成了一個相當重要的判斷過程，這與「正當防衛」的檢驗原則上並毋需考慮到利益衡量的問題，大不相同。

「緊急避難」成立的要件，包括以下幾項：

一、避難情狀

一個阻卻違法的緊急避難行為是否能成立，首先必須檢驗緊急避難情狀（Notstandslage）的存在。所謂「緊急避難情狀」，乃係指自己或他人之法益遭受緊急危難（危險）之狀態。茲分述如下：

（一）法益遭受危難

依據刑法第24條之規定，「緊急避難」成立的前提要件，必須有一個對自己或他人之生命、身體、自由、財產的危難（危險）存在。至於危難的種類，法條並未做限制，天災人禍均有可能，例如火災、地震、船難、空難、遭受攻擊等。例如，失火時，為了救火，乃破門而入附近的消防器材店（毀損、侵入住居），取出店內之消防器材來進行救火的工作，此時即得主張緊急避難來阻卻違法。

須強調的是，在遭受人為攻擊之情形，對於為攻擊之人，如果符合正當防衛之要件，固可以直接實施「正當防衛」；但倘若係對於第三人，則無法主張「正當防衛」，而頂多只能主張「緊急避難」。例如，甲遭乙追殺時，乃奪取丙之球棒自衛，在奪取的過程中導致丙受輕傷，然後在以球棒自衛的過程中又將乙打傷。於此案例中，甲對於乙得主張「正當防衛」，對於丙則得主張「緊急避難」，兩項行為均得阻卻違法。

另外，由於法條中僅規定「為避免自己或他人之生命、身體、自由、財產的緊急危難而出於不得已之行為」，因此倘若係為了避免上述四種法益（生命、身體、自由、財產）以外的法益而為之避難行為，是否得引用刑法第24條之規定而阻卻違法，即不無疑問？例如，發現他人已印製好大量誹謗自己名譽的文宣企圖發送而前往阻止扣押該批文宣，可否主張係避免自己名譽受損之緊急避難。對此，學說上大致可分為以下兩種見解：

學說少數見解認為，我國刑法第24條性質上係屬於列舉規定，明示緊急避難之實施僅以保護生命、身體、自由、財產四種法益為限，對於其他法益之危難，概不得為避難行為[55]。惟多數說均認為，緊急避難行為應不限於保護此四

---

[55]　韓忠謨，刑法原理，第163頁；蘇俊雄，刑法總論Ⅱ，第212頁。

種法益，如果係爲了該四種法益以外之法益而爲之避難行爲，亦得適用「緊急避難」或「超法規緊急避難之法理」來阻卻違法[56]。基本上，緊急避難之規定既屬於限縮國家刑罰權的性質，並無必要將其僅侷限在避免生命、身體、自由、財產等四項法益之中，故應以多數說之見解較爲妥適。

（二）危難須屬「緊急」

　　欲主張緊急避難，必須法益所遭受之危難，屬於「緊急之危難」，始足以當之。所謂的「緊急」，係指危難已經迫在眼前，如果不採取避免之措施，馬上就會發生法益遭受損害的結果。「緊急避難」中關於危難（危險）須屬「緊急」的概念，基本上與「正當防衛」中侵害的「現在性」概念類似，不過較爲寬鬆，因爲危險係侵害（實害）的前置階段，危險比侵害較早發生。

　　在所謂「持續性危險」（Dauergefahr）的情形，亦應認爲符合「緊急危難」的概念。所謂「持續性危險」，乃是指一種長久持續的危險狀態，而且該危險隨時有可能轉變成實際的法益侵害，但是也不排除損害尚需經過一段長時間始會發生的可能性。例如，結構有嚴重缺陷隨時可能倒塌的危樓；或如喝醉酒後經常會對妻子施以家暴的丈夫等[57]。

　　在本節導引案例(1)中，甲女及其家人長期持續慘遭丈夫的暴力毆打而遍體鱗傷，甲女爲避免以後繼續再遭受丈夫的凌虐，乃趁丈夫於睡夢中持刀將其殺死。由於行爲當時丈夫正在睡夢中，對甲女而言並未有「現在不法之侵害」存在，因此通說認爲於此類案例中並不符合「正當防衛」的要件，甲女不得主張正當防衛來阻卻違法[58]。但由於甲女及其家人長期遭受凌虐，因此雖然現在

[56] 林山田，刑法通論（上），第338頁；林鈺雄，新刑法總則，第260頁；蔡墩銘，刑法精義，第221頁。另外，甘添貴，刑法總論講義，第149頁以下；陳子平，刑法總論，第261頁，則認爲我國刑法第24條雖僅列舉得爲保護生命、身體、自由、財產四種法益而實施緊急避難的規定，但應例外承認對「名譽」與「貞操」之保護，亦得主張緊急避難。

[57] Roxin, AT I, §16, Rn. 21.；採類似見解者有：Baumann/Weber/Mitsch, AT, §17 Rn. 58.；Haft, AT, S. 97.；Krey/Esser, AT, Rn. 591 ff.；Wessels/Beulke/Satzger, AT, Rn. 306.；林山田，刑法通論（上），第338頁以下；林鈺雄，新刑法總則，第249頁；蘇俊雄，刑法總論II，第212頁。我國實務見解亦承認「持續性危險」符合緊急危難的概念，如最高法院109年度台上字第5037號判決。

[58] 不同見解：黃榮堅，論正當防衛，第96頁以下、第118頁以下，認爲應從正當防衛的目的來思考侵害之「現在性」的概念，而認爲於此類案件中，妻子爲防衛行爲時，已經達到「最後有效的防衛時間點」，如果再不實施正當防衛勢將無法保護其法益免受侵害，故仍可適用「正當防衛」來阻卻違法。

丈夫正在睡覺，不過等他睡醒後甲女隨時有可能再慘遭毒打，甲女所遭受的乃是一種對自己生命、身體法益的「持續性危險」，依據通說之見解符合「緊急危難」（即「現在之危險」）的要件（至於，甲女最後是否可以主張緊急避難來阻卻違法，仍有待進一步討論其他要件）。

二、避難行為（救助行為）

「緊急避難」的避難行為（或稱救助行為；Rettungshandlung），必須符合以下三項要件，包括：(1)出於不得已之行為；(2)利益衡量；(3)相當性。

（一）必要性（出於不得已之行為）

根據刑法第24條規定，「緊急避難」必須是「出於不得已之行為」。所謂「出於不得已之行為」，是指在遭逢緊急危難的情況下，實施避難行為來保護自己或他人之法益，屬於「最後而且唯一之手段」。換句話說，行為人在此等情況下，除了實施避難行為外，已別無選擇之餘地，否則法益勢將遭受損害。據此，倘若行為人尚有其他方法足以避免此一危難時，即非屬不得已之避難行為，而不能成立緊急避難[59]。因為，「緊急避難」與「正當防衛」不同，「正當防衛」所針對的是不法侵害者，屬於正對不正的關係，依據「合法毋庸對不法讓步」的理念，防衛人原則上無先行迴避之義務。相反的，「緊急避難」所針對的卻非不法侵害者，屬於正對正的關係，為儘量避免波及無辜，因此倘若行為人尚有其他方法足以避免此一危難時，即不應該貿然實施緊急避難行為。

《案例1》甲在家中與朋友飲酒聊天，忽然接到醫院電話有病患要施行緊急手術亟需輸血，由於該病患血型稀有，附近只有甲的血型可供輸血，甲為求救人，乃不顧酒意立刻駕車至醫院輸血。

在本例中，甲的酒醉駕車行為（§185-3）是否可以「緊急避難」為由而阻卻違法，關鍵在於該酒醉駕車行為是否具有「必要性」？通常於此情形，甲

---

[59] 24年上字第2669號判例：「緊急避難行為，以自己或他人之生命、身體、自由、財產猝遇危難之際，非侵害他人法益別無救護之途，為必要之條件。」（惟此判例因無裁判全文可資參考，依法院組織法第57條之1第1項規定，已停止適用。）

可以招計程車前往醫院、而不必要非自己酒醉駕車趕去不可,因此其酒醉駕車行為欠缺「必要性」,不得主張緊急避難而阻卻違法。不過,如果甲住在偏僻的地方而攔不到計程車,叫無線電計程車又會發生延誤時,此時甲的酒醉駕車行為即可認為具備「必要性」,應得主張緊急避難而阻卻違法。

　　另外,當行為人在迫不得已的情況下,欲實施避難行為時,倘若有數種有效之方法可供選擇,此時避難人必須採取最溫和、損害最少的方法以為之,以減少對無辜法益的傷害,否則即無法主張「緊急避難」以阻卻違法。在這裡,如果避難人未採取最溫和的避難方法,頂多只能適用刑法第24條第1項後段「過當避難」的規定而予以減輕或免除其罪責,並減輕或免除其刑。

　　在本節導引案例(1)中,長期遭受丈夫凌虐的妻子為避免生命身體之危險而於丈夫熟睡時將其殺死,妻子的避難行為,是否係「出於不得已之行為」而具備必要性,並非毫無疑問?首先應檢討避難行為是否為最後唯一的手段,例如妻子是否可能求助於警察的幫助或是依據家庭暴力防治法第9條之規定申請保護令[60]。其次,若肯定妻子實施避難行為有其必要性,仍應檢驗是否尚具有其他較溫和、且同樣有效的避難方法存在。

(二)利益衡量

　　緊急避難與正當防衛不同,正當防衛原則上不須考慮到「利益衡量(法益權衡)」的問題[61]。不過,在緊急避難的判斷上,利益衡量(Interessenabwägung)則是一個相當重要的過程,亦即緊急避難行為必須是「利大於弊」才可以阻卻違法。在緊急避難的情形,避難行為所保護之利益必須「明顯優越於」其所侵害之利益[62],該避難行為才能阻卻違法而不成立犯罪,否則頂多只能成立過當避難(§24Ⅰ後段)而減免其罪責及刑罰而已。

　　緊急避難中的利益衡量,並非僅單純地取決於抽象的法益位階關係(例如身體大於財產),而是必須考量到具體個案中的所有情況(例如法益損害強度、法益危險的程度等),來對於各種相衝突利益進行綜合性的價值判斷,因

60　家庭暴力防治法第9條:「保護令分為通常保護令及暫時保護令。被害人、檢察官、警察機關或直轄市、縣(市)主管機關得向法院聲請保護令。」

61　除非是在保護利益與所損害利益間具有「極端失衡」的情況,而屬於「權利濫用」之情形,否則「正當防衛」原則上並不需要從事利益衡量的判斷。

62　Gropp, AT, §6 Rn. 136.;Heinrich, AT, Rn. 422.;Kindhäuser, AT, §17 Rn. 24.;Wessels/Beulke/Satzger, AT, Rn. 310.

此並不存在一個絕對的檢驗規則[63]。基本上，利益衡量上必須考慮的權衡要素，大致有以下幾點：

1. 法益的位階

在利益衡量的過程中，法益位階扮演一個相當重要的角色。原則上，「生命法益」具有最優越之地位，「身體法益」次之，「自由法益」再次之，至於「財產法益」相較於前三者而言，則居於較不重要之地位。亦即：

生命法益 ＞ 身體法益 ＞ 自由法益 ＞ 財產法益

《案例2》乙遭人追殺時，為避免自己生命之緊急危難，乃擅入爬牆進入他人屋內躲藏。此時，由於乙之避難行為所保護者為「生命法益」，而所侵害者僅為他人之自由法益（居住平和之自由），生命法益的保護顯然具有較高的優越性，故得主張緊急避難以阻卻違法。

學說上有爭議者，係關於對生命法益可否主張緊急避難的問題？對此，我國實務見解係採肯定說，原25年上字第337號判例謂：「上訴人殺傷某甲後，背負某乙涉江而逃，行至中流，水深流急，將某乙棄置江中溺斃，其遭遇危險之來源，固係上訴人所自召，但當時如因被追捕情急，以為涉水可以避免，不意行至中流，水急之地，行將自身溺斃，不得已而將某乙棄置，以自救其生命，核與法定緊急避難之要件，究無不合……。」此實務見解除認為自招危難不影響緊急避難之判斷外，也同時認為基於自救目的而實施避難行為導致他人死亡，仍得成立緊急避難。惟此早年判例因無裁判全文可資參考，於大法庭制度上路後已停止適用，實務見解是否因此有所調整，仍有待觀察[64]。

惟上述實務見解純係就法條文義形式觀察，未考慮到利益衡量的角度，似有商榷餘地。依學界通說看法，人的生命作為一種絕對的最高價值（absoluter Höchstwert），在法律上不得予以作任何質或量上的階級劃分，故就緊急避難的檢驗而言，為自救而以犧牲他人生命的方式實施緊急避難將無法進行利益衡

---

[63]　Haft, AT, S. 98.

[64]　較近期仍引用此判例之判決，例如臺灣高等法院臺南分院103年度交上易字第736號判決。

量的判斷[65]。因爲既然每個人的生命在法律上都被視爲是絕對最高價值，就無法針對被救者與被犧牲者的生命孰輕孰重進行衡量，因此若緊急避難行爲所犧牲之法益爲生命即無法主張阻卻違法的緊急避難[66]。例如，發生海難後爲求自己生存而搶下他人身上之救生衣導致對方溺斃，或是爲搶救多數人生命而犧牲少數人的生命，均不得以緊急避難爲由來阻卻違法。

　　不過，對於此等因避免緊急危難而出於迫不得已的殺人行爲，雖無法主張阻卻違法之緊急避難，但由於此等避難行爲在人性上顯屬無法避免，考量行爲人在欠缺期待可能性的情況下，仍應適用（或類推適用）刑法第24條第1項後段關於避難過當之規定而減免其罪責及刑罰。據此，在本節導引案例(1)的殺夫案中，基於人的生命作爲絕對最高價值的理念，甲女因避免自己生命之緊急危難所爲之殺人行爲，並不得成立阻卻違法之緊急避難（§24Ⅰ前段），只能以無期待可能性爲由，適用（或類推適用）過當避難之規定而減輕或免除其刑事責任（§24Ⅰ後段）。

2. 法益損害的強度

　　「法益位階」屬於一種「質」的評價，雖然在利益衡量上具有重要地位，不過緊急避難中的利益衡量，並非僅是單純法益位階的判斷過程，而是必須考慮到具體個案中的所有情況，來對於各種相衝突利益進行綜合性的價值判斷。因此，相關法益的「強度」，亦即法益「量」的評價，也是一個必須加以考量的重點，不可片面單以法益位階來作爲利益衡量的唯一標準。基本上，一個對低位階法益的重大侵害，相較於對高位階法益的輕微侵害，亦有可能在利益衡量上被認定爲具優越利益。例如，重大的財產損害可能被認定較短暫的自由剝奪具優越利益；甚至，在特殊情況下重大的財產損害也可能被認定較輕微的身體傷害具優越利益[67]。也就是說，縱使避難行爲保護的是較低位階的法益，所犧牲的則係較高位階的法益，但是也可能因爲避難行爲所保護之法益在「強度」上顯然較被犧牲之法益高出很多，在利益衡量上被評價爲具有較高之價

---

[65]　Ebert, AT, S. 83.；Heinrich, ATⅠ, Rn. 425.；Krey/Esser, ATⅠ, Rn. 616 f.；Kühl, AT, §8 Rn. 114.

[66]　此爲學界通說：見高金桂，利益衡量與刑法之犯罪判斷，第121頁；林山田，刑法通論（上），第345頁以下；黃常仁，刑法總論，第65頁；許澤天，義務衝突之研究，刑事法雜誌，40卷3期，第65頁以下。

[67]　Erb, in:MK-StGB, §34 Rn. 112.

值，而得成立阻卻違法之緊急避難。

《案例3》某私人美術館之警衛發現國畫大師張大千價值千萬之名畫遭
　　　　竊，由於從監視系統上觀察，該名畫於三分鐘前仍然掛在原
　　　　位，美術館館長研判竊賊應仍未將該畫攜出美術館，乃下令封
　　　　館，限制當時正在館內參觀之人暫時不得出館，並立刻向警察
　　　　報案處理。

在本案中，由於竊賊為實施現在不法侵害之人，故美術館館長得對其主張「正當防衛」（§23 I）。至於，竊賊以外之其他無辜民眾，由於非不法侵害者，故美術館館長僅能主張「緊急避難」，因此就會產生「利益衡量」的問題。在這裡，美術館館長之避難行為所保護的是財產權（張大千名畫），而將美術館封鎖限制館內參觀之人暫時不得出館所侵害的是無辜者的自由權（行動自由）。雖然自由權的法益位階較財產權為高（質的評價），不過由於在強度上（量的評價），避難行為保護的財產權價值上千萬，而所侵害之自由權則僅為數十分鐘的行動受限，兩者相權衡之下，應認為前者具有明顯較高之價值，故美術館館長得主張阻卻違法之緊急避難。應注意的是，如果當時館內有民眾因為警鈴大作而導致心臟病發作，亟需送醫急救，此時美術館館長即應立即開門讓其就醫，否則即無法主張阻卻違法之緊急避難。因為，生命法益具有絕對最高價值，縱使是價值連城的名畫，於利益衡量上也無法與之相比擬。

在本節導引案例(2)的情形，醫師乙不顧重症病患自己之反對意志而強行為其進行手術，醫師乙的避難行為所保護的利益雖係病患的生命法益，但僅為短暫延緩其生命，卻嚴重侵害病患的身體完整性、自由權、自主決定權（決定是否要動手術）以及自然尊嚴死亡的權利，綜合評價之下，為病患強制進行手術而短暫延緩其生命的利益並未明顯具有較高之價值，故醫師乙之行為應不得主張阻卻違法之緊急避難[68]，頂多只能適用避難過當之規定而減免其罪責及刑罰（§24 I但書）。

3. 法益遭受危險的大小

緊急避難的成立，必須以存在一定程度的法益危險（緊急危難）為其前

---

[68] Ebert, AT, S. 83.

提，這也是刑法第24條第1項所明定的要件。同樣地，在進行緊急避難的「利益衡量」時，避難行為所保護之一方與避難行為所侵害之一方兩邊利益所遭受危險之程度（Der Grad der drohenden Gefahr）也是一個評價的重點，特別是在兩邊所涉及的相關法益具有「同等位階」時，法益所遭受之危險程度往往對於利益衡量的結果具有決定性的影響[69]。

　　這裡所謂相關法益所遭受危險之程度，指的主要是損害發生的或然率。在避難行為所保護的這一方，如果導致實際法益侵害發生的或然性越高（亦即法益所遭受之危險程度越高），則避難行為對於其他法益的侵害，就越有可能透過緊急避難來阻卻違法。相反地，在避難行為所侵害的這一方，倘若避難行為所造成之危險導致實際法益侵害發生的或然性越高，則避難行為就較不容易阻卻違法[70]。

《案例4》　丁在家中喝酒看電視，突然妻子心臟病開始發作，由於居住於
　　　　　偏僻鄉下無法及時攔到計程車，丁不得已只得自己駕車載妻子
　　　　　火速趕往醫院急救。

　　此例中，丁之酒醉駕車之避難行為所救助者，係心臟病發作之妻子生命身體法益所遭受之「具體危險」，而所侵害者則僅是對其他交通參與者生命身體法益的「抽象危險」，因此雖然保護方與侵害方所涉及的均為生命、身體法益之危險，不過由於避難行為保護的一方，所遭受的危險程度較高（具體危險＞抽象危險），因此乃在利益衡量上取得優越地位，故丁得主張緊急避難來阻卻酒醉駕車行為（§185-3）之違法性。

　　應強調者，如果丁為救助心臟病發之妻子所為之酒醉駕車行為已經形成對其他多數交通參與者生命身體安全的「具體危險」，亦即因其酒醉駕車行為導致交通事故的發生已具有相當高的或然性時，則上述判斷結果就會翻轉，丁之避難行為將因無法在利益衡量上取得優勢而難以阻卻違法。至於是否酒醉駕車避難行為已造成公眾交通往來之具體危險，應考量行為當時之各種情況（如行車方式、交通擁擠程度等）做事中判斷[71]。例如，上例中丁若係於人多車多的

---

[69]　Kühl, AT，§8, Rn. 117.

[70]　Haft, AT, S. 98 f.；Ebert, AT, S. 84.

[71]　Kühl, AT，§8 Rn. 117.

擁擠市區飛車飆速，縱使其係出於緊急救助心臟病發妻子之目的，但由於此等酒駕且嚴重違規的行為已經大幅提高車禍肇事之機率，實際上已形成對其他交通參與者生命身體安全之具體危險，此時即難以通過利益衡量的檢驗，而無法適用阻卻違法之緊急避難。

4. 避難成功的機會

避難行為救助法益成功的機會太過微小，也會影響到利益衡量的判斷。一個避難行為，如果避難成功的機會太過於微小，而肯定會造成一定之損害時，就難以主張阻卻違法之緊急避難。因為，當避難成功的機會太過微小時，避難行為保護法益之價值也就跟著變小，因此在利益衡量上就較難取得正當性。一個簡單的規則是：「救助成功的機會越微小，避難行為就應該越節制[72]。」例如前述美術館價值千萬名畫遭竊案，如果從監視錄影帶發現，該畫早在三、四小時前就已經失竊了，此時竊賊還留在美術館內的機率實在已經微乎其微。因此，美術館館長就不能再以緊急避難之名，封鎖美術館、暫時限制參觀民眾之行動自由，因為救助成功的機會實在是太微小了。

5. 危難是否由被犧牲者所引起（防衛性緊急避難）

一般而言，緊急避難行為的實施對象大部分係針對無辜的第三人，此等以無辜第三人作為被犧牲者的緊急避難，學說上稱之為「攻擊性緊急避難」（aggressiver Notstand）。不過，在少數情形，緊急避難行為的實施對象卻正是招致該危難之人、而非是無辜第三人，此等以招致危難之人作為被犧牲者的緊急避難，學說上則稱之為「防衛性緊急避難」（offensiver Notstand）。

在「防衛性緊急避難」的情形，由於避難行為的被犧牲者正是該緊急危難的招致者，其保護價值較弱，其利益被賦予的價值也較低，因此「防衛性緊急避難」在利益衡量上，就較「攻擊性緊急避難」更容易取得正當性而得阻卻違法。一般而言，在「防衛性緊急避難」的案例中，縱使避難行為所侵害的法益位階可能高於其所要保護的法益，但只要兩者間沒有不成比例（außer Verhältnis）的情形存在，即可以通過利益衡量的檢驗而得阻卻違法[73]。

---

[72]　Kühl, AT, §8 Rn. 117.

[73]　Ebert, AT, S. 84.；Baumann/Weber/Mitsch, AT, § 17 Rn. 77.；Kühl, AT, § 8 Rn. 134.

《案例5》A患有戀物癖，每逢下雨天即會發作外出竊取女性貼身衣物，其
　　　　父甲乃在雨天時將其反鎖在房間內，以避免其外出進行偷竊。

　　在此案例中，避難行為所損害者為被害人A的行動自由法益，所保護的則
是他人的財產法益，雖然避難行為所侵害的法益位階高於其所保護之法益，不
過由於危難係由避難行為的被犧牲者A所招致屬於「防衛性緊急避難」的情
形，且保護法益（他人財產）與犧牲法益（A短期受限的行動自由）間亦無不
成比例的情況，因此甲的行為仍通過利益衡量的檢驗而可以成立阻卻違法之緊
急避難（§24Ⅰ），不成立剝奪行動自由罪（§302）。應強調者，此案例中
若甲為了避免A外出偷東西而將其腿打斷，則避難行為的保護法益（他人財
產）與犧牲法益（A身體嚴重受傷）間已呈現不成比例的狀態，此時甲的防衛
性緊急避難行為即已無法通過利益衡量的檢驗，不得阻卻違法，應成立傷害罪
（或重傷罪）。

6. 自招危難

　　若緊急危難的發生係由於避難人的過失或其他可歸咎事由所招致者，也是
緊急避難的利益衡量所需考量的權衡要素之一，並因此而會導致避難人成立阻
卻違法之緊急避難的困難度提高。因為緊急避難的利益衡量並非單純由抽象之
價值關係來決定，而是取決於具體個案中相關利益的保護價值，因此對於招致
避難情狀具有可歸咎事由的這個事實，在利益衡量上無論如何都是一個須加以
納入考量的權衡要素[74]。不過，「自招危難」作為利益權衡要素，尚應分成
「為避免自己法益之危難」與「為避免無辜第三人法益之危難」兩種情形來加
以分開處理：

(1)自招危難後為避免自己法益危難的避難行為

　　如果避難人因故意或過失而招致對自己法益之急迫危險，之後「為避免自

---

[74] Roxin, ATⅠ, § 16, Rn. 62.；Kühl, AT, § 8 Rn. 142 ff.；Baumann/Weber/Mitsch, AT, § 17 Rn.
　　79.反對見解：國內多數學者認為，在此種避難人對於招致危難有過失或可歸咎事由之情
　　形，只須就其他具體情形從事利益衡量即為以足，而不必考慮避難人先前之過失或可歸咎事
　　由等因素。換句話說，若依此見解，避難人有過失或可歸咎之事由，對於緊急避難的利益衡
　　量而言，即不致發生影響。參見林山田，刑法通論（上），第349頁以下；黃常仁，刑法總
　　論，第65頁以下；許澤天，義務衝突之研究，刑事法雜誌，第40卷第3期，第64頁。

己法益的緊急危難」而實施避難行爲損及無辜第三人或公眾的利益，此時避難人自招危難的事實應納入作爲緊急避難利益衡量的權衡要素，因而成立阻卻違法之緊急避難的困難度就會更加提高。

《案例6》甲與A一起飲酒，甲因酒後胡言亂語故意出言辱罵並挑釁A，導致A被激怒而掄拳欲揍甲，甲趕緊開車逃離，半路遭警察攔檢，酒測值超標被以公共危險罪移送。

　　在本案例中，對甲身體法益的緊急危難是來自於甲自己的故意行爲所招致的，甲具有可歸咎事由，甲爲避免自己遭打傷而酒駕逃離，避難行爲保護是「自己的身體法益」，危害的則是公眾交通往來的安全，其避難行爲所要保護的法益並未明顯優越於所造成的危害，無法通過利益衡量的檢驗，不得主張阻卻違法的緊急避難，故甲仍會成立醉態駕駛罪（§185-3），頂多只能視情況成立減輕罪責的緊急避難而減輕其刑（§24 I 但書）。

　　進一步言，本案例中如果A是舉刀欲砍殺甲，則甲酒駕逃離的行爲即是「爲避免自己生命法益之緊急危難」的避難行爲，基於生命法益作爲絕對最高價值，且甲所面臨的是對生命法益的具體危險，此時避難行爲所保護的生命法益相較於其所危害的公眾交通往來安全法益應具優越性，可通過利益衡量檢驗，酒駕行爲即可適用緊急避難而阻卻違法，不成立醉態駕駛罪（§185-3）。

(2)自招危難後爲避免無辜第三人法益危難的避難行爲

　　如果緊急避難行爲所要保護的對象是「無辜第三人」的法益，此時不管避難人對於該危險的招致是否有可歸咎事由，解釋上都不應該影響利益衡量的判斷。理由乃是，不能因爲救助人（實施避難行爲之人）自己的過錯，而使遭受危險的無辜第三人去承擔遭受損害的不利益。

　　在本節導引案例(3)中，丙雨天超速行駛致車子打滑煞車不及，爲了避免撞上前方車輛而故意將車開向停在路邊無人在內之車輛。在本例中，只須就一般情況去進行利益衡量即可，因爲這裡丙的避難行爲所保護的是「無辜第三人的法益」（前方車輛內人員的生命身體安全），避難人丙自己的過失招致危難（超速行駛招致既將發生車禍的危難）並不會影響利益衡量的判斷。丙爲保護前車乘客的生命、身體權與財產權，而侵害第三人的財產權（路旁車主的所有

權），避難行為之保護利益顯然具有較高之價值，故丙得主張阻卻違法之緊急避難，不構成毀損罪。

　　值得一提的是，最高法院72年度台上字第7058號判決曾認為，若因避難人自己之過失招致對他人法益之危險，而其為了避免該危險再轉而侵害第三人法益，應不得承認其有緊急避難之適用[75]。不過，最高法院的這個判決，則是遭到學界的批評[76]。

　　筆者於此處的看法是，最高法院的觀點僅著重在不能讓有過失的行為人（避難人）逃過刑法的制裁，但是卻沒有考慮到，如此見解將會產生「無辜遭受危險之第三人」必須承擔行為人之過錯的謬誤結果。例如在導引案例(3)中，若依最高法院的見解，乃是認為轉向撞上路邊無人在內之車子的行為是法秩序所不容許的不法行為，此無異是透過判決宣示行為人丙不應該這樣做，而應該直接去撞前面有人在內之車子。這樣的看法，使前面車子內無辜的第三人來承擔行為人丙的過錯，顯非法之本意，故此處最高法院的見解實不足採。

(3)特別問題：意圖式自招危難

　　如果避難者自己係有意圖地招致緊急避難情狀，目的則在於假緊急避難之名而行侵害法益之實（類似意圖式挑唆防衛的狀況），學說上有認為此時應完全排除主張緊急避難的可能性[77]。此種見解的基礎仍是來自於權利濫用禁止的法理，亦即當行為人有意圖地招致緊急避難情狀，並據以假緊急避難之名而行侵害法益之實，此時已屬於避難權的濫用，不得主張緊急避難。

《案例7》乙對於鄰居的狗每每跑到其車子輪胎上尿尿甚為討厭，乃計畫

---

[75] 最高法院72年度台上字第7058號判決：「刑法第二十四條所稱因避免緊急危難而出於不得已之行為，係基於社會之公平與正義所為不罰之規定。倘其危難之所以發生，乃因行為人自己過失行為所惹起，而其為避免自己因過失行為所將完成之犯行，轉而侵害第三人法益；與單純為避免他人之緊急危難，轉而侵害第三人法益之情形不同。依社會通念，應不得承認其亦有緊急避難之適用。否則，行為人由於本身之過失致侵害他人之法益，即應成立犯罪，而其為避免此項犯罪之完成，轉而侵害他人，卻因此得阻卻違法，非特有背於社會之公平與正義，且無異鼓勵因過失即將完成犯罪之人，轉而侵害他人，尤非立法之本意。至其故意造成『危難』，以遂其犯罪行為，不得為緊急避難之適用，更不得言。」

[76] 林山田，刑法通論（上），第350頁（註82）；黃常仁，刑法總論，第65頁（註26）。惟其理由均認為，避難人具有可歸咎之事由不會影響到利益衡量的判斷，是與本書看法不同之處。

[77] Kühl, AT, § 8 Rn. 142.；Roxin, AT I, § 16, Rn. 62.

除掉該狗。於是乙就故意激怒該狗，使狗攻擊他，再取出預藏的木棍將狗打死。由於本例中，乙有意圖地製造出避難情狀，再假緊急避難之名而行侵害他人財產權（對狗的所有權）之實，不得主張緊急避難，乙仍成立毀損器物罪（§354）。

不過，針對此種意圖式自招危難的情形，筆者仍認為不宜全面性地否認自招危難者的緊急避難權，否則可能讓其陷入兩難困境─放棄避難而付出犧牲生命身體法益的代價、或實施避難但必須遭受刑罰。據此，筆者認為當意圖式自招危難之行為人因其所自招之危難而遭受重大攻擊，面臨對其生命身體法益之重大危險時，應例外承認其仍具有緊急避難權，只是其緊急避難權會遭受重大限制，僅有在作為最後手段的情況下才可以使用。例如《案例7》中若鄰居的狗是受過訓練的鬥犬超乎異常凶猛而狂咬乙，導致乙面臨生命身體的重大危險，乙此時若撿起地上石頭猛擊該狗頭部將其打死，應認為仍可主張緊急避難而阻卻違法，不構成毀損罪。

（三）手段相當性

關於阻卻違法之緊急避難是否必須要具備「手段相當性」（Angemessenheit des Mittels）這個要件，學說上大致有兩種不同的觀點：

肯定說認為緊急避難行為必須符合「手段相當性」之要件始足以阻卻違法，此「手段相當性」要件乃是對於緊急避難的一種「附加性修正」，目的則在於保證緊急避難行為與法社會所承認的價值觀（Wertvorstellungen）相互一致，因此「手段相當性」乃是緊急避難這個阻卻違法事由所受到的一種社會道德之限制（Sozialethische Einschränkung）[78]。

否定說則認為「手段相當性」在緊急避難的判斷上，並非一獨立的法律要件，所謂的「手段相當性」其實在利益衡量階段早就已經被考慮進去了，因為利益衡量只有依據法秩序所承認的價值觀才可以進行。就實質而言，如果避難行為所採取的手段不具備相當性，在利益衡量上就無法被認為是保護較高價值

---

[78] Ebert, AT, S. 85.；Gropp, AT, §6 Rn. 143.；Heinrich, ATI, Rn. 427.；Hoyer, AT, S. 83 f.；Jescheck/Weigend, AT, S. 363 f.；Kühl, AT, §8 Rn. 166 ff.類似看法：Wessels/Beulke/Satzger, AT, Rn. 317 ff.國內學者中，明文承認「手段相當性」係判斷緊急避難是否成立的一個獨立評價階層者，有蘇俊雄，刑法總論（上），第216頁以下；陳志龍，人性尊嚴與刑法體系入門，1992，第195頁。

的利益，因此所謂「手段相當性」其實並不具備獨立的法律意義[79]。

　　關於此「手段相當性」是否爲緊急避難成立要件的爭議，試舉文獻上有關強制輸血的經典案例來加以探討：

《案例8》某病患病情危急必須開刀，但是由於血型特殊，血庫儲量不夠開刀所需，醫生丙爲搶救該病患，乃對另一個具有相同血型但卻拒絕輸血的醫院工友，採取強制輸血的措施。最後，該工友被強迫輸血250毫升，而病患則在手術後撿回一命。

　　採上述否定說見解者，往往將此案例置於利益衡量要件下討論，而主張此時醫生的避難行爲並無法通過利益衡量的檢驗，亦即認爲對病患生命權的保護利益，並未明顯優於工友身體完整性法益（被抽250毫升的血）加上自主決定權（自由決定要不要輸血的權利）的總合，故此等強制輸血案例將難以通過利益衡量的檢驗，而不得阻卻違法[80]。此種觀點，固有所據。不過，於此強制輸血案例中，醫師的緊急避難行爲，是否果眞無法通過利益衡量之檢驗，尚有值得進一步之探討必要。

　　於此強制輸血之案例中，客觀上存在對病患生命之緊急危難情狀，而醫師丙對工友採取強制輸血之措施才使得手術得以順利進行，亦爲避免病患生命之緊急危難所出於不得已之行爲，具備必要性，自不待言。就「利益衡量」的角度以觀，醫生之避難行爲所欲保護的法益爲病患的生命，所侵害之利益則僅爲工友的自主決定權與身體250毫升的血被抽離，兩相權衡之下被視爲絕對最高價值的生命法益應具有優勢地位，如此則醫師強制工友輸血的行爲應可通過利益衡量之檢驗。然而，由於此種強制輸血行爲使該工友喪失其作爲人的主體性，被強制淪爲醫師達成救人目的的一種工具，已嚴重侵犯被害工友身爲一個人的人性尊嚴，從整體法秩序的價值觀來看誠有加以限制之必要。

---

[79] Perron, in: Sch/Sch-StGB[28], §34 Rn. 46.；Baumann/Weber/Mitsch, AT, §17 Rn. 83.；Kindhäuser, AT, §17 Rn. 38.；Krey/Esser, AT, Rn. 604.；Otto, AT, §8 Rn. 178.國內學者採此種見解，將文獻上所舉關於「手段相當性」的案例置於利益衡量的階段來解決，而不承認「手段相當性」係判斷緊急避難是否成立的另一個評價階層者，有林山田，刑法通論（上），第298頁以下；林鈺雄，新刑法總則，第266頁以下；陳志龍，法益與刑事立法，第199頁以下；許澤天，義務衝突之研究，刑事法雜誌，第40卷第3期，第63頁以下。

[80] 採此種見解者：林山田，刑法通論（上），第348頁以下；許澤天，義務衝突之研究，刑事法雜誌，第40卷第3期，第63頁以下。

　　據此，本書採取肯定說之見解，而認為在緊急避難之要件中「手段相當性」是利益衡量之外的另一個評價階段[81]。在這裡，「手段相當性」的基本思考來自於：社會共同體雖然可以為了保護他人較高價值的利益而要求個人犧牲較低價值的利益，不過此種犧牲之強制（Aufopferungszwang）還是有其界限存在。倘若避難行為所採取之手段已侵犯到人類基本權的本質核心（Der essentielle Kern der Grundrechte des Menschen），特別是侵害到他人之人性尊嚴時，將會因違反法社會所承認的價值觀而缺乏手段相當性，不得阻卻違法[82]。在強制輸血的案例中，醫生為救助病患生命之避難行為，雖可通過利益衡量的檢驗，不過由於避難行為所採取的手段（強制無辜工友接受輸血），使被害人淪為醫師為達成某種目的（救人）的手段，已侵犯了被害工友之人性尊嚴，違反整體法社會所共同承認的價值觀，不具備手段相當性，故醫生之行為不得主張緊急避難而阻卻違法，頂多只能適用減免罪責之緊急避難而減免其罪責及刑罰（適用刑法§24Ⅰ但書）。

三、避難意思（救助意思）

　　緊急避難除了客觀上必須存在避難情狀外，尚需行為人於主觀上具有「避難意思」（Gefahrabwendungswille），始足以成立緊急避難以阻卻違法，此為緊急避難之主觀阻卻違法要件。這裡所謂的「避難意思」，亦稱之為「救助意思」（Rettungswille），係指行為人主觀上認知到緊急危難的存在，基於防止危難之意思而為避難行為之意。

《案例9》甲趁屋主熟睡時，侵入他人住宅，卻發現屋內部分家具已經起火燃燒，而屋主在睡夢中仍茫然無知，於是甲乃奮力將火熄滅。

---

[81] 最高法院實務見解關於「手段相當性」是否為成立緊急避難的獨立要件，亦採肯定說。見最高法院109年度台上字第5037號判決：「……詳析刑法第24條第1項前段緊急避難之要件：……(3)避難行為具備必要性且符合利益權衡，所謂必要性，必須是為達到避難目的而採取的有效手段，且選擇損害最小的手段；另受到利益權衡之限制，就被救助與被犧牲的法益加以權衡結果，被救助法益具有優越性，並且符合手段與目的相當性。只有在符合上開緊急避難要件時，始克阻卻違法而不罰。……」

[82] Ebert, AT, S. 85.；Wessels/Beulke/Satzger, AT, Rn. 319.

　　本例係典型的「偶然避難」案例，甲侵入住居之行為，客觀上雖符合緊急避難之情況，不過由於侵入住居時甲對於緊急危難之情狀並不知情，主觀上欠缺避難意思，故不得主張緊急避難以阻卻違法，甲的偶然避難行為仍應構成侵入住居罪（§306Ⅰ）。

　　與「偶然防衛」的情形一樣，在此種「偶然避難」的案例中，行為人雖不得主張緊急避難，但其行為應成立「既遂」或「未遂」，解釋上仍有爭議。

《案例10》乙在車站偷走旅客的背包，到他處打開背包才發現裡面竟然放的是恐怖分子的炸彈。

　　在本案中，乙的竊盜行為避免了恐怖攻擊的危難，救了當時在車站中的許多無辜民眾的生命，客觀上符合緊急避難的要件，但因乙行為時主觀上欠缺避難意思，無法主張緊急避難而阻卻違法，因此乙的行為仍應成立加重竊盜罪（§321Ⅰ⑥）。至於乙應成立加重竊盜既遂、或是僅成立加重竊盜未遂，學說上均有支持者，其法理說明如本書前述於「偶然防衛」中的爭議一樣，故於此即不再贅述。

四、負有特別義務者的例外

　　刑法第24條第2項規定：「前項關於避免自己危難之規定，於公務上或業務上有特別義務者，不適用之。」所謂「於公務上或業務上具有特別義務者」，乃是指那些基於職業或特定關係，而在其職務範圍內具有危險承擔義務（Gefahrtragungspflicht）之人。例如，軍人、警察、消防隊員、船長、救生員、登山隊之領隊等。由於此等人，被要求具有犧牲、與承擔危險之義務，因此不得先為自己實施緊急避難，但倘若是為保護他人法益而實施之緊急避難，則仍為法所許可，自不待言。例如，船長或消防隊員均屬公務或業務上具有特別義務者，故不得於發生船難之現場或火災現場為自己主張緊急避難。

　　應強調者，負有特別義務之人，雖然不能先為自己實施緊急避難，但並不排除於救助他人法益完畢後，最後為救助自己而實施緊急避難。例如，全部乘客及船員均離開海難船舶後，船長為避免自己之危難仍得實施緊急避難[83]。

---

[83]　蔡墩銘，刑法精義，第214頁。

第四節　依法令之行為

導引案例

(1)甲發現暗處有色狼正在非禮女性，衝過去欲解救被害者，色狼一看事跡敗露、轉眼就跑，甲乃追過去用柔道將該色狼摔倒，再予以捆綁。其後，該色狼又口出穢言，甲越看越氣，遂又將該色狼痛打一頓，導致其受傷。試問，該色狼可否控告甲傷害罪？

(2)乙得到消息，其遍尋不著的債務人，正攜帶鉅款欲潛逃出國，而該債務人目前正往機場的路上，乙為保護自己的債權，乃火速趕往機場出境大廳阻止債務人出境，並暫時將其之行李箱押收。

(3)丙與妻子離婚，但留有一子由丙撫養，某日見兒子不學好，跟人家去偷東西，為使兒子心生警惕以後不再偷人家東西，乃持藤條抽打兒子，將兒子打的遍體鱗傷，適逢丙前妻回來探視兒子，發現此事後遂對丙提起傷害罪的告訴。

　　如前所述，在整個法秩序中，違法性是「一體的概念」，因此當一個行為依據刑法以外的其他法律（如民法或公法）規定，並不具備違法性時，該行為在刑法的領域上亦會阻卻違法，此即為學說上所謂「法秩序的一體性原則」（Das Prinzip der Einheit der Rechtsordnung）。基於此種「法秩序的一體性原則」，刑法第21條第1項乃規定：「依法令之行為，不罰」，而成為法定阻卻違法事由之一。因此，當行為係依據其他法令之規定而為之時，即得以「依法令之行為」為由，引用刑法第21條第1項來阻卻其違法性。

　　我國法上常見的「依法令之行為」，最主要者大致有以下幾種：

一、現行犯之逮捕

　　刑事訴訟法第88條規定：「現行犯，不問何人得逕行逮捕之。犯罪在實施中或實施後即時發覺者，為現行犯。有左列情形之一者，以現行犯論：一、被追呼為犯罪人者。二、因持有兇器、贓物或其他物件、或於身體、衣服等處露

有犯罪痕跡，顯可疑為犯罪人者。」後項情形，一般俗稱為「準現行犯」。由刑事訴訟法第88條的規定可知，法律賦予所有的人對於現行犯均有逮捕權。因此，逮捕現行犯之行為，便可以主張係「依法令之行為」而阻卻違法。在這裡，只要是對於現行犯之逮捕所必要範圍內之行為，均得阻卻違法。

在本節導引案例(1)中，企圖實施性侵之色狼一看事跡敗露、轉眼就跑，其對於被害女子之不法侵害即已經過去，故甲其時已經不得主張為防衛他人權利之正當防衛。不過，甲追上去將已經轉身逃跑之色狼摔倒、並加以捆綁，雖具備普通傷害罪（§277Ⅰ）與剝奪行動自由罪（§302Ⅰ）的構成要件該當性，但因為係實施現行犯之逮捕，故得主張係依法令之行為而阻卻違法。至於，甲事後因該色狼口出穢言又再將其痛打一番，則非屬逮捕現行犯所必要範圍內之行為，故不得阻卻違法，仍應構成普通傷害罪（§277Ⅰ）。

應強調者，依據刑事訴訟法第92條第1項之規定：「無偵查犯罪權限之人逮捕現行犯者，應即送交檢察官、司法警察官或司法警察。」因此，倘若逮捕現行犯之後，並未立即送交檢察官、司法警察官或司法警察，則對於其繼續妨害行動自由的行為，即無法再主張係依法令之行為而阻卻違法。例如，於逮捕現行犯後，又將其繼續留置捆綁一整天，以盤問有無其他共犯，此時其妨害自由之行為即無法阻卻違法，將會成立剝奪行動自由罪（§302Ⅰ）[84]。

二、自助行為

民法第151條規定：「為保護自己權利，對於他人之自由或財產施以拘束、押收或毀損者，不負損害賠償之責。但以不及受法院或其他有關機關援助，並非於其時為之，則請求權不得實行或其實行顯有困難者為限。」本條之規定，一般稱之為「自助行為」（Selbsthilfe）或是「自救行為」，主要乃是賦予人民，於不及受政府機關援助時，得以自己之力量來保護自己之權利。「自助行為」所保護的權利，解釋上僅限於民事上的請求權，包括「債權」與「物權」之請求權[85]。而「自助行為」所使用之方法，則僅限於對他人之自由

---

[84] 30年上字第2393號判決（原判例）：「現行犯不問何人，得逕行逮捕之，固為刑事訴訟法第八十八條第一項所規定。但逮捕現行犯，應即送交檢察官、司法警察官或司法警察，同法第九十二條第一項亦著有明文。若逮捕之後，不送官究辦，仍難免卻妨害自由之罪責。……」

[85] 林山田，刑法通論（上），第305頁；蘇俊雄，刑法總論Ⅱ，第228頁。至於生命、身體、自由等其他權利，則屬於「正當防衛」或「緊急避難」的保護範疇，並無適用「自助行為」之餘地。

施以拘束、或對他人之財產予以押收或毀損。此等自助行為，在民法上不負侵權行為的損害賠償責任，在刑法上則得透過刑法第21條第1項之規定主張係「依法令之行為」而阻卻違法。

基本上，行為人欲主張阻卻違法之自助行為應符合以下要件[86]：

(一)行為人對被害人具有請求權；

(二)確實存在請求權不得實行或實行顯有困難的危險；

(三)請求權的實行來不及受法院或有關機關的協助；

(四)自助行為對於避免請求權無法實行之危險具備必要性；

(五)自助行為僅是國家高權行為的替代，故不得逾越有管轄權之國家機關在相同情況下所被容許實施的措施；

(六)行為人主觀上必須是基於自助行為之目的（保護債權之目的）而為行為。

在本節導引案例(2)中，乙得到債務人正攜帶鉅款欲潛逃出國的消息時，債務人已經在前往機場的路上，乙要請求法院或其他機關之援助顯已來不及，而如果讓債務人搭上飛機潛逃出國，其請求權可能即永遠無法實現。此時，乙為保護自己的債權而趕往機場阻止債務人出境，並暫時將其之行李箱押收，得主張係依法令之自助行為而阻卻違法（民法§152；§21Ⅰ）。

另外須注意的是，依據民法第152條第1項之規定，行為人實施自助行為拘束他人自由或押收他人財產後，應即時向法院聲請處理[87]。因此，倘若行為人並未即時向法院聲請處理，則此時該行為是否還能阻卻違法，即不無疑問？對此，學說上有認為，自助行為之行為人若未依法即時向法院聲請處理，僅是在民法上負損害賠償之責任而已（民法§152Ⅱ），與刑法上可否阻卻違法之問題無關[88]。

惟自助行為在性質上，僅是於不及受國家機關協助時法律所賦予的一種暫時性的自救權利，因此民法第152條第1項才會規定於為自救行為後應「即時向法院聲請處理」。倘若行為人於實施自助行為而拘束他人自由或押收他人財產後，未依照法律所要求之程序立即向法院聲請處理，此時其行為之性質已不再屬於依法令之行為，自不應認其仍具有阻卻違法之效力。否則，豈非賦予行為

---

[86]　Vgl. Kindhäuser, AT, §20 Rn. 12.

[87]　民法第152條規定：「依前條之規定，拘束他人自由或押收他人財產者，應即時向法院聲請處理。前項聲請被駁回或其聲請遲延者，行為人應負損害賠償之責。」

[88]　郭君勳，案例刑法總論，1992，第213頁。

人長久拘束他人人身自由的空白支票，如此顯非法律之本意[89]。

三、父母之懲戒權

民法第1085條規定：「父母得於必要範圍內，懲戒其子女。」依據此規定，父母對於子女，在必要之範圍內，具有懲戒權（Züchtigungsrecht），因此其懲戒措施縱有合乎刑法構成要件之情形，仍得主張係「依法令之行為」而阻卻違法。基本上，懲戒權之行使應符合以下要件：

(一)行為人依法具有懲戒權；

(二)依客觀事實具備足夠的懲戒或教育理由；

(三)懲戒手段應具備適當性與必要性；

(四)出於教育之意思（Erziehungswille）而實施懲戒。

懲戒權行使的手段通常最可能會該當的是刑法第277條第1項的輕傷罪構成要件（例如打手心），原則上此種基於懲戒權所為對身體的侵害，應由懲戒權人（父母）在最小侵害的範圍內以適當的方式對自己的小孩為之，而且解釋上應作為一種最後手段（ultima ratio）來看待[90]。除此之外，妨害自由（§§302, 304）與公然侮辱（§309），亦均在懲戒權可能的含括範圍之內，例如對小孩實施禁足、或以言語訓斥小孩等。解釋上，此項父母對於子女之懲戒權，於子女成年之時即為終止[91]，且此項懲戒權之基礎既然來自民法，此處之成年亦應適用民法之規定。也就是說，父母的懲戒權，至子女滿二十歲之日而終止。

《案例》父親欲對偷東西的小孩實施處罰，小孩遂走開逃避，父親乃趨前抓住小孩子，除加以嚴屬訓斥外，並告知：「因為你作錯事，所以要接受處罰，下次並不得再犯。」父親乃接著以尺，打了小孩子五下手心，小孩子的手因而輕微紅腫。父親的行為由於是懲戒權的合理行使，故得主張係「依法令之行為」而阻卻違法。

---

[89] 相同結論：甘添貴，論自救行為之阻卻違法，收錄於氏著「刑法之重要理念」，第99頁以下；林山田，刑法通論（上），第355頁以下；類似見解：許恒達，論自救行為，收錄於「甘添貴教授七秩華誕祝壽論文集（上）」，2012，第322頁。

[90] Kindhäuser, AT, §20 Rn. 14.

[91] Kühl, AT, §9 Rn. 54.

依法懲戒權的行使必須在「必要範圍內」，如果懲戒權的行使逾越必要之範圍與程度，仍然不得阻卻違法。例如在本節導引案例(3)中，丙為教育小孩以後不得偷東西，而持藤條將兒子打的遍體鱗傷，雖係出於教育之目的，不過由於其行為已經逾越了行使懲戒權的必要程度，故不得阻卻違法，丙的行為仍會構成普通傷害罪（§277Ⅰ）。不過，由於普通傷害罪係屬告訴乃論之罪（§287Ⅰ），仍須有告訴權人（被害人自己或被害人之法定代理人）提出告訴後，始得予以刑事訴追。於本案中，丙毒打兒子時適逢丙前妻回來探視兒子，發現此事後遂對丙提起傷害罪的告訴，已補足此項傷害罪的訴追要件，故檢察官即得予以依法起訴。

四、公務員依法執行職務之行為

公務員依法執行職務，可能會造成他人法益受損，而必須適用「依法令之行為」（§21Ⅰ）的規定以阻卻其違法性者，主要有以下幾種情形：

(一)警察依「警械使用條例」而行使警械之行為[92]，或依「警察職權行使法」所為之「即時強制」行為（例如，基於危險預防而實施對人管束、對物扣留、進入住宅或建築物等）[93]。

(二)檢察官或司法警察（官）依刑事訴訟法之相關規定逮捕通緝犯（刑事訴訟法§87Ⅰ）或於情況急迫時實施緊急拘捕（刑事訴訟法§88-1）等行為。

(三)檢察官、檢察事務官或司法警察（官）依刑事訴訟法之規定執行搜索（例如刑事訴訟法§130之附帶搜索、§131Ⅰ之逕行搜索）、扣押（例如刑事訴訟法§137之附帶扣押、§152之另案扣押）等強制處分行為。

---

[92] 警械使用條例第4條規定：「警察人員執行職務時，遇有下列各款情形之一者，得使用警刀或槍械：一、為避免非常變故，維持社會治安時。二、騷動行為足以擾亂社會治安時。三、依法應逮捕、拘禁之人拒捕、脫逃，或他人助其拒捕、脫逃時。四、警察人員所防衛之土地、建築物、工作物、車、船、航空器或他人之生命、身體、自由、財產遭受危害或脅迫時。五、警察人員之生命、身體、自由、裝備遭受強暴或脅迫，或有事實足認有受危害之虞時。六、持有兇器有滋事之虞者，已受警察人員告誡拋棄，仍不聽從時。七、有前條第一款、第二款之情形，非使用警刀、槍械不足以制止時。前項情形於必要時，得併使用其他經核定之器械。」另外，警械使用條例第12條：「警察人員依本條例使用警械之行為，為依法令之行為。」

[93] 參見警察職權行使法第19～28條的相關規定。

　　公務員依法執行職務時，必須嚴格遵守法律之規定，始得主張係依法令之行為而阻卻違法。倘若公務員於執行職務時違反法律規定，而導致他人之法益遭受侵害，此時仍會成立犯罪，無法主張係依法令之行為而阻卻違法。例如司法警察在欠缺搜索票的情況下搜索他人住宅，倘若又不符合無令狀搜索之要件（刑事訴訟法§§130～131-1），將會構成刑法第307條之違法搜索罪。再例如，依警械使用條例第6條與警察職權行使法第3條之規定，警察人員行使職權與使用槍械時，均不得逾越所欲達成執行目的之必要限度，且應以對人民權益侵害最少之適當方法為之。因此，若警察人員於行使職權、使用警械時，逾越必要程度或未使用侵害最少之適當手段時，即不得主張依法令之行為而阻卻違法。例如，對於和平示威遊行之群眾有驅離之必要時，應使用侵害較少之手段（例如抬離），而不可以直接採用警棍棒擊驅離。因此，倘若警察直接使用警棍棒擊驅離和平示威之群眾，即已逾越必要程度而不得主張係依法令之行為而阻卻違法，對於遭警棍打傷之民眾仍會構成傷害罪。

五、依法施行人工流產之行為

　　優生保健法第9條規定：「懷孕婦女經診斷或證明有左列情事之一者，得依其自願，施行人工流產：一、本人或其配偶患有礙優生之遺傳性、傳染性疾病或精神疾病者。二、本人或其配偶之四親等以內之血親患有礙優生之遺傳性疾病者。三、有醫學上理由，足以認定懷孕或分娩有招致生命危險或危害身體或精神健康者。四、有醫學上理由，足以認定胎兒有畸型發育之虞者。五、因被強制性交、誘姦或與依法不得結婚者相姦而受孕者。六、因懷孕或生產將影響其心理健康或家庭生活者。」

　　因此，若係依優生保健法之規定而為之墮胎行為，不論懷胎婦女本身以及為懷胎婦女實施墮胎行為之醫師，均可主張係「依法令之行為」以阻卻違法（§21 I），懷胎婦女本身不會成立聽從他人墮胎罪（§288 II），而醫師亦不會構成營利加工墮胎罪（§290）。

　　上述優生保健法第9條第6款規定，只要因懷孕或生產將影響其心理健康或家庭生活者，均得合法施行墮胎，其所含括的範圍實在太過廣泛，幾乎使得大多數的墮胎行為都可以用會影響心理健康或家庭生活為由，而獲得阻卻違法的效果。因此，導致墮胎罪在我國法上，雖然刑法上規定有處罰的條文，但事實

上卻幾乎無人因為犯墮胎罪而被起訴與判刑，幾乎已經形成殆同實質上除罪化（Dekriminalisierung）的結果。

第五節　依上級公務員命令之職務上行為

導引案例

　　檢察官開具拘票，司法警察甲乃受命逕行拘提被告到案。惟甲事後才發現，檢察官所發之「逕行拘提命令」違法，因為被告根本欠缺刑事訴訟法第76條所定之各款事由。問此時甲的行為可否阻卻違法？

　　刑法第21條第2項：「依所屬上級公務員命令之職務上行為，不罰。但明知命令違法者，不在此限。」依據本條文之規定，「依所屬上級公務員命令而為之職務上行為」，縱使具備構成要件該當性，亦得以阻卻違法。刑法之所以如此規定，乃是因為法律上課予公務員對上級長官之命令具有服從之義務[94]，因此對於因服從上級公務員之命令所為之行為，性質上可謂是間接依法令之行為，自應阻卻違法[95]。依所屬上級公務員命令而為之職務上行為，欲阻卻違法，必須具備以下之要件：

（一）具有拘束力之命令（屬於上下級公務員職權範圍內之命令）

　　命令必須是上級公務員在其職權範圍內，對於「負有該項職責的下級公務員」所發之命令，始屬於具有拘束力之命令，否則若是上級公務員所發之命令並不屬於其職權範圍之內，或是對不負該項職責的公務員所發，此時該命令即不具拘束力，就無法主張係「依所屬上級公務員命令而為之職務上行為」來阻卻違法。

94　公務員服務法第2條規定：「長官就其監督範圍以內所發命令，屬官有服從之義務。但屬官對於長官所發命令，如有意見，得隨時陳述。」另，公務員服務法第3條則規定：「公務員對於兩級長官同時所發命令，以上級長官之命令為準，主管長官與兼管長官同時所發命令，以主管長官之命令為準。」

95　林山田，刑法通論（上），第363頁；蔡墩銘，刑法精義，第190頁。

《案例》上級公務員為調查老婆有無外遇，乃命令下級公務員竊錄其老婆的私生活。由於竊錄他人私生活不屬於職權範圍內之事項，非屬「具有拘束力之命令」，因此執行該命令之下級公務員的行為不得阻卻違法，仍應成立刑法第315條之1的竊錄罪。

（二）命令須具備法定程式

上級公務員之命令必須具備法定程式，受命執行之下級公務員始得阻卻違法。例如，司法警察對被告執行拘提，必須具備「拘票」（刑事訴訟法§77 I）。否則，若是明知上級長官之命令欠缺法定程式，而仍據以執行，即不得主張「依所屬上級公務員命令之職務上行為」而阻卻違法。

（三）行為未逾越命令範圍之外

行為若是逾越了上級公務員命令所指的範圍之外，則對於逾越命令以外部分的行為，亦不能阻卻違法。例如，警察僅受命執行搜索，卻自作主張另外將被告拘提到案。此時關於其妨害自由部分的行為，即不得阻卻違法，仍會構成剝奪行動自由罪（§302）。

（四）須「非」明知命令為違法

受命之下級公務員必須「非」明知上級公務員之命令為違法，始得主張係「依所屬上級公務員命令而為之職務上行為」來阻卻違法。否則，若是受命的下級公務員「明知」該命令為違法之命令而竟仍予以執行，此時其行為即不得予以阻卻違法（§21 II但書）。

值得注意的是，倘若上級公務員的命令在實質上係屬違法，但是受命執行的下級公務員並不知情、而仍據以執行時，此時該行為是否仍得阻卻違法，即不無疑問？基本上，下級公務員對於上級之命令並不負有實質審查義務，因此只要命令「在形式上」具備法定程式，公務員在不知情的情況下據以執行該違法之命令，仍得阻卻違法[96]。據此，在本節導引案例中，警察甲所受之拘提命令，形式上既已具備拘票這個法定要件，雖然該拘票之核發在實質上係屬違

---

[96] 林山田，刑法通論（上），第366頁；韓忠謨，刑法原理，1992，第167頁以下。另外，蔡墩銘，刑法精義，第192頁，似亦採相同見解。

法，不過由於甲對此並不知情，故仍得依刑法第21條第2項之規定而阻卻違法，不構成犯罪。

第六節 業務上之正當行為

刑法第22條規定：「業務上之正當行為，不罰。」依據本條之規定，凡是從事業務之人，在其業務範圍內所為之正當行為，均得阻卻違法。例如，醫師為病患進行手術開刀、刺青師為客戶刺青，雖符合刑法傷害罪的構成要件該當性，不過由於係業務上的正當行為，故得依刑法第22條之規定而阻卻違法。基本上，欲主張係「業務上之正當行為」而阻卻違法，必須具備以下數項要件：

一、應得當事人之承諾

行為人若欲主張業務上之正當行為而阻卻違法，首先即必須獲得當事人（被害人或其他有權之人）的承諾（同意）。例如，醫師欲幫病人開刀治療，

---

[97] 案例取自Pojman, Life and Death: grappling with the moral dilemmas of our time，江麗美譯，生與死：現代道德困境的挑戰，桂冠圖書，1995，第69頁。

即必須事先得到病人之承諾，故需先由病患或其家屬簽立手術同意書，始符合業務上正當行為之要件。另外，當無法獲得當事人事實上之同意時，倘若依客觀情況可認為在行為時當事人若知其情事時應會予以承諾者，亦可視為有「推測承諾」（Die mutmassliche Einwilligung）。

《案例1》急診室醫師接到因車禍受重傷昏迷之傷患，乃逕行為其開刀急救。在本案中，急診室醫師雖未取得當事人事實上之同意，不過由於傷患傷勢嚴重必須馬上開刀，客觀情況又可認為被害人或其家屬若知此事必會同意進行開刀，因此符合推測承諾的情形，該醫師仍得主張業務上之正當行為而阻卻違法。

　　在所謂「擴張性手術」（Operationserweiterung）的情形，解釋上也可以適用「推測承諾」來代替當事人事實上之承諾[98]。

《案例2》病患A為一積極勇敢的抗癌鬥士，醫師在病患A事先同意下進行肺部惡性腫瘤之切除手術，但在手術實施中醫師又同時發現病人的肝也有其他惡性腫瘤病變，醫師依據病人先前積極勇敢抗癌的經歷，輔以自身符合醫療準則的理性專業判斷，而將病人肝部腫瘤病變部位一併切除，以避免病人再面臨日後無謂的重複開刀。本例中，關於病患肝部腫瘤病變切除之部分雖未取得病患A的事先同意，但亦得以「推測承諾」來補足此項要件，故醫師仍得主張「業務上正當行為」而阻卻違法[99]。

　　醫療行為透過此種「推測承諾」來代替當事人事實上之承諾，並因此得以主張業務上正當行為而阻卻侵入性醫療行為之違法性，在醫療實務上有其必要性存在，特別是在有實施緊急醫療之必要但卻無法及時取得病患或其家屬同意的情況。應注意者，此種推測承諾並非取決於法益權衡或利益衡量的客觀標

---

[98] Vgl. Schroth, Ärztliches handeln und strafrechtlicher Maßstab, in: Roxin/Schroth (Hrsg.), Medizinstrafrecht, 3. Aufl. 2007, S. 34 ff.

[99] 此種擴張性手術的情形，學說上有認為必須以「如果不進行擴大手術則病患生命與身體將有重大危險」為前提。參閱林東茂，醫療上病患承諾的刑法問題，月旦法學雜誌，第157期，2008/06，第62頁以下。

準，而是對於法益持有者（Rechtsgutinhaber）在「行為當時之眞實意志」的一種可能性判斷，其決定的關鍵在於法益持有者的個人利益、需要、意願以及其個別的價值觀，至於一般正常人之客觀理性標準，則僅具有表徵性的意義[100]。例如，對於一個已知其因宗教信仰而拒絕輸血的病人，即必須特別尊重其個人信仰的價值觀，不得基於推測承諾來為其進行開刀輸血之行為。原則上，僅有在無法取得立足點去判斷病人個人利益或價值觀時，一般正常人之客觀理性標準才可以在判斷「推測承諾」時扮演補充性的角色[101]。

　　由於業務上正當行為之成立必須以得當事人之承諾為前提，當病人明白要求醫師不要進行醫療措施或拒絕接受治療時，醫師即不得違反病人自主意願而對其進行強制治療，否則將無法適用業務上正當行為而阻卻違法。例如，癌症末期病患在清醒時，已事先向醫生明白表示，當其病再度發作時希望能有尊嚴的死去，不要再對他施以各種急救措施。因此，於其後該病患再度發病時，醫師即不得再以推測承諾為由而強行對之施以延長生命之急救措施，否則即無法主張業務上正當行為以阻卻違法。

　　惟問題在於，當某一個若不立刻進行治療即有喪命之虞的危急病人，卻基於某種因素而明白向醫師表示不願意接受治療時，例如本節導引案例(1)中嚴重燒燙傷之病人為免於治療過程的痛苦而要求醫師不要進行治療，此時醫師常面臨二難的局面，一方面醫師應尊重病患的「自主決定權」，但另一方面醫師卻又對於危急病患負有醫療救治義務[102]。此時，倘若醫師強行對病人進行治療，其行為在法律上應如何予以評價，不無疑問？

　　此種醫師違反病患明示之意願而強行為其進行治療的情形，刑法學理上稱之為「專斷醫療行為」（Die eigenmächtige Heilbehandlung）或「專斷醫療侵害」（Der eigenmächtige Heileingriff）[103]，係刑法學上長久以來的爭議問題。基本上，醫師違反病患明示意願而強行進行治療的情形，通常會該當於傷害罪

---

[100] Wessels/Beulke/Satzger, AT, Rn. 381.

[101] Schroth, Ärztliches handeln und strafrechtlicher Maßstab, S. 36.

[102] 醫療法第60條第1項規定「醫院、診所遇有危急病人，應先予適當之急救，並即依其人員及設備能力予以救治或採取必要措施，不得無故拖延」；醫師法第21條亦規定「醫師對於危急之病人，應即依其專業能力予以救治或採取必要措施，不得無故拖延。」據此，醫生對於危急病人在法律上負有救治義務，並無疑問。故倘若醫師在病患病發危急時消極的不採取任何急救措施而任令病患死亡，即可能產生其是否應負不作為殺人罪（§§15 I, 271）之責的問題？

[103] Schroth, Ärztliches handeln und strafrechtlicher Maßstab, S. 23 ff.

與強制罪（妨害自由）之構成要件[104]，且由於專斷醫療行為違反病人明示意願亦無法適用「業務上正當行為」而阻卻違法。

應進一步考慮者，倘若醫師實行專斷醫療行為的目的乃在於搶救病患生命，是否得主張係為避免病人生命身體之緊急危難而出於不得已之行為，而適用刑法第24條關於「緊急避難」之規定來阻卻其專斷醫療行為之違法性？對此，學說上有採肯定見解者[105]。此項見解固有所據。惟應補充說明者，醫師之「專斷醫療行為」似尚難主張阻卻違法之緊急避難，因為醫師的「專斷醫療行為」如果不是無法通過利益衡量的檢驗、就是違反手段相當性，故無法成立阻卻違法之緊急避難。惟畢竟醫師之行為仍係為了解救病患生命，解釋上此處應可成立「減免罪責之緊急避難」（§24 I但書），而減免專斷醫療行為之罪責，並減輕或免除其刑。

《案例3》 絕症末期病患在有責任能力的清醒狀態時已簽署「放棄施行心肺復甦術意願書」（Do not resuscitate document；DNR），明示於病發時拒絕急救，但醫師於病患病發時，仍然對病患進行急救，並因此而使病患得再延續生命一段時間。於本案中，醫師之緊急避難行為所要保護的係短暫延長絕症末期病患生命，卻侵害病患的身體完整性、自主決定權以及自然尊嚴死亡的權利，緊急避難行為所保護之利益並未明顯具有較高之價值，故醫師之行為無法成立阻卻違法之緊急避難，至多只能主張減免罪責之緊急避難而減免其刑（§24 I但書）。

---

[104] Vgl. Kindhäuser, LPK-StGB, § 223 Rn. 7 ff.醫師的醫療行為是否應視為是對身體的傷害，解釋上仍有爭議存在：德國實務見解認為所有涉及對身體完整性（körperliche Integrität）之侵害的措施，都實現了傷害罪的構成要件，醫療行為亦同，病患的承諾因此乃係作為一種阻卻違法事由；相對地，德國學界多數說則傾向於不將醫療行為視為是一種傷害罪構成要件該當之行為，因為一個有效或符合醫療準則的醫療行為係對病人有利，概念上對病患本身之身體健康並沒有造成傷害。至於，我國學界採醫療行為不該當於傷害構成要件之見解者，有王皇玉，強制治療與緊急避難，月旦法學雜誌，第151期，2007/12，第259頁以下；許澤天，刑法分則（下），4版，2022，第138頁；林東茂，醫療上病患承諾的刑法問題，月旦法學雜誌，第157期，2008/06，第57頁以下。

[105] 甘添貴，醫療糾紛與法律適用：論專斷醫療行為的刑事責任，月旦法學雜誌，第157期，2008/06，第44頁。

二、業務範圍內之行為

　　從事業務之人，必須是符合其業務範圍內之行為，始足以稱「正當」，否則若係業務範圍外之行為，即不得阻卻違法。例如，醫師在絕症末期病患的請求下，為病患實施積極安樂死（Aktive Euthanasie），以積極的作為（例如注射致命藥劑）來加速其生命的終結，因積極安樂死在我國法制上尚未合法化，此時即非屬業務上之正當行為，不得阻卻違法，仍會構成刑法第275條之受囑託殺人罪[106]。

　　這裡所指稱之「業務」，係指個人基於其社會生活地位而繼續反覆所執行之活動。是否屬於業務上之行為，以事實上是否執行業務為標準，只要實質上係執行業務，縱令欠缺形式上之條件，但仍無礙於業務之性質[107]。因此，縱使是密醫無照行醫，為他人實施醫療行為，只要具有基於其社會地位而反覆為同種類行為之特徵，仍可視為是業務上之行為。在本節導引案例中，甲無照行醫會構成醫師法第28條之違法執行醫療業務罪，殆無疑問。不過，密醫甲無照行醫所為之醫療行為，雖欠缺執行醫療業務之形式要件，但基於其社會生活地位所反覆實施之特徵，仍屬於事實上業務之行為，倘若其基於醫療之目的而幫病患開刀動手術，仍可主張業務上正當行為而阻卻違法，不會成立故意傷害罪。

三、業務上所必要之行為

　　從事業務之人所實施之行為，必須是業務上所必要之行為，始得主張係業務上正當行為而阻卻違法。如果非業務上所必要之行為，竟仍予以實施，此時

[106] 關於安樂死的詳細討論，可參見林書楷／林淳宏，從法律與醫學倫理的觀點論積極安樂死之合法化，興大法學，第8期，2010/11，第113頁以下。全世界最早將積極安樂死合法化的國家是荷蘭，荷蘭刑法第293條第2項規定，倘若受囑託殺人之行為係由醫師在遵守特定嚴格要件的情況下所實施，即可以免除其刑罰。首先，醫師必須確認病人的病情無回復之希望且病痛難以忍受，病人在經過深思熟慮後出於自由意志而要求安樂死；其次，醫師必須與病人就其病況以及復原希望進行過詳細懇談，並且再經由另一位獨立醫師檢視過病人後開立關於上述嚴格要件已經存在的書面判斷。最後，醫師應將積極安樂死的過程填寫正式表格交由地區法醫，再由其轉交（安樂死）控制委員會對法定要件是否已被遵守做最後確認。另外，比利時亦在2002年通過一個與荷蘭法極為類似的安樂死法案。見Roxin, Zur strafrechtlichen Beurteilung der Sterbehilfe, in:Roxin/Schroth (Hrsg.), Medizinstrafrecht, 3. Aufl., 2007, S. 348.
[107] 最高法院43年台上字第826號判決（原判例）；蘇俊雄，刑法總論II，第242頁；蔡墩銘，刑法精義，第193頁；黃常仁，刑法總論，第74頁（註29）。

該行為即非屬正當，而不得阻卻違法。例如，病人之病情尚無截肢之必要，而密醫為了賺錢竟然予以開刀截肢，此時仍應成立刑法第278條第1項之重傷既遂罪，不得主張係業務上正當行為而阻卻違法。

四、執行業務之意思

行為人必須認識當事人之承諾，而且以執行業務之意思，去從事符合業務範圍內之必要行為，始得以阻卻違法，此為業務上正當行為之主觀阻卻違法要件。因此，倘若非基於執行業務之意思而實施該行為，自不得主張係業務上之正當行為而阻卻違法。

第七節　超法規阻卻違法事由

導 引 案 例

(1)阿雄向地下錢莊借錢玩股票虧損殆盡，為了逃避地下錢莊的追討，想進監獄避避鋒頭，乃要求甲誣告他，使他能順利進監獄。若甲真的實施誣告，問甲是否成立誣告罪（§169）？

(2)乙見天空突然下起大雷雨，為避免鄰居放在庭院的高級家具因雨受潮損害，乃擅自進入鄰居庭院將其家具移至車庫以避雨。問乙是否構成侵入住居罪（§306Ⅰ）？

(3)丙擔任鐵路轉轍器的操控員，某日鐵路監控中心發現有一處鐵軌斷裂，火車若經過將造成重大車禍。丙受命必須即時緊急將一班自強號列車，導至另一備用軌道，不過該軌道當時卻正好有台鐵員工在進行工作，若將火車導至該處，在附近之台鐵員工恐難逃大禍。丙在不得已之下，仍然將車導至備用軌道，雖然自強號因此逃過一劫，但也造成在備用軌道附近的工作人員一人死亡。

　　在實質違法性的思考下，違法性並非單純僅就成文法律的形式規定來加以判斷，而係以行為在實質上是否與整體法秩序或法規範的價值理念相對立違背來認定其違法性。因此某一行為縱使不具備成文法律所明定的阻卻違法事由（法定阻卻違法事由），但只要該行為在實質上符合整體法秩序的價值理念，亦不會被認為具違法性，「超法規阻卻違法事由」的概念乃由此孕育而生。基本上，通說所承認的「超法規阻卻違法事由」大致可歸納為以下幾種類型：

一、得被害人承諾之行為

　　淵源於「有承諾即無不法」（volenti non fit iniuria）的傳統法律原則，並經由自主決定權（Selbstbestimmungsrecht）的概念而取得其正當性，得被害人承諾之行為乃成為一個不成文的、習慣法上的阻卻違法事由[108]，此種超法規阻卻違法事由的承認，性質上是一種限縮國家刑罰權的習慣法（有利於人民的習慣法），故不會違反「罪刑法定原則」。得被害人承諾之行為之所以得阻卻違法，其主要理由乃在於法益持有者（Rechtgutsinhaber）對於自己之法益放棄了法律保護，此時在法律上對於其法益已不存在繼續保護之價值，因此乃造成保護利益欠缺（欠缺保護必要性）的狀態，故得阻卻違法[109]。一般學說上，往往將此種被害人之承諾稱為「阻卻違法之承諾」（Die rechtfertigende Einwilligung）。

　　依據多數說見解，此種「阻卻違法之承諾」與所謂「阻卻構成要件之同意」（Das tatbestandsausschlißendes Einverständnis）係在刑法上應予區別之二種不同的概念[110]。所謂「阻卻構成要件之同意」，乃是指某些刑法條文中已明文表示，行為若欲該當於構成要件，必須以違反被害人之意思或是欠缺被害人之同意為其成立之前提要件，因此倘若行為人事先獲得被害人之同意，該同意

---

[108] Ebert, AT, S. 86.

[109] Gropp, AT, §6 Rn. 26, 37.；Kühl, AT, §9 Rn. 23.此即所謂的「利益欠缺說」或「利益欠缺原則」（Das Prinzip des magelnden Interesses）。

[110] 林山田，刑法通論（上），第367頁以下；黃常仁，刑法總論，第76頁以下；張麗卿，刑法總則理論與運用，第220頁以下；林鈺雄，新刑法總則，第279頁以下；許澤天，刑總要論，第138頁以下；Ebert, AT, S. 86 ff.；Heinrich, AT I, Rn. 440 ff.；Jescheck/Weigend, AT, S. 372 ff.；Krey/Esser, AT, Rn. 655 ff.；Wessels/Beulke/Satzger, AT, Rn. 36 ff.我國實務見解亦採此種區分「阻卻構成要件之同意」與「阻卻違法之承諾」的二分法，例如最高法院111年度台上字第4677號刑事判決。

即具有阻卻構成要件該當性之效力。例如，強制性交罪（§221）、略誘罪（§§241, 298）[111]、竊盜罪（§320）與侵入住居罪（§306）等構成要件，均以未獲得被害人之同意爲其成立之前提要件，倘若事先已獲得同意，即難認爲具備該罪之構成要件該當性。

對於多數說此種區分「阻卻構成要件之同意」與「阻卻違法之承諾」的觀點，學說上亦有持不同見解者，認爲當行爲係基於法益持有者的處分而來時，解釋上就不存在所謂的法益侵害，因此被害人之承諾所產生的法律效果應該都是「阻卻構成要件」[112]。也就是說，此種見解並不承認有「阻卻構成要件之同意」與「阻卻違法之承諾」的區別，而是認爲所有有效的被害人承諾都是阻卻構成要件之承諾。

基本上，一個有效的阻卻違法之承諾必須具備以下要件：

（一）被害人對法益具有處分權

「得被害人承諾之行爲」欲阻卻違法，首先必須以被害人（即法益持有者）對其所承諾放棄保護之法益具有處分權（Dispositionsbefugnis bzw. Disponibilität）爲前提。倘若被害人對該法益實際上並無處分權，此時其所爲之處分即不生法律上效力，對行爲人而言自然無法產生阻卻違法之效果。

1. 個人對於國家、社會與生命法益均無處分權

對於「國家法益」與「社會法益」等超個人法益（例如國家司法權之公正、國家公務之執行、環境權等），由於其法益持有者係多數人的集合，故個人對之並無處分權[113]。因此，在侵害國家或社會法益等超個人法益的犯罪中，並不存在所謂「阻卻違法之承諾」。

---

[111] 原20年上字第1309號判例：「略誘罪之成立，須以強暴、脅迫、詐術等不正之手段而拐取之者爲條件，若被誘者有自主之意思，或並得其承諾，即屬和誘範圍，不能以略誘論。」（本判例因無裁判全文可資參考，依法院組織法第57條之1第1項規定，已停止適用。）

[112] Roxin, AT, §13 Rn. 12.；林東茂，刑法綜覽，第1-123頁以下；林東茂，醫療上病患承諾的刑法問題，月旦法學雜誌，第157期，2008/06，第49頁以下。另外，Kindhäuser, AT, §12 Rn. 5則認爲法益持有者的承諾在刑法釋義學上應作爲排除客觀構成要件歸責的一個特殊問題（Sonderfall des Ausschlusses der objektiven Tatbestandszurechnuhg），當法益持有者做出處分其利益之承諾時，在與其承諾相符範圍内的利益變更，即無法被當作是構成要件該當之結果，故在客觀上亦無法歸責給行爲人。

[113] Heinrich, AT, Rn. 455.

　　在本節導引案例(1)中，甲可能涉及的犯罪係刑法第169條之誣告罪。基本上，誣告罪構成要件的保護法益有兩個部分，包括「保護本國司法權的公正行使」，目的在於使司法程序免於錯誤與無理由的發動；以及「保護個人」，目的在於使其免於成為不公正刑事訴追或懲戒處分下的犧牲者[114]。因此，在本節導引案例(1)中，甲的誣告行為，雖然已經事先獲得被害人阿雄之承諾，不過由於誣告罪的保護法益尚有保護本國司法權之公正運作這個超個人國家法益，對於此法益等而言，阿雄並無處分權，因此無法成立阻卻違法之承諾，甲仍應構成刑法第169條之誣告罪[115]。

　　不過，在誣告罪的情形，也有極少數特殊的案例類型，得例外承認有「阻卻違法之承諾」存在之餘地。例如，本國人遭他人向「外國司法機關」提出誣告，由於外國司法權的公正行使並不在我國刑法誣告罪構成要件的保護範圍之內，因此在此等案例中，誣告罪的保護法益僅有被害人個人，因此被害人之承諾會例外具有阻卻違法的效力[116]。

　　除國家與社會法益個人無處分權外，在個人專屬法益當中，對於作為絕對最高價值的生命法益，由於刑法採取的是絕對保護原則，故法益持有人對於自己的生命亦無處分權，此由我國刑法第275條第1項明文處罰受被害人囑託或得被害人承諾之殺人行為，即可得知。因此，行為人侵害生命法益之行為，縱使已事先獲得被害人之承諾，仍然會構成刑法第275條第1項的得承諾殺人罪，並無阻卻違法之承諾適用的餘地。

2. 被害人對身體法益僅於輕傷的範圍內有處分權

　　至於個人法益中的身體法益，法益持有人則僅有部分的處分權。亦即，僅於輕傷的範圍內，法益持有人具有處分權，得為「阻卻違法之承諾」。

《案例1》在被虐待狂的要求下，甲為順應其要求，遂對該被虐待狂實施虐待行為，導致其身上多處瘀傷，不過被虐待狂也因此從中獲得滿足與快感，事後並向甲道謝。

---

[114] Wessels/Hettinger, Strafrecht BT I, Rn. 686.

[115] 實務見解亦認為國家與社會法益等超個人法益個人無處分權，誣告者縱使有得到被誣告者的承諾，因承諾人並無法益處分權，誣告者仍得成立誣告罪。參見最高法院111年度台上字第4677號判決。

[116] 陳志龍，法益與刑事立法，第264頁以下（特別是第273頁以下）。

在本案中，甲對被虐待狂實施虐待行為，係事先受被害人之囑託而為，而由於被害人對於自己的身體法益在輕傷之範圍內具有處分權，因此甲得主張已事先得被害人之承諾而阻卻其輕傷行為之違法性。

不過，若是對於身體的重傷害，依法法益持有人即無處分權，行為人縱使事先獲得被害人之承諾，仍然會構成刑法第282條第1項之得承諾傷害罪。對此，學說上有認為於重傷害之情形，雖然被害人所為之承諾原則上並無法阻卻違法，但亦存有例外，亦即在醫生為病患開刀之行為，應例外肯定其具有阻卻違法之承諾，但必須嚴格其條件[117]。惟在重傷之範圍內，醫生為病患開刀之情形（例如因腿部感染壞死必須截肢），似應以業務上之正當行為（§22）為由來加以阻卻違法，較為妥當。

3. 關於自由、名譽與財產等法益的處分權

其他個人法益中，關於名譽與財產法益，只要法律無特別規定，原則上應認法益持有人具有處分權，得為阻卻違法之承諾。

《案例2》官員乙與其下屬在辦公室內發生不倫之戀，造成輿論譁然，要求其下台之聲浪頗高。乙為求脫困，乃與其隨從商議，由隨從扛下責任，隨從基於護主之心態而允諾之。乙隨後乃召開記者會，宣稱發生不倫之戀者乃其隨從，並非自己。

在本案中，官員乙散布不實消息的行為，已對隨從之名譽造成損害，符合刑法第310條誹謗罪之構成要件該當性，不過由於其事先已經獲得被害人（隨從）之承諾，故縱使事後其隨從反悔而對官員乙提起告訴，乙亦得以事先已得被害人承諾為由，而阻卻其誹謗行為之違法性。

至於自由權，法益持有者是否有處分之權，解釋上不無疑問？本書以為在尊重法益持有者自主決定意願的精神下，法益持有者短暫放棄自由權應屬有效的放棄法益承諾，例如甲要強迫自己閉關苦讀準備期末考，遂請其室友將其鎖在書房兩小時，以避免自己受不了誘惑而中斷讀書，此時應視為是有效放棄法益保護的承諾，甲的室友可主張得被害人承諾而阻卻剝奪行動自由罪（§302）的違法性，不成立犯罪。相對地，基於對人性尊嚴的維護，法律絕

---

[117] 陳志龍，法益與刑事立法，第193頁以下。

對無法承認永久終局性放棄自由權的合法性，因此法益持有者永久終局性放棄自由權的承諾，法律上應屬絕對無效。例如，即使被害人自願終身爲奴，則對方仍會成立使人爲奴隸罪（§296）。

（二）被害人具有承諾能力

　　被害人之承諾欲發生阻卻違法之效力，必須爲承諾之被害人具有承諾能力（Einwilligungsfähigkeit），始足以當之。依據通說的見解，這裡所謂的承諾能力，並非一定要具備特定之年齡（年齡只是考量的因素之一）、也不取決於民法上的行爲能力（Geschäftsfähigkeit）[118]，而是對於所承諾放棄之法益和所可能遭受之侵害，此兩者之意義及效力範圍的「認識與判斷能力」（Einsichts- und Urteilsfähigkeit）[119]。

　　若依此標準，一般而言，包括嚴重酒醉者、嚴重精神病患、幼兒……等均無承諾能力。至於青少年，則仍須就「具體個案」來加以個別觀察，其是否對於「所承諾放棄之法益」以及「自己可能遭受之侵害」，此兩者的意義與範圍都具備認識與判斷能力。在具體個案中，年僅十一、二歲的兒童也可能具有承諾能力，例如小六學生同意他人毀壞自己的舊玩具；相對地，在有些情況下，縱使已經十六、七歲的青少年也可能欠缺承諾能力，例如對重大手術的同意，此時依醫療法第63條第2項之規定得由其法定代理人簽具同意書。

　　另外，倘若被害人欠缺承諾能力，此時是否得由其代理人（特別是法定代理人）來代爲承諾？例如，中、小學老師學期開始時發「同意體罰」的切結書回家供家長勾選，若家長勾選「同意老師於必要時得對其子弟施以體罰進行管教」的欄位、並簽名表示同意，其後該老師基於此項家長之同意以體罰的方式管教學生，而造成學生輕傷之結果，此時家長之承諾是否有效。對此，學說上

---

[118] 此爲我國學界之通說見解：甘添貴，被害者之承諾與違法性，收錄於氏著「刑法之重要理念」，85年，第78頁；陳志龍，法益與刑事立法，第233頁以下；林山田，刑法通論（上），第371頁以下；黃常仁，刑法總論，第79頁；蘇俊雄，刑法總論Ⅱ，第253頁。

[119] Ebert, AT, S. 87. 類似見解：Baumann/Weber/Mitsch, AT, §17 Rn. 103.；Gropp, AT, §6 Rn. 40.；Kühl, AT, §9 Rn. 33.；Wessels/Beulke/Satzger, AT, Rn. 374.不過，在德國也有少數說認爲，在「對財產或所有權侵害」的情形，應該「類推適用」民法關於行爲能力之規定，故關於此範圍內的承諾能力，必須具備「民法上的行爲能力」始足以當之。至於，在「對個人專屬法益侵害」的部分，則仍依照刑法上之理論去判斷。關於此等學說爭議的整理，詳見 Hillenkamp, 32 Probleme aus dem AT, S. 50 ff.

有認爲倘若被害人欠缺承諾能力，得由其法定代理人代爲承諾者[120]。惟解釋上，除非法有可以代理承諾之明文，例如醫療法第63條第2項與同法第64條第2項所規定對未成年人之手術、侵入性檢查或治療的同意書，得由其法定代理人代爲簽具的情形，否則應認爲由代理人推測本人之意思而爲之承諾並不生效力，因爲承諾乃放棄法益保護之意思，實不宜假手他人，致生不測之損害[121]。

（三）承諾須無瑕疵

一個有效的阻卻違法之承諾，必須是在無瑕疵的情況下所作成的，爲承諾之人必須具有意思形成與意思決定之自由，此即所謂「承諾之任意性」。倘若係在遭受脅迫下所爲之承諾，或是因被行爲人詐欺陷於錯誤下所爲之承諾[122]，均不生承諾之效力，不得阻卻違法。至於，在被害人自己主動陷於錯誤而非遭受詐欺的情況下，被害人之明示承諾原則上仍爲有效[123]。不過，對此存有例外情況，亦即如果行爲人在法律上具有消除法益持有者之錯誤認知的闡明義務（Aufklärungspflicht），並違反了此義務而不爲闡明，例如醫師要進行侵入性治療前未盡其說明義務，此時法益持有者所爲之承諾即爲無效[124]。相對地，倘若有闡明義務者已盡了其闡明義務，但被害人的錯誤認知仍未被改變，此時被害人之承諾解釋上即仍爲有效，自不待言。

（四）事前、明示之承諾

被害人之承諾，必須於事前爲之，事中或事後之承諾，均不生效力，無法

---

[120] 林山田，刑法通論（上），第371頁；蘇俊雄，刑法總論Ⅱ，第253頁；Wessels/Beulke/Satzger, AT, Rn. 374.

[121] 甘添貴，被害者之承諾與違法性，第78頁。另外，余振華，得被害人承諾之行爲評價，收錄於「刑與思—林山田教授紀念論文集」，2008，第158頁以下，原則上採代理無效説，但例外承認「父母代理小孩爲承諾」之情形。

[122] 法益持有者因被詐欺而爲之承諾，是否在所有的情況下都一定無效，學說上其實是有爭論的：有認爲所有法益持有者被詐欺而爲之承諾都是無效的；另有認爲只有當因詐欺而產生與法益有關之錯誤認知時，法益持有者被詐欺而爲之承諾才是無效的；亦有認爲只有在詐欺行爲排除了法益持有者的自主決定權時，法益持有者被詐欺而爲之承諾才是無效的。參見 Hillenkamp, 32 Probleme aus dem AT, S. 53 ff.

[123] 相同見解：林東茂，醫療上病患承諾的刑法問題，月旦法學雜誌，第157期，2008/06，第56頁。

[124] Vgl. Kühl, AT, §9 Rn. 40.；余振華，得被害人承諾之行爲評價，第168頁以下。

阻卻違法。此等承諾，僅能是明示之承諾，若是默示之承諾，亦不生阻卻違法之效力，而且被害人此項事前所爲之明示承諾，一直到法益未被侵害之前，被害人均得隨時撤回之。甚至，在法益侵害進行至一半時，被害人亦得撤回此項承諾，承諾一經撤回倘若行爲人仍繼續爲侵害行爲，自不得再主張得被害人承諾而阻卻違法。

（五）行爲人對承諾有所認識

行爲人對於被害人之承諾必須有所認識，並基於此認識而爲與被害人之承諾相符的行爲，始得阻卻違法，此爲得被害人承諾之主觀阻卻違法要件。否則，縱使客觀上確實存在著被害人之承諾，但行爲人對於該承諾卻並未有所認識，或是行爲人不爲與被害人之承諾相符之行爲，此時即不得阻卻違法。

二、推測承諾

學理上所謂的「推測承諾」（Die mutmaßliche Einwilligung），乃是指當無法獲得當事人事實上之承諾時，倘若依客觀情況可認爲當事人於行爲當時若知其情事時必會予以承諾者，亦可推定爲有承諾之存在。也就是說，所謂的推測承諾，其實是一種對法益持有者眞實意思（wahre Wille des Rechtsgutsinhabers）的可能性判斷[125]。既然此項推測承諾的性質乃係法益持有者眞實承諾的替代，因此原則上「推測承諾」欲阻卻違法，必須與「事實上之承諾」具備相同的要件，包括被害人對於捨棄之法益須具備處分權、承諾能力、以及行爲人對推測承諾的認識並據此而爲行爲等要件[126]。至於其他與推測承諾本質不相符之要件，例如事前明示之承諾、被害人於行爲時須具備意思自由等要件，於推測承諾中並毋庸檢視，自不待言。

解釋上，只有在欠缺法益持有者之明示承諾，而法益持有者就該事件也未表示拒絕時，才有適用「推測承諾」之餘地，此爲「推測承諾」的補充性（Subsidiarität）[127]。據此，在取得法益持有者之事實上承諾係屬可能的情況下，即禁止以「推測承諾」來代替；同樣地，在法益持有者已經曾明示拒絕爲

---

[125] Krey/Esser, AT, Rn. 677.

[126] Baumann/Weber/Mitsch, AT, §17 Rn. 119.；Haft, AT, S. 108.

[127] Heinrich, AT, Rn. 475.；Krey/Esser, AT, Rn. 678.

承諾的情形，也不得再以「推測承諾」來推翻法益持有者先前的眞實意思。

　　一般而言，「推測承諾」主要可分成以下兩種類型：

（一）爲法益持有人利益而爲行爲

　　在此種「推測承諾」的案例類型中，行爲人爲該行爲之目的，乃是爲了保護法益持有者之利益。例如本節導引案例(2)，乙之所以會擅自進入鄰居庭院，主要目的在於要將鄰居家具移至車庫避雨以避免其家具受潮。對於此種「推測承諾」的案例類型，基於對法益持有者之自主決定權的尊重，首先必須盡可能的去探求被害人的「眞正意思」，其認定之基礎則特別是根據被害人先前之言行、其所留下的相關訊息、甚至其個人的價值觀。只有在缺乏探求被害人眞意的基礎時，才可以求諸於被害人「假設之意思」（Hypothetische Wille）。而這個被害人「假設之意思」可以透過經驗法則來建立，例如在緊急其況下任何人都願意犧牲較微小的利益來保全較高價值的利益（利益衡量）[128]。

　　在本節導引案例(2)中，乙的行爲是否成立刑法第306條第1項的侵入住居罪非可一概而論，必須分別情況加以討論：

　　首先，必須探求鄰居的眞正意思（法益持有者的眞正意思），例如鄰居以前若野餐完都會把該家具收回室內，但此次卻忘記了，此時即可認定爲具有「推測承諾」，乙的行爲不構成侵入住居罪。又例如，鄰居曾表示該高級家具係防水之材料所製成，不怕雨淋，此時可判斷鄰居係有意讓該家具經常放置戶外，此時即難以認定有「推測承諾」存在。

　　倘若完全缺乏探求鄰居之眞正意思的基礎（例如鄰居剛搬來並不認識），此時依據一般經驗法則，亦可認定鄰居應會同意短暫忍受他人侵入住居而避免其昂貴家具受潮（法益持有人「假設之意思」），因此可認爲具有推測承諾存在，乙的侵入住居行爲得阻卻違法。

（二）非爲法益持有人利益而爲行爲

　　在此種「推測承諾」的案例類型中，行爲人爲該行爲之目的，並非是爲了保護法益持有者的利益，反而是爲了自己或第三人之利益。於此種利益欠缺的

---

[128] Ebert, AT, S. 88 f.；Wessels/Beulke/Satzger, AT, Rn. 381.

類型中，「推測承諾」的存在必須採嚴格的認定標準，亦即：只有在基於特定具體事實情況可以推定，被害人若知其情事必予以承諾時，此時方得主張「推測承諾」而阻卻違法。

《案例3》以前每當鄰居家的蘋果樹成熟時，鄰居總會邀請丙去採集樹上的蘋果，某年當蘋果樹又成熟時，鄰居正好去環遊世界，丙乃在未經鄰居同意的情況下，就逕自採集鄰居樹上的蘋果。

　　在此等案例類型中，由於被害人（法益持有者）純粹是法益遭受侵害之人，並未獲得任何利益，因此是否得阻卻違法只能單獨取決於法益持有者的眞正意思，而不能再依據一般經驗法則來回溯推定法益持有者「假設之意思」[129]。換句話說，必須於具體情況中，存在可認定法益持有者必將會爲承諾的特定具體事實，始足以當之。例如，在本例中的特定具體事實，乃是指鄰居以前同種類的重複行爲（以前每次蘋果成熟時均會允許丙採集樹上蘋果），基於此乃足以認定鄰居必會爲法益放棄之承諾，故丙的行爲乃得主張「推測承諾」而阻卻違法，不會成立刑法第320條的竊盜罪。

三、義務衝突

　　所謂「義務衝突」（Pflichtenkollision），乃是指在具體個案中，同時存在數個互不相容的法律上義務，以至於行爲人在不得已的情況下只能選擇其中一項義務加以履行，而犧牲其他之義務。「義務衝突」，乃是通說所承認的超法規阻卻違法事由之一。一般而言，學說上所指稱之「義務衝突」，主要係指發生於數個「作爲義務」（Handlungspflichten）間之衝突的情形：

《案例4》丁見自己的兩個兒子在溪邊同時溺水（同時產生二個救助義務），但因時間急迫只能先搶救其中一人（履行其中一個救助義務），並因而導致另一個未獲救助之兒子溺斃（未履行另一個救助義務），此時丁未履行救助義務而致使其另一個兒子溺斃之不作爲殺人行爲，雖仍具備構成要件該當性，但得基於

---

[129] Ebert, AT, S. 89.

「義務衝突」之法理而阻卻違法。

至於，文獻上所提及之「數個不作爲義務間的義務衝突」（Kollision von Unterlassungspflichten）之情形，由於一般人日常生活中本就會同時存在多種不作爲義務，例如同時存在禁止殺人、禁止竊盜、禁止詐欺等不作爲義務，而事實上這些不作爲義務也能夠同時被履行，因爲只要保持不作爲就可以了，故此種情形並非「眞正的義務衝突」[130]。

至於在「作爲義務」與「不作爲義務」間發生衝突的情形，往往涉及的是「緊急避難」的問題，一般情形應優先適用緊急避難的判斷規則，來認定其是否可以阻卻違法，此亦非眞正的義務衝突。在這裡，「緊急避難」中決定利益衝突的規則，將會排除實質的義務衝突[131]。例如，父親爲了救兒子（履行救助義務），持球棒把正在攻擊兒子之鄰居所養的惡犬打死（違反了刑法第354條所要求不可毀損他人之物的不作爲義務）。雖具有數不相容之義務同時存在之情形，不過由於符合緊急避難之情狀，故應優先適用「緊急避難」之規定來加以阻卻違法。

有問題者在於，倘若「作爲義務」與「不作爲義務」之衝突無法主張阻卻違法之緊急避難時（例如涉及犧牲他人生命之避難行爲），此時究竟應如何處理？爭議點在於得否以「義務衝突」爲由，來阻卻其行爲之違法性？解釋上，由於此種情形在本質上係屬於緊急避難行爲，與眞正的義務衝突有別，故仍應適用「緊急避難」的法理來加以解決[132]。對此，雖然行爲人無法主張阻卻違法之緊急避難，但仍可基於「無期待可能性」之法理來減免其罪責及刑罰（適用或類推適用刑法第24條第1項但書）。

在本節導引案例(3)中，丙爲避免火車出軌造成重大車禍（履行作爲義務），在不得已之下，乃將火車導至備用軌道，造成在備用軌道附近的工作人

---

[130] 關於此可參閱Gropp, AT, §6B Rn. 162 ff.或甘添貴，義務衝突與阻卻違法，收錄於氏著「刑法案例解評」，1999，第108頁。

[131] Gropp, AT, §6B Rn. 160 f.

[132] 甘添貴，義務衝突與阻卻違法，收錄於氏著「刑法案例解評」，第106-107頁，認爲在「作爲義務」與「不作爲義務」發生衝突時，原則上雖應適用「緊急避難之法理」來加以解決，無再認其爲義務衝突之必要。但在特殊案例中，解釋上亦應承認「緊急避難」與「義務衝突」同時併存的可能性，亦即可擇一適用。例如，醫師於診療時發現病人患有肺結核，醫師雖負有不得洩漏因業務所知悉持有之秘密的不作爲義務，惟爲避免傳染，亦負有告知其同居人此秘密之作爲義務，此種情形可認爲屬於「緊急避難」與「義務衝突」同時併存的情況。

員一人死亡（違反刑法第271條所要求「不可殺人」之不作爲義務），符合緊急避難之情狀，但因避難行爲所涉及之保護法益與被害法益均爲生命法益，無法進行利益衡量，故丙不能主張「阻卻違法之緊急避難」。惟由於事發當時情況緊急，丙之行爲在客觀上實屬不可避免，故仍得基於「無期待可能性」之法理，而免除其罪責。

就實質而言，眞正的義務衝突，解釋上僅存在於「數個作爲義務間之衝突」的情形，由於其係屬於「不純正不作爲犯」的討論範疇，故此部分將留待至該章節時再詳予論述。

第八節　可罰違法性

導引案例

某老婦人因偷摘公園二朵波斯菊，被警方當作現行犯逮捕，其後被上手銬、腳鐐帶回警局偵訊。老婦人在挖波斯菊時還攜帶園藝鏟子，園藝鏟子客觀上可以當凶器，被警方依「加重竊盜罪」移送。其後，檢察官審酌該名老婦人沒有前科、一時失慮，事後已表達悔意，且與被害人A市公所雙方以二元和解，A市公所也表明不予追究，有雙方和解書爲憑，所犯危害社會輕微，依職權予以不起訴處分（刑事訴訟法§253）。

關於某些「侵害法益甚爲輕微之行爲」，例如未經同意偷同事二張衛生紙擤鼻涕、擅用公司信紙一張以書寫情書等，此類行爲，若單純從犯罪理論之角度加以觀察，由於具備構成要件該當性，又不存在阻卻違法與或阻卻減免罪責事由，仍應分別成立竊盜罪與侵占罪。不過，如果刑法對於此等侵害法益如此輕微之行爲，仍舊施加刑罰制裁，不免予人過於嚴苛與僵化之感。對於此類極度微罪的問題，應如何處理，學說上大致有以下幾種不同見解：

一、可罰違法性之觀點

　　所謂「可罰違法性理論」，乃是指依是否具有「值得科處刑罰程度」之實質違法性，而決定其違法性之理論。此理論認爲，一個行爲必須具備值得加以科處刑罰程度之質與量的可罰違法性，始能認爲其具有刑法上之違法性，而成立犯罪。相對地，若行爲欠缺值得加以科處刑罰程度之可罰違法性，即無法成立犯罪。至於其判斷基準則有以下兩項[133]：

（一）法益侵害之輕微性

　　行爲之結果對於法益所造成之侵害或危險，必須極爲輕微，始不具可罰的違法性，此爲違法性之量的問題。例如，偷摘一朵花、侵占幾張信紙、偷用他人幾張衛生紙等。

（二）行爲逸脫之輕微性

　　法益侵害行爲的方式與態樣，違反社會倫理規範或脫離社會相當性，亦必須極爲輕微，始可認爲不具可罰違法性，此爲違法性之質的問題。如果行爲逸脫嚴重，縱使侵害法益極爲輕微，亦具備可罰之違法性。例如，以持刀搶劫的手法搶得信紙數張，因爲行爲逸脫嚴重，故縱使侵害法益甚爲輕微，亦具備可罰之違法性。

　　我國實務見解亦採納此種可罰違法性的觀點，早期最具代表性者爲最高法院74年台上字第4225號判決（原判例），認爲行爲人擅用他人之信紙一張雖符合侵占罪構成要件，但信紙一張所值無幾，其侵害之法益及行爲均極輕微，在一般社會倫理觀念上尚難認有科以刑罰之必要，不予追訴處罰，亦不違反社會共同生活之法律秩序，自得視爲無實質之違法性，而不應繩之以法[134]。此判決

---

[133] 詳細論述參閱甘添貴，可罰的違法性之理論，收錄於氏著「刑法之重要理念」，1996，第101頁以下；甘添貴／謝庭晃，捷徑刑法總論，第131頁以下；陳子平，刑法總論，第232頁以下；陳樸生，實用刑法，第138頁以下。

[134] 學者認爲，此判例雖未使用可罰的違法性之名稱，但已將此項理論運用爲實際案例之判決基礎。甘添貴，可罰的違法性之理論，第120頁以下。另外，陳子平，刑法總論，第235頁，則認爲此判例以該行爲「不違反社會共同生活之法律秩序」爲由，係曲解「可罰違法性理論」之主張內容。

仍使用無實質違法的用語，但近來最高法院的判決已經普遍使用「可罰違法性」之概念，可謂已完全繼受可罰違法性理論之論述。例如，最高法院110年度台非字第54號判決即謂：「基於刑法謙抑思想、最後手段性及罪責相當原則，並符合人民法律感情及社會通念，對於違法行為之評價，應就行為內容、程度，以被害法益是否輕微、行為逸脫是否輕微等基準，從質、量之面向，考量是否值得科處刑罰。倘其違法行為未達值得處罰之『可罰違法性』，即可阻卻違法，仍難成立犯罪。」[135]

在本節導引案例中，若採此種「可罰違法性理論」，因老婦人之行為所侵害之法益僅二朵波斯菊（法益侵害的輕微性），所使用未經同意以園藝鏟子挖掘他人波斯菊的方法違反社會倫理規範或社會相當性亦極為輕微（行為逸脫之輕微性），因此老婦人的行為尚未具值得加以科處刑罰程度之可罰違法性，不構成竊盜罪。

二、禁止錯誤之觀點

有學者認為，此種極度輕微案件之處理，關鍵應該在於行為人的欠缺不法意識，應該在罪責的層次討論、解決[136]。若採此種見解，則將此類問題透過刑法第16條關於「禁止錯誤」之規定來加以處理，亦即：倘若行為人對於此類輕微犯行欠缺不法意識係屬於不可避免，則阻卻罪責，不成立犯罪；若此種不法意識的欠缺屬可避免的，則僅減輕罪責，犯罪雖仍成立，但減輕其刑。若採此見解，則本節導引案例中老婦人之行為，須視其對於摘取公園波斯菊之行為欠缺不法意識是否可避免而定，若不法意識之欠缺屬不可避免則阻卻罪責無罪，若不法意識之欠缺係屬可避免則僅減輕罪責及刑罰。

三、程序法上之微罪的觀點

關於此類極度輕微犯行之處理，學說上另有認為此類行為在實體法上就形式而言已構成犯罪，故只能從程序法的部分來加以處理，例如以微罪不舉之規

---

[135] 其他最高法院判決亦已明確使用可罰違法性概念於判決理由中，例如最高法院107年度台上字第1774號判決、106年度台上字第1744號判決。

[136] 林東茂，刑法綜覽，第1-146頁。

定來尋求解決[137]。在本節導引案例中，如果不採取「可罰違法性」之理論，則老婦人的行為已具備構成要件該當性，又欠缺阻卻違法事由與阻卻責任事由，故竊盜罪應已成立。因此，對於此種侵害極其輕微之案件，其補救之道亦只能從訴訟法上著手，亦即：在偵查階段，檢察官得依刑事訴訟法第253條以下之規定予以「職權不起訴處分」或是「緩起訴處分」。另外，倘若檢察官果真對此類極輕微案件予以起訴時，倘若該案件符合刑法第61條所定之微罪，法官亦得依刑事訴訟法第299條之規定諭知「免刑判決」，若有被害人，並可命被告向被害人道歉、立悔過書或是向被害人支付相當數額之賠償金。

---

[137] 林山田，刑法通論（上），第309頁以下；林山田，評可罰的違法性理論，刑事法雜誌，第36卷第6期，第1頁以下。

第六章　有責性

第一節　罪責的基本概念

導引案例

甲家境貧苦、又因失業無收入，生活無以為繼。走投無路的甲臨時起意決定持刀搶銀行，惟在搶劫過程中被保全人員所制伏。其後，甲被檢察官以涉犯加重強盜未遂罪起訴，若法院審理此案後，考量當時國內陸續發生多起銀行搶案、搶劫之風日趨盛行，為避免治安敗壞、遏阻日後此類搶劫銀行的歪風，乃在法定刑度內判甲重刑。試問：法院對於甲之量刑是否合法？

一、不法與罪責

「罪責」（Schuld）或「有責性」（Schuldhaftigkeit）在犯罪三階層結構中，是繼「構成要件該當性」、「違法性」之後的第三個階層。在犯罪判斷的「不法」階層，從事的是系爭「行為」與法秩序的應然規範（Sollensnormen der Rechtsordnung）是否相違背的檢驗；至於在「有責性」（罪責）階層所要問的則是，「行為人」這個人是否應該因為其違法行為而被非難[1]。不法內涵是由「行為非價」（Handlungsunwert）與「結果非價」（Erfolgsunwert）所決定；至於罪責內涵則係取決於行為人所表徵出來的「思維非價」（Gesinnungsunwert）。

原則上，「有責性」指的就是對行為人選擇實現不法行為之（違反義務的）意思形成的一種可非難性（Vorwerfbarkeit）。詳言之，人具有自由意志，可以明辨是非、趨善避惡，此為建立刑事責任的前提。倘若依據行為當時

---

[1]　Wessels/Beulke/Satzger, AT, Rn. 394.

的狀況，行爲人本可以自由決定要爲合法行爲、抑或是爲不法行爲，但其竟然執意選擇爲不法行爲，則行爲人選擇爲此不法行爲的思維（Gesinnung）即具有可非難性，其在法律上乃必須爲自己的行爲負責，此即建立有責性的基礎。也就是說，行爲人之所以會遭受罪責非難，主要在於其並未遵守規範有意志地去避免實現犯罪構成要件，雖然在當時的情況下這是可被期待的[2]。

二、罪責原則

在刑法上，所謂的「罪責原則」（Schuldprinzip）的意義，其內涵大致可表述成以下三個命題[3]：

(一)「無罪責、即無刑罰」（Keine Strafe ohne Schuld；Nulla poena sine culpa）——亦即，「罪責」乃是科以刑罰的必要條件，是建立刑罰與限制刑罰的要素，也因此在犯罪階層結構上「罪責」或「有責性」乃成了犯罪檢驗的第三個階層。

(二)「罪責應與不法相符」——行爲人的罪責必須包含實現不法的所有要素，亦即不法與罪責必須相關聯，而且兩者亦必須相符合。

(三)「刑罰應與罪責相當」——此即一般所謂的「罪刑相當原則」，意指在任何個案中所科以之刑罰，都必須與罪責相當（Schuldangemessen），不允許科處超出罪責範圍以外的刑罰，至於科處較罪責爲輕之刑罰，則並不違反罪責原則。

立基於「無罪責即無刑罰」的「罪責原則」之上，刑法因此是一部「罪責刑法」（Schuldstrafrecht），而非純粹的「結果刑法」（Erfolgsstrafrecht）或是「危險刑法」（Gefährlichkeitsstrafrecht）[4]。詳言之，刑法並非純粹以法益侵害結果、也非單純針對行爲人之社會危險性格，而是以行爲人的罪責來作爲科處刑罰的依據。

「罪責原則」具有憲法位階的效力[5]，因此立法者於制定刑罰法律時必須

2　Kindhäuser, AT, §21 Rn. 5.

3　Eser/Burkhardt, Strafrecht I, Fall 14, Rn. 7 ff.(S.168.)；Heinrich, AT, Rn. 527.；Wessels/Beulke/Satzger, AT, Rn. 398.

4　Baumann/Weber/Mitsch, AT, §18 Rn. 1.

5　大法官歷來的司法院解釋均肯認「罪責原則」（責任原則）係憲法位階之原則，例如釋字第551號解釋；第669號解釋、第775號解釋與第790號解釋（刑罰與罪責相當、罪刑相當原

謹守罪責原則的要求，不得訂定違反「罪刑相當原則」之法律，讓行為人承擔超出其罪責範圍外的刑罰，否則該刑罰法律將會面臨違憲的質疑。例如，刑法第329條之準強盜罪規定：「竊盜或搶奪，因防護贓物、脫免逮捕或湮滅罪證，而當場施以強暴脅迫者，以強盜論。」會讓僅使用輕度強暴脅迫行為去實行財產犯罪之人，遭受到與使用重度強暴脅迫行為之強盜罪相同的處罰，會違反「罪刑相當原則」（違反罪責原則）而有違憲的問題，因此司法院釋字第630號解釋乃對刑法第329條準強盜罪構成要件予以合憲性解釋，將該條所指之強暴、脅迫構成要件行為，限縮在「達於使人難以抗拒之程度」的範圍內，如此其與強盜罪適用相同法定刑才不違背罪刑相當原則。

再如司法院釋字第790號解釋認為，毒品危害防制條例第12條第2項對於栽種大麻者，不論行為人犯罪情節之輕重，均以五年以上有期徒刑之重度自由刑，對違法情節輕微、顯可憫恕之個案，法院縱適用刑法第59條規定酌減其刑，仍無法具體考量行為人所應負責任之輕微而為易科罰金或緩刑之宣告，致罪責與處罰不相當，與憲法罪刑相當原則不符。

「罪責原則」不僅拘束立法，法官於個案中適用法律進行刑罰裁量時，其量刑也應以被告之罪責為基礎，不得科處超出被告罪責範圍以外的刑罰，始符合罪刑相當原則的精神。在本節導引案例中，被告甲之所以搶劫銀行係因為生活已陷於無以為繼的困境才鋌而走險，其行為的罪責顯然較計畫性強盜與基於貪念而搶劫銀行者為輕，今法院竟然為避免治安敗壞、遏阻日後搶劫歪風，而對甲量處重刑，顯然已科處超出被告罪責範圍以外的刑罰，違反「罪責原則」。

應強調者，「罪責原則」限制的僅是關於「刑罰」的科處範圍，但與「保安處分」無關，影響「保安處分」之範圍的不是罪責，而是行為人的社會危險性（Sozialgefährlichkeit）。例如，針對因內分泌異常而犯下性侵犯罪的被告，法院一方面應以被告之罪責為基礎進行刑罰裁量，科處與其罪責相當的刑罰，另一方面法院考量被告生理上內分泌異常所導致的高度再犯可能性（高度社會危險性），若受刑人服刑期滿前再犯危險性仍未顯著降低，法院亦得因檢察官之聲請而論知刑後強制治療處分（§91-1）。藉由刑後強制治療的實施，讓高社會危險性的性侵犯降低其再犯危險性，以達犯罪預防的目的。

則）、釋字第687號解釋（無罪責即無刑罰）。

二、刑法上的罪責概念

刑法學理上，關於罪責概念（Schuldbegriff）的意義內涵，主要大致有以下數種觀點：

（一）心理學的罪責概念（心理責任論）

早期的學說，對於刑法上的罪責概念，採取所謂的「心理學的罪責概念」（Der psychologische Schuldbegriff）或稱「心理責任論」，認為罪責指的乃是「行為人對其行為的主觀心理關係」（die subjektiv-seelische Beziehung des Täters zur Tat）。在「心理學的罪責概念」之下，故意與過失被理解為二種罪責型態（Schuldarten），而罪責即是經由故意與過失所建構而成的二種不同型態之行為人對其行為的心理關係[6]。至於責任能力，則被認是作為罪責成立的前提。

此「心理罪責概念」，在文獻上被批判的主要有以下幾點[7]：

1. 在「阻卻罪責之緊急避難」的情形（例如無法避免之緊急避難），行為人顯然仍具備故意，但為何「罪責」卻並不存在（即有故意、但無罪責）？「心理學的罪責概念」對此並無法予以合理說明。

2. 以「責任能力」作為「罪責成立的前提」（即代表著故意與過失的前提），並不合理。因為即使是精神病患也能夠具備對構成要件事實的知與欲，換句話說，即使無責任能力人也可能具備故意。責任能力並非是罪責的前提，而是屬於罪責的一部分。

3. 「心理罪責概念」無法解釋「無認識過失」的情形，因為在這裡行為人對於行為結果的心理關係完全不存在。

（二）規範罪責概念（規範責任論）

「規範罪責概念」（Der normative Schuldbegriff）認為，「罪責乃是對行為人形成不法行為之意思決定（Willensbildung）與意思活動（Willensbestäti-

---

6　Kery/Esser, AT, Rn. 688.

7　Frank, Über den Aufbau des Schuldbegriff, Festschrift für die juristische Fakultät in Gießen zum Universität-Jubiläum, 1907, S. 519, 522 ff. Zitiert nach Gropp, AT, §7 Rn. 7.

gung）的可非難性[8]。」於此，「規範罪責概念」係將罪責建立在規範的概念之上，而認為罪責乃是對行為人形成不法行為的意思決定與意思活動之瑕疵（思維的瑕疵），所為的一種規範價值判斷，亦即判斷此種思維瑕疵在法律上是否應該予以非難。

由法蘭克（Frank, R.）首先提出的規範罪責概念，其目的乃係在於修正「心理罪責概念」上述的缺陷，因此在學說的發展初期，基本上仍為未脫離「心理罪責概念」的框架，雖然首度將規範評價導入責任的內涵之中，不過關於「故意」與「過失」這兩個行為人對其行為的主觀心理關係，仍然被保留在「有責性」的階層上，故此時期的規範責任概念在實質上應為「心理學與規範的綜合罪責概念」（Der psychologisch-normative Schuldbegriff）。

其後，直到威爾采（Welzel）「目的行為論」（Die finale Handlungslehre）的出現，導致刑法犯罪階層體系將「故意」與「過失」這兩個心理要素從有責性階層抽離到構成要件階層後，在有責性的領域上，就只剩下純粹的規範評價要素，而其評價客體則是人的不法行為，於是規範罪責概念乃一變而成為「純規範的罪責概念」（Der rein normative Schuldbegriff）。於此，罪責概念純粹是一種「對客體的評價」（die Wertung des Objekts），亦即：對行為人違反義務之意思形成是否具備「可非難性」的評價[9]。若採取此種「純規範的罪責概念」，即認為故意與過失僅在不法之階段（此主要指構成要件該當性而言）予以探討，至於有責性階段，則不與焉。

（三）複合罪責概念

今日通說的發展又再捨棄「純規範的罪責概念」，而採取混合「純規範的罪責概念」與「心理罪責概念」的折衷見解，亦即所謂的「複合罪責概念」（Der komplexe Schuldbegriff），認為故意與過失具有雙重地位與功能，故意與過失不僅為「不法要素」，同時亦為「罪責要素」。在構成要件該當性階層，「構成要件故意」（Tatbestandsvorsatz）與「構成要件過失」（Tatbestandsfahrlässigkeit），彰顯「行為非價」；而在有責性階層，「故意罪責」（Vorsatzschuld）與「過失罪責」（Fahrlässigkeitsschuld），代表的則是兩種罪責型態（Schuldformen）。因此，罪責概念的內涵乃包括「被評價的客體」

8　Wessels/Beulke/Satzger, AT, Rn. 407.

9　Vgl. Gropp, AT, §7 Rn. 8 ff.

（故意、過失行為）與「對客體的評價」（對行為人形成不法行為之意思決定與意思活動的非難評價），因而具有複合的性質，此即為今日通說的「複合罪責概念」[10]。

依據此「複合罪責概念」，在有責性的階層應該探討者，包含以下的要素：1.責任能力；2.故意罪責與過失罪責（此為罪責型態）；3.不法意識；4.欠缺「減免罪責事由」。

第二節　責任能力

導引案例

乙的女朋友被情敵搶走，基於恨意乃計畫對該情敵實施報復，不過卻又一直缺乏足夠的勇氣去實行。某日，乙打定主意要痛毆該情敵一頓，乃借酒壯膽，在喝了許多酒後，於無法完全控制自己行為的狀態中，將該情敵打傷。問乙之行為應該如何處理？

如前所述，建立罪責的基礎是，人具有自由意志可以明辨是非、趨善避惡，行為人可以選擇為合法行為、抑或是為不法行為，倘若其竟然選擇為不法行為，則其在法律上就必須為自己的行為負責。因此，如果行為人欠缺辨識其行為合法與否的能力，或是雖有辨識能力但是卻欠缺控制自己行為之能力，則建立責任的基礎就會動搖。所謂「責任能力」（Schuldfähigkeit；罪責能力），指的即是行為人能辨識自己行為係屬合法或非法，並據此辨識而為行為之能力。一個具構成要件該當性與違法性的不法行為，如果行為人「於行為時」係處於無責任能力的狀態，則其罪責就會被阻卻，犯罪亦無法成立，因此無責任能力性質上乃是一種「阻卻罪責事由」（Schuldausschließungsgrund）[11]。

基本上，「責任能力」的主要內涵應包括二部分，包括：(1)「辨識能

---

[10] 劉幸義，意志自由與罪責，中興法學，第24期，第50頁以下。

[11] Krey/Esser, AT, Rn. 693.

力」（Einsichtsfähigkeit；認識能力）——亦即能辨識自己行爲係合法或非法之能力；以及(2)「控制能力」（Steuerungsfähigkeit）——能據其辨識而控制自己行爲之能力[12]。我國刑法關於責任能力的認定，主要分成二種模式，一種係純粹以年齡來作區分；另一種則係以行爲人於行爲當時的精神狀態來作判斷。

一、年齡與責任能力

依據刑法第18條之規定，「未滿十四歲之人」爲「無責任能力」（Schuldunfähigkeit），故未滿十四歲之人所爲的行爲係阻卻罪責，犯罪不成立；至於「十四歲以上、十八歲未滿之人」與「滿八十之人」則均爲「限制責任能力」（verminderte Schuldfähigkeit），得減輕其行爲之罪責，此時犯罪雖仍然成立，但依刑罰應與罪責相符之「罪責原則」，必須減輕其刑。對此，刑法第18條將限制責任能力的法律效果規定爲「得」減輕其刑，無法充分反應「罪責原則」的精神，有加以修改之必要。

未滿十四歲之人依據刑法的規定係屬「無責任能力」，不得科以刑罰。不過，若係七歲以上、未滿十四歲之人，則仍會有「少年事件處理法」的適用，法官得依法對其施以訓誡、假日生活輔導、保護管束、交付安置於福利或教養機構輔導、甚至是施以感化教育等「保護處分」（參閱少年事件處理法§42）。

刑法第18條以年齡來作爲區別責任能力之標準，是一種對責任能力的擬制，解釋上不能以反證推翻之。例如，一個未滿十四歲的國中生依法即應認定爲「無責任能力」，不能以其心智成熟具有辨別違法與否及控制行爲之能力來推翻其無責任能力之法律擬制。

二、精神障礙與責任能力

刑法關於責任能力之判斷，除以行爲人之年齡作爲一般性基準外，也採取個案判斷標準，亦即針對行爲人於行爲時的實際精神狀態來作爲認定其責任能力的基礎。對此，舊刑法第19條原規定：「心神喪失人之行爲，不罰。精神耗弱人之行爲，得減輕其刑。」依據此規定，行爲時若處於心神喪失的情況屬於

---

[12] Ebert, AT, S. 97.；Heinrich, AT, Rn. 539.；Wessels/Beulke/Satzger, AT, Rn. 410.

無責任能力，精神耗弱則屬於限制責任能力。不過，究竟什麼是「心神喪失」？什麼是「精神耗弱」？刑法缺乏明文解釋之規定，致生諸多之疑義[13]。

　　由於舊刑法第19條規定過於簡略且語焉不詳，民國94年刑法第19條乃修正為：「行為時因精神障礙或其他心智缺陷，致不能辨識其行為違法或欠缺依其辨識而行為之能力者，不罰。」「行為時因前項之原因，致其辨識行為違法或依其辨識而行為之能力，顯著減低者，得減輕其刑。」本條第1項前段中所謂「因精神障礙或其他心智缺陷，致不能辨識其行為違法」，係屬於行為人因精神障礙而欠缺「認識能力」之情形，至於條文後段中所謂「欠缺依其辨識而為行為之能力」，則是指行為人欠缺「控制能力」的情形。基本上，刑法此次的修正，符合學界通說對於責任能力之理解[14]。

　　現行刑法第19條之規定，係採取生物學與心理學的混合立法模式，此代表無責任能力的判斷必須先植基於特定的生物學上因素（指精神障礙、心智缺陷），因該生物學上因素而導致行為人的特定心理缺陷（指欠缺辨識能力或控制能力），此種心理缺陷則是建構無責任能力的主要內涵[15]。也就是說，倘若行為人因在生理上具有精神障礙或其他心智缺陷，並進而導致完全喪失辨識其行為合法與否之辨識能力，或雖具備辨識能力但卻完全喪失依其辨識而控制自己行為的控制能力，即屬於無責任能力的狀態。由於刑事責任（罪責）的本質，主要係對於行為人形成不法行為之意思決定與意思活動的一種非難評價（思維非價），故倘若行為人完全欠缺辨識其行為合法與否之能力或完全欠缺控制其行為之能力，最後導致其在無知或無法控制自己行為的情況下實行了不法行為，此時刑法亦無法對該行為人予以罪責非難。相對地，如果行為人的辨

[13] 關於我國舊刑法第19條規定的檢討與改進建議，可參見張麗卿，刑事法學與精神醫學之整合，1994，第243頁以下、第346頁以下。在我國實務上，關於所謂「心神喪失」與「精神耗弱」之解釋，可以26年渝上字第237號判例為代表。最高法院於該判例中謂：「刑法上之心神喪失與精神耗弱，應依行為時精神障礙程度之強弱而定，如行為時之精神，對於外界事務全然缺乏知覺理會及判斷作用，而無自由決定意思之能力者，為心神喪失，如此項能力並非完全喪失，僅較普通人之平均程度顯然減退者，則為精神耗弱。」然而，最高法院此項判例見解實流於片面，因其僅著重在對外界事務的「知覺理會及判斷」的認識能力上，而未論及行為人基於其認識而控制其行為之控制能力的問題。

[14] 甘添貴，刑法總論講義，第164頁以下；甘添貴／謝庭晃，捷徑刑法總論，第201頁；林山田，刑法通論（上），第382頁；黃常仁，刑法總論，第87頁以下；許澤天，刑總要論，第148頁以下；蔡墩銘，刑法精義，第237頁以下；Ebert, AT, S. 97.；Heinrich, AT, Rn. 539.；Wessels/Beulke/Satzger, AT, Rn. 410.

[15] Vgl. Kindhäuser, LPK-StGB, §20 Rn. 1.

識能力或控制能力並未完全喪失，只是與一般人相較卻明顯減退的話，此時罪責非難的基礎仍然存在，只是其非難程度會降低，因此乃屬於限制責任能力之狀態。在限制責任能力狀態下所為之不法行為，仍然會構成犯罪，只是因其罪責程度降低應減輕其刑而已。

基本上，此種對行為人是否具備責任能力之判斷，在司法實務上，對法官而言係一項艱難的任務，故經常要藉助醫學、心理學或司法精神醫學的鑑定報告，以供法官認定行為人於行為時的責任能力狀態。應強調者，倘若行為人之精神狀態並未有達影響其責任能力之程度已極為明顯，此時法院仍得自行綜合被告於行為當時之各種言行表徵，自行加以判斷，並非必須一律送請醫學專家鑑定，始得據以為裁判之基礎[16]。

至於，行為人是否屬於因精神障礙或心智缺陷而阻卻或減輕罪責之判斷時點，基於「罪責與行為必須同時存在之原則」之合致原則，應以「行為時」之情況來加以判斷之。換言之，縱使行為人平日均屬正常，只要在行為當時係處於無責任能力或限制責任能力之狀態下，仍應阻卻或減輕其罪責。相對地，縱使平日瘋瘋癲癲，但是在行為當時係屬於正常之完全責任能力狀態，此時亦無法阻卻或減輕其罪責。

三、瘖啞與責任能力

刑法第20條規定：「瘖啞人之行為，得減輕其刑。」此處所謂的瘖啞人，依據實務見解，係指自出生或自幼喪失聽與說之能力的人。換句話說，必須行為人自出生或自幼時即「同時欠缺」聽與說之能力，如果只是單純不能聽卻能說話、或是單純不能說話卻能聽，都不算是瘖啞人[17]。依據刑法第20條之規

---

[16] 最高法院106年度台上字第174號判決：「刑法第19條有關行為刑事責任能力之規定，係指行為人於「行為時」，因精神障礙或其他心智缺陷之生理原因，致其辨識行為違法之能力（學理上稱為『辨識能力』）或依其辨識而行為之能力（學理上稱為『控制能力』），因而不能、欠缺或顯著減低之心理結果者而言。其中『精神障礙或其他心智缺陷』之生理原因要件，事涉醫學上精神病科之專門學識，非由專門精神疾病醫學研究之人員或機構予以診察鑑定，不足以資判斷，自有選任具該專門知識經驗者或囑託專業醫療機構加以鑑定之必要；倘經鑑定結果，行為人行為時確有精神障礙或其他心智缺陷，則是否此等生理因素，導致其違法行為之辨識能力或控制違法行為之能力，因而產生不能、欠缺或顯著減低之心理結果，亦即二者有無因果關係存在，得否阻卻或減輕刑事責任，應由法院本於職權判斷評價之。」

[17] 司法院院字第1700號解釋：「刑法第二十條所謂瘖啞人，自係指出生及自幼瘖啞者言，瘖而不啞，或啞而不瘖，均不適用本條。」

定，瘖啞人係屬於限制責任能力人，當其為犯罪行為時僅具備較低之有責性，而得減輕其刑。

第三節　原因自由行為

導引案例

　　甲要去參加朋友喜宴，雖知道眾多朋友都會到場屆時肯定會喝不少酒，但為求喜宴後方便回家起見甲仍然開車赴宴會。其後，喜宴席間甲喝酒甚多導致嚴重酒醉，友人對甲勸說：「你已經醉了，最好坐計程車回去」，但甲堅持自己是海量沒有醉仍執意自行開車回家。隨後，甲先步行至停車處開車，發現有一台機車亂停擋住其出路，甲酒後亂性失控心想：「竟敢亂停車擋我的路、瞧我將機車砸爛」，乃到車子後行李箱拿出平日打壘球用的鋁棒將該部機車砸的歪七扭八。甲隨後帶著醉意在市區馬路一路超速狂飆，結果車子因超速失控而撞上正要路過馬路的A，導致A當場死亡，此時甲已抵抗不過酒精的麻醉效力隨即在駕駛座上睡著。五分鐘後，交通警察趕到，將已因爛醉睡死的甲從駕駛座拉出來載回警局。甲則因嚴重酒醉一直睡到隔天中午才醒來，醒來時發現自己在警局，只覺得頭仍然很暈，但卻渾然不記得昨天究竟發生了什麼事。

一、原因自由行為概述

　　所謂「原因自由行為」（actio libera in causa），係指行為人在正常精神狀態時，因可歸責於自己之自醉行為（例如喝酒或吸食麻醉藥品）而置入犯罪之原因，其後該犯罪在行為人處於責任能力瑕疵狀態中被實現的案例類型。關於「原因自由行為」的處罰，長久以來一直是刑法理論上的重要爭議問題。在原因自由行為中，雖行為人於實行犯罪時係處於欠缺責任能力的不自由狀態，惟由於行為人在為形成犯罪原因之自醉行為（原因設定行為）時是自由的，因此乃被稱之為「原因自由行為」。由於行為人可歸責地自陷犯罪原因，並導致自

己其後於責任能力瑕疵狀態中實施不法行為，此等侵害法益之犯罪行為在法律上向來被認為應該要加以處罰。然問題在於，對原因自由行為之處罰，可能有違反刑法「合致原則」（Koinzidenzprinzip）之疑慮。

　　所謂「合致原則」，係指所有建立刑罰的犯罪成立要件，至少必須在整個行為實行過程的時間內同時被實現[18]，亦即所有的犯罪成立要件至少必須與實行行為具有時間點上的合致（重合）[19]。由於行為人之責任能力是建立罪責的前提，故犯罪行為與責任能力（行為與罪責）至少在某特定時間點應該要同時存在，如此才與「合致原則」之精神相符。依據現行刑法第19條第1項與第2項之規定，「行為時」若因精神障礙或其他心智缺陷，而欠缺辨識行為違法之認識能力或依辨識而為行為之控制能力時，行為人將因無責任能力而不成立犯罪；若認識能力或控制能力顯著減低，則減輕罪責及刑罰。此代表刑法明文承認「合致原則」，要求犯罪行為實行時責任能力必須同時存在，否則行為人將因欠缺責任能力而不成立犯罪。然而，在原因自由行為的案例中，由於行為人在直接實行犯罪行為的過程中是處於無責任能力或限制責任能力的狀態，因此應如何加以評價該行為即形成刑法理論與實務上的重要爭議。

　　我國舊刑法第19條並無關於原因自由行為的規定，惟縱使是在舊法時期，通說與實務亦向來均採取原因自由行為不得阻卻或減輕罪責的見解，此種透過刑法理論與司法判決來排除刑法第19條規定之適用以建立原因自由行為可罰性之方式，實質上係在法未明文規定的情況下，透過習慣法或法官造法擴張了國家的刑罰權，不無牴觸「罪刑法定原則」之疑慮[20]。有鑑於此，刑法於94年修正（95年7月1日施行）時乃增訂第19條第3項，規定在故意或過失自行招致責任能力瑕疵狀態之情況時，不適用刑法第19條前二項關於行為時責任能力瑕疵之阻卻或減輕規定，此項增訂有助於排除違反「罪刑法定原則」之質疑[21]，誠應予以正面評價。

18　因此「合致原則」有時亦稱為「同時原則」（Simultaneitätsprinzip）。

19　Vgl. Kindhäuser, AT, §6 Rn. 3, §23 Rn. 4.

20　關於透過學說與法院判決建立原因自由行為的可罰性是否有違反「罪刑法定原則」的問題，不同見解：Hruschka, JuS 1968, S. 558.

21　林東茂，刑法修正重點評釋，收錄於「刑法總則修正重點之理論與實務」，2005，第79頁；張麗卿，原因自由行為適用疑義之分析，收錄前揭「刑法總則修正重點之理論與實務」，第406頁。

二、原因自由行為理論

　　原因自由行為之行為人應負完全之刑事責任，雖係刑法學理上之通說見解，然關於如何建構原因自由行為可罰性的理論基礎，學說意見則眾說紛紜[22]。傳統上，所有關於原因自由行為的理論建構，都圍繞在如何處理與「合致原則」相衝突的問題上在進行，亦即對原因自由行為的處罰究竟是「合致原則」的確認，還是「合致原則」底下的一項例外[23]。學界對於原因自由行為理論的處理大致循著二條脈絡而行：一種是藉由對構成要件行為之轉化詮釋作為基礎而建構原因自由行為理論，其代表意義為將原屬於罪責層面之原因自由行為的問題，往前推移到構成要件層面來作處理，學說上通常稱為「構成要件模式」（Tatbestandsmodell）[24]，主要代表理論為「前置說」與「擴張說」；另一種觀點則仍舊從有責性層面來處理原因自由行為問題的相關理論，而將原因自由行為理解為「合致原則」底下的一項例外，故往往被稱之為「例外模式」（Ausnahmemodell），代表理論為「例外說」。

（一）前置說

　　依據「前置說」（Vorverlagerungstheorie）的見解，刑法對原因自由行為的主要非價對象並不是後階段的不法實行行為（例如殺人罪中的殺人行為、傷害罪中的傷害行為），而是行為人前階段自招責任能力瑕疵的原因設定行為（例如喝酒或吸毒導致無責任能力），故應該將前階段的原因設定行為視為是「構成要件行為」。在這樣的理解下，既然行為人於為原因設定行為（構成要件行為）時仍處於完全責任能力的狀態，則對原因自由行為之處罰即未違反責任能力與行為應同時存在的「合致原則」。因為「合致原則」並未要求行為人在整個犯罪實行的期間都必須具備責任能力，而是只要在犯罪期間的部分時間點具有責任能力就夠了（至少存在某個時間點的合致）。由於此種理論將犯罪

---

[22] 相關「原因自由行為」的深入討論，可參閱林書楷，原因自由行為，收錄於「刑事法理論與財經刑法之接軌」，第49頁以下；柯耀程，刑法原因自由行為可罰性問題探討，收錄於氏著「變動中的刑法思想」，1999，第171頁以下；黃常仁，原因自由行為與自醉行為構成要件（StGB §323a），東吳法律學報，7卷1期，第126頁以下；洪福增，論原因上之自由行為，收錄於氏著「刑事責任之理論」，77年，第397頁以下。

[23] Vgl. Neumann, in:Arthur Kaufmann-FS, 1993, S. 582.

[24] Rönnau, JA 1997, S. 709.

的「構成要件行為」往前挪移，連帶導致罪責判斷客體亦往前挪移至原因設定行為，因此乃被稱之為「前置說」[25]。

　　「前置說」此種見解最主要面臨的問題，在於如何將原因設定行為合理的解釋成構成要件行為。例如在故意借酒壯膽殺人的案例中，如何將行為人故意喝酒至無責任能力的行為（原因設定行為）合理的視為是故意殺人罪的構成要件行為。對此，「前置說」的主流見解往往主張可以適用或類推適用「間接正犯」（Mittelbare Täterschaft）的概念來加以理解。也就是說，在一般「間接正犯」的情形，行為人係利用「他人」作為其犯罪工具，而在「原因自由行為」的情形，行為人則是利用「無責任能力狀態下的自己」作為犯罪工具，並藉由喝酒或吸食麻醉物品來排除工具（自己）的可控制性[26]，兩者性質相同，亦皆同具可罰性。既然在「間接正犯」的情形，行為人之利用行為可以被視為是構成要件行為，則在原因自由行為的案例中，將行為人的原因設定行為理解為構成要件行為，即有其正當性[27]。

　　由於「前置說」類推適用間接正犯概念的緣故，為求理論解釋的一貫性，故學說上往往認為關於間接正犯適用上的本質限制，也會連帶地被移植到原因自由行為的領域。也就是說，在構成要件結構上無法與間接正犯相容者（無法成立間接正犯者），例如過失犯、親手犯（己手犯）等，均應排除在原因自由行為理論的適用範圍之外，也因此採「前置說」的學者通常都不承認所謂「過失原因自由行為」的概念、也否認「己手犯」有原因自由行為理論的適用餘地。而且，由於間接正犯對被利用者的工具性要求，「前置說」類推間接正犯概念的結果也導致原因自由行為理論僅適用於行為人自行招致「無責任能力」狀態的情形，倘若行為人飲酒或服用麻醉物品僅達「限制責任能力」的程度，

---

[25]　採前置說者：Ebert, AT, S. 100, 101 f.；Ellbogen, Jura 1998, S. 485 f.；Hirsch, NStZ 1997, S. 230 ff.另外Maurach, JuS 1961, S. 373 ff 雖亦採「前置說」，惟其主要是從「目的行為論」（Finale Handlungslehre）的角度來解釋，其認為倘若只單單用所謂的「行為人濫用自己作為犯罪工具」的說法，並無法清楚詮釋原因自由行為的本質，而是必須回到刑法的行為論上。在「因果行為論」中，行為等於結果致因的歷程，此時構成要件該當結果係作為整個行為的終結。惟若就「目的行為論」以觀，意欲與意思活動被視為排他性的行為要素，構成要件該當結果不再被視為是行為的一部分，故於原因自由行為中單獨以自行招致責任能力瑕疵之意思活動作為構成要件行為，解釋上即無問題。

[26]　Ellbogen, Jura 1998, S. 486.

[27]　此種適用或類推間接正犯概念的觀點，學說上有稱之為「類推間接正犯說」或「間接正犯類似說」者，見川端博著，甘添貴／余振華譯，刑法總論二十五講，第192-193頁；余振華，刑法總論，第287頁；陳子平，刑法總論（上），第314頁。

由於尚未具備工具性，故亦無原因自由行為理論的適用餘地[28]。類似此種將「間接正犯」本質上之限制亦移植到「原因自由行為」領域的前置說觀點，往往在文獻上被稱之為「限制前置說」（Eingeschränkte Vorverlagerungstheorie）[29]。

（二）擴張說

所謂「擴張說」（Ausdehnungstheorie），則係指藉由將構成要件之意義延伸擴張至原因設定行為階段以作為其論述基礎的相關理論[30]。相對於「（限制）前置說」將構成要件行為單獨置於原因設定行為階段，「擴張說」則是用擴張解釋構成要件的方式，主張從前階段之原因設定行為開始一直延伸到後階段責任能力瑕疵狀態下的不法實行行為，都屬於一個整體構成要件行為的範圍。在這樣的理解下，由於在整體構成要件行為的前階段，行為人仍處於正常責任能力的狀態，故對原因自由行為的處罰即不至於違反「合致原則」，因為至少責任能力與部分構成要件行為（原因設定行為階段）是重合的。基本上，「擴張說」係以因果關係（條件關係）的觀點來解釋原因自由行為，而將原因設定行為與責任能力瑕疵狀態下之實行行為透過因果連結而構成一個整體的構成要件行為，故在行為人仍具責任能力之自醉行為階段即可視為已符合「行為實行」的概念，而沒有違反「合致原則」的問題[31]。

（三）例外說

「例外說」（Ausnahmetheorie）主張直接從有責性的層面來解釋原因自

28　惟關於被利用人僅是限制責任能力或僅具有減輕罪責事由時，幕後利用人可否成立間接正犯，學說上亦有爭議。

29　採限制前置說者：Baumann/Weber/Mitsch, AT, 11. Aufl., 2003, §19 Rn. 35, 45 ff.；Heinrich, AT, Rn. 603.；Gropp, AT, §7 Rn. 57 ff.；Puppe, JuS 1980, S. 346 ff.；Rengier, AT, §25 Rn. 12 ff, 15.；Roxin, AT I , §20 Rn. 61 ff, 62.

30　不同名詞用語：許恒達，「原因自由行為」的刑事責任，台大法學論叢，39卷2期，2010/06，第358頁以下，將本文所指的「前置說」稱為「道具理論」，並將本文所指的「擴張說」稱為「前置說」。

31　採擴張說者：Spendel, Actio libera in causa und kein Ende, in: Hirsch-FS, 1999, S. 381 ff.特殊見解：Streng, JZ 2000, S. 22 ff.；ders, MK-StGB, §20 Rn. 128的見解通常亦被歸類為「擴張說」，但相對於不法構成要件擴張的見解，其主張的係所謂「罪責構成要件」的擴張（Ausdehnung des Schuldtatbestands），也就是說判斷客體會往前擴張及於前原因設定行為階段的只有所謂的「罪責構成要件」而不包括「不法構成要件」。

由行為，將原因自由行為理解成是行為人於犯罪實行時必須具備責任能力的一種習慣法或法官法上的「例外」，故縱使犯罪實行當時行為人已處於無責任能力之狀態，仍無礙於犯罪之成立而應予以處罰[32]。依據「例外說」的見解，為克服處罰原因自由行為的問題，方法論上應對刑法關於無責任能力免責之規定（§19Ⅰ）進行目的論限縮（Teleologische Reduktion）[33]，而將原因自由行為的情形視為是行為時應具備責任能力（合致原則）的一項例外。

　　有爭議者在於，此種對刑法關於責任能力瑕疵之免責規定予以目的論限縮的觀點是否會違反「罪刑法定原則」？對此，持「例外說」之學者認為，「罪刑法定原則」無法律即無刑罰的法則，係在禁止擴張刑法分則或附屬刑法構成要件之可罰性至法律所未預先確定的事實，至於在刑法總則的部分則只能有條件的予以適用。透過一般刑法理論或目的權衡的理由以適切地處理特定問題，並非是原因自由行為中所獨有，例如在不純正不作為犯的保證人地位也存在相同的情況。由於原因自由行為具完全之可罰性向來即係通說與實務見解的普遍認知，在法理上具有習慣法的效力，故方法論上對刑法關於責任能力瑕疵免責規定予以目的論限縮以建立原因自由行為的可罰性是可以被承認的，此或許會讓形式法治國原則付出某種程度的代價，但卻是刑法學理上或立法上所無法完全避免的[34]。

（四）現行刑法第19條第3項應屬「例外說」的規制模式

　　現行刑法第19條第3項規定：「前二項規定，於因故意或過失自行招致者，不適用之。」法條規定稍嫌簡略，究竟是採取何種原因自由行為理論不無討論空間，國內學說上雖仍有不少見解採構成要件處理模式（前置說、擴張說）[35]，惟據本書所信刑法第19條第3項應該係採取「例外說」的立法規制[36]。

---

[32] 採例外說之見解者：Hruschka, JuS 1968, S. 554 ff.；Jescheck/Weigend, AT, §40 VI 1.；Kühl, AT, §11 Rn. 8 ff.；Neumann, in:Arthur Kaufmann-FS, S. 589 ff.；Otto, AT, §13 Rn. 24ff.；Wessels/Beulke/Satzger, AT, Rn. 415.

[33] Hruschka, JuS 1968, S. 558.；ders, JZ 1989, S. 312.

[34] Hruschka, JuS 1968, S. 558 f.

[35] 林鈺雄，新刑法總則，8版，2020，第315頁；林東茂，刑法綜覽，第1-150頁以下；張麗卿，刑法總則之理論與運用，9版，2021，第297頁；薛智仁，論原因自由行為之處罰基礎，中研院法學期刊，第21期，2017/09，第29頁以下。另，蔡聖偉，刑法案例解析方法論，3版，2020，第137頁以下，似亦傾向於採構成要件模式。

[36] 國內學界採「例外說」者：王皇玉，刑法總則，7版，2021，第340頁以下；許澤天，刑法總

對此，主要可從體系解釋、修法理由、立法規制模式以及理論內涵等幾個面向來加以說明：

　　首先，原因自由行為規定於第19條第3項，而刑法從第18條至第20條間均屬關於責任能力的條文，將原因自由行為之規定放置於此處，從體系解釋的角度來看，代表立法者有意直接從有責性（罪責）的層面來處理原因自由行為的問題，此顯然與從構成要件階層來處理原因自由行為問題的「前置說」及「擴張說」之立場相左，而與作為罪責處理模式的「例外說」相符。另外，刑法第19條第3項修法理由明白表示係參酌瑞士刑法第12條之規定，而瑞士刑法第12條（現行瑞士刑法第19條第4項[37]）學界公認即係採「例外說」的規制模式[38]，由此亦可知我國刑法修法當時立法者即係以「例外說」作為立法基礎。而且，刑法第19條第1、2項關於「行為時」責任能力瑕疵之減免規定，實際上代表責任能力與犯罪行為必須同時存在的「合致原則」要求，而刑法第19條第3項規定原因自由行為不適用前二項規定，代表將原因自由行為視為是「合致原則」的例外，法條形式上係採取「例外規則」的規制模式，亦符合「例外說」的精神。

　　其次，刑法第19條第3項之規定顯然與「前置說」及「擴張說」之理論內涵難以並存，因為若採「前置說」或「擴張說」之見解，則刑法第19條第1、2項規定的「行為時」，在原因自由行為的情形，依「前置說」指的即是原因設定行為、依「擴張說」亦至少包含原因設定行為在內，但此時行為人本具有完全責任能力無法主張刑法第19條第1、2項關於責任能力瑕疵的免責規定，根本不需要再適用刑法第19條第3項來處理。由此也可看出，「前置說」與「擴張說」的主張，其實是在刑法尚未存在原因自由行為的規定前（例如現行德國刑法），學說上為了達到處罰原因自由行為的刑事政策上需求而產生的理論解決途徑，在我國刑法已經將原因自由行為規定予以明文化的情況下，「前置說」與「擴張說」將原因設定行為視為是構成要件行為的觀點實際上已經與現行法

則，2版，2021，第209頁以下；許恒達，「原因自由行為」的刑事責任，第390頁以下；柯耀程，排除責任缺陷規定明文化之衝擊，收錄於「刑法總則修正重點之理論與實務」，2005，第187頁以下。

[37] 瑞士刑法第19條第4項規定：「若行為人之無責任能力或限制責任能力係可避免的，且同時於此狀態下所實施之行為是可預見的，則不適用前三項規定。」相關說明可參閱 Stratenwerth, Schweizerisches ATI, 2005, §11 Rn. 32 ff.

[38] Hruschka, JZ 1996, S. 67(Fn. 25).；ders, JZ 1997, S. 23.；Neumann, in:Arthur Kaufmann-FS, S. 591.

相衝突，應已無存在之空間，否則恐將進一步造成解釋上的難題。

最後，「前置說」與「擴張說」為解決原因自由行為不符合責任能力與行為應同時存在之「合致原則」的問題，透過解釋或類推的方法將構成要件行為予以前置或擴張，除了有違反罪刑法定原則的疑慮外，實質上係將原本屬於罪責層面的問題挪移至構成要件層面來處理[39]。然而刑法的犯罪階層理論本是一個整體性的體系概念，將罪責層面的問題移至構成要件層面來處理的結果，形式上或許可以解決處罰原因自由行為可能違反「合致原則」的問題，但卻因此連帶造成在不法階層解釋上的新爭議，諸如構成要件行為的定位、因果關係之認定以及未遂著手時點的認定等都產生問題[40]，可謂治絲益棼，反使相關問題更加複雜化。相對地，「例外說」之見解，不僅可以避免「前置說」與「擴張說」等相關理論所可能衍生的諸多難解問題，亦符合我國刑法第19條第3項的立法規制模式，洵屬較為可採。

三、故意原因自由行為

基於本書對原因自由行為理論採取的「例外說」立場，以下針對「故意原因自由行為」適用上的相關問題加以說明：

（一）原因設定階段的責任能力

學理上在「例外說」底下關於原因自由行為的罪責非難基礎，應區分出歸責對象（Gegenstand der Zurechnung）與歸責基礎（Grund der Zurechnung），歸責對象是行為人於責任能力瑕疵狀態中之不法行為；至於歸責基礎則是行為人可責地造成此種瑕疵狀態，因此建立可責性的時間點必須往前連接至原因設定行為的階段[41]。在這裡，歸責的對象雖仍然是在後階段瑕疵狀態下的違法行為，但罪責非難的基礎卻往前移到了原因設定行為。講的直接一點，亦即行為人於實行構成要件行為時責任能力的欠缺，可以透過可歸責的前行為（原因設

---

[39] Rönnau, JA 1997, S. 709.

[40] 詳細討論請參閱林書楷，原因自由行為，收錄於「刑事法理論與財經刑法之接軌」，第73頁以下。

[41] Vgl. Hruschka, JZ 1997, S. 23 f.

定行為）來加以補足[42]。

　　「例外說」這樣的觀點造成了不法與罪責判斷客體分離的結果，亦即將不法判斷客體留在後階段責任能力瑕疵之實行行為，但卻將罪責判斷的客體移至前階段的原因設定行為。此主要是為了符合「罪責原則」所不得不然的解釋。因為若不將罪責判斷前置，在例外說底下將變成毋庸判斷責任能力，而直接將行為人於構成要件行為實行時無責任能力視為是一項例外來加以處罰，完全摒棄原因設定行為與實行行為間的歸責關聯，若如此則此種欠缺罪責作為基礎的可罰性將會違反「罪責原則」[43]，因為對原因自由行為的歸責基礎本即在於行為人於有責任能力的情況下自陷責任瑕疵之原因設定行為[44]。

《案例1》思覺失調症極度嚴重的病患甲，因病況引發幻覺而誤認A企圖置
　　　　　其於死地，甲為避免自己被殺，乃計畫先下手為強於藉酒壯膽
　　　　　後持刀實行殺A之行為，之後甲在喝了許多酒陷入完全酩酊的狀
　　　　　態下，持刀將A殺死。

　　此案例中，思覺失調症極度嚴重的病患甲飲酒後，在完全酒醉且無責任能力的狀態下將A殺死，雖然形式上符合刑法第19條第3項之規定，但仍得主張刑法第19條第1項之規定來阻卻罪責，因為甲在原因設定行為階段本即屬無責任能力狀態，依「例外說」將罪責前置判斷的見解，甲仍然會因在原因設定行為階段即欠缺責任能力而不構成犯罪。若不將罪責判斷前置，而直接適用刑法第19條第3項將行為人於構成要件行為實行時無責任能力視為是一項例外來加以處罰，則此案例甲將會因此而構成故意殺人罪。然而，甲縱使不喝酒，本身

---

[42]　Vgl. Kühl, AT, §11 Rn. 9.；Perron, in: Sch/Sch-StGB[28], §20 Rn. 35a.

[43]　Streng, JZ 2000, S. 25.

[44]　此處所採取的「例外說」，屬「罪責判斷前置的例外說」，將罪責判斷前置於原因設定階段，定性上則視原因自由行為僅是合致原則的例外，而非罪責原則的例外。不同的例外說觀點：見王皇玉，刑法總則，第340頁以下；許恒達，「原因自由行為」的刑事責任，第390頁以下，所採取的例外說觀點性質上則屬「罪責減免事由排除適用的例外說（罪責回復的例外說）」，其主要是認為因行為人違反不真正義務（按：指維持足遵守法規範要求能力之義務）的原因設定行為而導致其後為不法行為時的責任障礙，此種可歸責的原因設定行為在法效推論評價上，必須認為，縱然欠缺遵守規範的責任能力，行為人仍不應再享受免責利益（按：指不得適用刑法第19條第1項第2項的阻卻減免罪責事由），而應認為行為人有完全責任能力，而對行為人課予完全的罪責（按：在結論上產生一種類似罪責回復的效果）。

即已經屬於無責任能力人，若讓喝酒後的甲因此反而負擔傷害之罪責，將使其負了不該負的責任，此勢將明顯違反「罪責原則」的精神。

在此意義之下，對我國刑法第19條第3項之規定採取符合「例外說」之前置罪責判斷的理解，某種程度上實具有合憲性解釋的意涵，因為罪責原則本質上即係一具憲法位階效力之基本原則。果如此，則我國刑法第19條第3項關於處罰原因自由行為之規定的性質，實際上應定位為僅是「罪責與行為必須同時存在」之「合致原則」的例外，不能解釋為「罪責原則」的例外。因「罪責原則」具有憲法位階，無法透過法律的明文規定去排除「罪責原則」的要求。

（二）雙重故意

通說對於「故意原因自由行為」（Vorsätzliche actio libera in causa）係採取所謂的「雙重故意」（Doppelvorsatz）概念，認為只有當行為人對於前階段導致其自陷責任能力瑕疵狀態的原因設定行為以及後階段於責任能力瑕疵狀態中所為之構成要件行為均具備故意時，始得成立故意的原因自由行為[45]。例如甲計畫對情敵A實施報復，卻缺乏足夠的勇氣去實行，乃欲借酒壯膽將A殺死，此時甲不僅對於其自陷責任瑕疵之原因設定行為具有故意（故意喝醉），且對於其在責任能力瑕疵狀態下之構成要件行為（殺人）亦具備故意，殺人之雙重故意具備，若甲事後果真於酒醉後故意殺死A，甲即應負故意殺人既遂之刑責。

故意原因自由行為中的雙重故意要求，在「前置說」與「擴張說」中係基於對被前置或擴張之「構成要件行為」的必然解釋，但在「例外說」中亦採取雙重故意概念則是為了符合「罪責原則」的要求。基本上，「罪責原則」要求不法與罪責必須相符（Kongruenz zwischen Unrecht und Schuld），因此行為人的罪責必須包含所有行為的不法內涵，也只有在罪責非難包含不法行為中建立或升高不法的所有情狀時，才可以將該整個不法行為歸由行為人去負責[46]。由

---

[45] Jescheck/Weigend, AT, §40VI2.；Kühl, AT, §11 Rn. 19.；Perron, in: Sch/Sch-StGB[28], §20 Rn. 36.；Rengier, AT, §25 Rn. 6.；Roxin, ATI, §20 Rn. 67.；Wessels/Beulke/Satzger, AT, Rn. 417. 此似亦為國內多數說見解，參見余振華，刑法總論，2011，第286頁；林山田，刑法通論（上），第391頁；林鈺雄，新刑法總則，第305、309頁以下；柯耀程，刑法總則釋論─修正法篇（上），2005，第200頁；許澤天，刑總要論，第153頁以下。

[46] Arthur Kaufmann, Unrecht und Schuld beim Delikt der Volltrunkenheit, in:Schuld und Straf, 2. Aufl., 1983, S. 233.

於「例外說」認爲不法判斷客體係責任能力瑕疵狀態中之實行行爲、罪責判斷客體是原因設定行爲，故爲使罪責非難可以包含所有行爲的不法內涵，此時只有在原因設定階段即對於所有責任能力瑕疵狀態中之實行行爲的不法內涵具有故意時，才可以符合「罪責原則」不法與罪責必須相符的要求[47]。也就是說，只有在自陷無責任能力之原因設定行爲與其後責任能力瑕疵狀態之行爲間存在可非難的意思關係時，亦即行爲人係有意識地針對特定具體行爲而使自己喪失認識或控制能力時，此時才可以令其負故意責任而適用故意犯來加以處罰[48]。

最高法院96年台上字第6368號判決亦採取學界通說的雙重故意概念而謂：「……原因自由行爲之行爲人，在具有完全刑事責任能力之原因行爲時，既對構成犯罪之事實，具有故意或能預見其發生，即有不自陷於精神障礙、心智缺陷狀態及不爲犯罪之期待可能性，竟仍基於犯罪之故意，或對應注意並能注意，或能預見之犯罪事實，於故意或因過失等可歸責於行爲人之原因，自陷於精神障礙或心智缺陷狀態，致發生犯罪行爲者，自應與精神、心智正常狀態下之犯罪行爲同其處罰。是原因自由行爲之行爲人，於精神、心智狀態正常之原因行爲階段，即須對犯罪事實具有故意或應注意並能注意或可得預見，始符合犯罪行爲人須於行爲時具有責任能力方加以處罰之原則。」此判決明確表示原因自由行爲之行爲人必須在原因行爲階段，即應對於犯罪事實具有故意，已經實質上採取「雙重故意」的概念，此種觀點自此後即成爲最高法院在處理原因自由行爲案例時的一貫見解[49]。

在通說與實務此種「雙重故意」的概念之下，如果行爲人於原因設定階段時，對於其後責任能力瑕疵狀態中之犯行並不具備故意，即會因欠缺雙重故意而無法成立故意的原因自由行爲，頂多只能構成過失犯。例如甲獨自在夜店喝酒，在喝酒過多陷於無責任能力狀態時與鄰桌客人乙發生口角並進而將乙打傷，甲於原因設定階段雖具有自陷責任能力瑕疵狀態之故意，但因對於酒醉後的構成要件行爲（傷害）缺乏故意，不具備傷害的雙重故意而無法構成故意傷害罪，至多僅能成立過失致傷罪。

在雙重故意的認定上，行爲人必須在原因設定階段即對於其後所欲實施的

[47] Hruschka, JuS 1968, S. 558似亦認爲例外說的主張之所以不會違反罪責與不法相符的「罪責原則」，主要是因爲行爲人於原因設定階段中的故意已經包含犯罪實行的所有情況。

[48] Perron, in: Sch/Sch-StGB[28], §20 Rn. 36.

[49] 較近期判決如最高法院105年度台上字第2198號判決、103年度台上字第1832號判決、99年度台上字第5043號判決、99年度台上字第6035號判決等。

特定犯行具有犯罪決意，如果未具備對特定犯行的犯罪決意，而只是認知或容忍其稍後「可能實施某種犯罪」（尚未特定之犯行）的危險，解釋上尚難謂為已具備此項（雙重）故意[50]。例如行為人雖知道自己酒品不好有酒後亂性實施犯罪之可能，仍抱持無所謂之心態執意喝酒（容忍），最後於酩酊狀態中在街上打傷路過之上班族，此時因行為人於原因設定階段對酒後可能實施的犯罪類型並不確定，其故意欠缺足夠之特定性，故行為人只構成過失致傷，而非故意傷害罪。惟如果行為人依據以往經驗得知其酒後回家往往會痛毆其太太，而仍執意喝酒，此時由於其喝酒時已對酒醉狀態下之傷害罪（犯行特定）具有認知並予以容忍，此時應認為其已具備特定之犯罪故意[51]，而可構成故意傷害罪。

　　若行為人在原因設定階段已容忍其在責任能力瑕疵狀態下為特定犯行，只是未包含具體特定的被害人（被害人尚未選定），此時仍應認為其（雙重）故意已具備足夠之特定性[52]。例如行為人慾火焚身決定外出任意尋找適合女性予以性侵，乃借酒壯膽致陷入無責任能力之完全酩酊狀態，出門後不久碰巧遇到某穿著暴露之獨身夜歸女性，進而對其實施性侵，此種情形應認已經具備足夠之特定性，而可構成強制性交[53]（故意原因自由行為）。換句話說，此處關於雙重故意之特定性，只需於原因設定階段對其後所欲實施之犯行特定即可，至於被害人則毋庸特定。

（三）雙重故意的體系──作為罪責要素

　　既然「雙重故意」在原因自由行為裡，係基於罪責原則所生而無法加以摒棄的要件，則此時如何合理的納進在例外說立法下的我國刑法之犯罪判斷體系，即為此處應進一步加以思考的課題。「例外說」將責任能力瑕疵狀態中之行為視為是不法行為，從犯罪階層體系而言本應先為不法判斷後、接續罪責判斷，亦即先以責任能力瑕疵狀態時為行為之客觀情況來認定構成要件故意，至於實行行為時欠缺責任能力的部分，則依例外說前置罪責的法理透過可歸責的前行為（原因設定行為）來加以補足。惟如此的體系思維邏輯是否合理，不無

---

[50] Ebert, AT, S. 102.；Heinz Schöch, in: LK-StGB, §20 Rn. 203.；Puppe, JuS 1980, S. 348.；Wessels/Beulke/Satzger, AT, Rn. 418.

[51] Puppe, JuS 1980, S. 348.

[52] Ebert, AT, S. 102.；Heinrich, AT, Rn. 611.；Puppe, JuS 1980, S. 348.

[53] BGH Urteil v. 24. 11. 1967, JZ 1968, S. 273.

疑問，因為在此處的犯罪判斷流程中，既然已先針對責任能力瑕疵狀態中之行為從不法到有責性進行檢驗，事後卻又再回到原因設定行為進行雙重故意的判斷，形式上是將已經進入有責性階層的犯罪判斷流程再拉回構成要件檢驗的層次，不無體系錯置的疑慮。

　　對此，本書以為在故意原因自由行為中，關於行為人於原因設定階段的雙重故意判斷，其體系定位仍應留在有責性階層處理，而非構成要件階層。也就是說，應將所謂的雙重故意定位為是「故意罪責」（Vorsatzschuld），而非刑法第13條所指的「構成要件故意」（Tatbestandsvorsatz），此除可避免體系錯置的疑慮外，也更能符合雙重故意的本質。在這裡，所謂的故意罪責，其實質意義代表一種可將責任能力瑕疵狀態中所為之故意法益侵害行為歸由行為人去負責的故意，因此行為人在具責任能力狀態時即必須對其後的構成要件行為具備認知與意欲，如此才具備令其對該法益侵害結果負故意罪責的基礎[54]。

　　進一步言，雙重故意概念既係為了符合「罪責原則」不法與罪責一致的要求而來，則行為人在原因設定階段即對所有構成要件實行行為的不法內涵具有故意，本即屬於罪責非難的性質，而非不法判斷。也就是說，對原因設定行為的罪責非難必須含括所有構成要件實行行為（責任能力瑕疵狀態下的行為）的不法內涵，其實正是故意原因自由行為的歸責本質，因此倘若行為人欠缺雙重故意，阻卻的應該是故意罪責，而非構成要件故意。行為人在原因設定階段對其後於責任能力瑕疵狀態下之構成要件行為的心理連結（故意），是對故意原因自由行為最主要的非難基礎，是道道地地的罪責要素，而非不法要素。

　　此種對故意原因自由行為的體系概念理解，不僅符合現行刑法採「例外說」立法的一貫思考脈絡，也不致有違反「罪責原則」或造成體系錯置的疑慮，茲以藉酒壯膽殺人之案例用圖示說明如下：

---

[54] Vgl. Streng, JZ 1994, S. 713 f.

「故意原因自由行為」的犯罪體系結構		
1.構成要件該當性	(1)客觀構成要件：殺人事實 (2)主觀構成要件（構成要件故意）：酒後行兇時對殺人事實的認知與意欲	不法判斷客體 （酩酊行為）
2.違法性		
3.有責性	(1)責任能力： 　A.故意自行招致無責任能力：故意喝醉 　B.適用§19III，罪責判斷前置於原因設定行為，此時行為人必須具備責任能力 (2)故意罪責：於原因設定階段，對責任能力瑕疵狀態下之犯行具有故意，亦即開始喝酒時即對於酒後殺人之事實具有認知與意欲	罪責判斷客體 （原因設定行為） （雙重故意）

　　「故意原因自由行為」在此體系架構下，由於不法判斷客體仍然是行為人於責任能力瑕疵狀態下之構成要件實行行為，故關於構成要件該當性與違法性的判斷均與一般正常犯罪判斷流程無異。構成要件故意的內涵仍應適用刑法第13條之規定，係指對客觀構成要件事實的認知與意欲[55]。以藉酒壯膽故意殺人罪為例，即行為人於責任能力瑕疵狀態下實行構成要件行為時，對殺人事實的認知與意欲。倘若行為人於實行行為時欠缺構成要件故意，即排除成立故意原因自由行為的可能性，縱使其於原因設定行為階段即具有殺人之企圖亦同。

---

[55] 基本上，行為人於麻醉瑕疵狀態中僅會失去對行為的控制力，但並未喪失對事實的認知能力，惟可能在事後會對麻醉狀態期間內所發生之事實產生失憶現象。也就是說，行為人於無責任能力狀態中具備對客觀構成要件事實認知的故意（構成要件故意），在自然意義上是可能的。在這樣的理解下，既然行為人於麻醉狀態中的事實認知能力並未喪失，刑法上構成要件故意的認定又是採客觀判斷標準，則以麻醉狀態下之行為實行當時的客觀情況去認定行為人的故意（構成要件故意），即不違反事物本質及刑法上的故意原理。也就是說，當行為人在責任能力瑕疵狀態之實行行為當時，對於客觀構成要件事實有認知、且也有意使其實現（或容忍其實現），即具備構成要件故意，縱使是行為人當時處於無責任能力狀態也無法改變此種認定。Vgl. Hruschka, JZ 1996, S. 72.；Spendel, in: Hirsch-FS, S. 390.；Streng, JZ 1994, S. 713. 因此，現行刑法理論上將原因自由行為的問題置於有責性階層討論，而非在構成要件故意的層次就予以處理，不僅是正確的理解，甚至是體系概念上的必然。

《案例2》甲因感情糾紛與A結怨，乃計畫藉酒壯膽殺A，甲在喝了很多酒後陷於無責任能力的完全酩酊狀態，隨即開車準備前往A的住處附近埋伏，卻意外地在半路上發生車禍，碰巧撞死了A。

　　在此案例中，甲於撞死A當時並不具備殺人故意，不構成故意的原因自由行為，故甲酒後撞死A的行為仍僅成立過失致死罪，縱使其於原因設定階段即具備殺A之雙重故意亦同。因此，甲的行為應構成一行為觸犯預備殺人罪與過失致死罪的想像競合犯，依刑法第55條之規定從一重處斷。

　　在故意原因自由行為的罪責判斷上，首先應檢驗行為人是否因故意招致自己的責任能力瑕疵狀態。若行為人係因不可歸責於己之事由而陷責任能力瑕疵狀態，例如行為人因遭他人強行施打麻醉藥品而陷入精神恍惚，其後在責任能力瑕疵狀態中殺人，此時由於非屬原因自由行為的情形，故仍應適用刑法第19條第1項與第2項之規定予以阻卻或減輕其罪責。相對地，倘若行為人係故意招致自己的責任能力瑕疵狀態，此時即應適用刑法第19條第3項關於原因自由行為之規定，排除前二項關於責任能力瑕疵規定之適用，而將罪責判斷客體往前移至原因設定行為。於此，在原因設定行為階段，行為人必須具備責任能力，且基於「罪責原則」的要求其亦必須具備對其後所實行之犯行的故意（雙重故意），始足以構成故意原因自由行為。因此，若行為人僅具備實行行為時的構成要件故意，但卻欠缺原因設定行為時的雙重故意，此時應阻卻其故意責任，頂多只能成立過失。

　　簡言之，所謂的「故意原因自由行為」，只有當行為人於原因設定階段即同時具備對自陷責任能力瑕疵（把自己喝醉）與對其後所欲實行之構成要件事實（殺人、傷害或強制性交等）的雙重故意，並且於實際行為當時（酒醉後殺人時）對構成要件實行行為之故意仍然存在的情況下，才有可能成立。

　　在本節導引案例中，甲開車參加喜宴並於喜宴後酒醉駕車返家，甲於喜宴後雖知道自己酒醉而仍執意開車返家，具酒醉駕車之故意（構成要件故意）。雖然其酒醉駕車時已經陷於完全無責任能力的狀態，但由於其係故意自陷責任能力瑕疵狀態，此時應適用刑法第19條第3項原因自由行為之規定，將罪責判斷前置於原因設定行為，而當時甲於喜宴中開始喝酒時仍具有責任能力。而且，甲既係自行開車赴宴，則其於喝酒時即應對於自己酒後將駕車返家之事實具有認知卻仍執意喝酒，在原因設定行為階段即已具備對酒後駕車行為之故意（故意罪責），因此甲之行為構成刑法第185條之3的醉態駕駛罪。至於其酒醉

駕車撞死A的部分，由於甲在酒醉行車當時並無撞死A的意欲，欠缺殺人之構成要件故意，不成立故意原因自由行為，頂多只能論以過失。

四、過失原因自由行為？

　　在雙重故意概念之下，行為人必須於原因設定階段時，即對於原因設定行為以及其後於責任瑕疵狀態中所實施的犯行均具備故意時，始得成立故意原因自由行為，其他情形往往只能考慮是否有成立過失的可能性而已。惟無論如何，原因自由行為的成立，依據通說見解其均有一最低程度的前提要件，亦即行為人在原因設定階段對於其後在無責任能力狀態中所實現的構成要件事實至少是可預見的[56]。據此，行為人在原因設定階段雖欠缺雙重故意，但倘若其對於自陷責任能力瑕疵狀態後所可能實施的犯罪事實具有預見可能性，卻仍為自陷責任能力瑕疵之行為，導致其後果真在無責任能力階段實行故意或過失犯罪，此時即應成立「過失原因自由行為」（Fahrlässige actio libera in causa）[57]。例如原本僅單純赴朋友結婚喜宴，卻因飲酒過多自陷無責任能力之完全酩酊狀態，導致酒後亂性而傷人，行為人於原因設定階段雖無傷害故意，但因對於酒後亂性可能傷人之事實具預見可能性，其仍應構成過失致傷罪。

　　關於「過失原因自由行為」，我國實務見解大致亦以行為人在原因設定階段對於責任能力瑕疵狀態中的法益侵害行為有預見可能性為前提要件。對此，最高法院99年台上字第5043號判決謂：「……原因自由行為，包括故意原因自由行為與過失原因自由行為，除其精神障礙等心智缺陷之狀態係行為人以故意或過失行為所導致外，並須行為人陷入精神障礙前，於精神狀態正常時，對其陷入精神障礙中之侵害法益行為有故意或有預見可能性，始足當之。……」於此，最高法院明確劃分出「故意原因自由行為」與「過失原因自由行為」二種類型[58]，並以行為人於原因設定階段時，對於其後陷入精神障礙之侵害法益行為是否具有故意或預見可能性作為二者之區別標準。

　　惟本書以為對於類似自陷責任能力瑕疵而犯罪的案例類型，倘若行為人因

[56] Kindhäuser, AT, §23 Rn. 5.

[57] Vgl. Heinz Schöch, in: LK-StGB, §20 Rn. 206.；Wessels/Beulke/Satzger, AT, Rn. 420.

[58] 此為實務一貫見解，近期判決亦均區分「故意原因自由行為」與「過失原因自由行為」，如最高法院112年度台上字第800號判決、108年度台上字第1292號判決。

欠缺雙重故意而不成立故意原因自由行為，此時應可直接適用一般過失犯之概念來加以掌握即可。以行為人自行招致責任能力瑕疵之原因設定行為（飲酒或吸食麻醉藥品）作為過失構成要件行為（違反注意義務的行為），符合現行法對過失犯的概念理解，於解釋上並不會造成困難，因為刑法上的過失行為本無定型性，評價的重點乃在於違反注意義務之行為與構成要件結果間的因果歸責關聯[59]，只要二者間具因果關係與歸責關聯性，縱使違反注意義務之行為與構成要件結果間存在有相當的時間、地點間隔，也無礙於過失犯之成立[60]。例如火車維修技師甲在維修過程中因一時疏忽弄錯螺絲型號，而使用較小號的螺絲進行替換，火車在三個星期後因該零件螺絲鬆脫而在二百公里外出軌，直接造成多名乘客受傷，雖然甲違反注意義務之行為與構成要件結果發生之間，時間相隔三星期之久、地點相距二百公里遠，但甲違反注意義務之行為（維修時換用錯誤型號的螺絲）與構成要件結果（乘客受傷）間既具備因果關係與客觀可歸責性，仍可構成業務過失致傷罪。在此案例中，縱使火車出軌時甲正在睡覺或已因病陷於責任能力瑕疵狀態，亦不影響其過失犯罪之成立，因為其於違反注意義務之行為時（維修時換錯螺絲時）仍具備完全之責任能力。

此種在一般犯罪上對於過失犯的認定過程，同樣可以適用在原因自由行為的情形，以酒後亂性殺人案為例，正常人對於喝酒足致亂性而造成對他人之法益侵害應具預見可能性，若行為人未預見可能酒後亂性而犯罪之事實（無認識過失）或雖有預見但確信不致發生（有認識過失），而仍為飲酒之行為，倘若其後果真因其飲酒自陷無責任能力之狀態而殺人，此時其違反注意義務之飲酒自醉行為既與被害人死亡之構成要件結果間具有因果歸責關係，則行為人即應為其飲酒自陷責任能力瑕疵之行為負過失致死之罪責。在這裡，由於行為人於飲酒之初本具有完全責任能力，故毋庸再適用刑法第19條第3項關於原因自由行為之規定。也就是說，此處行為人成立過失犯的過程與一般過失犯罪在結構上並無特殊性，毋庸納入所謂過失原因自由行為的概念，在這樣的情況下所謂的過失原因自由行為僅是一種多餘的概念而已。

據此，本書建議在保留現行例外模式規制的前提下，可以將刑法第19條第3項之規定修正為僅適用於故意原因自由行為之類型，並把實務與學界通說見解的雙重故意概念納入條文規範的精神當中，而將其修正為：「前二項之規

---

[59]　Vgl. Otto, AT, §13 Rn. 33.；Puppe, JuS 1980, S. 350.；Streng, JZ 2000, S. 25.

[60]　Vgl. Rönnau, JA 1997, S. 715.

定，於行為人基於實現構成犯罪事實之故意，而故意自行招致者，不適用
之。」

五、可罰性漏洞與自醉行為構成要件

　　在故意原因自由行為中，雙重故意的概念如前所述係基於罪責原則之要求
而無法摒棄。此種行為人於原因設定階段即必須具備雙重故意的要件，於實務
適用上會產生故意原因自由行為被大幅限縮的結果，致使絕大多數的原因自由
行為案例往往只能經由過失犯來加以掌握。在這樣的情況下，若行為人所犯者
是刑法未明文規定處罰過失犯的犯罪類型，此時將會出現無法可罰的結果。例
如在本節導引案例中，甲酒後欲前往停車場取車時發現有機車亂停擋住其出
路，甲酒後亂性失控持鋁棒將該部機車砸毀，由於甲喝酒時欠缺對毀損他人器
物犯行的故意，故甲就其酒後毀損行為無法構成故意原因自由行為，頂多僅能
成立過失，但刑法第354條的毀損罪並無處罰過失之明文規定，故甲之酒後毀
損行為無罪。此種酒後所實行的不法行為，法律卻無法加以處罰，顯然欠缺刑
事政策上的合理性而屬於現行法上的可罰性漏洞。

《案例3》甲與朋友在Pub中喝酒酒醉後步行回家，途中遇到穿著暴露之獨
　　　　　身夜歸女子A，甲酒後亂性突然慾火上身臨時起意性侵A。

《案例4》甲參加大學同學的婚宴，預見自己可能在喜宴中喝酒，為避免
　　　　　酒駕乃特地搭計程車前往，於喜宴中甲與大學同學乙都喝了很
　　　　　多酒，乙因不勝酒力乃要求甲開他的車載他回家，甲雖也已經
　　　　　處於嚴重酒醉的無責任能力狀態，但仍逞強為乙酒醉駕車載他
　　　　　回家。

　　此處的二個案例，由於甲開始喝酒時（原因設定行為）對於酒醉無責任能
力狀態下性侵他人或酒醉駕車之事實均欠缺故意，依據通說及法院實務均承認
之「雙重故意」法理，勢將難以構成故意原因自由行為，最後頂多只能依過失
犯來處理。然問題在於，不論是刑法第221條的強制性交罪、抑或是刑法第185

條之3的醉態駕駛罪，都僅處罰故意犯而欠缺處罰過失之特別規定[61]，在這樣的情況下將導出《案例3》與《案例4》中的二種情形，行為人甲酒後亂性實施性侵或酒醉駕車之行為均不會構成犯罪，如此將造成明顯的可罰性漏洞[62]。

針對現行法此種於原因自由行為案例類型所造成的可罰性漏洞，可思考的解決途徑有二種：第一種是重新審視現行刑法分則中之不法構成要件，針對經驗上可能於喝酒或吸食麻醉藥品後違犯之犯罪類型且欠缺過失犯之處罰規定者，例如強制性交罪、毀損罪等，增訂處罰過失之條款；另一種途徑則是參酌德國刑法之立法例增訂「自醉行為構成要件」之規定。

為補救在原因自由行為理論下所可能形成的可罰性漏洞，德國立法例所採取的方式是針對因可歸責事由自陷麻醉狀態並因而違犯不法行為的情形，制定處罰自陷麻醉狀態行為之獨立的「自醉行為構成要件」（Vollrauschtatbestand），以作為一種公共危險罪的獨立類型[63]。此種「自醉行為構成要件」在性質上是一種可罰性漏洞的填補機制，係作為當行為人於無責任能力狀態中實施違法行為但卻無法直接依其他不法構成要件予以處罰時的一種「截堵構成要件」（Auffangtatbestand）[64]。也就是說，對於因故意或過失而自陷無責任能力之麻醉狀態者，若行為人於欠缺責任能力的狀態下違犯不法行為，但卻無法適用原因自由行為理論直接依其所違犯之構成要件（例如殺人罪或傷害罪構成要件）來加以處罰時，此時為了避免形成處罰上的漏洞，即可適用此種獨立的自

---

[61] 我國刑法第185條之3的醉態駕駛罪無處罰過失犯之規定，係立法疏漏而可能造成處罰上的漏洞，係學界通說看法。參見甘添貴，刑法各論（下），第65頁；張麗卿，交通刑法，第94頁；彭美英，刑法第185條之3不能安全駕駛罪之再檢討，月旦法學雜誌，第144期，2007/05，第9頁。相對於我國刑法，德國刑法第315c條的交通危險罪以及第316條的酒醉駕車罪，分別都在其第3項與第2項明示了處罰過失的規定，如此在行為人無法構成故意犯的時候，即得適用過失犯的規定來加以處罰，在這裡即顯現出其實益。

[62] 我國實務自從最高法院96年台上字第6368號判決採取雙重故意的見解以來，亦已實際出現類似問題，例如在臺灣高等法院臺南分院102年度侵上訴字第946號判決中，被告酒後犯強制性交罪，法院依醫院鑑定結果被告行為時處於無責任能力狀態，且無法認定被告於飲酒之初即有強制性交之故意，因而為無罪判決，僅諭知五年監護處分。惟此判決後經最高法院發回更審，臺南高分院之後改以被告於行為時仍有部分責任能力為由，改判被告成立加重強制性交罪。

[63] 德國刑法第323a條規定：「因故意或過失藉由飲酒或其他麻醉物品自陷麻醉狀態者，倘若其於麻醉狀態中實行違法行為，卻因此麻醉狀態下所導致之無責任能力或不能排除其無責任能力而不罰，處五年以下有期徒刑或併科罰金。依本條所科與之刑罰，不得重於其於麻醉狀態下所為行為之處罰。麻醉狀態下所為之行為如屬告訴乃論之罪，則本罪亦應告訴乃論。」

[64] Streng, in: MK-StGB, §20 Rn. 151.

醉行為構成要件來加以截堵並予以論罪科刑。

此種自醉行為構成要件與原因自由行為的區別主要在於，自醉行為構成要件的刑事不法單獨存在於行為人可歸責地導致自己陷入無責任能力的麻醉狀態，至於其後在麻醉狀態中所實行的違法行為解釋上僅是屬於「客觀處罰條件」的性質，因而毋庸行為人於原因設定階段即需具備對該特定具體違法行為存在故意（意欲或容忍）或過失（有預見可能或迴避可能性）[65]。也就是說，行為人因自陷麻醉狀態於無責任能力中違犯不法行為，在欠缺故意或過失的情況下，雖難以適用原因自由行為加以處罰，但仍可利用此種自醉行為構成要件的規定加以處罰。

第四節 罪責型態（故意、過失）

導 引 案 例

醫師甲患有自己所不知道的運動神經疾病，由於以前從未發病過，事前亦無任何徵兆，以至醫師甲仍然一如往常為病患進行開刀。不過，在某次手術進行中，醫師甲因為運動神經疾病突然無預警發作，使其持手術刀之手顫動而導致病患受到傷害。試問：甲是否成立過失致傷罪（§284）？

依據通說的「複合罪責概念」，故意與過失具有雙重地位（Doppelstellung），亦即：故意與過失，在不法構成要件的領域中，係作為一種行為型態（Verhaltensform），一般稱之為「構成要件故意」（Tatbestandsvorsatz）與「構成要件過失」（Tatbestandsfahrlässigkeit）；而在有責性的領域，基於「罪責應與不法相符」之罪責原則，亦產生故意、過失作為罪責型態（Schuldform），一般稱之為「故意罪責」（Vorsatzschuld）與「過失罪責」（Fahrlässigkeitsschuld）。由於罪責概念之內涵係對行為人違反義務之意思形成的

---

[65] 張麗卿，交通刑法，2012/12，第104頁以下；同作者，原因自由行為適用疑義之分析，收錄於「刑法總則修正重點之理論與實務」，2005/09，第408頁；Krause, Jura 1980, S. 169.

一種思維非價。在這裡，「故意罪責」作為罪責型態的特徵，乃係在於行為人相對於法行為規範所表現出來的一種「法敵視或輕蔑的態度」（Die rechtsfeindliche bzw. gleichgültige Einstellung）。相對地，「過失罪責」則是行為人針對法秩序之注意要求所表現出來的「輕率與不注意的態度」（Die nachlässige bzw. sorglose Einstellung）[66]。

罪責領域中的故意、過失（故意罪責、過失罪責），與構成要件領域中的故意、過失（構成要件故意、構成要件過失），其區別大致如下[67]：

一、「構成要件故意」與「故意罪責」

原則上，「構成要件故意」係「故意罪責」的表徵，因此具備「構成要件故意」在絕大多數情形也都具備「故意罪責」。依據學界多數說之理解，唯一的例外則係出現於學說上所謂的「容許構成要件錯誤」（Erlaubnistatbestandsirrtum）的情形[68]。

《案例1》A撿到女用皮包，猜想該皮包應是屬於走在前方幾百公尺處之少女所有，乃追上前去欲詢問皮包是否為其所有。不過，由於當時天黑四下無人，該少女甲誤以為A是色狼，乃拿出防身用的噴霧器向A眼睛猛噴，並踹她一腳，因而造成A受傷。本案例中，少女甲對於其行為足以導致A受傷之事實具認知與意欲，具備傷害罪之「構成要件故意」，不過卻因為屬誤想防衛之「容許構成要件錯誤」，依據多數說「限制法律效果之責任說」的見解得以阻卻其「故意罪責」。

惟若依據本書所採取之「嚴格責任說」的觀點，此種「容許構成要件錯誤」的情形仍是屬於「禁止錯誤」的性質而應依刑法第16條來處理，亦即在法律效果上僅得視其禁止錯誤是否可避免而減輕或阻卻其罪責（此將於本章第五

---

[66]　Wessels/Beulke/Satzger, AT, Rn. 425.

[67]　Vgl. Haft, AT, S. 135 f.

[68]　惟此必須以採取「限制法律效果之責任說」為前提。關於「容許構成要件錯誤」在刑法學理上的相關爭議，本書俟進入第六節時始行詳論。

節、第六節中詳述）。在這裡，依據本書之見解，「構成要件故意」仍係「故意責任」的表徵，在個案中一旦行為人具備「構成要件故意」往往也都會具備「故意罪責」，與通說見解不同者在於本書認為其例外應該是在「原因自由行為」中，行為人因欠缺「雙重故意」（欠缺對責任瑕疵狀態中實施犯行的故意）而阻卻「故意罪責」的情形（詳見本書前述第三節、三、（三）之論述）。

《案例2》甲與朋友在海產店吃飯並喝酒聊天，甲喝至嚴重酒醉後與隔壁桌之客人A發生衝突，甲因而打傷了A。本案中，甲打傷A時具備傷害之「構成要件故意」，但因甲於開始喝酒時欠缺傷害他人之故意（於原因設定階段欠缺雙重故意），阻卻「故意罪責」，因此甲不成立故意傷害罪，頂多只能構成過失致傷。

二、「構成要件過失」與「過失罪責」

至於「構成要件過失」與「過失罪責」之區別，則在於其適用之標準。在「構成要件過失」中，適用的是客觀標準，亦即一般人之注意義務（客觀注意義務）；至於在「過失罪責」，所適用的則是主觀標準，亦即行為人個人的注意義務（主觀注意義務）。

在本節導引案例中，醫師甲因不知道自己患有運動神經方面的疾病，以至於在開刀時因為疾病發作手部顫動而導致病患受到傷害。於此，應分為兩個階段來探討：首先，在構成要件階段適用的是客觀標準，則醫師甲開刀時手部顫動致不符合開刀時應符合之客觀醫療準則，此時應足以肯定醫師甲開刀時因手部顫動導致病患受傷之行為具有「構成要件過失」。其次，在有責性階段採取的則是主觀標準，此時即必須考慮到醫師甲自身的主觀認知與能力等因素來作判斷，因此以醫師甲罹患運動神經疾病但卻不自知的情況而言，肇因於該運動神經疾病突然發作所導致之開刀時手部顫動欠缺迴避可能性，尚難認具主觀注意義務違反性，此時應否定其「過失罪責」，不成立刑法第284條的過失致傷罪。應強調者，如果醫師甲已明知自己罹患運動神經方面之疾病，例如以前就曾經發病過醫師甲已知悉自己所罹患之疾病，此時若其仍執意為病患動手術因而導致傷害，即屬超越個人能力而為行為之所謂「超越承擔罪責」（Übernahmeverschulden）的情形[69]，此時仍應認為醫師甲具備過失罪責而應就其過失致傷之行為負責。

第五節　不法意識與禁止錯誤

導引案例

　　涉世未深的十八歲少女甲，不小心未婚懷孕，由於周圍有許多朋友墮胎、藥局私自賣墮胎藥都不見司法機關的訴追，因此她根本完全沒有意識到墮胎是一件違法的事，於是最後她乃自己服用墮胎藥Ru486將胎兒打掉。試問：甲女是否會構成自行墮胎罪（§288 I）？

一、構成要件錯誤與禁止錯誤

　　刑法上的錯誤主要可區別為兩大類，一類屬於事實認知上的錯誤，以「構成要件錯誤」（Tatbestandsirrtum）為代表，主要係指行為人於行為時未認知到構成要件事實或是對構成要件事實發生誤認的情形。由於刑法上對於故意要求行為人必須具備實現構成要件事實的認知與意欲，因此在構成要件錯誤的情形，由於行為人欠缺對構成要件事實的正確認知，即可能造成阻卻故意的效果。

《案例1》夜晚上山打獵之獵人甲發現山羊蹤跡，隨即以獵槍進行射殺捕獵，卻發現其竟將登山客誤認為山羊，甲於是趕緊將被誤擊的登山客送醫，惟登山客最後仍因傷勢過重而死亡。於此案例中，A於行為時發生所謂「不等價客體錯誤」，依通說見解應阻卻故意，惟甲之誤認畢竟具注意義務違反性，故仍應成立過失致死罪（§276）。

---

[69]　Vgl. Heinrich, AT, Rn. 1056.

　　另一類錯誤則屬於法規範評價上的錯誤，以「禁止錯誤」（Verbot-sirrtum）爲代表，其乃是指行爲人對於法定構成要件事實雖有正確認識，但對其行爲事實卻發生法評價錯誤，以至於誤認其行爲是法規範所容許的。也就是說，行爲人在行爲時並不具備不法意識（Unrechtsbewusstsein），欠缺對其行爲可能違法的認知。

《案例2》因颱風過境造成山區大量櫸木傾倒被水流沖至下游河段，由於數量龐大堆積成群多天無人處理，居住於下游之雕刻家乙認定是該些櫸木爲無主物，乃取走部分樹木、枝幹回家作爲自己雕刻之素材，惟其後警察登門指其行爲已觸犯森林法第52條竊取森林主、副產物罪。於此案例中，雕刻家乙在不知其行爲可能觸犯森林法的情況下取走被颱風吹倒的櫸木，欠缺不法意識，構成「禁止錯誤」。

　　此種「禁止錯誤」應產生如何的法律效果，關係到不法意識在犯罪體系上的定位問題，學說上長久以來即存在阻卻故意的「故意說」（Vorsatzstheorie；故意理論）以及影響罪責的「責任說」（Schuldtheorie；罪責理論）的分歧，爲刑法上的古典爭議之一。我國於2005年修法時將刑法第16條的禁止錯誤條款修訂爲：「除有正當理由而無法避免者外，不得因不知法律而免除刑事責任。但按其情節，得減輕其刑。」於此，立法者將禁止錯誤的法律效果定位爲是影響「刑事責任」（罪責）而非故意，在立法上已明確採取了「責任說」的規制模式。

二、不法意識與禁止錯誤

（一）違反法規範要求之認知

　　所謂不法意識，亦稱爲不法認知（Unrechtseinsicht）[70]或違法性意識（Bewußtsein der Rechtswidrigkeit；違法性認識）[71]，係指行爲人對於「其行爲違反法規範」的一種認知。「不法意識」僅是指行爲人對於其行爲違反法規範之禁

---

[70] Vogel, in: LK-StGB, 12 Aufl., 2007, §17 Rn. 13 ff.

[71] Jescheck/Weigend, AT, S. 452 ff.

止的一種認知，並非指行為人必須對於其行為違犯何種法律條款有所認識，也不是指行為人對其行為在法律上具備可罰性（Strafbarkeit）的認識[72]。概念上，行為人在行為時只要有意識到他的行為並非是法所容許的（或意識到其不作為並非是法所容許的），那麼其便具備了不法意識。至於其行為究竟是違反哪一項法律條款，對於禁止錯誤的判斷都是無關緊要的[73]，否則如果要求行為人必須認識其行為是違反哪一個法律條款始能謂其具有不法意識的話，勢必只剩下精通法律的人才可能具備不法意識了。

另外，基於「法秩序的一體性」原則，行為人只要認知到其行為違反法規範夠了，不管他是認知到違反刑法、民法或行政法規範，甚至行為人只是寬泛的認知到其行為違法、但不確定違反何種法規範，都可以認為其具備不法意識[74]。應強調者，行為人無論如何至少應具備其行為違反法規範的認知，倘若行為人僅僅具有倫理道德違反的認知，則無法認為具備不法意識[75]。例如，行為人雖然知道其重婚行為違反了倫理道德規範，但是另一方面又以為法律並未禁止重婚之行為（亦即行為人認為雖不道德但不違法），解釋上仍應認為其於為重婚行為時欠缺不法意識，因而存在禁止錯誤。但反過來說，如果行為人於行為時認為其行為雖違法但合乎道德倫理，仍應認為其行為時具備不法意識，而不存在禁止錯誤的問題[76]。

有問題者在於，當行為人對於其行為違反法規範與否並不確定而有所懷疑時，是否可認為其亦具備不法意識，解釋上不無疑問？此種情形，刑法學理上往往將之稱為「不法懷疑」（Unrechtszweifel）[77]，亦即行為人在行為當下雖

---

[72] Hinderer, Tatumstandsirrtum oder Verbotsirrtum?, JA 2009, S. 864.；Krey/Esser, AT, Rn. 714.；Kühl, AT, 8. Aufl., 2017, §11 Rn. 28.；Baumann/Weber/Mitsch, AT, §21 Rn. 48.對此的解釋是，因為行為人是受法（Recht）的約制，而非受刑罰效果（Straffolge）的約制，故對於可罰性的誤認，於此是被忽略的。

[73] Vgl. Heinrich, AT, Rn. 1114.；Kühl, AT, §11 Rn. 30.

[74] Vgl. Schönke/Schröder/Sternberg-Lieben/Schuster StGB, 29. Aufl. 2014, §17 Rn. 5.；Baumann/Weber/Mitsch, AT, §21 Rn 54.不同見解：Neumann, in:Kindhäuser/Neumann/Paeffgen StGB, 5. Auflage 2017, §17 Rn. 21.認為只有在行為人認知到其行為違反了實定法的（刑事）制裁規範，才可以認定其具備不法意識，僅僅是對於行為違反民法或行政法規範的認知是不夠的。

[75] Jescheck/Weigend, AT, S. 454.；Krey/Esser, AT, Rn. 715.；Kühl, AT, §11 Rn. 28.；Vogel, in: LK-StGB, §17 Rn. 13.不過，行為人對其行為違反倫理道德的認知，解釋上會成為促使其去進一步瞭解計畫中的行為是否違法的促因。Vgl. MüKoStGB/Joecks, 3. Aufl. 2017, §17 Rn. 10.

[76] Baumann/Weber/Mitsch, AT, §21 Rn. 50.

[77] 「不法懷疑」文獻上也被稱之為「違法性懷疑」（Zweifel an der Rechtswidrigkeit）或「禁止

然認為其行為應該是合法的，但主觀認知上卻又無法完全排除行為違法的可能性[78]。對此，學界多數說的看法認為，「不法意識」並非指行為人必須明確地認識到其行為違反法規範，解釋上也應該包含所謂「限制不法意識」（Bedingtes Unrechtsbewußtsein）的情況，亦即行為人認為其行為可能是違法或被禁止的，並且予以容忍的情形（類似於「未必故意」的心態）[79]。

於多數說此種理解之下，在「不法懷疑」的情形，由於行為人仍具備限制的不法意識，因此不法懷疑的案例多數就會被排除於禁止錯誤的概念範圍之外，而無法適用刑法第16條的規定。惟此種理解有過於寬鬆之虞，將造成若人民無法完全確定其行為不違法、就必須放棄為該行為的結果，如此恐將過度限制人民的自由，故解釋上似宜認為，當行為人對於其行為可能違反法規範產生高度懷疑時（亦即高度懷疑其行為可能會違反法規範時），方得認為其具不法意識而否定禁止錯誤的存在[80]。

行為人於行為時若具備不法意識，就不存在禁止錯誤，是可以肯定的。然而反過來說，這並不代表行為人必須積極地認識其行為合法始發生禁止錯誤，確切地說只要行為人消極地欠缺不法意識，就存在禁止錯誤[81]。在這裡，與前述所提及的「限制不法意識」，兩者的界限乃在於：「限制不法意識」指的是，行為人雖不確定，但仍然有意識到他的行為可能違反法規範（高度懷疑其行為可能違法），並且加以容忍，這時刑法評價上仍認為行為人具有不法意識；相對地，倘若行為人於行為當時壓根就沒有意識到他的行為有可能違法，

懷疑」（Verbotszweifel）。

[78] 中文文獻可見阮玉婷，禁止錯誤之避免可能性—兼論不法懷疑，東吳法律系碩士論文，2016/07，第87頁以下。

[79] Vgl. Schönke/Schröder/Sternberg-Lieben/Schuster StGB, 29. Aufl. 2014, § 17 Rn. 5a.；Baumann/Weber/Mitsch, AT, § 21 Rn 45.；Ebert, Strafrecht Allgemeiner Teil, 3Aufl. 2001, S. 105.；Heinrich, AT, Rn. 1114.；Kühl, AT, § 11 Rn. 30.

[80] Vgl. Frister, Strafrecht Allgemeiner Teil, 5. Aufl., 2011, 19/5.類似見解：古承宗，不法意識之於犯罪結構的功能意義，收錄於氏著「刑法的象徵化與規制理性」，2017/02，第186頁以下。而MüKoStGB/Joecks, 3. Aufl. 2017, § 17 Rn. 26.則認為縱使行為人存在不法懷疑，也不應一概排除存在禁止錯誤的可能性，亦即在要求其迴避違法的危險是無法被期待的情形，解釋上仍應認為存在禁止錯誤。另外，學說上也有採折衷觀點者：Roxin, Strafrecht AllgemeinerTeil I, 4. Aufl., 2006, § 21 Rn. 34.則認為至少在無法排除行為人存在不法懷疑的情況，不應將其一律視為是具完全不法意識的可罰性案例，而是應類推「禁止錯誤的規定」（德國刑法第17條、我國刑法第16條）去判斷。

[81] Baumann/Weber/Mitsch, AT, § 21 Rn. 45.；Schönke/Schröder/Sternberg-Lieben/Schuster StGB, 29. Aufl. 2014, § 17 Rn. 6.

那麼在刑法上便應將其評價爲欠缺不法意識的「禁止錯誤」。

（二）實質違法性認識

多數說見解則認爲不法意識只要具備對其行爲違反形式上有效之法規範的認知就足夠了，並不需要包含對行爲「實質違法性」的認知。行爲人只要有認知到其行爲與現行法相違背，縱使行爲人同時確信其行爲具社會有益性（Sozialnützlichkeit）的本質，仍應肯定其具備不法意識[82]。此種情形尤其表現在行爲人爲了實踐其理念或信仰而以實際行動觸犯刑法的所謂良心犯（Gewissenstäter）或確信犯（Überzeugungstäter）上，行爲人雖然秉持著行爲是實質合乎正義理念，但他同時也認知其行爲與現行法相衝突，行爲人既已有意識的違反了明確表示於外的全體國民意志，這樣就足夠了，其不法意識即應該被肯定[83]。換句話說，在這樣的情況下並非禁止錯誤。

至於所謂「違憲惡法」的問題，本文認爲應透過法治國家的法官基於其服從憲法的義務做合憲性法律解釋（Verfassungskonforme Gesetzesauslegung），甚至法續造（Rechtsfortbildung），使其能符合憲法的法秩序。假如法官透過各種法學方法的運用，仍無法對該法律做一個符合憲法的詮釋，那麼法官便應該依司法院釋字第371號解釋的精神或司法院大法官審理案件法第5條第2項之規定，裁定停止訴訟程序，聲請大法官釋憲。另外，如果係基於政治道德良心之動機，以促使法律、政府政策或社會弊端的變更爲目的，所爲之公開、非暴力而有意識觸犯法律規範的行爲，則屬於學說上所稱的「公民不服從」（ziviler Umgehorsam；civil disobedience）[84]，解釋上可基於無期待可能性之法理「在符合一定要件的情況下」將其視爲是一種（超法規的）寬恕罪責事由（Entschuldigungsgrund）來處理[85]。據此，本文認爲不法意識的本質即是行爲人對於其行爲係違反法規範要求的認知，並不需要包括實質違法性的認識。

---

[82] Jescheck/Weigend, AT, S. 454.；Krey/Esser, AT, Rn. 722.；Kühl, AT, §11 Rn. 31.

[83] Schönke/Schröder/Sternberg-Lieben/Schuster StGB, 29. Aufl. 2014, §17 Rn. 7.

[84] 許宗力，試論民主法治國家的市民不服從，收錄於氏著「法與國家權利」一書，台大法學叢書，1992，頁77。

[85] Vgl. Kühl, AT, §12 Rn. 116 ff.不同見解：薛智仁，刑法觀點下的公民不服從，中研院法學期刊，第17期，2015/09，第165頁以下，則主張以憲法的基本權條款作爲阻卻違法事由來排除公民不服從行爲之違法性。

三、禁止錯誤的類型

此種因行爲人於行爲時欠缺不法意識所發生的「禁止錯誤」，學說上大致可分爲以下兩種類型：

（一）直接禁止錯誤

「直接禁止錯誤」（Direkter Verbotsirrtum），係指行爲人因爲不認識禁止規範或對於禁止規範認識錯誤，以至於誤認爲其行爲係法所不禁止的情形。例如不知道墮胎係屬違法而逕自服藥墮胎、雕刻家不知道擅取風倒樹木係屬違法而將樹木取回作爲雕刻素材、誤以爲重婚非法所禁止而仍爲重婚行爲、不知道捕獵保育類野生動物是違法的等均屬之。

（二）間接禁止錯誤

「間接禁止錯誤」（Indirekter Verbotsirrtum），則是指行爲人雖然對於法禁止規範有正確之認識，不過卻誤以爲其行爲符合阻卻違法事由而爲法律所容許。換句話說，其並非係直接誤認行爲是法所不禁止，而是在誤以爲符合阻卻違法事由的情況下，間接誤認自己行爲是法所容許的，故乃稱之爲「間接禁止錯誤」。由於「間接禁止錯誤」屬於對阻卻違法事由之法定要件（容許構成要件）的誤認，因此學說上又稱之爲「容許錯誤」（Erlaubnisirrtum）。以下二案例均屬於此種「間接禁止錯誤」的情形：

《案例3》丙走在路上碰巧發現幾天前被追呼爲色狼的強暴嫌疑犯A，乃將其抓起來。因爲丙誤認其行爲係對現行犯之逮捕，屬「依法令之行爲」而得阻卻違法（刑事訴訟法§88：§21Ⅰ），惟實際上A現在已不屬於刑事訴訟法所規定之現行犯了。

《案例4》丁到債務人家中討債，見債務人推託沒錢，乃強行將債務人家中之家具取走用以抵債，因爲丁誤認爲此行爲屬於自助行爲而得主張「依法令之行爲」阻卻違法（民法§151：§21Ⅰ）。不過，實際上，丁之行爲並不符合自助行爲的要件，因爲自助行

為必須「以不及受法院或其他有關機關援助，並非於其時為之，則請求權不得實行或其實行顯有困難為限」（民法§151後段）。

四、禁止錯誤理論

因行為人欠缺不法意識所導致的「禁止錯誤」，其在犯罪體系上的定位與法律效果為何，學說上長久以來即存在兩種主要的對立觀點，亦即主張禁止錯誤應阻卻故意的「故意說」（故意理論）以及主張只影響罪責的「責任說」（罪責理論）[86]：

（一）故意說

「故意說」將不法意識歸類為故意的認知對象，因此行為時若欠缺不法意識會阻卻故意而無法成立故意犯，此時只有在行為人係過失發生可責之禁止錯誤且刑法亦有處罰過失之規定時，方得對行為人論以過失犯之刑責[87]。在「故意說」底下，故意除了對實現構成要件事實的認知（與意欲）外，尚應包含對行為違法性的認知（不法意識），因此行為時縱使具實現構成要件事實的知與欲，若欠缺對其行為事實的不法意識，仍會因未完全滿足故意要素而不具備故意。另外，基於對認定不法意識是否存在的理解差異，文獻上又將「故意說」區分成「嚴格故意說」與「限制故意說」兩種不同觀點：

1. 嚴格故意說

依據「嚴格故意說」（die strenge Vorsatztheorie）的主張，行為人必須於行為時具備「現實存在的不法意識」（aktuelle Unrechtbewusstsein），僅僅只有「不法意識可能性」是不夠的[88]。基本上，嚴格故意說將所有造成不法意識

[86] 可參見林書楷，不法意識與禁止錯誤，收錄於「刑法總則修正十年之回顧與前瞻」，2019，第107頁以下。

[87] Mezger/Blei, Strafrecht I, 15. Aufl. 1973, S. 208.

[88] Baumann, Strafrecht Allgemeiner Teil, 8. Aufl. 1977, S. 443.；中文文獻可參考洪福增，論故意說與責任說，收錄於氏著「刑事責任之理論」，1988，第163頁以下；陳志龍，許可性構成要件錯誤—兼評負面構成要件要素理論，台大法學論叢，20卷1期，1990/12，第238頁；陳

欠缺的原因予以等同視之而不加區別[89]，行為人必須確實認知到其行為之不法才可謂具備不法意識，因此若行為人於行為時欠缺現實存在的不法意識，不論是因為什麼原因所造成的，均得成立阻卻故意的禁止錯誤。

「嚴格故意說」被批評的缺點在於：它粗糙的賦予所有欠缺不法意識的行為阻卻故意的效果，促進了行為人對於法律的輕蔑態度。而且，在不符合過失的情形時，將造成令人無法忍受的可罰性漏洞，那就是當一個人在基本態度上從來根本就沒有他人法益存在的意識時，反而會因此永遠欠缺犯罪故意而不構成犯罪[90]。例如，一些對於行為的違法性已感到麻木的嚴重「常習犯」（或「習慣犯」），適用「嚴格故意說」的結果，可能因為其不具備實際上的現實不法意識而阻卻故意。因此，為避免此種缺陷，乃有「限制故意說」的提出。

2. 限制故意說

為填補「嚴格故意說」所可能遭成的可罰性漏洞，學說上乃從不同方向去修正關於不法意識認定的理解，此類見解一般統稱為「限制故意說」（die eingeschränkte Vorsatztheorie），主要可分成兩種修正途徑：

第一種途徑是放寬對不法意識認定的理解：對此學說上有認為，故意並不須要求現實存在的不法意識，而是只要行為人在行為當下具「潛在的不法意識」（potentielle Unrechtsbewusstsein）即可[91]，亦即只要行為人具備不法意識可能性就足夠了，並不以現實存在的不法意識為必要。第二種途徑則是建立不法意識認定上的例外情況：對此學說上有主張縱使行為人在行為當下欠缺現實存在的不法意識，但如果其欠缺是出於行為人本身對於法規範要求的一種法盲目（Rechtsblindheit）或是法敵對（Rechtsfeindschaft）的態度，此時則仍應肯定其存在不法意識而具備故意[92]。

在本節導引案例中，甲女對於其墮胎行為「欠缺」實際上的現實不法意識，而且行為人之所以欠缺不法意識也非由於法盲目或法敵對的態度而來，因

樸生，違法性意識與錯誤（三），軍法專刊，47卷7期，2001/07，第4頁。

89　Vgl. Mezger/Blei, Strafrecht I, S. 208.

90　黃榮堅，刑法解題—關於不法意識與犯罪結構，收錄於氏著「刑法問題與利益思考」，1995，第182頁。

91　Baumann, aaO., S. 444.

92　Mezger, NJW 51, 500; 53, 2. zitiert nach Wessels/Beulke/Satzger, AT, Rn. 693.；國內學者有將此種見解稱之為「法敵對性說」者，見洪福增，論故意說與責任說，第163頁以下。

此，不論依據「嚴格故意說」或是「限制故意說」，甲女之行為都應該阻卻故意，且由於刑法墮胎罪並不處罰過失，故不成立犯罪。

（二）責任說

相對於「故意說」將不法意識定位為故意要素，「責任說」（Schuldtheorie；罪責理論）則認為不法意識並非故意要素，而是獨立的罪責要素[93]，因此在欠缺不法意識的禁止錯誤中，影響的是行為的罪責（Schuld），而不是故意。因為罪責非難的基礎乃在於人具有意志自由，能決定遵守法規範而避免為不法行為，如果行為人仍執意為不法行為，則其思維就應該受到非難。在這裡罪責非難有一個前提，那就是行為人必須對法規範和不法有所認知。如果行為人欠缺不法的認知，便無法形成避免不法的動機，法規範對於行為人的罪責非難便會受到影響[94]。

依據通說對「責任說」的理解，行為人於行為時因欠缺不法意識所形成的禁止錯誤，應視其錯誤是否可避免而阻卻或減輕罪責[95]。也就是說，若係「不可避免之禁止錯誤」，行為會阻卻罪責，犯罪不成立；相對地，若僅係「可避免的禁止錯誤」，行為只能減輕罪責，並基於刑罰應與罪責相符的罪責原則，予以減輕其刑。

（三）本書見解採「責任說」

刑法於2005年修訂刑法（2006年7月1日生效施行）將第16條之規定修改為：「除有正當理由而無法避免者外，不得因不知法律而免除刑事責任。但按其情節，得減輕其刑。」修法理由明白指出本條規定是關於違法性錯誤（禁止錯誤）之法律效果所設之規定，此次修法係為符合違法性錯誤及責任理論。從條文規定及修法理由的內容來看，立法者顯然已經在前述「故意說」與「責任說」的爭論上選擇採取了「責任說」的規制模式[96]。在這樣的情況下，2005年

---

[93] Mezger/Blei, Strafrecht I, S. 209.

[94] BGHSt 2 , 194, 200 f.

[95] Baumann/Weber/Mitsch, AT, §21 Rn. 59.；Heinrich, AT, Rn. 1115.；Kühl, AT, §13 Rn. 60.；Welzel, Das Deutsche Strafrecht, S. 164 ff.

[96] 張麗卿，刑事責任相關之最新立法修正評估，東海大學法學研究，第23期，2005/12，第40頁，也認為本條修正符合「罪責理論」法理並涵蓋消極違法性錯誤。另外，林東茂，刑法修

刑法修正通過後，因立法者已經在刑法第16條明文採取「責任說」的內涵，因此「責任說」幾乎已經可說是取得通說之地位[97]，不過學說上仍有為「故意說」之主張發聲者[98]。

筆者認為綜合我國現行法的規定、現行通說的三階層犯罪結構體系以及罪責原理的角度來看，「責任說」的主張仍是較值得採行的一種觀點。不法意識仍應定位為是「獨立的罪責要素」，而非故意要素，因此欠缺不法意識影響的應該是行為人的罪責，而非（構成要件）故意。主要理由大致有以下三點：

首先，在刑法第13條關於故意的定義規定中，故意的認知對象僅及於「構成犯罪之事實」（亦即法定構成要件事實），並不包含對行為不法的認知，因此若將不法意識解釋為是故意要素，會與刑法規制的現狀相違背。

其次，從刑法第13條的故意定義以及第16條的禁止錯誤規定來看，可發現刑法在體系上明確的區分阻卻故意的構成要件錯誤以及阻卻（或減輕）罪責的禁止錯誤兩種錯誤型態，且在現行的三階層犯罪結構體系下，刑法第13條所指的故意僅可能是構成要件故意而非故意罪責[99]。倘若認為不法意識是故意要素，則刑法第16條的規定將會成為適用不到的具文[100]，因為所有的禁止錯誤都

正重點評釋，收錄於「刑法總則修正重點之理論與實務」，2005，第77頁，認為此次修正很有德國刑法（按德國刑法第17條對禁止錯誤係採責任說）的影子。

[97] 王皇玉，刑法總則，3版，2017，第337頁以下；甘添貴／謝庭晃，捷徑刑法總論，修訂版，2006，第215頁以下；余振華，刑法總論，2011，第295頁以下；林山田，刑法通論（上），10版，2008，第433頁以下；林東茂，刑法綜覽，7版，2012，第1-147頁以下；林鈺雄，新刑法總則，5版，2016，第342頁以下；陳子平，刑法總論，增修版，2008，第340頁以下；柯耀程，刑法概論，2007，第307頁；許澤天，刑總要論，2版，2009，第156頁；靳宗立，刑法總論Ⅰ，2010，第329頁以下；張麗卿，刑法總則之理論與運用，4版，2014，第277頁以下；蘇俊雄，刑法總論Ⅱ，第320頁以下、第335頁。

[98] 如薛智仁，禁止錯誤之法律效果—為故意理論辯護，政大法學評論，第142期，2015/09，第161頁以下；古承宗，不法意識之於犯罪結構的功能意義，收錄於氏著「刑法的象徵化與規制理性」，2017，第197頁以下。另外，也有認同發生於核心刑法與附屬刑法的禁止錯誤應該分開處理的見解，主張發生在核心刑法領域的禁止錯誤應適用「責任說」阻卻或減輕罪責，但發生在附屬刑法領域的禁止錯誤則應阻卻故意。林東茂，刑法綜覽，第1-146頁以下，不過在後來的論文裡（林東茂，禁止錯誤的刑法評價，東海大學法學研究，第52期，2017/08，第74頁以下），則改變見解認為欠缺不法意識的分流處理並無意義，禁止錯誤全依「責任說」評價並無不當，如此處理法秩序也更具一致性。

[99] 至於在「容許構成要件錯誤」的情形是否可產生阻卻故意罪責的法律效果，將於下一節再論述此一問題。

[100] 薛智仁，禁止錯誤之法律效果—為故意理論辯護，政大法學評論，第142期，2015/09，第216頁。

會在構成要件階層產生阻卻故意的結果而形成阻斷效力，根本無須留待至罪責階層再適用刑法第16條進行判斷的空間。

最後，從罪責非難的本質來看，罪責是對行為人選擇實現不法行為之意思形成的一種可非難性（Vorwerfbarkeit）判斷。人具有自由意志，可以明辨是非、趨善避惡，此為建立罪責的前提。倘若依據行為當時的狀況，行為人本可以自由決定要為合法行為、抑或是為不法行為，但其仍決定選擇為不法行為，則行為人選擇為此不法行為的思維（Gesinnung）即具有可非難性，其在法律上乃必須為其不法行為負責，此為建立罪責的基礎。在這裡，罪責非難有一個前提要件，那就是行為人必須對行為不法有所認知，如果行為人欠缺不法的認知，便無法形成避免不法的動機，法規範對於行為人的罪責非難便會受到影響。因此，欠缺不法意識所影響的不是故意，而應該是行為人的罪責，如此理解與罪責之本質相符。

據此，採「責任說」之見解，在本節導引案例中，甲女對於其墮胎行為之所以會欠缺不法意識，乃是因為周圍有許多朋友墮胎、藥局私自賣墮胎藥都不見司法機關的訴追，加上甲女僅有十八歲且涉世未深，因此她沒有意識到墮胎是一件違法的事（欠缺不法意識），應可認為其欠缺不法意識係有正當理由而無法避免的（即不可避免的禁止錯誤），故應依刑法第16條本文之規定阻卻罪責，不構成犯罪。

五、禁止錯誤的法律效果

依刑法第16條所採取的「責任說（罪責理論）」，禁止錯誤的法律效果係分成「不可避免之禁止錯誤阻卻罪責」以及「可避免之禁止錯誤減輕罪責」二種類型：

（一）不可避免之禁止錯誤

若行為人不法意識之欠缺係屬不可避免，此時即應阻卻其責任（罪責）而不成立犯罪，此種情形一般稱之為「不可避免的禁止錯誤」（Unvermeidbarer Verbotsirrum）。不可避免的禁止錯誤應阻卻罪責的原理可以直接由「罪責原

則」導出[101]，因為若不存在獲取不法認知的可能性時，行為人在此情況下即無法形成避免不法的動機，導致其意思形成會不具規範上之可責性，因而欠缺罪責。

（二）可避免之禁止錯誤

倘若行為人不法意識之欠缺是可避免的，此時就無法完全阻卻其罪責，而僅得減輕罪責並減輕其刑而已，此種情形一般稱之為「可避免的禁止錯誤」（Vermeidbarer Verbotsirrtum）。可避免的禁止錯誤無法阻卻罪責之理由在於，其不法意識之欠缺係可避免而未避免，故行為人對不法意識之欠缺具過失性[102]，仍存在規範評價上之可責性，只是由於行為人於行為時仍欠缺現實存在的不法意識，其思維非價（Gesinnungsunwert）程度較之「明知法不容許卻仍執意為之」的情形顯較輕微，因而只能予以較輕的罪責非難，並依「罪責原則」的精神予以相對應地減輕其刑。

（三）可避免性的判斷

關於禁止錯誤是否可避免的判斷基準，學說與實務存在不同觀點，實務見解多認為應採「一般正常理性之人」（通常一般人）的客觀標準[103]；相對地，學說上則多採取以「行為人個人能力」為準的主觀標準[104]。對此，考量罪責係對於行為人形成為不法行為之意思決定的非難評價，解釋上應採以行為人個人能力作為判斷基準的主觀標準較為妥適。也就是說，在進行禁止錯誤是否具有可避免性的判斷時，應考量行為人本身的智識、生活經驗、職業與社會地位，

---

[101] Vgl. Roxin, ATI, §21 Rn. 35.

[102] Baumann/Weber/Mitsch, AT, §21 Rn. 59.認為禁止錯誤是否可避免的區別，其實就是對行為人之錯誤或不知是否具有「過失性」的判斷。

[103] 最高法院110年度台上字第4411號判決、110年度台上字第4120號判決、111年度台上字第1326號判決、110年度台上字第1546號判決。

[104] 王皇玉，刑法總則，7版，2021，第350頁；古承宗，不法意識之於犯罪結構的功能意義，收錄於氏著「刑法的象徵化與規制理性」，2017，第183頁以下；古承宗，第三人之禁止錯誤與資訊風險，收錄於氏著「犯罪支配與客觀歸責」，2017，第159頁以下；林東茂，禁止錯誤之刑法評價，第72頁以下；馮聖晏，不法意識的認定與欠缺不法意識的評價—以最高法院新近判決為核心，世新法學，第15卷第2號，2022/06，第15-421頁以下。應注意者，最高法院實務見解亦有少數判決係採依行為人個人能力判斷的主觀標準，例如最高法院107年度台上字第1289號刑事判決。

以其自身的認知與判斷能力作為基準，據以認定是否有避免禁止錯誤之可能性。

　　另外，在行為人對於其行為是否違法存在「不法懷疑」的情形，亦即行為人在當下雖然認為其行為應該是合法的，但卻又無法完全排除行為違法的可能性。此時，行為人應負有法律諮詢義務，去尋求法律專業人士提供法律意見以確定行為是否違法[105]。若是能透過向法律專業人士諮詢而得以獲知行為之違法性，卻因為行為人怠於履行此項法律諮詢義務以致於發生禁止錯誤，此時即屬於「可避免的禁止錯誤」。相對地，若行為人已經履行向法律專業人士尋求法律意見的諮詢義務，但卻仍無法消除其禁止錯誤，此時則應認定為「不可避免之禁止錯誤」。例如，行為人雖向律師諮詢，但律師卻提供了錯誤的法律意見導致行為人誤以為該行為是合法的，以至於在欠缺不法意識的情況下實行了違法行為，此時應認行為人係屬「不可避免之禁止錯誤」，阻卻罪責而無罪。

　　實務見解亦認為行為人在未履行法律諮詢義務下所發生的禁止錯誤係屬於「可避免的禁止錯誤」。例如最高法院109年度台上字第5405號判決即謂：「……若行為人可以透過更進一步的諮詢與探問，了解其行為的適法性，而得到正確的理解，此時就可以認為屬於可迴避的禁止錯誤……。」

　　禁止錯誤是否具有可避免性的判斷，固屬於個案判斷，然較可能被承認為「不可避免之禁止錯誤」而阻卻罪責的類型，可能有以下幾種[106]：信賴法律專家所提供的錯誤法律意見導致發生禁止錯誤、附屬刑法中的規定行為人難以得知[107]、學說與實務上的法律爭議問題（特別是對構成要件的解釋有爭議而法院改變以往見解改採對行為人不利的解釋時）。

---

[105] Heinrich, AT, 6. Aufl., 2019, Rn. 1118.；Wessels/Beulke/Satzger, AT, 52. Aufl., 2022, Rn. 736.另，學說上亦有主張以「促因」（Anlass）作為產生諮詢義務的前提，關於此可參見馮聖晏，不法意識的認定與欠缺不法意識的評價—以最高法院新近判決為核心，第15-416頁以下。

[106] Heinrich, AT, 6. Aufl., 2019, Rn. 1118.

[107] 特別是涉及空白刑法補充法令的變動，在補充法令公布後的短時間內難以期待行為人可以知悉此項變動，導致發生禁止錯誤，此時應認為係「不可避免之禁止錯誤」。實際案例可參見最高法院108年度台上字第673號判決。

第六節　容許構成要件錯誤

導引案例

(1)A撿到女用皮包，猜想該皮包應是屬於走在前方幾百公尺處之少女所有，乃追上前去欲詢問皮包是否為其所有。不過，由於當時天黑四下無人，該少女甲誤以為A是色狼，乃拿出防身用的噴霧器向A眼睛猛噴，並踹他一腳，因而造成A受傷。請問該少女是否構成傷害罪（§277 I）？

(2)乙發現路旁房屋冒出白煙，且屋內似乎有人呼救，心想屋內發生火災有人被困，乙為了救人乃逕自翻牆進入庭院、並打破窗戶玻璃衝進屋內準備救人。不過，事實上該處只是在進行電影拍攝工作，實際上並無火災。試問乙是否會構成侵入住居罪（§306 I）與毀損器物罪（§354）？

　　所謂「容許構成要件錯誤」（Erlaubnistatbestandsirrtum），係指行為人對於構成阻卻違法事由之前提事實所發生的認識錯誤。也就是說，行為人雖然對於禁止規範以及阻卻違法事由之法定要件均有正確認知，不過卻誤以為具有阻卻違法的事實，然而實際上該阻卻違法之事實並不存在。例如，上述導引案例(1)的「誤想防衛」、以及導引案例(2)的「誤想避難」等情形。

　　與「容許構成要件錯誤」應予區別者，係前面曾經提過的「容許錯誤」（Erlaubnisirrtum）。所謂「容許錯誤」，係指行為人雖對於事實並無誤認，不過卻由於誤認阻卻違法事由的法定要件或界限，以至於誤以為其行為可以阻卻違法而為法所容許的一種情形。例如，看電影時遇到三天前被追呼為搶匪之人，因誤解現行犯之法定意義而對之實施現行犯逮捕，但實際上當下並不符合現行犯逮捕的法定要件。此種「容許錯誤」與「容許構成要件錯誤」區別主要在於，前者係對於阻卻違法事由「法定要件或界限」的誤認，後者則是對於阻卻違法事由「前提事實」的誤認。由於在「容許錯誤」的案例中，行為人並無事實上的誤認，而是在誤以為符合阻卻違法要件的情況下，間接誤認自己行為是法所容許的，因此其所發生的錯誤都是屬於規範評價上的錯誤，故通說認為

「容許錯誤」性質上是一種「純粹的禁止錯誤」[108]，直接適用禁止錯誤的規則來處理即可[109]，在我國法也就是適用刑法第16條來處理。

相對地，「容許構成要件錯誤」與純粹的禁止錯誤不同，其洵具有複合錯誤的本質，一方面行為人對於阻卻違法事由之事實情狀（前提事實）發生誤認，具有事實認識錯誤的性質；但另一方面，行為人亦基於此種誤認阻卻違法事實情狀的認識錯誤而進一步導致行為時欠缺不法意識的規範評價錯誤，容許構成要件錯誤，因此是一種介於純粹的構成要件錯誤與純粹的禁止錯誤間的一種錯誤類型[110]。

此種「容許構成要件錯誤」應該如何處理，係刑法學說上的重大爭議問題，文獻上所出現者大致有以下幾種不同的學說[111]：

一、嚴格責任說

「嚴格責任說」（Die strenge Schuldtheorie）認為，在行為人誤認阻卻違法事由的情形，不管行為人是誤認阻卻違法事由的法定要件，抑或是誤認阻卻違法事由的前提事實，都是關於其實現構成要件的違法性誤認，因此都是屬於「禁止錯誤」的性質[112]。由於本說無例外的將所有欠缺不法意識的案例類型都歸到罪責階段來處理，「嚴格」之名乃由此而來[113]。依「嚴格責任說」的觀點，容許構成要件錯誤並非一個具獨立意義的歸責類型而需要特別處理，它其實就只是禁止錯誤的一種類型[114]。基本上，「嚴格責任說」不論在德國[115]或是

---

[108] 學說上往往將「容許錯誤」稱之為「間接禁止錯誤」（indirekter Verbotsirrtum）。

[109] Heinrich, AT, Rn. 1142 ff.；Jescheck/Weigend, AT, S. 461 f.；Krey/Esser, AT, Rn. 718 f.；Kühl, AT, §13 Rn. 53 ff.；Vogel, in:LK-StGB, §17 Rn. 32 ff.

[110] Ebert, AT, S. 146.

[111] 可參見林書楷，不法意識與禁止錯誤，收錄於「刑法總則修正十年之回顧與前瞻」，2019，第121頁以下。

[112] Welzel, Das Deutsche Strafrecht, S.168.

[113] Wessels/Beulke/Satzger, AT, 45. Aufl., 2015, Rn. 699.

[114] Heuchemer, Die Behandlung des Erlaubnistatbestandsirrtums in der Klausur, JuS 2012, S. 799.

[115] BeckOK StGB/Heuchemer, 36. Ed. 1.11.2017, StGB §17 Rn. 34 f.；Heuchemer, JuS 2012, S. 799.；Mezger/Blei,Strafrecht I, S. 211 f.；Paeffgen/Zabel, in: Kindhäuser/Neumann/Paeffgen StGB, 5. Aufl., 2017, Vor §32 Rn. 108.；Welzel, Das Deutsche Strafrecht, S. 168.；Schröder, in:Leipziger Kommentar zum StGB, 11. Aufl., 1993, §16 Rn. 47 ff, 52. zitiert nach Vogel, in: LK-StGB, §16 Rn. 116.

在我國[116]都是學界少數說。

　　實務上，最高法院102年度台上字第3895號判決曾謂：「……在採限縮法律效果之罪責理論者，認為容許構成要件錯誤並不影響行止型態之故意，而只影響罪責型態之故意，亦即行為人仍具構成要件故意，但欠缺罪責故意，至於行為人之錯誤若係出於注意上之瑕疵，則可能成立過失犯罪。本院二十九年上字第五○九號判例意旨以行為人出於誤想防衛（錯覺防衛）之行為，難認有犯罪故意，應成立過失罪責，論以過失犯，即與上開學說之見解相仿。但亦有學說認為，在一些重大案件中，不能完全適用過失犯之刑罰，否則會產生難以彌補的可罰性漏洞，因此應放棄罪責理論之適用，轉而適用嚴格罪責理論，亦即將容許構成要件錯誤視為禁止錯誤，並不排除行為人之故意。本院二十七年上字第二八七九號判例意旨，即對於阻卻違法事由前提事實之錯誤，不認為得阻卻故意。……」

　　最高法院這個判決，有學者認為採取了「嚴格責任說」的看法[117]，但學說上也有認為最高法院在此判決中只表現了不完全反對的意向，但並未真正採取嚴格罪責理論（嚴格責任說）[118]。本文認為最高法院在該判決中，應該僅係將學說與實務上的不同見解臚列，並詮釋29年上字第509號判例採「限制法律效果之責任說」，而27年上字第2879號判例則傾向採「嚴格責任說」，但該判決最後並未真正採取任何一說之見解適用至該案事實當中，故似乎尚難認為本判決已經採取了「嚴格責任說」的觀點。

　　若採「嚴格責任說」，則本節導引案例(1)之「誤想防衛」與導引案例(2)之「誤想避難」之情形，甲、乙均適用刑法第16條關於「禁止錯誤」之規則來加以處理，亦即應視其禁止錯誤是否可以避免而分別阻卻或減輕其罪責。

116　陳子平，刑法總論，第340頁以下；黃常仁，刑法總論，第102頁；鄭善印，故意及違法性認識之可能性，收錄於蔡墩銘／甘添貴編「刑法爭議問題研究」，1999，第218頁以下；蔡墩銘，刑法精義，1999，第251頁。另外，值得一提的是黃榮堅教授，其雖採取「負面構成要件要素理論」而主張二階層的犯罪架構，惟其亦認為在三階層犯罪體系的架構上，「（嚴格）責任說」較為可採。見黃榮堅，刑法解題—關於不法意識與犯罪結構（註21），第191頁。

117　王皇玉，刑法總則，第257頁。

118　許恒達，論誤想防衛，中研院法學期刊，第18期，2016/03，第140頁（註69）。

二、限制責任說（狹義之限制責任說）

　　「限制責任說」（Die eingeschränkte Schuldtheorie）主張，在直接禁止錯誤以及誤認阻卻違法事由法律要件的容許錯誤時，固然係影響行為人的罪責；惟在誤認阻卻違法事由前提事實的容許構成要件錯誤，法律效果上則應該是阻卻故意。此時應準用或類推適用德國刑法關於構成要件錯誤的規定（舊德國刑法§59、現行德國刑法§16），而阻卻行為人的故意（構成要件故意）。但若行為人對於誤認事實具有過失，仍可論以過失犯之刑責。此說為德國實務舊說見解所採[119]，在德國學界是多數說[120]，但我國刑法學界似未見純粹採此種狹義之限制責任說者。

　　至於，「限制責任說」主張容許構成要件錯誤應阻卻故意之理由，有著眼於容許構成要件錯誤具事實錯誤的本質，因而認為應該準用同樣具有事實錯誤性質的法律規定（即德國刑法關於構成要件錯誤的規定）去處理[121]；也有從容許構成要件錯誤之行為人欠缺故意不法（Vorsatzunrecht）的角度切入，因為在行為人對於阻卻違法事由前提事實產生誤認的情況下，行為人雖仍具實現構成要件的知與欲，但因其行為時主觀上存在阻卻違法意思（例如防衛意思、避難意思），因此其故意所建立的行為不法或行為非價（Hundlungsunwert）將會被排除，故此時應阻卻行為人的故意[122]。

　　我國近期實務似採此見解，例如最高法院106年度台上字第3989號判決即謂：「……就阻卻違法事由的錯誤而言，苟行為人誤認有阻卻違法事由的行為情狀存在（例如：誤想防衛、誤想避難、誤認得被害人承諾或同意等）而為防衛、避難、毀損財物、侵害人之身體、自由等行為，依目前實務見解，認應阻卻犯罪故意（主觀構成要件），緩解其罪責；就其行為因過失造成錯誤，於法條有處罰過失行為時，祇論以過失犯；法無過失犯處罰者，不為罪。……」此判決除提及容許構成要件錯誤係阻卻故意外，尚且括弧註明其所指的是「主觀

---

[119] BGHSt 3, 105.

[120] Baumann/Weber/Mitsch, AT, §21 Rn. 29 ff.；Kindhäuser, Strafrecht Allgemeiner Teil, 6. Aufl., 2013, §29 Rn. 24 ff.；Kühl, AT, §13 Rn. 70 ff.；Roxin, AT I, §14 Rn. 64, 70.；Stratenwerth/Kuhlen, Strafrecht Allgemeiner Teil, 5. Aufl., 2004, §9 Rn. 163 f.；Vogel, in: LK-StGB, §16 Rn. 116.類似見解：Frister, AT, 14/30.

[121] BGHSt 3, 105, 106 f.

[122] Kühl, AT, §13 Rn. 72.；Wessels/Beulke/Satzger, AT, 45. Aufl., 2015, Rn. 706.

構成要件」的故意，應係採「限制責任說」之觀點。

　　若採「限制責任說」，則本節導引案例(1)之「誤想防衛」與導引案例(2)之「誤想避難」之情形，甲、乙之行為均應阻卻故意（精確地說係阻卻構成要件故意），故意犯罪不成立。但導引案例(1)甲若對於其誤認有過失則可成立過失致傷罪，導引案例(2)由於侵入住居罪與毀損罪均無過失犯的處罰規定，故乙無罪。

三、限制法律效果的責任說

　　「限制法律效果的責任說」（Die rechtsfolgeneingeschränkte Schuldtheorie），亦稱為「引用法律效果的責任說」（Die rechtsfolgenverweisende Schuldtheorie），則認為行為人對於阻卻違法事由前提事實的認識錯誤，並不影響到故意不法，其構成要件故意（Tatbestandsvorsatz）仍然具備，只是阻卻其故意責任（Vorsatzschuld），故在法律效果上應與構成要件錯誤為相同之處置。在「限制法律效果之責任說」底下，可以發現故意有雙重的地位（或功能），一方面在構成要件層次即「構成要件故意」；另一方面在罪責層次即「故意罪責」。此說為目前德國聯邦最高法院的實務見解[123]，在德國學界是支持者眾的有力說[124]，在我國刑法學界則是具優勢的多數說見解[125]。

　　我國舊法時期的實務見解中，最高法院29年上字第509號判例曾認為，行

---

[123] BGH NStZ 12, 272.學說上一般認為德國聯邦最高法院在這個判決中，實際上是採取了限制法律效果之責任說的觀點。Hecker, JuS 2012, 265.；Jäger, JA 2012, 229.但在該案之前，德國聯邦最高法院在2000年的一個判決中即有使用類似、但不明確的理由，認為容許構成要件錯誤可以適用德國刑法第16條的構成要件錯誤規定來消解對故意傷害致死罪的非難（Vorwurf），因而論被告此處只構成過失致死罪。見BGHSt 45, 378, 384.

[124] Heinrich, AT, Rn. 1133 f.；Jescheck/Weigend, AT, S. 464.；Krey/Esser, AT, Rn. 743 ff.；Rengier, Strafrecht Allgemeiner Teil, 5. Aufl., 2013, § 30 Rn. 20.；Wessels/Beulke/Satzger, AT, 45. Aufl., 2015, Rn. 709.

[125] 王皇玉，刑法總則，第257頁以下；林山田，刑法通論（上），第442頁以下；林東茂，刑法綜覽，第1-284頁以下；林鈺雄，新刑法總則，第350頁以下；張麗卿，刑法總則理論與運用，第293頁；黃惠婷，正面阻卻違法事由錯誤，月旦法學雜誌，第76期，2009/02，第78頁以下。類似見解：許恒達，論誤想防衛，中研院法學期刊，第18期，2016/03，第152頁以下，認為誤想防衛的防衛者仍具有故意犯的不法，但在罪責階層因欠缺完整的不法行為意思，無法構成完整的罪責非難對象，排除故意罪責不成立故意犯，但可援用過失犯的罪責非難而成立過失。其強調因重心不再法律效果的引用，而是罪責非難的援用，故其稱之為「非難援用的罪責理論」。

爲人因誤想防衛而開槍殺人的法律效果是阻卻故意，而只能就行爲人誤認之過失構成過失致死罪[126]。不過，由於此判例並無任何推論過程，而在學說上包括「限制責任說」、「限制法律效果的責任說」與「負面構成要件要素理論」、甚至「故意說」都有可能導出此種阻卻故意犯成立的結論，因此究竟該判例關於容許構成要件錯誤係採取何種理論，從判決內容並無從得知。之後，最高法院在102年台上字第3895號判決中爲此判例做補充詮釋，表示此判例所謂錯誤防衛難認爲有犯罪故意，指的應係排除故意罪責而非構成要件故意，亦即此判決認爲前述29年上字第509號判例所採取者應該是「限制法律效果的責任說」（限制法律效果的罪責理論）。

不過雖如此，就如同本文前面所提及的，最高法院在此判決中，僅係將學說與實務上的不同見解臚列，並詮釋29年上字第509號判例所採取之見解應該是「限制法律效果的責任說」，但該判決最後並未眞正採取任何一說之見解適用至該案事實當中，故亦同樣難斷定我國現行實務已經採取了「限制法律效果之責任說」的見解。

若採「限制法律效果的責任說」，則本節導引案例(1)之「誤想防衛」與導引案例(2)之「誤想避難」之情形，甲、乙均應阻卻其行爲的「故意罪責」，仍排除故意犯的成立。但導引案例(1)甲若對於其誤認有過失則可成立過失致傷罪，導引案例(2)中由於侵入住居罪與毀損罪均無過失犯的處罰規定，故乙無罪。

四、依附性責任說

「依附性責任說」（Die unselbständige Schuldtheorie）主要是由德國學者Jakobs所提出，其主要是考慮到兩點：若對容許構成要件錯誤論以故意犯（指嚴格責任說之觀點），依現行法故意犯的刑度將會對行爲人過於嚴苛；但若將容許構成要件錯誤直接在故意排除（指限制責任說），因現行法許多犯罪均不處罰過失，如此則可能造成可罰性漏洞[127]。據此，Jakobs提出其自稱爲「依附性責任說」或「依附過失刑罰的責任說」（Fahrlässigkeitsstrafe abhängige Schuldtheorie）的見解，主張在可避免之容許構成要件錯誤的情形，並非是在

---

[126] 司法院37年院解字第3819號解釋亦持類似見解。

[127] Jakobs, Strafrecht Allgemeiner Teil, 2. Aufl., 1993, 11/57.

法律效果上引用過失犯的法律效果，其故意犯罪仍然存在，只是應該調降現行法關於故意犯的刑罰範圍，將其刑罰範圍侷限在既存過失犯的處罰範圍內[128]。

Jakobs在這裡的見解，由於其仍主張容許構成要件錯誤的行為人應成立故意犯罪，因此在結論上類似於嚴格責任說，只是其認為雖然行為人仍成立故意犯、但處罰卻回歸過失犯的刑罰範圍，讓過失構成要件的刑罰範圍產生阻斷效力[129]。換句話說，雖然行為人仍成立故意犯，但其刑罰卻依附在過失犯的刑罰範圍，因此乃稱之為「依附性責任說」。如果適用此種「依附性責任說」的見解，則行為人在可避免之容許構成要件錯誤的情形仍會成立故意犯，但是法律效果上將會受過失犯刑罰範圍的限制，法官在量刑上不能超過過失犯的法定刑。

若採「依附性責任說」，則本節導引案例(1)之「誤想防衛」與案例(2)之「誤想避難」之情形，甲、乙原則均適用刑法第16條關於「禁止錯誤」之規則來加以處理，因此若其誤認是不可避免的則阻卻罪責，無罪。但若其誤認是可避免的，則行為人仍成立故意犯只是減輕其刑，而且法官在量刑上不能超過過失犯的法定刑。例如導引案例(1)，若甲之誤認係屬可避免，其仍成立故意傷害罪（§277 I），但法官在量刑上應受過失致傷罪（§284）法定刑的限制，亦即量刑不能超過一年有期徒刑。

五、負面構成要件要素理論

「負面構成要件要素理論」（Die Lehre von den negativen Tatbestandsmerkmalen）把屬於三階層犯罪理論中關於構成要件與違法性階層的所有要素合併成單一階層，將其稱之為「總合不法構成要件」（Gesamt-Unrechtstatbestand od. einheitlichen Unrechtstatbestand），使得犯罪體系成為總合不法構成要件與罪責的二階架構，此即一般所稱的二階層犯罪理論。負面構成要件要素理論主要的理由乃在於，其認為構成要件要素與阻卻違法要素的區別只是方法上的，兩者並無本質上的差異，同樣的都具有確定不法的功能（unrechtsbestimmende Funktion），所不同的只是他們描述的方法，一個係用正面的描述法，而另一

---

[128] Jakobs, aaO., 11/58.

[129] Paeffgen/Zabel, in: Kindhäuser/Neumann/Paeffgen StGB, Vor § 32 Rn. 108.

個則用負面的描述法，如此而已[130]。

茲將「負面構成要件要素理論」所主張的「整體不法構成要件」與「罪責」的二階層犯罪結構圖示如下[131]：

```
┌ 不法構成要件 ┌ 結果不法：(1)正面要素—客觀構成要件事實存在
│              │            (2)負面要素—客觀上欠缺阻卻違法之事實
│              └ 行為不法：(1)正面要素—A.對於構成要件事實的故意
│                                    —B.其他主觀構成要件要素
│                                       （例如意圖）
│                          (2)負面要素—沒有認識到阻卻違法事由的
│                                       存在
└ 罪責（有責性）
```

由上圖可知，依據「負面構成要件要素理論」的見解，（總合）不法構成要件故意除了對客觀構成要件事實（正面要素）要有認知外，對於阻卻違法事由的欠缺（負面要素）也要有認知。在容許構成要件錯誤的情形，行為人雖對於客觀構成要件事實具有認知，但主觀上卻誤認為有阻卻違法事由的存在，在故意之負面要素不具備的情況下，其法律效果即為阻卻故意。此說不論在德國或我國學界均為少數說[132]。

若採「負面構成要件要素理論」，則前述導引案例(1)之「誤想防衛」與導引案例(2)之「誤想避難」之情形，甲、乙均應阻卻「故意」（整體不法構成要件故意），不成立故意犯。但導引案例(1)甲若對於其誤認有過失則可成立過失致傷罪，導引案例(2)由於侵入住居罪與毀損罪均無過失犯的處罰規定，故乙無罪。

---

[130] Samson, Strafrecht I, 7. Aufl., 1988, S. 122.持三階說的學者對此提出反駁，認為構成要件與違法性的本質並不相同，因為在構成要件階段審查的是「牴觸禁止規範」的該當，而在違法性階段所審查的是「符合許可規範」的不該當，如將兩者合併，將使吾人無法明確地分辨禁止規範與許可規範在本質上的不同。見陳志龍，辯證術與刑事法學（二），台大法學論叢，第25卷第1期，1995/10，第185頁以下。

[131] 此圖參考Samson , Strafrecht I, S. 124.

[132] 我國學界採此說者：黃榮堅，刑法解題—關於不法意識與犯罪結構，第195頁以下。另外，薛智仁，禁止錯誤之法律效果—為故意理論辯護，主張採二階說並融入故意說的概念，因此在容許構成要件錯誤的案例自然也是得出阻卻故意的結論。至於，德國採納此說之學者的整理，請參閱Hillenkamp, 32 Probleme aus dem Strafrecht AT, 13. Aufl., 2010, S. 76.

六、本書見解——容許構成要件錯誤作為「禁止錯誤」

　　於不法階段納入行為人主觀意思的考量，目的係在於經由行為與意思的結合而正確彰顯行為在法律上的意義，並藉此確定行為的不法。在「容許構成要件錯誤」的情形，行為人的行為客觀上既造成法益侵害，主觀上也具法益侵害意志（只是誤認具合法化事由），解釋上不管是結果不法或行為不法均已具備，法律評價涉及的重點應該是在於判斷行為人的意思形成與意思決定是否係對法規範展現出敵對或蔑視的態度上，因此應該是屬於罪責非難的問題。「限制責任說」謂這裡故意建立的行為非價已經被排除了的說法，除非是採取「負面構成要件要素理論」的二階說觀點，否則恐難脫在不法階層進行罪責評價的質疑。也就是說，在採三階說的犯罪論體系之下，「限制責任說」的說法事實上是一種體系上的混淆。另外，純就實定法的角度而言，在我國刑法第13條對故意所採取的正面定義底下，故意的認知對象僅及於構成要件事實，而不包含違反法規範之認知與無阻卻違法事實之認知，此規定實質上已產生了一種阻斷效應，阻斷了在我國刑法上採取包括「故意說」、「負面構成要件要素理論」以及「（狹義的）限制責任說」的可能性。

　　「限制法律效果之責任說」主張應將「容許構成要件錯誤」從「禁止錯誤」中獨立出來，並給予特別的處理（亦即阻卻故意罪責），其主要係著眼於其認定容許構成要件錯誤是屬於事實認識錯誤的性質[133]。不過，這樣的看法事實上有待澄清，正確而言，容許構成要件錯誤事實上乃是具有複合錯誤的性質。一方面，行為人對於容許構成要件事實發生誤認，屬於事實認識錯誤；但另一方面，行為人卻是基於此種事實認識上的錯誤進而產生規範評價錯誤。在這裡，由於同時存在事實錯誤與規範評價錯誤，故性質上屬於一種複合型的錯誤。對於事實認識錯誤的部分，既然在刑法規定與學說上所謂的事實認識錯誤，主要都是指對法定構成要件事實認識錯誤的情形，而不及於對容許構成要件事實有誤認的情況，那麼將「容許構成要件錯誤」此種具複合性質的錯誤類型歸類於規範評價錯誤的領域，即具有其正當基礎。在容許構成要件錯誤的情形，既然行為人係因誤認存在阻卻違法事由的前提事實進而間接導致不法意識的欠缺，則採「嚴格責任說」的觀點將其歸類為禁止錯誤的一種類型，而適用禁止錯誤的規則去處理，即是一個在理論上可以信服，而且也可以確保犯罪體

---

[133] 例如，林山田，刑法通論（上），第442頁。

系完整性的一種見解[134]。而且,採「嚴格責任說」也可以確保行為以符合其本質的故意犯去論處,而避免把故意的法益侵害行為轉化為過失犯去處罰的缺陷。

據此,筆者認為不論是從法理抑或從行為本質的角度來看,「嚴格責任說」的見解均較為可採。在「容許構成要件錯誤」的情形,行為人在行為時既然確實欠缺不法意識,則其在刑法的定位就是不折不扣的「禁止錯誤」(即間接禁止錯誤),而應該直接適用刑法第16條關於禁止錯誤的規定與法理來處理,也就是「不可避免的容許構成要件錯誤」應阻卻罪責而不成立犯罪,而「可避免的容許構成要件錯誤」則是減輕罪責並減輕其刑。

另外,針對「依附性責任說」對「嚴格責任說」將可避免之禁止錯誤論以故意犯僅減輕其刑會導致對行為人科刑過於嚴苛的質疑,此處認為其立論基礎本身有值得商榷的空間。事實上,也有站在完全相反的學說觀點,認為若將容許構成要件錯誤排除在故意犯的處罰範圍之外,反而是一種對行為人不合理的刑罰優待[135]。筆者認為在容許構成要件錯誤中採嚴格責任說的見解,於絕大多數的案例中均看不出來有發生對行為人科刑過於嚴苛的問題。以容許構成要件錯誤最可能發生的因誤想防衛導致他人受傷的情形為例,在可避免的誤想防衛時,採嚴格責任說的結果行為人會成立故意傷害罪並得減輕其刑(§16但書),依刑法第277條第1項傷害罪的法定刑為五年以下有期徒刑,減輕其刑後的結果成為二年六個月以下有期徒刑(§66),法官如果衡諸犯罪情狀仍嫌過重仍可適用刑法第59條規定予以減刑,亦可達到可以緩刑的刑罰裁量空間(§74 I),在法律效果上對行為人而言應無過於嚴苛的問題。

---

[134] Heuchemer, JuS 2012, S. 799.

[135] 例如BeckOK StGB/Heuchemer StGB, § 17 Rn. 34.1.

第七節　減免罪責事由

導引案例

(1) 甲與X素有生意糾紛，某日X氣沖沖的來找甲，舉拳便欲打甲，甲雖閃避但X仍然在後追打，甲驚慌異常為求自衛乃匆匆拿起放在桌子上的水果刀往X身上一刺，導致X因流血過多死亡。

(2) 乙與Y（均不會游泳）一同搭乘舢版出海釣魚，不幸遇到暗礁而沉船，由於船上只有一個救生圈，無法供兩人使用，乙為求活命乃以暴力搶下救生圈，最後乙雖然倖存，但Y卻不幸溺斃。

　　如本書前面所提到的，「無責任能力」、「不可避免的禁止錯誤」都可以阻卻責任，學說上將其稱之爲「阻卻責任事由」（阻卻罪責事由）（Schuldausschliesungsgründe），行爲人若具備此等「阻卻責任事由」，代表其行爲欠缺建立有責性的基本前提要件，因此自始就排除責任的存在。

　　相對地，另外有一些情形，雖然行爲的不法與建立有責性的基本前提要件都已經具備，但是由於行爲的不法與罪責內涵均大幅度降低，立法者乃予以減輕罪責非難並減刑，甚至在無法達到應刑罰性的最低底線（die untere Grenze der Strafwürdigkeit）時，立法者更放棄罪責非難而代之以寬恕給予完全免刑，此等事由即稱之爲的「減免罪責事由」或「寬恕罪責事由」（Entschuldigungsgründe）[136]。「阻卻罪責事由」與「減免罪責事由」兩者間最大的差異乃是在於：在具備「阻卻罪責事由」的案例中，行爲人的罪責係自始就被排除；但在「減免罪責事由」之情形，行爲人的罪責並未被阻卻，僅是對於其已存在之罪責予以減輕或免除而已[137]。

　　基本上，所有的「阻卻罪責事由」或「減免罪責事由」都可以回歸到所謂「符合規範行爲之無期待可能性」（Unzumutbarkeit normgemäßes Verhaltens；簡稱無期待可能性）的思想上，因爲刑法的要求不能超越人性（Übermenschli-

---

[136] Vgl. Wessels/Beulke/Satzger, AT, Rn. 432.

[137] Vgl. Kühl, AT, §12 Rn. 9.

ches），故罪責非難的前提乃是：要求人類為符合規範的行為必須是可以期待的[138]。在減免或寬恕罪責的事由中，行為人往往面臨一種異乎尋常的情況，使其遭受強大動機壓力，以至於其在當時幾近不可能為遵守現行法規範所要求之行為，在這樣的情況下行為人並未顯現出法敵對的思維（rechtsfeindliche Gesinnung），故立法者乃對之予以減輕或放棄罪責非難[139]。

　　一般而言，刑法上的「減免罪責事由」大致上有以下幾種，其中「過當防衛」與「過當避難」係「法定減免罪責事由」；至於得減免罪責之「義務衝突」則是「超法規減免罪責事由」：

一、過當防衛（防衛過當）

　　刑法第23條第1項關於正當防衛之規定，於後段但書中規定「但防衛行為過當者，得減輕或免除其刑」，此即屬「過當防衛」（Notwehrüberschreitung bzw. Notwehrexzess）之明文規定。法條在這裡所謂的「減輕或免除其刑」，指的即是「減輕或免除其罪責」之意，由於責任已經減輕或免除，因此依據「罪責原則」，刑罰自然應該同樣予以減輕或免除。「過當防衛」作為一種「減免罪責事由」，主要理由在於其「結果不法」因過當防衛所保護之法益價值而降低，「行為不法」則因正當防衛情狀以及防衛意思的存在而消失，甚至因行為當時的混亂、驚懼與害怕難以期待其為符合規範的意思形成，也導致有責性的降低，過當防衛行為的不法內涵與罪責內涵均已減輕，導致立法者對之降低或放棄了罪責非難（Schuldvorwurf）[140]。

　　學說上在討論此種「過當防衛」時，主要將之區分成以下三種類型：

（一）強度上的過當防衛

　　所謂「強度上的過當防衛」（Intensiver Notwehrexzess），指的是行為人所實施之正當防衛行為已經「逾越必要程度」的情形而言[141]。由於正當防衛的

---

[138] Baumann/Weber/Mitsch, AT, §23 Rn. 7.

[139] Vgl. Heinrich, AT, Rn. 563.

[140] Jescheck/Weigend, AT, S. 491.

[141] 63年台上字第2104號判決（原判例）：「……防衛過當，指防衛行為超越必要之程度而言，防衛行為是否超越必要之程度，須就實施之情節而為判斷，即應就不法侵害者之攻擊方法與其緩急情勢，由客觀上審察防衛權利者之反擊行為，是否出於必要以定之。」

成立要件必須以具備必要性（Erforderlichkeit）爲前提，因此倘若防衛行爲「逾越了必要程度」，即不得主張正當防衛而阻卻違法，此時至多僅得依據刑法第23條第1項後段「過當防衛」之規定而減輕或免除其罪責及刑罰。

如本書在論述「正當防衛」時所提到的，防衛行爲的「必要性」，指的應該包括兩方面，亦即：1.行爲對於排除法益之侵害必須是「適當的」，此即防衛行爲的「適當性」；2.防衛行爲必須採取最溫和的手段（Das mildeste Mittel）。因此，倘若防衛者所實施之防衛行爲並非是最溫和的防衛手段時，此時就無法成立「阻卻違法」之正當防衛。不過，由於當人們面對他人不法攻擊時，往往會因爲內心產生疑懼、害怕或驚慌失措等因素而無法冷靜地採取適當與溫和的防衛手段，以至於發生逾越合理防衛手段的情形，在這種情況下，基於「無期待可能性」的法理，即應減輕或免除其罪責，並減輕或免除其刑。詳言之，如果在當時的情況下，完全無法期待防衛者爲適度的防衛行爲，此時即應該免除其罪責；如果僅是爲適當防衛行爲的期待可能性較低，則只能減輕其罪責。

在本節導引案例(1)中，X舉拳追打甲，甲爲自衛而拿起水果刀將X刺死。由於X攻擊甲時並未持有武器，甲的自衛行爲應有較溫和而有效的手段可供行使，例如以拳頭回擊、或持其他器物（如棍子、椅子）防衛，但甲卻直接選擇持刀將X刺死，已逾越實施防衛權的必要程度，不得主張阻卻違法之正當防衛，僅得適用刑法第23條但書關於「過當防衛」之規定而予以減輕或免除其罪責，並因而減輕或免除其刑。

此外，有時對法益的現在不法侵害雖然在持續中，但其侵害強度卻已明顯減弱，此時若防衛人仍然以原有的防衛強度進行防衛，也可能使原本合法的正當防衛手段變成是一種「強度上的過當防衛」[142]。

《案例1》甲遭受仇家持開山刀攻擊，甲乃順手拿起鋁棒自衛，甲爲求自衛保命，拼盡全力攻擊仇家之要害希望癱瘓其攻擊能力，最後甲終於順利將仇家手上的開山刀擊落，但甲也在打鬥過程中受傷。豈料，仇家彷彿殺紅了眼竟然又以赤手空拳攻擊甲，甲於是再持鋁棒猛擊仇家頭部，導致仇家因腦部受創不治死亡。

---

[142] Kindhäuser, AT, §25 Rn. 2.

　　於此案例中，甲面對仇家持開山刀攻擊遭受生命危險的情況下，持鋁棒為防衛行為並攻擊仇家要害，就當時之客觀情狀而言應具適當性與必要性。惟後來仇家之開山刀被其擊落後，攻擊者對其所造成之威脅已大幅降低，甲卻仍維持原有的攻擊強度以鋁棒猛擊對方頭部要害，此時其防衛行為誠已逾越必要之程度，屬於「強度上的過當防衛」。

　　應注意的是，正當防衛行為所要保護的法益，是否大於防衛行為所侵害的法益，對於正當防衛是否過當的判斷，並沒有影響。因為在正當防衛之情形，基本上並不需要考慮到「利益衡量」（或法益衡量）的因素。

（二）擴張性過當防衛

　　所謂「擴張性過當防衛」（Extensiver Notwehrexzess；延展型過當防衛），係指行為人針對尚未開始之侵害或已經結束之侵害實施防衛行為的情形。

《案例2》乙從朋友處得知其仇家欲找其尋仇，且仇家已經持槍正在前往自己住處的路上，乙馬上攜帶槍械出門躲在路旁，果見仇家持槍往自己家中前進，乙為防止自己被殺乃先下手將其仇家射殺。（針對尚未開始之侵害實施防衛行為）

《案例3》丙遭逢攜械搶劫，緊急中乃持球棒自衛，搶匪見丙猛烈反抗不願久留遂轉身逃離，但丙在驚恐中仍然再持球棒趨前攻擊搶匪，導致搶匪手部骨折，其刀械並被擊落。至此，搶匪已因劇痛而癱倒在地失去抵抗能力，但此時丙想起剛才情景，越想越氣，遂又再持球棒痛毆了搶匪一頓。（針對已經結束之侵害實施防衛行為）

　　由於刑法第23條第1項規定正當防衛必須針對「現在不法之侵害」，因此如果不法侵害尚未開始或是已經結束，此時均已無法再主張阻卻違法之正當防衛，並無疑問。有問題者在於，類似上述《案例2》與《案例3》中針對尚未開始之侵害或已經結束之侵害而實施防衛行為的情形，行為人有無可能主張刑法第23條第1項但書的「防衛過當」來減輕或免除其有責性？關於此項刑法的重

大爭議，學說上大致存在以下三種見解[143]：

1. 限制理論

「限制理論」（Restriktive Theorie），認爲「過當防衛」僅存在於事實上存在防衛情狀，而行爲人卻逾越了防衛所必要之範圍，即所謂「強度上的過當防衛」之情形。至於「擴張性過當防衛」，不論是針對尙未開始之侵害，抑或是針對已經終結之侵害，均欠缺正當防衛情狀，都沒有正當防衛權存在之餘地，自然也無主張「過當防衛」的空間。此說爲學界多數說之見解[144]。

2. 擴張理論

「擴張理論」（Extensive Theorie）則主張防衛過當的概念不僅指「強度上的過當防衛」，也包括所謂「擴張性過當防衛」的情形，故此種在侵害開始前或侵害已經終結過後的「擴張性過當防衛行爲」，仍得減輕或免除其有責性。此說爲學界少數說[145]。

3. 區別理論

「區別理論」（Differenzierende Theorie）認爲，得適用過當防衛予以減免責任的情形，除了「強度上的過當防衛」外，也包括針對已經終結之侵害的「事後的擴張性過當防衛」（Nachzeitiger extensiver Notwehrexzess），但不及於針對尙未開始之侵害的「事前的擴張性過當防衛」（Vorzeitiger extensiver Notwehrexzess）。此說目前亦爲有力學說[146]。

4. 評析

上述三種觀點，解釋上應以「區別理論」較爲可採。基本上，要成立「過

---

[143] Hillenkamp, 32 Probleme aus dem AT, S. 88 ff.

[144] Ebert, AT, S. 109.；Jescheck/Weigend, AT, S. 493.；Krey/Esser, AT, Rn. 765.；Lackner/Kühl, StGB, §33 Rn. 2.；Stratenwerth/Kuhlen, AT, §9 Rn. 97.；Welzel, Das Deutsche Strafrecht, S. 89.

[145] Erb, in:MK-StGB, §33 Rn. 14.；Haft, AT, S. 139.；Jakobs, AT, 20/31.；Lenckner/Perron, in: Scn/Sch-StGB, §33 Rn. 7.

[146] Baumann/Weber/Mitsch, AT, §23 Rn. 42 f.；Heinrich, AT, Rn. 587.；Kindhäuser, AT, §25 Rn. 13.；Otto, AT, §14 Rn. 21 ff.；Wessels/Beulke/Satzger, AT, Rn. 447.

當防衛」，至少必須以一個已經存在的正當防衛權為其前提，倘若正當防衛權自始就不存在，自然也就不會有「過當防衛」的問題。在所謂「事前的擴張性過當防衛」中，由於不法侵害根本尚未開始，正當防衛情狀以及行為人的正當防衛權都尚未發生，故自然亦無所謂防衛權的逾越或防衛過當的問題。因此，在上述《案例2》的情形，乙在不法侵害開始前即預先實施防衛行為，不僅無法主張阻卻違法之正當防衛，也不得適用刑法第23條但書關於「過當防衛」之規定來減免其罪責。

應強調者，此種針對尚未開始之侵害而實施防衛行為的情形，雖然行為人無法主張「正當防衛」或「防衛過當」，但仍應考慮其有成立「阻卻違法之緊急避難」、「減免罪責之緊急避難」，甚或是「誤想防衛」（Putativnotwehr）的存在可能性[147]。

在「事後的擴張性過當防衛」中，正當防衛情狀以及正當防衛權都已經發生，行為人只是在防衛的時點上逾越了正當防衛的界限（太晚實施防衛行為），故解釋上雖無法主張阻卻違法之正當防衛，惟仍不應排除其主張「過當防衛」的可能性。據此，在《案例3》的情形，丙遭逢攜械搶劫緊急中持球棒自衛，此時丙之行為仍屬於阻卻違法之正當防衛。其後，搶匪懼於丙之猛烈反抗而轉身逃離，解釋上此時不法侵害行為已經結束，但丙卻在驚魂未定下再持球棒趨前攻擊搶匪，導致搶匪手部骨折，此時丙之防衛行為在時點上已經逾越了正當防衛的界限，此項傷害行為無法主張阻卻違法之正當防衛，但仍得適用「過當防衛」之規定予以減免責任，並減免其刑。

有問題者在於，在《案例3》中，當搶匪刀械被擊落，同時又受傷癱倒在地失去抵抗能力時，由於局勢底定防衛者已處於絕對優勢地位，此時應認為正當防衛權已經完全消失。但丙卻又基於氣憤再持球棒痛毆了搶匪一頓，解釋上丙此時的行為不管是「正當防衛」抑或是「防衛過當」都無法再行主張，故丙的行為應直接構成傷害罪。

（三）誤想過當防衛

所謂「誤想過當防衛」（Putativnotwehrexzess），係指行為人在誤認存在正當防衛事實情狀的情況下實施防衛行為，且其防衛行為亦逾越必要程度的情形。此種案例類型由於綜合了「誤想防衛」與「過當防衛」的要素，因此乃被

---

[147] Baumann/Weber/Mitsch, AT, §23 Rn. 43.

稱之爲「誤想過當防衛」。

《案例4》女刑警丁誤認路過的行人（未攜帶任何武器）欲對其進行攻
擊，乃持槍對其射擊多槍，導致該路人遭受重傷。

　　針對此種「誤想過當防衛」的情形應如何處理，學說上仍有爭議存在：
　　有認爲得將「誤想過當防衛」視爲是一種防衛權的逾越，而適用「過當防
衛」之規定來加以處理[148]。若採此說，則於「誤想過當防衛」的情況，應視行
爲人之行爲是否具期待可能性，而減免其罪責。
　　惟在此種「誤想過當防衛」之情況，由於不法侵害根本尚未開始，正當防
衛情狀以及行爲人的正當防衛權都尚未發生，故亦應無所謂防衛過當的問題，
解釋上仍以適用一般錯誤理論的規則來加以處理，較爲妥適[149]。據此，則在
「誤想過當防衛」的情形，應與「誤想防衛」一樣作爲「容許構成要件錯誤」
來處理，依本書所採之「嚴格責任說」，此時應視女刑警丁的錯誤是否可避免
而阻卻或減輕其罪責及刑罰。

二、減免罪責之緊急避難（過當避難）

　　刑法第24條第1項關於緊急避難之規定，於第1項但書中規定「但避難行爲
過當者，得減輕或免除其刑。」此規定通常被稱之爲「過當避難」（避難過
當），法條在這裡所謂的「減輕或免除其刑」，指的也是減輕或免除其罪責之
意。因爲依據「罪責原則」的精神，既然罪責已經減輕或免除，刑罰也應該同
樣予以減輕或免除。此種因欠缺期待可能性而得以減輕或免除其責任的避難過
當行爲，一般學說上往往稱之爲「減免罪責之緊急避難」或「寬恕罪責之緊急
避難」（Entschuldigender Notstand）[150]。此種減免罪責之緊急避難，係指行爲

[148] Kindhäuser, AT, §25 Rn. 15.另外，林山田，刑法通論（上），第403頁，似亦採此說。

[149] Heinrich, AT, Rn. 593.；Wessels/Beulke/Satzger, AT, Rn. 448.另外，Jescheck/Weigend, AT, S.
493.；Lackner/Kühl, StGB, §33 Rn. 2亦均認爲不應適用「過當防衛」之規定來處理所謂「誤
想過當防衛」之情形。

[150] 我國學說上認爲刑法第24條第1項本文係「阻卻違法之緊急避難」，而同條項但書的避難過
當規定則係屬「減免罪責之緊急避難」的規定：林山田，刑法通論（上），第336頁以下。
而許澤天，刑法總則，4版，2023，第240頁以下與黃榮堅，基礎刑法學（上），第261頁以
下，均認爲刑法第24條第1項本文即同時兼含阻卻違法與減免罪責的緊急避難。另外，黃惠

人因避免自己或他人生命、身體、自由、財產之緊急為難而為避難行為，但卻因未符合緊急避難的要件以致不能阻卻違法，僅得在有責性階層適用無期待可能性之法理而減輕或免除其罪責。

此種「減免罪責之緊急避難」，基本上應檢驗以下幾項要件[151]：

1. 緊急避難的情狀：存在對生命、身體、自由、財產之緊急危難；
2. 避難行為：未通過適當性、必要性、利益衡量或手段相當性的檢驗；
3. 避難意思（救助意思）；
4. 無期待可能性。

於此種「減免罪責之緊急避難」之情形，最常見的情形往往是在行為人之避難行為無法通過「利益衡量」之檢驗時所產生的，此時僅得基於缺乏期待可能性的理由，而減免其罪責。詳言之，倘若行為人的避難行為所保護的利益並未明顯大於其所造成之損害，此時該避難行為即因無法通過利益衡量的檢驗而無法構成阻卻違法之緊急避難（§24 I 本文），頂多只能成立減免罪責之緊急避難而減輕或免除其刑（§24 I 但書）。

《案例5》　年輕的登山家T在攀登喜馬拉雅山時遇到大風雪，雖然憑著自己的毅力與隊友順利自山上撤退，並被安全送抵醫院進行急救，但醫師於急救後發現，T的雙腳已經遭受非常嚴重的凍傷，如不進行截肢，將會因敗血症而導致死亡。惟T卻於清醒時明白表示，寧願死亡也不願意截肢。其後，當T陷於昏迷之緊急狀態時，醫師為挽救T之生命，遂違反病患意願為其進行截肢手術，最後手術順利成功，T撿回一命，但也因此失去雙腳。

在本案例中，醫師違反T意志而強行進行「專斷醫療行為」（Die Eigen-mächtige Heilbehandlung）的部分，因欠缺被害人之同意（承諾）無法主張業務上正當行為。但可否主張緊急避難，關鍵在利益衡量，價值判斷上可能存在不同意見。此處以為，醫師之專斷醫療行為雖係為避免T生命法益之緊急危難而實施之不得已行為，但同時也嚴重損害了T的身體完整性法益（截肢造成重

婷，強制性緊急避難，第214頁，則認為在未立法明定前，可認為第24條第1項同時含有阻卻違法與寬恕罪責兩種類型的緊急避難。實務見解似亦認為刑法第24條第1項但書，係減免罪責之緊急避難的規定，如最高法院109年度台上字第5037號判決。

[151] Vgl. Kindhäuser, AT, §24 Rn. 3 ff.

傷）及自主決定權，綜合判斷下緊急避難所保護之利益並未明顯高於其所損害之利益，應不得主張阻卻違法之緊急避難，僅得適用「減免罪責之緊急避難」（§24Ⅰ但書），予以減輕或免除其罪責及刑罰。

在本節導引案例(2)中，不會游泳的乙與Y搭乘舢版出海釣魚而沉船，乙爲求活命乃以暴力搶下唯一的救生圈，因而導致Y溺斃。乙爲避免自己生命的緊急危難所爲不得已之殺人行爲，並不得成立阻卻違法之緊急避難，因爲人的生命作爲「絕對的最高價值」並無法進行任何質或量化的利益衡量，對於人的生命在法律上無法主張「阻卻違法之緊急避難」。不過，在當時的急難情況下，法律顯然亦無法期待避難者犧牲自己生命而不爲避難行爲（無期待可能性），因此乙之行爲仍然得主張減免罪責之緊急避難來免除其刑事責任，並免除其刑罰（§24Ⅰ但書）。

《案例6》涉嫌殺人罪的黑道分子，綁架甲的家人，黑道分子據此威脅甲
　　　　必須爲其作僞證，否則將對其家人不利，甲在此狀態下被迫出
　　　　庭爲黑道分子作僞證，擔任其不在場證人。最後，由於甲的作
　　　　證，黑道分子乃被法院判決無罪釋放。

於此案例中，行爲人甲由於在他人強暴脅迫下，爲避免其家人生命身體自由之急迫危險而被強制從事違法行爲，此即所謂的「強制性緊急避難」（Nötigungsnotstand）。此種強制狀態下之避難行爲，依目前學界多數說[152]以及我國實務見解[153]並無法阻卻違法，而僅能成立減免（寬恕）罪責之緊急避難，其理由主要包括幾點：首先，被強制之行爲人係站在不法的一方爲他人實施犯

---

[152] Heinrich, AT, Rn. 437, 580.；Jescheck/Weigend, AT, S. 484.；Kühl, AT, §8 Rn. 129.；Perron, in:Schönke/Schröder StGB, 29. Aufl. 2014, §34 Rn. 41b.；Wessels/Beulke/Satzger, AT, Rn. 443. 基本上認爲在強制狀態之緊急避難行爲中，行爲人之所以無法阻卻違法的原因，主要是在於違法性的判斷僅針對行爲是否違反法秩序以及是否動搖對法秩序效力的信賴，並不涉及行爲人是否被強制從事不法行爲的這一面。國內學說上採此見解者：王皇玉，刑法總則，第352頁以下；黃惠婷，強制性緊急避難—評最高法院94年台上字第2324號判決，月旦法學雜誌，第133期，2006/06，第214頁。另外，許澤天，強制支配—犯罪支配概念的具體續造，東吳法律學報，第21卷第3期，2010/01，第54頁以下，似亦傾向此說；反對見解：Baumann/Weber/Mitsch, AT, §17 Rn. 81.；Kindhäuser, AT, §17 Rn. 34 f.；Stratenwerth/Kuhlen, AT, §9 Rn. 103.認爲在行爲人被強制從事不法行爲之情形，如果符合緊急避難的要件，並不排除成立阻卻違法之緊急避難。

[153] 最高法院109年度台上字第5037號刑事判決。

罪，這是法秩序所無法容許的，因為法秩序無法放棄它本質性的規範要求，因此在與法維護利益及法社會連帶相衝突的情況下，受強制者最終必須退讓。其次，若認為被強制犯罪之行為人可以阻卻違法，將嚴重動搖對法秩序規範效力的信賴（das Vertrauen in die Geltungskraft der Rechtsordnung），因為在這樣情況下避難行為的被害人將無法對被強制之行為人實施正當防衛，而只能對幕後強制者主張防衛權，但這通常是無效且無法實現的（幕後強制者幾乎不可能出現在現場）[154]。

　　惟在此種強制性緊急避難的情形，被強制者的行為並非出於自願，而是在遭受無法抵抗之強暴脅迫的強制狀態下，不得已才被迫站在不法的一方，在此情況下其並未顯現出與幕後犯罪者的連帶或是法敵對態度[155]，遭受脅迫的被強制者在整個事件中是強制、恐嚇甚至是殺人未遂、傷害等罪的受侵害人，就實質而言其無異是重大犯罪的被害人。據此，筆者認為從整個強制性緊急避難的三角事實關係予以觀察，除了那個在幕後施強制之人無疑是真正站在法秩序對立方的犯罪者外，被強制者與因強制性避難行為而受害的無辜第三人一樣，在刑法評價上均應定性為整個事件中的被害人，故不應完全剝奪被強制者受緊急避難條款保護而得阻卻行為違法性之權利[156]。據此，在具緊急避難情狀的強制性緊急避難案例中，只要受強制者事實上確無其他可排除危難的方法，而其避難行為所要維護的利益又明顯優越於避難行為所造成的損害時，應認為受強制者在遭受強制狀態下所為之避難行為可以成立阻卻違法的緊急避難。惟如受強制者所實施的避難行為，無法通過利益衡量的檢驗時，即無法阻卻違法，此時僅能成立減免罪責之緊急避難，自不待言。

三、（減免罪責之）義務衝突

　　由於「真正的義務衝突」，實際上僅存在於「數個作為義務間之衝突」的情形，其乃係屬於「不純正不作為犯」的討論範圍，因此本書乃將此部分留待至該章節時再予以論述。

---

[154] Perron, in:Schönke/Schröder StGB, 29. Aufl. 2014, §34 Rn. 41b.

[155] Baumann/Weber/Mitsch, AT, §17 Rn. 81.

[156] 相同見解：Baumann/Weber/Mitsch, AT, §17 Rn. 81.；Brand/Lenk, JuS 2013, S. 884 f.國內學說採此見解者：林山田，刑法通論（上），第351頁。

第七章
其他可罰性要件與訴訟條件

第一節　其他可罰性要件

導引案例

甲準備國家考試多年，終於金榜題名通過公務員考試。在甲尚未就任公務員之前，A公司之負責人乙以金錢賄賂甲，希望甲就任公務員後在職務上給予A公司與其之後所屬機關在公務往來之方便，甲應允之並收下賄款。惟之後甲因另有民營銀行高薪禮聘，未就任公務員而是接受民營銀行的聘僱。試問：甲之行為是否構成準受賄罪（§123）？

如前所述，構成要件該當性、違法性、有責性乃是犯罪行為成立的三大要件。一個構成要件該當、違法、且有責之行為，在刑法上就具備了「應刑罰性」（Strafwürdigkeit），原則上就應該要對其加以處罰。

然而，行為除了必須具有構成要件該當性、違法性、與有責性之外，有時法律尚要求必須具備其他的可罰性要件，才能予以處罰。在這裡，刑法之所以在不法與罪責之外，尚要求額外的特別可罰性要件，主要係基於刑事政策上的考量而來，亦即：立法者認為，如果犯罪行為欠缺了該些可罰性要件，則刑事政策上就沒有再加以處罰的必要。也就是說，該構成要件該當、違法、且有責之行為雖然具備「應刑罰性」，但是如果缺少法律所要求的特別可罰性要件，在刑事政策上該行為仍然缺乏「刑罰必要性」（Strafbedürftigkeit），因此乃不予以處罰[1]。

例如在本節導引案例中，甲雖然於尚未就任公務員前預先就職務上之行為收受賄賂，但因甲最後並未實際成為公務員，刑法第123條準受賄罪該條規定

---

[1] Vgl. Ebert, AT, S. 111.

之「客觀處罰條件」並未成就，甲仍然不會成立該條之準受賄罪。

基本上，此種不法與罪責之外的可罰性要件，主要包括：

1. 客觀處罰條件。

2. 個人阻卻或解除刑罰事由。

另外，刑法有時亦針對某些犯罪，規定有特別的訴訟條件（訴訟要件；追訴條件），例如「告訴乃論之罪」須有告訴權人的告訴、「請求乃論之罪」須有外國政府之請求（參見§119）。此等訴訟條件與行為之可罰性無關，純粹是立法者基於刑事政策的考量所附加之「刑事訴追要件」，如果欠缺此等訴訟條件，則刑事訴追機關就不得對該犯罪發起追訴之行動。例如，誹謗罪的被害人如果撤回其告訴，此時檢察官就應該依法為不起訴處分（刑事訴訟法§252⑤）。

第二節　客觀處罰條件

導引案例

甲與一群朋友同在Pub小酌聊天，忽然間朋友們與鄰桌另一群酒客發生言語上之衝突，最後導致發生群架。甲雖沒有加入鬥毆行列，不過基於朋友之誼，乃在一旁為自己的朋友加油助勢。事後，甲才發現對方有一人被自己其他參與鬥毆的朋友持酒瓶砸成腦震盪致死。問甲是否構成犯罪？

一、意義與範圍

所謂「客觀處罰條件」（Objektive Bedingungen der Strafbarkeit；客觀可罰性條件），係指立法者針對某種犯罪類型所規定之要件，而此要件之實現乃是該犯罪行為可罰性的前提。雖然「客觀處罰條件」被立法者附帶規定於刑法分則的構成要件之中，但是其性質上卻是屬於「不法與罪責之外的實體可罰性要

件」，因此一個具備構成要件該當性、違法性與有責性的行為，如果欠缺「客觀處罰條件」，犯罪仍然不成立，此時法官依法應為無罪判決。

　　理論上，「客觀處罰條件」雖然被立法者附帶規定於刑法分則的構成要件之中，但其僅是作為一種「構成要件附加」（Tatbestandsannex）的性質[2]，本質上是與不法和罪責無涉的實體可罰性要件[3]，因此通說均認為在犯罪判斷上只要確定該客觀處罰條件事實是否確實存在即可，至於行為人對該客觀處罰條件事實的認識與否，與故意（甚至是過失）的判斷無關[4]。也就是說，客觀處罰條件成就與否之事實，並非故意所須認知的對象。由於此種刑法學理上對「客觀處罰條件」之理解，在客觀處罰條件所指涉之事實情狀含有不法行為之本質時（涉及建立或升高不法內涵之事實），可能會有違反「罪責原則」（Schuldprinzip）「罪責應與不法相符」之要求的問題[5]，因此客觀處罰條件之認定法理上僅能限縮在其目的為限制可罰性的範圍之內[6]。

　　一般而言，被立法者規定於刑法分則中之犯罪成立要素，在性質上究竟是屬於「構成要件要素」抑或是「客觀處罰條件」，在學理上有時頗有爭議，並不是很明確。在我國刑法中可能屬於「客觀處罰條件」者，主要大致包括：

1. 刑法第123條的準受賄罪：「於未為公務員或仲裁人時，預以職務上之行為，要求期約或收受賄賂或其他不正利益，而於為公務員或仲裁人後履行者，以公務員或仲裁人要求期約或收受賄賂或其他不正利益論。」本條之客觀處罰條件為「成為公務員或仲裁人員」[7]。
2. 刑法第238條之詐術結婚罪：「以詐術締結無效或得撤銷之婚姻，因而致婚姻無效之裁判或撤銷婚姻之裁判確定者，處三年以下有期徒刑。」

---

[2]　Heinrich, AT, Rn. 133.；Wessels/Beulke/Satzger, AT, Rn. 206.

[3]　林山田，刑法通論（上），增訂10版，2008，第404頁；黃常仁，刑法總論，增訂2版，2009，第112頁。

[4]　王皇玉，刑法總則，修訂2版，2016，第151頁；林山田，刑法通論（上），第406頁；黃常仁，刑法總論，第112頁；Heinrich, AT, Rn. 133.；Kindhäuser, AT, §6 Rn. 13.；Krey/Esser, AT, Rn. 372.；Wessels/Beulke/Satzger, AT, Rn. 206.

[5]　Vgl. Kaufmann, in:Schuld und Strafe, S. 233.；Kindhäuser, AT, §6 Rn. 13.；Roxin, ATⅠ, §13 Rn. 9.

[6]　Heinrich, AT, Rn. 134.另外，Roxin, ATⅠ, §13 Rn. 9.甚至進一步要求行為人至少必須對於客觀處罰條件事實具有預見可能性時（有過失），才能加以處罰行為人。

[7]　張麗卿，刑法總則理論與運用，第262頁；蔡墩銘，刑法精義，第155頁；黃常仁，刑法總論，第115頁。不同見解：甘添貴，刑法各論（上），1992，第62頁，則認為其為「構成要件要素」而非客觀處罰條件。

通說[8]與實務[9]見解認為「致婚姻無效之裁判或撤銷婚姻之裁判確定」為本罪之客觀處罰條件。

3. 刑法第283條的聚眾鬥毆罪（聚眾鬥毆在場助勢罪）：「聚眾鬥毆致人於死或重傷者，在場助勢之人，處五年以下有期徒刑。」本條之客觀處罰條件為「致人於死或重傷」[10]。

另外值得加以討論者為誹謗罪之規定，刑法於誹謗罪的條文中，特別規定：「對於所誹謗之事，能證明其為真實者，不罰。但涉於私德而與公共利益無關者，不在此限。」（§310III）學說上有主張，本項規定中的「行為人無法證實其所誹謗之事為真實」、或是「所誹謗之事雖係真實，但涉及私德而與公益無關」等要件，性質上應屬於誹謗罪之「客觀處罰條件」[11]。惟本書認為解釋上似宜認為刑法第310條第3項之規定應屬於誹謗罪的「特別阻卻違法事由」[12]，係立法者基於維護言論自由之考量而特別設置的誹謗罪免責條款，並不是誹謗罪的客觀處罰條件。其理由有二：

首先，立法上「客觀處罰條件」往往會在不法構成要件中予以合併規定，但刑法第310條第3項之規定係獨立條款，立法形式上與其他客觀處罰條件不同，而較類似於一種免責條款之規定。

其次，如果將「行為人無法證實其所誹謗之事為真實」之要件解為係誹謗罪的客觀處罰條件，則會導致誹謗罪的成立與否將取決於「所指摘之事在客觀上是否確為真實」的結果。例如，新聞媒體已經善盡其查證事實之義務，基於合理確信而對善意公開報導該事件，但最後卻證明其所報導之事件並非完全真實，此時如果將「行為人無法證實其所誹謗之事為真實」之要件解為係客觀處

8　林山田，刑法通論（上），第404頁；林鈺雄，新刑法總則，第320頁；蔡墩銘，刑法精義，第155頁；黃常仁，刑法總論，第113頁。

9　最高法院111年度台上字第5256號判決。

10　甘添貴，刑法各論（上），2009，第66頁；林山田，刑法通論（上），第404頁；林東茂，刑法綜覽，第2-45頁；林鈺雄，新刑法總則，5版，2016，第325頁以下；張麗卿，刑法總則理論與運用，4版，2014，第263頁；黃常仁，刑法總論，2版，2009，第114頁；黃常仁，滄桑舊法——論聚眾鬥毆罪（刑法第二八三條），刑事法雜誌，第44卷第2期，2000/04，第39頁。

11　黃常仁，刑法總論，第113頁以下；林鈺雄，新刑法總則，第320頁；蘇俊雄，刑法總論II，第87頁以下。

12　採此見解者：甘添貴，體系刑法各論(1)，第431頁以下；林山田，刑法各罪論（上），第236頁以下；黃東熊，刑法概要，第421頁；王乃彥，誹謗罪與真實性誤信，收錄於「刑與思—林山田教授紀念論文集」，第123頁以下。

罰條件，則最後該新聞媒體勢將無法免於加重誹謗罪（§310Ⅱ）之刑責。如此不僅會導致言論與新聞自由遭限縮之流弊，亦與司法院釋字第509號解釋所揭諸的原則相違背[13]。

二、特殊性

由於在體系上被定位爲「不法與罪責之外的實體可罰性要件」，因此「客觀處罰條件」乃具有以下的特殊性[14]：

1. 「客觀處罰條件」跟行爲構成要件該當性、違法性、或有責性的判斷，並不相干。
2. 「客觀處罰條件」跟犯罪行爲的既遂與否，亦不相干。
3. 「客觀處罰條件」跟犯罪行爲時點的判斷，也不相干。因此，關於「追訴權時效」（§80）的進行，並非從客觀處罰條件成就時才開始起算，而是溯及到自構成要件行爲終結時開始起算[15]。
4. 不論是故意抑或是過失之要素均不包含「客觀處罰條件」在內，因此對「客觀處罰條件」的不認識或誤認並不會產生「構成要件錯誤」的問題。換句話說，「客觀處罰條件」只須客觀存在即可，至於行爲人主觀上對「客觀處罰條件」是否有所認知，在法律上並不具意義。

依據通說之見解，「故意」包含對構成要件事實的認識（知）與意欲（欲），不過既然「客觀處罰條件」在性質上並不屬於構成要件要素，則理論上「故意」也就不需要包含對客觀處罰條件的認識（或意欲），因此對客觀處罰條件的不認識或認識錯誤並「無法阻卻故意」，不會產生錯誤的問題。據此，在本節導引案例中，甲在聚眾鬥毆的過程中爲朋友加油助勢，由於刑法第283條聚眾鬥毆罪（聚眾鬥毆在場助勢罪）中「致人於死或重傷」的要件，性

---

[13] 大法官釋字第509號解釋謂：「……刑法同條（第三百十條）第三項前段以對誹謗之事，能證明其爲眞實者不罰，係針對言論內容與事實相符者之保障，並藉以限定刑罰權之範圍，非謂指摘或傳述誹謗事項之行爲人，必須自行證明其言論內容確屬眞實，始能免於刑責。惟行爲人雖不能證明言論內容爲眞實，但依其所提證據資料，認爲行爲人有相當理由確信其爲眞實者，即不能以誹謗罪之刑責相繩，亦不得以此項規定而免除檢察官或自訴人於訴訟程序中，依法應負行爲人故意毀損他人名譽之舉證責任，或法院發現其爲眞實之義務。……」

[14] Gropp, AT, §8 Rn. 6.

[15] 不同見解：林山田，刑法總論（上），第407頁，則認爲當構成要件實現之時間點與客觀處罰條件出現之時間點，前後不一時，追訴時效應自「發生在後之時間點」起算。

質上屬於「客觀處罰條件」，因此甲縱使對於「致人於死或重傷」這個事實完全沒有認識，也不妨礙其故意之存在，因此甲的行為應成立聚眾鬥毆罪（聚眾鬥毆在場助勢罪）。

第三節　個人阻卻或解除刑罰事由

導引案例

甲終日遊手好閒花錢甚兇，父親便斷絕對其金錢援助，甲在需要錢供其花費的情況下，乃夥同朋友乙偷竊父親之金錢，得手後兩人共同花用。

現行法上關於不法與罪責之外的其他可罰性要件，除了「客觀處罰條件」之外，尚有「個人阻卻或解除（免除）刑罰事由」。兩者之區別乃在於，若欠缺「客觀處罰條件」，則犯罪不成立，根本不構成犯罪；但若是存在「個人阻卻或解除刑罰事由」，犯罪仍然成立，只是具備該事由的特定個人可被溯及地減輕或免除其刑罰而已。

一、意義與範圍

所謂「個人阻卻刑罰事由」（Persönliche Strafausschließungsgründe），乃是指某種在行為一開始時即已存在，而可自始減輕或排除行為之可罰性的法定事由。相對地，「個人解除（免除）刑罰事由」（Persönliche Strafaufhebungs-gründe），則不是行為一開始時即已存在之事由，而是在行為著手實行後才發生，而能將行為「已經存在之可罰性」溯及地予以減輕或免除之法定事由[16]。

在我國法上屬於「個人阻卻刑罰事由」的情形，大致有：

(一)配偶、五親等內之血親或三親等內之姻親，犯藏匿人犯罪、或湮滅刑

---

[16]　Vgl. Wessels/Beulke/Satzger, AT, Rn. 494 f.

事證據罪者，得減輕或免除其刑（§§162Ⅴ, 167）；

(二)十八歲以下之人犯刑法第227條之與幼年男女爲性交猥褻罪者，減輕或免除其刑（§227-1）；

(三)謀爲同死而犯加工自殺罪者，得免除其刑（§275Ⅳ）；

(四)懷胎婦女因疾病或其他防止生命上危險之必要，而犯墮胎罪者，免除其刑（§288Ⅲ）[17]；

(五)於直系血親、配偶或同財共居親屬之間，犯竊盜、侵占、詐欺、背信、贓物等罪章之罪者，得免除其刑（§§324Ⅰ, 338, 343, 351）。

至於，我國法上屬於「個人解除刑罰事由」之情形，則大致有：

(一)中止犯之減輕或免除其刑（§27）；

(二)犯陰謀或預備內亂罪、違背職務行賄罪或參與犯罪結社罪後，因自首而減輕或免除其刑（§§102, 122Ⅲ, 154Ⅱ；貪污治罪條例§§8Ⅰ, 11Ⅲ；組織犯罪防制條例§8）；

(三)犯湮滅刑事證據罪、僞證罪、誣告罪，因在他案件裁判或懲戒處分確定前自白而減輕或免除其刑（§§166, 172；貪污治罪條例§§8Ⅱ, 11Ⅲ）。

二、特殊性

「個人阻卻或解除刑罰事由」在體系上亦被定位爲不法與罪責之外的可罰性要件，其法律性質具有以下之特殊性[18]：

(一)「個人阻卻或解除刑罰事由」係不法與罪責之外的可罰性要件，與構成要件該當性、違法性、有責性無關。換句話說，縱使具備「個人阻卻或解除刑罰事由」而得免除其刑，其行爲仍然具備違法性與有責性，因此對於該行爲得主張「正當防衛」（§23），教唆或幫助該行爲者亦得成立共犯（§§29, 30）。

(二)「個人阻卻或解除刑罰事由」多係關於特定個人的要素，因此只有具

---

[17] 惟由於優生保健法第9條第3款規定「有醫學上理由，足以認定懷孕或分娩有招致生命危險或危害身體或精神健康者」得合法施行人工流產，據此則因疾病或其他防止生命上危險之必要而爲墮胎行爲之懷胎婦女，得直接主張其係「依法令之行爲」（§21）而阻卻違法，故刑法第288條第3項之個人阻卻刑罰事由實際上已無適用之餘地。

[18] Ebert, AT, S. 115.

備此等條件之人始得排除其可罰性，其效果不及於其他不具備此等事由之共同正犯或共犯。

(三)既然「個人阻卻或解除刑罰事由」在體系上亦被定位為不法與罪責之外的可罰性要件，因此此等事由只須客觀上存在即可，行為人主觀上對於此等事由是否有所認識，在法律上並不重要。

在本節導引案例中，甲乙兩人共同實施竊盜行為，兩人均成立竊盜罪之共同正犯（§§320Ⅰ, 28）。不過，由於甲係被害人之子，為直系血親，具有「個人阻卻刑罰事由」，因此法官依據刑法第324條第1項之規定得予以免除其刑。而此項「個人阻卻刑罰事由」係特殊之個人專屬事由，乙並不具備此等要件，故仍應對之科以通常之刑。

第四節　訴訟條件 —— 告訴與請求

導 引 案 例

甲因女朋友移情別戀而導致雙方分手，分手後甲一直心有不甘，乃決定在網路上散布謠言，謊稱其前女友曾上網援交。其前女友不甘名譽受損，乃向檢察官提出告訴。其後，在開偵查庭時，甲向前女友誠心道歉，並乞求其原諒，其前女友接受其道歉乃撤回告訴。請問此時檢察官應為如何之處置？

所謂的「訴訟條件」，乃是指立法者基於刑事政策的考量所附加之「刑事訴追要件」（Strafverfolgungsvoraussetzungen）[19]，如果犯罪欠缺此等訴訟條件，則刑事訴追機關就不得對該犯罪發起追訴之行動。「訴訟條件」主要係指告訴乃論之罪中的「告訴」（Antrag；Strafantrag）而言，犯罪行為如果欠缺有告訴權之人所提出的告訴，此時偵查機關就不得對該犯罪予以起訴；如果先

---

[19] 與此相對，尚有所謂的「刑事訴追障礙」（Strafverfolgungshindernisse），例如追訴權時效（§80）、治外法權、總統或國會議員的刑事豁免權（憲法§§52, 74, 102）等。參見 Wessels/Beulke/Satzger, AT, Rn. 497.

前有告訴，但其後卻經有權撤回之人撤回其告訴者，此時若係在偵查中，檢察官即應為「不起訴處分」（刑事訴訟法§252⑤），若係案件已進入審判程序，則法官即應為「不受理判決」（刑事訴訟法§303③）。

　　某個犯罪是否屬於「告訴乃論之罪」，必須基於法律的明文規定，若無法律明定係告訴乃論，則該罪即屬於「非告訴乃論之罪」。現行刑法上常見的告訴乃論之罪，例如對配偶犯強制性交罪（§229-1）、血親性交罪（§236）、普通傷害罪與過失致傷罪（§287）、侵入住居罪（§308）、公然侮辱罪與誹謗罪（§314）、妨害電腦使用罪（§§358～360）等。

　　在本節導引案例中，甲所觸犯者為刑法第310條的誹謗罪，該罪係屬於「告訴乃論之罪」，因此被害人接受甲之道歉而撤回告訴後，檢察官依法即應為「不起訴處分」（刑事訴訟法§252③）。

　　另外，立法者亦特別規定有所謂的「請求乃論之罪」，包括：侵害友邦元首或外國代表罪與侮辱外國國旗旗章罪（§119）。與「告訴乃論之罪」相同者，在請求乃論之罪中，如果缺乏外國政府所提出之「請求」，此時偵查機關就不得對該犯罪予以起訴；如果先前有外國政府之請求，但其後外國政府卻又撤回其請求者，此時若係在偵查中，檢察官即應為「不起訴處分」（刑事訴訟法§252⑤），若係案件已進入審判程序，則法官即應為「不受理判決」（刑事訴訟法§303③）。

第八章　未遂犯

第一節　故意犯罪行為之實現階段

導引案例

　　甲發現某富翁家裡藏有許多現金，由於缺錢花用，乃下定決心要進入該富翁家行竊。於是甲乃邀來朋友乙一起商討計畫如何行竊，俟計畫周全後，甲與乙乃分工購買行竊所必要之工具。某日，富翁全家出遠門，甲乙認為行竊時機已到，遂開車停在富翁家附近的路旁，由乙在車中把風，甲則潛入富翁家中搜刮財物，得手後隨即將贓物丟入車後行李箱，並在人們未發覺前立即開車離去。

　　故意犯罪乃是行為人將其意志透過外在行為予以實現的一個過程，這個故意犯罪行為，通常都會經歷好幾個階段，其依序可包括：(1)犯罪決意；(2)陰謀；(3)預備；(4)著手實行（未遂）；(5)結果發生（既遂）；(6)犯罪終結。

一、犯罪決意

　　每個故意犯罪行為，首先行為人都會產生犯罪決意，而後始將此等犯罪決意化為實際行動予以實現。犯罪決意的產生，雖然屬於犯罪的萌芽階段，不過由於單純的犯罪決意只是行為人內心的想法，尚不具有任何客觀上顯露於外的表徵，因此刑法並無法加以處罰。換句話說，刑法不處罰單純的犯罪思考。

　　在本節導引案例中，當甲下定決心要找機會潛入富翁家中行竊時，雖然已經具備了犯罪決意，不過此時並不會構成任何犯罪。

二、陰謀

所謂「陰謀」，乃是指二人以上互相為實施犯罪行為之謀議。因此，如果只有一人獨自為犯罪行為之籌畫，並無他人與之互相謀議，就無陰謀可言[1]。並非所有的犯罪都會歷經陰謀階段，在許多情形，行為人產生犯罪決意後會直接為預備行為、或著手實行犯罪。

「陰謀」雖然非如同單純犯罪決意一般僅止於腦中的思考，而具有某種程度顯現於外的表徵，不過畢竟此等相互謀議行為離法益危險或侵害尚遠，因此刑法原則上也不處罰此等陰謀行為，只有在內亂與外患罪章中的重大犯罪，才例外設有處罰陰謀犯之規定。現行刑法設有處罰陰謀犯之規定者，計有：陰謀犯暴動內亂罪（§101II）、陰謀犯通謀開戰罪（§103III）、陰謀犯通謀喪失領域罪（§104III）、陰謀犯械抗民國罪（§105III）、陰謀犯助敵罪（§§106III, 107III）、陰謀犯洩漏交付國防秘密罪（§109III）、陰謀犯刺探收集國防秘密罪（§111III）。

在本節導引案例中，當甲與乙共同商討計畫如何行竊時，雖然已經符合陰謀行為，不過由於刑法並不處罰竊盜罪的陰謀犯，故此時仍然不會構成任何犯罪。

三、預備

「預備」係指，行為人在著手實行犯罪之前，為便利於犯罪行為之實施所為之準備行為。常見的預備行為，可能包含以下幾種類型：(1)準備犯罪工具：行為人準備實行犯罪所需之物品或武器[2]，例如為殺人而購買凶器或毒藥、或為竊盜而打製萬能鑰匙；(2)前往犯罪現場：例如為縱火而提著汽油桶出發前往目標物所在地；(3)在犯罪現場埋伏：例如為殺人而在對方家門外埋伏等待其歸來。

同樣地，也並非所有的犯罪行為都會歷經「預備」的過程，在某些突發的犯罪，特別是在行為人因為一時衝動而犯下的犯罪中，往往欠缺實施犯罪前的

---

[1] 通說認為，陰謀必須有二人以上的相互謀議，參見：林山田，刑法通論（上），第451頁以下；蔡墩銘，刑法精義，第287頁。

[2] 蔡墩銘，刑法精義，第286頁。

準備行為。例如，在義憤殺人罪（§273）中，行為人乃是當場基於義憤而殺人，性質上就不可能存在有所謂的預備行為。

刑法在原則上也不處罰預備行為，只有在一些重大侵害法益的犯罪中，才會有預備犯的處罰規定。一般而言，刑法上的「預備犯」可分為以下兩種：

（一）形式預備犯

所謂「形式預備犯」，乃是指刑法分則的不法構成要件中，直接明文規定對於該犯罪行為之「預備犯」予以處罰之情形。例如，預備內亂罪（§100 II）、預備暴動內亂罪（§101 II）、預備殺人罪（§271 III）、預備殺直系血親尊親屬罪（§272 III）、預備強盜罪（§328 IV）、預備擄人勒贖罪（§347 IV）等。

（二）實質預備犯

所謂「實質預備犯」，則是指雖然形式上不具有預備犯之名，但是在實質上確是立法者針對預備行為而為之處罰。也就是說，其形式上雖係獨立的犯罪，但在實質上卻屬於犯罪的預備行為。例如，意圖供犯罪之用而製造、販賣、運輸或持有爆裂物罪（§187），實質上係處罰預備以爆裂物犯罪之行為；又例如，意圖偽造變造通用貨幣而交付收受原料罪（§199），實質上係處罰偽造貨幣之預備行為；再如，意圖散布而製造持有猥褻物品罪（§235 II），實質上係處罰散布猥褻物品罪的預備行為等。

在本節導引案例中，當甲與乙兩人分工購買行竊所必要之工具時，即已經進入犯罪預備階段，不過由於刑法並不處罰竊盜罪的預備犯，故此時仍然不會構成任何犯罪。

四、著手實行（未遂）

當行為人著手於犯罪行為之實行後，一直到犯罪結果發生、行為既遂之前，犯罪都處於未遂階段。在這裡，「著手實行」（著手於犯罪行為之實行），乃是區別「預備犯」與「未遂犯」之關鍵。著手實行前之行為屬於「預備階段」，著手實行後之行為，在犯罪未既遂前，即為「未遂階段」。

刑法雖不處罰過失未遂，但刑法分則上的故意犯罪，很多都設有處罰未遂

犯之規定。倘若對於該些犯罪，立法者僅處罰未遂而不處罰預備犯（如前述案例中的竊盜罪），此時判斷犯罪行爲是否已經開始「著手實行」，對於行爲人是否會被論罪科刑，將至關重要。不過，此等判斷著實並非易事，刑法理論上曾經出現不少學說，係學說上的重要爭議點，對此本文將於下一節中再詳論。

在本節導引案例中，當甲潛入富翁家中開始搜刮財物時，就已經著手於竊盜行爲之實行了，此時該犯罪行爲已經進入了未遂階段，縱使其後甲因爲某種事由而沒有偷竊成功，也要成立竊盜未遂罪（§320III）。

五、結果發生（既遂）

當行爲人著手於犯罪行爲之實行後，有些犯罪即同時既遂（行爲犯；舉動犯）[3]，不過有些犯罪則必須要有行爲結果的出現，才會既遂（結果犯），倘若行爲結果自始至終都未出現，則犯罪就會僅止於未遂。例如，殺人罪倘若被害人沒有死亡，就僅構成殺人未遂罪（§271II）、詐欺罪倘若被害人沒有將物交付，就只構成詐欺未遂罪（§339III）。

在本節導引案例中，當甲將富翁家中之財物置於自己實力支配之下時（如放入自己攜來的袋子中），竊盜行爲就已經既遂了，此時應構成竊盜既遂罪（§320I）。

六、犯罪終結

所謂的犯罪終結（Beendigung），乃是指整個犯罪行爲在實質上的終了。犯罪終結的時間點通常會在犯罪既遂（Vollendung）之後，不過這並非是絕對的，有時犯罪終結的時間點也可能在既遂之前，甚至有時是同時既遂且終結[4]。

---

[3] 另外，在所謂的「著手犯（企行犯；企圖犯）」（Unternehmensdelikte）中，法律乃係專門針對「犯罪的著手」而予以處罰，因此不論既遂或未遂均一視同仁。換句話說，只要「著手」於該構成要件行爲之實行，即構成犯罪，而毋庸再理會行爲的既、未遂。例如，內亂罪（§§100, 101）。依據通說的看法，刑法上關於未遂犯（§26）以及中止犯（§27）的減免規定，於「著手犯」均無適用之餘地。

[4] Otto, AT, §18 Rn. 13認爲關於犯罪行爲「既遂」與「終結」的區別，純粹是基於不同刑事政策上的需要，並無法對所有的問題情況提出單一的絕對判斷標準。

《案例1》甲將被害人囚禁在山上的小屋內，並於七天後始將其釋放。於
　　　　此，當甲將被害人囚禁而剝奪其行動自由時，雖然剝奪行動自
　　　　由罪（§302 I）就已經既遂了，不過該犯罪卻仍然在繼續狀態
　　　　中，一直要等到被害人於七天後釋放時，妨害自由的行為才算
　　　　終結。

《案例2》乙以殺意連續砍殺被害人三刀後逃逸，被害人被送至醫院急救
　　　　後雖暫時撿回一命，但因傷的過重卻一直未脫離險境，拖到三
　　　　天後終於死亡。於此，乙砍殺三刀後逃逸時，犯罪即已終結，
　　　　但是一直要等到三天後被害人死亡了，乙的殺人行為才算既遂
　　　　（如果被害人最後沒死，乙仍只成立殺人未遂罪）。

在本節導引案例中，當甲於無人發覺的情況下，將偷來之物放置在車後行
李箱中，並進入車內時，甲（與乙）的竊盜行為即已「終結」，因為此時甲對
於該偷來之物所建立的持有支配關係已經處於安全的狀態之中了。

犯罪「終結」的概念，在法律上具有重要意義，包括以下幾點[5]：

(一)犯罪行為有連續或繼續之狀態者，其追訴權時效之進行，從犯罪行為
　　終結（終了）之日，才開始起算（§80 II 後段）。例如，上述《案例
　　1》甲將被害人囚禁在山上小屋內之案例，其妨害自由之行為必須等
　　到七天後將被害人釋放時才算終結，私行拘禁罪（§302 I）之追訴
　　權時效也自此時起才開始起算（§80 II 後段）。

(二)在犯罪既遂後、終結之前，仍有可能成立新加入的「共同正犯」與
　　「幫助犯」，此即所謂「承繼共同正犯」（Sukzessive Mittäterschaft；
　　亦稱相續共同正犯或事中共同正犯）與「承繼幫助犯」（Sukzessive
　　Beihilfe；亦稱相續幫助犯或事中幫助犯）之情形。

《案例3》丙在路旁扒走H的皮夾子，被H所發覺，乃一路追著丙欲奪回自
　　　　己的皮夾，在追逐的過程中丙碰巧遇到朋友，乃跳上朋友的機
　　　　車而成功逃走。本例中，丙成立竊盜既遂罪（§320 I），而丙
　　　　之朋友在竊盜行為未終結前對丙提供幫助，應成立幫助竊盜罪

5　Vgl. Heinrich, AT, Rn. 715 ff.；Joecks, StGB Studienkommentar, Vor §22 Rn. 3 f.；Kühl, AT, §14 Rn. 17 f.

（§§320 I，30 I）。

(三)一直到基本犯罪終結之前的這段時間，「加重構成要件要素」（quali-
fizierte Tatbestandsmerkmale）仍然有被實現之可能，而得成立加重構
成要件之罪名。

《案例4》丁侵入他人住宅竊盜，在客廳偷完後，又到主人臥房去偷，忽
然發現一把尖刀，乃將該刀攜在身上以備必要時使用[6]。本例
中，當丁在客廳偷到東西時，竊盜即已經既遂。其後，丁又在
主人臥房偷得尖刀一把攜帶在身上，係在竊盜犯罪尚未終結之
前，即實現刑法第321條第1項第3款「攜帶凶器」的加重構成要
件要素，因此丁仍構成「攜帶凶器竊盜罪」[7]。

第二節　未遂犯之處罰根據

導引案例

(1)甲為一茅山術道士，因事與T結怨，乃計畫以茅山術殺人於無形。於
是，甲便製造T的稻草人，並將該稻草人扎針施以茅山法術，希望因
此將T殺死。試問甲是否構成殺人未遂罪（§271 II）？

(2)在案例(1)中，倘若過不久，T果真死於一場車禍之中，死因為遭貨車
所載之鋼筋刺穿而死。甲見自己的法術果然靈驗，遂沾沾自喜。試問
甲是否構成殺人既遂罪（§271 I）？

---

[6] 依據實務見解，「凶器」究竟是行為人自己攜至現場、抑或是在犯罪現場所取得，並不重
要，都符合「攜帶凶器」的要件。參見司法院（80）廳刑一字第562號函：「攜帶兇器竊
盜，只須行竊時攜帶具有危險性之兇器為已足，不以該兇器屬其本人所有為必要，某甲既意
圖為自己不法之所有，於行竊時持有某乙廚房內之菜刀一把行竊，該菜刀可能作為兇器，在
客觀上具有危險性，應係犯攜帶兇器竊盜。」

[7] Wessels/Hillenkamp, BT II, 26. Aufl., 2003, Rn. 256.於此，符合「攜帶凶器」要件的時點，應
該從行為人著手於竊盜行為之實行時起，而到竊盜行為終結時止（不僅僅是既遂）。

所謂「未遂犯的處罰根據」（Der Strafgrund des Versuchs），乃係指刑法處罰未遂犯的理由究竟為何的問題。關於未遂犯的處罰根據究竟為何，刑法學說上大致有以下幾種不同的理論：

一、客觀未遂理論

「客觀未遂理論」（Die objektive Versuchstheorie）認為刑法之所以處罰未遂之理由乃在於，未遂行為在客觀上已經對構成要件所要保護之法益造成了危險。依據「客觀未遂理論」，未遂犯之處罰根據並不在於行為人的主觀意志，而是在於其可能實現構成要件事實的客觀危險性，亦即具體的法益侵害危險性，因此未遂犯其實是由於其導致結果不法（Erfolgsunrecht）實現的高度或然性而被處罰[8]。

倘若採取「客觀未遂理論」，則理論上應會導出以下之結果[9]：

(一)「不能犯」（不能未遂；Der untaugliche Versuch）並不具備可罰性，因為其對於法益並未產生任何危險性。

(二)客觀犯罪行為面的界限會遭到限縮，行為必須進展到更接近既遂時才會屬於犯罪，而預備行為因為尚未對法益具有客觀危險性，因此通常會被排除在可罰的範圍之外。

(三)未遂犯之處罰應較既遂犯為輕，因為未遂犯所造成之法益「危險」與既遂犯的「實害」相較，不法內涵較低。

二、主觀未遂理論

「主觀未遂理論」（Die subjektive Versuchstheorie）則認為刑法之所以處罰未遂之理由，乃在於未遂行為所展現出行為人主觀上的「法敵對意志」（rechtsfeindliche Wille）。與「客觀未遂理論」相對，「主觀未遂理論」不將未遂犯之處罰根據置於對法益的事實上危險性，而是在於行為人指向法益侵害的犯罪故意所實現的行為不法（Handlungsunrecht）。

---

[8]　Jescheck/Weigend, AT, S. 512f.

[9]　Ebert, AT, S. 123.

倘若採取「主觀未遂理論」，則理論上應會導出以下之結果[10]：

(一)對絕對無法發生結果的「不能犯」（不能未遂）甚至是「迷信犯」
　　（abergläubischer bzw. irrealer Versuch），刑法都應該加以處罰，因為
　　在此種案例類型中行為人仍然展現出其「法敵對意志」。

(二)未遂在客觀面上將被往前朝預備或陰謀之範圍推移，例如寫下書面的
　　犯罪計畫時，就已經可以認定其犯罪故意，而達於未遂階段了。

(三)「未遂犯」應該與「既遂犯」科以相同之刑罰，因為在這兩種情形中
　　行為人的「法敵對意志」程度是一樣的。

三、印象理論

「印象理論」（Eindruckstheorie）認為，未遂犯之處罰根據乃在於，行為
人經由其未遂行為所展現出來的「法敵對意志」，足以動搖一般社會大眾信賴
法秩序的印象，並因此而對於法之和平產生危險[11]。「印象理論」所賦予的未
遂犯處罰根據，基本上係以「主觀未遂理論」的「法敵對意志」為主軸，不過
卻又另外加上「一般社會大眾信賴法秩序的印象被動搖」的客觀要素，因此乃
是一種混合主觀與客觀雙重面向的理論，故又稱之為「主客觀混合之未遂理
論」（Die gemischte subjektiv-objektive Versuchstheorie）。

倘若採取「印象理論」，則理論上應會導出以下之結果[12]：

(一)「不能犯」（不能未遂）原則上仍是可罰的，至於「迷信犯」則不應
　　該處罰，因為迷信犯的行為根本不會動搖一般社會大眾信賴法秩序的
　　印象。

(二)未遂之界限會被限縮，而預備行為原則上也不處罰。

(三)未遂犯之處罰得予以減輕其刑（即並非必減、也非不減）。

---

[10] Ebert, AT, S. 123f.

[11] 「印象理論」可從「正面一般預防」（Positive Generalprävention）的觀點予以精確之詮釋。
依據「正面一般預防」的理論，刑罰的目的係在於彰顯法秩序的不可侵犯性，強化一般社會
大眾的法意識（Rechtsbewusstsein）與法信賴（Rechtstreue），以進一步達到預防犯罪的效
果。因此，當行為人藉由其行為而否定法規範的效力時，縱使該行為係屬未遂仍然應該加以
處罰，否則誓將動搖一般大眾對遵守法規範的信賴。Vgl. Kindhäuser, AT, §30 Rn. 10.

[12] Ebert, AT, S. 124.

四、我國法之立場

　　舊刑法第26條關於未遂犯得按既遂犯之刑減輕之以及處罰不能犯之規定，基本上與「印象理論」的結論相符，因此學者們大都支持「印象理論」的見解，「印象理論」乃成爲舊法時期我國學界之多數說[13]。但於民國94年刑法修正時刑事政策上卻改弦易轍，將「不能犯」改爲不可罰，而於刑法第26條規定：「行爲不能發生犯罪之結果，又無危險者，不罰。」立法者並於該條的立法理由中說明「基於刑法謙抑原則、法益保護之功能及未遂犯之整體理論，宜改採客觀未遂論」，因此目前我國現行刑法關於未遂犯之處罰根據應係採取「客觀未遂理論」之立場。惟應強調者，此處之爭議並未隨立法理由的明示而落幕，仍有學者主張現行刑法關於未遂犯的處罰根據依舊還是「印象理論」[14]。

　　在本節導引案例(1)中，甲欲透過對稻草人施用茅山術之方式而殺人，係一般所謂「迷信犯」的案例，依「客觀未遂理論」的觀點，此等迷信犯的行爲由於客觀上對法益並未產生任何危險性，故非屬刑法所加以處罰之行爲；縱使依「印象理論」的觀點，此種迷信犯的行爲一般人也只會覺得其無知荒謬，不致動搖一般社會大眾信賴法秩序的印象，故迷信犯也是不可罰的。至於本節導引案例(2)，雖然T最後果眞死亡，但其死亡係因爲車禍而死，與甲施用茅山術並不具因果關係，在法律上不可能將T之死歸由甲來負責。而且，甲也因屬於迷信犯而無法成立未遂，故在案例(2)中甲也不會構成任何犯罪。

[13] 例如，蘇俊雄，刑法總論II，第350頁；黃榮堅，刑法解題—關於不能未遂，收錄於氏著「刑法問題與利益思考」，第119-120頁、第121頁以下；陳志龍，人性尊嚴與刑法體系入門，1992，第245頁；蔡聖偉，不能未遂之研究，輔大法研所碩士論文，1995，第21頁以下、第211頁以下。

[14] 林東茂，刑法綜覽，第1-216頁；張麗卿，刑法總則理論與運用，第312頁以下，認爲我國修法後之未遂犯仍採「印象理論」。另外，關於修法與主客觀未遂論適用上的影響分析，可參見謝庭晃，客觀未遂論與主觀未遂論，收錄於「甘添貴教授七秩華誕祝壽論文集（上）」，2012/04，第367頁以下。

第三節　未遂犯之成立要件

導引案例

　　甲計畫侵入他人家中行竊，試討論下列情形中，甲應如何論罪？
(1)甲抵達目標家門前，正當探頭探腦觀察地形時，為路過之巡邏警察所逮捕。
(2)甲已經在目標家門觀察地形完畢，取出工具插入大門鎖孔正試圖開鎖時，被路過之巡邏警察所逮捕。
(3)甲已經打開門鎖，進入屋內，正在四處環視屋內狀況時，適逢主人與其朋友回家撞見，乃合力將甲逮捕送警究辦。
(4)甲進入屋內後，已經開始搜刮財物、但尚未得手財物，此時被主人與其朋友回家撞見，乃合力將甲逮捕送警究辦。
(5)甲進入屋內搜刮財物後，將得手之財物放入隨身袋，此時被主人與其朋友回家撞見，乃合力將甲逮捕送警究辦。

　　一般而言，刑法上所謂的「未遂犯」，乃是指行為人基於犯罪故意，著手於犯罪行為之實行，但是行為卻沒有如預期般促成所有構成要件要素事實的實現者。例如，殺人但被害人未死、竊盜但未成功將被害人之財物置於自己實力支配之下、實施詐欺但被害人並為將其物交付等。關於未遂犯，刑法第25條規定：「已著手於犯罪行為之實行而不遂者，為未遂犯。未遂犯之處罰，以有特別規定者為限，並得按既遂犯之刑減輕之。」

　　未遂犯是一種未完全實現構成要件事實的不完整犯罪行為，此種不完整性僅存在於未完全實現客觀構成要件要素上，而與「主觀構成要件」、「違法性」以及「有責性」等其他犯罪成立要件無關。此代表「未遂犯」的犯罪成立要件，基本上只有在「客觀構成要件」上與既遂犯有所差異，其他關於「主觀構成要件」、「違法性」以及「有責性」之部分，都與故意既遂犯相同[15]。因此，本節所要論述之部分，乃集中在未遂犯的構成要件該當性。

---

[15] Baumann/Weber/Mitsch, AT, §26 Rn. 4.

一、前置檢驗——法律有加以處罰之明文規定

　　關於未遂犯之成立，在進入構成要件之檢驗前，往往應先就法律是否有加以處罰之明文進行前置檢驗[16]。依據第25條第2項規定：「未遂犯之處罰，以有特別規定者為限。」也就是說，刑法分則上的各種犯罪類型，只有在法律有特別明文規定處罰未遂時，始得論以未遂犯之刑責，此乃是基於「罪刑法定原則」之精神而來。故倘若對於該犯罪行為，法律並未明文規定處罰未遂犯時，此時對於著手於該行為之實行而不遂者，即應認為不構成犯罪。例如，由於過失犯的主要不法內涵在結果不法，因此在我國刑法上並沒有處罰過失未遂之明文規定，故過失未遂行為在我國刑法上是不罰的[17]。

《案例1》計程車司機甲開車勞累不斷打瞌睡，以致於車子忽然偏向路旁行人駛去，所幸該路人恰巧為運動健將，就在千鈞一髮之際該路人憑著運動員過人之靈敏反應即時跳開，逃過一劫。由於刑法上的過失致死罪（§276）與過失致傷罪（§284）均無處罰未遂之特別規定，故甲並不會構成過失致死未遂罪或是過失致傷未遂罪。

　　除了過失犯不處罰未遂外，刑法亦有不少故意犯罪類型欠缺處罰未遂犯的明文規定，例如普通傷害罪（§277）、侵入住居罪（§306）、公然侮辱罪（§309）、誹謗罪（§310）、重利罪（§344）以及妨害電腦使用罪（§§358～362）等，此等行為若僅止於未遂階段，在刑法上即是不罰的。

二、主觀構成要件

　　由於刑法只處罰「故意未遂」而不處罰「過失未遂」，故行為人是否具有犯罪故意對於未遂犯之成立居於關鍵地位，倘若行為人欠缺故意就不可能成立

---

[16] Vgl. Heinrich, AT, Rn. 652 ff 將犯罪未達於既遂的部分，也列入未遂犯的前置檢驗中。惟關於犯罪是否達於既遂的問題，除檢驗是否完全實現客觀構成要件外，也包含因果關係與客觀歸責的檢驗在內，故本書將其置於客觀構成要件。

[17] 證人保護法第16條第3項有處罰過失洩露秘密證人資料未遂罪，就筆者的觀點應係一項立法錯誤，應予以修正。

未遂犯。因此，基於犯罪檢驗的效率，在未遂犯之構成要件該當性的判斷上，「主觀構成要件」原則上應優先於「客觀構成要件」作判斷。此項未遂犯的主觀不法構成要件，包括「故意」與「意圖」，此點與既遂犯並無不同。

三、客觀構成要件

（一）已著手於犯罪行爲之實行（著手實行）

　　刑法第25條規定：「已著手於犯罪行爲之實行而不遂者，爲未遂犯。」由此可知，「未遂犯」之成立必須以行爲人已經著手於犯罪行爲之實行爲前提，否則如果行爲人尚未著手實行犯罪行爲，此時就無法論以「未遂犯」，頂多只能成立「預備犯」而已（如果該犯罪有處罰預備犯的話）。也就是說，行爲人是否著手於犯罪行爲之實行，乃是區別「預備行爲」（Vorbereitungshandlung）與「未遂行爲」（Versuchshandlung）的基準。

　　可以確定的是，當行爲人已經開始實行「構成要件行爲」時，例如刑法第173條放火罪之「點火時」、刑法第271條殺人罪之「對準人扣下扳機時」、刑法第320條竊盜罪之「竊（搜）取財物時」、刑法第339條詐欺罪之「施用詐術時」，此時即應認爲行爲人已經著手於犯罪行爲之實行，這在學理上是沒有疑問的。不過，如果行爲人尚未開始實行「構成要件行爲」，而只是實施構成要件行爲之前階行爲時，例如企圖放火而開始潑汽油、但尚未點火；或如企圖開槍殺人而開始架設狙擊槍及瞄準、但尚未扣扳機；再如企圖侵入住宅竊盜而以萬能鑰匙嘗試開啓目標大門或開門進入被害人家中、但尚未開始搜尋財物，此時是否可被認爲已經著手於犯罪行爲之實行，就是學理上的難題了。

　　基本上，關於何時才算是犯罪之「著手實行」時點，亦即「預備」與「未遂」區別之時點，學說上大致有以下幾種不同的見解：

1. 形式客觀理論

　　「形式客觀理論」（Die formal-objektive Theorie）對於「著手實行」採取了最嚴格的標準（成立時間點最晚），其認爲必須要行爲人開始實行構成要件行爲時，才算是著手於犯罪行爲之實行。也就是說，當行爲人開始實行屬於客觀構成要件要素所描述之行爲時，才可以認爲是著手於犯罪行爲之實行。例如，刑法第176條第1項放火罪的構成要件行爲是「放火」，則點火時才算是放

火罪之著手；又如刑法第320條第1項竊盜罪的構成要件行為是「竊取他人動產」，則須開始竊取（搜取）財物時才算是著手。

我國實務見解，對於犯罪著手實行時間點之判斷向來大多是採取「形式客觀理論」。例如最高法院30年上字第684號判決（原判例）即謂：「刑法第二十五條所謂已著手於犯罪行為之實行，係指對於構成犯罪要件之行為，已開始實行者而言，若於著手此項要件行為以前之準備行動，係屬預備行為，除法文有處罰預備犯之明文，應依法處罰外，不能遽以未遂犯罪論擬。」此種「形式客觀理論」之觀點，時至今日仍有。因此，實務往往認為在竊盜案件中，倘若行為人尚未著手為搜取財物之行為，仍屬犯罪之預備[18]；在放火罪中，行為人雖已潑灑汽油，但若尚未著手於點燃等引火行為，亦尚屬預備階段[19]；而在詐欺罪中，亦認為行為人開始實行詐術行為才是著手實行[20]。

「形式客觀理論」判斷著手實行的標準，優點是明確，但缺點是個案中有時會導致不合理的結果。例如，行為人基於竊盜故意進入他人屋內，但尚未開始搜取財物前即被抓，依此說則竊盜尚未著手實行[21]，僅屬於預備竊盜，在竊盜罪不罰預備的情況下，行為人僅會成立侵入住居罪（§306）。針對此種情形實務亦曾謀求改善，最高法院82年度第2次刑事庭會議（二）認為先前判例所採之「形式客觀理論」之見解雖「仍不宜遽予變更，但建議司法審判實務上，對於竊盜罪之著手時點，除應就眾多學說斟酌損益，並參酌各國之立法例及判例演變趨勢，於行為人以行竊之意思接近財物，並進而物色財物，即可認為竊盜行為之著手外，實務上似不妨從個案詳加審認，另創竊盜著手時點之新見解，以期符合現代社會環境之實際需要，始為上策」。此刑庭決議僅將竊盜

---

[18] 原57年台上字第1017號判例亦謂：「刑法第三百二十九條所定之竊盜以強盜論，係指已著手搜取財物行為，足構成竊盜罪名，為湮滅罪證，當場施以強暴、脅迫而言，若尚未著手於竊盜行為之實行，則根本不能成立竊盜罪名，從而其為湮滅罪證，實施強暴殺人，亦難以準強盜殺人罪論擬。」此判例認為在竊盜罪中，須行為人已經開始搜取財物始為犯罪之著手實行。

[19] 最高法院92年台上字第4578號判決：「……按刑法第一百七十三條第一項之放火燒燬現供人使用之住宅罪，須有放火燒燬之行為，為其構成要件之一。所謂放火，乃指故意使火力傳導於特定之目的物，使其燃燒之意。查本件被告雖已潑灑汽油於建築物前方之走道上，惟…被告尚未著手於點燃等引火之行為，原判決認屬尚在預備階段，亦無違誤。……」

[20] 最高法院111年度台上字第2774號判決、109年度台上字第1788號判決。

[21] 最高法院83年台上字第6862號判決：「按刑法第三百二十一條之竊盜罪，為第三百二十條之加重條文，……是上訴人進入室內尚未著手於竊盜之犯罪行為，能否論以於夜間侵入住宅竊盜未遂，不無研求餘地。」

罪之著手實行時點稍微提早至「以行竊之意思接近財物，並進而物色財物」時，於實際個案適用上並無太大差異。

在本節導引案例中，若採取「形式客觀理論」，則必須要行為人到達開始搜取財物（或以行竊之意思接近財物，並進而物色財物）的階段，才可以算是著手。故導引案例(1)(2)(3)均屬於竊盜之預備，但由於竊盜罪不處罰預備，故三例都無法成立竊盜罪，僅能對甲論以侵入住居罪。在導引案例(4)中，由於甲已經達到開始搜刮財物之階段，解釋上已著手於竊盜行為之實行，故雖尚未得手財物，但仍應論以加重竊盜未遂罪。至於，在導引案例(5)中，由於甲已經將得手財物置於自己實力支配之下，應為加重竊盜既遂。

2. 實質客觀理論

「實質客觀理論」（Die materiell-objektive Theorie）認為，不需要等到行為人實行構成要件行為時才算著手，只要行為人開始實施以下之行為，亦足以認定為已著手實行而屬未遂階段之開始，包括：(1)在自然意義上（客觀意義上）與構成要件行為具備必要關聯性，而可被視為是構成要件行為之部分者；或(2)對於構成要件所要保護之客體已經造成直接危險者[22]。例如，潑汽油後縱火在經驗法則上會被認為是一個整體行為，行為人開始潑汽油即可認為與放火之構成要件行為具必要關聯性且對保護法益造成直接危險，即應認為是放火罪之著手實行而成立放火未遂罪。

在本節導引案例中，若採取「實質客觀理論」，則當甲開始開始進行開鎖的動作時，由於該行為在客觀上與竊盜行為具有必要關聯性而可被視為是竊盜行為的一部分，因此依據「實質客觀理論」之見解，甲已經著手於竊盜行為之實行了。據此，導引案例(2)(3)(4)均屬於加重竊盜未遂；至於，在導引案例(5)中，由於甲已經將得手財物置於自己實力支配之下，應為加重竊盜既遂。

3. 主觀理論

「主觀理論」（Die subjektive Theorie）認為，行為人是否已經著手於犯罪行為之實行，不應該考慮行為的客觀面，而應該取決於行為人的主觀意思。當行為人依據自己的主觀認知或犯罪計畫，已經開始著手於犯罪行為之實行

---

[22] Wessels/Beulke/Satzger, AT, Rn. 599.其中，後說亦被稱之為「危險說」（Gefährdungstheorie），參見Otto, AT, §18 Rn. 27.

時，即是未遂階段的開始。

　　在本節導引案例中，如果採取「主觀理論」之見解，著手之時點僅取決於甲的主觀意思，則在導引案例(1)當甲於犯罪現場觀察地形時，甚至當甲出發前往犯罪地點時，就已經屬於竊盜行為之著手了。

4. 主客觀混合理論

　　「主客觀混合理論」（Die gemischt subjektiv-objektive Theorie）認為，著手實行之時點的判斷，必須結合行為人的主觀意思與行為的客觀意義來加以綜合觀察。倘若依據行為人主觀上之整體犯罪計畫（Gesamtplan）（主觀理論），其行為已經進行至與構成要件實行行為具有緊密關聯之階段，而對構成要件所要保護之客體造成直接危險者，即已著手於犯罪行為之實行[23]。在這裡，「主客觀混合理論」的判斷基礎事實是主觀的，至於其評價標準則是客觀的。也就是說，其乃是以行為人主觀上的整體犯罪計畫作為判斷的基礎，再加以客觀的評價，以判斷行為是否已經開始著手於犯罪行為之實行。基本上，「主客觀混合理論」是目前學界的通說[24]，於實務見解上，最高法院近來判決似有改採此說的傾向[25]，但尚未形成統一見解[26]。

　　在本節導引案例中，若採取「主客觀混合理論」，由於甲主觀上整體犯罪計畫是侵入住宅竊盜，倘若對於此事實加以客觀的評價，則當案例(2)甲試圖開鎖時，即已開始實施與竊盜構成要件行為具緊密關聯之前置行為，若未遭受障礙繼續實施將會直接導致竊盜構成要件之的實現，已對構成要件所要保護的客體造成直接危險，故應視為已著手於竊盜行為之實行。據此，在導引案例

---

[23] Gropp, AT, §9 Rn. 36.當行為人開始實施與構成要件實行行為具有緊密關聯性之行為，且繼續實施將直接導致刑罰構成要件的實現，就是一種對侵害客體的直接危險(具體危險)。

[24] 王皇玉，刑法總則，7版，2021，第379頁；甘添貴／謝庭晃，捷徑刑法總論，第233頁；林山田，刑法通論（上），第469頁；黃常仁，刑法總論，第181頁；許澤天，刑法總則，4版，2023，第414頁；許澤天，刑總要論，第251頁以下；蘇俊雄，刑法總論Ⅱ，第355頁以下；蔡墩銘，刑法精義，第284頁以下；蔡聖偉，不能未遂之研究，第80頁以下；Gropp, AT, 9 Rn. 36 ff.；Heinrich, AT, Rn. 724 ff.；Kindhäuser, AT, §31 Rn. 10 ff.；Wessels/Beulke/Satzger, AT, Rn. 600 ff.；川端博，刑法總論二十五講（甘添貴監譯／余振華譯），第250頁以下。

[25] 採「主客觀混合理論」之判決，如最高法院112年度台上字第82號判決、111年度台上字第5588號判決、111年度台上字第2831號判決、109年度台上字第1041號判決、100年台上字第3553號判決。

[26] 近期最高法院判決仍有採取向來之「形式客觀理論」者，例如最高法院111年度台上字第2774號判決、109年度台上字第1788號判決。

中，僅有案例(1)屬竊盜預備而不罰，其餘案例(2)(3)(4)均屬竊盜未遂，案例(5)則仍爲竊盜既遂。

5. 評析

「形式客觀理論」認爲必須行爲人開始實施構成要件行爲時，才算是犯罪的著手，此項理論之缺點在於將著手實行之時點過度往後推延，使一些本應屬於未遂之行爲都僅被歸類爲預備行爲，以至於造成犯罪未遂範圍被不當壓縮的結果，形成法益保護的漏洞。例如，在導引案例(3)中，甲已經打開門鎖進入屋內後被逮捕，但由於尚未開始實施搜刮財物之構成要件行爲，仍未達竊盜之著手實行階段，僅屬於竊盜預備，但因竊盜不處罰預備犯，則此時甲頂多只能構成侵入住居罪（§306Ⅰ）[27]。

「實質客觀理論」將著手實行之時點往前推移構成要件行爲之前置行爲，雖得避免「形式客觀理論」將著手時點過於往後推延的缺點，然「實質客觀理論」的缺點卻在於未考量到行爲人的主觀犯罪計畫，以至於難以正確判斷系爭犯罪行爲之意義，例如當行爲人於開鎖時將其逮捕，其有可能欲入內竊盜、但也可能是欲進行強盜、妨害自由甚至性侵等行爲，如果不考量行爲人的主觀犯罪計畫，將難以論斷其罪名。

至於，「主觀理論」純粹將著手實行時點之判斷取決於行爲人的主觀意思，則是有可能把著手實行之時點不合理地往前推移，使一些本應該屬於預備之行爲被歸類爲未遂，以至於造成未遂範圍的不當擴張。例如，在導引案例(1)中，當甲至犯罪現場觀察地形時即屬於竊盜之著手，如此顯然將著手時點過度提前，導致預備與未遂階段二者間之界線趨於混淆。

據此，不論是「形式客觀理論」、「實質客觀理論」或是「主觀理論」均各有所偏，而「主客觀混合理論」兼顧行爲人之主觀犯罪計畫與行爲之客觀意義，可合理地認定著手實行之時點，應較爲可採。因此，在判斷犯罪之著手時，應先以行爲人主觀上的整體犯罪計畫作爲判斷之基礎，倘若行爲人已經開

---

[27] 最高法院87年台上字第3902號判決：「刑法上之未遂犯，必須已著手於犯罪行爲之實行而不遂，始能成立，刑法第二十五條第一項規定甚明。同法第三百二十一條之竊盜罪，爲第三百二十條之加重條文，自係以竊取他人之物爲其犯罪行爲之實行，如僅著手於該加重條件之行爲而未著手搜取財物，仍不能以加重竊盜未遂論。原判決附表一編號1部分上訴人雖已將被害人住宅後門之不鏽鋼鐵門撬壞，但因未能打開第二道門而未進入；編號4部分，亦因撬開鐵門拉斷警報器而觸動自動裝置，致被發現而逃逸。原判決依刑法第三百二十一條第二項、第一項第二、三款之加重竊盜未遂罪處斷，有適用法則不當之違法。」

始實施與構成要件行為具緊密關聯性之行為，而對於構成要件所要保護之客體造成直接危險時，此時即屬於犯罪之著手實行。

至於，此處所謂對構成要件保護客體的直接危險，其判斷基準大致有二[28]：

(1)行為的直接性：此代表行為已進行到不需要進一步的中間行為（Zwischenakte）即足以直接實施構成要件行為之階段，例如潑灑汽油後已不再需要其他中間行為就可以直接點火（放火罪的構成要件行為）；或如開鎖進入屋內後亦無須其他中間行為就可以直接搜刮財物（竊盜罪的構成要件行為）。

(2)時空的直接性：此包含A.空間的直接性：亦即目標客體已經在行為人施加之作用可以達到的效力範圍之內，例如在開槍殺人的案例中，被害人已經在行為人槍枝射程可能所及的範圍之內；B.時間的直接性：著手行為在時間上與構成要件行為間具有緊密關聯性，此代表為該著手行為後短時間內緊接著即會進入直接實行構成要件行為的階段。

（二）犯罪未既遂

刑法第25條前段將「未遂犯」定義成「已著手於犯罪行為之實行而不遂者」，所謂的「不遂」，乃是犯罪仍然未達於既遂階段之意。也就是說，行為人雖然著手於犯罪行為之實行，但是卻沒有完全實現客觀構成要件事實（亦即有部分的客觀構成要件要素並沒有被實現）。相對地，倘若所有的客觀構成要件事實都已經被完全實現了，犯罪即屬既遂，自然也就沒有未遂犯之存在餘地了。

未遂犯中所指的「沒有完全實現客觀構成要件事實」，通常多指犯罪結果未發生之意。例如，故意殺人罪中被害人沒死、恐嚇取財罪中被害人未將物交付等。不過，卻不完全限於結果未發生之情形，有時犯罪結果雖然已經發生，但是結果與行為間卻欠缺「因果關係」或「客觀可歸責性」，此時該行為仍然還是只成立「未遂犯」，而非既遂犯。

《案例2》甲恐嚇A交付財物，A雖然不怕，但看甲狀似無家可歸之流浪漢，一時心生憐憫而交付甲一張500元紙鈔。本案例中，被害人

---

[28] Vgl. Heinrich, AT, Rn. 729.；Krey/Esser, AT, Rn. 1221.

　　A雖然有交付財物，但A並非因遭甲恐嚇心生畏懼而交付，其交付財物之行為與甲之恐嚇取財行為欠缺因果關係，因此甲仍只成立恐嚇取財未遂罪（§346Ⅲ）。

《案例3》甲基於殺人故意持刀砍殺A數刀後逃逸，路人見狀趕緊叫救護車，A乃被送至醫院急救住院。豈料，當晚醫院發生大火，A在醫院被大火引發的濃煙嗆死。由於被害人死亡結果之因果歷程已逾越一般人日常生活經驗可預見的範圍之外，屬「反常因果歷程」，因此A之死亡結果無法歸責給甲之行為，甲不成立殺人既遂，而僅能構成殺人未遂罪（§271Ⅱ）。

第四節　不能犯

導引案例

(1)甲欲以砒霜毒殺A，卻錯拿一般中藥（一般人在當下都可以認出是中藥）在A的食物中下毒，A食用後沒有任何異狀。至此甲才發現，其錯將一般中藥誤認為係砒霜而下在A的食物中。問甲之行為屬於「普通未遂」或是「不能未遂」？

(2)乙欲偷竊他人財物，但唯恐至現場偷竊會被逮捕，乃在家中施用法術，欲以五鬼搬運法將他人財物直接搬到自己家中，最後運法失敗。問乙是否構成竊盜罪未遂罪？

　　刑法第26條規定：「行為不能發生犯罪之結果，又無危險者，不罰」，此即為一般學說上所稱的「不能犯」或「不能未遂」（Untauglicher Versuch）的情形。「不能犯」雖也是刑法上未遂犯的一種，但是由於不能未遂行為在本質上，不僅自始無法導致構成要件結果的發生，甚至對於構成要件所保護之法益根本未發生任何危險性，因此現行刑法基於「客觀未遂理論」的觀點乃規定其

法律效果爲不罰。

惟刑法第26條在這裡所使用的「不罰」用語，其意義爲何，解釋上不無疑問？學說上有認爲，此處應理解爲是「免除其刑」之意，並非如同阻卻違法或阻卻罪責般的不成立犯罪[29]；惟若從立法理由之「客觀未遂理論」的精神來看，刑法第26條所指的「不罰」，指的應該是不成立犯罪。從體系解釋的角度來看，也應該與刑法在阻卻違法事由中所規定的「不罰」（§§21～24）或是欠缺責任能力所規定的「不罰」（§§18～19），作不成立犯罪的相同解釋[30]。若再說的更精確一點，刑法第26條關於不能犯的法律效果應該是「構成要件不該當」，理由有兩點：首先，犯罪的既未遂本來就是構成要件領域的問題；其次，若認爲不能犯係在客觀上對於法益無危險性而不罰（客觀未遂理論），一個在本質上根本對構成要件保護法益不會產生任何危害的行爲，既然並未製造任何法益風險，解釋上也應該是構成要件不該當。

一、「普通未遂」與「不能未遂」之區別

依據刑法第26條之規定，「普通未遂」（或稱障礙未遂）與「不能未遂」（不能犯）的區別，乃取決於其行爲對於構成要件所要保護之法益究竟是否具有危險性而定，因此倘若行爲對於構成要件結果之發生並無危險性者，即屬於不能未遂（不能犯）。然而，這裡所指的「危險」指的究竟爲何？解釋上不無爭議，大致有以下幾種不同見解：

（一）具體危險說

「具體危險說」認爲，刑法第26條所謂的「無危險」指的乃是「具體危險」而言。於此，所謂「具體危險」，係指以行爲當時一般人所認識的事實情狀以及行爲人所特別認識之事實情狀作爲判斷基礎，而從一般正常理性之人的客觀角度來加以評價該行爲是否具導致犯罪結果之危險。換句話說，以行爲當時一般人所認識的事實或行爲人所特別認知之事實作爲判斷客體（判斷對

---

[29] 林山田，刑法通論（上），第472頁。

[30] 相同見解：謝庭晃，前揭文「客觀未遂論與主觀未遂論」，第375頁以下；陳子平，刑法總論，第400頁。另外，李聖傑，未遂行爲刑法處遇之探究，月旦法學雜誌，第194期，2011/07，第27頁，也認爲一個對法益完全沒有危險的行爲，不能認爲是一種未遂類型。

象），再依據正常人的客觀標準予以評價系爭行為在該事實中是否已產生對保護法益之危險而定。倘若判斷該行為不具備導致結果之（具體）危險者，即為「不能未遂」；反之，如果經判斷為具有導致結果發生之（具體）危險者，則為「普通未遂」（障礙未遂）[31]。

　　目前我國實務見解對於「不能未遂」之危險判斷，多數係採此種「具體危險說」。例如最高法院110年度台上字第4219號判決即認為，關於刑法第26條不能未遂的判斷，「……有無侵害法益之危險，應綜合行為時客觀上通常一般人所認識及行為人主觀上特別認識之事實為基礎，本諸客觀上一般人依其知識、經驗及觀念所公認之因果法則而為判斷，若有侵害法益之危險，而僅因一時、偶然之原因，致未對法益造成侵害，則為障礙未遂，而非不能未遂。……[32]」

　　在本節導引案例(1)中，如果採取「具體危險說」，由於行為當時一般正常人若處於相同的情況會認識甲所下者為中藥，而中藥並無導致A死亡的具體危險，故甲應成立不罰的不能未遂（§26）。相對地，若一般人站在相同情況亦同樣會誤以為該中藥為砒霜的話，由於砒霜有導致A死亡的具體危險，此時甲即應成立可罰的普通未遂（障礙未遂）（§25）。

（二）抽象危險說（重大無知說）

　　「抽象危險說」認為，刑法第26條所指的「無危險」指的乃是「抽象危險」而非具體的客觀危險。在這裡，所謂「抽象危險」乃是指以行為人主觀上所認知的事實或犯罪計畫作為判斷基礎，而從一般正常理性之人的客觀角度來加以評價行為是否有導致結果發生的危險性。如果經判斷該行為欠缺導致結果發生的危險（抽象危險），即應成立不罰的不能未遂（不能犯）；反之，如具

---

[31] 採「具體危險說」者：陳子平，新修定刑法總則之理論基礎—第三章未遂犯，收錄於「刑與思—林山田教授紀念論文集」，2008，第229頁；甘添貴／謝庭晃，捷徑刑法總論，第238頁；許澤天，刑法總則，4版，2023，第428頁以下；陳子平，刑法總論，第399頁以下；韓忠謨，刑法原理，第280頁；郭君勳，案例刑法總論，第407頁；蕭宏宜，未遂與犯罪參與，第47頁以下。另外，林山田，刑法通論（上），第503頁似亦採此說。

[32] 其餘採「具體危險說」的判決如：最高法院110年度台上字第199號判決、109年度台上字第5573號判決、109年度台上字第5126號判決、109年度台上字第1566號判決、108年度台上字第4191號判決、105年度台上字第3289號判決、105年度台上字第1538號判決、102年度台上字第1613號判決、97年台上字第351號判決。

有抽象危險，則應成立可罰的普通未遂（障礙未遂）[33]。

「抽象危險說」以行為人主觀上所認知的事實作為判斷基礎，由於一般理性的行為人都會選擇經驗法則上適宜達成犯罪目的手段（例如一般人會選擇用手槍、用刀或下毒殺人），因此依「抽象危險說」在絕大多數的情形往往都會成立普通未遂，因為其主觀上所認知手段事實往往都有發生結果的危險。只有在行為人本身「出於重大無知」而誤認經驗法則上的因果律（例如行為人誤以為砂糖可毒死人），並選擇一般人理性上認為不可能達成目的之手段時（例如以砂糖為手段企圖殺人），才有可能成立「不能未遂」。因此，學說上也有參考德國法的見解直接從「重大無知」的角度來詮釋「抽象危險說」，主張只有在行為人出於「重大無知」而誤認因果法則進而導致不可能發生結果的情況時，此時才能成立不能未遂[34]。基本上，此種「重大無知說」的觀點本質上就是「抽象危險說」，只是從不同的角度去詮釋不能犯的危險判斷基準而已[35]。

實務見解亦有採此說者，例如最高法院98年台上字第5197號判決：「……未遂行為之所以被認為侵犯法律之意義薄弱，並非因其客觀上絕對不可能發生犯罪結果，而是一般社會大眾主觀上對其行為之危險認知（發生結果可能性之認知），並避免客觀說在實踐上不當過度擴張不能未遂之不罰範圍，應認唯有行為人出於『重大無知（ausgrobem Unverstand，德國刑法第二十二條參照）』，將本質上不可能達到既遂之行為誤以為可能導致既遂，並進而實行客觀上完全欠缺危險性之行為，始能受不能未遂之評價而邀刑罰之寬容。……[36]」

---

[33] 黃榮堅，刑法解題—關於不能未遂，收錄於氏著「刑法問題與利益思考」，第126頁；蔡墩銘，刑法精義，第294頁。

[34] 王皇玉，刑法總則，7版，2021，第386頁以下；林鈺雄，刑法總則，6版，2018，第375頁以下；林東茂，刑法綜覽，第1-223頁以下；張麗卿，刑法總則理論與運用，第319頁以下；黃榮堅，基礎刑法學（下），第521頁以下；蔡聖偉，再論刑法第26條的適用標準，收錄於氏著「刑法問題研究（二）」，2013，第363頁以下。

[35] 謝煜偉，刑法總則修正後不能犯理論的再檢討，收錄於「刑法總則修正十年之回顧與前瞻」，2019，第151頁以下（第158頁），也認為「重大無知說」就是「抽象危險說」。

[36] 最高法院實務見解也有判決在判斷是否為不能未遂時，同時兼採「具體危險說」與「重大無知」的判斷基準，例如最高法院110年度台上字第3511號判決：「……有否侵害法益之危險，應綜合行為時客觀上通常一般人所認識及行為人主觀上特別認識之事實為基礎，再本諸客觀上一般人依其知識、經驗及觀念所公認之因果法則而為判斷，非單純以客觀上真正存在之事實情狀為憑。行為人倘非出於『重大無知』之誤認，僅因一時、偶然之原因，未對法益造成侵害，然已有侵害法益之危險，仍為障礙未遂，非不能未遂。……」之後，在最高法院111年度台上字第1616號判決、112年度台上字第1410號判決中，又重申了同樣的觀點。

在本節導引案例(1)中，如果採取「抽象危險說」，則甲應該成立殺人罪的普通未遂犯，因為甲主觀上認知的事實係「在A的食物中下砒霜」，而砒霜就一般人的客觀評價而言，對A的生命法益具有危險（抽象危險），故無法成立不能未遂。若從「重大無知」的觀點來看，甲主觀上的認知是「以砒霜（毒藥）殺人」，並非出於誤認經驗法則上之因果律的重大無知，故無法成立不能未遂，仍應構成普通殺人未遂罪。

（三）本書立場——修正的具體危險說

由於本書對於未遂犯處罰基礎的立場是採取立法當時所引為基礎之「客觀未遂理論」的觀點，視未遂犯的處罰基礎為其對構成要件保護法益所造成的危險，故植基於「印象理論」而著重在行為人主觀法敵對意志與大眾對法秩序信賴印象的「抽象危險說」（重大無知說），即為此處所不採。

另外，純粹的「具體危險說」，在適用上可能導致將客觀事實上對保護法益絕對無危險的案例亦排除於不能未遂適用範圍外的結果，與「客觀未遂理論」的精神不盡相符。例如，甲半夜潛入仇人A家中欲殺A，但A其實已於二小時前在睡覺時因心臟病發而猝死，甲不知情仍然對A心臟開槍。由於A在睡覺時突然猝死的事情並無人知曉，依據具體危險說的觀點，應以行為時一般正常人所認知的事實（一般人當下認知的事實是A仍活著只是在睡覺）作為為判斷基礎，如此甲的行為仍應認為是構成普通殺人未遂。在這裡，甲殺人行為所針對的客體（人）在行為當下事實上已經不存在了，其行為自然也不可能再造成對A生命法益的任何危險，「具體危險說」此處的結論卻是排除不能犯的適用，如此結論與「客觀未遂理論」的精神不符，因而亦有修正必要。

筆者於此處採取「修正的具體危險說」之見解，亦即對於具體危險的判斷應兼採「自始客觀不能」的觀點來加以修正。據此，刑法第26條的「不能未遂」中，所謂對犯罪結果無危險性之判斷，應分成以下二階段來加以檢驗：

首先，基於「客觀未遂理論」的精神，倘若行為對於完全實現構成要件係處於一種「自始客觀絕對不能」的狀態時，因行為自始不可能導致法益侵害結果，此時即應直接認定為不能犯[37]。此處所謂「自始客觀絕對不能」，係指行

---

[37] 近來也有學者提倡回歸「客觀危險理論」（舊客觀說）的呼聲，見許恒達，論不能未遂，收錄於氏著「法益保護與行為刑法」，2017，第259頁以下；謝煜偉，刑法總則修正後不能犯理論的再檢討，第172頁以下，此種學說發展趨勢值得關注。

為人於行為時針對客體所採取之實行行為方式所構成的事實情境，不論在任何時間、地點客觀都絕對不可能發生法益危險。例如，行為人所使用的是客觀上完全不可能發生結果的方法（例如欲殺仇人而「對仇人以砂糖下毒」）；或是行為針對的客體並非構成要件適格客體（例如不知仇人已死而對「對仇人的屍體開槍」無論處在任何狀態下都不可能實現刑法第271條第1項殺「人」之結果；「偷回自己的所有物」也絕對不可能實現刑法第320條第1項的竊取「他人之動產」的結果），此時均可直接判斷為屬於刑法第26條中所指稱的「行為不能發生犯罪之結果，又無危險」的情形，而應成立不能未遂（不能犯）。同樣地，在導引案例(1)中，甲錯將一般中藥誤認為係砒霜而下在A的食物中，「對人下中藥」客觀上亦不可能發生人死亡的結果，係屬自始客觀絕對不能，因此應成立不能未遂。

其次，倘若行為對於構成要件結果之發生，尚非屬於「自始客觀絕對不能」的狀態，此時則應採取「具體危險說」來作為有無危險的判斷。亦即以「行為當時一般人所得認知之事實」來作為判斷基礎，而從一般正常理性之人的客觀角度來加以評價行為是否具有導致構成要件結果之危險。

《案例1》甲誤以為仇人F在屋內而對屋內開槍掃射，但F全家於前一日已經出國旅遊，F因而逃過一劫。在此案例中，由於「對他人住宅開槍」本有可能造成他人傷亡的危險，非屬「自始客觀絕對不能」之情形，自不待言。此時應進一步從「具體危險說」來加以檢驗，依行為當時一般人所得認知之事實作為判斷基礎。通常於此類案例中，若以行為時一般人的角度來看，往往會認為F的住宅內有人，針對此「對F住宅開槍」的事實予以客觀評價，具發生殺人結果之具體危險，故甲應成立殺人的障礙未遂，而非不能未遂。

《案例2》扒手乙趁著電影散場人潮洶湧時伸入G口袋中扒竊，但因G口袋中剛好沒東西而未竊得任何財物。在此案例中，由於「對他人口袋進行扒竊」本有可能竊得財物，並非「自始客觀絕對不能」的情形。此時應進一步從「具體危險說」加以檢驗，以一般人於行為當下所認知之事實作為判斷基礎，除非行為當時一般人都可以認知到被害人G的口袋無任何財物，否則「對G的口

袋進行扒竊」客觀判斷均存在發生財物損失結果的具體危險，故此時乙仍應成立竊盜的障礙未遂，而非不能未遂。

　　至於，於第二階段的具體危險判斷當中，是否有必要納入行為人於行為當時的特殊主觀認知？在這裡，若是行為人主觀上具有「行為無危險性的特殊認知」（例如行為人故意持逼真之假槍作勢殺人、但旁人均誤以為之真槍），則此時行為人根本就欠缺「構成要件故意」，不會構成殺人未遂，也非不能未遂的問題。因此，解釋上此處應納入考量者應係行為人對於其「行為具危險性的特殊認知」（特殊危險認知），例如甲以阿斯匹靈下在A飲食中欲毒殺A，A察覺有異並未服用。一般人在當下的認知是甲以阿斯匹靈殺人，此本會被判斷沒有造成人死亡之危險，但如果事實上是甲知道A罹患有一種特殊罕見疾病，服用阿斯匹靈會引發嚴重過敏反應而造成生命危險，此時甲主觀上對於其行為具危險性的特殊認知事實即應該納入有無危險的判斷，則其以阿斯匹靈毒殺A客觀上即有造成A死亡的具體危險，故甲即應成立殺人未遂罪，而非不能未遂。同理，例如乙欲殺害罹患嚴重蠶豆症的患者B，遂在其飲食中摻入高濃度蠶豆粉，但B因故未食用而逃過一劫，乙也應該構成殺人未遂罪，而非不能未遂。

二、不能未遂的類型

　　一般文獻上，往往將「不能未遂」分成「主體不能」、「客體不能」與「手段不能」三種不同的類型，以下逐一檢視之：

（一）主體不能？

　　所謂「主體不能」（Untauglichkeit des Tatsubjekts），乃是指行為人主觀上誤認自己具備構成要件所要求之身分，且進而著手於該犯罪之實行，惟實際上行為人卻根本不具備適格的行為主體資格，其行為在性質上絕對不可能實現構成要件事實的一種情況。

《案例3》甲在某政府有部分持股的公司上班，不過其誤認只要在政府有
　　　　　持股之公司上班就具有刑法上公務員之身分，並在某次機會中

就其職務上之行為收受廠商之金錢賄賂。但事實上依據刑法第
10條第2項之規定其時甲尚不具公務員之身分，甲根本就欠缺受
賄罪的行為主體適格。

對於此種行為人誤認自己具備行為主體資格而絕對不能發生犯罪結果的案
例應該如何處理，學說上有以下幾種不同之見解：

1. 幻覺犯說

學說上有認為此種「主體不能」的情形，應屬於不罰的「幻覺犯」（stra-
floses Wahndelikt），而非不能犯。因為構成要件中對行為主體所要求的特別
義務（Sonderpflicht），只有實際上具備此等身分之人才有可能違反，倘若只
是純粹誤認具有此等身分，則性質上係「反面的包攝錯誤」（umgekehrter
Subsumtionsirrtum），應屬於「幻覺犯」，而非不能犯（不能未遂）[38]。如採
此說，則本例中甲之行為即屬於不罰之「幻覺犯」，不成立犯罪。

2. 不能犯說

此說認為，此種主體不能的情形性質上應屬於「不能犯」，而非幻覺犯。
因為刑法分則上的構成要件，並沒有特別將行為主體要素與其他構成要件要素
（如行為客體、手段）區別出來，故不應該作差別處理[39]。如採此說，本例中
甲應成立普通收賄罪的不能未遂，由於我國刑法上的收賄罪並沒有處罰未遂犯
之明文規定，且刑法第26條亦規定不能未遂為不可罰，故甲還是不會構成任何
犯罪。

3. 區別說

此說認為，關於「主體不能」之情形，須區分成兩種不同之情形來加以處
理：(1)如果此等行為主體資格的誤認係出於「錯誤的法律解釋」（如本例甲

---

[38] Jakobs, Strafrecht AT, 2. Aufl. 1993, 25/43.；MüKoStGB/Joecks StGB, §16 Rn. 82；Stratenwerth/
Kuhlen, AT, §11 Rn. 65.；Welzel, Das deutsche Strafrecht, S. 194 f.

[39] 林山田，刑法通論（上），第500頁；黃常仁，刑法總論，第189頁以下；蘇俊雄，刑法總論
Ⅱ，1998，第370頁；另外，從黃榮堅，刑法解題─關於不能未遂，第123頁的論述中，可發
現其似乎亦採此說。Baumann/Weber/Mitsch, AT, §26 Rn. 30.；Ebert, AT, S. 124 f.；Wessels/
Beulke/Satzger, AT, Rn. 623.

之情形），則屬於不罰之「幻覺犯」；(2)倘若行為主體資格的誤認，係由於對建立行為主體資格之「基礎事實情況」有所誤認所導致的（例如公務員在不知其已被免職的情況下收賄），則屬於「不能犯」（不能未遂）[40]。若採此說，由於本例中甲之所以會對行為主體資格產生誤認，係因為對法律解釋錯誤之緣故，因此甲之行為應屬於「幻覺犯」，而非不能犯。

4. 評析

　　以上三種學說，在舊法時期，由於「不能犯可罰，而幻覺犯不罰」的緣故，具有重要之區別實益，然新法將不能犯改為不罰後，由於上述三種不同之見解最後導出之結果均為不罰，故結論上已無區別。惟本書認為基於「純正身分犯」的本質，不具備構成要件所要求之特定行為主體身分之人，根本就不是（純正）身分犯構成要件所要掌握的行為類型，因此不具備特定身分之人卻誤認自己具備此特定身分而為行為的情形，不論其錯誤是基於對法律解釋之誤解或是對事實之認知錯誤，性質上都應該是屬於「幻覺犯」，而非「不能犯」（不能未遂）。

（二）客體不能

　　所謂「客體不能」（Untauglichkeit des Tatobjekts），乃是指行為人之行為所針對的對象並非是適格的行為客體，因而造成其行為絕對不可能實現構成要件事實的一種情形。

《案例4》乙偷竊A的鋼筆，但實際上該支鋼筆原來是乙自己的，只是之前借給A時間過久忘記了。由於竊盜罪的行為客體是「他人之動產」，竊取自己之物自始就無法構成竊盜罪，故乙的行為應屬竊盜的不能未遂而不罰（§§320, 26）。

《案例5》丙誤以為B正在床上熟睡，乃持槍向B射擊數槍後逃逸，惟實際上B先前已因為突發性心臟病而於床上過世。於此，丙開槍射擊之行為應屬殺人的不能未遂而不罰（§§271, 26）[41]。但丙的行

---

[40] 採「區別說」者：Kühl, AT, §15 Rn. 104 f.

[41] 28年上字第2075號判例：「上訴人向某甲開槍時，某甲已為某乙毆斃，是其所射擊者為屍

爲仍可以成立故意毀損屍體罪（§247 I），自不待言。

（三）手段不能

所謂「手段不能」（Untauglichkeit des Tatmittels），亦稱方法不能或工具不能，乃是指行爲人所使用之手段，在性質上絕對不可能完全實現構成要件事實的一種情形。

《案例6》丁在C的食物中下阿斯匹靈欲毒殺C，惟其所下的阿斯匹靈實際上絕對不可能造成C死亡的結果。於此，丁的行爲屬殺人之不能未遂而不罰（§§271, 26）。

《案例7》未婚懷孕之少女戊聽信他人之偏方，誤以爲喝香灰水可以墮胎，惟實際上香灰水絕對不可能具備墮胎之效果。於此，少女戊的行爲屬墮胎之不能未遂而不罰（§§288 I, 26）。

在本節導引案例(1)中，甲欲毒殺A，但卻錯將一般中藥粉誤認爲係砒霜而下在A的食物中，由於該中藥粉性質上絕對不可能造成A死亡之結果（客觀絕對不能），故甲的行爲應屬於殺人的不能未遂而不罰（§§271, 26）。

三、「不能未遂」與「迷信犯」

在刑法學理上，「不能未遂」應與一般所稱之「迷信犯」的情形相區別。所謂的「迷信犯」，亦稱「迷信未遂」（Abergläubischer Versuch），乃是指行爲人意圖以人類力量所無法支配與控制的迷信方法來實現犯罪構成要件，但事實上卻絕對無法實現構成要件事實的一種情形。例如，以茅山法術來殺人、以符咒來詛咒他人生病或是藉由養小鬼來傷人身體等均屬之。在刑法的觀點上，此等欲以超現實之力量（茅山術、下符、養小鬼）來實現犯罪之行爲，根本不

體，而非有生命之自然人，縱令該上訴人意在殺人，因犯罪客體之不存在，仍不負殺人罪責。」此判例之結論雖同爲不罰，但未提及是否屬「不能未遂」。不同見解，蕭宏宜，未遂與犯罪參與，第50頁，從具體危險說的角度判斷，認爲此例應屬有危險的普通未遂，而非不能犯。

屬於刑法構成要件所要掌握的範疇，亦即不具備構成要件行為的質，因此行為人對此種行為的「認知」與「意欲」也不是刑法意義上的故意[42]。也就是說，迷信犯因欠缺成立未遂犯所必要的（構成要件）故意，而根本不會成立犯罪。

在本節導引案例(2)中，乙欲透過五鬼搬運法術來進行竊盜，最後卻運功失敗，性質上即係屬於「迷信犯」。由於刑法上的故意係對於所有客觀構成要件要素事實的認知與意欲（§13），故意的認知對象除了構成要件結果之外，也包含構成要件行為，而刑法第320條的竊盜罪構成要件行為是「竊取他人之動產」，因此竊盜故意所指涉的行為必須具備「竊取行為的本質」。然而，在導引案例(2)中，乙欲進行竊盜行為所使用的方法「五鬼搬運法」，就刑法的意義而言無論如何均不能歸類為係「竊取行為」的性質，乙雖對於五鬼搬運法有故意，但性質上非屬對竊盜罪「竊取行為」的認知與意欲，故乙因欠缺竊盜故意而無法構成竊盜未遂犯，不成立任何犯罪。

四、「不能未遂」與「幻覺犯」

另一個須與「不能未遂」加以區別的概念係「幻覺犯」。所謂的「幻覺犯」（Wahndelikt bzw. Wahnverbrechen），亦稱之為「誤想犯」（Putativde-likt），乃是指行為在事實上雖未違反法律，但是卻因行為人將某不存在的法律誤認為存在或因行為人對法律的解釋錯誤，而使行為人誤以為其行為係法律所要加以科處刑罰的行為。從「罪刑法定原則」的觀點來看，「幻覺犯」在法律上是不構成任何犯罪的（無罪的），因為行為的可罰性範圍係由成文法律所決定，而非取決於行為人的主觀意思[43]。

一般而言，「幻覺犯」大致會發生以下幾種情形[44]：

（一）反面的禁止錯誤

所謂「反面的禁止錯誤」（Umgekehrter Verbotsirrtum），乃是指行為在事實上並未違背法律，但是卻因行為人將某一不存在的法律誤認為存在，以致

---

[42] Baumann/Weber/Mitsch, AT, §26 Rn. 36.；Ebert, AT, S. 125.；Kindhäuser, AT, §30 Rn. 16.；Wessels/Beulke/Satzger, AT, Rn. 620.

[43] Haft, AT, S. 225.

[44] Vgl. Wessels/Beulke/Satzger, AT, Rn. 622.

誤以爲其行爲係屬於法律所要科處刑罰之行爲。

《案例8》甲經營公司，因與Z有業務往來而開立支票予Z，然其後甲因爲
　　　　公司資金週轉不靈而跳票成爲拒絕往來戶，甲誤以爲其行爲已
　　　　經觸犯票據刑罰屬於犯罪行爲，卻不知票據法上關於票據刑罰
　　　　的規定早已刪除。於此，甲之行爲即屬於「幻覺犯」，不構成
　　　　任何犯罪。

（二）反面的容許錯誤

　　所謂「反面的容許錯誤」（Umgekehrter Erlaubnisirrtum），乃是指行爲人
因爲對於阻卻違法事由之法定要件解釋錯誤，以致誤認其行爲構成犯罪，但事
實上其行爲已符合阻卻違法事由之要件而得阻卻違法。

《案例9》乙爲防衛竊賊而實施防衛行爲，但卻誤以爲只有在保護生命、
　　　　身體法益時才可以實施「正當防衛」，以至於其誤認自己爲了
　　　　保護財產法益而爲之防衛行爲並不得主張「正當防衛」。事實
　　　　上，乙的行爲已經符合刑法第23條正當防衛之要件而得阻卻違
　　　　法。於此，乙之行爲亦屬於「幻覺犯」而不構成犯罪。

（三）反面的包攝錯誤

　　所謂「反面的包攝錯誤」（Umgekehrter Subsumtionsirrtum），乃是指行
爲人因爲對不法構成要件予以擴張解釋，以至於誤認其行爲已經包攝在該構成
要件之下而應成立犯罪，但事實上其行爲卻根本不在該不法構成要件的效力範
圍之內。

《案例10》丙將關於自己爲刑事被告案件之相關證據予以破壞，而誤以爲
　　　　自己的行爲構成刑法第165條的湮滅刑事證據罪，不過事實上
　　　　該條所處罰之行爲，僅係湮滅他人爲刑事被告案件之證據，而
　　　　不包括湮滅自己爲刑事被告案件之證據的情形。於此，丙的行
　　　　爲亦屬「幻覺犯」而不構成犯罪。

（四）反面的可罰性錯誤

　　所謂「反面的可罰性錯誤」（Umgekehrter Strafbarkeitsirrtum），乃是指行為人之行為因客觀處罰條件未成就、或因具個人阻卻刑罰事由而不罰，但其卻仍誤認為自己之行為是法律所要加以處罰的犯罪行為。

《案例11》丁駕車出車禍肇事，雖然無人死傷，但因心虛仍然逃逸離去，丁心想自己已構成肇事逃逸罪，可能會遭受刑罰制裁。事實上，丁之肇事逃逸行為，由於無人死傷，刑法第185條之4所要求之「致人死傷」的客觀處罰條件並未成就，丁的行為根本就不構成任何犯罪，此情形亦屬於「幻覺犯」。

第五節　中止犯（中止未遂）

導引案例

(1)甲基於欲強制性交之犯意，於黑夜跟蹤某少女，一見有機可趁乃拿刀抵住該少女，嚇令其勿輕舉妄動，正欲下手之際，忽然發現該女係其多年前之同事，雖該女未即時認出自己，惟倘若繼續犯行，自己的身分極有可能會曝光，因此乃決定中止犯行而離去。

(2)乙欲殺仇人，乃攜帶槍械埋伏於其住宅之門口，欲等目標回家時將其擊斃。不過，因久候不耐，再加上想起對方仍有妻女，一時心生不忍，乃放棄該犯行。但卻在回家的路上，為警察所逮捕。

　　刑法第27條第1項前段所規定者之「已著手於犯罪之實行，因己意中止或防止其結果之發生」的情形，學說上稱之為「中止犯」或「中止未遂」（Rücktritt von Versuch）。同條後段所謂「結果之不發生，非防止行為所致，而行為人已盡力為防止行為者」，則屬於學說上所謂的「準中止犯」的情形。

依刑法第27條之規定，「中止犯」或「準中止犯」均應予以減輕或免除其刑。

　　學說上對於「中止犯」與「準中止犯」在刑法犯罪體系上之定位，有二種不同的看法：有學者認為「中止犯」在刑法體系上之定位應屬於「寬恕罪責事由」（Entschuldigungsgrund；減免罪責事由），因為其不法以及相應之罪責均已減輕[45]；惟通說見解則認為，「中止犯」在刑法犯罪體系上之定位，應屬於「個人解除刑罰事由」（Persönliche Strafaufhebungsgründe）的一種，亦即僅得將已成立之未遂行為的可罰性予以解除而已，並不影響行為的不法或罪責[46]（參見本書第七章、第三節）。因此，於犯罪檢驗中，「中止犯」或「準中止犯」的探討應置於構成要件該當性、違法性與有責性的三階層犯罪檢驗之後，類似於可罰性的第四個階層[47]，而屬於不法與罪責之外的一種可罰性要件。

一、中止犯的立法理由

　　刑法為何要給予「中止犯」減輕或免除其刑的優惠，其基本理由何在？文獻上大致有以下幾種不同的理論觀點[48]：

（一）刑事政策理論

　　「刑事政策理論」（Kriminalpolitische Theorie）認為，刑法對於中止犯之所以予以減輕或免除其刑的法律效果，主要是基於刑事政策的考量，其目的乃是在犯罪著手後至既遂之前，為犯罪行為人搭建一座迷途知返的黃金橋，以促使其返回正道並避免犯罪結果的發生，因此也稱為「黃金橋理論」。也就是說，立法者希望藉著中止犯減輕或免除其刑的優惠，來促使著手實行犯罪的行為人能及時悔悟，而將犯罪中止於既遂之前或避免構成要件結果之發生。

---

[45] Haft, AT, S. 231.類似見解：Roxin, ATI, §23 Rn. 17.；ders, ATII, §30 Rn. 29認為不管是基於一般預防或特別預防的觀點，「中止犯」的應刑罰性都已經不存在，其刑法上的可責性（Verantwortlichkeit）因此而得以排除。

[46] 林山田，刑法通論（上），第473頁以下；張麗卿，刑法總則理論與運用，第323頁；許澤天，刑總要論，第263頁以下；Ebert, AT, S. 128 f.；Heinrich, ATI, Rn. 763.；Kindhäuser, AT, §32 Rn. 2.；Krey/Esser, AT, §46 Rn. 1263 f.；Wessels/Beulke/Satzger, AT, Rn. 626.

[47] Heinrich, AT, Rn. 763.

[48] 關於中止犯減免刑罰之理由的詳細論述及檢討，請參閱王效文，中止犯減免刑罰之理由，月旦法學雜誌，第194期，2011/07，第5頁以下；黃士軒，中止犯減免處罰根據的檢討，收錄於「刑法總則修正十年之回顧與前瞻」，2019，第202頁以下。

（二）獎賞理論

　　「獎賞理論」（Prämientheorie bzw. Verdienstlichkeitstheorie），又稱之為「赦免理論」（Gnadentheorie），認為刑法對中止犯之所以予以減輕或免除其刑，乃是對於那些在犯罪既遂前自願中止犯罪或避免結果發生之行為人所給予的一種獎賞。因為行為人藉著避免結果之發生，而使得其未遂行為之非價以及對社會大眾法意識的負面影響部分再度獲得彌補，因此乃導致其刑罰必要性（Strafbedürftigkeit）為之消失[49]。

　　「獎賞理論」與「刑事政策理論」的不同點乃在於：在「獎賞理論」的觀點中，刑法中止犯減免刑罰之優惠，係對於行為人自願中止犯罪行為的一種「事後獎勵」；至於在「刑事政策理論」中，中止犯的刑罰減免優惠，則係立法者為了促使犯罪行為人產生迷途知返念頭的一種「誘因」。

（三）刑罰目的理論

　　「刑罰目的理論」（Strafzwecktheorie）認為，刑法之所以對中止犯予以減輕或免除刑罰，乃是因為就「刑罰目的」的觀點來看，中止犯已無再予以處罰之必要。本書支持「刑罰目的理論」的觀點，主要可從二方面來加以說明：

　　首先從「特別預防」（Spezialprävention）的角度來看，刑罰的目的乃在於對犯罪人施以教育與矯治措施，以促使其再社會化（Resozialisierung），使其能夠重新復歸正常社會不至於再犯。在「中止犯」中，行為人經由其及時迷途知返之行為，表現出自己已經重返遵循規範的正常社會生活，因此也就沒有再透過國家司法予以再社會化的必要。

　　次就「正面一般預防」（Positive Generalprävention）的角度以觀，刑罰的目的在於增強一般社會大眾的法意識（Rechtsbewußtsein）及其對法秩序的信賴，使其不至於犯罪。在「中止犯」的情形，行為人因己意而中止犯罪之行為，已經將先前著手實行犯罪所造成的法規範或法秩序動搖之印象予以抵銷，故亦未破壞一般社會大眾對於法秩序的信賴，因此也就不需要再藉由科處刑罰來予以回復[50]。

---

[49]　Wessels/Beulke/Satzger, AT, Rn. 626.

[50]　Baumann/Weber/Mitsch, AT, § 27 Rn. 8.

二、中止犯的成立要件

「中止犯」的成立要件包括：(一)中止行為；(二)中止意思；(三)因己意中止（自願中止）；(四)犯罪未既遂。茲敘述如下：

（一）**中止行為**

行為人要成立中止未遂，首先在客觀上必須要有中止行為（Rücktrittsverhalten）的存在。解釋上，中止行為只有在該未遂行為尚未失敗時才有可能，故中止未遂檢驗的第一步應以該未遂行為尚未失敗為前提[51]。在所謂「失敗未遂」（Fehlgeschlagener Versuch）的情形，行為人已著手於犯罪行為之實行，但其所使用的方法於當時若無即時發生重要變化，已完全無法導致構成要件結果的出現。例如欲偷竊的保險櫃是空的、欲以之殺人的槍只有一顆子彈卻沒有打中目標、欲點火時發現打火機壞掉等。於此種「失敗未遂」中，解釋上完全不存在成立中止未遂的可能性，因為依據刑法中止未遂規定的意義與目的來看，只有在犯罪行為之既遂仍然是可能時，此時對於中止行為予以減免其刑之優惠才有空間[52]。

至於行為人要如何作才算是有中止行為的存在，一般刑法文獻上往往強調應區分未遂行為的型態為「未終結未遂」或「終結未遂」而有所不同。

所謂「未終結未遂」（Unbeendeter Versuch），係指行為人雖已著手實行，但是構成要件所必要之實行行為則尚未終了者而言，學說上亦稱之為「著手未遂」或「未了未遂」。在「未終結未遂」的情形，行為人原則上只要放棄犯罪行為的繼續實施，即可被認為有中止行為的存在。此即刑法第27條第1項所謂「已著手於犯罪之實行，因己意中止」的情形。

《案例1》甲因為女友變心對其提出分手要求，竟因愛生恨著手掐住女友的脖子欲令其窒息而死，不過當看到女友因缺氧而產生的痛苦

---

[51] Kindhäuser, AT, §32 Rn. 5.

[52] Wessels/Beulke/Satzger, AT, Rn. 628.關於「失敗未遂」無適用中止犯之可能性為通說之結論，但其間之構成理由或有不同：(1)有學者認為「未失敗的未遂」是成立中止未遂的前提；(2)亦有學者認為「失敗未遂」是「未終結未遂」的下位概念，但因對行為人而言達成既遂之可預期方法已經消失，故也就不可能有所謂的中止；(3)也又學者認為「失敗未遂」之行為人不符合「自願中止」的要件，故無法成立中止未遂。其整理參見Heinrich, AT, Rn. 771 ff.

表情時，因心生憐憫而放棄其行為之繼續實行，隨即離去。此時，甲的行為可認為係「中止行為」。

所謂「終結未遂」（Beendeter Versuch），則是指行為人除了著手實行外，其實現構成要件所必要之實行行為亦已經終結，只是犯罪結果卻仍然還未發生的情形，學說上亦稱之為「實行未遂」或是「既了未遂」。在「終結未遂」的情形，由於實現構成要件所必要之實行行為已經終結而足以發生構成要件結果，故此時行為人必須要另外有積極之行為以防止結果之發生，才能算是有中止行為。此即刑法第27條第1項所謂「已著手於犯罪之實行，……防止其結果之發生」的情形。

《案例2》乙基於殺意欲開車撞死仇人S，遂開車高速衝撞正在騎機車的S，將其撞飛十幾公尺，不過當乙看到S躺在路旁奄奄一息時，心生悔悟乃儘速將S載往醫院急救。於此，乙已盡力防止結果之發生可認為有「中止行為」之存在；相反的，如果乙僅是單純放棄其行為之繼續實行（沒有再繼續把S撞到確定已死亡）就隨即離去，而沒有將S送醫，此時就不能認為有「中止行為」的存在。

由此可知，一般刑法文獻上關於「終結未遂」與「未終結未遂」的區別，對於是否存在中止行為判斷相當重要。然此處的問題則在於，區別「終結未遂」或「未終結未遂」的關鍵——亦即「實現構成要件所必要之實行行為」是否已經終結，其判別的標準何在？

對此，學說上有認為應採取主觀標準，主張應以行為人之主觀認知為準，亦即以行為人主觀上所計畫或想像的實行行為是否已經終結，來作為判斷準據[53]；亦有見解認為以採主客觀綜合標準為宜，亦即以「行為時之具體狀況」以及「行為人之認識」作為判斷基礎，視其是否有足以發生結果之效果而為認定[54]；另亦有認為重點不在行為是否終了，而是在於朝向結果發生之因果歷程

---

[53]　林山田，刑法通論（上），第478頁以下；黃常仁，刑法總論，第193頁；蘇俊雄，刑法總論Ⅱ，第382頁；許澤天，刑總要論，第267頁。

[54]　甘添貴，中止犯之基本理念，氏著「刑法之重要理念」，1996，第147頁。

是否已經開始進行，亦即在於是否已達到惹起既遂結果之狀態[55]。

　　本書認為，關於中止行為認定上的爭議，由於中止未遂之成立並非只要有中止行為即可，尚須結果未發生始足以當之，因此在判斷是否存在中止行為的標準上，並無須過於嚴格。解釋上，如果行為人有另外採取防止結果發生之措施，此時必定認為存在有中止行為，並無疑問。惟倘若行為人並未另外採取防止結果發生之措施，而僅是單純停止行為的繼續實施，此時應否認為有中止行為之存在，則應視行為人是否認知到其先前行為已有導致結果發生之危險而定[56]：倘若行為人主觀上有認知到其先前行為已經有導致結果發生之危險，但卻未另外採取防止結果發生之措施，此時即難認為其有中止行為存在。

《案例3》丙預計持刀砍殺仇人至其當場死亡為止，但當丙砍殺對方三刀後導致其血流如注，丙忽然心生憐憫，乃出於自願停止砍殺後離去。在本案中，丙欲砍殺仇人至其當場死亡之行為雖尚未終結，但被害人已經血流如注有導致死亡之危險，對此丙主觀上亦有認知，但丙卻僅單純停止砍殺行為，未採取進一步的結果發生措施（例如打電話叫救護車或逕行將被害人送醫），此時即難認丙有中止行為之存在，故縱使最後被害人未死，丙亦僅得成立普通殺人未遂罪，而非殺人之中止未遂。

　　反之，若行為人並未認知到其先前行為有導致結果發生之危險，因而僅單純停止行為的繼續實施，此時縱使結果發生之危險實際上已經發生，亦仍應肯定其有中止行為的存在。應強調者，若行為人在此錯誤認知下僅單純停止行為的繼續實施，而未採取進一步的防止結果發生措施，此時雖仍得肯定其有中止行為的存在，惟倘若最後構成要件結果還是出現了且可歸責於行為人，此時即無再主張成立中止未遂之餘地，自不待言[57]。相對地，若結果出現但不可歸責於行為人，此時即仍有成立中止未遂的可能。

---

[55] 陳子平，刑法總論，第423頁。

[56] Vgl. Krey/Esser, AT, Rn. 1283其將此種行為人對其行為具有導致結果發生之危險的認知稱之為「危險意識」（Gefahrenbewusstsein），並認為此種危險意識將使行為人產生須經由積極相應措施以阻止犯罪既遂的義務。

[57] Vgl. Heinrich, AT, Rn. 769.

《案例4》 丁購買毒藥欲毒殺其先生A以領取保險金，遂在A之飲料中下毒。就在其先生將飲料一飲而盡後，丁心生悔悟而告知A此事，並欲趕快將A送醫急救。但因A堅持沒有中毒，導致丁誤以為A沒有喝毒飲料，就未堅持將A送醫，不久A竟毒發身亡。此案中，雖可認為丁有中止行為，惟因之後犯罪已既遂，故丁仍應成立殺人既遂罪，無法成立中止未遂。

《案例5》 承上例，若A知道此事後，係心灰意冷決意尋死，乃騙丁說其早就知道此時，並已暗中將飲料掉包，其並未喝入毒藥，丁始放心而未將A送醫，A則於不久後毒發身亡。於此案例中，由於丁並未認知到其先前的下毒行為已經發生導致結果發生之危險，故其僅單純停止行為的繼續實施即足以認定有中止行為的存在。雖最後其先生死亡的結果還是發生，但因其先生是決意尋死而不就醫，屬被害人應負責的自我危害行為可以阻斷歸責，則丁即仍可成立殺人之中止未遂。

（二）中止意思

行為人之中止行為必須是基於「中止意思」（Rücktrittswille）而為者，始得成立中止未遂。基本上，所謂「中止意思」應包含兩部分：1.行為人必須不希望犯罪既遂；2.行為人必須有意藉由其中止行為來避免犯罪既遂（避免構成要件結果出現）。否則，如果中止行為係出於過失，自然沒有成立中止未遂之餘地[58]。

《案例6》 甲欲毒殺其丈夫以領取高額保險金，乃端了一碗下過毒的烏龍茶給丈夫喝，但在端的過程中卻不小心把茶杯打破，此時甲即無所謂中止意思可言，自無法成立中止未遂。

行為人必須在單一事件中，完全且終局性地放棄其對特定行為客體的侵害，始得認為具有中止意思。否則，倘若行為人的主觀意思，僅是暫時中止該

---

[58] Baumann/Weber/Mitsch, AT, §27 Rn. 14 f.

犯行以待稍後有更佳之機會時捲土重來、或是再藉由其他的方法來實現其目的，都不能算是具備中止意思[59]。

（三）因己意中止（自願中止）

刑法第27條規定，行為人必須「因己意中止或防止結果之發生」，才能夠成立中止未遂。也就是說，必須行為人的中止行為是出於「自願」而具有任意性，始足以當之。關於行為人之中止行為是否係因己意中止（自願中止）的判斷，學說上大致有以下幾種不同的觀點[60]：

第一種觀點是「法蘭克公式」（Franksche Formel），亦即依早期一位刑法學者Reinhard Frank所提出來的「法蘭克公式」來決定行為人是否為自願中止：所謂「法蘭克公式」乃是指，當行為人自認「我不想再達成目的，雖然我可以達成」時（不為也、非不能也），其中止行為即屬出於自願；倘若行為人自認「我無法達成目的，雖然我想要達成」時（不能也、非不為也），則屬於非自願中止。

第二種觀點是「心理學意義的自願中止概念」，亦即對於自願中止的概念賦予心理學上的意義，而認為倘若中止行為係基於自主動機（autonome Motive），即屬自願中止，因行為人此時仍是作成決定的主宰，並非受迫於外在壓力而放棄其犯行。相對地，如果中止行為係基於他主動機（heteronome Motive），則屬非自願中止，因行為人係因為遭受到非取決於其自主決定的外在障礙事由的影響才被迫為中止行為，此時其已非作成決定的主宰。

第三種觀點是「規範意義的自願中止概念」，亦即對於自願中止的概念賦予規範上的意義，認為中止行為是否出於自願的判斷，應該符合中止犯減免刑罰的理由，亦即「刑罰目的理論」，而賦予其規範意義。因此，當中止行為係基於符合法精神之動機（rechtskonforme Motivation）時，即屬自願中止，因為此時不論是基於「一般預防」或「特別預防」的觀點，都沒有再對行為人科處刑罰的必要了；相對地，若中止行為係基於法敵對之動機（rechtsfeindliche Motivation）時，則屬於非自願。

於上述幾種觀點中，本書支持第二種心理學意義的自願中止概念，亦即應以基於「自主動機」或「他主動機（受外在強制之動機）」來決定行為人之中

---

[59]　Gropp, AT, §9 Rn. 74.；Heinrich, AT, Rn. 791.

[60]　Vgl. Ebert, AT, S. 135 f.

止行為是否為出於自願，此種從行為人心理的角度來解釋自願中止的概念，符合刑法第27條關於「因己意」之描述，應較為可採，此亦為目前的學界的多數說[61]。然應強調者，第一種觀點的「法蘭克公式」，與第二種觀點的「自主或他主動機」標準，二者間並非互斥，相對地「法蘭克公式」其實可以作為在判斷行為人是出於自主動機或他主動機而為中止行為時的一種輔助法則。

原則上，基於自主動機而為的中止行為才算是出於自願，亦即中止行為並非是出於外在障礙事由的影響，而係基於行為人本身的自主決定（行為人仍是作成決定的主宰者）而中止的。以「法蘭克公式」來說，即行為人於當時仍自認「我並不想再達成目的，雖然我可以達成」（不為也、非不能也）的狀況[62]。例如因遭受自身良心譴責而中止、因悔悟而中止、因羞愧而中止、因憐憫或同情被害人而中止等，由於良心譴責、悔悟、羞愧、憐憫等均屬與外界障礙事由無關的自主動機，因此均屬於自願中止。

有爭議者在於，若是出於道德卑劣的自主動機，是否仍應認為是「自願中止」。例如，嫌對方身上的錢太少而放棄行搶、嫌對方其貌不揚而放棄性侵、被害人下跪求饒覺得已出一口氣而放棄殺人，此時行為人是否可被認為是自願中止。對此，多數說見解認為此處所謂出於「自主動機」而為的中止行為，並不以出於道德高尚的動機為限，縱使是出於不道德或低劣的動機，只要行為人是基於本身之自主決定而為中止行為，都應認為其係自願中止[63]，我國實務見解亦採此說[64]；相對地，亦有少數說認為，若係出於道德卑劣的動機或欠缺倫理上的自我要求，不應讓其享受刑罰的寬免[65]。

---

[61] 採此說者：林山田，刑法通論（上），第483頁以下；黃常仁，刑法總論，第194頁以下；Baumann/Weber/Mitsch, AT, §27 Rn. 17.；Gropp, AT, §9 Rn. 73.；Heinrich, AT, Rn. 809 ff.；Jescheck/Weigend, AT, §51Ⅲ2, S. 544.；Kühl, AT, §16Rn. 54 ff.；Otto, AT, §19 Rn. 35 ff.；Wessels/Beulke/Satzger, AT, Rn. 651 f.

[62] Vgl. Gropp, AT, §9 Rn. 73.

[63] 採此見解者：林山田，刑法通論（上），第484頁；黃常仁，刑法總論，第194頁；蘇俊雄，刑法總論II，第386頁；許澤天，刑法總則，4版，2023，第447頁；許澤天，刑總要論，第269頁；Baumann/Weber/Mitsch, AT, §27 Rn. 17.；Heinrich, AT, Rn. 813.；Jescheck/Weigend, AT, §51Ⅲ2, S. 544.；Wessels/Beulke/Satzger, AT, Rn. 651.。

[64] 最高法院103年度台上字第4109號判決：「……所謂『因己意』，僅須出於行為人自願之意思，而非受外界足以形成障礙之事由或行為人誤以為存在之外界障礙事由之影響，即足當之，至於動機是否具有倫理性、道德性，則非所問，故未遂犯係因被害人之求饒而自主放棄犯罪行為之實行或為防止其結果發生之行為者，亦應屬中止未遂。……」

[65] 林東茂，刑法綜覽，第1-231頁以下。

　　關於此問題，其實涉及上述採心理學或從規範意義的角度來解釋「自願中止」概念的差異，由於本書如前述係採心理學意義的自願中止概念，因此亦認為行為人是否出於自願中止，僅純粹從行為人之所以為中止行為的心理上動機來作判斷，並不考慮中止動機是否符合法規範意義，故即使是出於道德卑劣或欠缺倫理上自我要求的理由，只要行為人的中止是基於「自主動機」而屬於作成決定的主宰者，即應認為符合刑法第27條所謂的「因己意中止」。

《案例7》乙欲對某夜歸人實施性侵害時，赫然發現對方長的其貌不揚，當時四下無人乙如欲繼續仍可實施犯行，但經考慮後仍決定中止。於此，乙的中止行為雖係出於不道德的動機，但仍係由乙基於本身的自主決定而為[66]，應屬自願中止而得成立中止未遂。

　　相對地，基於他主動機而為之中止行為則屬於非自願，亦即行為人之中止並非出於自主決定，而係出於某些不取決於行為人意志之外在障礙事由的壓力或影響，才被迫為中止行為的。以「法蘭克公式」來說，即行為人自認「我並無法達成目的，雖然我想要達成」（不能也、非不為也）的狀況[67]。例如因犯罪已經被發覺擔心遭到逮捕而中止、因犯罪能力突然癱瘓而中止[68]等，均屬於非自願中止。

　　進一步來看，如果行為人係因為遭遇無法克服的外在障礙事由才中止，則可確定其中止行為必然屬於非自願，毋庸置疑。不過，倘若行為人遭遇的外在障礙事由並非無法克服，只是須付出代價或承擔危險時，此時究應認其中止行為係出於自願、抑或是非自願，即非無討論之餘地。此在實務上特別具有意義者，乃是那些因犯罪可能被發覺的危險性而中止犯行的案例類型。

《案例8》丙計畫在新年期間趁大家都在休假時潛入某公司行竊，但當其於新年期間以萬能鑰匙開鎖進入該公司後，才赫然發覺該公司

---

[66] 應強調者，如被害人的生理特徵（例如其貌不揚、刀疤、年紀過大等）足以導致行為人犯罪能力癱瘓或對繼續實施犯行造成重大壓力，例如造成行為人倒陽而無法續行性侵，或形成難以克服的心理障礙，此時因行為人係受迫於被害人生理特徵之影響而不得不中止，即非屬因己意中止，無法成立中止未遂。

[67] Vgl. Gropp, AT, §9 Rn. 73.

[68] 例如，男性在欲進行性侵害時因過於緊張導致性器官無法勃起而中止、或欲殺人時因緊張的兩腿發軟而中止。

內部裝設有多部監視器以及警民聯防系統，丙擔心行竊過程被攝錄並觸動警民聯防系統，乃決定中止其竊盜行為。

於《案例8》中，丙雖然還是可以設法避開監視器的攝錄角度與防盜系統而繼續進行竊盜行為，但由於心理上遭受犯罪可能被發覺的壓力而中止其行為，此時是否應認為是自願中止，不無疑問？

對此，多數說的見解認為，倘若因事實情況的非預期變更，致使行為人無法承受或不願意容忍伴隨該行為所產生的風險與代價時，此時應認為其係出於他主動機的非自願中止，不得成立中止未遂[69]。據此，則《案例8》中丙面臨竊盜目標所裝設的監視器與警報器，伴隨竊盜犯行所產生的被逮捕風險已大幅提高，應已達行為人所不願意容忍的程度，故應屬於出於他主動機之非自願中止，故丙應成立普通竊盜未遂，而非中止未遂。

針對此類情形，學說上有提出所謂「犯罪人理性說」之標準者，可作為實際上個案判斷的進一步參考。所謂「犯罪人理性說」（Die Lehre von der sog. Verbrechervernunft），係指從一個固執的、可以冷靜評估其犯罪計畫風險與機會之犯罪人的理性來作為判斷標準。於個案中，若判斷其中止行為對此種冷靜犯罪人而言係屬「理性的」，此時應認定其為「非自願中止」；相對地，倘若判斷其中止行為對於此種冷靜犯罪人而言係屬「不理性的」，此時則應肯定其為「自願中止」而得成立中止未遂[70]。若採此見解，則《案例8》中丙的行為應認為是「非自願中止」而無法成立中止未遂，因為在面臨此種可能被攝錄到犯行與觸動警民聯防系統的危險情況下而中止犯行，完全符合一個冷靜犯罪人之理性。

在本節導引案例(1)中，甲基於性侵害的犯意襲擊少女，卻發現該女係其多年前之同事，最後因擔心身分曝光而中止犯行。在此例中，甲若繼續其犯行，很可能付出身分曝光而遭到逮捕的代價，在此種情況下而中止其犯行，符合一個冷靜犯罪人之理性，故應認為屬於非自願中止，甲仍應構成普通強制性交未遂罪（§221Ⅱ）。

---

[69]　Wessels/Beulke/Satzger, AT, Rn. 652.；Ebert, AT, S. 135 f.；Jescheck/ Weigend, AT, §51III2., S. 544 f.；Stratenwert/Kuhlen, AT, §11 Rn. 87.

[70]　Roxin, ATII, §30 Rn. 383.相同見解：Heinrich, AT, Rn. 812.

（四）犯罪未既遂

　　行為人的中止行為，必須使犯罪未既遂，才能夠成立中止未遂。所謂「犯罪未既遂」，在多數情況下指的是行為人藉由其自願之中止行為，而避免構成要件結果的發生。否則，如果行為人雖自願中止其行為，但是卻沒有成功防止構成要件結果的發生，係屬於所謂的「失敗之中止」（Mißlungener Rücktritt），此時將無法主張中止未遂來減免其刑。因為中止未遂性質上既然仍屬於未遂犯，則犯罪行為若已經既遂，自無所謂中止未遂存在之餘地。

《案例9》丁砍殺移情別戀的女友後，見其躺在地上奄奄一息，想起昔日恩愛時光終於心生後悔，乃緊急將女友送醫急救，惟經過醫師施行緊急手術後，三天後女友仍舊因為傷重不治死亡。於此，丁仍應成立普通殺人既遂罪（§271Ⅰ），而無法適用中止犯之規定來減免刑罰。

　　須注意的是，有時候行為人之行為雖屬於「失敗之中止」，亦即構成要件結果最後還是出現了，但倘若行為人的犯罪行為與該結果欠缺「因果關係」或「客觀可歸責性」時，此時行為人的自願中止行為依然得成立「中止未遂」[71]。

《案例10》戊以殺意刺仇人數刀後，見其血流不止心生憐憫，乃緊急將被害人送醫急救，被害人在經過緊急手術後仍未脫離險境，醫院方面乃將其送入加護病房觀察，不料當晚醫院因被縱火狂縱火發生火災，被害人因而葬生火窟。

　　於此案例中，構成要件結果最後雖然還是出現了（被害人死亡），但是卻係基於「反常之因果歷程」（Atypischer Kausalverlauf）而來的，故被害人的死在客觀上並無法歸責給戊（有因果關係但欠缺客觀可歸責性），因此戊的自願中止行為仍然可成立殺人的中止未遂（§§271Ⅱ, 25, 27）。

---

[71]　Vgl. Heinrich, ATI, Rn. 768.；Wessels/Beulke/Satzger, AT, Rn. 627.

三、準中止犯

在一般「中止犯」的情形，構成要件結果的未出現，必須是由於中止行為所產生的效果所導致，始得成立中止犯。換句話說，「中止行為」是「因」，「構成要件結果未發生」則是「果」，兩者間必須具有因果關係之存在，才可以成立中止犯。然而，在某些情況下，行為人對於其犯罪行為雖自願中止，並且採取積極的行為來阻止構成要件結果之發生，但是行為人之「中止行為」與「構成要件結果之未發生」間，卻並不具備因果關係。

《案例11》甲基於殺意將人砍殺後，見其血流不止心生憐憫，乃馬上打電話通知救護車來救助，不過就在救護車尚未到達之前，被害人已被好心的路人逕行送醫急救，被害人乃因此撿回一命。在此例中，被害人之所以獲救係因為好心的路人將其送醫急救所致，並非甲之中止行為的效果；換句話說，甲的中止行為（打電話叫救護車）與構成要件結果之未發生（被害人最後未死亡）間，並不具備因果關係[72]。

若從嚴格意義的中止未遂要件來看，由於要求「中止行為」與「構成要件結果之未發生」間須有因果關係存在，因此在《案例11》的情形，行為人似無法成立中止未遂。不過，由於行為人自願中止犯行，並且曾基於真摯努力來防止構成要件結果的發生，縱使最後該結果之不發生並非係由其防止行為所致，該等作為亦符合中止犯減免刑罰的立法目的，故刑法第27條第1項後段規定此種情形應「準用」同條項前段關於中止犯（中止未遂）的規定，亦即同樣是要減輕或免除其刑。學說上往往將此種情形，稱之為「準中止犯」。

應注意者，行為人必須確實盡「真摯努力」（ernsthaftes Bemühen）來防止構成要件結果的發生，始得主張適用「準中止犯」之規定來減免其刑。基本上，所謂「真摯努力」，乃是指行為人依其主觀認知已經做了所有避免結果發生所必要的適當措施[73]。如果行為人只是敷衍以對，對於防止行為有無避免犯罪結果發生之效果亦不在意，自不得適用準中止犯之規定來減免其刑。

---

[72] 關於「準中止犯」所可能發生的各種案例情形，詳參閱甘添貴，中止犯之基本理念，第150頁以下。

[73] Wessels/Beulke/Satzger, AT, Rn. 647.

四、共同正犯與共犯之中止

在多數人共同實行犯罪的情形，倘若其中有一人或數人爲符合上述中止未遂要件之中止行爲，並成功阻止犯罪結果之發生，此時依據刑法第27條第2項之規定，有實施中止行爲之人應成立中止未遂而減免其刑，至於未實施中止行爲之其他共同正犯或共犯，仍應成立各該犯罪之普通未遂犯。另外，在多數人共同實行犯罪而其中有一人或數人符合「準中止犯」的情形，亦同。

《案例12》乙花錢教唆丙與丁共同殺害其情敵，丙與丁乃基於共同犯罪決意聯手砍殺被害人數刀後逃逸，惟其後丙出於悔悟而折返原地並將被害人緊急送往醫院急救，被害人因此而逃過一死。在本案例中，丙之行爲構成殺人的中止未遂（§§271Ⅱ, 27Ⅱ），丁應成立普通殺人未遂罪（§§271Ⅱ, 25），而乙則應成立教唆殺人未遂罪（§§271Ⅱ, 29）。

五、陰謀與預備的中止犯？

刑法除了處罰既遂與未遂犯外，對於少數嚴重的犯罪行爲尚設有處罰「陰謀犯」與「預備犯」的規定。然而，「中止犯」在本質上係屬未遂犯之一種（亦稱「中止未遂」），此可由刑法第27條將「中止犯」限定在已著手於犯罪行爲之實行後的中止而可加以得知，因此單純自該條之文義以觀，「陰謀犯」與「預備犯」似並無刑法第27條「中止犯」規定適用之餘地。

不過，由於陰謀、預備行爲與未遂行爲相較，距離犯罪完成更爲遙遠、對法益的危險亦更輕微。如果單純就法條文義而將「中止犯」之規定僅限定於未遂的範圍，如此將導致不合理的結果，亦即——較輕的陰謀、預備不得成立中止犯，但較嚴重的未遂卻反而得以適用中止犯的規定來減免刑罰。因此，究竟陰謀與預備是否有「中止犯」規定適用之餘地，即成爲學說上的爭議問題，關於此大致上有以下幾種不同的見解：

第一種見解認爲，刑法既已明文規定「中止犯」僅於著手實行後始有適用之餘地，因此犯罪之陰謀或預備行爲，自不得再類推適用（或準用）刑法第27

條之規定來減免刑罰，仍應依陰謀或預備之本罪處罰之[74]。我國實務判例見解，向採此說[75]。在本節導引案例(2)中，若採此說，乙應該成立普通預備殺人罪（§271III），而不得適用中止犯之規定來減免刑罰。

　　第二種見解認為，行為人在犯罪的陰謀或預備階段中，因己意中止者，在客觀上即難以顯現陰謀犯或預備犯之犯罪表徵，故宜認定為根本就不成立陰謀犯或預備犯。換句話說，預備中止或陰謀中止，應不成立犯罪[76]。在本節導引案例(2)中，若採此說，乙的預備殺人中止行為因客觀上無法顯現預備犯之犯罪表徵，應不成立犯罪。

　　第三種見解則認為，基於「刑罰均衡」的理念，倘若有客觀表徵可認為係陰謀或預備的中止，應認為得「類推適用」刑法第27條中止犯之規定而予以減免其刑[77]。在本節導引案例(2)中，乙基於殺人故意攜帶槍械埋伏於仇人住宅之門口，其後因己意而中止犯行。若依此說，乙應成立「預備殺人罪之中止未遂」（§§271III，類推§27）。

　　上述三種見解中，第一種見解係就法條文義做解釋，惟陰謀犯與預備犯相較於未遂犯而言，距離法益侵害更遠，若認為僅未遂可以適用中止犯之減免規定，而陰謀與預備犯卻不可以適用，解釋上似乎有輕重失衡之虞。第二種見解固有所據，惟預備犯之中止在客觀上是否足以顯現犯罪之表徵，應屬犯罪事實證明的問題，應不影響預備犯之中止在法律上的判斷。故解釋上似仍以第三種見解較為妥適，基於刑罰均衡的精神，應認為陰謀或預備之中止得「類推適用」刑法第27條中止犯之規定而予以減輕或免除其刑。

---

[74]　韓忠謨，刑法原理，第283頁（註1）；蔡墩銘，刑法總則爭議問題研究，1992，第240頁；鄭善印，中止未遂，收錄於「刑法爭議問題研究」，1999，第241頁。

[75]　最高法院32年上字第2180號判決（原判例）：「殺人之幫助犯，欲為有效之中止行為，非使以前之幫助全然失效或為防止犯罪完成之積極行為不可，如屬預備犯，則其行為之階段，尚在著手以前，縱因己意中止進行，仍與刑法第二十七條所定已著手之條件不合，自應仍以殺人預備罪論科。」較近期採相同見解者：最高法院97年度台上字第1730號判決。

[76]　林山田，刑法通論（上），第498頁；許澤天，刑總要論，第273頁。類似見解：黃常仁，「刑法總論」，第203頁以下，亦認為陰謀或預備的中止應屬不罰。

[77]　甘添貴／謝庭晃，捷徑刑法總論，第245頁以下；陳子平，刑法總論，第428頁；蘇俊雄，刑法總論II，第394頁；川端博，刑法總論二十五講（甘添貴監譯／余振華譯），第271頁；另外，有學者雖亦贊同應類推適用刑法第27條中止犯之減免規定較為合理，但認為在法律未有明文規定前，能否作此解釋，仍有疑義。故為彌補此等缺憾，宜在刑法上增訂準用的明文規定，較為妥適。參見甘添貴，中止犯之基本理念，第158頁；楊建華，刑法總則之比較與檢討，第218頁。

第九章　正犯與共犯

第一節　正犯概念與參與型態

導引案例

　　甲因為商場上的競爭對A懷恨在心，乃花錢僱用流氓乙去殺A。不過，乙見A身材魁武，恐不易得逞，乃找來丙合作，計畫一起下手。另外，乙又向丁告知此事，並請丁提供作案之扁鑽，丁乃提供扁鑽給乙。某日，乙丙埋伏在A的別墅門口，當A欲出外慢跑時，丙迅速將A自身後抱住，乙隨即持扁鑽向A猛刺，導致A當場死亡。試問：甲、乙、丙、丁應如何論罪？

一、「單一正犯概念」與「二元參與體系」

　　刑法上的不法構成要件，有可能是一個人單獨實現，也可能是有數人參與其中，例如在上述導引案例中，關於殺人這個構成要件事實的實現，總共有甲、乙、丙、丁四人參與其中。為解決這種多數人參與實現犯罪的問題，在立法體制上大致有兩種不同的模式：

（一）二元參與體系

　　「二元參與體系」（Dualistisches Beteiligungssystem），主要係指在多數人參與實現構成要件的情形，須視各個行為人參與犯罪之程度，而區分出「正犯」（Täterschaft）與「共犯」（Teilnahme）兩種不同的參與型態。

　　我國刑法向來採取此種「二元參與體系」的制度，此亦為刑法第四章「正犯與共犯」章名之由來。在此種「二元參與體系」下，所謂的「正犯」基本上可分成：自己直接實施犯罪的「直接正犯」（Unmittelbare Täterschaft）與利用

他人實施犯罪的「間接正犯」（Mittelbare Täterschaft）；完全獨自實施犯罪的「單獨正犯」（Alleintäterschaft）以及二人以上共同實行犯罪行爲的「共同正犯」（Mittäter）（§28）；至於「共犯」則可分爲：教唆他人實行犯罪的「教唆犯」（Anstiftung）（§29）以及幫助他人實行犯罪的「幫助犯」（Beifilfe）（§30）。

在本節導引案例中，從「二元參與體系」的觀點來看，出錢僱流氓殺人的甲係「教唆犯」，提供犯罪工具給乙的丁係「幫助犯」，而親自共同下手實施殺人行爲的乙、丙則是「共同正犯」。換句話說，甲與丁的行爲被歸類爲「共犯」，而乙、丙的行爲則被歸類爲「正犯」。

應強調者，我國刑法雖採取「二元參與體系」，然而有區別出「正犯」與「共犯」二種參與型態的，實際上僅存在於故意犯的領域。至於在過失犯中，實際上僅有「過失正犯」一種型態，刑法並不承認有過失教唆或過失幫助的概念。換句話說，若因違反注意義務之行爲而導致構成要件結果的出現，且該結果與行爲間亦具備因果歸責關係時，行爲人均應論以過失正犯[1]。

（二）單一正犯概念

所謂「單一正犯概念」（Einheitstäterbegriff；亦譯爲統一正犯概念、一體正犯概念），也稱爲「單一正犯原則」（Einheitstäterprinzip），其受到因果關係理論中之「條件理論」的影響，認爲凡是對於構成要件之實現有提供因果貢獻之參與者，都應該被視爲是「正犯」，而不考慮到個別行爲人加工於犯罪事件的質與量。在「單一正犯概念」下，單一正犯成立的決定性準則在於因果關係，行爲人對犯罪所提供之貢獻的方法與重要性，則僅有在刑罰裁量的領域才有其功能[2]。也就是說，在「單一正犯概念」中，並沒有所謂「正犯」與「共犯」的區別，所有與構成要件之實現具有因果關係（條件關係）之參與人，皆爲犯罪行爲人，皆是「正犯」[3]。

在本節導引案例中，若從「單一正犯概念」的觀點來看，不論是甲、乙、丙、丁任何一人之行爲，由於均對於A被殺死這個構成要件事實提供了因果貢

---

[1]　Vgl. Heinrich, AT, Rn. 1177.

[2]　Wessels/Beulke/Satzger, AT, Rn. 506.

[3]　通說對「單一正犯概念」的批評，可參閱Jescheck/Weigend, AT, §61II1., S. 645 f.；林山田，刑法通論（下），第33頁以下。

獻，因此都屬於「正犯」，並無再進一步區分正犯或是共犯的必要。而各個行為人所加工於犯罪之程度，則由法官於量刑予以作為裁量之基礎。

二、「限制正犯概念」與「擴張正犯概念」

在「二元參與體系」之下，關於正犯概念（Täterbegriff）的掌握，則又有所謂「限制正犯概念」與「擴張正犯概念」兩種不同的見解：

（一）限制正犯概念

「限制正犯概念（緊縮正犯概念）」（Restrktiver Täterbegriff）認為，刑法分則上之犯罪規定只適用於自己實現構成要件之人，因此只有該自己實現構成要件之人才算是「正犯」。倘若只是透過其他人之構成要件行為來導致犯罪結果的發生，並無法被認為是正犯。

在此種「限制正犯概念」下，刑法總則中關於處罰共犯（教唆犯、幫助犯）之規定（§§29, 30），性質上即屬於一種「擴張刑罰事由」（Strafaus-dehnungsgründe）。也就是說，必須透過這些刑法總則上的共犯規定，才得以對共犯（教唆犯、幫助犯）加以處罰，因此該些規定無疑是擴張了刑罰的適用範圍[4]。

（二）擴張正犯概念

「擴張正犯概念」（Extensiver Täterbegriff）則認為，刑法分則之犯罪規定對於每一個參與人並不作任何區分，因此凡是對於構成要件之實現具有因果貢獻之人，均是正犯。也就是說，不論是自己實現構成要件之人、教唆者、抑或是幫助者，一律視為是「正犯」。

在此種「擴張正犯概念」下，刑法總則中關於處罰共犯（教唆犯、幫助犯）之規定（§§29, 30），性質上乃是一種「限制刑罰事由」（Strafein-schränkungsgründe）。也就是說，本來應該被歸類為正犯的教唆或幫助者，透過這些刑法總則上的共犯規定，而將其處罰予以限制或減輕。

---

[4]　我國學說上一般多係採「限制正犯概念」，例如：林山田，刑法通論（下），第31頁以下；蔡墩銘，刑法精義，第305頁以下。

第二節　區別正犯與共犯之理論

導引案例

少女甲未婚生子，於生產完三天後，即將嬰兒帶離醫院回家休養。隔二日，甲女之兄乙來探訪，甲女向乙述說其現在無力撫養小孩，也不願意遭受社會異樣的眼光，並哀求乙替她把嬰兒殺死。乙禁不住其苦苦哀求，遂答應之，並將小孩放在洗澡盆中使其溺斃。問甲、乙應各成立何罪？

基本上，正犯係實施自己的犯罪行為，而共犯則是參與他人的犯罪行為。在刑法採取「二元參與體系」的制度下，如何於數個犯罪參與人中區分出何者為正犯、何者為共犯，係刑法理論上的難題。此種區別正犯與共犯的難題，特別更顯現在二種情況：(1)「共同正犯」與「幫助犯」之區別難題：當多數人於犯罪地參與犯罪之實施時，究竟何者應論以「共同正犯」、何者應論以「幫助犯」？(2)「間接正犯」與「教唆犯」之區別難題：當行為人僅於犯罪實施之前，對於其後為直接行為之人（被利用人）予以加工，此時該行為人究竟應論以「間接正犯」還是「教唆犯」[5]？

由於正犯（行為人）是構成要件的核心，故此種關於行為人是正犯或是共犯之檢驗，在犯罪階層體系的定位上係屬於客觀構成要件的問題[6]。也就是說，在客觀構成要件階段，即應當區別出系爭案件之行為人究竟是屬「正犯」抑或是屬「共犯」。而且犯罪檢驗的原則應該是「正犯」永遠優先於「共犯」檢驗，因為基於「共犯從屬性原則」，共犯之成立必須以正犯違法行為之存在為前提，則正犯違法行為的存在即是教唆犯與幫助犯的客觀構成要件要素之一。

關於區別正犯與共犯之理論（即建立正犯性基礎之「正犯理論」），文獻

---

[5]　Heinrich, AT, Rn. 1193.

[6]　此為通說見解：Heinrich, ATII, Rn. 1200.；Krey/Esser, AT, Rn. 791.；Kühl, AT, §20 Rn. 5.；Wessels/Beulke/Satzger, AT, Rn. 508.因此，Jescheck/Weigend, AT, §61I2., S. 643即謂共犯論（Teilnahmelehre）在本質上是構成要件理論的一部分。

上曾出現的學說可謂是不勝枚舉，其中較爲重要者大致包括以下幾種[7]：

一、形式客觀理論

「形式客觀理論」（Die formal-objektive Theorie）認爲，只有自己親自實施客觀構成要件所描述之行爲的全部或一部之人，始爲正犯，其他的犯罪參與者頂多只能成立共犯（教唆犯或幫助犯）。我國早期實務見解採此說，故認爲於擄人時把風[8]或僅隨行接洽贖款[9]，並未共同實施擄人行爲；或於他人實施殺害行爲時，僅在場紮縛其妻以排除阻礙而未分擔殺人行爲[10]；甚至於事前參與殺人謀議，著手殺人之際，又共同將被害人綑縛俾便殺害[11]等情形，因均未參與構成要件行爲之實行，故只構成幫助犯，而非共同正犯。

「形式客觀理論」以參與人是否親自實施構成要件行爲來作爲區別正犯與共犯的標準，其優點是可以很清楚的畫出正犯與共犯彼此間的界線，有利於法的安定性。然而，此項優點卻也同時換來規範評價上的漏洞，而成爲其缺陷所在，主要呈現在二方面：首先，由於「間接正犯」係利用他人爲其實施犯罪，行爲人自己本身並未實施構成要件行爲，故間接正犯概念在「形式客觀理論」中將無存在的空間，其結果則是所有利用他人實施犯罪之人至多都僅能構成教唆犯而已；其次，「共同正犯」也只有實際參與構成要件行爲之一部或全部之人才有可能成立，故在「形式客觀理論」中，參與構成要件行爲以外之行爲的共同正犯概念上也不可能存在，此等參與者頂多只能論以幫助犯[12]。

在本節導引案例中，若依據「形式客觀理論」的見解，由於乙親自實施了刑法第271條第1項之構成要件所描述的殺人行爲（親自下手殺嬰兒），性質上屬於殺人罪的「正犯」，因此應成立殺人既遂罪（§271Ⅰ）。至於未親自實施殺人行爲的甲女，性質上只屬於殺人罪的「共犯」，亦即應成立教唆殺人既遂罪（§§271Ⅰ, 29Ⅰ）。

---

[7]　Vgl. Hillenkamp, 32 Probleme aus dem AT, S. 146 ff.

[8]　原22年上字第209號判例。

[9]　原18年上字第495號判例。

[10]　原22年上字第2319號判例。

[11]　原21年上字第796號判例。

[12]　Vgl. Gropp, AT, §10 Rn. 29.

二、主觀理論

「主觀理論」（Subjektive Theorie）主張，正犯與共犯之區別應取決於參與者的主觀意思。惟依據學者的分類，主觀理論尚可分成「故意說」與「利益說」二種主要觀點[13]：

「故意說」（Dolustheorie）將正犯與共犯的區別標準，取決於行為人的特殊意思型態。倘若是基於「正犯意思」（Täterwille）而實施犯罪行為，亦即有意把犯罪行為當作是「自己的犯罪」，此時該行為人應成立正犯。倘若行為人僅是基於「共犯意思」（Teilnehmerwille）而參與該犯罪行為，亦即有意將犯罪行為當作是「他人的犯罪」而予以唆使或幫助，則此時僅應成立共犯（教唆犯或幫助犯）。

至於所謂的「利益說」（Interessentheorie）則是將正犯與共犯的區別，取決於行為人是否係「為自己之利益」、抑或「為他人之利益」而定。如果行為人係為自己的利益而為行為，即為「正犯」；相對地，如果僅係為他人之利益而為行為，該犯罪之結果對於自己並無利益可言，此時即應成立「共犯」。

「利益說」在許多時候都會被結合於「故意說」的內涵之中，而成了故意說的補充概念，並為故意說提供了一個客觀的判斷標準，故亦被稱之為「限制主觀說」（Die beschränkt-subjektive Theorie）[14]。這通常是作以下如此之解釋，亦即：當行為人係為了自己之利益而為行為時，即代表著其係基於「正犯意思」而犯罪，故應成立「正犯」；相對地，如果其僅是為了他人之利益而為行為時，則代表其係基於「共犯意思」而犯罪，此時就只能成立「共犯」。

「主觀理論」向來是德國實務界的通說，早期德國法院曾採取將正犯與共犯之區別完全取決於行為人主觀上是基於「正犯意思」抑或「共犯意思」而定的觀點[15]，至於行為人是否曾實際實施構成要件行為則完全不在考量之內，此即所謂的「極端主觀理論」（Extrem-subjektive Theorie）。在此種「極端主觀理論」中，縱使行為人已親自實施構成要件行為，但倘若其並非為自己利益、亦非基於正犯意思而為之，仍僅得論以共犯（幫助犯）[16]。在本節導引案例

---

[13] Roxin, Täterschaft und Tatherrschaft, 7. Aufl., 2000, S. 52 ff.

[14] Haft, AT, S. 191.

[15] RGSt 74, 84, 85.

[16] BGHSt 18, 87, 95 f.

中，若依據「（極端）主觀理論」的見解，甲女雖然未親自實施殺嬰行為，不過由於其唆使乙殺嬰之行為，係為自己之利益，係基於「正犯意思」而犯罪，性質上屬於殺人罪的「正犯」，亦即甲女應成立殺人既遂罪（§271Ⅰ）。至於乙雖然親自實施殺嬰行為，但由於乙係為甲之利益而殺人，僅係基於「共犯意思」而犯罪，故乙只能成立殺人罪的「共犯」，亦即應成立幫助殺人罪（§§271Ⅰ, 30Ⅰ）。

　　在此種「極端主觀理論」之下，區別正犯與共犯之界線有著極大的彈性，於個案中往往最後會取決於法官的裁量與自由心證，此將嚴重影響到法律安定性。而且，「極端主觀理論」將基於共犯意思而自己親自實施構成要件行為之人論以幫助犯，亦顯然與刑法第30條幫助犯係屬「幫助他人實行犯罪行為」之文義相違背，因此此種「極端主觀理論」並不足採。事實上，德國聯邦最高法院實務見解雖然一直到現在基本上都還是採取「主觀理論」傾向的觀點，但在某種程度上卻已明顯地「客觀化」，亦即在評價性總體觀察的基礎上去判斷行為人的主觀意思，判斷的重要因素除了對犯罪結果的自我利益外，也包含犯罪參與的範圍、甚至是犯罪支配（或至少是犯罪支配意思）等[17]，並認為只要是自己直接實行構成要件行為之人均屬基於「正犯意思」而為行為的正犯，學說上將之稱為「溫和主觀理論」（Die gemäßigt-subjektive Theorie）[18]。此種「溫和主觀理論」的觀點，事實上就是把正犯意思的判斷標準在某種程度上予以客觀化，納入客觀因素作為判斷要素。

三、犯罪支配理論

　　「犯罪支配理論」（Tatherrschaftstheorie bzw. Tatherrschaftslehre）認為，正犯與共犯的區別，應視其是否具備「犯罪支配」（Tatherrschaft）之地位而定。「正犯」係立居於犯罪支配地位之人，正犯支配著犯罪行為，得依其意志而阻止犯罪、也能任由犯罪繼續進行，其因此是實現構成要件實行行為的「核心人物」（Zentralgestalt）；至於「共犯」則欠缺犯罪支配地位，而僅僅是犯罪事件的「配角」（Randfigur）而已[19]。「犯罪支配理論」可說是現今我國學

---

[17]　Wessels/Beulke/Satzger, AT, Rn. 516.

[18]　Heinrich, AT, Rn. 1205.

[19]　Roxin, ATII, §25 Rn. 10.

界的通說[20]。

「犯罪支配理論」底下所謂的「犯罪支配」，可包含三種型態：

（一）行爲支配

所謂「行爲支配」（Handlungsherrschaft），係指行爲人經由自己的行爲以單獨實現構成要件之情形，由於行爲人對構成要件行爲（自己之行爲）直接具有支配力，故乃稱之爲「行爲支配」。「犯罪支配理論」係以行爲支配來指涉「直接單獨正犯」（Unmittelbarer Alleintäter）之情形。

（二）意思支配

所謂「意思支配」（Willensherrschaft），係指行爲人雖並未親手實施構成要件行爲，但卻藉其優勢之地位或認知使他人成爲其犯罪工具，並藉此間接對整個犯罪事件取得支配力，此乃爲學說上所稱之「間接正犯」（Mittelbarer Täter）的情形。在這裡，由於行爲人係基於其意思來支配操控整個犯罪歷程，因此乃以「意思支配」稱之。

《案例1》甲爲殺死住院中的仇人A，乃僞裝成醫院護士，將毒藥交給A之妻子B，並騙說該毒藥爲醫師開立之藥品，囑咐A醒來後予以餵服。B不疑有詐，果眞將該毒藥給A服用，其後A因此毒發身亡。在這裡，甲以其優勢認知（認知該藥爲毒藥）利用不具犯罪故意之B作爲其犯罪工具來實現殺人罪之構成要件，具有「意思支配」，應成立「間接正犯」。

20　許玉秀，實質的正犯概念，收錄於氏著「刑法的問題與對策」，1999，第32頁以下；黃常仁，間接正犯與正犯後正犯，1998，第17頁以下；林山田，刑法通論（下），第366頁以下；林東茂，刑法綜覽，第1-260頁以下；張麗卿，刑法總則理論與運用，第345頁；蔡墩銘，刑法精義，第317頁；韓忠謨，刑法原理，第311頁；許澤天，刑總要論，第178頁；而蘇俊雄，刑法總論II，第412頁，則主張以犯罪支配理論爲主，再參酌客觀理論與主觀理論之重點。另外，柯耀程，共犯成立基礎與處罰基礎，收錄於氏著「變動中的刑法思想」，1999，第197頁，則認爲雖然犯罪支配理論對於區分正犯與共犯有優於其他理論的優點，但仍有侷限性存在。

（三）功能性犯罪支配

　　行為人與其他人共同實施犯罪，並基於分工合作的功能性任務分配，而對於構成要件之實現提供重要的貢獻，此乃屬於「共同正犯」（Mittäter）的情形。由於行為人被分配到的任務，對於整個犯罪計畫之達成具有重要的功能，因此乃稱之為「功能性犯罪支配」（Funktionelle Tatherrschaft）。

《案例2》乙與同夥C、D共同計畫竊盜，由乙開車載C、D抵達犯罪現場，C、D下手實施竊盜，乙則開車在附近繞圈圈，若有緊急狀況則予以通風報信，並在接獲C、D的訊號後，開車接應一起離去。於此，乙雖沒有親自下手實施構成要件行為，不過由於其被分配到的工作（接應、把風），對於犯罪之實現具有「功能性犯罪支配」，因此亦應與C、D一樣都成立竊盜罪之正犯（共同正犯）。

　　在本節導引案例中，若依據「犯罪支配理論」的見解，由於乙親自下手實施殺嬰行為，乙對於自己之行為具備「行為支配」的地位，性質上屬於殺人罪的「正犯」，因此應成立殺人既遂罪（§271 I）。至於唆使乙殺嬰的甲女，對於此殺人事件並不具犯罪支配地位，故性質上只屬於殺人罪的「共犯」，亦即應成立教唆殺人既遂罪（§§271 I, 29 I）。

四、主客觀擇一理論（我國實務見解）

　　實務見解從最高法院24年7月民刑庭會議總會決議開始，改採「主客觀擇一理論（主客觀擇一標準說）」，認為行為人只要在正犯意思（主觀理論的觀點）或分擔構成要件行為之實行（形式客觀理論的觀點）二要件中，滿足其中一項要件即足以構成正犯。對此，原25年上字第2253號判例即謂：「現行刑法關於正犯、從犯之區別，本院所採見解，係以其主觀之犯意及客觀之犯行為標準，凡以自己犯罪之意思而參與犯罪，無論其所參與者是否犯罪構成要件之行為，皆為正犯，其以幫助他人犯罪之意思而參與犯罪，其所參與者，苟係犯罪構成要件之行為，亦為正犯，必以幫助他人犯罪之意思而參與犯罪，其所參與者又為犯罪構成要件以外之行為，始為從犯（即幫助犯）。」一直到現在，

「主客觀擇一理論」仍是最高法院實務的一貫見解[21]。

惟關於何種情形屬於以「自己犯罪之意思」而參與犯罪,綜觀最高法院歷來判決似尚欠缺一清楚的標準。例如在最高法院88年度台上字第4388號判決中,傾向於認為當行為人「有分享犯罪所得不法利益」時即屬具備「自己共同犯罪之意思」,此種觀點類似於學說上所謂的「利益說」。然而,在最高法院在98年度台上字第6542號判決中,最高法院卻又表示所謂「自己犯罪之意思」並不以分享犯罪所得為必要,又與利益說的觀點相左。就最高法院歷來判決觀察,可發現實務對於何謂「自己犯罪之意思(正犯意思)」的判斷,似乎尚未建立一個明確的判斷標準。

在本節導引案例中,若依據我國實務見解的「主客觀擇一理論」,乙係以「幫助他人犯罪之意思」而參與殺人之「犯罪構成要件行為」,性質上屬於殺人罪的「正犯」,因此應成立殺人既遂罪(§271Ⅰ)。至於促使乙殺嬰的甲女,係以「自己犯罪之意思」而參與「犯罪構成要件以外之行為」者,性質上亦屬殺人罪的「正犯」,亦即甲女亦應成立殺人既遂罪(§271Ⅰ)。

五、本書見解

「形式客觀理論」由於無法說明「間接正犯」與「共同正犯」概念,目前不論在實務或學說上均已無人採納。而「主觀理論」欲透過所謂的正犯意思來作為建立「正犯後正犯」之理論基礎,在實際適用上則會模糊正犯與共犯的區別界線,而造成概念上的混淆。最主要的原因在於,「主觀理論」藉以判定正犯意思的「利益說」,本質上自始就存在其侷限性,因為對犯罪結果的利益往往是絕大多數犯罪參與者的共同特徵[22],故以是否為自己利益而實施犯罪(利益說)來作為區別正犯與共犯的標準,就實際而言註定會是一個不確定的無效指標[23]。在這樣的情況下,不論是德國聯邦最高法院現行實務所採的「溫和主

---

[21] 近期判決如最高法院112年度台上字第4109號判決、112年度台上字第4603號判決、112年度台上字第4164號判決、112年度台上字第3729號判決、112年度台上字第3499號判決、111年度台上字第5098號判決、105年度台上字第88號判決、101年台上字第3074號判決、101年台上字第2580號判決等,仍採此「主客觀擇一標準說」。雖如此,但實務亦有少數判決有引進「犯罪支配理論」的觀點,例如96年台上字第6141號判決。

[22] Vgl. Roxin, Täterschaft und Tatherrschaft, S. 244.

[23] 此種適用「主觀理論」準則所導致模糊正犯與共犯區別基準的瑕疵,在關於所謂「共謀共同正犯」與教唆犯的區別上已經顯現出來。對此,針對我國實務判決的批評,可參見林書楷,

觀理論」抑或是我國最高法院實務所採的「主客觀擇一理論」，由於均以主觀理論的正犯意思（自己犯罪之意思）作爲正犯與共犯區別標準，故均爲本書所不採。

於此，本書贊同「犯罪支配理論」以行爲人對犯罪是否具備實質的支配地位來作爲區別正犯與共犯的標準（即建立正犯性的基礎）。不過，須注意的是，以「犯罪支配」來作爲區別正犯與共犯的基準只適用於「支配犯」（Herrschaftsdelikte），在「義務犯」與「己手犯」的情形則有不同[24]：

所謂「義務犯」（Pflichtdelikte）係指，只有在行爲人違反了構成要件所要求的特別義務時才能夠成立正犯的犯罪。例如，純正身分犯、不純正不作爲犯（基於保證人義務）等。在義務犯中，決定正犯成立與否的準則不在於「犯罪支配」，而是取決於是否違反該特別義務。也就是說，縱使不具犯罪支配地位，但在違反該特別義務的情況下，仍可以論以「正犯」之刑責。相對地，具犯罪支配地位但卻不負特別義務者，理論上就頂多只能論以「共犯」（教唆犯或幫助犯）之刑責而已[25]。惟在我國因有刑法第31條第1項關於無身分共同正犯之擬制規定，故無義務（無特定關係或身分）但具犯罪支配之人如與有身分者具有共同正犯的關係，仍可成立「共同正犯」，僅係得減輕其刑而已。

《案例3》公務員丙與不具公務員身分之妻丁共謀合作向廠商收賄，並由丁實際負責收錢。此案例中，因收賄罪是義務犯（純正身分犯），丙違反了公務員應公正執行職務與廉潔的特別義務，故應成立正犯。其妻丁雖具備犯罪支配地位（行爲支配），但由於不具公務員身分，不可能違反收賄罪構成要件所要求之特別義務，理論上本只能成立共犯（幫助犯）[26]。惟在我國因有刑法第31條第1項關於無身分共同正犯之擬制規定，故丁經由適用此規定而與公務員丙成立受賄罪之共同正犯，只是丁因不具公務

共同正犯之行爲分擔，收錄於「刑事法理論與財經刑法之接軌」，第148頁以下；針對德國實務見解的相關批評，可參見Zieschang, Mittäterschaft bei bloßer Mitwirkung im Vorbereitungsstadium, ZStW 107(1995), S. 364 ff.

[24]　Vgl. Roxin, in: LK-StGB[11], §25 Rn. 36 ff.；Wessels/Beulke/Satzger, AT, Rn. 519 ff.

[25]　對「義務犯」概念的質疑，可參見游明得，從身分犯的本質檢視刑法第三十一條身分犯共同正犯—以國內現況評析爲主，警大法學論集，第12期，2007/04，第129頁以下。

[26]　結論相同：川端博，刑法總論二十五講（甘添貴監譯／余振華譯），第326頁以下。

員身分（不具特別義務）而得減輕其刑而已[27]。

　　所謂「己手犯」（Eigenhändige Delikte；親手犯）係指，只有藉由自己親手實行構成要件行為才能夠成立正犯之犯罪。例如偽證罪（§168）[28]、血親性交罪（§230）、重婚罪（§237）、醉態駕駛罪（§185-3）等。由於己手犯具有親手實行構成要件行為的特質，因此那些「未親自參與實施構成要件行為的共同正犯」與「間接正犯」，都不可能出現在己手犯之中。也就是說，如果沒有自己親手實行構成要件行為，縱使具備犯罪支配地位，也不能成立正犯，頂多只能論以共犯（教唆犯或幫助犯）。

《案例4》犯罪組織首腦甲命令組織成員乙在法庭上作偽證，乙不敢不從，遂於法庭上具結作偽證。於此，乙成立偽證罪之正犯，但甲縱使具備犯罪支配地位（組織支配）也無法論以偽證罪之間接正犯，因為偽證罪屬於「己手犯」，必須自己親手實行構成要件行為始有成立正犯之可能，此處甲僅能成立教唆偽證罪。

第三節　間接正犯

導引案例

(1)黑社會老大甲將出賣自己的手下A擒住，甲告訴A除非自斷一指表示悔意，否則絕不善罷甘休，並丟了一把刀子在A面前。A心知此事難善了，為求保命，乃持刀切下自己的小指頭以求活命。

---

[27] 結論相同但非基於「犯罪支配理論」之觀點者：甘添貴，間接正犯與己手犯之再認識，氏著「刑法之重要理念」，第185頁以下、第187頁；余振華，教唆未遂之廢止與間接正犯之界定，收錄於「刑法總則修正重點之理論與實務」，第303頁以下；蔡墩銘，刑法精義，第358頁。

[28] 最高法院107年度台上字第4227號判決：「偽證罪係屬學說上所謂之『己手犯』，『己手犯』之特徵在於正犯以外之人，雖可對之加功而成立該罪之幫助犯或教唆犯，但不得為該罪之間接正犯或共同正犯。」

(2)乙有意殺死臥病在床的B，乃交付B的妻子丙含致命重金屬藥水一瓶，並欺騙丙說該瓶藥水專治B這種疾病。丙基於好奇心而要求先打開藥水看看，乙不得已之下只得打開瓶蓋讓丙聞，但丙隨即聞到該藥水發出難聞之異味，因此乃心生猶豫，不過乙仍在一旁繼續欺騙此乃因良藥苦口所致，最後丙終於被乙說服，而收下該瓶藥水。當天晚餐後丙將該瓶藥水倒入茶中稀釋，準備讓B服用，幸好其兒子丁發現有異予以阻止，B逃過一劫。

一、間接正犯之成立基礎

　　早期在刑法對共犯從屬性（Akzessorietät der Teilnahme）採必須從屬於正犯「犯罪行為」的「嚴格從屬性原則」之下，間接正犯概念的出現最初主要是發展來填補行為人利用無責任能力之犯罪工具時所造成的可罰性漏洞。現行刑法對共犯從屬性雖已改採僅從屬於正犯「違法行為」的「限制從屬性原則」[29]，但間接正犯概念的存在仍有其重要實益：一方面，在利用無故意犯罪工具以實現構成要件的犯罪類型中，縱使被利用犯罪工具本身有構成過失，幕後利用人不論是共同正犯或共犯也都不可能成立，此時間接正犯概念的存在即具有填補可罰性漏洞的功能；另一方面，在利用無責任能力人以實行犯罪的情形，若不承認間接正犯概念的存在，幕後利用人雖仍可成立教唆犯，但將會造成存在「無正犯之犯罪」的不合理現象[30]。因此，間接正犯概念的存在不論是從刑法釋義學抑或是從刑事政策的角度來看，均有其不可或缺的必要性。

　　刑法上的「間接正犯」（Mittelbare Täterschaft）概念，係指行為人利用他人作為犯罪工具以為自己實現構成要件的一種正犯類型。關於「間接正犯」的成立基礎，主要來自於「犯罪支配理論」以及所謂的「負責原則」（Verantwortungsprinzip；Zurechnungsprinzip）。依據通說「犯罪支配理論」的見解，「間接正犯」的正犯性主要係建立在「意思支配」上，亦即幕後人雖然並沒有

---

[29]　刑法第29條的修正理由，已明確表示採行「限制從屬形式」之精神。

[30]　Krey/Nuys, Der Täter hinter dem Täter-oder die Liebe der Strafrechtler zum Glasperlenspiel, in:Festschrift für Kunt Amelung(Amelung-FS), 2009, S. 204 ff.

親手實行構成要件行為，但卻藉由其優勢認知或優勢地位來利用他人成為其犯罪工具，並藉此以其意思來支配整個犯罪事件的進行，以達成其犯罪之目的。在幕後人對於整個犯罪事件具支配地位的情況下，其乃應負「間接正犯」之責任。

　　依據「負責原則」（自我負責原則）的精神，在刑法的法秩序下每個人都只為自己的行為負責，此同時代表著每個人原則上也不用對「他人應自我負責的行為」負責，因此由他人應自我負責之行為所造成的構成要件結果原則上僅能歸責給該他人去負責[31]。在「負責原則」底下，自己行為所造成的結果是否屬於其應負責之範圍，主要取決於行為人是否具備完全自我負責能力而定。因此，當行為人故意利用他人為其實行犯罪時，倘若被利用人係不具備完全自我負責能力之人（例如遭受強制、欺騙或責任能力有缺陷），此時由於被利用人在法律上並無法（完全）為自己之行為負責，故刑法乃將其行為歸由幕後利用人來負責，此即幕後人應對犯罪事件負「間接正犯」責任的基礎[32]。例如，甲引發乙犯意促使其殺人，若乙在法律上係具備完全自我負責能力之人，依據「負責原則」之精神，甲即無須為「他人應自我負責之行為」負正犯之責，故甲僅就自己唆使乙殺人之行為成立教唆犯；相對地，若乙係無責任能力人，此時由於乙在法律上並不具備自我負責能力，無法為自己之行為負責，因此乙的殺人行為就僅能歸由幕後利用人甲去負責，故甲乃應該構成故意殺人之間接正犯。

　　解釋上，當被利用人存在某種程度之責任瑕疵而不具備完全自我負責能力時，幕後利用人相形之下就取得了優勢地位（überlegene Stellung），行為人此種優勢地位通常反映在被利用人本身存在某種程度的意志自由瑕疵而導致其行為欠缺成立犯罪的質（亦即不具備完全的犯罪成立要件）。因此，從「犯罪支配理論」（Tatherrschaftstheorie bzw. Tatherrschaftslehre）的角度來看，當幕後利用人違反義務地濫用其相對於被利用人的優勢地位，以被利用人作為犯罪工具來為其實行犯罪時，幕後人就整個犯罪事件而言即具備犯罪支配地位，因而應負正犯（間接正犯）之責[33]。例如，甲以暴力威脅乙全家人生命作為手段而

---

[31]　Geppert, Jura 2001, S. 491.

[32]　Vgl. Schünemann, Die Rechtsfigur des "Täters hinter dem Täter" und das Prinzip der Tatherrschaftsstufen, in: Schröder-FS, 2006, S. 402.；Krey/Esser, AT, §27 Rn. 880.；Krey/Nuys, in: FS-Amelung, S. 209 f.

[33]　Murmann, in: SSW-StGB, §25 Rn. 4.

強迫乙殺人，乙的行爲在刑法學理上若非被認爲可以主張阻卻違法之緊急避難[34]、就是被認爲可成立寬恕（減免）罪責之緊急避難（Entschuldigender Notstand）[35]，因此乙被強制的殺人行爲在刑法評價上欠缺完全自我負責能力，相對地幕後利用人甲則處於具強制性的優勢地位，甲違反義務濫用其優勢地位利用乙作爲犯罪工具來爲自己實行殺人行爲，其對整個殺人事件具犯罪支配地位（強制支配），故應負殺人之間接正犯的責任。

二、間接正犯對犯罪的支配型態

「間接正犯」的特徵主要在於，被利用之犯罪工具由於事實或法律上的原因而處於一種劣勢地位，相對地間接正犯則基於其優勢認知或優勢地位而對於整個犯罪事件具有犯罪支配地位，而得以其意思操控犯罪之繼續實行或使其中止（意思支配）。「間接正犯」對於犯罪的支配性地位，主要包括以下幾種支配型態，包括[36]：

（一）結構缺陷支配

此種支配型態係間接正犯利用他人的結構性缺陷（例如無責任能力），間接正犯基於其優勢地位而操控他人爲其實行構成要件行爲，以達本身之犯罪目的。例如，利用未滿十四歲之幼童或罹患嚴重精神疾病的無責任能力人作爲犯罪工具去爲其實施犯罪。

（二）錯誤支配

此種支配型態係間接正犯製造或利用他人的錯誤，再基於其優勢認知（因只有隱身在幕後的間接正犯知道眞相）而操控他人作爲犯罪工具以爲其實現犯罪。例如，以詐術使人陷於錯誤再利用該陷於誤認而不具故意之人去爲其實現

[34] 學說上認爲可成立阻卻違法之緊急避難者：Freund, AT, §3 Rn. 34 f, §10 Rn. 79.；Stratenwerth/Kuhlen, AT, §12 Rn. 57.

[35] 學說上認爲應成立寬恕罪責之緊急避難者：許澤天，強制支配—犯罪支配概念的具體續造，東吳法律學報，第21卷第3期，2010/01，第54頁以下；Heinrich, AT, Rn. 437, 580.；Wessels/Beulke/Satzger, AT, Rn. 541 f.

[36] Vgl. Heinrich, AT, Rn. 1244.

犯罪；或利用不知情的第三人爲其實現犯罪。

（三）強制支配

此種支配型態係間接正犯透過對他人施加強制力，使他人意思遭受壓制而被迫爲間接正犯實現犯罪。例如，擄走他人子女，再以其子女生命做要脅，強制他人去爲其實現犯罪。

（四）組織支配

此種支配型態係間接正犯透過組織性的權力機構，去操控組織內的成員爲其實現犯罪。例如，國際犯罪組織的首領命令其組織成員執行殺人的任務、獨裁國家的首領或特務機構首腦命令情治機關的特務執行暗殺任務。

三、間接正犯的工具類型

由於「間接正犯」係利用他人作爲其犯罪工具以遂行其犯罪意圖，故解釋上間接正犯一定是故意犯，而不可能存在有過失間接正犯的情形。一般而言，「間接正犯」所利用之工具大致包含有以下幾種類型：

（一）無客觀構成要件該當性之工具

《案例1》甲知道A患有嚴重的憂鬱症，經常有輕生念頭，乃故意欺騙A其太太對其不忠，並以電腦合成技術製造A之太太出軌的假照片，當A看到照片後，信以爲眞，在憂鬱症病發極度絕望下，甲又再慫恿A人生如此痛苦不如自殺算了，最後A乃跳河自殺，被路人救起並緊急送醫獲救。

在此案例中，由於刑法不處罰自殺行爲，故A的行爲並不具客觀構成要件該當性。而甲故意引發他人錯誤，並藉著其優勢事實認知有目的地導致A陷於錯誤並因而自殺，以其意思操控整個被害人死亡的事件流程，具備「意思支配」的地位，因此應成立殺人未遂罪的間接正犯。

另外，在本節導引案例(1)中，由於刑法不處罰自傷行爲，故A的行爲不具

客觀構成要件該當性。不過，由於甲利用強制脅迫的手段，致使A被迫不得不
為自傷行為（A在此情形下若不自行斷指恐有生命危險），甲以其意思操控該
被害人受傷的事件流程，具備「意思支配」地位，因此應成立傷害既遂罪之間
接正犯。

（二）無故意之工具

《案例2》乙為殺死住院中的仇人B，乃偷偷將含致命物質的針劑與B應注
　　　　射之針劑互相掉包，護士未發覺此事，在不知情的情況下為B施
　　　　打該有毒針劑，最後B果真毒發身亡。

　　在此例中，護士並不知道該針劑為毒藥，故不具有殺人故意。而乙故意引
發護士陷於錯誤，並藉由其優勢認知來利用不知情的護士（不具故意之工具）
以遂行自己的殺人行為，以其意思操控整個B被毒殺身亡的事件流程，具備
「意思支配」的地位，應成立殺人既遂罪的間接正犯[37]。

　　應強調者，即使是在被利用之犯罪工具應構成過失犯的情形，也不會影響
到間接正犯的成立[38]。例如在上述《案例2》中，倘若乙所放置之針劑，顏色
與往常有明顯的不同，但是護士卻因疏忽未遵守「三讀五對」的程序而未發現
（無認識過失）、或雖發現有異但不以為意（有認識過失），而仍然對B施打
該針劑，此時護士將會成立過失致死罪（§276），而乙仍然還是因為具備
「意思支配」地位而應成立殺人既遂罪的間接正犯（§271Ⅰ）。

---

[37] 實務見解亦承認此種利用他人欠缺故意之行為的間接正犯類型，如最高法院28年上字第19號
判決（原判例）：「教唆犯，除其所教唆之罪有處罰未遂犯之規定者外，必須正犯受其教唆
而實施犯罪始能成立，若他人誤信其所教唆之事項為合法行為而實施之，並無犯罪故意者，
則授意人係利用不知情之人以實施自己之犯罪行為，即屬間接正犯，而非教唆犯。……」應
注意者，此判決見解在禁止錯誤上係採取「故意說」的見解，與現行刑法第16條所採的「責
任說」並不一致。

[38] 此為通說見解：甘添貴，間接正犯與己手犯之再認識，收錄於氏著「刑法之重要理念」，第
183頁以下；余振華，教唆未遂之廢止與間接正犯之界定，收錄於「刑法總則修正重點之理
論與實務」，2005，第301頁以下；林山田，刑法通論（下），第382頁；Ebert, AT, S. 195.；
Haft, AT, S. 198.；Heinrich, AT, Rn. 1249.；Kühl, AT, §20 Rn. 52.；Roxin, in: LK-StGB[11], §25
Rn. 77.；川端博，刑法總論二十五講（甘添貴監譯／余振華譯），第325頁。

（三）無不法意圖之工具

《案例3》丙看見餐廳衣帽間掛有一名牌昂貴外套，意圖將其據為己有，
　　　　乃利用其擔任餐廳侍者的朋友C，騙他說自己想要到餐廳外抽
　　　　煙，但外面冷風刺骨因此想借該件外套禦寒，等他抽完煙就歸
　　　　還外套。C不疑有他，果真將該外套交給丙，丙取得外套後隨即
　　　　逃逸無蹤。

　　關於此種幕後人利用有故意但欠缺不法意圖之工具的情形，是否可以成立
間接正犯，解釋上不無疑問？

　　學界多數說一般採肯定見解，而認為在幕後人利用所謂「無意圖有故意之
工具」（absichtslos-doloses Werkzeug）以遂行其犯罪目的之情形，仍然可以成
立間接正犯[39]。因為幕後人所具備的意圖對於犯罪之存在係屬不可或缺，此項
法律上必要之影響可視為是已經達到犯罪支配的程度[40]。

　　惟亦有少數說認為，欠缺意圖的工具於意圖犯（目的犯）中雖然無法作為
正犯來加以處罰，然由於被利用之工具具有故意，在此種情況尚不足以建立幕
後人的犯罪支配地位[41]。

　　關於此項爭議，本書原則上認為仍以肯定此種利用無意圖有故意之工具的
間接正犯類型為宜。然肯定此種間接正犯之類型卻非基於「犯罪支配」，而係
基於幕後人具備構成要件行為人適格所要求的內在要素，亦即「意圖」在這裡
係作為一種主觀正犯要素（subjektiv-täterschaftliches Merkmal）的性質[42]。進一
步言，在「意圖犯」的情形，由於犯罪之實現必須以行為人具備特殊主觀構成
要件要素的「意圖」為前提，因此被利用作為犯罪工具之人縱使具備犯罪支配

[39] 甘添貴，間接正犯與己手犯之再認識，氏著「刑法之重要理念」，第185頁；余振華，教唆
未遂之廢止與間接正犯之界定，收錄於「刑法總則修正重點之理論與實務」，第304頁；甘
添貴／謝庭晃，捷徑刑法總論，第261頁以下；林鈺雄，新刑法總則，第404頁以下；
Baumann/Weber/Mitsch, AT, §29 Rn. 128 f.；Heinrich, AT, Rn. 1250.；Jescheck/Weigend, AT,
§62II7., S. 669 f.：Wessels/Beulke/Satzger, AT, Rn. 537.；川端博，刑法總論二十五講（甘添
貴監譯／余振華譯），第327頁以下；另外，Roxin, in: LK-StGB[11], §25 Rn. 25原認為此種情
形亦難達犯罪支配之程度，惟其後改變見解承認確實存在有此種利用無意圖但具故意之犯罪
工具的間接正犯。見Roxin, ATII, §25 Rn. 157.

[40] Jescheck/Weigend, AT, §62II7., S. 670.

[41] Krey/Esser, AT, Rn. 921.；Otto, AT, §21 Rn. 97.；Stratenwerth/Kuhlen, AT, §12 Rn. 37.

[42] Kühl, AT, §20 Rn. 55.；Ebert, AT, S. 191, 195.

（行爲支配），但倘若欠缺構成要件所要求之意圖，仍然無法成立正犯；相對地，欠缺犯罪支配地位但卻具備意圖的幕後人，將因其符合構成要件所要求之正犯要素而應構成正犯（間接正犯）。

據此，在《案例3》中，被利用作爲犯罪工具之C雖有未經同意竊取他人外套之故意，但欠缺爲自己或第三人不法所有之意圖，無法構成竊盜罪（§320），至於具備不法所有意圖之幕後人丙，因符合構成要件所要求之正犯要素，應成立竊盜既遂罪之間接正犯。

（四）無違法性之工具

《案例4》丁殺害仇人後，爲求逃脫法律制裁而嫁禍給D，乃故意在犯罪現場遺留D之毛髮與沾有D指紋的犯罪工具，當檢察官至現場勘驗時採集到該些證據後，果眞以D犯罪嫌疑重大而將其拘提到案，並向法院聲請羈押獲准。

在此案例中，檢察官與法官拘提並羈押D等剝奪行動自由之行爲，係屬依刑事訴訟法所爲的「依法令之行爲」，得阻卻違法（§21 I；刑事訴訟法§§76, 101, 102）。而丁除殺人行爲應成立殺人罪外，其有目的地設計導致刑事訴追機關陷於錯誤，利用刑事訴追機關作爲剝奪D行動自由的犯罪工具，以其意思操控D被剝奪行動自由的事件流程，具備「意思支配」的地位，應成立剝奪行動自由罪的間接正犯（§302 I）。

（五）無罪責之工具

《案例5》甲對其老闆懷恨在心，乃故意引誘無責任能力之嚴重精神分裂症病患E去攻擊老闆，導致其老闆被打傷。

《案例6》乙以糖果、玩具爲餌，引誘年僅七歲的F爲其偷東西。

在上述兩案例中，心神喪失之E與年僅七歲之F，在法律上均屬無責任能力人（§§18 I, 19 I），不成立犯罪。然而，甲與乙基於心理與認知上的優勢地位，利用缺乏認識與控制能力的無責任能力人來作爲犯罪工具以遂行其犯罪，具備「意思支配」地位，故應分別成立傷害罪（§277 I）與竊盜罪

（§320 I）的間接正犯。此種利用無罪責之工具與前述利用無故意之工具的情形，是我國實務最普遍承認的兩種間接正犯類型[43]。

　　不過，值得注意的是，有時被利用的犯罪工具依刑法規定雖然屬於無責任能力，但是在實際上卻可能已具備某種程度的認識與控制能力，此時利用人是否仍應成立「間接正犯」？抑或僅得成立「教唆犯」？即不無疑問存在。

《案例7》丙利用年僅十三歲但卻心智早熟的G為其竊盜之行為。

　　關於此處的問題，學說上有以下兩種不同的見解：

　　第一種見解認為，行為人是否具備「意思支配」之地位，係取決於被利用人實際上是否完全無認識與控制能力而定。如果被利用之未滿十四歲人，在實際上已具備某種程度的認識與控制能力，則行為人即難謂具備「意思支配」的地位，此時應不能成立間接正犯，而僅得成立「教唆犯」（§29III）[44]。若採此說，本例中丙利用年僅十三歲但卻心智早熟的G為其竊盜，由於G在實際上已具備某種程度的認識與控制能力，故丙已不具備「意思支配」的地位，無法成立間接正犯，因此僅得論以教唆竊盜罪（§§320 I, 29 I）。

　　第二種見解認為，刑法既已規定未滿十四歲人不具責任能力，即已將未滿十四歲人在法律上視為不具認識與控制能力，為求法律適用的一致性，凡是在利用未滿十四歲之人犯罪的情形，利用人均應成立間接正犯[45]。由於刑法已經針對責任能力採取以年齡、瘖啞或精神心智狀態來加以區別處理的立場，故於判斷被利用之犯罪工具是否具有責任能力時，亦應採取相同的立場，因此解釋上應以此說較為可採。據此，本例中丙利用未滿十四歲之無責任能力人為其竊盜之行為，應直接成立竊盜罪之間接正犯（§320 I）。

---

[43] 最高法院110年度台上字第4187號判決：「……刑法上所稱之間接正犯，係指犯罪行為人不親自實施犯罪，而利用無責任能力人或無犯罪意思之人實行犯罪。……」

[44] 採此種見解者：林山田，刑法通論（下），第59頁以下；蔡聖偉，論間接正犯概念內涵的演變，東吳法律學報，第19卷第3期，2008/01，第56頁。

[45] 採此種見解者：甘添貴，間接正犯與己手犯的再認識，第193頁；黃常仁，間接正犯與正犯後正犯，第32頁以下；許玉秀，刑法第四章緒論及第二十八條至第三十一條註釋（國科會專題研究計畫成果報告），第四章共犯緒論，第59頁。

四、正犯後正犯[46]

傳統上對間接正犯的典型理解，被利用人往往必須具有某種程度的責任瑕疵（如欠缺責任能力）方具備工具性，此時幕後利用人才足以構成間接正犯。相對地，如果被利用人本身已具備完全故意犯罪責任時，解釋上通常代表被利用人尚不具工具性，此時幕後利用者即無法構成間接正犯，頂多僅能成立共犯（特別是教唆犯）。然而，隨著間接正犯概念的擴張，刑法學說上進一步出現所謂的「正犯後正犯」（Täter hinter dem Täter）概念，亦即雖然被利用作為犯罪工具之人已具備完全故意犯罪之責任，但是幕後利用人卻仍可以成立「間接正犯」的情形。也就是說，幕後人亦可能利用有故意且須負完全責任之人作為其犯罪工具（無瑕疵的犯罪工具）以遂行其犯罪目的。此種「正犯後正犯」的概念，不僅獲得刑法學界多數說的支持[47]，在國際刑法上也獲得承認並在國際刑事法院的判決中扮演核心角色[48]。學說上此種「正犯後正犯」概念的導入，造成縱使在不符合共同正犯的情形下，同一犯罪的二個犯罪參與人仍可能都被作為正犯來加以處罰。

（一）正犯後正犯之理論基礎

由於「負責原則」強調每個人均無須為「他人應自我負責之行為」負責，因此傳統上對「負責原則」作為建立間接正犯基礎的理解是，只有在被利用人

---

[46] 關於「正犯後正犯」的詳細討論，可參見林書楷，正犯後正犯，玄奘法律學報，第21期，2014/06，第187頁以下。

[47] 學界多數說普遍承認「正犯後正犯」概念：甘添貴／謝庭晃，捷徑刑法總論，第263頁；林山田，刑法通論（下），第62頁以下；林鈺雄，新刑法總則，第424頁以下；許澤天，刑總要論，第184頁以下；周慶東，錯誤與間接正犯，台灣法學雜誌，第288期，2016/01，第125頁以下；黃常仁，間接正犯與正犯後正犯，1998，第131頁以下；黃常仁，刑法總論，第225頁以下；黃惠婷，正犯背後之正犯，收錄於「刑事法學之理想與探索（一）」，2002，第374頁以下；黃榮堅，基礎刑法學（下），第793頁以下；張麗卿，刑法總則之理論與運用，第358頁；蔡聖偉，論間接正犯概念內涵的演變，東吳法律學報，第19卷第3期，2008/01，第64頁以下；蕭宏宜，未遂與犯罪參與，第137頁以下；Baumann/Weber/Mitsch, AT, §29 Rn. 142 ff.；Ebert, AT, S. 197 f.；Heine, in: Sch/Sch-StGB[28], §25 Rn. 6a, 21 ff.；Heinrich, AT, Rn. 1254 ff.；Joecks, in: MK-StGB, §25 Rn. 129 ff.；Murmann, in: SSW-StGB, §25 Rn. 20 ff.；Rengier, AT, §43 Rn. 38.；Roxin, ATII, §25 Rn. 78 ff, 94 ff, 105 ff.；Wessels/Beulke/Satzger, AT, Rn. 541 f.

[48] Satzger, Internationales und Europäisches Strafrecht, 王士帆譯，國際刑法與歐洲刑法，2014，第459頁。

無法對其自己之行為負全責時，其所為之行為才能歸由幕後利用人負正犯（間接正犯）之責。然而，刑法學說上所謂的「正犯後正犯」概念卻是主張，縱使被利用作為犯罪工具之人已具備完全故意犯罪之責任，但幕後利用人卻仍可能成立間接正犯（正犯後的正犯），如此即產生可能違反「負責原則」的疑慮。而且，從犯罪支配的角度來看，當個案中被利用人具完全自我負責能力而在法律上必須對自己之行為負全責時，幕後利用人是否相對於被利用人仍存在優勢地位而具備對整個犯罪事件的支配地位，解釋上亦不無疑問。也正是因為此種與「負責原則」及犯罪支配概念的潛在可能矛盾，學說上乃有對「正犯後正犯」概念持反對見解者，因此關於刑法上「正犯後正犯」的理論基礎誠有進一步再加以深入分析與探究之必要。

從犯罪支配理論的角度來看，「正犯後正犯」於學理上的爭議主要在於，當行為人利用法律上應負完全責任之人以實現犯罪時，其是否可能具備犯罪支配地位而得以構成間接正犯，此取決於學說上對犯罪支配與「負責原則」理解的差異，惟大致上主要可歸納成以下二種不同觀點：

「嚴格負責理論」（Theorie der strengen Verantwortlichkeit bzw. strenge Verantwortungstheorie）認為，「負責原則」強調每個人均無須為「他人應自我負責之行為」負責，因此只有在被利用人無法對其自己之行為負全責時，其所為之行為才會歸由幕後利用人來負正犯（間接正犯）之責。倘若被利用以實行犯罪之人自己本身即必須負完全故意犯罪之責任（亦即構成要件該當、違法且具罪責），代表被利用人須為自己之行為負責，此時依據「負責原則」之精神，即無法將被利用人之行為責任歸由幕後人來負責，因此幕後人即無成立間接正犯（正犯後正犯）之可能性[49]。在此種對負責原則採嚴格解釋的觀點之下，只有被利用人的責任瑕疵才足以建立幕後利用人的犯罪支配地位，因此若個案中被利用人在刑法上必須負完全刑事責任，即同時代表幕後利用人並不具備優勢地位與對事件的犯罪支配，在這樣的情況下幕後人就僅能論以教唆犯，而無法構成間接正犯（正犯後正犯）。

[49] 採此類嚴格負責理論觀點之見解者：Jescheck/Weigend, AT, 5. Aufl., 1996, S. 668 ff.；Krey/Esser, AT, §27 Rn. 887 ff, 923 ff.；Krey/Nuys, in: Amelung-FS, S. 209 f.另外，Stratenwerth/Kuhlen, AT, §12 Rn. 52 ff, 59 ff 原則上採嚴格負責理論的觀點，但例外承認「組織支配」的正犯後正犯類型；Kindhäuser, AT, §39 Rn. 5 ff.；Zieschang, Gibt es den Täter hinter dem Täter?, in: Otto-FS, 2007, S. 519 ff 雖採嚴格負責理論觀點，但承認利用可避免禁止錯誤之正犯後正犯類型；Welzel, Das Deutsche Strafrecht, S. 102 ff 特別又認為在利用他人可避免及不可避免之禁止錯誤的情形，幕後人都只能成立教唆或幫助犯。

「限制負責理論」（Theorie der eingeschränkten Verantwortlichkeit bzw. eingeschränkte Verantwortungstheorie）則認為，「負責原則」不應該被如此嚴格地適用，幕後利用人是否應成立間接正犯抑或是僅成立教唆犯，仍應依一般區別正犯與共犯之準則來加以判斷，亦即在個案中仍應檢驗幕後人是否在整個犯罪事件中居於犯罪支配地位而定[50]。當個案中幕後人的犯罪支配是如此的強烈，以至於足以超越「負責原則」的限制時，此時應例外承認「正犯後正犯」的存在[51]。也就是說，決定幕後利用人應成立間接正犯抑或是僅成立教唆犯的關鍵，並不在於被利用人之行為在刑法上是否負完全責任，而是在於幕後利用人是否成功地讓被利用人與整個事件處在其支配控制之下。

　　本書認為「嚴格負責理論」的觀點，純係從形式來理解「負責原則」與間接正犯之犯罪支配間的關聯性，卻忽略了建立正犯性的實質基礎，難謂具說服力。從刑法正犯理論（Täterlehre）的角度來理解間接正犯，建立間接正犯基礎的核心關鍵仍然在於犯罪支配（意思支配），亦即在幕後人將整體犯罪事件的進行操控在自己手上的核心主導地位。「嚴格負責理論」以被利用人是否具責任瑕疵來作為判斷間接正犯之犯罪支配的唯一指標，其實是反客為主，誤解以犯罪支配作為正犯基礎的意義，建立間接正犯的基礎應該是取決於「幕後人這一方是否支配了該犯罪」，而不是被利用人那一方是否具有責任瑕疵。也就是說，縱使被利用作為犯罪工具的直接行為人具完全自我負責能力而應成立故意犯罪，只要幕後人確實具備得依其意思操控整個犯罪事件之繼續或停止的支配地位，幕後人即得基於其犯罪支配地位（意思支配）而構成「正犯後正犯」。事實上，縱使是採「嚴格負責理論」的學者，也並非絕對嚴格要求貫徹負責原則，往往經常會承認某些例外而有個別承認特定正犯後正犯類型的空間[52]。在這樣的情況下，所謂「嚴格負責理論」或「限制負責理論」的差別，就只在於適用程度上的差別而已，而不是本質上的差異。

　　據此，建立間接正犯之基礎仍然應該回歸到犯罪支配（意思支配），但在概念理解上「負責原則」可以是在間接正犯中解釋幕後人是否具備犯罪支配的

---

[50] 採此類「限制負責理論」觀點之見解者：周慶東，錯誤與間接正犯，台灣法學雜誌，第288期，2016/01，第128頁；蕭宏宜，未遂與犯罪參與，第134頁以下；Freund, AT, §10 Rn. 86 ff.；Heinrich, AT, Rn. 1254 ff.；Hoffmann-Holland, AT, Rn. 498 ff.；Wessels/Beulke/Satzger, AT, Rn. 541 f.

[51] Rengier, AT, §43 Rn. 38.

[52] Schünemann, in: FS-Schröder, S. 403.

一項重要指標，惟絕對不是作爲判斷犯罪支配的唯一準則，個案中仍須進行幕後人是否具犯罪支配地位的實質判斷[53]。當被利用之直接行爲人存在責任瑕疵時，解釋上可認爲此代表幕後人相對於被利用人而言具備優勢地位而對整體事件產生犯罪支配，此時往往可直接認定幕後利用人成立間接正犯，固無疑問。然而，應強調者，這並不代表絕對排除「正犯後正犯」的成立可能性，當被利用人之行爲在刑法上應負完全之故意責任時，仍應再就幕後人於事件中是否具犯罪支配地位進行實質判斷。因此，若幕後人在個案中確實具備實質的犯罪支配地位，此時縱使被利用人在刑法評價上須對其行爲負完全故意責任（構成要件該當、違法且具罪責），幕後利用人基於其對整體事件的犯罪支配地位仍應成立間接正犯，也就是「正犯後正犯」。

以下即從實質犯罪支配的立場來討論「正犯後正犯」的可能型態，而將其分成基於錯誤支配以及基於組織支配二種正犯後正犯的類型來加以說明。

（二）基於錯誤支配的正犯後正犯

所謂「錯誤支配」（Irrtumsherrschaft）類型，係指幕後人藉由欺騙手段引發被利用人之錯誤，並藉此讓被利用人在不知情的情況下爲其實行犯罪計畫的情形。在此種「錯誤支配」中，犯罪支配的基礎主要來自於間接正犯對整體犯罪事件所掌握的廣泛優勢認知，其綜觀被利用人所不知或未察覺之事並加以利用，因此在其優勢認知的範圍內讓被利用人成爲實現其計畫的單純因果要素[54]。基本上，可能成立基於錯誤支配之正犯後正犯的情形大致有以下幾種：

1. 利用對具體行爲之意義之錯誤

當幕後人刻意藉由欺騙手段引發他人對具體行爲意義的錯誤，並因此而利用他人爲自己實現構成要件時，此時縱使被利用之人具備完全自我負責能力而應成立故意犯罪，幕後人仍得基於其犯罪支配地位而成立正犯後正犯[55]。

---

[53] 採更強烈之見解者，蔡聖偉，論間接正犯概念內涵的演變，東吳法律學報，19卷3期，2008/01，第62頁以下，雖仍提及被利用者應否負責是一個參考指標，但主張應完全視幕後利用人是否具犯罪支配地位而定。

[54] Roxin, ATII，§25 Rn. 62.

[55] 承認此種正犯後正犯類型者：黃惠婷，正犯背後之正犯，第374頁以下、第382頁以下；Heine, in: Sch/Sch-StGB[28]，§25 Rn. 22.；Hoffmann-Holland, AT, 2011, Rn. 507 f.；Kühl, AT, §20 Rn. 75.；Murmann, in: SSW-StGB，§25 Rn. 21.；Roxin, ATII，§25 Rn. 96 f.

《案例8》甲唆使乙在A的飲料中下藥後搶劫A，甲並提供乙一包迷藥供其
　　　　使用，但事實上甲所交付給乙的是致命毒藥，乙在誤以爲該藥
　　　　僅是迷藥的情況下，果眞在A的飲料中下藥後搶走A的財物，最
　　　　後導致A被該毒藥毒殺身亡。

　　在本案中，乙的行爲應視A之死亡結果是否可預見而成立強盜既遂或強盜
致死罪，甲利用乙對具體行爲意義的錯誤（誤殺人爲強盜）來爲其實現殺害A
的犯罪行爲，甲應成立故意殺人既遂罪之間接正犯（正犯後正犯）。

2. 利用等價客體錯誤

　　當幕後人刻意引發他人發生構成要件等價之客體錯誤，並藉此以利用其爲
自己實現構成要件時，雖然被利用之人所發生之等價客體錯誤並不會影響故意
犯罪之成立，但幕後人基於具備依其意思操控犯罪繼續或使其中止的實質犯罪
支配地位仍應構成間接正犯（正犯後正犯）[56]。

《案例9》甲計畫於週日趁仇人A清晨開車到體育場運動時，將其殺死。乙
　　　　獲知甲的犯罪計畫後打算借刀殺人，乃向A借其所有之金龜車，
　　　　並再將該車轉借給友人B，其後乙與B約好於週日清晨在體育館
　　　　還車。果然，當B開著A的金龜車於週日清晨到達體育館時，埋
　　　　伏在當地的甲一見該車，即誤認必爲仇人A所開，乃對內連開數
　　　　槍，導致B當場斃命，整個事件完全依照乙借刀殺人的詭計來進
　　　　行。

　　在此案例中，甲發生不阻卻故意之等價客體錯誤，仍成立故意殺人既遂
罪。乙利用甲決意殺A之犯罪計畫，引導被害人B至犯罪現場創造出足以引發
錯誤的情狀，導致甲發生客體錯誤而誤殺B，乙在整個事件中具綜觀其他人所
不知事項的優勢認知，並藉此操控甲的行爲從對A轉至對另一個被害人B實行
殺人行爲，乙基於其對犯罪事件的意思支配仍應成立間接正犯（正犯後正
犯）。

[56] 承認此種正犯後正犯類型者：黃惠婷，正犯背後之正犯，第376頁以下；Heine, in: Sch/Sch-StGB[28], §25 Rn. 23.；Hoffmann-Holland, AT, Rn. 507.；Kühl, AT, §20 Rn. 74.；Murmann, in: SSW-StGB, §25 Rn. 22.；Roxin, ATII, §25 Rn. 102 ff.

　　若幕後人係利用他人的不等價客體錯誤（構成要件不等價之客體錯誤），由於不等價客體錯誤會阻卻故意，故被利用人往往僅會成立過失犯，此時幕後人雖然仍應構成間接正犯，但此係屬於典型的利用無故意犯罪工具之間接正犯，卻並非「正犯後正犯」。例如，甲計畫藉乙之力殺A，乃利用共同上山打獵的機會，指著A所在之樹林某處告知乙，那裡有山豬趕快射擊不要讓機會溜走，乙信以為真誤認該樹林內有山豬出沒，在沒有確認是否有人在附近的情況下，即匆忙對著該處樹林方向連開數槍，導致A當場死於乙的槍下。此案中，乙發生足以阻卻故意的不等價客體錯誤，在欠缺殺A故意的情況下不會構成故意殺人罪，但因乙在未經確認附近是否有人的情況下即開槍，違反注意義務仍可成立過失致死罪，至於在幕後操控的甲則應構成利用無故意犯罪工具的間接正犯。

3. 利用可避免的禁止錯誤

　　當幕後人利用他人之「禁止錯誤」以實現犯罪時，由於被利用人對其自身行為的法律評價發生了重大的錯誤，此足以讓幕後利用人取得優勢認知而具備犯罪支配地位[57]，此種情形不會因被利用人所發生者係可避免抑或是不可避免的禁止錯誤而有所不同，幕後利用人都應該成立間接正犯。在幕後人利用他人「不可避免之禁止錯誤」以實現犯罪的情形，由於不可避免之禁止錯誤可以阻卻罪責（§16本文），故此種情形在刑法評價上與利用無責任能力人犯罪之情況並無任何不同，因此幕後利用人應成立間接正犯，自不待言。但此情形是屬於典型利用無責任犯罪工具之間接正犯類型，而非正犯後正犯。

　　惟倘若被利用人之禁止錯誤係屬可避免，由於「可避免之禁止錯誤」的法律效果並非阻卻罪責，而僅是減輕罪責（§16但書），此時幕後人所成立的間接正犯即是屬於「正犯後正犯」之類型[58]。

[57] Vgl. Hoffmann-Holland, AT, Rn. 500.

[58] 承認此種利用可避免禁止錯誤之正犯後正犯類型者：林山田，刑法通論（下），第58頁；林鈺雄，新刑法總則，第424頁；周慶東，錯誤與間接正犯，台灣法學雜誌，第288期，2016/01，第127頁以下；黃惠婷，正犯背後之正犯，第378頁以下；黃榮堅，基礎刑法學（下），第789頁以下、第793頁以下；Freund, AT, §10 Rn. 89.；Heinrich, AT, Rn. 1258 ff.；Hoffmann-Holland, AT, Rn. 500 ff.；Kindhäuser, AT, §39 Rn. 5 ff.；ders, LPK-StGB, §25 Rn. 36.；Kühl, AT, §20 Rn. 77 ff.；Wessels/Beulke/Satzger, AT, Rn. 542.；Zieschang, in: Otto-FS, S. 520.

《案例10》甲、乙、丙三人爲同事，乙、丙平日即因業務競爭而結怨，某日甲、丙因細故發生口角，丙在氣憤下公然對甲出言辱罵，此時乙當場逮到機會報復，遂欺騙甲說：「如果丙剛剛的言詞令你不快，你現在可反擊打他，因爲這屬於對公然侮辱行爲的合法正當防衛」，甲對於乙的說詞信以爲眞，遂動手將丙毆打成傷。

在此案例中，丙雖對甲出言侮辱，但侵害已過去而且打人也不屬於排除他人言詞侮辱的適當手段，不可以主張正當防衛。甲雖然發生誤認正當防衛法定要件的容許錯誤（間接禁止錯誤），但因此種禁止錯誤係屬可避免，故甲依刑法第16條但書規定仍成立傷害罪僅得減輕其刑，至於利用甲之可避免禁止錯誤而傷人的乙，則應基於其犯罪支配地位而構成傷害罪的間接正犯（正犯後正犯）。

（三）基於組織支配的正犯後正犯

1. 利用國家權力機構或犯罪組織

刑法學理上所謂的「組織支配」（Organisationsherrschaft）概念，係指幕後之人利用組織性的權力機構（organisatorischer Machtapparat），例如獨裁國家的特務組織、黑手黨犯罪組織等，命令組織內的特定成員以爲其執行犯罪的情形。在此種案例類型當中，縱使直接執行犯罪任務之特定個人應成立完全故意犯罪，那些在幕後透過權力組織下命令之人基於其犯罪支配地位（組織支配）仍應該成立間接正犯（正犯後正犯）[59]。

《案例11》獨裁國家特務機構的首腦甲派遣組織內的菁英特務乙至海外負責執行暗殺異議分子A的任務，其後乙於公共場所利用僞裝於雨傘頭內的毒針刺中A手臂，導致A中毒而死。本例中直接執行

---

[59] 承認組織支配之正犯後正犯類型者：林山田，刑法通論（下），第63頁；周慶東，錯誤與間接正犯，台灣法學雜誌，第288期，2016/01，第128頁；黃常仁，間接正犯與正犯後正犯，第118頁以下；黃惠婷，正犯背後之正犯，第384頁以下；黃榮堅，基礎刑法學（下），第789頁以下、第793頁以下；Freund, AT, §10 Rn. 90 ff.；Heine, in:Sch/Sch-StGB28, §25 Rn. 25 ff.；Heinrich, AT, Rn. 1255 ff.；Hoffmann-Holland, AT, Rn. 503 ff.；Kühl, AT, §20 Rn. 73 ff.

暗殺任務的特務乙構成殺人罪之直接正犯，特務機關首腦甲則成立基於組織支配的間接正犯（正犯後正犯）。

在「組織支配」的概念中，建立權力機構幕後下令者間接正犯的犯罪支配基礎不是來自於其對犯罪工具的強制或詐騙，而是來自於執行者（即犯罪工具）的「可替換性」（Fungibilität）[60]。因為在此種組織性的權力機構中，命令的執行並不取決於該直接執行犯罪的特定個人，縱使被利用之犯罪工具拒絕執行任務或是雖有執行但任務失敗，也還有其他人可繼續完成該命令，那位實際直接執行犯罪的行為人，只不過是整個權力機構運轉中的一個小齒輪而已，實際居於犯罪支配地位者則是隱身權力機構組織幕後的下令者[61]。例如在《案例11》中，縱使特務乙任務失敗被捕，甲仍可經由特務機構再另外派遣其他的殺手特務去執行暗殺任務，直到任務完成、A被殺死為止；相對地，只要特務機關首腦下令取消任務，殺手特務也不至於違反命令繼續執行。在這樣的情況下，縱使實際執行犯罪的特務殺手應成立故意殺人罪之直接正犯，但由於特務機構首腦甲掌握讓整個暗殺事件繼續或停止的權力，該犯罪事件之進行實際上係繫於特務頭子甲的意思，因此隱身權力機構幕後下命令的甲應成立基於組織支配的間接正犯（正犯後正犯）。

此種基於「組織支配」之間接正犯的成立，學說上大致認為應具備三個要件：(1)權力機構組織：首先必須存在一個垂直的層級化的權力機構組織，例如國家特務機構、黑手黨犯罪組織，此種透過組織操控的垂直層級化流程往往會排除屬於共同正犯所必要的平行共同犯罪決意；(2)執行者的可替換性：犯罪事件的具體執行者隨時可由其他人來替換，該執行者只是權力機構組織運轉的小齒輪；(3)法逸脫性（Rechtsgelöstheit）：權力機構組織必須外在於法律秩序而運作，由於此種組織的非法特性導致法秩序無法阻止組織內的命令被貫徹執行[62]。

---

[60] Roxin, Täterschaft und Tatherrschaft, S. 245.；Hoffmann-Holland, AT, Rn. 503.；Kühl, AT, §20 Rn. 73.另外，Joecks, in:MK-StGB, §25 Rn. 129 ff.認為單純僅基於犯罪工具的可替換性並不夠，尚須同時伴隨有對不執行任務者的強大制裁（Sanktionen），才足以建立間接正犯的組織支配。

[61] 被利用執行犯罪任務之人雖然親自實行構成要件行為，但卻沒有阻止犯罪事件的能力，因為縱使其拒絕執行任務，組織仍會派遣其他人來代替他的角色並完成任務，因此具完整犯罪支配地位者其實是隱身在權力機構幕後下命令之人。Vgl. Schünemann, in: FS-Schröder, S. 407.

[62] Vgl. Heine, in: Sch/Sch-StGB[28], §25 Rn. 25a.；Heinrich, AT, Rn. 1255.

2. 利用層級化的企業組織

現代社會出現大量層級化組織結構的公司或企業，發生在此種層級化企業組織內之犯罪與一般犯罪不同之處在於，公司最上層的領導階層擁有公司全部資訊與並做出決策與指示，但往往不會親自參與實際執行犯罪的工作；相對地，基層員工並無法接觸全部資訊，大都是聽從企業高層的指示而行動，甚至在某種程度上是為了保住工作避免被解僱，而被迫執行公司高層指示的違法行為。然而傳統正犯理論適用於現代企業犯罪中往往會落入一種困境，亦即：實際催生並主導整個企業犯罪的公司領導階層只能論以共犯（教唆犯），但為保住工作維持生計而被迫執行違法行為的基層員工反倒是成了正犯（直接正犯）。這樣的結果，等同把企業犯罪中的配角（基層員工）當作主角來處罰，但對幕後真正的核心人物（企業領導階層）卻把他視同為僅是參與基層員工犯罪的邊緣角色（共犯），造成角色錯置的不合理結果。

刑法學理上所謂的「組織支配」概念，原本係發展適用於國家犯罪與組織犯罪等領域，並且強調權力機構的法逸脫性，因此在典型的組織支配概念中並不包含將之適用於合法公司或企業組織的理解。然而，德國聯邦最高法院於其判決中卻突破了傳統組織支配概念的框架，進一步將其轉化並予以擴張適用於企業犯罪的領域，認為於企業犯罪中在幕後作決策或指示的領導高層可以成立「基於組織支配的間接正犯」，此種見解為組織支配概念開啟了一個新的視野與解釋空間。

德國聯邦最高法院在1994年一個關於前東德國防委員會（Nationaler Ver-teidigungsrat der DDR）下令邊境士兵必要時得射殺越界逃亡者的指標性案件中，首度適用了「組織支配」的概念，將前東德國防委員會的成員論以殺人罪的間接正犯，其在判決中表示當幕後人利用了組織結構所確立之足以導致規律流程發生的架構條件（Rahmenbedingungen），並利用在此架構條件中處於無條件準備執行狀態的直接行為人以為其實現構成要件時，幕後利用人即是將該構成要件結果視為是自己行為的成果，此時幕後利用人應構成間接正犯[63]。在德國聯邦最高法院判決中的組織支配概念，僅強調層級化權力機構組織的存在、利用處於無條件準備執行狀態的直接行為人以及主觀理論所要求的正犯意思等要件，至於學說上所強調關於「執行者的可替換性」以及「權力機構組織

---

[63] BGHSt 40, 218, 236.其後相繼採納類似見解的判決如BGH NStZ 2008, 89, 90.；BGHSt 48, 331, 342.；BGHSt 49, 147, 163.

的法逸脫性」，德國聯邦最高法院則並未提及或採納。特別是不要求「權力機構組織的法逸脫性」這點，讓德國聯邦最高法院進一步在判決中將組織支配的概念擴張適用到一般層級化企業組織（合法企業組織）的犯罪領域當中[64]。

　　若採取此處德國聯邦最高法院的見解，則當企業領導階層利用層級企業組織結構所產生的規律流程，利用處於無條件準備執行狀態的公司下層員工以實現構成要件時，此時縱使實際執行構成要件行為的基層員工仍應構成故意正犯，但在幕後作決策或下指令的公司領導階層就可以論以基於組織支配的間接正犯，亦即「正犯後正犯」。例如，公司領導階層為了節省處理廢水的環保費用而命令下層員工偷排廢水，基層員工雖明知公司高層之命令違法，但為求保住工作只得配合上層指示偷排廢水進入河川，此案中遵照公司高層決策而在第一線負責執行違法放流廢水任務的基層員工應構成刑法第190條之1第1項投放毒物罪的直接正犯，下令偷排廢水的公司高層主管基於組織支配應成立刑法第190條之1第2項之投放毒物罪的間接正犯（正犯後正犯）。

五、「純正身分犯」與間接正犯

　　在通常的情形，不法構成要件對於犯罪行為主體之資格並不會作特別的限制，亦即任何人均得為適格之行為主體，此種犯罪稱之為「一般犯」。不過，有時不法構成要件中也會明文規定，必須具備特定身分或關係之人始得為適格的行為主體，此即所謂「純正身分犯」的情形。例如，受賄罪之行為主體，必須具備公務員或仲裁人之資格（§§121, 122）。

　　因此，在這裡就會產生二個問題，亦即於「純正身分犯」中，當無身分之人透過有身分之工具來實施犯罪時，此時是否可以成立間接正犯？相反的，如果是有身分之人透過無身分之工具來犯罪時，此時又得否成立間接正犯？

---

[64] 學界支持德國聯邦最高法院見解將組織支配概念適用至企業或類似商業組織之犯罪領域者如：Lackner/Kühl, StGB, 24. Aufl., 2001, §25 Rn. 2.；Murmann, in: SSW-StGB, §25 Rn. 27 f.；Schröder, JR 1995, S. 179.；另外Stratenwerth/Kuhlen, AT, §12 Rn. 67似乎原則支持，但同時認為清楚的界限目前仍是令人懷疑的。至於，反對將組織支配概念適用至企業或類似商業組織之犯罪領域者如：Heine, in: Sch/Sch-StGB[28], §25 Rn. 25b.；Hoffmann-Holland, AT, Rn. 506.；Roxin, ATII, §25 Rn. 129 ff.

（一）無身分之人利用有身分之工具來實施犯罪

《案例12》不具業務身分之甲施用詐術使A陷於錯誤，導致A在其業務上
　　　　　所作成之文書上爲不實之登載。

　　於此例中，A於業務上所作成之文書中爲不實之登載，雖該當於刑法第
215條業務登載不實罪的客觀構成要件，不過由於A欠缺登載不實之故意，主
觀構成要件不該當，故不會成立該罪。至於，不具從事業務之人身分的甲利用
具業務身分的A作爲其犯罪工具來遂行刑法第215條業務登載不實罪（本罪爲
純正身分犯），甲是否得成立業務登載不實罪之「間接正犯」？解釋上不無疑
問，有以下兩種不同之見解：

　　第一種見解認爲，無刑法上特定身分之人利用有身分者，犯因特定身分而
成立之罪，仍應以間接正犯論。此說爲我國早期實務見解所探[65]，但在學界則
爲少數說[66]。若依此說，則《案例12》中無業務身分的甲雖然欠缺業務登載不
實罪所要求的行爲主體資格（從事業務之人），但因其利用具行爲主體資格的
A實施犯罪，仍得成立刑法第215條業務登載不實罪的間接正犯。

　　第二種見解認爲，間接正犯之成立，只有在行爲人實現刑法分則構成要件
的所有要求時才有可能，而這也包括了純正身分犯所要求的行爲主體資格[67]。
因此，在純正身分犯之構成要件中，若幕後操控之人不具備該特定的主體資
格，就無法成立間接正犯，縱使被利用之人具有該主體資格，亦同。此說爲我
國學界的多數說[68]，亦爲現行最高法院實務見解所探[69]。若依此說，則《案例

---

[65] 司法院21年院字第785號解釋：「……(七)在主觀主義固不認間接正犯，但就現行刑法解釋，仍有間接正犯問題發生，來問所舉兩例（即女子利用無責任能力之男子強姦女子。常人利用公務員，無意中於其職務上取得財物，均應以各該罪（強姦罪與收賄罪）之間接正犯論。……」

[66] 採此見解者：韓忠謨，刑法原理，第322頁；褚劍鴻，刑法總則論，第300頁。

[67] Baumann/Weber/Mitsch, AT, §29 Rn. 122

[68] 採此見解者：林山田，刑法通論（下），第64頁以下；許玉秀，刑法第四章緒論及第二十八條至第三十一條註釋，第三十一條，第14頁以下；楊芳賢，論身分犯之正犯與共犯，中興法研所碩士論文，1990，第32頁以下；另外，甘添貴，間接正犯與己手犯的再認識，第187頁以下（特別是第189頁），大致上亦持此種見解。

[69] 最高法院97年度台上字第2915號判決：「……刑法第二百十五條之從事業務者登載不實罪，係以從事業務之人，明知爲不實之事項，而登載於其業務上作成之文書，足以生損害於公眾或他人，爲其構成要件，屬於身分犯之一種。故非從事該項業務之人，除有與特定身分、關

12》中甲因欠缺業務登載不實罪所要求的行為主體資格（從事業務之人），縱使其利用具行為主體資格的A實施犯罪，仍無法成立業務登載不實罪的間接正犯（§215）。

　　從刑法法理以觀，應以第二種見解較為可採。純正身分犯在性質上是屬於「義務犯」，只有具特別義務之人違反法律所要求的特別義務，方足以成立正犯，因此在無身分之人利用有身分之工具來實施純正身分犯之犯罪的情形，該無身分之幕後利用人既欠缺特別義務違反之事實，解釋上即無法成立純正身分犯之間接正犯。

　　應留意的是，若立法者基於某種刑事政策的考量而將無身分之人利用有身分之人實施犯罪之類型予以犯罪化，最典型之例即為刑法第214條的「使公務員登載不實罪」，此時基於法律之明文規定無身分之人仍得成立該罪，自不待言。例如，無公務員身分的甲以詐術使公務員A陷於錯誤，A遂於其所執掌之公文書中為不實登載，此時無公務員身分的甲雖無法構成刑法第213條公務員登載不實罪的間接正犯，但仍得成立刑法第214條之使公務員登載不實罪的「直接正犯」。

（二）有身分之人利用無身分之工具來實施犯罪

《案例13》公務員乙明知為不實之事項，卻利用不知情且不具公務員身分的B將該事項登載於職務上所掌之公文書。

　　在此例中，B雖然親自實施構成要件行為具備行為支配，但因不具公務員身分、也欠缺故意，不會構成犯罪。有疑問者為，具有公務員身分之乙利用善意且不具公務員身分之B作為犯罪工具來遂行其犯罪，此時公務員乙是否可以成立間接正犯？

　　關於此問題，通說認為有身分之人利用無身分之工具來實施犯罪，仍然應該成立「間接正犯」，縱使幕後利用人不具備犯罪支配地位，亦同。其理由在

係者共犯（共同正犯、教唆犯、幫助犯）情形，得依刑法第三十一條第一項規定處理外，即無成立該罪之餘地。至若他人明知為不實之事項，而使（或利用）從事業務者，登載於其業務上作成之文書，法律既無處罰明文，自不得擴張援引間接正犯之理論論處，方符罪刑法定主義之精神。從而，刑法第二百十五條之罪，應認有排斥普通人成立間接正犯理論之適用，此觀同法第二百十三條與第二百十四條之關係，基於刑法體系解釋之原理，其意甚明。……」

於純正身分犯係屬於「義務犯」的性質，而在義務犯中，行為人是否應成立正犯，主要係取決於特別義務之違反（Sonderpflichtverletzung），而非犯罪支配[70]。因此，在《案例13》中，公務員乙利用不具公務員身分的B將不實事項登載於所執掌之公文書，既已違反其公務員公正執行職務之特別義務，此時乙即應該成立公務員登載不實罪的間接正犯（§213）。同理，若公務員利用其不知情的妻子作為其收賄的工具，公務員亦可成立收賄罪之間接正犯。

六、間接正犯的錯誤問題

如同直接正犯一樣，「間接正犯」也有錯誤的問題，且由於「間接正犯」係利用他人作為犯罪工具而為其實施犯罪，錯誤的問題甚至更為多樣。

（一）對是否具備犯罪支配地位發生錯誤

《案例14》甲對老闆A的刻薄懷恨在心，乃教唆乙將A殺死。甲誤認乙為正常人，惟實際上乙係一無責任能力的精神病患。

在此例中，甲主觀上誤認為自己不具犯罪支配地位，但實際上卻因為乙為無責任能力人而具備犯罪支配。也就是說，甲主觀上只認為自己的行為是教唆，但客觀事實上其行為卻符合間接正犯的情況。關於此種情形，由於甲並不具備間接正犯故意（欠缺對其具犯罪支配地位的認知），因此無法成立殺人罪之間接正犯。不過，由於間接正犯行為在客觀上會包含教唆行為（間接正犯行為比教唆行為還多了犯罪支配），而甲既然在主觀上有教唆殺人故意，客觀上也存在包含教唆殺人行為的間接正犯殺人行為，此時在行為人主觀認知與客觀事實合致的範圍內仍應成立犯罪，故甲成立教唆殺人既遂罪（§§271 I，

---

[70] Roxin, in: LK-StGB[11], §25 Rn. 37, 134.；Wessels/Beulke/Satzger, AT, Rn. 521.不同見解：楊芳賢，論身分犯之正犯與共犯，第37頁以下，認為縱使是在「義務犯」的情形，還是應該以「犯罪支配」來作為認定正犯的標準，而非「義務違反」。因此，如果是有身分之人利用「無身分者」為工具，只要具有犯罪支配，就可以構成「間接正犯」。不過，在有身分之人利用「無身分而有故意者」為工具之情形，由於有身分之利用人無從認為具有犯罪支配，因此無法成立正犯（間接正犯）。再加上，被利用人因不具行為主體資格之特定身分亦不構成犯罪，在「共犯從屬性」原則下，利用人亦無法成立共犯。故其結論為，利用者與被利用者均不罰。

29 I) [71]。

《案例15》丙誤認丁係無責任能力的精神病患，乃以金錢爲餌唆使丁殺
　　　　　B。然而，事實上丁卻是精神正常之人，只是基於金錢的誘惑
　　　　　仍然下手將B殺死。

　　在此案例中，丙主觀上雖誤以爲自己具犯罪支配地位，但實際上卻由於B
並非無責任能力人而不具犯罪支配地位。也就是說，丙主觀上雖認爲自己的行
爲符合間接正犯的情況，但客觀事實上其行爲卻僅屬於教唆。於此，B既係精
神正常之人，卻仍爲了金錢而將B殺死，自應負完全責任而成立殺人既遂罪
（§271 I），固無疑問。但關於丙的部分，究竟應該成立何罪，解釋上不無
爭議。

　　對此，學說上有認爲當客觀上僅存在教唆情狀，但唆使人主觀上卻誤以爲
符合間接正犯之要件時，此時該幕後人應成立間接正犯之未遂（或不能未
遂）。因爲幕後人雖具有間接正犯故意（犯罪支配故意），但客觀上並無法發
生犯罪支配之結果，無法成立間接正犯，因此只能成立間接正犯的未遂或不能
未遂[72]。

　　惟本書認爲，在幕後人誤以爲具有犯罪支配但客觀上卻僅存在教唆的情
形，雖然無法成立間接正犯，但應可以構成教唆犯。因爲間接正犯故意（引發
他人犯意加上犯罪支配意思）解釋上包含有教唆故意在內，幕後人主觀上既具
備包含教唆故意的間接正犯故意，客觀上又確實存在教唆行爲，倘若被教唆人
果眞因此而著手實行犯罪，此時在行爲人主觀認知與客觀事實相符的範圍內仍
應構成犯罪，故應該成立教唆犯[73]。據此，於《案例15》中，丙客觀上有教唆
行爲，主觀上亦有教唆故意（間接正犯故意包含教唆故意），其因此而唆使B

[71]　相同見解：甘添貴，間接正犯與己手犯之再認識，收錄於氏著「刑法之重要理念」，第203
　　　頁；黃常仁，間接正犯與正犯後正犯，第44頁以下；林山田，刑法通論（下），第394頁；
　　　林鈺雄，新刑法總則，第431頁以下；Jescheck/Weigend, AT, §62III1., S. 671.；Heinrich, AT,
　　　Rn. 1266.；Wessels/Beulke/Satzger, AT, Rn. 546.

[72]　Ebert, AT, S. 199

[73]　學界通說採相同見解：甘添貴，間接正犯與己手犯之再認識，氏著「刑法之重要理念」，第
　　　201頁；黃常仁，間接正犯與正犯後正犯，第45頁以下；林山田，刑法通論（下），第72頁
　　　以下；林鈺雄，新刑法總則，第32頁；Heinrich, AT, Rn. 1265.；Jescheck/Weigend, AT,
　　　§62III1., S. 671.；Kühl, AT, §20 Rn. 83.；Wessels/Beulke/Satzger, AT, Rn. 547.

殺死他人，應該成立教唆殺人既遂罪（§§271Ⅰ, 29Ⅰ）。

（二）被利用之犯罪工具發生打擊錯誤

《案例16》甲唆使無責任能力之精神病患乙去殺A，乙乃持手槍埋伏在A
　　　　回家的路上對A開槍，但由於槍法欠準未射中A，反而是第三
　　　　人B遭跳彈擊中，導致B當場死亡。

　　此例中，乙由於係無責任能力之精神病患，故不成立犯罪（§19Ⅰ）。間接正犯甲利用無責任能力之乙作為其殺人之犯罪工具，卻因乙槍法欠準致生「打擊錯誤」（aberratio ictus），此種被利用工具所發生的打擊錯誤，對於幕後之間接正犯甲而言，亦應作為是打擊錯誤來加以處理[74]。因此，甲應對目標客體A成立殺人未遂罪之間接正犯（§§271Ⅲ, 25），對結果發生之客體B則成立過失致死罪（§276），屬於一行為觸犯數罪名的想像競合犯，應從一重以殺人未遂罪之間接正犯處斷（§55）。

（三）被利用之犯罪工具發生客體錯誤

《案例17》甲為殺死住院中的A，乃偽裝成住院醫師將含致命物質的針劑
　　　　交給新來的護士，囑咐護士為10號病床的A施打。但是，已值
　　　　班整夜的護士因精神不濟卻走錯病房，將16號病床誤認為是10
　　　　號病床，因而把該有毒針劑對在16號病床的B施打，最後B遭施
　　　　打有毒針劑後因而毒發身亡。

《案例18》乙唆使無責任能力之精神病患殺C，乙並交給該精神病患一張C
　　　　的照片以資比對，但該精神病患在實行時卻仍然誤認D為C，並
　　　　進而將D殺死。

　　關於上述兩例被利用人發生「客體錯誤」的情形，此時對於幕後之間接正犯應如何處理，學說上主要有以下三種不同見解：

---

[74] 相同見解：林鈺雄，新刑法總則，第433頁。

1. 打擊錯誤理論

　　第一種見解認為，被利用之工具所發生的客體錯誤，對於位居幕後的間接正犯而言就如同是「打擊錯誤」一樣，因此應當作為「打擊錯誤」來加以處理。此說為多數說之見解[75]。若依此說，上述兩例中，甲、乙對原來之目的客體（A與C）均成立殺人未遂罪之間接正犯（§§271III, 25），而對於因打擊失誤而侵害的客體（B與D）則成立過失致死罪（§276），屬於一行為觸犯數罪名的想像競合犯，應從一重以殺人未遂罪處斷（§55）。

2. 區別理論

　　第二種見解則認為，應區分被利用之犯罪工具是否具有故意（善意或惡意）而定：倘若被利用人係「無故意的犯罪工具」（如《案例17》），則被利用人的客體錯誤應視為幕後之間接正犯的「打擊錯誤」。倘若被利用人係「有故意的犯罪工具」（如《案例18》），則被利用人的客體錯誤對於幕後之間接正犯而言，仍應視為是「客體錯誤」來加以處理[76]。若採此說，則上述《案例17》中，甲對原來的目的客體A應成立殺人未遂罪之間接正犯（§§271III, 25），而對於因打擊失誤而侵害的客體B則成立過失致死罪（§276），屬於一行為觸犯數罪名的想像競合犯，應從一重以殺人未遂罪處斷（§55）。至於《案例18》，由於被利用工具之客體錯誤仍視為是間接正犯的客體錯誤，基於「等價客體錯誤」不阻卻故意之法理，乙應對D直接構成殺人既遂罪的間接正犯（§271 I）。

3. 權限交付理論

　　第三種見解認為，被利用工具的客體錯誤對於間接正犯應視為何種錯誤，應取決於間接正犯「是否有將選擇或確定行為客體的權限（具體化行為客體的權限）交由被利用人來作決定」這一點上，如果間接正犯沒有將確定被害人之權限交給被利用人來決定（如《案例17》），此時被利用人所發生之客體錯誤，對於間接正犯而言即為「打擊錯誤」。反之，若間接正犯將確定被害人之

---

[75]　黃常仁，間接正犯與正犯後正犯，第52頁以下；林山田，刑法通論（下），第74頁；蘇俊雄，刑法總論II，第420頁；Baumann/Weber/Mitsch, AT, §29 Rn. 158.；Ebert, AT, S. 200.；Heinrich, AT, Rn. 1267.；Roxin, in: LK-StGB[11], §25 Rn. 149.

[76]　許玉秀，刑法第四章緒論及第二十八條至第三十一條註釋，第四章共犯緒論，第76頁以下；Welzel, Das deutsche Strafrecht, S. 75.

權限交付給被利用人（如《案例18》），此時被利用人所發生之客體錯誤，對於間接正犯是否仍應視爲「客體錯誤」來處理，需視其錯誤是否超出一般人日常生活經驗可預見的範圍而定。若被利用工具的錯誤已超出一般人日常生活經驗可預見的範圍，仍屬間接正犯的「打擊錯誤」；但若仍在一般人日常生活經驗可預見的範圍之內，對間接正犯而言就僅視爲是「客體錯誤」[77]。

　　若依此說，在《案例17》中間接正犯並未將選擇或確定被害人的權限交由被利用之人來決定，故被利用工具之客體錯誤，應視爲是間接正犯的打擊錯誤，因此甲對原來的目的客體A成立殺人未遂罪之間接正犯（§§271Ⅲ，25），對因打擊失誤而侵害的客體B則成立過失致死罪（§276），屬一行爲觸犯數罪名的想像競合犯，應從一重以殺人未遂罪處斷（§55）。相對地，在《案例18》中，因甲交付照片供C臨場判斷，已將確定被害人之權限交給被利用人，此時應需視被利用工具的錯誤是否超出一般人日常生活經驗可預見的範圍（是否誤認太離譜）而定。

4. 本書見解

　　上述三種見解中，本書支持「權限交付理論」之觀點。因爲若間接正犯已事先將目標客體予以特定，被利用之工具並無選擇客體之權限，此時當被利用之工具發生客體錯誤時，對幕後之間接正犯而言，該事件流程與打擊錯誤之情形將完全相同（僅是把作爲武器之手槍換成是人而已）。因此，基於「相同事物、相同對待」之平等原則，此時自應將被利用工具之客體錯誤視爲是間接正犯之「打擊錯誤」。相對地，在間接正犯未將目標客體特定，而賦予被利用工具客體之選擇權時，原則上即代表間接正犯已經對被利用工具所可能攻擊的各項等價客體均予以容忍（類似未必故意的心態），故此時若被利用工具發生等價客體錯誤，原則上應無法阻卻間接正犯之故意。惟如果被利用工具的錯誤超出一般人日常生活可預見的範圍之外（例如發生非常離譜的誤認），此時已難認爲此種重大偏離所造成之結果仍在間接正犯的故意涵蓋範圍之內，因此該部分無法成立間接正犯，頂多只能論以過失。

---

[77] Heine, in: Sch/Sch-StGB[28], §25 Rn. 51 ff.；Jakobs, AT, 21/106.；Kindhäuser, AT, §39 Rn. 72.；Wessels/Beulke/Satzger, AT, Rn. 550.

（四）被利用之工具逾越間接正犯的犯罪計畫

　　如果被利用之犯罪工具逾越了間接正犯原先的犯罪計畫，而另外為額外的故意犯罪行為，此時由於幕後之間接正犯對於該逾越犯罪計畫部分的犯罪事實，不僅欠缺故意、也不具備犯罪支配地位，因此針對該逾越部分的犯罪無法論以幕後人間接正犯之責。頂多只有在幕後人對該構成要件結果之發生有過失（有預見可能性而未預見或不避免）時，才論以過失犯之責。

《案例19》甲唆使無責任能力之精神病患A去砸毀他人的車子，惟當A在
　　　　　砸車時，車主過來阻止，A一氣之下又再將車主打傷。在本例
　　　　　中甲對於A砸毀車子的部分，應成立毀損器物罪之間接正犯
　　　　　（§354）。至於傷害的部分，由於不在甲的故意範圍之內，
　　　　　故無法對甲論以傷害罪之間接正犯（§277Ⅰ）。頂多只有在
　　　　　甲對於該傷害行為具有預見可能性時，例如A之疾病有攻擊傾
　　　　　向對於其可能傷人有預見可能性，此時才能對甲論以過失致傷
　　　　　罪。

七、間接正犯著手實行之時點

　　於「直接正犯」中，關於著手實行時點（未遂階段開始之時點）之判斷即已非易事，而在利用他人實施犯罪之「間接正犯」的情形，究竟何時才算是間接正犯著手實行之時點，在刑法理論上可謂是眾說紛紜。不過，至少沒有疑問的是，當被利用作為犯罪工具之人已經開始著手於犯罪之實行時，間接正犯就確定已經著手實行而進入未遂階段了。

　　關於間接正犯著手實行之時點，文獻上大致上有以下幾種不同的見解[78]：

（一）嚴格理論

　　「嚴格理論」（Strenge Theorie），亦稱之為「嚴格從屬理論」（Strenge Akzessorietätstheorie）[79]，將間接正犯著手實行時點之判斷，取決於被利用人

---

[78]　Vgl. Hillenkamp, 32 Probleme aus dem AT, S. 115 ff.

[79]　Heinrich, AT, Rn. 748.

之行爲。也就是說，當被利用之犯罪工具直接著手於構成要件之實行時，始爲間接正犯之著手實行。此理論對於未遂階段開始之判斷採取了最嚴格要求的立場，因此乃稱之爲「嚴格理論」[80]。在本節導引案例(2)中，若採此說，當不知情的丙將該藥水加入茶中稀釋準備給B服用時，此時才算是間接正犯的著手實行。

（二）加工理論

「加工理論」（Einwirkungstheorie）則將間接正犯著手實行時點之判斷，取決於幕後利用人之加工行爲。也就是說，當間接正犯開始加工於犯罪工具時，即是間接正犯的著手實行[81]。在本節導引案例(2)中，若採此說，當幕後利用人乙開始對丙實施欺騙手段時，就算是間接正犯的著手實行了。

另外，有學者主張間接正犯僅是開始加工尚不能算是著手實行，必須要等到其加工完成而開始具備犯罪支配地位時，才算著手實行[82]。在本節導引案例(2)中，若採此說，則必須等到幕後利用人乙成功地以欺騙手段說服丙而取得犯罪支配地位時，才算是間接正犯的著手實行。

（三）區別理論

「區別理論」（Differenzierende Theorie）則主張，間接正犯何時才可被認爲已著手於犯罪行爲之實行，係取決於被利用人是善意或惡意而定。如果被利用人係善意（不具故意之工具），則應以間接正犯加工於犯罪工具時，爲其著手實行之時點。倘若被利用人係惡意（具故意之工具），則應以被利用人直接著手於犯罪行爲之實行時，爲其著手實行之時點[83]。在本節導引案例(2)中，若依此說，由於被利用人丙係善意，因此應以間接正犯開始加工於犯罪工具時——亦即幕後利用人乙開始對丙實施欺騙手段時，爲其著手實行之時點。

80　採此見解者：Kühl, AT, §20 Rn. 91.；陳樸生，實用刑法，第254頁。

81　採此見解者：Baumann/Weber/Mitsch, AT, §29 Rn. 155.；Bockelmann/Volk, AT, 4. Aufl., 1987, S. 183.；蔡墩銘，刑法精義，第358頁；韓忠謨，刑法原理，第321頁。另外，蘇俊雄，刑法總論 II，第421頁，似亦採此說。

82　許玉秀，刑法第四章緒論及第二十八條至第三十一條註釋，第四章共犯緒論，第79頁以下。

83　採此見解者：Jakobs, AT, 21/105.；Welzel, Das deutsche Strafrecht, S. 191.

（四）一般理論

　　「一般理論」（Allgemeine Theorie）認為，間接正犯未遂開始時點（著手實行時點）之判斷，原則上與直接正犯的情形沒有兩樣[84]。據此，倘若依據間接正犯之主觀計畫，其對犯罪工具所施加之必要影響已經完成，不需要再執行其他進一步的行為即「已經對保護法益造成直接危險」時[85]，即應認為是間接正犯之著手實行。此時點通常代表，間接正犯已經讓犯罪事件從自己手中脫離，讓被利用之犯罪工具處於隨時可以實施犯罪行為之狀態。基本上，「一般理論」為目前學界之多數說[86]，本書亦採此說。據此，在本節導引案例(2)中，當乙成功說服丙，將該瓶含致命重金屬之藥水交付給丙，並放任丙離去時起，即為間接正犯的著手實行，因為此時其已讓犯罪事件從自己手中脫離，讓丙處於隨時可殺死B的狀態，對B的生命法益造成直接危險，因此乙應該成立殺人未遂罪之間接正犯。

第四節　共同正犯

導 引 案 例

(1)甲、乙與丙共同合作竊取商店，乃依計畫由甲負責藉故與店員談話、引開店員注意，乙乃趁機偷竊財物，丙則在外頭把風。試問，甲、

---

[84] 亦即指通說所採的「主客觀混合理論」，參見本書第八章、第三節。

[85] Ebert, AT, S. 200.基於此種對保護法益之危險，有學者將此說稱之為「法益危險理論」（Rechtsgutsgefährdungstheorie），見Heinrich, ATI, Rn. 751.

[86] 採此見解者：黃常仁，間接正犯與正犯後正犯，第57頁以下；黃常仁，刑法總論，第227頁以下；張麗卿，刑法總則理論與運用，第359頁；林鈺雄，新刑法總則，第425頁以下；Eser, in: Sch/Sch-StGB[28], §22 Rn. 54a, 42.；Gropp, AT, §10 Rn. 64 f.；Heinrich, AT, Rn. 751.；Jescheck/Weigend, AT, §62IV1., S. 672.；Otto, AT, §21 Rn. 127.；Roxin, in: LK-StGB[11], §25, Rn. 152.；Wessels/Beulke/Satzger, AT, Rn. 613 ff.另外，甘添貴，間接正犯與己手犯之再認識，氏著「刑法之重要理念」，第195頁以下；余振華，教唆未遂之廢止與間接正犯之界定，收錄於「刑法總則修正重點之理論與實務」，第309頁以下、第313頁以下；林山田，刑法通論（下），第67頁以下；川端博，刑法總論二十五講（甘添貴監譯／余振華譯），第330頁以下，就本書之理解實質上亦採此說。

乙、丙應成立何種罪名？

(2) 丁與戊計畫共同於便利超商內行竊，出發前丁隨身攜帶了一把刀子在身上以防萬一，然戊對此並不知情，最後二人在竊盜時失風被捕，丁身上攜帶的小刀被搜出。試問，二人應如何論罪？

　　所謂「共同正犯」（Mittäterschaft），係指由至少二人以上之行為人，基於共同的犯罪計畫或決意，而共同實行犯罪行為之情形。一般而言，共同犯罪的個別行為人，如果自己本身已經實施了所有的構成要件行為，則該個別行為人本身當然屬於「正犯」，並無疑問。在這種情形下，不論有無共同正犯的概念，也都可以使每一個參與犯罪的行為人獲致應得的處罰，於此共同正犯理論存在的必要性並不明顯。例如甲與乙兩人共同於夜間侵入住宅竊盜，兩人並分別在屋內搜刮財物。此時，不論是甲或乙，都毫無疑問是夜間侵入住宅竊盜罪（§321 I ①）的正犯。

　　不過，如果共同參與犯罪的數人當中，有人並沒有親自實施構成要件行為，則此時是否得將其論以正犯的罪刑，就不無疑問了。例如，在本節導引案例(1)中，甲、乙與丙三人共同商議合作竊取商店，乃依計畫由甲負責藉故與店員談話、引開店員注意，乙乃趁機偷竊財物，丙則在外頭把風。於此例中，負責偷東西的乙為竊盜罪之正犯並無疑問，但甲與丙若要成立正犯，就必須依賴「共同正犯」之法理了。

　　依據「犯罪支配理論」，共同正犯的歸責基礎，主要在於其對整個犯罪事件所具有之「功能性犯罪支配」（Funktionelle Tatherrschsft）地位。也就是說，具備共同犯罪決意的數個人在犯罪實行階段，藉由分工合作的方式來共同加工於構成要件之實現。在這裡，由於各個行為人分配到的任務，對於構成要件之實現均具有相當程度的功能，而且此等功能對於整個犯罪計畫的達成具有重要性，因此乃被稱之為「功能性犯罪支配」[87]。

　　共同正犯由於對整個犯罪計畫的實現具備「功能性犯罪支配」地位，如果缺少其中一人的分工合作，則該犯罪很可能就無法成功，因此所有參與犯罪的共同正犯之間，基於所謂的「直接相互歸責原則」（Grundsatz der unmittelbaren wechselseitigen Zurechnung；或稱「一部行為全部責任原則」），在共同犯

---

[87]　Roxin, in: LK-StGB[11], §25, Rn. 154.

罪決意或犯罪計畫的範圍內，所有共同行為人彼此間均互相對於其他共同正犯之行為與結果負責[88]。也就是說，任何一位共同正犯，對於其他共同正犯所為之行為或結果，也應該作為是自己的行為或結果般被歸責[89]。

　　據此，在本節導引案例(1)中，甲、丙雖均未實施竊盜之構成要件行為，但倘若缺少了甲引開店員注意的談話、或是缺少丙的把風，則竊盜行為很可能就無法成功，甲、丙的分工行為均對於竊盜犯罪的實現提供了重要貢獻，具備「功能性犯罪支配」，因此甲、丙縱使未親自下手實施「竊取他人動產」的構成要件行為，但基於共同正犯之「直接相互歸責原則」，乙竊取他人動產之行為也要歸由甲、丙去負責，故甲、丙亦成立竊盜罪的共同正犯。

一、共同正犯之成立要件

　　刑法第28條規定：「二人以上共同實行犯罪行為者，皆為正犯。」此為我國刑法關於共同正犯的明文規定。從條文字義來看，共同正犯之成立必須包括兩個要件，亦即：1.犯罪至少需有二人以上之共同參與；2.共同實行犯罪。所謂「共同實行犯罪」，於此係指共同正犯之成立應包括主觀與客觀兩要件。在主觀要件上，必須參與犯罪之數行為人間具備共同犯罪決意；而在客觀要件上，則要求行為人必須有實際行動來分擔犯罪行為之實行。

　　共同正犯性質上必須二人以上共同實行犯罪行為始足以成立，相對地，如果只有一人實行犯罪行為則稱之為「單獨正犯」（Alleintäter）。刑法第28條所稱「二人以上」，從字面來看似乎不生疑義。然如果參與共同實行犯罪的行為人中有無責任能力人時，此時該無責任能力人是否應計入共同正犯的數目當中，即不無疑問？

　　對此，最高法院82年度台上字第5399號判決認為：「共同正犯之要件，不僅以有共同行為為已足，尚須有共同犯意之聯絡。刑法對於無責任能力者之行為，既定為不罰，則其加功於他人之犯罪行為，亦應以其欠缺意思要件，認為

---

[88] Vgl. Wessels/Beulke, AT, Rn. 531.；Kindhäuser, AT, §40 Rn. 2.；Krey/Esser, AT, Rn. 941.；Kühl, AT, §20 Rn. 100.

[89] 最高法院28年第3110號判決（原判例）：「共同實施犯罪行為之人，在合同意思範圍以內，各自分擔犯罪行為之一部，相互利用他人之行為，以達其犯罪之目的者，即應對於全部所發生之結果，共同負責。」

無犯意之聯絡，而不算入共同正犯之數[90]。」例如，甲和無責任能力之精神病患乙共同犯下謀殺罪，由於乙屬無責任能力人不構成犯罪，實務認爲二人欠缺犯意聯絡（共同犯罪決意），故無法成立共同正犯。

惟從刑法學理而言，有責任能力人與無責任能力人（例如無責任能力之精神病患、未滿十四歲之未成年人、不可避免之禁止錯誤的參與人）成立共同正犯是可能的[91]。此處的主要理由有二：首先，是否符合刑法第28條「二人以上」要件之判斷，性質上係屬於（客觀）構成要件的判斷問題，與參與人是否具備責任能力無關，故縱使其中有無責任能力的參與者，亦不致影響共同正犯之成立。其次，依據「罪責獨立原則」（Grundsatz der Schuldunabhägig-keit），每一個犯罪參與者（包括共同正犯、教唆犯與幫助犯）均依照其自己的罪責而受處罰，毋庸考量到其他參與者的罪責[92]，故縱使有其他共同參與者屬於無責任能力，也不會影響到其他共同正犯的罪責。

據此，就無責任能力人參與犯罪之共同實行的部分，其他有責任能力人應成立間接正犯，因爲此屬於利用他人無責任之行爲來進行犯罪的情形。至於有責任能力人自己參與的部分，則可以與其他人的行爲相結合，而成立共同正犯，縱使其他人屬於無責任能力也無法阻止共同正犯的成立。例如，甲與無責任能力之乙共同殺人，由甲負責抱住被害人A，再由無責任能力人乙持刀刺殺被害人。就乙持刀刺死A的部分而言，甲仍然成立殺人罪的間接正犯；而就甲基於共同犯罪決意抱住A以讓乙殺人的部分而言，則成立殺人罪的共同正犯[93]。惟由於間接正犯相較於直接正犯（共同正犯性質上屬於直接正犯）而言，係一補充性概念，二者構成法條競合的「補充關係」，故結論上應認爲甲僅成立殺人罪之共同正犯，間接正犯的部分即被排除[94]。

---

[90] 學說上採相同見解者尚有：許玉秀，刑法第四章緒論及第二十八條至第三十一條註釋，第二十八條，第23頁；蔡墩銘，刑法精義，1999，第328頁。

[91] Lackner/Kühl, StGB, §29 Rn. 1.；Roxin, in: LK-StGB[11], §25 Rn. 171.另外，林山田，刑法通論（下），第76頁以下，結論上亦認爲共同正犯中的個別行爲人，是否具有責任能力，與共同正犯的成立要件無涉。

[92] Kindhäuser, LPK-StGB, §29 Rn. 1.

[93] Lackner/Kühl, StGB, §29 Rn. 1.；Roxin, in: LK-StGB[11], §25 Rn. 171.

[94] Vgl. Krey/Nuys, in: Amelung-FS, S. 207 f 認爲共同正犯是特別規定，排除間接正犯的適用，故行爲人僅成立共同正犯。

（一）共同正犯的主觀要件——共同犯罪決意

　　所謂「共同犯罪決意」（Gemeinsamer Entschluss），亦稱「共同犯罪計畫」（Gemeinsamer Tatplan），係指二人以上對於共同實施特定犯罪所獲致的共識。這個存在於共同正犯間的「共同犯罪決意」，其內涵應該包含兩個部分的「認知」與「意欲」，包括：1.犯罪計畫（包括構成要件行為、犯罪地等）；以及2.數人如何分工合作。由於此種「共同犯罪決意」，係共同正犯成立的基礎，故通說否認有「過失共同正犯」（Fahrlässige Mittäterschaft）存在的可能性[95]，我國實務亦同[96]。

　　據此，如果數人在缺乏共同犯罪決意的情形下獨立行動，但卻偶然地共同實現同一構成要件結果，此時僅存在「同時犯」（Nebentäterschaft；亦有譯為「相互正犯」或「平行正犯」者），而無成立共同正犯之餘地。關於「同時犯」的處理，應視同「單獨正犯」一樣，也就是說個人只為自己親手實施的行為負責，而非如共同正犯般，必須為共同犯罪決意範圍內的所有行為負責。一般而言，「同時犯」多以過失犯的型態出現，至於故意犯會發生同時犯的情形，則較為罕見。

《案例1》馬路工人甲於道路施工時，未依規定架設警告標誌，導致機車騎士駕駛行經該施工路段時被絆倒，結果不幸被開車超速行駛經過而煞車不及的乙輾斃。此時，甲成立過失致死罪（§276），乙亦成立過失致死罪，兩人各自成罪，並無共同正犯適用之餘地。（過失犯型態的同時犯）

《案例2》丙與丁兩人在欠缺任何犯意聯絡的情況下，碰巧同時在同一家商店搶東西。此時，丙與丁各自成立竊盜罪（§320 I），而無共同正犯適用之餘地。（故意犯型態的同時犯）

---

[95] 林東茂，刑法綜覽，第1-249頁以下；黃常仁，刑法總論，第211頁（註12）；Gropp, AT, §10 Rn. 82a.；Heinrich, AT, Rn. 997, 1241.；Jescheck/Weigend, AT, §63I3a., S. 676.；Kindhäuser, LPK-StGB, Vor §25 Rn. 45.；Krey/Esser, AT, Rn. 1342.不同見解：陳子平，刑法總論，第525頁，認為在具有「共同義務之共同違反」的前提下，可以成立「過失共同正犯」。

[96] 44年台上字第242號判例：「刑法第二十八條之共同正犯，以二人以上實施犯罪行為，有共同故意為要件，若二人以上同有過失行為，縱於其行為皆應負責，亦無適用該條之餘地。」

共同正犯間的此項共同犯罪決意或犯罪計畫，並不以明示（ausdrück-lich）爲必要，即使只是默示的（konkludent）合意，亦無不可[97]。也就是說，共同正犯彼此間雖沒有明示約定的犯罪計畫，但是如果其他參與人能夠經由客觀情況而推知犯罪計畫的內容，則「默示的共同犯罪決意」是可能的。對此，最高法院73年台上字第2364號判決（原判例）即謂：「（共同正犯）意思之聯絡並不限於事前有所謀議，即僅於行爲當時有共同犯意之聯絡者，亦屬之，且其表示之方法，亦不以明示通謀爲必要，即相互間有默示之合致，亦無不可[98]。」

《案例3》默契十足的鴛鴦盜扒手搭檔，某日相偕去看電影。在電影院中，男方忽然發現某肥羊目標，一時興起決意扒竊，乃對女友搭檔使眼色，女友搭檔隨即會意，乃依據平日慣用的手法，由女友藉故引開被害人之注意力，再由男方順利扒竊成功。於此，兩人因有默示的共同犯罪決意，故均成立竊盜既遂罪的共同正犯。

1. 承繼共同正犯

共同犯罪決意的形成，並不限於事前有所協議，即使是在行爲當時亦有可能形成共同犯罪決意，而進一步成立共同正犯，此即「承繼共同正犯」（Sukzessive Mittäterschaft）的情形。所謂「承繼共同正犯」，亦稱之爲「事中共同正犯」或「相續共同正犯」，係指於其他共同正犯之犯罪行爲著手實行後、終結前，才加入之共同正犯。解釋上，此種「承繼共同正犯」的成立，除了加入的時間點有所不同外，其餘共同正犯所應具備之要件均屬相同，亦即該新加入之成員與其他原有之共同正犯彼此間，必須經由明示或默示達成共同犯罪決意，且加入後亦須對該共同犯罪有客觀上的行爲分擔。

---

[97] 德國實務與學界通說見解亦認爲共同正犯的犯罪決意得以明示或默示爲之：BGHSt 37, 289(292).；Baumann/Weber/Mitsch, AT, §29 Rn. 82.；Heinrich, AT, Rn. 1223.；Kindhäuser, AT, §40 Rn. 6.；Roxin, Höchstrichterliche Rechtsprechung zum AT, 1998, S. 204.；Wessels/Beulke/Satzger, AT, Rn. 527.

[98] 近期判決亦同，如最高法院109年度台上字第3578號判決。

《案例4》甲、乙共同計畫對某富商實施擄人勒贖，但在甲、乙依計畫將富商擄走後，有感於人手不足乃再邀請丙加入，丙同意之，並擔任負責看守該富商避免其逃跑的工作，甲、乙則負責實施勒贖與取款的工作，其後取得贖款三人乃共同分贓。在本案例中，丙雖於犯罪著手實行後始行加入共同犯罪之行列，但加入後負責實施剝奪被害人行動自由之構成要件行為（看守富商避免其逃跑），並無礙於共同正犯之成立，在具備共同犯罪決意與客觀行為分擔的情況下，甲、乙、丙三人均應構成擄人勒贖罪之共同正犯。

　　有爭議者在於，犯罪著手實行後始加入的「承繼共同正犯」，是否應基於「直接相互歸責原則」而對加入前其他共同正犯所為的行為負責[99]？例如，在《案例4》中，倘若丙加入後並未負責看守富商實施剝奪被害人行動自由的構成要件行為，而僅是負責打電話向被害人家屬勒贖，如果其他共同正犯擄人並剝奪被害人行動自由的行為亦要歸由丙負責，則亦會成立擄人勒贖罪（§347）的共同正犯；相對地，若甲、乙的擄人行為不會歸責給丙負責，此時丙負責勒贖的行為就只會構成恐嚇取財罪（§346）。

　　關於此問題，最高法院實務見解係採取肯定說，認為事中加入之承繼共同正犯如果對於加入前其他共同正犯之行為有認知與合意，且有利用其他共同正犯先前行為所創造之條件而繼續共同實行犯罪者，則其他共同正犯先前所為之行為與結果亦應歸由承繼正犯負責[100]。若採此實務見解，前述案例中，事中加入之承繼共同正犯丙雖然只負責打電話勒贖，但因其對於甲、乙先前所為之擄人行為有認知與合意，且係利用甲、乙先前擄人行為所創造之條件來實施勒贖，故仍可適用「直接相互歸責原則」將甲、乙的擄人行為歸責給丙，因此

99　對此問題之詳細討論可參閱：吳天雲，電信詐欺現金車手能否成立相續共同正犯——以日本最高裁判所平成29年12月11日判決為中心，檢察新論，第27期，2020/02，第360頁以下；謝開平，相續共同正犯應否對加入前之行為負責，月旦裁判時報，第2期，2010/04，第145頁以下。

100　最高法院98年台上字第4230號判決：「……刑法之相續共同正犯，基於凡屬共同正犯，對於共同意思範圍內之行為均應負責之原則，共同犯罪之意思不以在實行犯罪行為前成立者為限，若了解最初行為者之意思而於其實行犯罪之中途發生共同之意思而參與實行者，亦足成立；故對於發生共同犯意以前其他共同正犯所為之行為，苟有就既成之條件加以利用而繼續共同實行犯罪之意思，則該行為即在共同意思範圍以內，應共同負責。……」

丙亦成立擄人勒贖罪之共同正犯。惟筆者認為，實務此處所採之見解法理上實有商榷餘地。

　　共同正犯適用「直接相互歸責原則」的基礎，乃在於其基於共同犯罪決意所為之行為分擔對整體共同犯罪事件所提供的貢獻。而對於其他共同正犯先前所為之行為，事中加入之共同正犯客觀上並無任何行為分擔、完全沒有貢獻，雖然事中加入之共同正犯對於其他共同正犯先前的行為與結果可能具有認知與同意，但此種事後的同意並無法溯及既往而視為對先前行為的共同犯罪決意，因此在對於其他共同正犯先前所為之行為欠缺共同犯罪決意與行為分擔的情況下，其他共同正犯先前所為之行為不能透過「直接相互歸責原則」而歸由後面加入的共同正犯來負責。據此，在前述案例中，事中加入的丙對於甲、乙先前之擄人行為於行為時並無任何共同犯罪決意與行為分擔，故丙無須為甲、乙先前所為之擄人行為負責，因此丙僅為自己所為之勒贖行為負責，應成立恐嚇取財罪（§346）。也就是說，甲、乙、丙三人雖然可以成立共同正犯，但僅甲、乙成立擄人勒贖罪，丙則僅成立恐嚇取財罪。

《案例5》甲企圖性侵A女，乃先下藥迷昏A女後，將A女帶回家。碰巧朋友乙來訪，甲乃邀請乙加入，並先由乙對A女實施性交得逞，此時甲突然接到電話有急事先離開，乃交待乙事後將被害人送回家。

　　本案中，甲已著手實行加重強制性交犯行，乙事中加入形成性侵被害人的共同犯罪決意並由乙先實施性交，兩人具共同犯罪決意與行為分擔成立共同正犯。惟事中加入的乙，對於先前甲所為下藥迷昏A之強制行為毋庸負責，故本案中乙不成立加重強制性交罪而是僅成立趁機性交罪（§225Ⅰ）；至於甲的部分，其與乙形成共同正犯後對於彼此的行為即「直接相互歸責原則」之適用，故甲最後雖並未對A實施性交，但共同正犯乙所為之性交行為仍應歸由甲負責，故甲應成立加重強制性交既遂罪（§222Ⅰ④）。

2.「承繼共同正犯」的加入時點

　　「承繼共同正犯」可以在犯罪著手實行後、既遂前加入，固無疑問。學理上有爭議的地方在於，倘若共同正犯所實行之犯罪已經既遂了，只是尚未犯罪終結，此時是否還有再加入（承繼）共同正犯的可能性？對此，學說上有採否

定見解者，認爲由於構成要件所要求的行爲在犯罪既遂的時點已經結束，因此犯罪既遂後即不可能再加入共同正犯[101]；亦有採肯定見解者，認爲縱使犯罪已經既遂，但只要在犯罪尙未終結前，仍然有可能再加入共同正犯[102]。

　　本書以爲此處之爭議應視犯罪行爲是否具有繼續或接續之性質而定：在「繼續犯」（Dauerdelikte）的情形，解釋上直至犯罪終結之前都仍有加入共同正犯之可能性。例如妨害自由之犯罪，在被害人被釋放前都有可能加入承繼共同正犯。相對地，若參與之犯罪屬於「狀態犯」（Zustandsdelikte），則須視該犯罪是否爲接續犯而定，若屬於接續犯則在同一犯罪的數接續行爲完成前，縱使犯罪已經既遂，只要構成要件還有被進一步實現的可能性，解釋上應仍有加入承繼共同正犯的可能性。例如，甲與乙共同揮拳打落A一顆牙齒（傷害罪已既遂），朋友丙見狀再加入毆打A的行列，三人遂接著一起共同毆打A，中途加入之丙仍可構成傷害既遂罪之共同正犯。

　　於此，只有在不具接續性質之狀態犯的情形，一旦犯罪行爲既遂了，縱使既遂與終結間存有時間上的落差，此時由於構成要件已無法再被進一步實現，故即無再加入承繼共同正犯的可能性[103]。例如在竊盜犯罪中，犯罪人已將他人財物置於自己實力支配之下（竊盜已既遂），但因車子突然故障不能發動而無法將財物搬離現場（竊盜尙未終結），若此時有人臨時加入開車來協助將財物載走，解釋上即無法構成竊盜罪的共同正犯，只能論以搬運贓物罪（§349）。因爲此時竊盜罪之構成要件行爲（竊取行爲）已無法再被進一步實現，若將單純協助搬運贓物之行爲解釋成竊盜之構成要件行爲或行爲分擔，恐有違「罪刑法定原則」[104]。

　　共同正犯間最初的犯罪決意或犯罪計畫，也有可能在犯罪實行的過程中予以共同改變，惟此種改變仍須以共同正犯彼此間已經由明示或默示互相達成新的共同犯罪協議爲必要。應強調者，在共同犯罪行爲實行的過程中，若共同正犯中有人逾越了原先的犯罪計畫，其他參與人僅是單純的認知或容忍此事實，

---

[101] 古承宗，詐欺罪之相續共同正犯，月旦法學教室，第134期，2013/12，第26頁；Heinrich, AT, Rn. 1237.；蕭宏宜，未遂與犯罪參與，第115頁。

[102] 林山田，刑法通論（下），第79頁；Hoffmann-Holland, AT, Rn. 541.

[103] 採類似見解者：Kindhäuser, AT, §40 Rn. 12.；Krey/Esser, AT, Rn. 963 f 認爲在「繼續犯」中，承繼共同正犯在犯罪既遂後直至犯罪行爲終結前都有可能成立，但在「狀態犯」中，只要犯罪一既遂就不再有加入共同正犯的可能性。另外，Rengier, AT, Rn. 36亦採類似看法。

[104] Vgl. Kühl, AT, §20 Rn. 127.

尚不足以認定已達成新的犯罪協議，仍然必須共同正犯相互間已有明示或默示之意見一致，始足以構成共同正犯間新的犯罪協議[105]。

《案例6》甲與乙二人共同相約於公園陰暗處實施搶劫，其後在搶劫一對情侶的過程中，甲卻突然臨時起意欲對女方進行性侵，乙當時頗覺不妥乃出言阻止，但由於甲仍執意實施性侵，乙只得任由其實施性侵，並袖手旁觀。此案例中，甲臨時起意性侵，乙雖對其性侵行為予以容忍，但尚不足以認定已達成性侵的共同犯罪決意，故甲超出原犯罪計畫的性侵行為無法歸給乙負責，因此乙仍僅成立普通強盜罪（§328），甲則成立強盜強制性交罪的結合犯（§332Ⅱ②）。

（二）共同正犯的客觀要件——行為的分擔

　　共同正犯之成立，數行為人除了在主觀上須具備共同犯罪決意外，對於犯罪之實行也必須有實際上的貢獻才行。也就是說，參與者在客觀上必須實際分擔犯罪的實行工作。應強調的是，這裡所指分擔犯罪實行的工作，並非絕對要求參與者必須實行構成要件實行行為的全部或一部才足以構成共同正犯，而是只要其行為對於整個犯罪計畫之實現具備實質重要性即可。換句話說，共同正犯的個別參與者在整個犯罪實行的過程中，藉著彼此的分工合作扮演一個相當重要的功能性角色，如果欠缺其行為的貢獻則整個犯罪計畫即很有可能無法實現，此即所謂共同正犯之「功能的犯罪支配」。

　　共同正犯的客觀行為分擔，大致包括以下幾種情形：

1. 分擔實行構成要件之全部行為

　　共同正犯的客觀行為分擔，最典型之情形為：行為人與他人在共同犯罪決意下，分擔實行構成要件之全部行為，此時行為人與該他人無疑會構成共同正犯。例如，在得知被害人全家出遠門的情況下，甲與乙二人基於共同犯罪決意，於夜間共同侵入被害人住宅大肆搜刮財物，此時甲乙二人無疑會成立加重

[105] Baumann/Weber/Mitsch, AT, §29 Rn. 85.；Heinrich, AT, Rn. 1224.；Wessels/Beulke/ Satzger, AT, Rn. 532.

竊盜罪（§§321Ⅰ⑤, 28）的共同正犯。

2. 僅分擔實行構成要件之部分行為

行為人與他人在共同犯罪決意下，雖然僅分擔實行構成要件之部分行為，但如果參與者實際上具備「功能的犯罪支配」，此時仍無礙於共同正犯之成立。例如，甲、乙、丙基於擄人勒贖之共同犯罪決意，由甲、乙負責擄人之行為，其後再由丙出面向被害人之家屬進行勒贖並收取贖金。於此案例中，丙雖然未參與擄人之行為，但仍無礙於丙與甲、乙一起成立擄人勒贖罪的共同正犯（§§346Ⅰ, 28）。

3. 僅分擔實行構成要件行為以外之行為

行為人與他人在共同犯罪決意下，基於分工合作而分擔實行構成要件以外之行為，倘若其行為分擔對於構成要件行為之實現具備「功能的犯罪支配」，此時仍然可以成立共同正犯。例如本節導引案例(1)中，甲、乙與丙共同合作竊取商店，由甲負責藉故與店員談話引開店員注意，乙則趁機偷竊財物，丙則在外頭把風。於此案例中，甲與店員談話，丙在外把風，實際上均未為構成要件行為（偷竊），但由於甲與丙之行為在整個行竊犯罪計畫的分工中具備「功能犯罪支配」，故甲、丙縱然僅分擔實施構成要件行為以外之行為，但仍然應該與乙一起成立結夥竊盜罪的共同正犯（§§321Ⅰ④, 28）。

倘若行為人僅事先參與犯罪計畫之謀議或預備工作，但根本未出現在犯罪現場，自然亦未實施構成要件行為之任何一部分，此時該行為人是否仍有成立共同正犯之可能性，解釋上不無疑問？

《案例7》竊盜集團首腦甲聯合集團成員乙、丙、丁共同計畫至珠寶公司行竊，惟甲僅參與犯罪之籌劃及準備工作，但並不親自實施，僅將任務交由乙、丙、丁去負責執行。行竊當日，乙、丙、丁依計畫潛入珠寶公司行竊，但甲於行竊時待在自己居所睡覺，並未出現在犯罪現場。最後，乙、丙、丁依循先前周密之犯罪計畫順利竊得大批珠寶，甲事後則參與分贓，並分得最多利益。此時甲是否可成立共同正犯？

此問題的核心乃在於，那些僅參與事前謀議或預備工作，但未出現在犯罪

現場、於犯罪執行階段也未提供任何助力之參與者，是否有成立共同正犯的可能性。關於此項問題，涉及共同正犯客觀行為分擔之範圍以及所謂「共謀共同正犯」的問題，不論在學說或實務上均有所爭議，有加以進一步詳述之必要。

（三）「共謀共同正犯」的爭議

所謂的「共謀共同正犯」，係指僅參與事前的犯罪謀議而未分擔構成要件行為實行的一種共同正犯型態。由於刑法第28條所規定「二人以上共同實行犯罪」的共同正犯構成要件，包含數參與人間的主觀共同犯罪決意以及客觀行為分擔，故倘若行為人僅參與事前謀議而未參與犯罪實行行為，形式上似並不該當行為分擔的要件而無成立共同正犯之空間，頂多只構成教唆犯或幫助犯（精神幫助）。因此，單純就法條文義而言，「共謀共同正犯」的概念與刑法第28條的條文規定本身實際上似不無扞挌之處[106]。

在刑法第28條的修法理由中，也明白表示法條中所謂「二人以上共同實行犯罪行為」係將共同正犯之適用範圍限縮在犯罪實行階段，藉此排除「陰謀共同正犯」與「預備共同正犯」的成立可能性。然弔詭的是，在明文限縮共同正犯適用範圍的同時，對於僅參與事前謀議而未參與犯罪實行的所謂「共謀共同正犯」型態，立法者卻又特別在修法理由加以明文承認，此在某種程度上也突顯出「共謀共同正犯」概念於我國法上所扮演的特殊角色。

從正犯理論（正犯與共犯區別理論）的角度出發，除「形式客觀理論」否定共謀共同正犯概念外，學說上所賦予共謀共同正犯之正犯性基礎，「主觀理論」與「主客觀擇一理論」主要求諸於「正犯意思」要素，而「犯罪支配理論」則涉及對「犯罪支配」概念的理解[107]：

1. 主觀理論

「主觀理論」以行為人主觀上具備「正犯意思」作為建構正犯性的關鍵，故僅參與謀議而未參與犯罪實行者，只要係基於具備正犯意思而參與，就足以構成（共謀）共同正犯。德國聯邦最高法院實務見解向來傾向於「主觀理

---

[106] 林山田，2005年刑法修正總評，2007，第52頁以下（特別是第58-59頁），認為現行刑法第28條之規定與處罰「共謀共同正犯」間反而會產生矛盾。

[107] 詳參閱林書楷，共同正犯之行為分擔，收錄於「刑事法理論與財經法之接軌」，第141頁以下。

論」，主張共同正犯之成立應以其具備正犯意思、將犯罪視為是自己的犯罪為要件，並採取「利益說」（Interessentheorie）的精神，主張為自己利益而為犯罪之實施者，是正犯意思的表徵[108]。德國聯邦最高法院並認為只要是基於正犯意思而參與犯罪，縱使是僅於預備階段的參與行為亦足以構成共同正犯[109]。甚至，僅參於犯罪實行前之預備階段所為的精神上共同加工（geistige Mit-wirkung），例如對犯罪之實行提供建議或強化其他共同正犯之犯罪意思，也可以構成共同正犯[110]。由此可知，德國實務對於僅參與謀議而未參與犯罪實行的所謂「共謀共同正犯」概念，明顯亦採肯定見解。

2. 主客觀擇一理論

我國最高法院見解採「主客觀擇一理論」，認為行為人只要在正犯意思或分擔構成要件行為之實行二要件中，滿足其中一項要件即足以構成正犯。基於此種「主客觀擇一理論」之觀點，最高法院最早在原24年上字第890號判例中即已認為：「他人犯罪雖已決意，仍以自己犯罪之意思，就其犯罪實行之方法，以及實施之順序，對之有所計畫，以促成犯罪之實現者，則其所計畫之事項，已構成犯罪行為之內容，直接干與犯罪之人，不過履行該項計畫之分擔而已，其擔任計畫行為者，與加工於犯罪之實施，初無異致，即應認為共同正犯，亦不得以教唆犯論。」此實質上等同已承認「共謀共同正犯」的概念。

實務上影響最深遠的莫過於司法院釋字第109號解釋：「以自己共同犯罪之意思，參與實施犯罪構成要件以外之行為，或以自己共同犯罪之意思，事先同謀，而由其中一部分人實施犯罪之行為者，均為共同正犯。」此解釋基本上承襲實務「主客觀擇一理論」之觀點，惟更進一步明確表示僅參與事前同謀而未參與犯罪實行者，只要具備自己共同犯罪之意思（正犯意思）均足以成立共同正犯，正式肯定「共謀共同正犯」（亦稱同謀共同正犯）的概念。基本上，自釋字第109號解釋後，承認共謀共同正犯之概念在我國實務上可謂已經根深蒂固，成為迄今法院判決的一貫見解[111]。

---

[108] BGHSt 16, 12, 13 f.

[109] BGHSt 37, 289, 292.；40, 299, 301.；BGH NStZ 1999, 609.；2002, 145, 146.

[110] BGHSt 11, 268, 271 f.；16, 12, 14.

[111] 承認共謀共同正犯的近期判決，如最高法院107年度台上字第1835號判決、106年度台上字第2488號判決、105年度台上字第2449號判決、101年度台上字第2824號判決、101年度台上字第2834號判決。

不論採「主觀理論」或「主客觀擇一理論」，前述《案例7》中，甲不僅為該犯罪集團之首腦、且事後亦參與分贓，係屬基於正犯意思而為之犯罪（為自己利益而為之犯罪），故縱使其僅參與事前的謀議階段，而沒有到犯罪現場參與犯罪之實際執行，仍應與乙、丙、丁構成竊盜罪之（共謀）共同正犯。

3. 犯罪支配理論

「犯罪支配理論」以犯罪支配（Tatherrschaft）的概念來建構正犯性，故對共謀共同正犯的承認與否，端視對犯罪支配概念的理解而定。其主要的關鍵爭議乃在於，行為人僅單純參與事前謀議是否可能形成犯罪支配地位而足以作為共同正犯的客觀行為分擔？對此，主要可區分成二派見解：

(1)溫和犯罪支配理論

「溫和犯罪支配理論」（Gemäßigte Tatherrschaftslehre）認為，縱使僅參與犯罪計畫的謀議或預備工作，只要行為人的參與行為具備足夠強度，仍有可能達到犯罪支配之程度而成立共同正犯。此類對犯罪支配概念採取較寬鬆理解的觀點一般被泛稱為「溫和犯罪支配理論」，是學界的多數說[112]。基於此見解，共同正犯的成立關鍵在於其行為分擔對於整個犯罪事件的重要性，至於實行階段的共同加工則並非一定必要。但無論如何，畢竟行為人並未直接參與實行階段的行為分擔，故其必須在犯罪謀議或預備階段具備更強的角色參與程度，以填補其犯罪實行直接性的欠缺，如此才足以達到功能性犯罪支配的程度。

至於，行為人的事前參與要達到怎樣的程度，才可以補足犯罪實行直接性的欠缺？多數說認為若行為人事前的參與或謀議達到共同型塑犯罪計畫（Mit-

---

[112] 採溫和犯罪支配理論者：Ebert, AT, S. 202.；Eisele/Freudenberg, Jura 2005, S. 206.；Heinrich, AT, Rn. 1228.；Ingelfinger, in: HK-GS, §25 Rn. 46.；Jakobs, AT, 21/47 ff.；Jescheck/Weigend, AT, §63III1., S. 680.；Joecks, in: MK-StGB, 2003, §25 Rn. 176.；Kindhäuser, AT, §40 Rn. 5.；ders, LPK-StGB, §25 Rn. 47.；Kühl, AT, §20 Rn. 110 ff.；Otto, Jura 1998, S. 410.；Rengier, AT, 2009, §41 Rn. 19.；Seelmann, JuS 1980, S. 573.；Stratenwerth/Kuhlen, AT, §12 Rn. 91 ff.；Wessels/Beulke/Satzger, AT, Rn. 528 f.；Welzel, Das Deutsche Strafrecht, S. 110 f.；林山田，刑法通論（下），第86頁以下；黃惠婷，犯罪支配理論下的共謀共同正犯，台灣法學雜誌，第161期，2010/10，第70頁、第75頁以下；黃惠婷，論在犯罪預備階段之共同正犯與幫助犯，刑事法雜誌，第40卷第6期，1996/12，第27頁以下；另許澤天，刑總要論，第193頁似亦採此說。至於林鈺雄，新刑法總則，第442頁以下，原則上採此說，但限縮適用範圍於犯罪組織或計畫首腦的情形。

gestaltung des Tatplans）或組織犯行（Organisation des Tatablaufs）的程度，則其事前參與的強度可以補足實行階段犯罪直接性的欠缺[113]。因為行為人於事前共同型塑了整個犯罪計畫或犯罪歷程，其所提供的貢獻於事後的犯罪事件中仍然繼續發生效力，以至於該犯罪結果可視為是其行為之成果[114]。若採此見解，則負責指揮安排犯罪分工的首腦、犯罪計畫的草擬者，縱使於犯罪實行階段並未為任何的行為分擔，都應構成共同正犯，因為其事前共同型塑犯罪計畫所提供的貢獻於犯罪實行中仍然繼續發生效力。此種共同型塑犯罪計畫或組織犯行的案例類型，可說是所謂「共謀共同正犯」的典型型態。

若採此說，則前述《案例7》中，竊盜集團首腦甲雖僅參與事前的謀議，但整個竊盜計畫均為其所策劃，其居於指揮、協調整個竊盜事件進行之重要地位，雖其並未實際參與犯罪之實行、亦未出現於犯罪現場，但其型塑了整個犯罪計畫並組織犯行，所提供的貢獻於犯罪實行時仍繼續發生效力，其在犯罪謀議階段的強烈參與程度，足以填補其於犯罪實行階段參與的不足，而具備功能的犯罪支配，故甲仍得與乙、丙、丁成立竊盜罪的（共謀）共同正犯。

(2)嚴格犯罪支配理論

「嚴格犯罪支配理論」（Strenge Tatherrschaftslehre）認為，共同正犯的犯罪支配必須以行為人在犯罪實行階段（從著手實行至犯罪實質終結）的共同加工為必要，僅有參與謀議或預備階段之行為人，雖對於該犯罪事件不無影響，但解釋上尚不足以達到犯罪支配的程度，因此只有在犯罪實行階段的共同加工才有可能成立共同正犯。此類對犯罪支配概念採取較嚴格理解的觀點，一般被泛稱為「嚴格犯罪支配理論」[115]。據此，未參與實行階段之共同加工而僅參與

[113] Eisele/Freudenberg, Jura 2005, S. 206.；Jescheck/Weigend, AT, S. 680.；Kühl, AT, §20 Rn. 110 f.；Stratenwerth/Kuhlen, AT, §12 Rn. 93 f.；Wessels/Beulke/Satzger, AT, Rn. 528 f.；Welzel, aaO., S. 110 f.

[114] Ingelfinger, in: HK-GS, §25 Rn. 46.；Seelmann, JuS 1980, S. 573.；Wessels/Beulke/Satzger, AT, Rn. 528 f.

[115] 採「嚴格犯罪支配理論」者：Gropp, AT, §10 Rn. 85a.；Herzberg, JuS 1974, S. 722.；ders, ZStW 99(1987), S. 58 ff.；Köhler, AT, 1997, S. 518.；Krey/Esser, AT, Rn. 978.；Puppe, AT, 2. Aufl., 2011, §23 Rn. 9.；Roxin, ATII, §25 Rn. 198 ff.；Schünemann, in: LK-StGB[12], §25 Rn. 182 ff.；Zieschang, ZStW 107(1995), S. 371 ff.；黃常仁，刑法總論，增訂2版，2009，第218頁；另古承宗，結夥三人與共同正犯，月旦裁判時報，第13期，2012/02，第74頁；陳志輝，共謀共同正犯與共同正犯之參與行為，月旦法學雜誌，第114期，2004/11，第44頁以下；蕭宏宜，未遂與犯罪參與，第120頁以下；蕭宏宜，竊盜行為的犯罪參與問題，月旦法

事前謀議之行為人，即無法構成共同正犯，故所謂「共謀共同正犯」概念在此見解下並無存在之空間，共謀者只能成立共犯（教唆或幫助犯）。

在「嚴格犯罪支配理論」下，雖犯罪實行階段的共同加工並不以實施構成要件行為為必要，但仍必須具備對實行行為的重要性，始足以達到功能性犯罪支配的程度。此外，犯罪實行階段的共同加工也不以行為人出現在犯罪現場為必要，解釋上只要其實際足以達到功能犯罪支配的程度即可，例如透過電話、無線電或中間人下達指示來指揮、協調犯罪之執行，亦足以構成共同正犯[116]。

若採此說，則前述《案例7》中，竊盜集團首腦甲雖有參與事前的犯罪謀議，但在竊盜犯罪執行階段僅在家看電視，難認為足以達到犯罪支配的程度，無法成立共同正犯，解釋上只能成立竊盜罪之共犯（教唆犯或幫助犯）。應強調者，倘若甲有利用權力組織去支配他人為其遂行犯罪意圖之所謂「組織支配」的程度，仍有論以竊盜之間接正犯的可能[117]，自不待言。

（四）本書見解——採「嚴格犯罪支配理論」

不論是我國實務所採取的「主客觀擇一理論」抑或是德國實務所採的「主觀理論」，都以自己共同犯罪之意思（正犯意思）作為共謀共同正犯的成立基礎，此將導致教唆犯與共謀共同正犯區別上的困難[118]，甚至讓共謀共同正犯概念大幅吸收了原本應屬於教唆犯的案例類型，而導致概念上的混淆。舉例言之，甲積欠A債務，A頻頻催討致雙方生嫌隙，甲乃花錢僱用乙殺A，甲並帶乙至A的住處觀察地形環境、確認乙的長相、座車以及行動習慣。某日，A開車出門，甲知道後隨即將A的行蹤打電話告知乙，乙接到電話通知後，埋伏在A行經的路上將其槍殺[119]。本案中，甲參與了事前的犯罪協議，並帶乙觀察地形環境、確認被害人長相、座車及行動習慣，甚至還即時向乙通報被害人A的行蹤，而且甲對於被害人死亡之犯罪結果也獲有利益具備正犯意思（自己犯罪

學雜誌，第230期，2014/07，第268頁；游明得，共同正犯概念之重塑，輔大法律系博士論文，第84頁以下，似均亦採此說。

[116] Roxin, ATII, §25 Rn. 200.；Schünemann, in: LK-StGB, §25 Rn. 184.

[117] Herzberg, ZStW 99(1987), S. 59 f 認為在此種情形，幕後的組織者應以考慮成立「間接正犯」較為適宜。類似見解：黃常仁，刑法總論，第218頁。

[118] 相同質疑：林東茂，刑法綜覽，第1-249頁；黃常仁，刑法總論，2009，第217頁；靳宗立，刑法總論，2010，第419頁；張麗卿，刑法總則理論與運用，第335頁。

[119] 本案例改編自最高法院95年度台上字第1146號判決之事實。

之意思），縱使其未分擔構成要件實行行為，依實務向來所採之「主客觀擇一理論」甲理應成立共謀共同正犯。然類似此種花錢僱用殺手殺人之案例，實務見解卻向來均認為應構成教唆殺人罪[120]，如此前後見解即未一貫且有模糊共同正犯與教唆犯的區別界限之虞。

最高法院在個案中亦已發覺會有造成教唆犯與共謀共同正犯區別的難題，例如71年台上字第5841號判決即表示：「刑法上之教唆犯，係指僅有教唆行為者而言。倘係首議人且參加謀議就其犯罪實施之方法以及實施之程度有所計畫，以促成犯罪之實現，復提供犯罪工具並約定事成平分贓款，則該首議人推由其他之人實施犯罪行為，即為共同正犯而非教唆犯。」於此，最高法院就共謀共同正犯與教唆犯認為其區別在於，教唆犯只能有引發他人犯意的教唆行為，不可以再有進一步對於犯罪實施之方法或程度的計畫，否則就會構成共謀共同正犯。如此的理解，其結果是讓共謀共同正犯概念吸收了原本應屬於教唆犯的案例類型，大幅限縮了教唆犯的適用範圍[121]。惟縱使以此區別標準而言，上述僱用殺手殺人的案例，行為人不止引發他人犯意，也進一步帶殺手前往被害人住處觀察地形環境、確認乙的長相、座車以及行動習慣，甚至打電話告訴殺手被害人的行蹤，為何最高法院判決仍認為無法構成共謀共同正犯，而只成立教唆犯？由此可知，實務以正犯意思建構共謀共同正犯之正犯性基礎，導致在教唆犯與共謀共同正犯概念的適用與區別上，均呈現出見解難以一貫的現象[122]，於個案中往往最後會取決於法官的裁量與自由心證，嚴重影響到法律安定性，誠難謂妥當。

至於，「溫和犯罪支配理論」以共同型塑犯罪計畫或組織犯行來補足犯罪實行直接性之欠缺的見解，亦存在解釋上無法克服的問題：

首先，所謂共同型塑犯罪計畫或組織犯行，與共同正犯的主觀要件「共同犯罪決意」間難以區分，因為不論是草擬計畫、參與犯罪謀議或指揮安排犯罪分工，在形式上都與協調「共同犯罪決意」無異，二者間難以做出明顯劃分。故有學者即明言，此實質上係以共同正犯主觀面的強化（更強的共同犯罪決

---

[120] 參見最高法院95年度台上字第4727號判決、95年度台上字第1146號判決、86年度台上字第7220號判決。

[121] 甘添貴，共謀共同正犯與共犯的區別—最高法院98年度台上字第877號刑事判決評釋，法令月刊，第61卷第2期，2010/02，第63頁。

[122] 德國實務見解也呈現出類似的現象，相關批評請參見Zieschang, ZStW 107(1995), S. 364 ff.

意）來補客觀面的不足（犯罪實行直接性的欠缺）[123]。惟縱使如此，以所謂共同型塑犯罪計畫爲例，實際上與一般共同正犯一起擬定犯罪計畫的情形並無二致，並無所謂的主觀面的強化，又如何補客觀面的不足。

其次，實際上在事前階段的參與，不管是共同型塑犯罪計畫或組織犯行，都無法對事後的構成要件實行行爲達到犯罪支配的程度，因其對犯罪實行的繼續或停止已經無法介入[124]。例如犯罪實際執行者可能會變更原訂犯罪計畫，若行爲人未參與實行行爲分擔，對於現場的犯罪計畫變更即無法產生影響力。據此，學界多數說以共同型塑犯罪計畫或組織犯行來補足犯罪實行直接性之欠缺的見解，實有欠妥當而難以贊同。

綜上所述，本書認爲仍以「嚴格犯罪支配理論」之見解較爲可採，在此理解下所謂「共謀共同正犯」的概念即幾乎難有存在的空間。因此，前述《案例7》中，竊盜集團首腦甲雖有參與事前的犯罪謀議，但在竊盜犯罪執行階段僅在家看電視，難認爲足以達到犯罪支配的程度，無法成立共同正犯，只能視正犯之犯意是否爲其所引發而成立教唆犯或幫助犯。應強調者，共同正犯的客觀行爲分擔，雖然仍須存在犯罪實行階段的共同加工，才足以達到功能性犯罪支配的程度，但解釋上參與之共同正犯並非一定得出現在犯罪現場[125]。例如，甲、乙、丙共同計畫竊取銀行金庫，當甲、乙二人潛入銀行時，丙則在家中透過網際網路入侵銀行保全系統主機，切斷保全系統功能以及監視錄影畫面，使甲、乙順利自金庫竊取大量現金。此案例中，甲、乙、丙三人均應成立共同正犯，丙雖然未出現在犯罪現場，但其透過網際網路於犯罪實行階段入侵銀行保全系統主機癱瘓其保全功能，如果欠缺丙的行爲分擔，則竊取金庫的犯罪行爲極有可能會失敗[126]，丙已在犯罪實行階段提供重要貢獻而具備功能性犯罪支配，故仍應構成共同正犯。

---

[123] Ebert, AT, S. 202.

[124] Zieschang, ZStW 107(1995), S. 373. Vgl. Roxin, ATII, §25 Rn. 206.

[125] Jescheck/Weigend, AT, §63III1., S. 680.；Schünemann, in: LK-StGB, §25 Rn. 184.；Roxin, ATII, §25 Rn. 200.

[126] Vgl. Seelmann, JuS 1980, S. 573 f所謂共同正犯的「功能性犯罪支配」，代表若欠缺其行爲貢獻則犯罪計畫很可能會失敗，也就是說當參與者可以藉由停止其行爲貢獻而阻止犯罪行爲時，此時就具備了（功能性）犯罪支配。

二、共同正犯之逾越

在刑法上，基於所謂的「自我負責原則」，原則上每一個人均只對自己的行為負責，毋庸為他人之行為負責。然而，「共同正犯」的特殊性在於，所有參與犯罪的共同正犯之間，基於「直接相互歸責原則」，在共同犯罪決意或犯罪計畫的範圍內，共同正犯彼此間均應互相對其他共同正犯之行為與結果負責[127]。例如，共同犯罪人中只要有其中一人犯罪既遂了，此項結果亦應歸責給其他共同正犯，故所有參與者均應成立「既遂犯罪的共同正犯」；又如，共同正犯中有人具備加重構成要件要素（例如攜帶凶器），此項加重行為亦應歸責給其他共同正犯，則所有參與人都應該成立「加重犯罪的共同正犯」。

應強調者，共同正犯間此項「直接相互歸責原則」之適用，必須以該共同行為人之行為未逾越共同犯罪決意（計畫）為前提。如果他共同行為人之行為，係其他共同正犯所不知，抑或是超出原本彼此共同犯罪決意（計畫）之外，即屬於「共同正犯之逾越」（Mittäterexzess；亦稱共同正犯之過剩），此時就其逾越共同犯罪決意（計畫）外之行為，即無法歸由其他共同正犯一起負責[128]。

本節導引案例(2)中，丁與戊共同於便利超商內行竊，丁隨身攜帶凶器，但戊卻不知情。由於二人的共同犯罪決意（計畫）中，並未包含隨身攜帶凶器的事實，而戊對於丁攜帶凶器一事亦不知情，故丁攜帶凶器之事實屬於「共同正犯之逾越」，不能歸由戊來共同負責，因此丁成立攜帶凶器竊盜罪（§321③），但戊僅能成立普通竊盜罪而已（§320）。

實務上會產生問題的往往是共同犯罪決意範圍的認定，因為個案事實中往往難以完全百分百照著原本共同正犯的犯罪計畫所約好的劇本走，此時共同正犯所為之行為是否可認為已經「逾越」了原本的共同犯罪決意範圍，難免會產生疑義。例如，甲請乙代他「狠狠教訓A一番」，由甲負責在一旁掠陣把風，乙則下手毆打A，乙打到情緒激動突然拾起一旁工地的木棒重擊A，導致A重

---

[127] Vgl. Wessels/Beulke, AT, Rn. 531.；Kindhäuser, AT, §40 Rn. 2.；Krey/Esser, AT, Rn. 941.；Kühl, AT, §20 Rn. 100.

[128] 最高法院101年度台上字第4673號判決：「共同正犯因為在意思聯絡範圍內，必須對於其他共同正犯之行為及其結果負責，從而在刑事責任上有所擴張，此即『一部行為，全部責任』之謂。而此意思聯絡範圍，亦適為『全部責任』之界限，因此共同正犯之逾越（過剩），僅該逾越意思聯絡範圍之行為人對此部分負責，未可概以共同正犯論。」

傷。在這裡，導致A重傷是否在原先「狠狠地教訓A一番」的共同犯罪決意範圍內，認定時似不無疑問。解釋上，縱使其他共同正犯之行為與原共同犯罪決意並未百分百完全吻合，但只要依個案情況可認為仍在一般生活經驗可預期的範圍之內，性質上仍屬不重要之偏離，並不影響共同正犯的故意，不屬於共同正犯之逾越，因此其他共同正犯仍應同負其責[129]。案例中，甲、乙的共同犯罪決意既然在「狠狠地教訓A一番」，則重傷害應仍在一般生活經驗可預期的範圍之內，故甲仍應成立重傷罪的共同正犯。

　　對此，我國法院實務基本上亦採相同見解，最高法院101年度台上字第4673號判決即謂：「……共同正犯意思聯絡範圍之認定，其於精確規劃犯罪計畫時，固甚明確，但在犯罪計畫並未予以精密規劃之情形，則共同正犯中之一人實際之犯罪實行，即不無可能與原先之意思聯絡有所出入，倘此一誤差在經驗法則上係屬得以預見、預估者，即非屬共同正犯逾越。蓋在原定犯罪目的下，祇要不超越社會一般通念，賦予行為人見機行事或應變情勢之空間，本屬共同正犯成員彼此間可以意會屬於原計畫範圍之一部分，當不必明示或言傳。……」

三、共同正犯之脫離

　　在共同正犯中適用所謂的「直接相互歸責原則」，在共同犯罪決意（共同犯罪計畫）的範圍內，所有共同正犯彼此間均互相對其他共同正犯之行為與結果負責。然而，若共同正犯中有人在犯罪既遂前即已放棄犯罪的繼續實施，此時該放棄犯罪繼續實施之行為人，是否可視為已經脫離共同犯罪，而不用再對其他共同正犯之後所繼續實行之行為與結果負責，此即所謂「共同正犯之脫離」的問題。也就是說，若共同正犯放棄犯罪繼續實施之舉動可被認為已脫離該共同犯罪，此時即可排除「直接相互歸責原則」之適用而回歸「自我負責原則」，不用再為其他共同正犯之行為負責。

《案例8》甲、乙、丙、丁四人共同謀議侵入富商A之別墅偷竊其藏在家中之金條，並由丁提供犯罪工具。豈料，作案當日上午，丁突然

---

[129] Rengier, AT, Rn. 23 ff.相同見解：徐育安，共同正犯之意思聯絡與加重結果，月旦裁判時報，第7期，2011/02，第99頁以下。

電話告知甲、乙、丙三人欲退出此項竊盜案，並對甲、乙、丙保證不會洩密。面臨此項變化，其餘三人經商議後決定仍按照原訂計畫進行。於是，甲、乙、丙三人當晚仍前往A之別墅，於開門入內後三人開始搜尋金條所在，此時丙看見A掛在牆上好人好事的事蹟獎狀，突然後悔覺得不應該偷A的東西，乃向甲、乙表明退出，並奉勸二人懸崖勒馬以免惡有惡報，但甲、乙不為所動，丙無奈只得自行離去。最後，甲、乙仍順利搜尋到A所藏之金條，並順利竊得大批金條後離去。

在此案例中，丁與丙先後放棄繼續實施竊盜之行為，二人是否仍應對其他共同正犯甲、乙之行為負責，而一起構成加重竊盜既遂罪之共同正犯，端視是否承認所謂「共謀共同正犯」概念以及「共同正犯之脫離」的概念而定。對此，以下區分犯罪著手前之脫離與著手後之脫離或中止來加以說明：

（一）著手前之脫離

首先應強調者，依據本書所採取的「嚴格犯罪支配理論」，若共同正犯中有人在犯罪著手前即退出該共同犯罪，亦即退出者僅參與犯罪謀議或預備階段，此時由於其並未在實行階段有參與犯罪之共同加工，解釋上尚不足以達到犯罪支配的程度，因此該僅於謀議或預備階段參與而在著手前即退出之行為人本來就無法構成共同正犯，頂多只能視情況成立教唆犯或幫助犯。惟由於學界多數說與實務見解均承認所謂的「共謀共同正犯」概念，因此乃產生共同正犯著手前脫離的問題，也就是著手前的脫離是否可讓原參與犯罪謀議或預備之人，免除其對後續行為仍負「共謀共同正犯」之責的問題。

對此，通說與實務均承認著手實行前共同正犯脫離的可能性，但要成立著手前的脫離其細部要件則有爭議：

第一種見解認為，欲成立共同正犯之脫離必須消除自己之加工對於結果發生之因果力，包括心理性因果力與物理性因果力[130]。最高法院100年度台上字第5925號判決採此見解謂：「行為人參與共同之謀議後擬脫離犯罪者，如於著

---

[130] 陳子平，著手實行前共同正犯關係之脫離，月旦法學雜誌，第23期，2012/04，第175頁以下；陳子平，共同正犯的脫離與中止，月旦裁判時報，創刊號，2010/02，第146頁；陳子平，刑法總論，第635頁；林東茂，刑法綜覽，第1-265頁。

手前對其他共同正犯已提供物理上之助力，或強化心理上之犯意，則須在客觀上明確解除前述對其他共同正犯之影響力，而切斷與其他共同正犯嗣後遂行犯罪結果之相當因果關係者，始得對該犯罪之結果免責，而不論以該罪之共同正犯。」

　　若採此見解，《案例8》中的丁其必須告知其他共同正犯退出之意（消除心理性因果力）且取回其提供的犯罪工具（消除物理性因果力），始可以成立著手前的共同正犯脫離，但本案中丁並未取回其之前所提供的犯罪工具，並未解消物理性因果力，故無法成立共同正犯之脫離，因此丁仍應適用「直接相互歸責原則」為其他共同正犯甲、乙之行為負責，因甲、乙最後有偷到金條，故丁應成立加重竊盜既遂罪。

　　第二種見解認為，若共同正犯中有人在犯罪著手前即向其他共同正犯表示欲脫離之意，並讓其餘共同正犯瞭解者，原則上即可產生共同正犯脫離的效果，亦即此時可排除適用共同正犯間的「直接相互歸責原則」，而不用再對其餘共同正犯之後所為之行為負責[131]。

　　本書採第二種見解，理由在於共同正犯間行為相互歸責的基礎，主要是來自於基於共同犯罪決意所提供之行為分擔對於整體犯罪實現所具有的功能性貢獻，共同正犯中有人在犯罪著手前即向其他共同正犯表示欲脫離之意，並讓其餘共同正犯瞭解，藉由此種對其他共同正犯放棄犯罪之意思表示，而消除了其與其他共同正犯間的共同犯罪決意，因此足以排除後續「直接相互歸責原則」的適用，而不用再對其他共同正犯之後所為的行為負責[132]。應留意者，脫離共同犯罪之人仍須負責至其脫離之時點為止，因此若其所脫離之犯罪有處罰預備犯之規定（例如殺人罪、強盜罪），仍得視其脫離之階段而論以該罪之預備犯[133]。

---

[131] 甘添貴，中止犯之基本理念，收錄於「刑法之重要理念」，第164頁以下；Heinrich, AT, Rn. 1234.；Kühl, AT, §20 Rn. 105.；Rengier, AT, §44 Rn. 16 ff.

[132] Rengier, AT, §44 Rn. 16.

[133] 最高法院94年度台上字第3515號判決謂：「被告事前共謀犯罪或參與預備犯罪之行為，但於即將開始實施犯罪行為尚未著手之際，因反悔而拒絕參與實施犯罪之行為，並以行動阻止其他人實施犯罪之行為；縱其阻止行動無效，其他人仍下手實施犯罪行為而發生犯罪之結果，惟被告於其他人即將開始實施犯罪行為尚未著手之際，既已無與之共同犯罪之意思，亦未參與實施犯罪之行為，除法律有處罰該罪之陰謀或預備犯之規定，應論以該罪之陰謀犯或預備犯外，尚不能遽依該罪之共同正犯論擬。」本判決中有提及「已無與之共同犯罪之意思」但似未明確要求脫離者應向其他共同正犯表示脫離犯罪並讓其瞭解之要件。

　　據此，前述《案例8》中的丁在作案當日上午打電話告知甲、乙、丙三人其欲退出此項竊盜案，由於在竊盜犯罪著手前即已通知且讓其他共同正犯瞭解其脫離共同犯罪之意思，可認為其行為已足以消除原先的共同犯罪決意而產生共同正犯脫離的效果，故丁在本案中應負責之範圍僅到其成功脫離之時點為止，而此時侵入住居與竊盜仍尚屬預備階段，而該二罪均無處罰預備犯之規定，故丁之行為不構成竊盜與侵入住居罪。

　　應留意者，雖然著手前只要向其他共同正犯表示欲脫離共同犯罪之意，並讓其他共同正犯瞭解，即可成立共同正犯之脫離，惟若該脫離共同犯罪之人並未消除其原先對犯罪所產生之助力，解釋上該脫離共同犯罪之人仍可成立幫助犯[134]。例如《案例8》中的丁若未取回其原先所提供的犯罪工具，此時丁雖不至於構成加重竊盜罪的共同正犯，但仍可成立加重竊盜罪的幫助犯。另外，若其他共同犯罪行為人之犯罪決意本係由該脫離共同犯罪之人所引起，而該脫離共同犯罪之人又沒有消除其他共同正犯之犯意，其他共同正犯仍然繼續為犯罪之實行，此時該脫離共同犯罪之人仍應可成立教唆犯。例如在《案例8》中若甲、乙、丙之竊盜犯意是由丁所引起，丁縱使有退出共同犯罪之通知，但由於未能成功消除甲、乙、丙之竊盜犯罪決意，且最後竊盜亦既遂了，因此丁仍應構成加重竊盜罪之教唆犯。在這裡，假如丁付出真摯努力阻止甲、乙犯罪之既遂，則丁仍得以適用中止犯或準中止犯之減免規定，自不待言。

　　最後應強調者，縱使是採「溫和犯罪支配理論」而承認所謂的「共謀共同正犯」概念，當自行脫離共同犯罪之人並未通知其餘之共同正犯時，此時該欲退出共同犯罪之人雖未達到消除共同犯罪決意之效果，但是否即應對其他人後續所為之行為負「共謀共同正犯」之責任，解釋上仍須視其事前所參與之犯罪謀議或預備工作是否足以達到犯罪支配之程度（例如共同型塑犯罪計畫或組織犯行）而定（參閱本章前述第四節、一、（三）、1.之論述），自不待言。

（二）著手後之脫離或中止

　　依通說與實務見解，在犯罪尚未著手實行前雖存在共同正犯退出或脫離的可能性，但倘若共同正犯雖參與之犯罪已經著手實行了，此時是否還有所謂共同正犯脫離的概念，學說與實務上即有爭議。例如《案例7》中的丙，其在竊

---

[134] Heinrich, AT, Rn. 1234.；Kühl, AT, §20 Rn. 105.

盜行爲著手後，中止其犯行並勸阻其他共同正犯，但最後甲、乙仍然順利竊盜既遂。若丙可認爲已脫離共同正犯，則丙僅成立竊盜未遂，否則丙就必須依「直接相互歸責原則」對其他共同正犯之既遂同負其責，亦構成加重竊盜既遂罪之共同正犯。

1. 中止說

　　關於共同正犯著手後之脫離，學界多數說採否定見解，認爲共同正犯著手實行後即無所謂脫離的概念，此應該是屬於該欲脫離共同犯罪之人是否可成立「共同正犯之中止」的問題，因此應依其行爲是否符合刑法中止犯之要件，而決定是否可成立共同正犯之中止未遂[135]。因此，若欲脫離共同犯罪之行爲人有因己意中止並成功阻止犯罪結果發生者，可依刑法第27條第2項之規定成立中止未遂而減免其刑。另外，若共同正犯之中止行爲有符合「準中止犯」的情形，亦同。

　　實務以往見解採此說，例如最高法院96年台上字第2883號判決：「共同正犯之一人或數人雖已中止其犯罪行爲，尙未足生中止之利益，必須經由其中止行爲，予其他共犯以實行之障礙；或勸導正犯全體中止；或有效防止其犯罪行爲結果之發生；或其犯罪行爲結果之不發生，雖非防止行爲所致，而行爲人已盡力爲防止行爲者，始能依中止未遂之規定減輕其刑。」而且，最高法院實務見解甚至有認爲，被告縱使已遭羈押，除非其被查獲後坦承犯行因而防止結果發生，否則只要是在原共同犯罪決意的範圍內，仍應對其他共同正犯之後所爲之行爲負責[136]。

　　若採此說，《案例8》中的丙在加重竊盜著手後、既遂前，雖係出於悔悟而因己意中止犯行，但由於丙僅出言勸說、並未實際阻止甲、乙繼續實行竊盜行爲，以致於甲、乙最後還是竊得金條竊盜既遂，此時丙即無法主張適用中止犯的減免規定，因此丙也應該成立加重竊盜既遂罪之共同正犯。

2. 因果關係切斷說

　　學說上亦有認爲，即便共同正犯已著手於犯罪之實行，行爲人只要能切斷

---

[135] 甘添貴，中止犯之基本理念，收錄於「刑法之重要理念」，第166頁以下；林山田，刑法通論（下），第97頁以下；林東茂，刑法綜覽，第1-265頁以下；林鈺雄，新刑法總則，第446頁；Heinrich, AT, Rn. 1234 f.；Kühl, AT, § 20 Rn. 105.；Rengier, AT, § 44 Rn. 15.

[136] 最高法院103年台上字第2570號判決。

「物理性因果力」與「心理性因果力」則仍然得承認共同正犯、共犯關係之脫離，而不用再對其他共同正犯之後所為之行為與結果負責，若符合中止犯之要件，也可以成立中止未遂[137]。

最高法院實務近來見解已改採說，例如最高法院106年台上字第3352號判決：「……基於因果關係遮斷觀點，脫離者除須表明脫離共同正犯關係之意思，並使未脫離者認知明瞭該情外，更須除去自己先前所為對於犯罪實現之影響力，切斷自己先前所創造之因果關係（……如進行充分說服，於心理面向上，解消未脫離共犯之攻擊意思，或撤去犯罪工具等，除去物理的因果性等），以解消共同正犯關係本身，始毋庸就犯罪最終結果（既遂）負責……。[138]」

若採此說，《案例8》中的丙在加重竊盜著手後出於悔悟而中止犯行，且出言勸阻止甲、乙繼續實行竊盜行為，可認為已切斷心理性因果力，若無其他物理性因果力存在，丙可以主張共同正犯之脫離，因此縱使後來甲、乙之行為仍然既遂了，但已成功脫離共同犯罪的丙所負之責任仍僅至其脫離的時點為止，故丙僅構成加重竊盜未遂罪。

3. 本書見解——共同犯罪決意解消說

關於共同正犯脫離的爭議，回歸問題的實質面其實是關於已退出共同犯罪之繼續實行的行為人，是否仍有「直接相互歸責原則」的適用而必須為其他共同正犯之後續行為負責的問題。既然共同正犯間直接相互歸責的基礎是來自於基於其共同犯罪決意所為之行為分擔對整體犯罪事件的貢獻，故倘若著手後的共同行為人能終止與其他共同正犯間的共同犯罪決意，由於作為共同正犯間直接相互歸責的基礎自該終止共同犯罪決意之時點起即已不存在，且其脫離後也沒有再繼續提供行為的分擔，因此解釋上自該時點之後由其他共同正犯所為之行為與結果，即不應再適用「直接相互歸責原則」而讓該已終止共同犯罪決意者來負責。據此，本書承認犯罪著手後之共同正犯脫離的概念，至於共同正犯脫離的要件，則必須要終止其與其他共同正犯間的共同犯罪決意，也就是說必須要通知其他共同正犯表示欲脫離之意，並讓其餘共同正犯瞭解始可。

[137] 陳子平，刑法總論，第638頁以下；同作者，著手實行前共同正犯關係之脫離，月旦法學雜誌，第23期，2012/04，第173頁。

[138] 實務採此說之判決尚有：最高法院112年度台上字第4352號刑事判決。

　　據此，在《案例8》中的丙在加重竊盜著手後表明退出，並出言勸阻甲、乙二人懸崖勒馬以免惡有惡報，可認爲丙已經在事實上終止了與甲、乙的共同犯罪決意，作爲共同正犯間直接相互歸責的基礎自這個時點起即已不存在，因此丙毋庸再爲甲、乙之後所爲之行爲與結果負責，丙僅構成加重竊盜未遂罪。至於，已終止共同犯罪決意而脫離共同犯罪之人，倘若對該共同犯罪尚存在其他助力未予以消除（例如其所提供的犯罪工具未取回），或是其他共同正犯的犯罪決意原本即係由該脫離之人所引起，其雖仍可另外構成幫助犯或教唆犯，惟由於共犯係正犯之補充規定（法條競合的補充關係），故該脫離共同犯罪之人仍僅成立加重竊盜未遂罪之正犯，共犯構成要件之部分即予以排斥而不用。

第五節　共犯概論

導引案例

　　甲爲某上市公司老闆，因涉及淘空公司資產與內線交易案正遭受檢方鎖定調查中。甲憂心檢方掌握其犯罪之證據，乃唆使其特別助理乙暗中湮滅足以證明其犯行的相關文件與證據。乙果真依照甲的指示，將相關證據資料一一予以焚燬。試問：甲、乙應分別成立何罪？

　　所謂「共犯」（Teilnahme），係指於犯罪事件中欠缺犯罪支配地位的配角人物，其在本質上僅是他人犯罪行爲的參與者而已。刑法上的共犯型態計有「教唆犯」與「幫助犯」二種，由於教唆犯的法定刑度爲「依其所教唆之罪處罰之」（§29Ⅱ）；而「幫助犯」的法定刑度卻是「得按正犯之刑減輕之」（§30Ⅱ），故可知在刑法的評價上「教唆犯」相較於「幫助犯」而言，具有較重的不法內涵。

　　基本上，刑法分則的構成要件係針對「正犯」而設計，並不包括共犯行爲，因此對共犯的處罰必須結合刑法總則上關於教唆犯與幫助犯的規定才足以建立。例如，花錢聘請殺手殺人應成立教唆殺人罪，此即爲刑法第271條殺人罪構成要件與刑法第29條教唆犯規定結合適用的結果。而且，共犯的成立必須

以具備「共犯故意」為前提，倘若係因過失而共同導致某項構成要件結果，應成立者為過失犯的「正犯」，而非過失共犯。也就是說，共犯之成立以故意犯為限，現行刑法上並不承認有所謂過失共犯（過失教唆犯、過失幫助犯）概念的存在。

一、共犯處罰根據

在採取「限制正犯概念」（Restrktiver Täterbegriff）的理解下，刑法總則的共犯規定性質上屬於一種刑罰擴張事由（Strafausdehnungsgründe），因此其處罰即需要特別的基礎——此即所謂「共犯處罰根據」（Strafgrund der Teilnahne）[139]。所謂「共犯處罰根據（基礎）」，其通常被理解為法律上建立共犯可罰性的理由，或者是於此類案例中使國家有權施加刑罰制裁的理由[140]。因此，如果特定行為類型欠缺此項建立共犯可罰性之基礎，那麼國家對於該行為就無法論以共犯之罪刑。關於「共犯處罰根據」，在刑法學說上大致可分成以下幾種不同的理論觀點[141]：

（一）罪責共犯論

「罪責共犯論」（Schuldteilnahmetheorie；或譯為責任共犯論）認為，刑法處罰共犯之理論基礎不在於共犯行為造成了法益侵害（或危險），而是在於共犯的行為使正犯墮落，導致正犯陷於有責與遭受刑罰的境地。也就是說，刑法處罰共犯（特別是教唆犯）的理由不在於其製造了犯罪事件，而是在於其創造了犯罪人[142]。

---

[139] Geppert, Jura 1997, Heft 6, S. 299.

[140] Maurach/Gössel/Zipf, ATII，§ 50IIIRdn. 50.

[141] 關於共犯處罰根據之理論介紹，中文文獻可參見陳子平，共犯處罰根據論，1992；柯耀程，共犯成立基礎與處罰基礎，收錄於氏著「變動中的刑法思想」，1999，第185頁以下；許澤天，共犯之處罰基礎與界限，台大法研所碩士論文，1998。

[142] H. Mayer, AT, 1953, S. 319 ff.；ders, Täterschaft, Teilnahme, Urheberschaft, in: Rittler-FS, 1957, S. 254.

（二）不法共犯論

　　「不法共犯論」（Unrechtsteilnahmetheorie）主要是將「罪責共犯論」配合共犯「限制從屬性」概念所作的一種修正[143]，亦即將責任共犯論所強調的使他人陷於有責與遭受刑罰的說法，調整爲只要使他人陷於不法（即具備構成要件該當性與違法性）之境地即可，故此種學說乃被稱之爲「不法共犯論」。由於「不法共犯論」仍然以使正犯墮落之思想爲主，因此學說上乃將「不法共犯論」與「責任共犯論」合併稱爲「墮落理論」（Korrumpierungstheorie）[144]。

（三）惹起論

　　「惹起論」（Verursachungstheorie；亦譯爲致因理論），亦稱之爲「因果（共犯）論」（Kausalitätstheorie）[145]，其主要立論係在於將共犯處罰之基礎越過了行爲人（正犯），而直接求諸於共犯惹起了對構成要件保護法益之侵害（或危險）這點上。不過，由於對共犯如何侵害法益、以及共犯是否具有獨立不法內涵上的觀點差異，惹起論又可再區分爲「純粹惹起論」、「從屬性導向之惹起論」以及「折衷惹起論」三種不同的觀點：

1. 純粹惹起論

　　「純粹惹起論」（Die reine Verursachungstheorie）認爲，共犯並非是參與他人的法益侵害，而是共犯自己本身獨立的對法益產生侵害，因此共犯具備完全獨立的不法內涵，共犯不法並不取決於、或是來自於正犯行爲之不法。因此，共犯係一種獨立的、非從屬於正犯的「參與犯罪」（Teilnehmerdelikt）[146]。共犯其實是自己實現了構成要件不法，共犯可罰性之所以繫屬於正犯行爲的存在只是一種「純粹事實上的本質」（rein faktischer Natur），它僅代表著必須先有一個特定行爲存在，而共犯附麗其上始得成立，如此而已。因此，所謂的「從屬性」頂多只能被稱爲是「事實上的從屬性」（faktische

---

[143] Trechsel, Der Strafgrund der Teilnahme, 1967, S. 55認爲「不法共犯論」其實是結合了「責任共犯論」與「限制從屬性」的內涵而來的。

[144] Jakobs , AT, 22/2.

[145] Schulz, Anstiftung oder Beihilfe, JuS 1986, Heft 12, S. 937.

[146] Schmidhäuser/Alwart, AT, 2. Aufl., 1984, 10/6 ff.；M. K. Mayer, Tatbegriff und Teilnehmerdelikt, GA 1979, S. 252 ff.

Abhängigkeit） [147] 。

2. 從屬性導向的惹起論

所謂「從屬性導向的惹起論」（Die akzessorietätsorientierte Verursachungstheorie），又稱爲「修正惹起論」（Die modifizierte Verursachungstheorie） [148] 或「從屬的法益侵害理論」（Theorie des akzessorischen Rechtsgutsangriffes） [149]，其認爲共犯的處罰根據係來自於共犯參與了正犯對相關法益的侵害 [150]。也就是說，共犯並非自己本身獨立的侵害法益，該法益侵害在本質上仍只能算是正犯所造成的侵害，而共犯只是參與正犯的法益侵害行爲罷了。既然共犯的處罰基礎來自於正犯所造成的法益侵害，則共犯行爲的不法內涵便是導源於正犯主犯罪行爲之不法。

3. 折衷惹起論

所謂「折衷惹起論」（Die gemischte Verursachungstheorie），其實係將「從屬性導向之惹起論」所強調之共犯不法完全從屬於或取決於正犯不法的見解，透過「純粹惹起論」所主張共犯具有獨立不法內涵的觀點來加以補充與限制而得出來的一種理論 [151]，也稱之爲「從屬的法益侵害說」（Die Lehre von akzessorischen Rechtsgutsangriff） [152] 。

「折衷惹起論」主張共犯不法部分來自於正犯不法（從屬部分），部分則來自於其自己獨立的法益侵害（獨立部分）。共犯行爲本質上係「對構成要件保護法益所爲的從屬侵害」，在這裡「法益侵害」的概念提供了對共犯科處刑罰的根據，也對共犯獨立不法要素提供了一個實質的理由；另一方面，「從屬」這個形容詞的添加，則代表一個可罰正犯只有經由構成要件該當之正犯才有可能產生，共犯不法有相當的部分是由正犯行爲不法所導引出來的 [153]。

---

[147] Lüderssen, Zum Strafgrund der Teilnahme, 1967, S. 25, 119.

[148] Samson, in: SK-StGB, Vor § 26 Rdn. 10.；Maurach/Gössel/Zipf, ATII, § 50 Rn. 38.

[149] Geppert, Jura 1997, S. 300.

[150] Küper, GA 1974, S. 325.

[151] Schumann, Strafrechtliches Handlungsunrecht und das Prinzip der Selbstverantwortung der Anderen, 1986, S. 45.

[152] Baumann/Weber/Mitsch, AT, § 30 Rn 8.

[153] Roxin, in: LK-StGB, Vor § 26 Rdn. 7.

4. 本書見解

在「共犯處罰根據」的理論上，目前我國刑法學界的多數說是「折衷惹起論」[154]，亦有少數學者採「從屬性導向之惹起論」[155]或是「純粹惹起論」[156]。本書支持我國學界多數說所採取之「折衷惹起論」的見解。依據「折衷惹起論」的精神，共犯之所以應該加以處罰其理由係在於共犯透過正犯的主行為而對構成要件所保護的法益為從屬的侵害。於此，共犯具有雙重的面向，他一面表現出從屬性格，使其可罰性從屬於正犯行為的不法；但是另一方面他也表現出自己獨立不法內涵、自己的法益侵害，因此共犯的可罰性也必須從該被侵害之法益與共犯間的相互關係來加以觀察。

以下再進一步來說明共犯不法所兼具的從屬與獨立面向：

（一）欠缺正犯不法、就不會有所謂的共犯不法

在惹起論的觀點下，共犯不法與正犯不法同樣都來自於最終的法益侵害（或危險），然而與正犯直接侵害法益的情形不同，共犯係透過他人之行為來間接侵害法益。既然共犯是透過其他人之行為來侵害法益，則該他人的行為在刑法的評價上是否確實有造成法益的侵害，也就必然會影響到共犯的刑事不法。換句話說，既然共犯處罰之根據在法益侵害，若是被共犯假手之他人根本沒有造成侵害法益，那麼也就間接代表著共犯行為並未產生法益侵害的結果，則共犯的可罰性基礎也將跟著消失。

例如在甲唆使乙毀損乙自己的所有物，就刑法之觀點而言，沒有人能侵害自己的所有權，故乙毀壞自己之所有物在刑法的評價上並沒有侵害任何法益。既然被教唆人乙的行為都沒有侵害任何法益，則甲教唆乙去為此等「沒有侵害法益的行為」，該教唆行為在刑法的評價上也不會被認為是惹起或導致了任何法益侵害，當然甲也就沒有成立教唆毀損罪的可能。在這裡，可以明顯發現正

---

[154] 柯耀程，共犯成立基礎與處罰基礎，法學叢刊，第162期，第84-85頁；許玉秀，刑法第四章及第二十八條至第三十一條註釋，第四章，第88-89頁；陳子平，論未遂教唆之可罰性，東吳法律學報，第8卷第1期，1993，第266-268頁；同作者，共同正犯與共犯論—繼受日本之軌跡及其變遷，2000，第330-331頁、第402-403頁。

[155] 蘇俊雄，刑法總論II，1998，第432頁以下。

[156] 許澤天，共犯之處罰基礎與界限，台大法研所碩士論文，1998/06，第60頁以下；同作者，共犯處罰基礎與從屬性，收錄於「罪與刑—林山田教授60歲生日祝賀論文集」，1998，第81頁以下。

犯不法確實會對共犯不法產生影響，因此共犯不法並非完全是獨立的，這是共犯不法的從屬面向。

從我國刑法的某些規定中，也可彰顯出共犯不法的從屬面向：1.我國刑法第29條第1項「教唆他人使之實行犯罪行為」與刑法第30條第1項「幫助他人實行犯罪行為」，顯示出共犯之成立必須以一個正犯違法行為之存在為其前提，如果沒有正犯行為之存在、就沒有所謂的共犯；2.刑法第29條第2項與同法第30條第2項明定共犯之處罰係依正犯之刑或按正犯之刑減輕，可見共犯之刑罰會受到正犯刑罰之影響，而刑罰之輕重往往又代表著犯罪行為不法內涵的高低，由此亦可顯示出共犯行為之不法會受到正犯行為不法的影響；3.刑法第31條第1項處罰不具特定關係或身分之身分犯的共犯，也唯有從該共犯係部分繼受了來自正犯行為不法的角度，才能予以合理的說明。

（二）即使具備正犯不法、共犯不法仍有可能被排除

在「惹起論」的觀點下，既然共犯不法與正犯不法同樣都來自於最終的法益侵害，則在共犯不法的判斷上就有必要越過正犯，而直接指向於共犯與該遭受侵害之法益間的評價對應關係，此為共犯不法的獨立面向。此種法益的持有者與行為客體之間的評價關係結構，其實係來自於法益概念之本質，而非來自於實證法的規定[157]。因為只有能歸屬於人的一個正面評價事實或利益，才可能被認為是法益。例如，物本身並不是法益，法益係存在於所有權人與其所有物之間的利用關係，而於其中法益持有人得以實現其利益[158]。在這樣的情況下，欲判斷共犯行為是否存在著法益侵害，卻不去檢視共犯與該遭受侵害之利益（法益）間的評價對應關係，將是難以想像的。

據此言之，即使正犯已經對法益造成侵害（或危險），但並非可由此完全導出共犯也間接侵害了該法益，而仍應再檢視共犯與該遭受侵害之法益間的評價對應關係。如果該法益在刑法的評價上是不可能為該共犯所侵害的，亦即該法益相對於共犯而言是不受刑法所保護的，則此時仍應認為共犯行為自始即「欠缺法益侵害」。於此，可發現具備正犯不法，亦非可絕對導出共犯不法，因此共犯不法具有其獨立面向，並非完全來自於或取決於所謂的正犯不法。

---

[157] 將法益概念之基礎求諸於「人與利益間的評價關係」，可參見Stratenwerth, Zum Begriff des "Rechtsgutes", in: Lenckner-FS, München 1998, S. 383 ff.

[158] Jakobs, AT, 2/14.

《案例1》甲得知自己得了絕症，爲了使妻子能領到意外險的保險金，乃花錢請殺手乙殺某照片上的人，由於甲與殺手乙並未面對面聯繫，因此殺手乙並不知道照片上的人就是他的委託人甲。豈料，後來殺手乙在執行任務時射偏了，甲毫髮無損[159]。在此案例中，殺手乙應構成殺人未遂罪，但甲並不會成立教唆殺人未遂罪，因爲在刑法的評價上沒有人能侵害自己之生命法益。從這個例子中可以明顯發現，即使正犯具備不法，也並非一定可以導出共犯不法，這是共犯不法的獨立面向。

此種共犯與該遭受侵害之法益間的對應關係，在實質上建構了共犯行爲的不法內涵，此可由兩方面來加以說明：一方面是共犯行爲在客觀上必須侵害了一個相對於其本身而言係受保護的法益，這是共犯行爲的「結果非價」（Erfolgsunwert）或「結果不法」（Erfolgsunrecht）。另一方面則是，共犯必須是「有意」造成該法益侵害（或危險）的結果、或是「容忍」法益侵害（或危險）結果的發生，亦即共犯指向於法益侵害的意志，此則爲共犯行爲的「行爲非價（負價）」（Handlungsunwert）或「行爲不法」（Handlungsunrecht）[160]。

於本節導引案例中，上市公司老闆甲教唆其助理乙湮滅其淘空公司資產與內線交易的相關證據，乙並進而實行湮滅刑事證據之行爲。於此，乙應成立湮滅刑事證據罪（§165前段），固不待言，惟問題在於甲是否應成立教唆湮滅刑事證據罪？

按從刑法條文特別規定將湮滅「自己」刑事案件證據之行爲排除於刑法第165條之構成要件效力範圍外來加以觀察，可認爲刑法在被告湮滅自己刑事案件證據的行爲類型中，已經放棄了對國家刑事司法權法益之保護。換句話說，在刑事被告湮滅自己案件之證據的情形，刑法第165條所保護的「確保國家刑事司法權行使之法益」相對於刑事案件之被告而言係不受刑法所保護的。因此，在刑事被告甲教唆乙湮滅「甲自己案件之證據」的案例中，刑事被告甲的行爲根本就欠缺對該條構成要件保護法益之侵害，故在結論上應排除其構成要

---

[159] 此例改編自 Gropp, Deliktstypen mit Sonderbeteilgung, 1992, S. 174.

[160] 這裡用的是比較簡略的說法，基本上會影響「行爲不法」的要素，除了「人的要素」（如故意、意圖或特定義務等）外，也包括了「外在的行爲型態」（例如行爲所使用的手段是否殘暴），參見 Ebert/Kühl, Das Unrecht der vorsätzlichen Straftat, Jura 1981, S. 231 ff.

件該當性，不成立教唆湮滅刑事證據罪[161]。

二、共犯從屬性

共犯的成立必須以存在一個正犯的違法行為為前提，此即所謂的「共犯從屬性」（Akzessorietät der Teilnahme）。換句話說，正犯的行為至少必須具備構成要件該當性以及違法性，如此共犯之成立方得附麗其上。否則，倘若正犯行為根本不具備構成要件該當性，或是雖具備構成要件該當性但有阻卻違法事由存在，此時教唆或幫助該正犯之人即無由成立共犯。

《案例2》C教唆D偷其父親放在家裡的私房錢，但被D嚴詞拒絕，此時由於欠缺正犯違法行為的存在，C的行為因無所附麗，故也不會構成教唆竊盜未遂罪，其行為不罰[162]。相對地，倘若D果真受C之慫恿而著手偷錢，只是因被發現而未成功，此時由於D應構成竊盜未遂罪，正犯的違法行為是存在的，故C即仍得成立教唆竊盜未遂罪。

刑法對共犯從屬性的要求，其目的乃是為了要符合法治國家「構成要件明確性」（Tatbestandsbestimmtheit）的精神。詳言之，在「限制正犯概念」之下，刑法分則上的構成要件原則上是針對自己親自實行構成要件行為之人（也就是正犯）所描述的，並不包括其他的參與型態在內。但刑法總則上的共犯規定，卻擴張了刑法分則構成要件的可罰性界限，而使之及於未親自實施構成要件行為的共犯，故性質上乃屬於一種「刑罰擴張事由」（Strafausdehnungsgründe）或「構成要件擴張事由」（Tatbestandsausdehnungsgründe）。而透過共犯與正犯違法行為的從屬性連結，使得這個「擴張可罰性的共犯」不至於鬆動構成要件的界限[163]。換言之，經由這個從屬性的連結，使得法治國家為共犯行為描繪出具體的輪廓[164]，藉此避免可罰性的過度擴張。

---

[161] 相同結論：甘添貴，刑法各論（上），第188頁。

[162] 此種「失敗教唆」的情形，舊刑法第29條第3項之規定教唆犯仍以未遂論。

[163] Samson, in: SK-StGB, Vor §26 Rdn. 14.類似見解，Kühl, AT, §20 Rn. 134.

[164] Roxin, in: LK-StGB[11], Vor §26 Rdn. 5.

　　「共犯從屬性」的思想，在法制史上較重要的有「嚴格從屬形式」與「限制從屬形式」之爭議：前者，係指共犯須從屬於正犯的犯罪行為（即構成要件該當、違法且有責之行為）；後者，則指共犯僅從屬於正犯之違法行為（即構成要件該當且違法之行為）為已足，至於正犯是否具備有責性則在所不問。我國刑法第29條第1項規定「教唆他人使之實行『犯罪行為』者，為教唆犯」、第30條第1項亦規定「幫助他人實行『犯罪行為』者，為幫助犯」，單純從法條文義以觀，雖涵蓋上述二種形式的可能性，惟由於刑法第29條的修正理由中已明確敘述採行「限制從屬形式」之精神，故我國現行法關於共犯從屬性係採取「限制從屬形式」，似已屬定論。

第六節　教唆犯

導引案例

(1) 甲為政治狂熱份子，於網路上散布鼓動刺殺總統的言論，A閱覽網路上相關文章後受其鼓動，產生刺殺總統之犯罪決意，但最後A在刺殺行動中失敗被捕。試問：甲是否會構成教唆殺人未遂罪？

(2) 警察乙追緝某慣竊B多年，惟苦於無犯罪證據將B繩之於法，因此乃命其線民丙去教唆B竊盜，其後丙並將B的偷竊計畫全盤告知乙，乙隨即部屬警力，然後在B剛開始著手竊盜時，將B逮捕。試問：警察乙與其線民丙是否會成立教唆竊盜未遂罪？

　　刑法第29條規定：「教唆他人使之實行犯罪行為者，為教唆犯。教唆犯之處罰，依其所教唆之罪處罰之。」條文中雖然明定教唆他人使之實行犯罪行為，然如前所述由於本條之立法理由中已明示「限制從屬形式」之意義，故本條在解釋上應作「教唆他人使之實行違法行為」之理解。據此，教唆犯的成立要件應包括：

一、客觀構成要件

（一）正犯已著手實行的故意違法行為

基於「共犯從屬性原則」，教唆犯之成立應以存在一個被教唆而產生的正犯故意違法行為為其前提，倘若正犯的故意違法行為並不存在，則教唆犯就沒有成立的可能性。例如，教唆他人實施正當防衛行為，由於被教唆人之行為因正當防衛而阻卻違法，此時教唆人亦無由成立教唆犯。

刑法第29條將教唆犯之要件規定為「教唆他人使之實行犯罪行為」，此處關於預備罪之教唆犯是否有成立之可能性，不無疑問。例如，甲教唆乙殺A，乙乃帶著手槍至A住家附近徘徊等待A的歸來以便執行射殺A的行動，但乙卻被事先獲得線報而前往的警察當場逮捕。本案中，乙尚未著手實行僅屬預備殺人罪，但甲可否成立預備殺人罪之教唆犯？對此，學說與實務尚存有爭議，少數說認為得成立預備罪之教唆犯[165]，惟多數說採否定見解認為無成立預備罪之教唆犯的餘地[166]，最高法院實務亦同採否定見解[167]。

筆者認為，關於預備罪是否有成立教唆犯之可能的問題，從共犯從屬性的角度以觀雖不無解釋空間。然由於刑法修法時立法者不僅將教唆犯構成要件之規定從「教唆他人犯罪」特別修改為「教唆他人使之實行犯罪行為」，更在刑法第29條之修法理由中特別強調，本條規定「在適用上係指被教唆者著手實行，且具備違法性後，教唆者始成立教唆犯」，在法律規定並不涉及違憲疑慮的情況下，若強行作違反文義及立法意旨之解釋，恐有侵害立法權領域、逾越法解釋界限而有違權力分立原則之虞。據此，個人認為仍以採否定說為宜，而認為依刑法第29條之規定，若正犯之行為尚未達著手實行之程度，教唆犯即無成立之空間，因此解釋上應無預備罪（或陰謀罪）之教唆犯存在的餘地。若採

---

[165] 林鈺雄，新刑法總則，8版，2020，第469頁以下；黃惠婷，刑法案例研習（二），2版，2013，第128頁以下；臺灣高等法院暨所屬法院95年5月4日因應新修正刑法施行座談會提案第29號研討結論。

[166] 王皇玉，刑法總則，7版，2021，第468頁以下；陳子平，刑法總論，第568頁以下；張麗卿，刑法總則理論與運用，10版，2022，第440頁以下；另，許澤天，刑法總則，3版，2022，第346頁以下，否定教唆人成立預備罪之教唆犯的可能性，但認為教唆人應直接成立該罪之預備犯。

[167] 最高法院104年度台非字第193號刑事判決、100年度台上字第4914號刑事判決、96年度台上字第6958號刑事判決。

此見解，上述案例中的教唆人甲即難以構成犯罪。

　　刑法第29條第2項規定「教唆犯之處罰，依其所教唆之罪處罰之」，故教唆犯在正犯著手實行違法行為後，原則上係依其所教唆之罪予以處罰，而且教唆犯應構成既遂或未遂，也是取決於正犯行為是既遂或未遂而定。例如在教唆殺人罪中，若正犯之行為構成殺人既遂罪，則教唆犯即構成教唆殺人既遂罪；相對地，若正犯之行為僅為殺人未遂，教唆犯亦僅能成立教唆殺人未遂罪。例外之情形為教唆他人為不純正身分犯的情形，依刑法第31條第2項之規定，無身分或特定關係之教唆人僅得科以通常之罪刑。例如，甲教唆乙殺乙的父親A以早日繼承遺產，乙果真因而下毒殺死A，乙固然應成立殺直系血親尊親屬罪（§272），但無身分關係的甲僅能成立普通殺人既遂罪的教唆犯。

（二）教唆行為

　　教唆係唆使原無犯意之人，使其發生犯罪之決意，並導致其因而進一步為違法行為。因此，倘若他人原本就已有犯意，此時縱使再對其進行教唆，也不可能成立教唆犯，頂多只能成立「精神幫助犯」（心理幫助犯）而已。例如，甲已決意要殺乙，此時縱使丙又再慫恿他殺乙，也只不過是更堅定其犯意而已，應成立幫助殺人罪（精神幫助犯），而非教唆殺人。但如果此例中甲對於是否要殺乙，原本尚處於猶豫不決的階段，而後由於丙的慫恿始下定決心殺乙，此時仍應認為係教唆，而非精神幫助[168]。

　　教唆行為之方法並無限制，原則上任何足以引起他人犯意之言語、文字或行為，例如慫恿、挑撥、勢利引誘、激將法、哀求委託等，都可以是教唆行為[169]。而且，除明示教唆外，默示教唆也是可能的，例如透過代表某種意義之手勢。不過，無論如何，教唆行為應僅限於以「作為」的方式為之，單純「不作為」並無法成立教唆犯[170]。另外，教唆除直接唆使正犯為違法行為外，亦可

---

[168] Gropp, AT, §10 Rn. 121.

[169] 最高法院91年度台上字第729號判決：「刑法第二十九條第一項之教唆犯係指行為人對於本無犯罪意思，或雖有犯罪意思，而尚未決定之特定人，基於教唆犯罪之故意，唆使其產生犯罪之決意者而言。其教唆他人犯罪之方法，則無所限制，無論以言語慫恿，或以文字挑撥，或以勢利引誘，或以感情刺激，或以情面委託皆無不可，此與共同正犯須共犯間彼此有犯罪意思之聯絡及行為之分擔者不同。」

[170] 此為通說見解：Heinrich, AT, Rn. 1293.；Jescheck/Weigend, AT, §64II6, S. 691.；Wessels/Beulke/Satzger, AT, Rn. 568.

採唆使第三人引起正犯犯罪決意的間接方式為之，例如甲唆使乙去教唆丙犯傷害罪，此時甲亦應成立教唆傷害罪，此種情形學說上通常稱為「連鎖教唆」（Kettenanstiftung）或「教唆之教唆」（Anstiftung zur Anstiftung）[171]。

　　學理上有爭議的是，如果行為人僅是藉由創造一個足以引誘他人犯罪的情境來達到其慫恿犯罪的目的，此時是否可以構成教唆犯？由於教唆犯的法定刑係比照正犯（§29 II），故教唆犯之不法內涵在相當程度上至少必須與共同正犯相等（二者均屬數人參與犯罪的情形），據此則教唆人與正犯間必須存在精神上的聯繫、甚至是相互的同意始足以當之，如果僅是單純創造一個足以引誘他人犯罪之情境，尚不足以構成教唆犯[172]。例如，故意將看管店員淨空以引誘他人竊盜，並不會構成教唆竊盜（未遂）罪，僅有可能成立竊盜罪的幫助犯。

二、主觀構成要件

　　刑法上所謂的「故意」，係指對於客觀構成要件事實（犯罪構成事實）的知與欲（刑法第13條），亦即行為人主觀上必須具備對所有客觀構成要件要素事實的認知與意欲（或容忍），始可謂為是故意犯。此種對於「故意」概念的理解，不僅適用於「正犯」，同樣也同樣適用於「教唆犯」（共犯）的身上，因此教唆故意在解釋上也必須包含對所有教唆犯之客觀構成要件事實的知與欲。

　　刑法第29條第1項所規定的教唆犯要件，係教唆他人使之實行「違法行為」，因此教唆犯之客觀構成要件實際上應包含「教唆行為」（即惹起正犯犯意之教唆行為）以及「正犯因被教唆而導致的違法行為」二部分。與之相對應，則教唆犯主觀構成要件之故意也應該包含二部分：(一)對教唆行為之故意；以及(二)對正犯違法行為之故意[173]，此即所謂「教唆犯的雙重故意」

---

[171] 連鎖教唆犯國內學界常稱之為「間接教唆犯」或是「教唆教唆犯」，見蔡墩銘，中國刑法精義，第240頁、第264頁。

[172] 此為多數說的見解，參見：Jescheck/Weigend, AT, §64II2a, S. 687.；Krey/Esser, ATII, Rn. 1034 ff.；Schmidhäuser, AT, 14/104；Welzel, Das Deutsche Strafrecht, S. 116.；Wessels/Beulke/Satzger, AT, Rn. 568.

[173] 惟不論係對教唆行為或係對正犯違法行為的故意，解釋上均以「未必故意」（dolus eventualis）為已足。參見Ebert, AT, S. 211.；Heinrich, AT, Rn. 1303.；Kindhäuser, AT, §41 Rn. 22.

（Doppelvorsatz des Anstifters）[174]。茲分述如下：

（一）對教唆行為之故意

　　所謂對教唆行為之故意，可稱之為「教唆行為故意」，係指教唆故意必須包含教唆者對於自己教唆行為的認知與意欲。換句話說，教唆人必須具有以其教唆行為來惹起正犯犯罪決意的故意，此代表刑法不承認有所謂「過失教唆」（Fahrlässige Anstiftung）的概念[175]。例如，甲在朋友乙面前刻意聊到A對其在商場上的惡性競爭，甲雖言詞誇大但並無意引發乙的犯意，但乙為好友甲抱不平竟主動跑去砸爛A的百萬名車，此時甲因欠缺引發乙實行毀損行為的教唆故意，故並不會構成教唆毀損罪。應強調者，此項對教唆行為之故意除「直接故意」外，解釋上也包含「未必故意」在內。

（二）對正犯違法行為之故意

　　基本上，教唆犯對正犯違法行為之故意必須具體的指涉「特定行為人」所實行之「特定構成要件事實」，此即所謂教唆故意的特定性（Bestimmtheit des Anstiftungsvorsatzes）或教唆故意的具體化要求（Anforderungen an die Konkretisierung des Anstiftungsvorsatzes）[176]。據此，教唆故意的特定性應包括被教唆人特定性以及被教唆犯罪之特定性這二個部分：

1. 被教唆人之特定性

　　教唆故意必須是針對特定行為人（特定正犯），此處所指的特定行為人，並非僅限於教唆故意係針對「某特定個人」而言，也包括針對「可個別特定範

---

[174] 反對說：Frister, AT, 28. Kapitel. Rn. 28認為「雙重教唆故意」的說法是一種明顯的誤導，因為沒有任何犯罪會僅存在單一客觀構成要件要素而已，故意本來就必須包含對多種客觀構成要件要素的知與欲，但並不能即因此說有所謂多重故意的存在，此即使是對教唆故意而言，亦無不同。

[175] Lackner/Kühl, StGB, §26 Rn. 1.刑法上雖不存在所謂的「過失教唆犯」，但教唆人視情況仍有可能成立「過失正犯」。

[176] 少數說見解：Puppe, ATII, §41 Rn. 2認為在教唆人將具體化犯罪事實之權委由正犯為之的情形，客觀上根本就已經不存在教唆，此時應認為在教唆犯之客觀構成要件階段就已經不該當，而非屬教唆故意的問題。

圍之多數人」的情形[177]。故若基於教唆可個別特定範圍內之人實行犯罪行為之故意而為教唆行為，並因而促使該特定範圍內之人實行犯罪行為時，仍得成立教唆犯。

《案例1》黑幫首領甲在與幫內幹部開會時，表示在場幹部中有誰能夠把敵對幫派之首領殺死就可領取高額賞金，縱使當場無人對此做出允諾，倘若其後幹部乙果真因此被引發犯意而將敵對幫派首領殺死，此時甲仍應構成教唆殺人既遂罪，因為甲係教唆可個別特定範圍內之人（參與集會的黑幫幹部）違犯特定犯罪。

　　相對地，倘若唆使人主觀上的故意係針對不特定之人為之，例如以擴音器針對集會遊行的不特定群眾、透過大眾傳播媒體針對不特定公眾、經由網路針對不特定網友等，此時其故意即尚難謂符合教唆故意所要求之特定程度，而無法成立教唆犯，僅有可能構成刑法第153條第1款之煽惑他人犯罪的罪名。因此，教唆故意的特定性，實質上構成了教唆犯與刑法第153條第1款之煽惑他人犯罪的關鍵區別，亦即：教唆僅限於唆使特定人犯特定之罪的情形；除此之外，包括慫恿特定人犯不特定之罪或慫恿不特定人犯特定或不特定之罪，均僅有構成煽惑他人犯罪的可能性[178]。

　　在本節導引案例(1)中，政治狂熱分子甲於網路上散布刺殺總統的言論，A受網路上言論之鼓動而產生刺殺總統之犯罪決意，但最後在刺殺行動中失敗被捕。此例中，A成立殺人未遂罪，並無疑問。但甲應構成煽惑他人犯罪（§153 I ①）、抑或應成立教唆殺人未遂罪（§§271 II, 29），則有討論的空間？依據前述之區別標準，由於甲係於網路上慫恿不特定人犯特定之罪（殺人罪），故應成立煽惑他人犯罪之罪名，而非教唆殺人未遂罪[179]。

---

[177] Geppert, Jura 1997, S. 359.；Krey/Esser, ATII, Rn. 1052.；Lackner/Kühl, StGB，§26 Rn. 5.；Roxin, ATII，§26 Rn. 148.；Wessels/Beulke/Satzger, AT, Rn. 572.

[178] 關於「教唆」與「煽惑」之區別，請參閱甘添貴，教唆、幫助與煽惑之分際，收錄於「刑法案例解評」，1999，第194頁以下；張麗卿，刑法總則理論與運用，第367頁以下。

[179] 應注意者，煽惑他人犯罪之構成要件（§153），性質上屬於「舉動犯」（行為犯），只要一有公然煽惑他人犯罪之行為，犯罪即會構成，縱使無人實際因其煽惑而為犯罪，亦同。相對地，「教唆犯」基於「共犯從屬性」之原則，以有正犯違法行為之存在為前提，因此倘若被教唆人並未著手實行違法行為，教唆犯即無成立之餘地。

2. 被教唆犯罪之特定性

　　教唆故意之特定性，除了指教唆人之故意必須針對特定正犯以外，尚要求教唆人的故意至少必須要指涉某特定的構成要件事實（特定犯罪類型），例如殺人、傷害、竊盜或強盜行為等，倘若無法確定教唆人主觀上所指涉者究竟為何種構成要件事實，亦難謂其已具備教唆故意。教唆故意之必須指涉特定罪名（特定構成要件行為），主要是因為依據刑法規定教唆犯係依其所教唆之罪處罰之（§29II），因此若無法認定教唆故意所指涉的特定罪名，將無法確定應依何種犯罪的教唆犯來加以處罰。倘若只因行為人單純引發他人犯罪決意，例如建議他人去犯個案以證明自己的男子氣概，如果該他人所犯的所有罪名全部都要由其負教唆犯之責，從單純的公然侮辱、竊盜、搶奪、強盜、擄人勒贖、傷害、殺人、強制性交等所有的犯罪行為都含括在內，此明顯將會違反「構成要件明確性原則」與「罪責原則」，因為這樣無疑是讓教唆構成要件的涵攝範圍以及教唆犯所負的責任被無限制的延伸與擴張[180]。

　　《案例2》幫派首領丙要剛入幫的小弟去「犯個案」來證明自己的膽識，縱使小弟果真因而去搶劫超商，由於無法確定丙主觀上所指涉者究竟為何種構成要件事實，故無法認定丙具有教唆強盜故意。

　　《案例3》丁男因積欠銀行大筆卡債無力清償，乃要求其女朋友戊想辦法從其老闆那邊弄一些錢來讓自己還債，戊女因被愛情沖昏頭竟果真私自侵占其業務上經手之金錢，交由丁男拿去清償卡債，此時戊女雖應構成刑法第336條第2項之業務侵占罪，但卻無法對丁男論以教唆業務侵占罪。因為丁男僅慫恿戊女想辦法從其老闆處取得金錢供其還債，其主觀上所指涉者究竟是何種構成要件事實並無法確定，例如竊盜、侵占、詐欺、背信等都有可能，因此難謂其具備教唆故意。

　　進一步的問題則是，教唆故意所指涉之「特定構成要件事實」究竟應該要特定或具體化到什麼樣的程度？此乃關於教唆故意之特定性的核心問題。

---

[180] Vgl. Roxin, in: Salger-FS, S. 129 f.

（三）教唆故意之特定性（教唆故意之具體化程度）

　　由於教唆犯並未出現在現場、也沒有直接參與犯罪之實行，其主觀上對正犯所實行之犯罪事實（例如行為客體、犯罪地、時間、犯罪手段等）的認知究竟應該具體化到什麼樣的程度，解釋上不無疑問。例如，教唆人僅單純唆使他人為某種法定構成要件所描述的行為型態（例如僅教唆他人竊盜或傷害），此時教唆者雖對於該犯罪之行為主體與構成要件類型有所認知，但關於該犯罪的行為客體、實行行為、時間、地點以及其他實行犯罪之情狀等，教唆者在主觀上都欠缺認識，此時可否認為其已經具備教唆故意，解釋上不無疑問。

　　《案例4》甲因殺人想偷渡出國，遂找上專門幫人偷渡出境之乙幫忙，乙表示協助偷渡需支付一筆金錢，但甲表示其湊不出這一筆錢，此時乙便對甲說：「那麼你可能應該要去搶一下銀行或加油站。」對此，甲當場並不置可否。在接下來雙方的談話中，乙表示如果甲能籌措到足夠的錢，那麼他就會協助其逃亡並取得假證件，雙方並約好下次見面的時間。幾天後，就在甲、乙約好要見面的當天早上，甲持槍搶劫了當地的一家銀行[181]。

　　在此案例中，乙建議甲去搶銀行或加油站，其主觀上之故意確實是指涉特定正犯所實行的「特定構成要件類型」（強盜構成要件）之行為。然而除此之外，對於甲實施強盜行為的客體，乙並未有確實的認知（可能為銀行或加油站），至於強盜行為的時間、地點以及其他實行犯罪之行為情狀等，乙在主觀上更是都缺乏認知，故此時是否可認為乙已具備教唆故意，解釋上不無疑問？關於此問題，學說上大致存在以下幾種不同的見解[182]：

1. 作為具體事件之所有個別化要素 —— 德國聯邦最高法院觀點

　　德國聯邦最高法院認為教唆犯的故意雖然不需要包含所有客觀構成要件事實的所有細節，但也不能只是認知其構成要件類型與行為客體的種類而已，教唆故意至少應該包含被教唆犯罪行為本身作為一個具體個別事件所應該具備的

---

[181]　此案例改編自BGHSt 34, 63.

[182]　詳細討論請參閱林書楷，教唆故意之特定性，收錄於「刑事法理論與財經刑法之接軌」，第168頁以下。

特徵要素，如此在教唆人的主觀認知上才能顯現出一個具體個別事件的輪廓。若採此種見解，上述《案例4》中，教唆人乙的故意並未指涉具體的犯罪事實，而是包括了同種類行為的多樣可能性，其雖限制行為客體在銀行或加油站，但並不足以作為一個具體事件，在這裡教唆人乙所認知之犯罪事實由於欠缺個別化要素（包括客體、地點、時間或其他實行行為之情狀）而不特定，因此仍不足以構成教唆犯[183]。

　　在這裡，德國聯邦最高法院對於教唆故意的特定性採取了一種極嚴格的認定標準，教唆故意除了必須指涉特定構成要件事實類型外，尚應包含對作為具體事件之所有個別化要素（包括行為客體、地點、時間或其他犯罪實行情狀）的認知，此幾乎已經含括了正犯行為的所有客觀構成要件要素事實，此種嚴格解釋在適用上勢必會導致限縮教唆犯成立範圍的結果。然而，儘管如此，但德國聯邦最高法院卻仍在判決中留下判斷上的彈性空間，而認為關於哪些要素事實對犯罪事件之具體化是必要的，若欠缺會導致正犯行為特定性的欠缺，並無法以一般抽象準則來決定，而仍須依賴個案情況加以判斷[184]。

2. 不法重要面向

　　學說上有見解對於教唆故意的特定性採取較為寬鬆的理解，其認為教唆犯的故意只要能包含正犯行為的「不法重要面向」（die wesentlichen Dimensionen des Unrechts）就足夠了，並無須如德國聯邦最高法院所要求的必須包含作為具體化事件的所有個別化要素事實。此處所謂的「不法重要面向」，則代表一種損害的大致範圍與侵害的方向（形式或方法）。若採此說，在上述《案例4》中，由於正犯甲大約需要多少錢是清楚的，而乙建議其搶劫銀行或加油站所指出來侵害的性質與方法也非常明確，因此乙的教唆故意具備足夠程度之特定性[185]。倘若只是單純的要求他人去實行竊盜、詐欺或強盜行為而沒有進一步的具體化其特徵，就無法成立教唆犯，因為此將涉及到太多的可能性，從一

---

[183] 此為德國聯邦最高法院所採取的見解：BGHSt JZ1986, S. 907.另外，學界支持此項見解者有：Jescheck/Weigend, AT, §64II2b, S. 688.；Krey/Esser, ATII, Rn. 1053.；Wessels/Beulke/Satzger, AT, Rn. 572.另外，Kindhäuser, AT, §41 Rn. 22基本上亦支持德國聯邦最高法院的見解，但也同時表示在教唆者將關於時間、地點與具體實行方法等交由正犯去做決定的情形，具備教唆故意仍然是可能的。

[184] BGHSt JZ 1986, S. 908.

[185] Roxin, ATII, §26 Rn. 136.；ders, JZ 1986, S. 908.；ders, in: Salger-FS, S. 131 f.

盒香菸到一項鉅額金錢的竊盜、從白吃白喝到數百萬元的詐欺、從奪去他人手提包到搶劫銀行，這種種的行為方式都無法被當作同樣的行為來看待[186]。此種情形教唆人並未具備對正犯犯罪之不法重要面向的足夠認知，欠缺教唆故意之特定性而無法成立教唆犯。因為罪責必須取決於被實現不法程度的輕重，當唆使者欠缺對被教唆人所實現構成要件行為之形式以及強度的具體認知時，其罪責的輕重將無法被確定，刑罰也就無法進行合理的裁量[187]。

3. 評析與本書觀點

　　倘若依德國聯邦最高法院的見解要求的教唆故意應包含作為具體事件的所有個別化要素，教唆人對於行為主體、客體、時間、地點甚至其他犯罪實行情狀都必須具備認知，則教唆犯之故意已幾近達到間接正犯或共同正犯之程度，如此勢將模糊教唆犯與正犯間的區別界線[188]。教唆犯與正犯不同，正犯直接實行犯罪，教唆犯則僅僅是透過正犯間接參與犯罪，正犯故意係指向當下的犯罪行為，教唆故意則不同，其係指向將來發生的犯罪行為，故在為教唆行為時該主犯罪行為的某些要素本來就尚未確定，因此教唆犯對主犯罪行為的認知較正犯的主觀認知為低，毋寧是事物的本質[189]。

　　德國聯邦最高法院認為教唆故意應包含對所有具體事件個別化要素之認識的見解，在適用上過於嚴格，有造成可罰性漏洞之虞[190]。因為採取如此的見解，實際上將導致許多唆使特定人實行特定犯罪之情形，都將因欠缺足夠的具體化程度而無法成立教唆犯。以教唆他人搶銀行為例（類似前述《案例4》的情形），由於行為人主觀上缺乏對作為具體事件之所有個別化要素的認識，欠缺無法教唆故意而無法構成教唆強盜罪，倘若其唆使行為又非以「公然」的方式為之，也無法對之論以刑法第153條第1款煽惑他人犯罪之罪名[191]，如此將導致無罪可罰的結論。事實上，在德國聯邦最高法院所要求教唆故意應包含的個別化要素中，例如等價行為客體間的選擇、犯罪時間的選擇，客觀上對於教唆

---

[186] Roxin, ATII, §26 Rn. 137.；ders, JZ 1986, S. 908.；ders, in: Salger-FS, S. 132.

[187] Roxin, JZ 1986, S. 908.

[188] Vgl. Heinrich, AT, Rn. 1306.

[189] Ingelfinger, Anstiftervorsatz und Tatbestimmtheit, S. 215.

[190] Vgl. Herzberg, JuS 1987, S. 618.

[191] 刑法第153條第1款處罰煽惑他人犯罪的規定，基本上係屬於截堵構成要件（Auffangtatbestand）的性質。參見Jescheck/Weigend, AT, §64II2. b.

犯的不法內涵、罪責甚至刑罰裁量而言都無關緊要，因為不管搶哪一家銀行、今天或明天搶劫，都不會影響到行為不法與罪責的認定以及對正犯或教唆犯的刑罰裁量[192]。在這樣的情況下，將正犯實行犯罪的時間、地點等納入教唆故意特定性的認知範圍，法理上實難認具妥適性。

教唆故意之特定性要求係作為確認教唆犯不法與罪責內涵的基礎，因為只有具備足以認定教唆犯不法內涵的基礎，基於罪責與不法相符（Kongruenz zwischen Unrecht und Schuld）的「罪責原則」精神方足以確認教唆犯的罪責內涵，並進一步據以作為刑法裁量之基礎。在這裡，教唆故意之特定性要求，除了必須指涉「可具體特定的正犯」外，尚要求應具體的指涉該正犯所為之「特定構成要件事實」，倘若無法確定教唆人主觀上所指涉者究竟為何種構成要件事實，即難謂其已具備教唆故意。此種教唆犯主觀上對特定構成要件事實的認知（與意欲），必須包括法定構成要件所描述的行為型態（何種犯罪類型），至於行為客體、犯罪時間、地點以及其他犯罪實行情狀等，本書認為原則上都不在教唆故意所必須認知的最低內涵範圍內[193]。

教唆人縱未明確指定某特定客體，惟倘若已經提供數個可擇一的行為客體交由正犯去選擇、或者已指明行為客體的類型，例如教唆人唆使他人潛入A宅或B宅行竊情形、或慫恿他人搶銀行（但未指明哪家銀行），由於教唆人已概括認知並容忍正犯行為對該擇一客體或同類型客體所產生的可能結果，而不管正犯偷A宅或B宅、或是搶哪一間銀行，其財產損害的範圍及不法內涵大致上是足以認定的，故此時應肯定其具備教唆故意。據此，在前述《案例4》中，依據本書之見解行為人應已具備教唆故意而應成立教唆強盜罪。

在教唆人完全未對行為客體做出指示的時候，例如甲僅單純教唆乙竊盜並未指明行為客體或客體類型，此時被教唆人可能涉及的行為類型，從單純扒竊路人皮包、侵入住宅竊盜、潛入銀行行竊、一直到偷取中央銀行的黃金儲備等種種行為方式都有可能，此時不同的竊盜行為方式雖具備不同的不法內涵，但對於教唆故意究竟指涉何種竊盜行為方式的事實不明，可以適用（或類推適用）「罪疑唯輕原則」（Grundsatz "in dubio pro reo"）來處理而作有利於行為人的認定，亦即以教唆故意指涉最輕微或最低程度的竊盜方式來加以認定教唆

---

[192] Vgl. Roxin, JZ 1986, S. 908.；ders, ATII, §26 Rn. 139.

[193] 應強調者，此處僅要求教唆故意應指涉正犯主行為之特定構成要件行為型態，至於該正犯最後是否真的實行教唆人所唆使的相同的構成要件，則屬於正犯行為是否偏離教唆故意的另一問題。

行為的不法內涵與罪責內涵，並據以為刑罰裁量之基礎[194]。也就是說，在此案例中甲仍應認為具教唆故意而構成教唆竊盜罪，但法官在量刑時應比照教唆最輕微竊盜的情況來處理。

簡言之，本書認為關於正犯行為客體的特定，事實上並不在教唆故意最低內涵的範圍內，亦即教唆人主觀故意無須包含對特定行為客體的認知，在因客體不明確導致無法認定教唆行為之不法內涵時，則適用「罪疑唯輕原則」作最輕程度不法內涵之認定，並以之作為刑罰裁量的基礎。

（四）教唆既遂故意

所謂「教唆既遂故意」，係指教唆人對於正犯所為之主違法行為的實現（既遂）也要具有故意。此種教唆既遂故意的概念，實質上也是雙重教唆故意內涵下的產物，因為既然教唆犯之故意應該包括對正犯違法行為之故意，解釋上也就要具備對正犯行為既遂的故意（參見下圖9-1）。

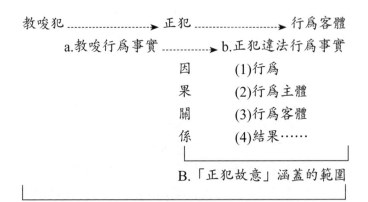

圖9-1

由於教唆故意必須包含「教唆既遂故意」，故倘若教唆人並無意使正犯行為達於既遂，此時即難謂有教唆故意，其最典型之例即為學說上所謂的「誘捕教唆」（agent provocateur od. Lockspitzel）的情形。所謂「誘捕教唆」，亦稱為「陷害教唆」或「虛偽教唆」，係指教唆人基於使他人被逮捕之意思，而慫

---

[194] Ingelfinger, Anstiftervorsatz und Tatbestimmtheit, S. 54 f.

惠他人犯罪，並且令被教唆人於犯罪既遂前即被警方逮捕的一種行為型態。此種「誘捕教唆」的行為人由於欠缺「教唆既遂故意」，因此並不會構成教唆犯[195]。

　　此種對於教唆既遂故意的理解並非來自於法條文義，而是導源於「共犯處罰根據」的精神。由於通說的「惹起論（致因理論、肇因理論）」主張共犯處罰之基礎根據乃在於共犯（跟正犯一樣）侵犯了構成要件所要保護的法益（這也是刑法的實質目的），因此教唆犯必須完全實現那些標示出法益侵害的所有主、客觀要件。特別是「法益侵害意志」乃是建立教唆犯應刑罰性基礎的關鍵性要素，而誘捕教唆的故意卻僅指向於犯罪未遂，故欠缺此種「法益侵害意志」，因此是不可罰的[196]。例如在本節導引案例(2)中，警察乙為追緝慣竊B，乃令其線民丙去教唆B竊盜，其後乙並部屬警力在B剛開始著手竊盜時，將B逮捕。此例中，警察乙與線民丙雖具備對教唆行為之故意，但均因欠缺教唆既遂故意而不會構成教唆竊盜罪。

《案例5》警察甲為破獲某竊盜集團，乃誘使該集團的成員A竊取他人珠寶，惟為了逮捕該集團的其他成員，遂放任A順利取得珠寶，然後布下大批警力暗地跟蹤A，俟A返回該集團的群聚地時，將A及其竊盜集團成員一網打盡。（正犯行為既遂的誘捕教唆）

《案例6》負責偵辦某販毒集團的臥底警察乙計畫打入該組織以蒐集證據，期望能將該販毒集團一網打盡。因此，乙透過管道與該販毒集團成員B接觸假意購買毒品，最初B警覺心甚高而予以拒

[195] 採相同見解者：林山田，刑法通論（下），第111頁以下；林東茂，刑法綜覽，第1-252頁；黃常仁，刑法總論，第238頁以下；張麗卿，刑法總則理論與運用，第368頁以下；陳志龍，人性尊嚴與刑法體系入門，第266頁；許澤天，刑總要論，第201頁；另外，甘添貴，教唆犯之故意與未遂教唆，月旦法學雜誌，第6期，1995，第47頁；陳子平，論未遂教唆之可罰性，東吳法律學報，8卷1期，1993，第276頁認為誘捕教唆（未遂教唆）因為未具有實現「構成要件結果之意思」，欠缺教唆犯的故意，應不予處罰。另有採「陷害教唆」係可罰之見解者：韓忠謨，刑法原理，第303頁以下；何尚先，泛論教唆犯，刑事法雜誌，38卷5期，第34頁以下；郭君勳，案例刑法總論，第520頁以下；周冶平，刑法總論，1971，第415頁以下。

[196] Mitsch, Straflose Provokation strafbare Taten, 1986, S. 50.其他強調誘捕教唆（陷害教唆）不可罰的結論乃是源自於共犯處罰基礎（此係指「惹起論」），如Maaß, Die Behandlung des agent provocateur im Strafrecht, Jura 1981, S. 516 f.

絕，但在乙使用手段並以高價誘惑後，B終於心動而販賣毒品給乙。爲取得信任，乙在長達數月的期間中多次向該集團購買毒品，終於取得販毒集團的信任，因此乙乃刻意安排一項與該組織的龐大交易，並且部署龐大警力嚴密監控該集團以及毒品的流向，最後終於在交易時將該集團一網打盡，破獲數量龐大的海洛英。（正犯行爲終結的誘捕教唆）

在上述二案例中，警察爲教唆行爲後事實上均放任被教唆人之犯罪「既遂」甚至「終結」，解釋上已無法再單純用欠缺「教唆既遂故意」作爲理由來排除警察教唆行爲之可罰性，此時在刑法學理上究竟應如何處理，不無疑問？對此，目前學說上主要有以下三種不同之見解[197]：

1. 法益危險界限說

「法益危險界限說」（Lehre von der Rechtsgutsgefährdungsgrenze）主張以教唆人是否具備法益危險故意來作爲判斷基準，而認爲只有在爲誘捕教唆之人盡了注意義務去排除對於保護法益之實質危險（materielle Gefahr）時，才可以排除教唆犯之成立[198]。若誘捕教唆人有意經由正犯行爲來使得行爲客體承受危險或是容忍這樣的危險發生，此時教唆故意就存在了（或教唆構成要件該當），縱使誘捕教唆人僅有意讓正犯行爲止於未遂，也是一樣的。這個觀點同樣亦適用於教唆人容忍正犯行爲既遂或終結的情形。

2. 形式既遂界限說

「形式既遂界限說」（Lehre von der formellen Vollendungsgrenze）則認爲，只有在爲誘捕教唆之人僅僅有意使正犯犯罪行爲止於未遂的情形下，教唆故意才會被排除。反之，如果教唆人故意讓正犯的犯罪行爲（形式上）既遂了，無論如何想要得出誘捕教唆不可罰的結論也只有求諸於共犯理論以外的其他理由了（例如緊急避難）[199]。

---

[197] Vgl. Hillenkamp , 32 Probleme aus dem Strafrecht Allgemeiner Teil, S. 181 ff.

[198] 採「法益危險界限說」者：Jescheck/Weigend, AT, §64II2b., S. 688.

[199] 採「形式既遂界限說」者：Küper, Der agent provocateur im Strafrecht, GA 1974, S. 330 ff.；Keller, Rechtliche Grenzen der Provokation von Straftaten, 1989, S. 276.；Kühl, AT, §20 Rn. 203.；另外，Gropp, AT, §10 Rn. 130似亦採此說。

3. 實質既遂界限說

「實質既遂界限說」（Lehre von der materiellen Vollendungsgrenze）認為，教唆既遂故意不僅在教唆人有意讓正犯行為止於未遂時是欠缺的，倘若(1)教唆人雖容忍正犯犯罪行為形式既遂（formelle Vollendung），但卻無意使其對法益之侵害實質終結（materielle Beendigung）時；或是(2)雖容忍正犯犯罪行為既遂且終結，但無論如何其並無意造成不可回復之法益侵害（irreparable Rechtsgutsverletzung）時[200]，此時仍應認為其欠缺「教唆既遂故意」[201]。

4. 評析

從「共犯處罰根據」的角度來看，教唆犯係透過正犯行為對構成要件保護法益所為的一種從屬性法益侵害，教唆犯指向於法益侵害的意志則是建立教唆行為不法的基礎，因此倘若教唆人主觀上欠缺實質的法益侵害意思，解釋上即可排除教唆犯的成立。據此，本書認為上述三種見解中應以「實質既遂界限說」較為可採。

進一步言，在此類誘捕教唆的案例中，由於為誘捕之警察事先已經安置了必要的預防措施，使得對於保護法益的危險或侵害事實上並沒有出現，故可經由一個法益導向的目的論限縮（teleologische Reduktion）而認為相關的犯罪仍然沒有既遂（沒有實質既遂），故誘捕教唆人主觀上欠缺教唆既遂故意，教唆犯的主觀構成要件不該當[202]。據此，在《案例5》中，警察甲原本就布下嚴密的警力跟監，然後在將竊盜集團一網打盡後，立刻將被竊之物品物歸原主，無論是物主的所有權或是持有利益都未受任何損害，在這樣的情況下，雖然警察甲有意放任A之行為形式上達於既遂（珠寶置於其實力支配之下），但甲在實質上卻不具法益侵害意思，因此欠缺教唆既遂故意，不成立教唆竊盜既遂罪。

---

[200] Hillenkamp, 32 Probleme aus dem AT, S. 185.

[201] 採「實質既遂界限說」者：林東茂，臥底警探的法律問題，收錄於氏著「危險犯與經濟刑法」，1996，第257頁以下；Geppert, Die Anstiftung, Jura 1997, S. 362.；Maaß, Die Behandlung des agent provocateur im Strafrecht, Jura 1981, S. 518 ff, 520.；Franzheim, Der Einsatz von Agents provocateur zur Ermittlung von Straftätern, NJW 1979, S. 2015 f.；Sommer, Das tatbestandslose Tatverhalten des Agent provocateur, JR 1986, S. 487 ff.；Baumann/Weber/Mitsch, AT, §30 Rn. 50.；Cramer/Heine, in:Schönke/Schröder StGB Kommentar, §26 Rn. 20.；Ebert, AT, S. 213.；Haft, AT, S. 211.；Krey/Esser, AT, Rn. 1061 ff.；Wessels/Beulke/Satzger, AT, Rn. 573.

[202] Vgl. Schwarzburg, Einsatzbedingte Straftaten Verdeckter Ermittler, NStZ 1995, S. 470 f.；Schwarzburg, Tatbestandsmäßigkeit und rechtswidrigkeit der polizeilichen Tatprovokation, 1991, S. 17 ff 則認為此性質上應屬於一種法益導向的限縮解釋。

至於在《案例6》中，臥底警察乙雖然放任正犯之犯罪既遂且終結（交易完成很多次），然由於毒品危害防制條例上所規定的構成要件，其主要目的係在於保護「國民健康」（Volksgesundheit）這個超個人法益。臥底警察乙為了破獲販毒集團所為的誘捕教唆行為，由於已透過嚴密的預防措施排除毒品外流至其他消費者導致國民健康受損的危險，因此並未違反麻醉藥品法的立法目的[203]。甚至相反的，警察為逮捕毒販或破獲販毒集團而實施誘捕，正好符合該法的目的即保護國民健康。在這裡，實施誘捕教唆的警察乙因為欠缺實質的法益侵害意思，故亦因欠缺教唆既遂故意而不成立教唆販毒罪（毒品危害防制條例§4；§29）。

應強調者，誘捕教唆人雖然因為欠缺實質法益侵害意思而排除其教唆故意，不過如果誘捕教唆人對於正犯所招致的結果有預見可能性，其仍須負擔過失之責[204]。

《案例7》丙教唆眾所周知具有殘暴性格的C去搶劫銀行，再暗中通報警察關於C搶劫的時間、地點，希望讓C被警察逮捕，不過在搶劫的過程中C卻將一位銀行職員殺死。於此案例中，丙雖因欠缺教唆強盜既遂之故意而不會成立教唆強盜罪，但丙對於生性殘暴之C在搶劫的過程中可能會造成他人傷亡的結果是可預見的且可避免的，而銀行職員死亡的結果也出現了，因此C應負過失致人於死之責任（§276）。

關於上述「誘捕教唆」的問題，我國實務見解雖向來均認為實施誘捕之警察欠缺教唆故意不構成犯罪，但理由構成尚有待建立。例如司法院（81）廳刑一字第13529號函示：「甲警員為肅清煙毒，乃請線民乙覓販毒者，適丙持有嗎啡一包，本欲自行施打，因乙告知有人欲高價購買而同意轉售，經約定交貨之時地後，丙依約攜帶嗎啡前往該處，當丙取出嗎啡欲交付於甲時，甲即依法逮捕之。司法院第二廳研究意見贊同審查意見：甲警員為肅清煙毒，乃請線民

---

[203] Vgl. Schwarzburg, NStZ 1995, S. 470 f.；不過，Schwarzburg同時也強調若警察教唆的對象是手上沒有毒品的毒販，由於毒品必須另外被製造或是輸入，而在這裡警察並無法做到一個沒有漏洞的監控，故此時毒品外流的危險就不能被認為已經排除。見Schwarzburg, Tatbestandsmäßigkeit und rechtswidrigkeit der polizeilichen Tatprovokation, 1991, S. 56.

[204] Baumann/Weber/Mitsch, AT, § 30 Rdn. 55.

乙覓販毒之人，並無教唆他人犯罪之故意，應不構成犯罪[205]。」實務此項見解以警察係爲了肅清煙毒爲由而否定爲誘捕之員警欠缺教唆故意，此項解釋混淆了教唆故意（Anstiftungsvorsatz）與教唆動機（Anstiftungsmotiv）的區別，並不足探。解決之道，仍宜回歸到刑法學理之「實質既遂界限說」而以欠缺教唆既遂故意爲由來排除警察誘捕行爲在實體法上之可罰性。甚至，可進一步考慮在刑事政策上將警察誘捕偵查或臥底的辦案方式予以法制化的可能性，如此則得將警察誘捕或臥底之行爲視爲是刑法第21條的「依法令之行爲」，以杜絕相關爭議。

（五）對正犯行爲違法性之認識

　　依據刑法第29條之規定以及共犯的「限制從屬性原則」，教唆犯之要件係教唆他人使之實行違法行爲，教唆犯自亦必須對正犯行爲之違法性有所認識，惟問題在於此項認識的性質爲何，是屬於教唆故意的一部分？抑或是關於有責性（禁止錯誤）的問題？

　　關於這個問題，學說上雖有認爲教唆故意固然必須包含對相關構成要件事實情狀的認識，但有關（正犯行爲）違法性的錯誤其法律效果並不是阻卻教唆故意，而是屬於「禁止錯誤」的性質[206]。然而，如此的見解顯然是有疑問的，因爲從「禁止錯誤」的法律性質來看，其係指對於自己行爲之違法性的誤認，

---

[205] 實務上關於「陷害教唆」之問題，通常著重在警察所實施之陷害教唆，是否可作爲被告要求排除證據的理由。例如最高法院97年度台上字第5667號判決謂：「學理上所稱之『陷害教唆』，屬於『誘捕偵查』型態之一，而『誘捕偵查』，依美、日實務運作，區分爲二種偵查類型，一爲『創造犯意型之誘捕偵查』，一爲『提供機會型之誘捕偵查』。前者，係指行爲人原無犯罪之意思，純因具有司法警察權者之設計誘陷，以唆使其萌生犯意，待其形式上符合著手於犯罪行爲之實行時，再予逮捕者而言，實務上稱之爲『陷害教唆』；後者，係指行爲人原已犯罪或具有犯罪之意思，具有司法警察權之偵查人員於獲悉後將取得證據，僅係提供機會，以設計引誘之方式，佯與之爲對合行爲，使其暴露犯罪事證，待其著手於犯罪行爲之實行時，予以逮捕、偵辦者而言，實務上稱此爲『釣魚偵查』。關於『創造犯意型之誘捕偵查』所得證據資料，係司法警察以引誘或教唆犯罪之不正當手段，使原無犯罪故意之人因而萌生犯意而實行犯罪行爲，進而蒐集其犯罪之證據而予以逮捕偵辦。縱其目的在於查緝犯罪，但其手段顯然違反憲法對於基本人權之保障，且已逾越偵查犯罪之必要程度，對於公共利益之維護並無意義，其因此等違反法定程序所取得之證據資料，應不具證據能力；而關於『提供機會型之誘捕偵查』型態之『釣魚偵查』，因屬偵查犯罪技巧之範疇，並未違反憲法對於基本人權之保障，且於公共利益之維護有其必要性，故依『釣魚』方式所蒐集之證據資料，非無證據能力。」

[206] Welzel, Das deutsche Strafrecht, §16 II 3., S. 117.

但在教唆犯對正犯行爲違法性認識錯誤的情形卻是教唆犯對他人違法性的誤認，故應無法將此種情形視爲是教唆犯的禁止錯誤。

在這裡，解釋上宜認爲對教唆犯而言，正犯行爲之違法性是屬於「規範性構成要件要素」的性質，是教唆犯之構成要件事實情狀的一部分，而爲教唆故意所應認知之對象，因此當教唆人主觀上未認知到正犯行爲之違法性時（亦即其認爲正犯行爲是合法的），此時其法律效果應係欠缺教唆故意，而非阻卻或減免罪責[207]。

《案例8》甲唆使老師乙對學生實施體罰傷害行爲，但甲主觀上卻誤認爲其係乙教師懲戒權的合法行使。

此案例中，縱使事實上不存在教師之懲戒權，教唆人甲也會因爲未認知到正犯行爲之違法性而阻卻教唆故意，並不會構成教唆傷害罪[208]。至於，正犯乙的部分，由於誤認其行爲爲懲戒權之合法行使，屬於「禁止錯誤」，仍應適用刑法第16條關於禁止錯誤之規定來加以處理。

第七節　幫助犯

導 引 案 例

(1)甲爲一嚴重思覺失調症病患，某日甲在產生幻覺、幻聽的情況下，持刀砍殺A，A之情敵乙見狀，開車檔住A的路，最後導致A死於甲的刀下。問乙應如何論罪？

(2)丙欲砍斷情敵B之腳筋以教訓B，友人丁爲幫助丙，乃提供其一把刀子作爲武器。但行爲當下由於丙不堪遭B刺激沒男子氣概，乃拋下武器徒手與B進行男子漢對決，最後丙仍然徒手將B打成重傷。問丁是否成立幫助重傷罪？

---

[207] Joecks, in:MK-StGB, §26 Rn. 45.

[208] Ebert, AT, S. 212.

　　刑法第30條規定：「幫助他人實行犯罪行爲者，爲幫助犯。雖他人不知幫助之情者，亦同。幫助犯之處罰，得按正犯之刑減輕之。」在教唆犯的情形，由於教唆犯必須要挑起他人之犯意，因此教唆犯與正犯間存在有某種程度的精神上聯繫是必要的。但幫助犯則不同，即使正犯對於幫助者之行爲並不知情，也有可能成立所謂的「片面幫助犯」。例如，於他人偷竊時，暗中放置梯子，以便利其爬牆入內進行竊盜，即屬「片面幫助犯」，仍應構成幫助竊盜罪。

一、客觀構成要件

（一）正犯的故意違法行爲

　　「幫助犯」性質上也屬於共犯的一種，因此基於限制從屬形式的「共犯從屬性原則」，幫助犯之成立也必須以有一個正犯違法行爲的存在爲前提，倘若正犯的故意違法行爲並不存在，則幫助犯就沒有成立的可能性。例如，甲逮捕現行犯時，乙提供繩索給甲，甲便以該繩索將現行犯綁住送警察局。甲實施現行犯之逮捕屬「依法令之行爲」而阻卻違法（§21Ⅰ），乙的幫助行爲因欠缺正犯違法行爲，也不會成立妨害自由罪的幫助犯。但相對地，在導引案例(1)中，乙所幫助之精神分裂病患甲爲殺人之行爲，甲雖因無責任能力而不成立犯罪，但乙仍可以構成幫助殺人罪，因甲之行爲仍具違法性。

（二）幫助行爲

　　基本上，幫助行爲可分爲物理與心理幫助二種類型：
1. **物理幫助（Phyische Beihilfe）**：指透過行爲來提供正犯物理或技術上之幫助的情形。例如，提供犯罪工具或凶器、供給犯罪地之地圖或保全設施圖、爲正犯排除障礙、或阻礙他人進入犯罪現場等。
2. **心理幫助（Psychische Beihilfe；精神幫助）**：指透過言語、勸告等方式予以正犯精神上的支持或強化正犯之犯罪決意。例如，給犯罪人精神上之鼓勵、言語上之激勵、犯罪時在一旁助勢等。另外，透過言語之傳達使正犯獲得犯罪相關之技術也可能屬於心理幫助，例如告知犯罪場所之資訊、教導正犯僞裝之技巧等[209]。

---

[209] Krey/Esser, AT, Rn. 1072.

　　與教唆犯必定是作為犯不同，「不作為幫助」是有可能成立的，只是必須以幫助者具有保證人地位（即具有作為義務）為前提[210]。例如，父親甲看著其未成年的兒子乙打人卻不阻止，因甲有阻止其未成年子女為犯罪行為之作為義務，能阻止而不阻止，甲可成立普通傷害罪的幫助犯。

（三）幫助行為與正犯間之因果關係

　　幫助犯之成立，是否以幫助行為與正犯犯罪結果間具有因果關係為其前提？關於此問題，學說見解並不一致，基本上有以下幾種觀點[211]：

1. 結果致因理論

　　「結果致因理論」（Erfolgsverursachungstheorie），亦稱「因果理論」（Kausalitätstheorie）或「因果關係必要說」，認為幫助是對於正犯實行行為的一種因果貢獻，幫助行為必須與正犯之犯罪行為或結果間具有因果關係存在，始得構成幫助犯，倘若欠缺因果關係，則屬於幫助未遂犯或不可罰的未遂幫助（Versuchte Beihilfe）[212]。如採此說，在導引案例(2)中，由於丁提供給丙的刀子與B被打傷之結果間完全沒有因果關係，故丁之行為僅屬於不罰的未遂幫助。惟在個案中若丁所提供的刀子有持續作用到正犯著手階段（例如丙已著手實行傷害行為後才因故丟棄刀子），則丁仍可構成幫助重傷未遂罪。

2. 促進理論

　　「促進理論」（Förderungstheorie）認為，幫助犯之成立並不以幫助行為與犯罪結果間具有因果關係為必要，而是只要幫助行為對正犯之犯罪行為具有促進作用，包括共同導致犯罪結果、使犯罪行為更易於實現或確保犯罪的實

---

[210] Baumann/Weber/Mitsch, AT, §32 Rn. 22.；Heinrich, AT, Rn. 1321.；Kindhäuser, AT, §42 Rn. 23.；Wessels/Beulke/Satzger, AT, Rn. 582.

[211] 學說上的討論，可參閱：蔡聖偉，論幫助行為之因果關係，政大法律評論，第134期，2013/09，第176頁以下；Hillenkamp, 32 Probleme aus dem AT, S. 199 ff.

[212] 採此說者有：林鈺雄，新刑法總則，第474頁以下；陳子平，刑法總論（下），第201頁；黃常仁，刑法總論，第251頁；許澤天，刑總要論，第209頁；靳宗立，刑法總論Ｉ，第424頁以下；黃榮堅，基礎刑法學（下），第852頁以下；蔡聖偉，論幫助行為之因果關係，政大法律評論，第134期，2013/09，第186頁以下；Jescheck/Weigend, AT, §64Ⅲ2c., S. 694.；Kühl, AT, §20 Rn. 241 f.；Lakner/Kühl, StGB, §27 Rn. 2.；Haft, AT, S. 212 f.；Tröndle/Fischer, StGB, §27 Rn. 2.；Welzel, Das deutsche Strafrecht, §16Ⅲ3.,S. 119.

現、升高了犯罪成功的機會等，都應認為已足夠成立幫助犯[213]。如採此說，導引案例(2)中丁提供給丙的刀子雖然與B被打成重傷之結果間沒有因果關係，但由於丁基於幫助故意提供丙攻擊用的刀子，該刀子具有使丙的故意重傷行為更容易實現的效果，故丁應成立幫助重傷既遂罪（§278 I, 30）[214]。

3. 風險升高理論

「風險升高理論」（Risikoerhöhungstheorie）認為，幫助犯之成立並不以對犯罪結果具備因果關係為前提，而是只要幫助行為升高了犯罪結果出現的機會，亦即只要幫助行為升高了法益侵害的風險，就足夠了[215]。若依此說，則導引案例(2)中，丁先前基於幫助故意提供丙刀子的行為，已經足以升高犯罪結果出現的機會，故丁應該成立幫助重傷既遂罪。

4. 抽象危險理論

「抽象危險理論」（Abstrakte Gefährdungstheorie）認為，幫助犯在本質上為一「抽象危險犯」，立法者之所以處罰幫助犯，主要係因為幫助行為通常會升高對法益侵害的危險，此項升高法益危險的特質已為立法者所擬制，故於具體個案中毋庸再進行判斷[216]。如採此說，導引案例(2)中丁基於幫助重傷之故意而提供丙刀子，此項幫助行為立法者已擬制其會升高對法益侵害的風險，故丁應直接成立幫助重傷罪。

---

[213] 採此說者：Baumann/Weber/Mitsch, AT, §31 Rn. 13 ff.；Ebert, AT, S. 214.；Krey/Esser, AT, Rn. 1079.；Wessels/Beulke/Satzger, AT, Rn. 582.

[214] 實務見解似採此說，見最高法院109年度台上字第979號判決：「……茲由於實務及學說均肯定幫助行為兼賅物質上或精神上之助力，且從即令物質上之助力於犯罪實行時未生實際作用，仍非不得認為對行為人產生精神上之鼓舞以觀（例如提供鑰匙入室竊盜，但現場未上鎖，事後看來是多此一舉），可徵幫助行為對於犯罪結果之促進，並非悉從物理性或條件式之因果關係加以理解，尚得為規範性之觀察。換言之，若幫助行為就犯罪之實行，創造有利條件或降低阻礙，進而提升或促進結果發生之蓋然性而惹起結果，即堪認定其因果性貢獻之存在，進而可將法益侵害之結果，於客觀上歸責予提供犯罪助力之行為人，而成立幫助犯……。」另，107年度台上字第1094號刑事判決亦採相同觀點。

[215] 採此說者：林山田，刑法通論（下），第137頁以下（註183）；Stratenwerth/Kuhlen, AT, §12 Rn. 158.；另外，張麗卿，刑法總則理論與運用，第379頁似亦採此說。

[216] Herzberg, Anstiftung und Beihilfe als Straftatbestände, GA 1971, S. 4 ff, 7.

5. 理論評析

上述四種理論中，「結果致因理論」的問題點在於解釋「精神幫助」的概念時會顯現出侷限性，例如在僅單純強化正犯犯意之精神幫助的情形，其幫助行為與犯罪結果之間即可能不存在因果關係，因為縱使該（精神）幫助犯並未強化正犯之犯罪決意，正犯仍會實行其違法行為[217]。

至於「抽象危險理論」把幫助犯之構成要件理解為「抽象危險構成要件」，惟此種觀點是否妥適，誠有商榷之餘地。基本上，「抽象危險犯」是一種被刑法假定為對法益具有（抽象）危險的犯罪，立法者之所以採取抽象危險構成要件的立法方式，其主要目的乃在於對法益做前置性的保護以求更周延的保護法益[218]或者是避免本質上的舉證困難，故往往針對易造成重大法益侵害之犯罪（如§173的放火罪）或是一些特殊舉證困難的犯罪類型（如空氣污染防制法§48Ⅰ之違法燃燒有害健康物質罪）[219]。但幫助行為的對象卻可能僅係不具舉證困難本質的輕罪（例如針對普通竊盜之幫助行為），將之一律視為是抽象危險構成要件，洵屬不當。而且，從結果來看，此處之「抽象危險理論」對於幫助犯之成立採取了最寬鬆的理解，導致幫助犯的成立範圍過於擴大延伸，恐有違反罪刑明確性之虞。

據此，本書認為解釋上應以「促進理論」或「危險升高理論」較為可採。惟就實質而言，二說僅係切入觀察之角度不同、但實質意涵上其實差異不大，於個案中的推論結果也幾乎完全一樣。因為倘若某幫助行為對正犯之違法行為產生了促進作用，或使正犯之違法行為更易於實現提升了犯罪成功的機會，解釋上該幫助行為即已升高了法益侵害的危險，而足以符合可罰幫助行為的質。

另外，既然幫助行為必須對於正犯主行為具有促進作用或是升高正犯法益侵害的危險，則在所謂「承繼幫助犯」（Sukzessive Beihilfe；或稱事中幫助

---

[217] 基於此項質疑，在「結果致因理論」下也產生一些修正的說法，例如不要求嚴格的因果關係（指條件關係），只需要使因果關係強化即可（例如強化或確保構成要件之實現）；或如僅要求對結果存在具因果性的改變即可。相關見解的整理可參見Heinrich, ATⅡ, Rn. 1326.就本書的觀點而言，上述對幫助行為與犯罪之因果性的修正，實質上都有向「促進理論」移動的意味。

[218] 張麗卿，交通刑法中的抽象危險犯，收錄於「罪與刑—林山田教授60歲生日祝賀論文集」，第227頁以下；林東茂，危險犯的法律性質，收錄於氏著「危險犯與經濟刑法」，1996，第15頁以下。

[219] 空氣污染防制法第55條第1項：「無空氣污染防制設備或空氣污染防制設備未運作而燃燒易生特殊有害健康之物質者，處三年以下有期徒刑、拘役或科或併科新臺幣二十萬元以上五百萬元以下罰金。」

犯）的情形，倘若是在正犯行爲既遂後、終結前予以提供幫助，此時是否仍有可能對正犯行爲產生促進作用或升高法益侵害之危險而成立幫助犯？關於此問題，本書認爲縱使正犯行爲已經既遂，但只要在正犯行爲尚未「終結」前提供幫助，仍有可能成立「承繼幫助犯」[220]。例如，在正犯以拳頭將被害人打傷後，提供正犯球棒，讓正犯持球棒繼續毆打被害人（升高對被害人身體法益的危險性），仍應成立傷害罪的幫助犯；在正犯實行妨害行動自由之行爲後，提供處所供正犯拘禁被害人（確保犯罪的繼續實行），仍會成立刑法第302條第1項之剝奪行動自由罪的幫助犯。

二、主觀構成要件

幫助犯亦係透過他人行爲來侵害法益，故幫助犯的主觀要件也必須要具備「雙重幫助故意」，因此幫助犯主觀構成要件之故意也應該包含二部分：(1)對幫助行爲之故意；以及(2)對正犯違法行爲之故意。茲分述如下：

（一）對幫助行爲之故意

所謂對幫助行爲之故意，可稱之爲「幫助行爲故意」，係指幫助故意必須包含幫助犯對自己幫助行爲的認知與意欲，幫助犯主觀上必須具有以其行爲來促進或幫助正犯行爲實行的故意，此亦同時代表刑法不承認有所謂「過失幫助犯」的概念。

（二）對正犯違法行爲之故意

「幫助故意」如同「教唆故意」一樣，也要求應具備某種程度的特定性，亦即幫助犯對正犯違法行爲之故意必須具體的指涉「特定行爲人」所實行之「特定構成要件事實」，此即所謂「幫助故意的特定性」（Bestimmtheit des Beihilfevorsatzes）。因此，倘若幫助人根本不知道他人究竟要爲何種類型的構成要件行爲，因其幫助故意缺乏足夠之特定性，即難認爲其具備幫助故意。

---

[220] 相同見解：Baumann/Weber/Mitsch, AT, §31 Rn. 25.；Jescheck/Weigend, AT, §64III2b., S. 692.；Krey/Esser, AT, Rn. 1088 f.；Wessels/Beulke/Satzger, AT, Rn. 583.；反對見解：Kindhäuser, AT, §42 Rn. 27認爲除非是在「繼續犯」的情形，否則犯罪既遂後就沒有再成立「承繼幫助犯」之可能性了。

《案例1》槍擊要犯乙向軍火販子甲購買槍枝，甲雖然將槍枝賣給乙，但
　　　　並不知道乙要以該槍從事何種用途，最後乙持該槍向富商恐嚇
　　　　取財。在此案例中，甲並未認知到乙持槍要從事何種構成要件
　　　　行為（有可能為殺人、傷害、搶劫、恐嚇等各種可能性），其
　　　　幫助故意缺乏足夠之特定性，故不會成立幫助恐嚇取財罪。

　　學說上一般認為，雖然「幫助故意」與「教唆故意」一樣，均要求必須具備特定性（二者合稱共犯故意之特定性），但二者間之不同處在於，「幫助故意」相對於教唆故意而言，其所要求之特定程度較低[221]。幫助故意僅要求認知特定正犯所欲實施的構成要件行為類型即可，至於正犯所計畫針對的行為客體、所使用的方法或是其可能造成的損害範圍等，幫助犯主觀上都不需要有認知[222]。就本書之觀點，「幫助故意」與「教唆故意」所要求之特定性是一樣的，只要行為人主觀上係指涉特定人所實行之特定構成要件行為型態即具備足夠之特定性，至於客體、時間、地點以及其他犯罪實行情狀等，原則上都不在幫助故意與教唆故意所必須認知的最低內涵範圍內。

《案例2》丙知道丁計畫要搶劫而向其高價購買槍枝，雖然如此丙基於利
　　　　欲薰心仍然賣給了丁一把手槍，最後丁持該把手槍搶劫了銀行
　　　　的運鈔車。在此案例中，丙僅認知到丁是要搶劫，但對於丁要
　　　　搶劫的對象、方法、時間、地點以及其可能造成損害的範圍都
　　　　不知道，雖然如此但丙仍應該成立幫助強盜罪。因為丙主觀上
　　　　已經認知到其行為是在幫助特定人（丁）實行特定構成要件事
　　　　實（強盜），於此幫助故意的特定性已經具備，丙成立加重強
　　　　盜罪之幫助犯。

---

[221] Roxin, Zur Bestimmtheit des Teilnehmervorsatzes, in:Salger-FS, 1995, S. 136 f.；Heinrich, AT II, Rn. 1337.；Joecks, StGB Studienkommentar, §27 Rn. 11.；Krey/Esser, AT, Rn. 1091.；蕭宏宜，擇一故意與幫助故意，台灣法學雜誌，第166期，2010/12，第147頁。

[222] Roxin, in: Salger-FS, 1995, S. 136 f.；Roxin, ATII, §26 Rn. 272.另外，通說往往認為幫助犯主觀上應認知到正犯行為的重要不法內涵或特徵，參見：Baumann/Weber/Mitsch, AT, §31 Rn. 28.；Ebert, AT, S. 215.；Heinrich, ATII, Rn. 1337.；Joecks, StGB Studienkommentar, §27 Rn. 11.；Kindhäuser, AT, §42 Rn. 29.；Krey/Esser, AT, Rn. 1091.；Wessels/Beulke/Satzger, AT, Rn. 584.

（三）幫助既遂故意

所謂「幫助既遂故意」，係指幫助犯對於正犯所爲之主違法行爲的實現（既遂）也要具有故意。因此，倘若幫助者僅有意使正犯行爲止於未遂階段，即所謂「虛僞幫助」（或稱未遂幫助）的情形，因欠缺幫助既遂故意，即無法成立幫助犯。

《案例3》臥底警察混入竊盜集團中，爲取信該集團成員，乃假稱自己原來係某銀行的保全人員，並提供該銀行保全系統的設計圖以便利集團成員進行竊盜，但實際上該臥底警察已經聯絡好警局同仁布下天羅地網，一俟竊盜集團著手對該銀行進行偷竊，即予以一網打盡。此案例中，臥底警察由於欠缺幫助既遂故意，因此並不會構成幫助竊盜未遂罪。

三、連鎖共犯

所謂「連鎖共犯」（Kettenteilnahme），係指共犯雖實施犯罪參與行爲，但其行爲並非直接指向於正犯，而是加工於其他共犯的情形。「連鎖共犯」大致有「教唆教唆犯」、「教唆幫助犯」、「幫助教唆犯」以及「幫助幫助犯」等四種型態，其中除了「教唆教唆犯」（連鎖教唆）應構成教唆犯外，其餘三種類型解釋上都應成立幫助犯[223]。

《案例4》甲得知某富商全家即將出國遠遊，乃將此事告知乙，並要乙慫恿丙於富商全家出國時進入其別墅竊盜，丙果然因此趁該富商全家出國時對其別墅進行「大搬家」，將之洗劫一空。此案例中，乙成立教唆竊盜既遂罪，甲之行爲屬於「教唆教唆犯」（連鎖教唆），亦應成立加重竊盜罪的教唆犯（§§321 I ①，29）。

《案例5》甲得知乙計畫殺死其仇人，乃唆使其朋友丙提供一把手槍供乙

---

[223] Geppert, Jura 1997, S. 364 ff.；Baumann/Weber/Mitsch, AT, §30 Rn. 96, §31 Rn. 40.；Heinrich, AT, Rn. 1341 ff.

作為犯案工具，乙最後持該把手槍將其仇人殺死。此案例中，丙成立幫助殺人既遂罪，甲之行為屬於「教唆幫助犯」，亦應成立幫助殺人既遂罪（§§271, 30）[224]。

《案例6》甲慫恿會計乙應把握機會將其所經手之公司財物予以侵占，丙則從旁予以肯定甲的立論很有道理，有了丙的背書後甲再進一步予以勸說，乙因此終於被說服而將所經手之公司財物予以侵占。此案例中，甲成立教唆業務侵占罪，丙之行為屬於「幫助教唆犯」，應成立幫助業務侵占罪（§§336 II, 30）[225]。

《案例7》甲幫助其朋友購買竊盜所需之相關工具，乙則幫忙甲進行工具打包並提供車輛供甲運送該批工具，藉此甲順利將該批工具交付與朋友，其朋友則利用該批工具順利完成竊盜行為。此案例中，甲成立幫助竊盜既遂罪，乙的行為屬「幫助幫助犯」（連鎖幫助），亦應成立幫助竊盜既遂罪（§§320, 30）。

第八節　共犯之錯誤問題

導引案例

(1)甲教唆乙殺A，為避免乙殺錯人，甲並詳細告知乙關於A的外貌、生活習慣甚至交給乙一張A的照片。某日，乙按照甲的指示於A通常回家的路上埋伏，但由於天色昏暗乙竟然誤認A之弟B為A本人，遂將B

---

[224] Geppert, Jura 1997, S. 365認為此是適用法條競合的「補充關係」而來的結果，亦即行為人同時構成「對正犯行為的幫助」以及「對幫助犯的教唆」，但前者是較重的參與型態，故僅適用「對正犯行為的幫助犯」予以處罰。

[225] 不同見解：鄭善印，教唆犯之成立及其從屬性與獨立性之研究，收錄於「刑與思—林山田教授紀念論文集」，2008，第333頁，認為幫助教唆者應成立「教唆犯」，而與直接教唆人成立「教唆犯之共同正犯」。另外，許玉秀，間接幫助犯，收錄於氏著「刑法的問題與對策」，第166頁，亦認為幫助教唆者應論以教唆犯。

殺死。試問：甲應如何論罪？

(2)丙教唆丁潛入富商C家中竊盜，丁因之而生竊盜犯意，但丁實際進行竊盜時，卻另行起意性侵C之妻子。試問：丙應該成立何罪？

一、正犯發生「等價客體錯誤」對共犯的影響

由於共犯係透過正犯之行為去侵害法益，故倘若正犯之行為發生「客體錯誤」，此時對共犯的罪刑會發生何種影響，不無疑問？例如，導引案例(1)中，甲教唆乙殺A，乙卻誤認A之弟B為A，遂將B殺死。本例中，正犯乙雖發生「構成要件等價之客體錯誤」，惟此種錯誤僅係動機錯誤，並不會影響到乙的殺人故意，乙仍然成立殺人既遂罪。問題在於，正犯乙所發生的等價客體錯誤，對於教唆犯甲的刑責會產生什麼樣的影響？關於此問題，刑法學說上大致有以下幾種不同之見解[226]：

（一）忽視理論

忽視理論（Unbeachtlichkeitstheorie）認為，共犯的錯誤與正犯的錯誤應做相同處理，如果構成要件等價之客體錯誤對正犯而言是不重要的，那麼同樣地對共犯而言也應當不生任何影響。換句話說，對正犯屬無關緊要的構成要件等價之客體錯誤，對共犯而言亦應當予以忽視。基本上，我國實務見解向採此說，最高法院認為教唆正犯殺某特定人，縱使正犯因認錯人而誤殺他人，但只要正犯所殺的確實是人，即在教唆殺「人」之犯意內，其教唆行為所生之危害並不因此而有影響，故教唆人仍應構成教唆殺人既遂罪[227]。「忽視理論」為學

---

[226] Vgl. Hillenkamp, 32 Probleme aus dem AT, S. 193 ff.；Heinrich, AT, Rn. 1307 ff.

[227] 最高法院89年台上字第1675號判決：「蘇○順教唆原無殺人犯意之楊○群殺人，雖楊○群誤黃○輝為陳○欽而加以殺害（客觀錯誤），惟不論被害人黃○輝或案外人陳○欽均在蘇○順教唆殺『人』之犯意內，其教唆行為所生危害，並不因此而有影響，核其所為，係犯刑法第二百七十一條第一項殺人既遂罪之教唆犯，依刑法第二十九條第二項規定，應依殺人既遂罪論。」此項判決承襲早期判例之結論，例如16年上字第1949號判例謂：「甲造意之目的，僅在殺死乙一人，而被教唆者既誤入丙家，又於甲所欲殺之乙一人外更連殺二人，是被教唆者之犯罪行為，顯與教唆者之意思不能一致。雖關於甲教唆殺死乙部分，因被教唆者目的錯

界的少數說[228]。

若採此說，則本節導引案例(1)中，正犯乙所發生的構成要件等價之客體錯誤，不論是對正犯乙本身、抑或是對教唆犯甲而言，都不影響其故意，因此甲仍應該成立教唆殺人既遂罪。

（二）重要性理論

重要性理論（Wesentlichkeitstheorie）認為，正犯的客體錯誤對共犯是否產生影響，須取決於該錯誤對共犯的故意而言是否為一個法律上重要的偏離而定。如果正犯行為的偏離，並未逾越一般生活經驗可預見的範圍之外，此種偏離在法律上便是不重要的，不阻卻共犯的故意，只有在正犯之客體錯誤已經逾越了一般生活經驗可預見的範圍之外時，共犯故意才會受到影響。此說為德國聯邦最高法院的見解[229]。

若採此說，於本節導引案例(1)中，正犯乙所發生之等價客體錯誤，但因通常兄弟長得會比較相像，故此誤認並未逾越一般生活經驗可預見的範圍，不影響教唆犯的故意，故甲應仍成立教唆殺人既遂罪。

（三）個別化理論

個別化理論（Individualisierungstheorie）立基於重要性理論的基礎之上，而進一步認為倘若教唆人有將被害人具體化特徵交付給正犯，例如描述容貌、交付照片等，而正犯也依教唆人所交付之指示而行，此即代表正犯所為之事件符合教唆犯主觀上的認知圖像，故縱使正犯發生等價客體錯誤，則對於教唆犯而言也應當予以忽視，因為在此種情形下發生的客體誤認，雖然偏離了教唆人原本的犯罪計畫，但仍屬於一般生活經驗可預見的範圍之內[230]。但倘若正犯違反了教唆犯所交付關於被害人具體化特徵之指示，此時正犯所為之行為即已不再符合教唆犯之主觀認知，故對於教唆犯而言即屬於「逾越」，難認教唆犯對

誤，致將丁殺死，甲仍應負責外，至被教唆者於甲所教唆外更有殺人行為，即非甲所預知，因而甲對於教唆者殺死其他二人不能負教唆之責。」

[228] Gropp, AT, §10 Rn. 134.；Trödle/Fischer, StGB, 26 Rn. 15f.；Welzel, Das deutsche Strafrecht, §16II5, S. 117.；另，張麗卿，「刑法總則理論與運用」，第376頁，似亦採此說。

[229] BGHSt 37, 214, 218 f.

[230] Heine, in: Sch/Sch-StGB[28], §26 Rn. 23.；Wessels/Beulke/Satzger, AT, Rn. 579.

於所發生之結果應負故意之責，此時正犯之客體錯誤應視爲是教唆犯的打擊錯誤[231]。

　　若採此說，於本節導引案例(1)中，由於教唆人甲事先詳細告知乙關於A的外貌、生活習慣並交給乙一張A的照片，已有將被害人的個別具體化特徵交付給乙，而通常兄弟長得比較相像，乙雖認錯人但應該還是有依照甲所交付之指示而行（有按照照片的特徵鎖定對象），故此時縱使乙發生等價客體錯誤，亦不影響教唆犯的故意，甲仍應成立教唆殺人既遂罪。

（四）打擊錯誤理論

　　打擊錯誤理論（Aberratio-ictus-Theorie）認爲，當正犯發生客體錯誤時，其歷程對教唆犯而言就如同是「打擊錯誤」一樣，因此正犯之客體錯誤應作爲是教唆犯的「打擊錯誤」來處理，亦即對原來的目標客體成立教唆未遂犯，對結果發生客體則成立過失犯。此說爲目前學界之多數說[232]。

　　若採此說，在導引案例(1)中，正犯乙所發生之客體錯誤應視爲教唆犯甲之打擊錯誤，因此阻卻故意，故甲對結果發生客體B的部分僅成立過失致死罪，對於原來目標客體A的部分則應成立教唆殺人未遂罪，屬於一行爲觸犯數罪名的想像競合犯，從一重論以教唆殺人未遂罪（§55）。

（五）本書見解

　　基本上，不論是採取「忽視理論」、「重要性理論」或「個別化理論」，在某些特殊情況均會導致不合理的結果。此即在正犯發生等價客體錯誤殺死第三人後，又再將教唆犯最初指示的被害人殺死的情況，將導致教唆犯必須因爲實施一個教唆行爲，而承擔先後兩次的教唆殺人責任。然而，當一個人僅有意

---

[231] Kindhäuser, AT, §41 Rn. 31 ff.

[232] Müller, Das Urteil des BGH zu Anstiftung und "error in persona", MDR 9/91, S. 831.；Roxin, JZ 13/1991, S. 680 f.；Schreiber, Grundfälle zu "error in objecto" und "aberratio ictus" im Strafrecht, JuS 1985, S. 877.；Heinrich, ATII, Rn. 1311.；Kühl, AT, §20 Rn. 209.；林山田，刑法總論（下），第124頁；另外，Otto, Anstiftung und Beihilfe, JuS 1982, S. 562認爲，至少在屬於個人專屬法益之人的客體錯誤情形，正犯的客體錯誤應該視爲是共犯的打擊錯誤（參見）；另外，許玉秀，刑法第四章緒論及第二十八條至第三十一條註釋，國科會專題研究計畫成果報告，1997/09，第二十九條，第24頁；第三十條，第15頁，在教唆犯的情形採取「打擊錯誤理論」，但是在幫助犯的情形卻似乎是採取「重要性理論」。

唆使一次謀殺，卻先後成立兩次的故意教唆殺人，不論是依法理或是邏輯都是不可能的[233]。以本節導引案例(1)而言，甲教唆乙殺A，乙卻誤認A之弟B爲A，遂將B殺死，倘若乙於誤殺B之後，正好碰到A回家，乃接著又再將A殺死，此時不論依「忽視理論」、「重要性理論」，甲都將會成立兩個教唆殺人既遂。「個別化理論」中當正犯依照教唆犯之指示而行時，也會得出這樣的結論。這樣的結論顯然是不合理的，單獨一個故意行爲，如果不是出於累積故意，就僅能成立一個結果，如因一個行爲而發生其他結果者，則不得不將其作爲過失來處理[234]。就此而言，「打擊錯誤理論」視正犯之客體錯誤爲共犯之打擊錯誤，使共犯的單獨一次故意教唆行爲，僅成立一個故意犯罪與一個過失犯罪的想像競合，結論上較爲合理。

「打擊錯誤理論」的基礎思考主要來自於，當被教唆之正犯發生等價客體錯誤時，共犯在實際上並沒有對於行爲客體發生誤認，只是在那個由他所發動的犯罪事件中發生了錯誤，並導致構成要件結果出現在其他的客體上，這種情形正與打擊錯誤的結構相互吻合[235]。然而，就如同本書前面所論述，對特定行爲客體的認知就教唆故意而言並非是絕對必要的，倘若是在教唆人之故意並未具體指涉特定行爲客體的情況下，正犯所發生的等價客體錯誤對於教唆人而言，結構上就難認爲是與「打擊錯誤」相符了。

據此，本書認爲在正犯發生等價客體錯誤的情形，對於教唆犯而言是否會造成影響應取決於教唆故意是否有具體指涉特定行爲客體而定。倘若教唆故意已具體指涉特定行爲客體，則正犯發生的等價客體錯誤即應視爲是教唆犯的「打擊錯誤」[236]。例如在本節導引案例(1)中，甲係教唆乙殺A，已具體指涉特定行爲客體爲A，此時乙所發生之客體錯誤應視爲是教唆犯甲之打擊錯誤，故甲對於B死亡之結果應成立過失致死罪，對於原來的目標客體A則應成立教唆殺人未遂，屬一行爲觸犯數罪名的想像競合犯，從一重論以教唆殺人未遂罪。應強調者，如果最後A又正好回家撞見乙，乙心想一不做二不休又再將A殺死，則此部分教唆人甲仍應成立教唆殺人既遂罪，加上原先對B所成立的過失致死罪，屬於一行爲觸犯數罪名的想像競合犯，依刑法第55條從一重以教唆殺

[233] Roxin, JZ 13/1991, S. 681.

[234] 甘添貴，刑法總論講義，第105頁。

[235] Schreiber, JuS 1985, S. 877.

[236] Vgl. Baumann/Weber/Mitsch, AT, §30 Rn. 89.

人既遂罪處斷。

　　相對地，倘若教唆故意並未具體指涉特定行為客體[237]，例如甲未指明對象而僅單純教唆乙「任意殺一個人」的情形，就不應適用「打擊錯誤」的原理來加以處理，因為在此種情形下正犯所發生的等價客體錯誤對教唆人而言已難謂其與「打擊錯誤」之結構相符了。此時應認為教唆人主觀上已經有容忍正犯任意選擇客體之認知，故正犯即使發生選擇客體上之錯誤，也仍然在教唆故意所涵蓋之範圍內（此類似擇一故意的法理），因此甲應直接成立教唆殺人既遂罪。於此，倘若正犯行為逾越了教唆犯之故意，則逾越教唆故意範圍外之行為，頂多只能論以幕後人過失之責。

《案例1》黑道角頭甲唆使小弟乙「隨便殺一個人」來證明膽識（未指明對象之教唆），但乙為證明膽識卻連殺三人。此案例中，對於乙所殺的第一人，教唆犯甲應成立教唆殺人既遂罪，但超出教唆犯意外另外多殺的二人，係逾越教唆故意外之行為，在具有預見可能性的前提下，頂多只能論以甲過失致死罪。因此，甲係一行為觸犯一個教唆殺人既遂罪、兩個過失致死罪的想像競合犯，從一重論以教唆殺人既遂罪。

二、正犯發生「不等價客體錯誤」與「打擊錯誤」對共犯的影響

　　在正犯發生「構成要件不等價之客體錯誤」的情形，不僅對正犯而言應阻卻故意，對共犯而言同樣亦應阻卻故意，因此共犯對於實際發生結果之客體僅成立過失犯，而對於共犯起初的目的客體則成立未遂犯。

《案例2》甲教唆乙殺A，乙應允之，雖埋伏於山上A必經之路，惟乙在山上黑暗中誤認野生黑猩猩為A，乃持槍將該黑猩猩射殺。此時正犯乙所發生之不等價客體錯誤，對教唆犯甲而言應阻卻故意，故甲對黑猩猩的部分僅屬於過失殺害保育類野生動物而不罰，

---

[237] 應強調者，此時仍應以通過教唆故意特定性之檢驗為其前提。

對於A的部分則應成立教唆殺人未遂罪[238]。

基本上，正犯的「打擊錯誤」，對於共犯而言均應評價為「打擊錯誤」。

《案例3》 丙教唆丁殺B，惟丁於行動時因槍法欠佳未射中B，卻導致流彈誤中C，此時正犯丁對C成立過失致死罪，對B成立殺人未遂罪，屬一行為觸犯數罪名的想像競合犯。同樣地，對教唆人丙而言，正犯的打擊錯誤亦視為其打擊錯誤，故丙亦對C的部分亦成立過失致死罪，對B的部分則成立教唆殺人未遂罪，兩者亦是想像競合，僅從一重教唆殺人未遂罪予以處斷。

三、正犯逾越共犯故意外之行為

前面所述均為正犯發生構成要件錯誤的情況，但倘若正犯並非發生錯誤，而係另行起意犯下其他之罪行，此即正犯發生逾越行為之情況。原則上，教唆犯與幫助犯亦僅在其教唆與幫助故意範圍內負責，倘若正犯另行起意而犯下其他之罪行，則逾越共犯故意範圍外的行為，即無法歸由教唆犯或幫助犯來負責。例如，教唆他人竊盜（§320），但被教唆人卻另行隨身攜帶凶器進行竊盜（§321 I ③），或是由偷竊轉強盜（§329），此時教唆人均僅成立普通竊盜罪的教唆犯（§§320 I, 29）而已；又例如，教唆他人實施傷害行為，而被教唆人實施傷害時竟臨時起意將對方殺死，此時教唆人亦僅應成立教唆傷害罪（§§277 I, 29），而非教唆殺人罪[239]。據此，在導引案例(2)中，丙僅教唆丁竊盜，但丁於竊盜時卻另行起意犯下性侵罪行，性侵屬於逾越教唆故意以外的行為不應歸由教唆人負責，故丙仍僅成立教唆竊盜罪。

倘若教唆犯為教唆行為後，被教唆人所為者為另外一個完全不相同的犯罪行為，此時教唆犯並毋庸對正犯所為之行為負責，自不待言。然而此種情形在性質上並非正犯之逾越，而是屬於不罰之「無效教唆」或「失敗教唆」的情

---

[238] 此案例是否屬不能未遂（不能犯）的情形，學說上恐有爭議。若依本書所採的「修正具體危險說」，本案例的部分應屬普通未遂，而非不能未遂。

[239] 此時教唆犯是否應該對正犯逾越的行為負過失責任，仍取決於個案中是否符合過失犯之要件而定。參見Krey/Esser, AT, Rn. 1054.

形[240]。例如甲教唆乙竊取丙女之金錢，但乙最後竟然是對丙女實施性侵，此時甲之行為因為屬竊盜的無效或失敗教唆而不罰。因為乙對丙女所為之強制性交行為既與甲所教唆之竊盜完全不同，代表乙實際所為之犯罪行為並非是由甲所引起的，故甲的教唆竊盜行為實際上是無效或失敗的。

　　值得討論的是，有時正犯所為之行為雖與教唆犯所教唆之罪名不同，但卻具有同質性時，例如甲教唆乙去偷丙的名貴鑽戒，但乙後來卻用搶劫的方式把該名貴鑽戒搶到手，此時即不可一律將其當作無效或失敗教唆來處理。在這裡，倘若乙的強盜行為確實是由甲的教唆行為所引起，此時雖然此強盜行為並不符合甲主觀上的認知（竊盜），但由於二者之侵害法益與行為客體均具有同一性，此時關於法益侵害的時間、地點或行為方法的偏離即應認為是不重要的[241]，故甲仍應在其教唆故意之範圍內成立教唆竊盜既遂。至於，正犯乙逾越教唆故意外的強盜行為，教唆人甲毋庸負故意之責，自不待言，且由於強盜不處罰過失犯，故教唆人此部分無罪。

　　在「結果加重犯」之情形，亦有成立教唆犯之可能性。例如甲教唆他人以非法之方法剝奪他人行動自由，但卻導致被害人死亡。此時，刑法第17條之規定在這裡仍有適用之餘地[242]，故倘若甲對於被害人之死亡結果有預見可能性時（亦即對被害人之死亡結果具有過失），甲即仍應成立剝奪行動自由致死罪之教唆犯（§§302II, 29），此於絕大多數之情形均足以肯定之；相對地，如果甲對於被害人之死亡欠缺預見可能性（亦即對被害人之死亡結果無過失），則甲僅構成教唆剝奪行動自由罪（§§302I, 29）。

《案例4》甲向好友乙訴說其受A壓榨之種種委屈，並教唆好友乙去傷害A教訓他一頓，但乙為了替好友出氣竟因而產生殺意，其後乙於某日趁A上班途中持刀將A殺死。

　　於此案例中，甲基於教唆傷害之故意而為教唆傷害行為，但卻意外引發乙的殺人故意，由於殺人故意解釋上包含傷害故意在內，故教唆人甲之行為符合

---

[240] Geppert, Jura 1997, S. 359.；Kühl, AT, §20 Rn. 199.

[241] Otto, JuS 1982, S. 562.

[242] 陳子平，刑法總論，第632頁；黃常仁，刑法總論，第243頁；Ebert, AT, S. 213.；Jescheck/ Weigend, AT, §64II4., S. 690.；Joecks, in: MK-StGB, §26 Rn. 74.

以故意引發正犯傷害故意，但卻因過失導致被害人死亡之加重結果，故甲應成立刑法第277條第2項傷害致死罪之教唆犯[243]。至於乙的部分，其基於殺人故意而為殺人行為，並直接導致被害人死亡結果之發生，應成立刑法第271條第1項的故意殺人既遂罪，自不待言。

第九節　共犯與身分

導 引 案 例

(1)公務員甲欲收受賄賂，但為掩人耳目，乃與其妻乙協議，由乙負責出面代為收受廠商賄賂之現金。試問，乙應如何論罪？

(2)丙男與丁女為男女朋友，因一時情不自禁發生關係，導致丁女未婚懷孕生子。剛產下兒子的丁，因罹患嚴重的產後憂鬱症，竟因此教唆丙男將甫生產之嬰兒殺害，丙男從之，果真將該甫生產之嬰兒殺死。試問，丙男與丁女應如何論罪科刑？

　　刑法上的「身分犯」可區分為「純正身分犯」與「不純正身分犯」兩種類型，分別以行為主體具備特定身分來作為犯罪成立或罪刑增減的前提，如此就會產生一個問題，亦即：當無身分之人與具備特定身分者共同參與犯罪時（包括共同正犯、教唆犯與幫助犯的情形），此時該無身分之人應如何論罪？

一、無身分之人參與「純正分身犯」之犯罪

　　所謂「純正身分犯」，亦稱「純正特別犯」（Echte Sonderdelikte），係指構成要件明定必須行為人具備特定身分始足以成立之犯罪。由於行為主體必須具備特定身分才可能構成該犯罪，故學說上亦稱之為「構成身分犯」。解釋上，在「純正身分犯」中，只有具備該特定身分之人才有可能侵害構成要件所

---

[243] Heine, in: Sch/Sch-StGB[28], § 26 Rn. 22.；Roxin, ATII, § 26 Rn. 167.

要保護之法益。最典型的身分犯是刑法瀆職罪章或貪污治罪條例中所規定的各種瀆職罪。例如，刑法第121條之公務員收賄罪的行為主體必須是公務員，而且解釋上也只有具備公務員身分者才可能透過收賄行為而損及該條構成要件所要保護的法益——即人民對國家公務執行之公正與廉潔的信賴。

有問題者在於，倘若係無身分之人教唆或幫助有身分之人犯罪、或是與有身分之他人共同為犯罪行為，此時對該無身分之犯罪參與者在法律上是否可論以身分犯之共犯或共同正犯，解釋上不無疑問？針對這種情形，我國刑法第31條第1項規定：「因身分或其他特定關係成立之罪，其共同實行、教唆或幫助者，雖無特定關係，仍以正犯或共犯論。但得減輕其刑。」據此，無身分者雖無法成立「純正身分犯」之正犯，但倘若其與有適格身分之人共同實行、教唆或幫助的話，則適用本條規定的結果，該無身分之人亦可成立共同正犯、教唆犯或幫助犯，只是可以減輕其刑而已。

此種無身分者與有身分者構成「純正身分犯」之共同正犯、教唆犯或幫助犯的情形，一般稱之為「擬制共同正犯」[244]或「擬制共犯」。例如，導引案例(1)中，公務員甲與其妻乙具共同收賄之犯罪決意，由其妻乙負責收賄，此時公務員甲與其妻乙均構成受賄罪之共同正犯，但乙因不具公務員身分，依法得減輕其刑。又如，丙教唆公務員丁收賄，則公務員丁成立收賄罪，丙雖無公務員身分仍得構成教唆收賄罪，只是依法得減輕其刑而已。

二、無身分之人參與「不純正身分犯」之犯罪

所謂「不純正身分犯」，亦稱「不純正特別犯」（Unechte Sonderdelikte），係指行為人的特定身分或關係並非是構成犯罪所絕對必要之要件，而僅是作為加重、減輕或免除刑罰之作用而已。換句話說，其基本刑態之犯罪，任何人均得違犯之，只是在行為人具備特定身分或關係時，始加重、減輕、或免除其刑而已，故其亦被稱之為「加減身分犯」。例如，任何人均得以違犯殺人罪，但殺人罪之行為人如具有「直系血親卑親屬之身分」，就會構成處罰較重之殺直系血親尊親屬罪（§272Ⅰ），而非普通殺人罪。又如，「具有生母身分之人」殺害甫生產之嬰兒，僅構成較輕之生母殺嬰罪（§274），而非普通

---

[244] 此種「擬制共同正犯」的問題，可參見游明得，從身分犯的本質檢視刑法第三十一條身分共同正犯—以國內現況評析為主，警大法學論集，第12期，2007/04，第138頁以下。

殺人罪。

　　對於無身分之人參與「不純正身分犯」之情形，刑法第31條第2項規定：「因身分或其他特定關係致刑有重輕或免除者，其無特定關係之人，科以通常之刑。」故依據刑法第31條第2項之規定，若係無身分之人與有身分之人共同參與「不純正身分犯之犯罪」者，雖仍應成立該不純正身分犯之共同正犯、教唆或幫助犯，但僅科以通常之刑。應強調者，基於「罪刑不可分之原則」，此處法條所謂的「科以通常之刑」，其實是論以「通常之罪刑」的意思。例如，甲與乙基於共同犯罪決意一起將甲的父親殺害，二者雖仍屬共同正犯，但有直系血親卑親屬身分之甲應成立較重之殺直系血親尊親屬罪（§272Ⅰ），而無特定身分關係之乙則僅成立普通殺人罪（§271Ⅰ）而已。

　　在導引案例(2)中，甫生產後罹患嚴重產後憂鬱症的丁女教唆男友丙將其甫生產之嬰兒殺害，丙應成立普通殺人罪，但具有該甫生產嬰兒「生母身分」之丁，則僅成立生母殺嬰罪的教唆犯（§§274, 29, 31Ⅱ）而已。相對地，若反過來係丙男教唆甫生產嬰兒的丁女將其自己的嬰兒殺害，丁女在罹患嚴重產後憂鬱症的情況下因而產生犯意殺死甫出生的嬰兒，此時丁女應構成生母殺嬰罪的直接正犯固無疑問，但不具生母身分的丙男依法仍應論以通常之罪刑，亦即應成立教唆殺人罪（§§271Ⅰ, 29, 31Ⅱ）。

第十節　必要共犯

導引案例

(1)某甲私下收集色情雜誌，乙獲知後表示願意購買，甲原先拒絕，但在乙的高價誘惑下，遂販賣猥褻物品給乙，雙方並完成交易。試問：此案例中乙是否會因其行為而構成教唆販賣猥褻物品罪（§235Ⅰ, 29Ⅰ）？

(2)丙因為做生意亟需一筆錢周轉，乃找上專門放高利貸的丁借錢給他，並表示願意支付高達20分的利息，丁貪圖重利遂借錢給丙。試問：此案例中丙教唆丁貸與其重利貸款之行為是否會構成教唆重利罪（§§344, 29Ⅰ）？

一、必要共犯之理論

一般學說上所謂的「必要共犯」（Die notwendige Teilnahme od. concursus necessarius），係指刑罰法規上的某些犯罪行為，在概念上必須要有兩人以上或多數人之參與才有可能違犯。簡言之，必要共犯不法構成要件之完全實現，必須以多數人的共同加工為其前提要件。例如，刑法第136條第1項的聚眾妨害公務罪必須要聚集多數人於公務員依法執行職務時施以強暴脅迫；又例如，刑法第235條的販賣猥褻物品罪必須要有出賣人與買受人相互合意之買賣行為。換句話說，在上述這些屬於必要共犯的犯罪類型中，如果只有單獨一人之行為，無論如何都無法完全實現「聚眾」或「販賣」等構成要件，因此即無犯罪既遂之可能或甚至根本無法構成該罪。

依據傳統通說見解，必要共犯可分成「聚合犯」與「對向犯」二種類型[245]：

（一）聚合犯

所謂「聚合犯」（Konvergenzdelikte），係指構成要件要求必須有多數人自「相同方向」共同加工，而致力於同一目的之法益侵害的一種犯罪類型，包括「結夥犯」（例如§321④之結夥竊盜罪）、「聚眾犯」（例如§136之聚眾妨害公務罪）、叛亂犯（例如§§100, 101之內亂罪）或「組織犯」（例如§154之參與犯罪結社罪）等。

關於「聚合犯」的參與型態，是否一定都是正犯、特別是共同正犯，抑或是也包括教唆或幫助犯等共犯在內，解釋上不無疑問？由於聚合犯，在傳統學說上係指概念上必須要存在多數人、自相同的方向、以相同之方式來共同致力於法益侵害的一種犯罪型態，其不僅從形式觀之類似於共同正犯，即使從各個聚合犯構成要件解釋的角度來看，所有參與聚合行為的行為人也都應該加以處罰，因此學界多數說認為所有的聚合犯都應該論以「正犯」或「共同正犯」來加以處罰[246]。

---

[245] 自從西元1901年德國學者Freudenthal將必要共犯區分成「聚合犯」與「對向犯」以來，這個二分法的分類就一直廣為學界所採納，一直到現在為止仍然是學界通說的分類模式。參見 Freudenthal, Die notwendige Teilnahme am Verbrechen, Breslau 1901, S. 1 ff, 122 ff.

[246] 採此說者：甘添貴，必要共犯與總則共犯規定之適用，收錄於氏著「刑法案例解評」，第

　　實務見解亦採此說，最高法院81年台非字第233號判決（原判例）謂：
「……二人以上朝同一目標共同參與犯罪之實施者，謂之『聚合犯』，如刑法
分則之公然聚眾施強暴、脅迫罪、參與犯罪結社罪、輪姦罪等是，因其本質上
即屬共同正犯，故除法律依其首謀、下手實施或在場助勢等參與犯罪程度之不
同，而異其刑罰之規定時，各參與不同程度犯罪行為者之間，不能適用刑法總
則共犯之規定外，其餘均應引用刑法第二十八條共同正犯之規定[247]。」

　　雖然聚合犯在多數情形都是共同正犯，然而解釋上，除非法律有明文規定
足以排除刑法第28條至第30條之適用，否則聚合犯之行為基本上仍有刑法總則
關於「共同正犯」與「共犯」規定適用之餘地。因此，在聚合犯之參與者中，
不論是「正犯」（包括共同正犯）抑或是「共犯」的型態都是可能存在的。至
於各個參與人間究竟係成立正犯或共犯，基本上，則仍應適用一般區別正犯與
共犯之理論（本書採犯罪支配理論）來加以判斷[248]。例如，甲、乙兩人在酒吧
喝酒聊天，離去後巧遇一夜歸獨身女子A，甲忽然「臨時起意」對A女實施強
制性交，乙則抱持看熱鬧的心態在一旁加油助勢（心理幫助），若甲、乙間缺
乏共同犯罪決意或乙不具功能犯罪支配，此時甲、乙兩人便應分別成立結夥強
制性交罪（§222 I ①）的「正犯」與「幫助犯」。

168頁以下；許玉秀，刑法第四章緒論及第二十八條至第三十一條註釋，國科會專題研究計
畫，1997，緒論，第94頁；林山田，刑法通論（下），第153頁；蘇俊雄，刑法總論Ⅱ，第
460頁；Jescheck/Weigend, AT, §64V1., S. 697 f.；Maurach/Gössel/Zipf, ATII, §50IIRn. 10.；
Roxin: in: LK-StGB[11], Vor §26 Rn. 33.

[247] 在最高法院81年台非字第233號判決（原判例）出現之前，最高法院本身的見解似尚未統
一，亦有最高法院判決認為聚合犯本質上而係「單獨正犯」，而非「共同正犯」。例如在72
年度台上字第2177號判決、72年度台上字第4949號判決中，最高法院曾表示「二人以上共同
輪姦罪（舊刑法二二二）係學理上必要共犯之一種，各人各有強姦之目的，各就其自己強姦
行為負責，非如共同正犯因有共同目的互相利用之關係，而須就全部犯罪結果負責，故無
刑法第二十八條之適用。」學說上，亦有採類似見解者，例如Mezger/Blei, Strafrecht I, AT, 15
Aufl., 1973, S. 287.亦認為聚合犯本質上係「單獨正犯」（Alleintäter），而非共同正犯
（Mittäter）。

[248] Baumann, Täterschaft und Teilnahme, JuS 1963, S. 51 f.；Joecks, in: MK-StGB, Vor §§26, 27
Rn. 30.；Küper, Konvergenz-Die gemeinschaftliche Köperverletzungen im System der
Konvergenzdelikte, GA 1997, S. 320 ff, 326.；Wolter, Notwendige Teilnahme und straflose
Beteiligung, JuS 1982, S. 344.另，古承宗，結夥三人與共同正犯，月旦裁判時報，第13期，
2012/02，第74頁以下；韓忠謨/吳景芳，刑法各論，第348頁，似亦採此種見解。

（二）對向犯

　　所謂「對向犯」（Begegnungsdelikte），則係指構成要件要求必須有多數人自「不同方向」、彼此往同一目的互相合致加工的一種犯罪類型。在「對向犯」中，倘若刑法明文規定那些「對向共同加工之雙方行為人」均應予以處罰時，例如重婚罪、血親性交罪與賄賂罪等，此時參與犯罪的雙方當事人都應成立「正犯」而具備可罰性[249]，解釋上並無疑問。但如果此類對向犯有先為教唆幫助、後再進而實行主構成要件行為之情形，例如，甲男愛上其姪女乙，因而慫恿乙女與其發生性關係，乙女起初不願意，後來在甲甜言蜜語的引誘下，雙方合意發生性關係，甲男之行為同時該當血親性交罪之正犯及教唆犯。在此種對同一犯罪為多重參與的情形，該對向犯都成立個別正犯，而不會再適用刑法總則上的共犯規定而再論以教唆犯（或幫助犯）[250]。至於其理由，則係基於法條競合（Gesetzeskonkurrenz）中共犯規定補充於正犯規定的「補充關係」（Verhältnis der Subsidiarität），因此在這裡僅論以正犯而排除共犯規定的適用[251]。故於上舉案例中，甲男與乙女固均應成立血親性交罪（§230），但甲男教唆乙方與自己性交的部分並不會再另外論以教唆血親性交罪。

　　另外，在為數不少的對向犯中法律僅規定處罰其中一方之參與者，至於另一方卻缺乏處罰之明文規定，在這樣的情況下，該法律未明文規定處罰的一方，縱然無成立正犯的可能，但如果其行為有符合教唆犯或幫助犯要件的情形，此時是否可對之論以共犯（教唆或幫助犯），非無討論之空間？例如，在本節導引案例(1)中，乙教唆甲販賣猥褻物品給自己，甲成立販賣猥褻物品罪的正犯，但乙是否會構成販賣猥褻物品罪的教唆犯（§§235Ⅰ, 29Ⅰ）？又如

---

[249] 在違背職務賄賂罪的情形，收賄者係成立收賄罪（§122Ⅰ），行賄者則成立行賄罪（§122Ⅲ）。

[250] 甘添貴，必要共犯與總則共犯規定之適用，第171頁以下；另外，最高法院81年台非字第233號判決（原判例）亦謂：「……若對向之二個以上行為，法律上均有處罰之明文，當亦無適用刑法第二十八條共同正犯之餘地……。」最高法院此項判例僅言及，當對向犯之雙方法律均有處罰之明文規定時，沒有再適用刑法總則關於共同正犯規定（§28）之餘地，但此類對向犯如有對他方之教唆或幫助行為是否可以再成立共犯，以及若不另成立共犯其理由為何，最高法院在此項判例中均未提及。

[251] Trechsel, Der Strafgrund der Teilnahme, 1967, S. 69 f. 亦認為在對向犯之雙方法律均有明文加以處罰時，若必要參與者一方存在對另一方之教唆，此時應適用不同參與型態間之競合規則來加以處理，只是其並未明確指出是基於「補充關係」。不同見解：許玉秀，刑法第四章緒論及第二十八條至第三十一條註釋，國科會專題研究計畫成果報告，1997，第四章共犯緒論，第95頁，認為此時應成立「吸收關係」，而非「補充關係」。

本節導引案例(2)，丙有急用乃懇求丁貸與重利給自己，此時丁固應成立重利罪之正犯，但丙是否會構成重利罪的教唆犯（§§344, 29 I）？這裡的爭議，其實正是學說上在探討必要共犯理論時的「核心問題」。

1. 我國實務見解

81年台非字第233號判例認為，在對向犯中，「……因行為者各有其目的，各就其行為負責，彼此間無所謂犯意之聯絡，苟法律上僅處罰其中部分行為者，其餘對向行為縱然對之不無教唆或幫助等助力，仍不能成立該處罰行為之教唆、幫助犯或共同正犯。……」在這裡，最高法院明顯採取否定見解。若依此說，則本節導引案例(1)與(2)中，乙教唆甲販賣猥褻物品給自己並不會構成教唆販賣猥褻物品罪；同樣地，丙教唆丁放高利貸給自己也不會成立教唆重利罪。

2. 德國實務見解

德國實務見解向來認為，在實現構成要件所必要之最低程度共同加工（Mindestmitwirkung）的範圍內，必要共犯（對向犯）之行為是不可罰的。但如果逾越了「實現構成要件所必要之最低程度共同加工」的範圍，則只有在必要共犯屬於構成要件之保護對象（即犯罪被害人）時，其必要參與行為才是不罰的，否則仍應適用刑法總則之共犯規定而論以教唆或幫助之刑[252]。此種德國實務見解，也對德國學界產生深遠影響，一直到現在德國學界多數說仍然承認「最低程度共同加工」這個對向犯的不可罰基準[253]。

---

[252] BGHSt 4, 396, 400 f.；BGHSt 10, 386 f.；BGHSt 15, 377, 382.；BGHSt 17, 369, 374 f.；BGHSt 19, 107 f.；RGSt 25, 369, 370.；BGH Urteil vom 19.1. 1993, MDR 6/93, S. 563 f.

[253] 德國學界承認「最低程度共同加工」之基準者：Baumann, Täterschaft und Teilnahme, JuS 1963, S. 52 f.；Esser, GA 1958, S. 329.；Otto, Straflose Teilnahme?, in: Lange-FS, 1976, S. 199 ff.；Wolter, JuS 1982, S. 344.；Jescheck/Weigend, AT, S. 698.；Joecks, in: MK-StGB, Vor §§26, 27 Rn. 32.；Lackner/Kühl, StGB, Vor §25 Rn. 12.；Stratenwerth/Kuhlen, AT, §12 Rn. 205.；Wessels/Beulke/Satzger, AT, Rn. 587.；持反對意見者，根據筆者之統計大致上僅有：Herzberg, Täterschaft und Teilnahme, S. 138.；Jakobs, AT, §24 Rn. 12.；Gropp, Deliktstypen mit Sonderbeteiligung, S. 125 ff.；Sowada, Die notwendige Teilnahme als funktionales Privilegierungsmodell im Strafrecht, 1992, S. 62 ff.另外，Roxin, in: LK-StGB, Vor §26 Rn. 34原支持德國實務界此項「最低程度共同加工」的基準，惟其後又改變見解加入反對之一方（ders, ATII, §26 Rn. 52 f）。

(1)實現構成要件所必要之最低程度共同加工

所謂「實現構成要件所必要之最低程度共同加工」（或最低程度參與），係指原本就包含在構成要件所描述之事實範圍內的行為類型。例如販賣猥褻物品罪中的「販賣」要素，由於「販賣」這個事實原本就包含出賣人之販售行為與買受人之購買行為，故單純的購買行為即屬於實現構成要件所必要之最低程度加工，因此單純購買猥褻物品之行為並不會構成販賣猥褻物品的幫助犯。此項必要共犯不可罰性的理由在於，立法者如果有意同時處罰對向犯兩邊之參與者時，總是會明確的予以規定，因此如果立法者僅明文規定處罰對向犯之一方時，則基於反面推論（Gegenschluss od. Umkehrschluss），至少應該得出「屬於構成要件所必要之最低程度參與行為係不可罰」的結論[254]。

惟倘若必要參與者之行為已經逾越了實現構成要件所必要之程度，此時即可再適用刑法總則的共犯規定來論以教唆或幫助犯之刑。至於何種行為可謂為「逾越」了實現構成要件所必要之最低程度，大致包括以下兩種情形[255]：

首先，如果必要參與者有實施教唆之行為，一律屬於逾越實現構成要件所必要之行為。例如，教唆公務員交付國防以外秘密，應成立教唆洩密罪（§§132, 29）、嫖客教唆他人為其媒介性交，應成立教唆媒介性交罪（§§231, 29）[256]等。

其次，若必要參與人以角色逾越的方式（rollenüberschreitender Weise）來提供他方幫助，也是屬於逾越實現構成要件所必要之幫助行為。例如，在媒介性交之情形，倘若嫖客僅單純接受性交之媒介而進行性交易，屬於最低程度加工；但若另外還幫助淫媒進行他人性交易之媒介，亦應構成幫助媒介性交罪（§§231, 30）。

(2)構成要件保護對象

德國實務見解進一步認為，縱使必要參與者之行為已經逾越了「實現構成要件所必要之最低程度共同加工」，倘若該必要參與者正好是構成要件的保護

---

[254] Roxin, in: LK-StGB, Vor §26 Rn. 37.；Wolter, JuS 1982, S. 345.；Maurach/Gössel/Zipf, ATII, 7.Aufl., 1987, §50 II Rn. 18.

[255] Jescheck/Weigend, AT, §64V1, S. 698.

[256] BGHSt 10, 386, 387.

對象時,該共同加工之行為仍然是不可罰的[257]。也就是說,被害人的共同加工行為,不管是否逾越實現構成要件所必要之範圍,都是不可罰的。例如,在本節導引案例(2)中,由丙教唆丁貸與高利貸給自己,此時雖然丙的教唆行為已逾越了實現構成要件所必要之最低程度共同加工,但由於教唆人正好是重利罪構成要件所要保護之被害人,因此丙仍然不會構成教唆重利罪。基本上,德國實務此項被害人之共同加工係不可罰的見解,與學界通說之見解是相同的[258]。

3. 本書見解

上述二種見解,均企圖透過「一般性理論基礎」的建構,來普遍性地排除法律未明文處罰之對向犯的可罰性,只是適用範圍寬窄不同而已,我國最高法院是全面排除,而德國聯邦最高法院則是只有在實現構成要件所必要之最低程度共同加工的範圍內排除。惟本書認為,學說上歷來針對此種一般性必要共犯理論之建構最終是失敗的[259],所謂「必要共犯」的問題,基本上僅能借助個別構成要件解釋的途徑,來歸納出相關的「不可罰對向犯」之類型,而無法透過一般性理論的建構來全面排除(法律未明文處罰之)對向犯的可罰性[260]。

二、不可罰對向犯之類型

經由對刑法分則個別構成要件之解釋途徑,大致可歸納出以下幾種不具可罰性之對向犯類型:

(一)欠缺法益侵害之不可罰對向犯

此種對向犯類型之所以不可罰的基礎,主要係在於其共同加工行為在刑法

---

[257] BGHSt 10, 386, 387.

[258] Heine, in: Sch/Sch-StGB[28], Vor §25 Rn. 47.;Herzberg, Täterschaft und Teilnahme, S. 134.;Jakobs, AT, 24/8.;Maurach/Gössel/Zipf, ATII, §50 II Rn. 14.;Roxin, in: LK-StGB, Vor §26 Rn. 38.;Sowada, a.a.O., S. 62 ff.;Wolter, JuS 1982, S. 345.

[259] 相關學說介紹與批判,參見林書楷,論犯罪之典型共同加工—必要共犯理論之研究,輔大法律系博士論文,2005,第91頁以下;許澤天,對向犯之研究,成大法學,第19期,2010/06,第45頁以下。

[260] 學說上認為「必要共犯」其實是有關刑法分則各條文之解釋問題者:王乃彥,加重強制性交罪之存廢的檢討,法令月刊,59卷8期,2008/08,第25頁以下;黃榮堅,基礎刑法學(下),第743頁;游明得,共同正犯概念之重塑,第98頁。

評價上根本就欠缺法益侵害的存在。其中最常出現者，即在於對向犯之共同加工行為所攻擊之對象正好就是自己之法益的情形。當對向犯作為唯一的法益持有者而直接或間接攻擊自己之法益時，在刑法評價上都應排除於法益侵害的概念之外，因為沒有人能以刑法上相關的方式來侵害自己之法益。此種實質上欠缺法益侵害的行為，或許在形式上仍符合構成要件之文義，但仍應認為欠缺犯罪構成要件該當性。

《案例1》　未滿十六歲之A女，慫恿其成年男友與之發生親密關係，其後男友禁不住誘惑，終於與A發生性交或猥褻之行為。

　　在此案例中，由於刑法第227條構成要件的目的係在保護少年男女不受干擾之性健全發展（die ungestörte geschlechtliche Entwicklung）這個法益[261]，而未滿十六歲的A女則是該保護法益的唯一持有者，因此當法益持有者A女教唆他人對自己實施性交猥褻行為時，她並不會因為共同加工於正犯行為而遭受處罰，因為沒有人能以刑法上相關的方式來侵害自己的法益[262]。

《案例2》　B因財務危機，主動向C借錢並表示願意支付高額之利息，C雖知道被害人處於急迫情況，但因貪圖高額利息仍貸與B金錢，並預先扣除與原本顯不相當之重利。

　　在此案例中，B雖教唆C貸與自己重利，不過由於重利罪構成要件的保護法益為被害人之財產法益，而B則是自己財產法益的唯一持有者，沒有人能以刑法上相關之方式來侵害自己之財產法益，故B之行為不會構成教唆重利罪（§§344, 29 I）[263]。

---

[261] 陳志龍，法益與刑事立法，第32頁；Lackner/Kühl, StGB, §174 Rn. 1.

[262] 此為通說一致結論，惟理由構成或有不同：蘇俊雄，刑法總論II，第461頁；Baumann, JuS 1963, S. 53.；Börker, JR 1956, S. 287.；Heine, in: Sch/Sch-StGB[28], Vor §25 Rn. 47.；Haft, AT, S. 217 f.；Herzberg, Täterschaft und Teilnahme, S. 133 f.；Jakobs, AT, 24/8.；Jescheck/Weigend, AT, S. 699.；Krey/Esser, AT, Rn. 1031.；Otto, in: Lange-FS, S. 211 f.；Roxin, in: LK-StGB, Vor §26 Rn. 38.；Wessels/Beulke/Satzger, AT, Rn. 587.；Wolter, Notwendige Teilnahme und straflose Beteiligung, JuS 1982, S. 345.

[263] 此為通說一致結論，惟理由構成或有不同：許澤天，對向犯之研究，第51頁以下；黃常仁，刑法總論，第267頁以下；黃惠婷，教唆犯成立要件的探討，刑事法雜誌，41卷5期，第56

（二）邊緣加工之不可罰對向犯類型

　　某些不法構成要件之目的主要係在防止特定物品或特定事件的擴散，因此刑法之所以要處罰此等行為類型，其理由即在於該行為具有將特定物品不斷散布出去或是造成某種特定事件不斷重複出現的危險，故在此種犯罪類型當中，造成特定物品或特定事件的「擴散效應」即為該構成要件所預設的典型不法內涵。據此，倘若對向犯僅係立於不法事件之邊緣而予以共同加工，而其行為並未實現法律預設於構成要件中的典型不法內涵，此時對向犯之行為即不可罰。

《案例3》單身漢E，某日因性慾難熬而主動要求朋友為其媒介性交易，朋友經不住其請求，遂為其媒介與他人進行性交易。

　　由於刑法第231條之媒介性交罪，其主要目的係在防止性交易行為的擴散，因為只有在性交易不斷重複出現時，才足以對構成要件所要保護的「總體性秩序或性風俗法益」造成危害，或是其危害才會達到需要動用刑法來加以制裁的程度。在《案例3》中，E教唆朋友為自己媒介性交易之行為，由於僅造成一次性交易行為的發生，並不具吸引他人不斷前來從事性交易的風險（欠缺使性交易行為擴散的風險），因此E的邊緣加工行為並未實現刑法第231條媒介性交罪構成要件之典型不法，故不會成立教唆媒介性交易[264]。

　　另外，我國刑法第235條販賣猥褻物品罪的規定，其主要目的係在於避免猥褻物品的擴散，因為販賣者作為一個猥褻物品的占有人，事實上已經建立了一個持續的危險源[265]，當有消費者欲購買時，販賣者隨時可以把違禁品散布出去。倘若此種猥褻物品被大量擴散，除了會危及社會善良風俗之外[266]，一旦流

　　頁；Baumann, JuS 1963, S. 53.；Baumann/Weber/Mitsch, AT, §32 Rn. 72.；Ebert, AT, S. 216.；Jescheck/Weigend, AT, S. 699.；Joecks, StGB Studienkommentar, Vor §§26, 27 Rn. 16.；Krey/Esser, AT, Rn. 1031.；Magata, Die Entwicklung der Lehre von der notwendigen Teilnahme-unter besonderer Beachtung der sog. Begegnungsdelikte, Jura 1999, S. 252.；Samson, in: SK-StGB, Vor §26 Rn. 63.；Stratenwerth/Kuhlen, AT, §12 Rn. 208.；Roxin, in: Stree/Wessels-FS, S. 370.；ders, in: LK-StGB, Vor §26 Rn. 38.；Wolter, JuS 1982, S. 345.

[264] 此項結論為學界之多數說，但理由構成則不盡相同，包括：Baumann/Weber/Mitsch, AT, §32 Rn. 74.；ders, JuS 1963, S. 53.；Heine, in: Sch/Sch-StGB[28], Vor §25 ff. Rn. 47.；Roxin, in: LK-StGB[11], Vor §26 Rn. 38.；Sowada, a.a.O., S. 221 ff.

[265] Lange, Die notwendige Teilnahme, 1940, S. 26.

[266] 最高法院84年台上字第6294號判決（原判例）：「刑法第二百三十五條第一項之供人觀覽猥

入未成年青少年手中亦將戕害其身心之健全發展。因此，當行爲人販賣猥褻物品、或意圖販賣而陳列時，即已經造成猥褻物品被大量擴散的風險，其行爲即實現了刑法第235條散布猥褻物品罪構成要件之典型不法。

在本節導引案例(1)中，某甲教唆乙販賣猥褻物品給自己，性質上僅屬於對販賣猥褻物品事件的邊緣共同加工，並沒有造成猥褻物品擴散之風險，也無導致猥褻物品流入未成年人手中之虞，欠缺刑法第235條散布販賣猥褻物品罪構成要件之典型不法，故其行爲並不會成立教唆販賣猥褻物品罪[267]。在這裡，共同加工行爲應否會成立散布販賣猥褻物品罪的共犯，關鍵還是在於是否有導致猥褻物品罪擴散的風險。故倘若是教唆他人將猥褻物品販賣給中盤商或是租書店，此等行爲因爲有導致猥褻物品罪擴散的風險，已經實現了刑法第235條散布販賣猥褻物品罪構成要件之典型不法，即仍會成立教唆販賣猥褻物品罪。

此種邊緣加工行爲的不可罰性基礎主要來自於二點：

1. 比例原則

基於「比例原則」的要求，刑法對於行動自由的限制必須以「最寬容的方法」爲之，因此只處罰散布危險的中心，而不將訂購或收受者等邊緣共同加工之情形作爲可罰的類型，而這樣也符合刑法作爲「最後手段」（ultima ratio）的精神[268]。

2. 平等原則

將實質上未具備構成要件不法內涵之行爲排除於該構成要件所欲掌握的不法類型之外，亦係基於「相同事物相同處理、不同事物不同處理」（Gleichbehandlung des Gleichen und Verschiedenbehandlung des Ungleichen）的「平等原

褻物品罪……。考其立法目的，以此等行爲，使猥褻物品流傳於社會公眾，足以助長淫風，破壞社會善良風俗，其可罰性甚爲顯著，此與猥褻物品僅供己或僅供極少數特定人觀覽，未達危害社會秩序而屬個人自由權限範疇之情形有別，故設刑罰規定，以資禁制。……」類似見解：韓忠謨／吳景芳，刑法各論，增補版，2000，第275頁。

[267] 此爲多數說之結論，但理由構成或有不同：甘添貴，必要共犯與總則共犯規定之適用，氏著「刑法案例解評」，第172頁以下；許澤天，對向犯之研究，第61頁以下；Gropp, Deliktstypen mit Sonderbeteiligung, 1992, S. 220 ff.；Lange, Die notwendige Teilnahme, S. 25 f.；Roxin, ATII, §26 Rn. 55.；Sowada, a.a.O., S. 221 ff.；Tröndle/Fischer, StGB, §184 Rn. 49.

[268] Gropp, Deliktstypen mit Sonderbeteiligung, S. 208 ff.

則」而來[269]。立法者基於經驗法則將不法行爲予以類型化爲構成要件，因此構成要件中所預設之典型不法內涵即爲建立該不法類型的最重要特徵，凡行爲足以實現該構成要件之典型不法內涵者，本質上均屬於同類事物而應予以「相同評價」，亦即劃歸該不法類型當中；相對地，倘若行爲欠缺該構成要件之典型不法內涵，則其本質上即屬於不同類事物，此時基於平等原則之精神自應爲「不同之評價」，亦即將其排除於該不法類型所涵攝的範圍之外。

---

[269] Zippelius, Juristische Methodenlehre, 1999, S. 74 f.

第三部分

過失之作為犯

第十章　過失作為犯

第一節　過失犯概論

導引案例

甲司機開車勞累駕駛打瞌睡，以至於車子忽然偏向路旁行人駛去，所幸該路人恰巧為運動健將，就在千鈞一髮之際該路人憑著運動員過人之靈敏反應即時跳開，逃過一劫。甲是否成立過失致傷未遂罪？

一、過失犯之可罰性

刑法第12條規定：「行為非出於故意過失者，不罰。」此代表刑法上的犯罪，主要係以故意或過失作為二種最主要行為與責任型態。概念上，「故意犯」與「過失犯」是完全獨立的二種犯罪類型，彼此間並不具有從屬或補充之關係。因此，在犯罪檢驗的過程中，當排除了某行為的故意後，並不必然代表該行為一定會成立過失，此時仍應再檢驗其是否符合過失犯之要件後，方能加以認定其是否具備可罰性。

基本上，刑法係以處罰故意犯為原則，故對於過失行為之處罰，必須以法律有明文規定者為限（§12II），因此行為人縱使確實有過失存在，但只要法律沒有處罰過失犯之明文規定，其過失行為仍然不具備可罰性。例如，行為人因超速開車失控撞到停在路旁之機車，導致他人之機車全毀，由於刑法第354條之毀損器物罪並不處罰過失犯，故過失毀損行為不具可罰性，僅屬於單純民事侵權行為損害賠償的問題。另外，在本節導引案例中，甲疲勞駕駛打瞌睡差點撞倒人，因刑法沒有處罰過失未遂罪的規定，故司機甲的行為亦為刑法所不罰。

過失犯的成立，解釋上除積極的作為外，尚包括消極不作為在內，也就是

說「過失作爲犯」或「過失不作爲犯」都是可能存在的。惟無論如何，不管行爲人是經由過失作爲抑或過失不作爲而實現構成要件，其法律效果並無差異。

《案例1》一位粗心的汽車駕駛甲不小心導致機車騎士的受傷，不管A是因爲超速導致煞車不及而撞上機車騎士（過失作爲），或是因爲在無路燈之路旁夜間停車未擺放警示標誌（過失不作爲）導致機車騎士誤撞其車尾，都一樣是構成刑法第284條的過失致傷罪。

在「過失未遂犯」的部分，由於我國刑法上過失犯均無處罰未遂之明文規定，故無所謂「過失未遂犯」的成立空間（參見§25II）。另外，「過失共犯」（包括過失教唆犯與過失幫助犯）以及「對過失犯的共犯」（包括對過失犯的教唆與對過失犯的幫助），解釋上也都無成立之可能性。至於，所謂的「過失共同正犯」（Fahrlässige Mittäterschaft），學說上或有爭議[1]，但本書採否定見解，理由爲共同正犯之成立必須以數行爲人間具備共同犯罪決意爲其前提，數過失犯彼此間在概念上難認有此種共同犯罪決意的存在[2]。

應注意者爲「結果加重犯」之情形，結果加重犯係一種故意結合過失的犯罪型態，亦即行爲人基於故意違犯基本犯罪，卻另外因過失導致加重結果的出現。「結果加重犯」之成立，亦必須以行爲人對於該加重結果具備「過失」爲前提，故倘若行爲人不能預見該加重結果之發生時（欠缺結果預見可能性），即無法成立結果加重犯，而只能論以基本之故意犯罪（參閱§17）。

二、過失犯的類型

（一）無認識過失

所謂「無認識過失」（Unbewusste Fahrlässigkeit），係指行爲人在爲特定

---

[1]　反對見解：陳子平，刑法總論，第147頁以下，認爲在具有「共同義務之共同違反」的前提下，可以成立「過失共同正犯」。

[2]　此爲實務與通說見解：44年台上字第242號判例；林東茂，刑法綜覽，第1-249頁以下；黃常仁，刑法總論，第211頁（註12）；Gropp, AT, §10 Rn. 82a.；Heinrich, AT, Rn. 997, 1241.；Jescheck/Weigend, AT, §63I3a., S. 676.；Kindhäuser, LPK-StGB, Vor §25 Rn. 45.；Krey/Esser, AT, Rn. 1342.

作爲或不作爲時，因爲違反注意義務而導致構成要件之實現，但其本人事先卻對此完全沒有認知的一種過失型態。關於「無認識過失」，刑法第14條第1項將之規定爲：「行爲人雖非故意。但按其情節應注意，並能注意，而不注意者，爲過失。」在「無認識過失」中，條文中所謂「能注意」，代表此等構成要件事實的發生具「客觀預見可能性」，至於「應注意、而不注意」則是指行爲人違反了注意義務而未預見構成要件事實可能會發生，因此倘若其違反注意義務之行爲最後果眞導致構成要件結果的出現，此時行爲人即應負過失之責。

《案例2》甲於夜間上山打獵，發現森林草叢中有動物緩慢移動、形似野豬，乃舉槍對該處草叢射擊多發子彈，甲完全沒有想到草叢中移動的竟然是另一位上山打獵的獵人A，結果導致A身上因遭受多處槍傷而身亡，此時甲應構成過失致死罪（§276）。（無認識過失）

（二）有認識過失

所謂「有認識過失」（Bewusste Fahrlässigkeit），則係指行爲人實際上雖然有認知到其行爲可能會導致構成要件事實的發生，但卻違反注意義務相信該事實不至於眞的會發生，以至於未採取任何防止結果發生之措施的一種過失型態。關於「有認識過失」，刑法第14條第2項將之規定爲：「行爲人對於構成犯罪之事實，雖預見其能發生而確信其不發生者，以過失論。」在刑法規範的要求上，行爲人一旦預見其行爲有導致構成要件結果發生的可能性，理應採取防範措施以避免結果的發生或乾脆放棄爲該行爲，倘若行爲人仍執意爲該行爲、又未採取防範結果發生之措施，則其對於該構成要件結果之發生即不得不負過失之責任。

《案例3》汽車駕駛乙開車到十字路口剛好遇到黃燈轉紅燈，因趕時間仍然不踩煞車衝過去，雖然乙有想到搶黃燈有可能會因此而出車禍，但卻因對自己的駕駛技術過度自信，認爲應該不至於那麼倒楣，最後果眞在闖紅燈時撞上另一車輛，導致他人車毀人傷，此時該駕駛人乙應成立過失致傷罪。（有認識過失）

在犯罪檢驗上，當行為涉及「有認識過失」時，應特別說明其與「未必故意」之間的區別，倘若行為人雖認知到構成要件事實可能會發生，但卻相信其不至於發生，固為「有認識過失」；惟倘若行為人係抱持著容忍的心態，而認為縱使構成要件結果發生了也無所謂，此時即已非屬「有認識過失」，而已經進入「未必故意」（§13II）的範圍了。

第二節　過失犯之構成要件該當性

導引案例

(1)甲開車於山區道路，行駛時超速10公里，突然對向車道機車過彎時摔倒，導致機車連人高速滑向甲的車子，甲雖緊急煞車，但因距離太近煞車不及仍撞上機車，機車騎士當場死亡。事後鑑定，甲縱使開車遵守交通規則未超速，在那樣的距離下，還是確定無法避免車禍致機車騎士於死的結果。試問，甲是否成立過失致死罪？

(2)乙與友人相約由台北至墾丁玩，乙趁著黑夜開車一路狂飆超速，於清晨五點三十分到達墾丁，抵達目的地後乙隨即以正常速度行駛，卻在路口被酒後闖紅燈之機車騎士A自旁邊追撞，A當場死亡。交通鑑定之結果，乙於車禍發生當時無肇事過失，但如果乙先前未從台北一路超速狂飆南下，就不會在清晨五點三十分與A相撞，則此車禍就可避免。試問，乙是否會因其先前之超速行為而對於A之死負過失致死罪之責？

關於過失犯的內涵，在學說上雖仍有所爭議，但目前多數說之見解傾向於以行為人「注意義務之違反」（Sorgfaltspflichtverstoß；Sorgfaltspflichtverletzung）作為其最主要的核心內涵[3]。行為人於個案中必須違反了其所應負之注

---

[3]　甘添貴／謝庭晃，捷徑刑法總論，第108頁以下；林山田，刑法通論（下），第176頁以下；陳子平，刑法總論，第204頁以下；黃常仁，刑法總論，第123頁以下；張麗卿，刑法總則理論與運用，第398頁以下；Baumann/Weber/Mitsch, AT, §22 Rn. 9 ff.；Ebert, AT. S. 165 ff.；

意義務，才會因其過失行為而被處罰，注意義務之違反因此乃成為過失犯的構成要件要素。過失犯的構成要件因此包括：(1)違反（客觀）注意義務之行為；以及(2)行為與構成要件結果間之因果歸責（結果可歸責給過失行為）。

　　然亦有少數說見解主張，過失犯的構成要件可以完全透過「客觀歸責理論」來加以取代，而認為一個客觀上可以被歸責的結果，就是過失所引起的，除此之外不需要再判斷其他要件。此種見解認為，事實上注意義務違反的要素已經被包含在不同的歸責要件中，這些歸責要件能更精確的將過失性的要件表示成一般性條款。例如當行為人自始就未創造出一個法律上重要之危險時，其必定也欠缺注意義務違反性；又如，當結果欠缺預見可能性時，則行為不是未創造法律上重要之危險，就是其所創造之危險並未實現；再如，當結果欠缺迴避可能性時，則過失性也會因為欠缺危險實現的要件而被排除[4]。

　　針對此項爭議，少數說主張以「客觀歸責理論」之歸責公式來完全取代通說過失要件之判斷（特別是注意義務之違反），固有其堅實論據。然關於「過失」之內涵，我國刑法第14條明定：「行為人雖非故意，但按其情節應注意，並能注意，而不注意者，為過失。」「行為人對於構成犯罪之事實，雖預見其能發生而確信其不發生者，以過失論。」第1項所指者為「無認識過失」的情形，第2項則為關於「有認識過失」之規定。不論從法條內容或結構來看，都是立基於以注意義務之違反為核心內涵的過失概念之上，故本書基本上仍採用多數說之過失概念結構作為論述之基礎，將「客觀歸責理論」的適用限縮在行為與結果間之因果歸責判斷上，而非以之來完全取代其他過失犯之要件[5]。

　　基本上，在特定注意規範（Sorgfaltsnorm）有明文要求行為人應盡特定注意義務的情況下，注意義務的內涵可以明確的被認定，因此若是違反了該注意規範的要求時，即可以直接認定具義務違反性。例如道路交通安全規則第103條第1項規定「汽車行近未設行車管制號誌之行人穿越道前，應減速慢行」，故倘若因為開車行經行人穿越道未減速而肇事，即可直接認定其行為具義務違

Gropp, AT, §12 Rn. 23 ff.；Heinrich, AT, Rn. 1027 ff.；Kindhäuser, AT, §33 Rn. 16 ff.；Krey/ Esser, AT, Rn. 1343 ff.；Kühl, AT, §17 Rn. 22 ff.；Wessels/Beulke/Satzger, AT, Rn. 667 ff.

4　Roxin, ATI, §24 Rn. 10 ff.支持此種觀點者：林東茂，刑法綜覽，第1-189頁以下；林鈺雄，新刑法總則，第500頁以下。

5　實務見解亦同，例如最高法院110年度台上字第3063號判決：「按刑法第14條第1項明定，行為人雖非故意，但按其情節應注意，並能注意，而不注意者，為過失。以行為人違反注意義務，且其違反與結果之發生具有因果關係，為擔負過失罪責之要件。」

反性。惟除此之外，基於人類生活的多樣性，事實上很難列出明確的注意義務清單，故行為人是否應盡某種特定的注意義務，解釋上往往只能依據行為時的狀況在個案中予以認定。

過失犯之構成要件要素應包含二項要件：(1)違反客觀注意義務之行為（行為不法）；(2)行為與構成要件結果間之因果歸責（結果不法）。

一、違反客觀注意義務之行為

依據通說所謂的複合過失概念（Komplexer Fahrlässigkeitsbegriff），過失在構成要件與有責性階層皆有其地位（過失的雙重地位或功能），在構成要件階層稱為「構成要件過失」（Tatbestandsfahrlässigkeit），而在有責性階層則稱之為「過失罪責」（Fahrlässigkeitsschuld），二者的最主要差別在於對注意義務違反之檢驗標準不同。基本上，在構成要件過失的階層，所探討者為「客觀的過失性」，亦即對於行為有無違反「客觀注意義務」的檢驗；相對地，在過失罪責的階層，探討的則是「主觀的過失性」，亦即行為有無違反「主觀注意義務」之檢驗[6]。詳言之，在構成要件該當性階層，係指依據客觀標準所決定之一般性注意義務的要求；而在有責性（罪責）階層，則是檢驗行為人處於該情況下，依其個人能力（特別是依其個人智識、迄今之經驗認知以及身體狀況等）主觀上是否能夠履行上述客觀標準的注意義務要求[7]。

進一步言，構成要件過失中所指涉的「客觀注意義務之違反」，其實是一種比較上的觀點，亦即一個與行為人具相同身分領域且理性謹慎之行為人，處於同樣的情況下，所應該具有的注意義務標準。倘若行為人未盡到此種標準所要求的注意義務，就屬違反客觀注意義務。

行為人違反客觀注意義務之型態，大致可區分為下列二種：

（一）違反客觀結果預見義務（無認識過失）

所謂「結果預見義務」，係指行為人應預見其行為有可能導致構成要件實現之義務，此種注意義務由於涉及到行為人內在對於實現構成要件之危險的認

---

[6] Ebert, AT, S. 164.；Heinrich, AT, Rn. 982.；Krey/Esser, AT, Rn. 1339 ff.；Wessels/Beulke/Satzger, AT, Rn. 658.

[7] Duttge, in: MK-StGB, §15 Rn. 94, 199.

知，故亦稱為「內在注意」（innere Sorgfalt）[8]。據此，倘若行為所可能導致的構成要件結果在客觀上具有預見可能性，但行為人卻因疏忽而未預見到其有發生之可能，以致未採取任何防止危險之措施，此時即違反了「結果預見義務」。這也就是刑法第14條第1項所指的「按其情節應注意、並能注意、而不注意」的情形。在這裡，由於行為人違反其客觀注意義務（客觀結果預見義務），導致其自始就沒有認知到其行為可能實現的構成要件結果，故此種類型之過失乃被稱之為「無認識過失」。

行為人違反客觀結果預見義務的認定，係建立在該結果之發生具「客觀預見可能性」（Objektive Vorhersehbarkeit）的基礎之上。也就是說，若結果之發生客觀上具預見可能性而行為人卻未預見，即是違反其客觀結果預見義務而具有過失；相對地，若結果之發生根本欠缺預見可能性，亦即讓同類型具理智且謹慎之人處於相同的具體情況下也無法預見其發生時，此時行為人未預見結果之可能即無所謂違反預見義務可言，過失構成要件即不該當。

《案例1》甲的車子因煞車磨損嚴重、煞車效果明顯減弱，已到達應更換煞車來令的程度，但甲因平時工作忙碌遲遲沒有時間進行煞車來令的更換。豈料，甲的車子於某日被竊賊乙偷走，當乙開著該車在馬路上行駛時，因煞車失靈而出車禍，導致乙當場死亡。此案例中，關於車子被竊賊乙偷走後因煞車失靈發生車禍而導致竊賊乙死亡之結果，一般正常理性謹慎之人處於相同的情況下也無法預見其發生，客觀上欠缺預見可能性，故甲對乙之死不用負過失致死之責。

關於此種對結果之預見可能性判斷，倘若法令（法律或法規命令）有明定某些特定的行為規範或注意規範（例如交通規則），此時該經由該法規範所明定的注意義務要求即應直接視為是受規範者所應盡的客觀注意義務標準。因為法規範明定的注意義務即是在提醒受規範者，若違反法規範的要求可能會導致對他人或法益的危害，此即代表受規範者在參與特定活動時所應認知的風險，因此如果行為人因不知道法規範而未遵守法令的注意義務要求，就是違反了客觀結果預見注意義務而具有過失。以白話的方式來說，法令要求你遵守特定的

---

[8]　Kindhäuser, AT, §33 Rn. 18 ff.

注意義務，就是在提醒你如果不遵守的話可能會發生危險，這就代表對違反規定所可能導致的結果應具有客觀預見可能性，如果行為人因不知法令規定而未預見到其行為可能導致的法益危害結果，就是違反了客觀結果預見義務而有過失（無認識過失）。

《案例2》甲夜間於照明不佳的路旁停車，因不知道交通規則的規定因而甲停車時也完全沒有想到可能會有機車追撞車尾導致死傷的危險，故未顯示停車燈光、亦未放置警示標誌就直接提車於路旁，之後因夜晚光線不佳，導致機車騎士A在光線不足導致視線死角的情況下自後車尾追撞，當場死亡。

　　在本案例中，由於道路交通安全規則有明定夜間在照明不清的路旁停車應顯示停車燈光或其他標識，此規定代表法規範已提醒車輛駕駛夜間在照明不清的路旁停車有肇事風險，甲對此應有認識。因此，甲夜間停車於路旁時對於可能引發交通事故導致他人傷亡之事實應具有「預見可能性」，但其主觀上完全沒有想到此可能發生肇事的危險，違反了客觀結果預見義務（即§14 I 所謂應注意、能注意而不注意），因此甲之行為具有過失（無認識過失），應成立過失致死罪。

　　相對地，倘若該活動並不存在特定的法注意規範要求，就應該回歸個案判斷結果是否具客觀預見可能性，亦即以一個與行為人具相同身分領域且理性謹慎的行為人，處於同樣的情況下，基於其一般生活經驗應可以預見可能發生的結果[9]。例如，甲欲殺A而對在公園獨行之A開槍，開槍時並未想到可能誤傷他人，但因槍法欠準子彈未射中A，卻碰巧打中遠處在公園散步的民眾B，導致B受傷。此案中，甲射傷B的部分屬打擊錯誤阻卻故意，固然不成立傷害罪。惟依一般正常理性謹慎之人的注意義務標準應可以預見在公園開槍有可能會誤傷他人，此誤傷他人之結果應具有預見可能性，甲於行為時卻未預見，違反其客觀結果預見義務具有過失（無認識過失），應成立過失致傷罪。

---

[9]　Wseeels/Beulke/Satzger, AT, Rn. 667a.

（二）違反客觀結果迴避義務（有認識過失）

所謂「結果迴避義務」，係指係指行為人預見其行為有導致構成要件結果發生之危險時，所應採取迴避措施將危險限制在可容許範圍內的一種義務，此種注意義務涉及到行為人外在所應採取迴避危險之措施，故亦稱為「外在注意」（äußere Sorgfalt）[10]。因此，當行為人已經預見可能發生構成要件結果之危險，此時為避免侵害法益，即有義務採取避免結果發生之措施，倘若行為人竟怠於履行或未完全履行此項義務，就違反了「結果迴避義務」，行為人對於因此所導致的結果即應負過失之責。此即刑法第14條第2項所謂「行為人對於構成犯罪之事實，雖預見其能發生而確信其不發生」的情形[11]，此處由於行為人對於可能發生的結果已事先有預見，僅是心存僥倖認為不會發生、以致未採取危險迴避措施而已，故此種過失型態乃被稱之為「有認識過失」。

《案例3》丙飼養一隻大型獵犬，丙雖知道該獵犬生性凶猛，但恃其訓練有素因此於帶該獵犬外出溜達時均從未加上鎖鏈，豈料某日於外出溜達時該獵犬因正值發情其有攻擊性而將路人咬傷。此案例中，丙雖知其飼養之獵犬可能有攻擊人的危險，卻恃其訓練有素不至於會咬人因而未採取任何防止獵犬咬傷人的結果迴避措施（例如施加鎖鏈、嘴套等），違反其客觀結果迴避義務而具有過失（有認識過失），應成立過失致傷罪（§284）。

在法令（法律或法規命令）有規定特定危險迴避義務的情形，倘若行為人已認知到法規範對應採取特定危險迴避措施的要求，卻因心存僥倖而未依法採取避免結果發生的危險迴避措施，即違反了客觀結果迴避義務而具有過失。例如，於前舉《案例2》中，若甲已經知道道路交通安全規則要求於夜晚照明不佳之路邊停車應閃警示燈或放置警示標誌的要求，即代表其已認知到夜間路邊停車可能導致追撞的危險，此時即應依道路交通安全規則之要求採取結果迴避措施，若其仍心存僥倖而未閃警示燈或於車後放置警示標誌，就違反了客觀結果迴避義務而具有過失，如果最後因此導致追撞事故造成傷亡，甲即應負過失

---

[10] Kindhäuser, AT, §33 Rn. 18 ff.

[11] 此處法條的規定其實並不精準，僅描述行為人不採取結果迴避措施的心態（確信其不發生），但行為人真正有過失之處其實還是在「違反結果迴避義務」的部分。

致傷罪或過失致死罪之刑責。

（三）「容許風險」作爲注意義務的界限

所謂「容許風險」，乃指行爲雖然製造了具有法律上重要性的風險，不過由於該行爲係公眾生活所不可或缺，因此其所產生之風險乃爲法社會所容忍。「容許風險」的概念甚爲廣泛，基本上只要是屬於有益於公眾生活或是日常生活所必需的活動領域，法律基於公共利益的考量均「容許」該活動風險之存在，惟前提是必須遵守該活動領域之注意規範要求。例如公眾交通行爲、工業生產（某些危險設備）、各種具危險性的運動類型（例如拳擊）以及醫師的醫療行爲等均具有此種特徵[12]。另外，我國實務認爲，關於電梯的使用亦屬「容許風險」的範疇[13]。

許多日常社會生活所必要之行爲往往會附帶產生某種程度的法益侵害風險，而且此種風險縱使是採取了謹慎周全的防範措施也無法百分之百完全避免掉，例如使用交通工具的肇事風險、工業生產上的工安風險、藥品使用產生副作用的風險、醫療行爲的附隨風險，但我們卻無法爲了避免這些風險而不從事這些活動，否則整體社會生活必將因之陷於停頓，因此這些社會生活之必要行爲所附帶產生的法益侵害風險是爲刑法所容許的，此即爲「容許風險」概念的理論基礎。

在故意犯的領域，「容許風險」係作爲排除客觀歸責的事由，而在過失犯的領域，「容許風險」則構成對於注意義務的界限[14]。也就是說，在過失犯中，倘若行爲屬於「容許風險」的範疇，就代表該行爲並未違反注意義務而排

---

[12] Roxin, ATI, § 11 Rn. 66 f.

[13] 最高法院83年度台上字第6023號判決：「建築物之設置電梯，係爲因應高層建築物之人員、物品上下交通（運輸）迅速、便捷，所設置具危險性之交通運輸工具，本質上固屬所謂被容許之危險行爲之一種；但其被容許之行爲，仍應本諸社會有利性爲準據而定其規範界限。是以保障、維護利用電梯之人員、物品安全，不致受有傷亡或其他損害，自屬界定設置電梯是否符合社會有利性之判別標準。因之，倘其此項電梯之安裝、維護及修理，即容許危險之設計、維修及監督、管理，未盡其業務上應盡之注意義務，有所疏失，而踰越上述社會有利性範疇，肇致法益被侵害之結果者，若猶認其尚無有過失，得卸免其應負之責任，實亦難遽認其符合法律上關於容許之危險行爲存在之旨意。」

[14] Heinrich, AT, Rn. 1035.；Ebert, AT, S. 165 f.；Gropp, AT, § 12 Rn. 36 ff.；Rengier, AT, § 52 Rn. 14.；Wessels/Beulke/Satzger, AT, Rn. 671.

除過失的成立[15]。應強調者，欲主張「容許風險」來排除行爲之可罰性，必須以遵守相關法令規定以及該活動領域的注意規範要求（注意規則）爲前提。如果行爲違反了相關法令或該活動領域的注意規範要求，即違反了注意義務，此時其行爲所產生的風險就已超出刑法可容許的範圍之外，而在實質上製造了「法所不容許的風險」。例如，醫師的醫療行爲只有在遵守醫療法規與並符合現有醫學知識所已知且應遵守之醫療常規（醫療準則）的前提下，才能主張醫療行爲所產生的風險係屬「容許風險」。

　　一般學說與判決上提到特別在交通事故中所適用的「信賴原則」（Vertrauensgrundsatz），實質上即係基於「容許風險」的概念所產生的[16]，也就是說「信賴原則」其實是「容許風險」的下位概念。所謂「信賴原則」，係指當車輛駕駛遵守交通規則而行駛於道路上時，其應可信賴其他交通參與者亦會充分遵守交通規則，故倘若因其他交通參與者破壞此項信賴而違反交通規則，最後導致車禍的發生，此時完全遵守交通規則的一方就可以主張「信賴原則」（容許風險），來排除對車禍結果的義務違反性或客觀可歸責性，並免於過失傷害或過失致死罪之責（構成要件不該當）。相對地，如果駕駛人自己本身就已經違反了交通規則，自然即無法主張信賴原則或容許風險而免責，自不待言[17]。

《案例4》駕駛人丁遵守交通規則於十字路口停紅燈，後見己方車道交通
　　　　　號誌已轉成綠燈而準備前進，此時雖然丁已經發現右方交叉車
　　　　　道有他車逐漸駛近十字路口，但因信賴他車會遵守交通規則在
　　　　　紅綠燈停車線前停車，故丁仍然發動車輛行駛前進，豈料他車
　　　　　竟然違規闖紅燈，最後丁煞車不及造成車禍，導致他車駕駛受
　　　　　傷。此時，完全遵守交通規則的丁，即得主張「信賴原則」來

---

[15] 林東茂，信賴原則的適用範圍與界限，收錄於「一個知識論上的刑法思考」，第169頁以下，也認爲一個行爲超出「容許風險」的界限，才會有過失的問題，在「容許風險」的範圍內，行爲人基本上沒有注意義務。

[16] 林東茂，信賴原則的適用範圍與界限，第173頁；古承宗，刑事交通事件中的容許風險與信賴原則，月旦法學雜誌，第193期，2011/06，第52頁。

[17] 實務見解亦同，如最高法院110年度台上字第3063號判決：「……本件堆高機因不具安全性，依法不得駕駛於道路，上訴人貿然於夜間駕駛依法禁止行駛於道路之堆高機上路，已然製造了法律所不容許的風險，而上訴人自身既未遵守交通規則，自不能主張信賴原則或可容許之風險。……」

排除其致傷行爲義務違反性，不構成過失致傷罪。

關於「信賴原則」的概念，最高法院74年台上字第4219號判決（原判例）認爲：「汽車駕駛人雖可信賴其他參與交通之對方亦能遵守交通規則，同時爲必要之注意，謹愼採取適當之行動，而對於不可知之對方違規行爲並無預防之義務。然因對於違規行爲所導致之危險，若屬已可預見，且依法律、契約、習慣、法理及日常生活經驗等，在不超越社會相當性之範圍應有注意之義務者，自仍有以一定之行爲避免結果發生之義務。因此關於他人之違規事實已極明顯，同時有充足之時間可採取適當之措施以避免發生交通事故之結果時，即不得以信賴他方定能遵守交通規則爲由，以免除自己之責任[18]。」

基本上，最高法院此項判決見解承認「信賴原則」可構成對注意義務的限制，因此遵守交通規則的汽車駕駛人可信賴其他交通參與者亦能遵守交通規則，故對於「他人不可知之交通違規行爲」即不負預防之（注意）義務，在此情況下所造成他人的車禍損傷，原則上並不具備義務違反性，自然不該當過失犯之構成要件。

應注意者，最高法院將「信賴原則」的適用僅侷限在「他人不可知之交通違規行爲」的範圍內，故認爲對於「已可預見之他人違規行爲」，在相當範圍內駕駛人仍負有迴避的注意義務。因此，在他人之違規事實已極明顯同時有充足時間可採取適當迴避措施之情形，此時即不得主張「信賴原則」來免除其過失之責。例如，在前舉《案例4》中，若該違規闖紅燈之車輛高速駛近並猛按喇叭表明欲闖紅燈，對方違規事實已極明顯，依最高法院見解此時丁仍有踩煞車以迴避車禍發生之義務，若甲仍認爲自己是綠燈依交通規則可通行而未踩煞車，最後導致車禍發生造成對方受傷，甲仍可成立過失致傷罪，無法主張信賴原則而免責。從「信賴原則」的角度來看，最高法院此項結論符合「信賴原則」的精神，基本上可資贊同，因爲在他人違規事實已極明顯的情況下，駕駛人的信賴基礎已經消失，故其難以再主張「信賴原則」而免責[19]。學說上有將此種於交通事故中因信賴基礎消失而導致不得主張「信賴原則」以免責的情

---

[18] 近期如最高法院111年度台上字第4457號判決，基本上仍採與此近似的「信賴原則」觀點，但進一步融入「容許風險」的概念來加以論述。

[19] Vgl. Roxin, AT I, §24 Rn. 23.

況，稱之爲信賴原則的「例外界限」[20]。

　　然問題在於，倘若他人的違規行爲「雖可預見但卻並非明顯可確定」（知道有可能有人闖紅燈但不確定），此時駕駛人是否可以主張信賴原則？此種情形在台灣最屬常見，在大多數人對於交通違規行爲已經習以爲常的情況下，對於其他交通參與者之違規行爲往往是「可預見的」，在這種情況下是否仍得主張「信賴原則」，不無疑問？對此，解釋上宜採肯定說，而認爲除非對方違規已極爲明顯而導致信賴基礎消失，否則遵守交通規則的駕駛人仍得主張「信賴原則」而免責，要不然在台灣的現實道路交通脫序情況下，恐將使得「信賴原則」的概念完全無用武之地。

二、行爲與構成要件結果間之因果歸責

　　過失犯只處罰既遂犯，在我國法上並不承認所謂「過失未遂犯」之存在，因此關於結果在客觀上是否可歸責給行爲人違反注意義務之行爲，即爲判斷過失犯成立的關鍵要素之一。此處關於行爲與結果間因果歸責之判斷（因果關係與客觀歸責之判斷），基本上與「故意作爲犯」的情形一樣，亦即先以「條件理論」判斷因果關係是否存在，後再以「客觀歸責理論」判斷結果是否可歸責給行爲人違反注意義務之行爲。

　　「過失犯」與「故意犯」在客觀歸責判斷的內涵上基本上是一樣的，其歸責公式亦爲：「倘若行爲人在構成要件效力範圍內，製造了法所不容許的風險（製造風險），而這個風險在構成要件結果中實現了（實現風險），此時該結果即應該歸由行爲人來負責。」在過失犯的領域中，當行爲人之行爲違反了其應盡的注意義務時，解釋上即足以評價爲是「製造了法所不容許的風險」[21]，因此在結果歸責的判斷上往往集中在風險是否實現的部分。也就是說，行爲人違反注意義務所製造的法所不容許之風險，是否在構成要件結果當中實現了，而使得該結果可以歸由行爲人去負責。於此，僅針對「過失犯」領域中較具重要性的幾種排除結果歸責之情形來加以說明：

---

[20]　周慶東，刑法意義中的交通信賴原則，月旦法學，第193期，2011/06，第61頁以下。

[21]　古承宗，刑事交通事件中的容許風險與信賴原則，月旦法學雜誌，第193期，2011/06，第50頁。

（一）無效的注意義務（欠缺義務違反關聯性）

行為人因違反注意義務而製造法所不容許之風險，且構成要件結果亦出現，但倘若事後確認行為人所應盡之義務係「無效之注意義務」，也就是說不管有沒有盡該義務、結果仍然確定會發生，此時即得排除行為對結果之客觀可歸責性。因為不管行為人有沒有違反法所要求之注意義務，其結果都是一樣的，故依據「平等原則」的精神，其結果歸責之認定也不應做差別處理[22]。此種因違反者係無效注意義務而排除客觀歸責的情形，在學說上往往也稱之為「欠缺義務違反之關聯性」（Fehlender Pflichtwidrigkeitszusammenhang）。

例如，在本節導引案例(1)中，若事後確認，甲縱使完全遵守交通規則不超速，在那樣的速度與距離下，依然確定（或幾近確定之高度或然性）無法避免車禍導致機車騎士死亡（即交通規則要求駕駛人應盡之不得超速的注意義務在本案中是無效注意義務），因其違反注意義務與構成要件結果間欠缺義務違反關聯性，機車騎士死亡之結果即不應歸由甲來負責，再加上過失致死罪不罰未遂，故甲最後結果即不構成犯罪[23]。

進一步的爭議則在於，若事後鑑定並無法確定行為人所應盡之義務是否為無效之注意義務時，例如在本節導引案例(1)中，若法院事後並無法確定當甲完全遵守交通規則不超速時，是否即可避免機車騎士被撞死（僅是有可能、但無法確定），亦即是否為無效注意義務（欠缺義務違反關聯性）並無法確定，此時應如何處理，解釋上即不無疑問？學說上大致有以下二種見解：

1. 義務違反關聯性理論

「義務違反關聯性理論」（Die Lehre vom Pflichtwidrigkeitszusammen-hang）又稱為「可避免性理論」（Vermeidbarkeitstheorie）[24]，此理論認為義務違反與結果之間的關聯性（亦即經由合義務性行為對結果之可避免性）乃建立過失犯責任的前提要件事實，故應有「罪疑唯輕原則」（「罪疑唯有利於被告之原則」；Grundsatz in dubio pro reo）的適用。據此，倘若有相當理由可認為縱使行為人為合義務之行為該結果可能還是會發生時，亦即結果之發生是否不

---

[22] Roxin, AT I, §11 Rn. 74.

[23] 最高法院112年度台上字第2505號判決亦認為此種情形，結果不可歸責於行為人違反注意義務之行為。

[24] Lackner/Kühl, StGB, §15 Rn. 44.；Hillenkamp, 32 Probleme aus dem AT, S. 242.

可避免並無法確定，此時即應依適用「罪疑唯輕原則」作有利於行爲人的認定，因此該結果不應歸責給行爲人[25]。

若依此見解，則於本節導引案例(1)中，若無法確定當甲遵守交通規則不超速時、即可避免機車騎士死亡，此時法院應適用「罪疑唯輕原則」作有利於被告甲之認定，因而認定甲對於機車騎士的死亡結果不具客觀可歸責性，再加上過失致死罪不罰未遂，甲之行爲無罪。

2. 風險升高理論

「風險升高理論」（Risikoerhöhungslehre）主張，雖然行爲人所應盡之義務是否爲一無效之義務並無法確定，但是由於行爲人違反注意義務之行爲將「剛好可被容忍的風險」進一步地升高，已經逾越了容許風險的界限，無疑已經創造出一個法所禁止的風險，故若構成要件結果眞的發生，該被禁止的風險就已經實現了，此時即應認爲行爲人對於該結果具備客觀可歸責性[26]。

若依此說，在導引案例(1)中，雖然法院並無法確定甲遵守規定不超速時是否即可避免機車騎士的死亡，但甲超速駕駛的行爲已然進一步地升高了法益侵害的風險，最後也確實造成了機車騎士死亡的結果，此時甲對於機車騎士死亡之結果應具客觀可歸責性，甲成立過失致死罪。

3. 理論評析

關於上述學說之爭議，由於「風險升高理論」單純藉由行爲升高了法益侵害的危險這個概念來直接肯定對結果的客觀可歸責性，最終可能會造成將「實害犯」轉化成「危險犯」的結果，恐有違反「罪刑法定原則」之虞[27]。基本上，本書認爲應以「義務違反關聯性理論」的立場較爲可採，亦即倘若無法確定義務違反關聯性時，此時應依「罪疑唯輕原則」否定行爲對結果的客觀可歸

---

[25] 採此見解者：Groop, AT, 12 Rn. 48 ff.；Heinrich, AT, Rn. 1045.；Kindhäuser, AT, §33 Rn. 42 ff, 48.；Krey/Esser, AT, Rn. 1358 ff.；Wessels/Beulke/Satzger, AT, Rn. 680 ff.

[26] 採此見解者：Roxin, AT I , §11 Rn. 90.；Jescheck/Weigend, AT, §55 II 2b aa.；Lackner/Kühl, StGB, §15 Rn. 44.國內學者明確主張採「風險升高理論」者有：林鈺雄，新刑法總則，第509頁以下；同作者，客觀歸責理論之判決評釋——從台灣北濱車禍案之判決談起，收錄於「刑事法之基礎與界限——洪福增教授紀念專輯」，第237頁以下。

[27] Ebert, AT, S. 53.；Heinrich, AT, Rn. 1044.；Krey/Esser, AT, Rn. 1360.

責性[28]。惟應強調者，這裡所謂的義務違反關聯性的「無法確定」，應建立在具合理懷疑的基礎上，亦即應以可認定「縱使行為人為合義務之行為而結果仍然有『高度可能性』會發生」者為限，如此方能適用「罪疑唯輕原則」作有利於行為人之認定，自不待言。否則，如果僅是單憑機率甚微的可能性（例如百分之幾的微小機率）就主張得排除對結果的歸責，恐造成過失犯處罰上的漏洞。

（二）注意規範的保護目的範圍（規範保護目的之關聯性）

雖然行為人製造了法所不容許的風險，且構成要件結果也發生了，但如果阻止該結果的發生並不在注意規範的保護目的範圍之內（Schutzzweck der Sorgfaltsnorm），此時亦應該排除對該結果的歸責[29]。

在導引案例(2)中，道路交通安全規則禁止超速的目的，在於避免車輛因超速發生失控、煞車不及而釀成車禍之風險，此種風險在本案中實際上並未被實現，而防止超速車輛於某時間抵達某地點並不在交通規則禁止超速規範的保護目的範圍之內，因此A之死亡結果不應歸由乙先前之超速行為來負責。

（三）被害人應負責的自我危害行為

基於「自我負責原則」（Das Prinzip der Eigenverantwortlichkeit）的精神，倘若結果的發生係由於被害人應自我負責的自我侵害或自我危險行為所造成的，此時該行為所造成之結果即應由被害人自己來承擔，而非歸由最初的行為人負責。

《案例5》甲開車闖紅燈因而撞上了綠燈欲過馬路的行人A，A因此受傷緊急送醫，原本只要立刻進行必要的治療就足以康復。但A卻基於不知名的理由而故意不願接受治療，並隨即自行離去，最後因傷口感染導致死亡，此時A死亡之結果即不應歸由甲負責，甲仍

---

[28] 實務見解亦明確表示不採「風險升高理論」，可參見最高法院107年度台上字第4587號判決。

[29] 此為通說見解：Gropp, AT, §12 Rn. 58 f.；Heinrich, AT, Rn. 1046.；Roxin, ATI, §11 Rn. 84 ff.；Wessels/Beulke/Satzger, AT, Rn. 674.

然只成立過失致傷罪（§284），而非過失致死罪（§276）[30]。

　　被害人應負責的自我危害行爲，係指在具備完全自我負責狀態的情況下，被害人基於自主決定而故意從事自我危害行爲，如此被害人就必須爲自己所做的決定與行爲負責。但如果被害人並未故意從事自我危害行爲，而僅是在事件發生的過程中違反了注意義務（過失），此時行爲人尚不得據此主張被害人應自我負責而免除其對結果之歸責[31]。例如，甲開車違規紅燈右轉，撞上了邊滑手機、邊過馬路的行人A，甲並不得主張「若被害人A不邊打手機邊過馬路（行人自己也違反了注意義務），那麼縱使其違規右轉也不至於會撞上他」來免除自己對結果的客觀歸責。換句話說，被害人與有過失僅可作爲民事侵權行爲損害賠償責任過失相抵的基礎，但在刑事責任的判斷上，行爲人並無法主張被害人與有過失而免責。

（四）第三人應負責行爲的介入

　　在故意犯中，第三人故意犯罪行爲的介入，由於創造了一個全新、獨立的危險，而該危險也實現在構成要件結果之上，故原則上均足以阻斷先前行爲的客觀可歸責性[32]；但在過失犯的領域，第三人故意犯罪行爲的介入是否足以阻斷先前違反注意義務之過失行爲的客觀可歸責性，解釋上不無疑問？依據多數說的看法，如果第三人潛在的故意犯罪行爲具有「可認知的行爲傾向」（亦即先前行爲促進了潛在故意犯罪人「可認知的行爲傾向」）[33]，或是前行爲人具有防止該危險實現的保證人義務時[34]，此時第三人故意犯罪行爲的介入應「例外地」認爲無法阻斷歸責關聯性，故先前之行爲人仍無法免責。

　　例如，化學家甲將毒性物質放在實驗室櫃子中，卻未依實驗室規定上鎖，結果被其助理乙偷走拿去毒殺丙，化學家甲在保管毒性物質上雖有過失，但因

---

[30]　Vgl. Krey/Esser, AT, Rn. 349.

[31]　Wessels/Beulke/Satzger, AT, Rn. 685 f.；Heinrich, AT, Rn. 1048.

[32]　Vgl. Heinrich, AT, Rn. 253.

[33]　Duttge, in: MK-StGB，§15 Rn. 145 ff.；Gropp, AT，§12 Rn. 42 ff.；Kühl, AT，§4 Rn. 49.惟無論如何，此處所謂「促進他人可認知的行爲傾向」尚未成爲一個普遍性的歸責原理，見Lenckner/Eisele, in: Sch/Sch-StGB28, Vor §13 Rn. 101e.

[34]　Ebert, AT, S. 51.；Lenckner/Eisele, in: Sch/Sch-StGB[28], Vor §13 Rn. 101d.；Heinrich, AT, Rn. 1048.；Walter, in: LK-StGB12, Vor §13 Rn. 109.

乙故意犯罪行為的介入而阻斷歸責關聯性，被害人丙之死亡結果不可歸責給甲的過失行為，因刑法不處罰過失未遂，故甲亦不構成犯罪。相對地，如果其助理乙具有可認知的行為傾向，例如乙因女朋友被丙搶走而懷恨在心，曾無意中跟甲透露想要報復丙的心情，甲卻仍不以為意，導致乙偷走未上鎖之毒性物質去毒殺丙，此時乙的故意犯罪行為介入即無法阻斷前行為的歸責關聯性，此時化學家甲即仍應負過失致死罪之責。

再如，射擊協會負責槍枝管制之人員甲，隨意將槍枝與子彈放置桌上外出辦事，後遭清潔人員乙將槍枝子彈拿去尋仇射殺丙。甲之過失行為導致被害人丙死亡（具因果關係），其間雖有乙故意犯罪行為之介入，但由於槍砲彈藥刀械管制條例的立法目的即在於防止具殺傷力之槍砲刀械擴散，導致他人利用此類武器去實施犯罪的危險，甲作為射擊協會槍枝管制人員具有監控該危險物品不致讓他人濫用為犯罪武器之保證人義務，因此甲的過失行為並不會因第三人乙故意殺人行為的介入而阻斷其歸責關聯性，甲對丙被射殺身亡之結果仍應負過失致死罪之責。

最後，行為人違反注意義務之行為，縱使有應負責任之第三人過失行為的介入，倘若第三人違反義務之行為係以同樣的方式導致構成要件結果時，解釋上也無法阻斷先前過失行為的客觀可歸責性[35]。

《案例6》乙在公路上超速行駛，前方突然有機車因閃避路面不平的排水溝蓋而騎入快車道，乙因速度過快閃避不及而撞上機車，機車騎士當場被撞飛到馬路中央、陷入昏迷。就在乙下車要打電話叫救護車時，另一輛超速行駛而未注意路面狀況的小貨車司機丙又再撞到昏倒在馬路上的機車騎士，機車騎士當場被碾斃。此案例中，乙先前的超速肇事行為與機車騎士之死亡結果間具因果關係，而小貨車司機丙過失行為的介入，也不會阻斷乙先前過失行為的客觀可歸責性，故乙仍應成立過失致死罪，而非僅是過失致傷罪。

---

[35]　Heinrich, AT, Rn. 1054.；Wessels/Beulke/Satzger, AT, Rn. 687 ff.

第三節　過失犯之違法性

導引案例

(1)刑警甲於值勤後進行清槍工作，但因疏忽未關保險，導致清槍過程中不慎將殘留之子彈擊發而誤中A，A因而受傷。然出乎意料之外的是，事後發現當時A竟然正舉槍瞄準甲，意圖殺警後奪槍。試問，甲得否主張「正當防衛」而阻卻其過失致傷A之行為的違法性？

(2)搶匪B持刀欲攻擊刑警乙，刑警乙乃進行警告射擊（並未瞄準B），但卻不小心直接誤中B，導致B受傷。試問，乙得否主張「正當防衛」而阻卻其過失致傷B之行為的違法性？

(3)丙在家中喝酒看球賽，忽聞一聲巨響，出門一探發現有人出車禍受重傷昏迷，丙為救人顧不得自己有喝酒，緊急開車將傷者送醫，卻在途中因喝酒注意力不集中而撞傷機車騎士C。試問，丙的酒後駕車行為與過失撞傷C之行為得否均主張「緊急避難」而阻卻違法？

(4)丁參加喜宴席間喝酒過多，喜宴後丁仍欲直接開車回家，D雖知道丁已經醉了，卻仍然要求丁讓他搭便車，丁也應允之。最後，不幸因丁酒醉駕車失控肇事，D因而受輕傷。試問，丁是否應對D的受傷負過失致傷罪之刑責？

一、過失犯之違法性概論

過失犯之構成要件該當性，亦如同故意犯一樣，具備所謂的違法性推定機能。也就是說，一旦行為具備了過失犯之構成要件該當性，原則上即推定該行為亦具備違法性，只有存在阻卻違法事由的情況下才可以將之排除[36]。就概念而言，故意犯中所存在的各種阻卻違法事由，原則上在過失犯中亦應有其適用，惟基於過失行為之特質，實際上較有可能發生的情形通常為正當防衛、緊

---

[36] Wessels/Beulke/Satzger, AT, Rn. 691.

急避難與得被害人承諾（有爭議）這三種類型。

在故意犯中的各種「阻卻違法事由」中，除了行為時客觀上必須存在阻卻違法之情狀外，例如正當防衛須存在「現在不法之侵害」、緊急避難須存在「緊急危難」，尚要求行為人必須具備所謂的「主觀阻卻違法要素」（主觀合法化要件），例如正當防衛行為必須基於「防衛意思」而為之、緊急避難行為必須基於「避難意思」而為之。然而，在過失實施防衛行為的情形，行為人事實上往往會欠缺此等主觀阻卻違法要素。例如，在導引案例(1)中，甲根本未預見到構成要件事實會發生（無認識過失）、也沒有認知到有現在不法侵害的存在，自然不可能具備正當防衛意思。又例如，在導引案例(2)中，乙雖然有認知到正當防衛情狀的存在，但是其所為之警告射擊目的也不是在行正當防衛，亦欠缺正當防衛意思。

於此即產生一個疑問，亦即過失犯的阻卻違法事由是否與故意犯一樣，都必須要具備「主觀阻卻違法要件」才可以成立？對此，學說上不無爭議：

學界多數見解認為，對於行為人主觀合法化意思（主觀阻卻違法意思）的要求，不論在故意犯或過失犯中都應屬相同，故在過失犯中，行為人於行為時仍應同時具備客觀與主觀的阻卻違法要件，才可以主張阻卻違法事由來排除構成要件該當行為的違法性[37]。在此見解之下，倘若行為人主觀上欠缺阻卻違法之意思，縱使客觀上符合阻卻違法之情狀，也不能主張阻卻違法事由。

對此通說見解，本書容有不同看法。基本上，在故意犯中，犯罪行為的不法內涵主要是建立在「行為不法」（行為非價）與「結果不法」（結果非價）二個面向，故縱使是在構成要件結果未發生而欠缺結果不法的情形，刑法也會因犯罪行為所具備的「行為不法」而加以處罰，此即刑法處罰未遂犯的情形。換句話說，故意犯之行為不法具有單獨建立刑罰的功能。也正因為如此，如欲主張阻卻違法事由來衡平其行為之不法，即必須同時具備客觀與主觀阻卻違法要素，客觀阻卻違法情狀的存在係衡平其「結果不法」，而主觀阻卻違法意思的存在則適足以衡平其「行為不法」。

然而，相對於故意犯的情形，在過失犯中刑法並不承認有「過失未遂犯」的存在，這代表過失犯的行為不法並沒有如同故意犯般單獨建立刑罰的功能，

37　採此說者：林山田，刑法通論（下），第195-197頁；林鈺雄，新刑法總則，第513頁；陳子平，刑法總論，第269頁以下；Gropp, AT, §12 Rn. 99 ff, 102.；Roxin, ATI, §24 Rn. 102.另外，張麗卿，刑法總則理論與運用，第404頁，亦肯定在過失犯中也要求主觀阻卻違法要件，但同時認為過失犯主觀上因欠缺防衛或避難意思，故無從主張正當防衛或緊急避難。

故在阻卻違法事由當中亦不需要透過主觀阻卻違法要素的存在來衡平其過失「行為不法」，因此主觀阻卻違法要素對過失犯的阻卻違法事由而言，即並非是必要的[38]。換句話說，在過失犯中，只要客觀上存在阻卻違法情狀，縱使行為人主觀上欠缺阻卻違法之意思，仍然可以主張阻卻違法事由來排除過失行為之違法性。

應補充說明者，上述學說爭議，就結論而言其實並無重大差異。因為學界多數說雖認為過失犯之阻卻違法事由亦應具備主觀阻卻違法要素，但也同時認為主觀上欠缺正當防衛意思，但客觀上具備正當防衛情狀之過失行為只能成立未遂犯，而刑法並沒有處罰過失未遂之明文，故其最後之結論還是不罰[39]。

二、正當防衛與緊急避難

如同故意行為得透過正當防衛阻卻違法一般，在過失犯中行為人之過失行為也可能經由正當防衛而阻卻違法，而且不管行為人之過失行為是獨立出現抑或僅是故意行為所附隨產生的，只要其客觀上具備正當防衛之情狀，均得透過正當防衛而排除該過失行為之違法性。至於，行為人於行為當時是否具備防衛意思，則如上所述，並非屬過失行為正當防衛之成立要件。據此，在本節導引案例(1)(2)中，既然過失致傷行為發生當時客觀上確實存在著正當防衛情狀（現在不法之侵害），此時縱使行為人甲、乙主觀上均欠缺防衛意思，但由於過失犯的阻卻違法事由並不需要具備主觀阻卻違法要素，故甲與乙之行為仍然可以主張正當防衛而阻卻違法。

---

[38] Ebert, AT, S. 168.；Otto, AT, §10 Rn. 29.；Kindhäuser, AT, §33 Rn. 66，則認為主觀阻卻違法要件對於過失犯的阻卻違法事由而言並非是必要的，因為過失犯在主觀上並不需要對構成要件之實現具有實際上之認識，而是只要具備認識可能性（Erkennbarkeit）就夠了，在這樣的情況下自然也不需要透過對阻卻違法情狀的認識來衡平其行為不法。另外，Stratenwerth/ Kuhlen, AT, §15 Rn. 42 ff，則認為過失犯原則上不需要主觀合法化要件，但在抽象危險犯的情形則為例外。至於，黃常仁，刑法總論，第127頁，所舉之第三則案例（對空鳴槍示警，卻擊中現時不法侵害者）認為可主張正當防衛，似亦採過失犯不需要主觀阻卻違法要件之見解。

[39] 林山田，刑法通論（下），第195-197頁；林鈺雄，新刑法總則，第494頁；Roxin, ATI, §24 Rn. 103.此處成立未遂的主要理由在於過失行為的結果不法因被客觀上所具備的阻卻違法情狀所抵銷，故僅存行為不法的過失行為只能成立未遂。不同見解：陳子平，刑法總論（上），第238頁，認為「偶然防衛」與通常之犯行具有完全相同的本質，既然已經發生結果，即應以既遂犯處理為妥。

　　過失行為同樣有可能適用緊急避難來阻卻違法，例如在導引案例(3)中，丙為搶救他人生命而故意酒醉駕車之行為（§185-3），在符合必要性的前提下，固然得主張「緊急避難」而阻卻違法，並無疑問。除此之外，就丙為救人而酒醉駕車將C撞傷之部分，是否亦得主張「緊急避難」而阻卻其過失致傷行為之違法性，解釋上不無疑問？

　　對此，學說上有認為，倘若行為本身確實符合阻卻違法之要件，則針對緊急避難所產生的附隨過失結果，亦得隨之阻卻違法[40]。惟此項見解似不無討論空間，因為於此情形固然客觀上具備緊急避難之情狀，然而丙將C撞傷之行為顯然非屬為救人所為之「出於不得已的行為」，其避難行為欠缺必要性，不可以主張緊急避難，仍應成立過失致傷罪[41]。

三、得被害人之承諾

　　在過失犯的領域中，被害人（法益持有人）的承諾實際上往往會以對法益危險之承諾的形式出現，而非如於故意犯中係屬對法益實際侵害之承諾。例如，在本節導引案例(4)中，D雖然已經知道丁喝醉酒，卻仍然要求丁讓他搭便車，這代表被害人D（法益持有者）對於行為人丁之酒醉駕車行為所造成之法益危險的一種明示承諾。此種情形，被害人的法益危險承諾究竟會造成何種法律效果，學說上有不同之見解：

　　第一種見解採取阻卻違法的觀點，認為此種被害人對法益危險之承諾在過失犯的領域中，仍然可以視為是有效的超法規阻卻違法事由[42]。若採取此種見解，則導引案例(4)中，行為人丁對於其因過失而導致D受輕傷之結果，即得主張已事先得被害人明示之承諾而阻卻違法，不構成犯罪。

　　第二種見解則採取阻卻構成要件的觀點，而認為被害人同意任由自己置身於行為人的危險行為當中，此時在被害人所認知並予以同意的範圍內，行為人對於構成要件結果並不具備客觀可歸責性[43]。若採取此種見解，則導引案例(4)

---

[40]　林鈺雄，新刑法總則，第516頁；林山田，刑法通論（下），第196頁以下。

[41]　相同結論：黃常仁，刑法總論，第62頁，惟其主張此情形係存在「不可避免之利益衝突」，故不符合緊急避難之情狀。

[42]　Baumann/Weber/Mitsch, AT, §22 Rn. 53.；Ebert, AT, S. 169.；Gropp, AT, §12 Rn. 106.；Lackner/Kühl, StGB, §228 Rn. 1.；Wessels/Beulke/Satzger, AT, Rn. 691.

[43]　Geppert, Jura 2001, S. 493.；Roxin, ATI, §11 Rn. 121 ff.

中，行為人丁對於其酒醉駕車行為而導致D受輕傷之結果並不具客觀可歸責性，結果仍然不成立犯罪。

　　關於此問題，本書基本上贊同第一種見解，亦即認為法益持有者對於法益危險之承諾仍可於過失犯之領域作為「阻卻違法事由」。不過，應強調者，此種過失犯中得被害人承諾之阻卻違法事由，解釋上仍應受我國刑法第275、282條之限制（此為刑法對於法益持有者法益處分權的限制），亦即只有在輕傷的範圍內，才可以適用得被害人承諾之阻卻違法事由。據此，在導引案例(4)中，丁對於其過失導致D遭受輕傷之結果，固然得主張係事先得被害人明示之承諾而阻卻違法，但倘若D已經在車禍中受重傷或是死亡，則行為人丁即無法再主張得被害人承諾之阻卻違法事由，依法仍應負過失致重傷或過失致死罪之刑責。

第四節　過失犯之有責性

導引案例

　　某甲患有一不知名的怪病，曾經發作過幾次，每次發作時均會突然暈厥。某日，甲開車上班途中，突然因該怪病發作而暈厥，導致其猛踩油門使車子與前車追撞，造成多人受傷。問甲是否應負過失致傷罪之責任？

　　過失犯之有責性，與故意犯一樣，代表的是對過失違法行為其行為人個人的一種可責性。在過失犯之有責性領域中，與故意犯類似，應該加以探討之要件主要包括責任能力、不法意識與過失罪責等。

一、責任能力

　　在「過失犯」的領域，與「故意犯」相同，都會有關於「責任能力」的問題。例如，未滿十四歲之少年騎機車超速闖紅燈撞死人，由於無責任能力

（§18Ⅰ）將不會構成過失致死罪，頂多只能依少年事件處理法以少年保護事件來處理。再如，因精神障礙或心智缺陷致無責任能力之人，無照超速開車將他人撞傷，也不會構成過失致傷罪。

二、過失罪責——主觀注意義務之違反

在構成要件過失階段，行為人所應具備的要素是「客觀注意義務」之違反，亦即以一般正常理性謹慎之人作為標準，來加以檢驗行為人是否有注意義務之違反，此通常稱為行為之「客觀過失性」（Objektive Fahrlässigkeit）。相對地，在過失罪責之階段，應判斷的則是行為人是否違反「主觀之注意義務」，亦即檢驗行為人處於該情況下，依行為人個人能力（特別是依其個人智識、迄今之經驗認知以及身體狀況等）主觀上是否能夠履行上述客觀注意義務的要求[44]，來判斷行為人是否有注意義務之違反，此在學說上則稱作行為之「主觀過失性」（Sbjektive Fahrlässigkeit）。

在一般的情況下，行為人倘若違反了客觀注意義務，即可推定其亦違反了主觀注意義務。然而，在特殊的情況下，行為人仍有可能因為身體老化（例如年紀過大已無法反應）、疾病（例如癲癇突然發作）或個人認知與經驗（例如仍在學習開車的新手駕駛）等因素，而影響到其主觀之注意能力。據此，行為人可能因為個人特殊的身體缺陷或缺乏經驗，而使得其欠缺履行法律所要求之注意義務的能力，若行為人亦不知道自己本身的能力狀況（例如不知自己有某方面的隱疾），則其過失不法行為，即有可能因為欠缺主觀注意義務之違反性而排除過失罪責[45]。

在本節導引案例中，倘若甲的該怪病以前從未發作過，而甲對自己罹患該怪病亦一無所知，則其因怪病突然發作而肇事之行為，雖然仍屬違反客觀注意義務而具備構成要件過失，但卻得以欠缺主觀注意義務之違反性為由而排除其行為之過失罪責。但應強調者，倘若該怪病以前曾經發作過且發作時會導致突然暈厥，而甲對此也知情，此時甲就應該放棄開車之活動，不要開車。如甲仍執意超越其能力而為開車之行為，此時依多數說見解就會構成所謂的「超越承

---

[44] Duttge, in: MK-StGB，§15 Rn. 94, 199.；Kühl, AT，§17 Rn. 90.

[45] Vgl. Ebert, AT, S. 171.；Roxin, ATⅠ，§24 Rn. 115.

擔罪責」（Übernahmeverschulden）（或稱超越承擔過失）[46]，則甲即不得主張欠缺主觀注意義務違反性而免責，仍會構成過失傷害罪。

對此，筆者贊同通說結論，認為此時行為人並不能免責。惟應強調者，在此種超越承擔過失的案例中，行為人並非因其暈厥導致猛踩油門追撞前車導致他人受傷的行為而負過失責任，因此部分行為仍屬欠缺主觀注意義務違反性而欠缺過失罪責。行為人應成立過失犯之行為乃其違反注意義務而仍決定開車上路之行為，行為人在認知到自己有此種開車時可能發生昏厥導致危險的怪病時，即應該放棄開車之行為，卻仍抱持僥倖心理開車上路，不論是客觀注意義務違反性（構成要件過失）抑或主觀注意義務違反性（過失罪責）均屬具備，對因此所導致的傷亡結果，自仍應負過失致傷或過失致死之刑責。

第五節　故意與過失之結合──結果加重犯

導 引 案 例

流氓甲因細故欲傷害A，乃對A施以拳打腳踢，事後A去醫院療傷，不料行至半夜，A因傷勢引發感染不治身亡。試問：甲應構成傷害致死罪（§277Ⅱ）或是殺人既遂罪（§271Ⅰ）？

刑法除了純粹的故意犯與純粹的過失犯之外，尚規定有一種故意與過失的混合型態構成要件，此即「結果加重犯」的規定。所謂「結果加重犯」（Erfolgsqualifizierte Delikte）係一種結合故意與過失的特殊犯罪型態，其代表行為人基於「故意」而違犯基本犯罪，而後因「過失」導致另一加重結果的出現。刑法針對「結果加重犯」特別於第17條規定：「因犯罪致發生一定之結果，而有加重其刑之規定者，如行為人不能預見其發生時，不適用之。」本條後段所謂「如行為人不能預見其發生，不適用之」，代表當該加重結果欠缺「預見可能性」時（即欠缺過失性），即不得適用結果加重犯之規定相繩。應注意者，

---

[46] Vgl. Heinrich, AT, Rn. 1056.；Kühl, AT, §17 Rn. 91.

結果加重犯之成立必須以法律有明文規定者為限，例如強制性交致死罪（§226Ⅰ）、傷害致死或致重傷罪（§277Ⅱ）、遺棄致死罪（§§293Ⅱ、294Ⅱ）、強盜致死罪（§328Ⅲ）等，倘若法律無結果加重犯之規定，則只能回歸至個別構成要件而予以分別論罪[47]。

　　基本上，「結果加重犯」之成立要件仍須符合構成要件該當性、違法性與有責性的三階層犯罪成立要件：

一、構成要件該當性

（一）故意違犯基本犯罪

　　行為人基於故意而違犯基本犯罪之行為應具備構成要件該當性、違法性以及有責性，而後因過失致生加重結果，才有成立結果加重犯之可能。在我國現行法中，並不承認基本犯罪為過失犯的結果加重犯型態。

《案例1》甲開車超速不小心撞傷A（過失致傷），A被送往醫院急救，三
　　　　天後不幸身亡。由於刑法第284條的過失致傷罪並無結果加重犯
　　　　之規定，此例中甲係直接成立刑法第276條的過失致死罪。

（二）過失導致加重結果

　　結果加重犯之成立，必須以行為人過失導致加重結果之發生為其前提，也就是說針對該加重結果而言，行為人足以構成過失犯，此處之過失可能包括「有認識過失」與「無認識過失」。前者指行為人對於其基本犯罪行為可能導致的加重結果有預見，但卻認為其不致於發生而仍為該行為；後者則係指行為人對於其基本犯罪行為可能導致加重結果之發生雖具預見可能性，但行為人卻

---

[47] 學者批評，現行刑法關於加重結果犯的規定將原本屬於想像競合的情形特別予以加重處罰，除了缺乏加重理由外，也違背公平原則，有違憲之虞。學者並主張可以用輕率過失作為加重結果犯的要件，以解決現行加重結果犯可能違憲的問題。見黃榮堅，基礎刑法學（上），第400頁以下。另外，陳友鋒，結果加重罪，華岡法粹，第53期，2012/07，第65頁以下，則主張應限縮結果加重犯（氏稱為結果加重罪）之適用僅限於「同質性的結果加重犯」（例如傷害致重傷罪、傷害致死罪），而不及於「異質性的加重結果犯」（例如剝奪行動自由致死罪、強制性交致死罪），以解決實定法上結果加重犯刑罰輕重失衡的現象。

因違反注意義務而未預見該加重結果的情形。但無論如何，若欲認定行爲人對加重結果的發生具有過失，至少該加重結果須具有預見可能性，否則若該加重結果之發生「係欠缺預見可能性」而無法預料時，即難認行爲人有過失，此時亦無法對行爲人論以結果加重犯之刑責。此即刑法第17條所規定，「如行爲人不能預見其發生時」，即不得對之論以結果加重犯之意義。

《案例2》甲爲教訓A，將A強行擄走關在山區的小木屋，隔天甲要帶食物及飲料上山給A時，在半路發生嚴重車禍陷入昏迷，之後甲被送醫急救，因傷勢嚴重在醫院昏迷了七天才醒來，這期間被關在山區小木屋的A已經因爲沒有食物及飲水而死亡。於此案中，甲對於因其發生車禍昏迷七天七夜而導致A餓死的結果欠缺預見可能性，難認甲對於A死亡之結果具有過失，因此甲不成立私行拘禁致死罪（§302 II）的結果加重犯，僅構成剝奪行動自由罪（§302 I）。

　　此處刑法第17條所指的預見可能性，解釋上應該是對加重結果的「客觀預見可能性」[48]，而非主觀預見可能性[49]。也就是說，此處關於對加重結果的預見可能性判斷，採的是以一般正常理性謹慎人之注意義務作爲衡量依據的客觀標準。因爲在結果加重犯的構成要件階段，過失的判斷應係採客觀標準，即所謂的構成要件過失；對行爲人對加重結果的主觀預見可能性判斷，性質上是屬於過失罪責判斷，應屬有責性領域的問題。

　　應強調者，如果行爲人對於其行爲所可能導致的加重結果事實上已經有預見，且又容忍其發生（該結果之發生並不違背其本意），解釋上即已對該加重結果之產生具備未必故意，此時應直接構成該加重結果之故意犯，而非屬結果加重犯之情形[50]。

---

[48]　實務亦認爲係「客觀預見可能性」，參見最高法院47年台上字第920號判決（原判例）、最高法院88年度台上字第708號判決。

[49]　不同見解：陳子平，刑法總論，第358頁以下，其認爲刑法第17條所謂「行爲人不能預見其發生」指的應該是「主觀的預見可能性」。

[50]　最高法院47年台上字第920號判決（原判例）亦謂：「加重結果犯，以行爲人能預見其結果之發生爲要件，所謂能預見乃指客觀情形而言，與主觀上有無預見之情形不同，若主觀上有預見，而結果之發生又不違背其本意時，則屬於故意的範圍。」

　　於本節導引案例中，甲為傷害A而對之施以拳打腳踢，A受傷後因傷勢過重而死亡。倘若甲本意僅在教訓一下A，僅具傷害故意，卻意外導致A死亡的加重結果，通常此項加重結果應仍屬客觀上可預見之範圍，故甲應該成立傷害致死罪（§277II）。惟倘若甲對於其痛毆A之行為可能導致A死亡之結果，不止有所認知，且在心態上亦認為縱使把A打死了亦無所謂（容忍A死亡之結果），此時甲已具備殺人之未必故意，應直接構成故意殺人既遂罪（§271I），而非傷害致死罪（§277II）。

　　在結果加重犯中，行為人係以故意違犯基本犯罪並因導致過失的加重結果，因此其行為與結果之間亦須具備因果關係與客觀可歸責性，倘若行為與加重結果之間欠缺因果關係或客觀可歸責性，自然亦無法成立結果加重犯，而只成立原故意基本犯罪。例如，甲痛毆A將其打傷，友人將A送至醫院治療，醫師對A進行包紮與檢查後，擔心A可能有內出血的情形要求A留在急診室觀察一天，但A趁醫護人員不注意時溜走，當晚A因受傷所導致的內出血死在家中。本案中，A死亡之結果雖與甲之傷害行為有因果關係，但因被害人應負責自我危害行為介入而阻卻客觀歸責，A死亡之結果不可歸責於甲，甲不構成傷害致死罪，僅成立普通傷害罪。

（三）基本犯罪與加重結果間具「構成要件典型危險關聯」

　　結果加重犯之成立，必須加重結果之發生在客觀上可被歸責於該基本犯罪始足以當之，此代表行為人之基本犯罪行為創造了一個內涵於個別構成要件的典型危險，而此典型危險之後在加重結果中被實現了，此即為基本犯罪與加重結果間所謂的「構成要件典型之危險關聯」（tatbestandstypischer Gefahrzusammenhang）[51]或「特殊危險關聯」。

　　結果加重犯係行為人以故意違犯基本犯罪，又因過失導致加重結果，本質上原為一行為該當故意基本犯與加重結果之過失犯的想像競合犯，原本應該是依行刑法第55條之規定從一重罪處斷，但立法者基於刑事政策考量將一個故意犯與過失犯結合成一個結果加重犯，而且予以大幅加重其刑。由於結果加重犯的規定，係立法者將原本應適用想像競合犯處罰的兩個罪名結合而創設出的加重處罰規定，而且在刑度上會比適用原來的想像競合犯嚴苛許多，因此只有該

---

[51]　Heinrich, AT, Rn. 1061.；Kühl, AT, §17a Rn. 15 ff.；Wessels/Beulke/Satzger, AT, Rn. 693, 879.

加重結果與故意基本犯罪具備特定的歸責關聯性時，適用結果加重犯規定對之科予重刑才會存在其合理基礎[52]。因此，倘若個案中，基本犯罪行為雖然額外導致了加重結果，但如果該加重結果並非是基本犯罪行為所製造典型危險的實現，欠缺特定歸責關聯性，法理上即不應適用結果加重犯之規定，而是要回歸個別論罪，此時通常會成立一行為觸犯故意犯（基本犯罪）與過失犯（加重結果）的想像競合犯（§55），從一重處斷。

此種基本犯罪與加重結果間之構成要件典型危險關聯的判斷，必須就特定基本犯罪的構成要件內涵予以個別認定[53]，特別是基本犯構成要件所明定之實行行為的類型及其危險特性，例如傷害罪的實行行為係傷害，則在實施傷害時所衍生出可能對被害人生命、身體安全的危險，諸如傷勢過重死亡或因傷口引發感染導致死亡或截肢（重傷），就是內涵於傷害罪構成要件行為的典型危險，因此如果被害人被打傷害後，之後不幸傷口引發蜂窩性組織炎導致必須截肢，此時內涵於基本犯罪的典型危險就實現了，該截肢的重傷加重結果即應歸責於基本犯罪而得以成立傷害致重傷罪（§277Ⅱ）的結果加重犯。簡言之，此種「構成要件典型危險關聯」的判斷，其實就是一種風險實現關聯的判斷，亦即判斷加重結果是不是來源自於故意基本犯罪所內涵之典型危險的實現。

在本節導引案例(1)中，甲為教訓A而對其施以拳打腳踢導致A之身體傷害，此項傷害並與後來A之死亡結果間具因果關係，雖甲本意僅在教訓人，不具殺人故意，但其傷害行為已經創造了一個足以導致被害人傷重致死的典型危險（被害人可能因傷重致死、傷口流血過多致死、傷口引發感染致死等），最後A也死於原傷勢所引發的感染，基本犯罪之傷害實行行為所內涵的典型致死風險已經實現，此時基本犯之傷害罪與加重之過失致死結果間具構成要件典型之危險關聯，故甲應成立傷害致死罪（§277Ⅱ）。

相對地，倘若該加重結果與行為人之故意基本犯罪行為間欠缺構成要件典型的危險關聯者，此時縱使加重結果已經出現且該加重結果亦可歸責於行為人，仍然無法對之論以結果加重犯，而僅能適用一行為觸犯故意犯（基本犯罪）與過失犯（加重結果）的想像競合犯予以從一重罪處斷。

不過，此種基本犯罪與加重結果間之構成要件典型危險關聯的判斷，在個案中有時會產生疑慮：

---

[52]　相關說明可參見陳友鋒，結果加重罪，第65頁以下，有精闢的法理論述。

[53]　Vgl. Kühl, AT, §17a Rn. 17.

《案例3》甲基於傷害故意一路追打A導致A受傷，A在過程中爲逃避追打
　　　　闖紅燈橫越馬路，不幸遭超速開車經過的乙撞死。

在此案例中，實際上涉及兩個部分要加以處理，第一部分的問題是甲應否爲被害人A的死亡負責的（A的死可否歸責給甲）的問題，亦即甲是否成立過失致死罪的問題；第二部分的問題則是A死亡的加重結果與故意傷害的基本犯罪行爲間是否具構成要件典型危險關聯的問題，亦即甲是否成立傷害致死罪的問題。在第一部分的問題中，甲確實對於追打A可能導致A死亡的結果具有預見可能性而至少有無認識過失，且A涉險闖紅燈橫越馬路係受迫於甲加害行爲的影響，非處於自主決定的完全自我負責狀態，亦難以評價爲被害人應負責的自我危害行爲，在具備因果歸責的情形下，此部分甲對於導致A的死亡應成立過失致死罪，應無疑問。不過，甲對於導致A的死亡結果可構成過失致死罪，不代表甲必然成立傷害致死罪（結果加重犯），進一步仍要予釐清傷害（基本犯）與A的死亡結果（加重結果）間是否具構成要件典型的危險關聯。

如前所述，結果加重犯的加重處罰規定刑度上會比適用原來的想像競合犯嚴苛許多，因此只有該加重結果與故意基本犯罪間具構成要件典型的危險關聯時，才可以將兩個本獨立的故意犯與過失犯串連起來，並適用結果加重犯之規定予以加重處罰。在《案例3》中，甲之行爲同時成立傷害罪（§277Ⅰ）與過失致死罪（§276Ⅰ）並無疑問，問題在於兩者間是否具構成要件典型的危險關聯而可以將其串連起來論以結果加重犯。

此問題涉及對構成要件典型危險關聯的理解，學說上有不同見解[54]，爭議點在於基本犯罪典型危險（或特殊危險）的認定，是僅限於「基本犯罪之結果」所內涵的典型危險，還是應延伸至「基本犯罪之整個行爲過程」所內涵的典型危險都包括在內？對此，主要大致有以下幾觀點：

1. 結果危險性理論

「結果危險性理論」（Theorie der Erfolgsgefährlichkeit）主張，爲合理節制結果加重犯在處罰上的嚴屬性，對於構成要件典型危險關聯的判斷宜採限縮理解，應認爲僅限於指「基本犯罪之結果」所內涵的典型危險[55]。若採此種見

---

[54] Vgl. Heinrich, AT, 6. Aufl., 2019, Rn. 695 ff.

[55] Kindhäuser, LPK-StGB, §227 Rn. 7.；Lackner/Kühl, StGB, §227 Rn, 2.

解，在上述《案例3》中由於被害人A並非死於基本犯之傷害結果的典型危險（傷勢過重致死、受傷流血過多致死、傷口引發感染致死等），而是死於車禍，概念上無法認為是內涵於基本犯傷害行為之典型危險的實現，兩者間欠缺構成要件典型的危險關聯，故無法將兩罪結合而對行為人論以結果加重犯的重刑，仍應分開論罪。因此，《案例3》中甲應成立一行為觸犯傷害罪（§277 I）與過失致死罪（§276 I）的想像競合犯，從一重處斷（§55）。

在此種「結果危險性理論」的觀點中，倘若基本犯罪未遂（結果未發生），即不存在基本犯罪之結果所產生的典型危險，此時縱使加重結果出現了，行為人也不會構成結果加重犯。例如，甲企圖私行拘禁A，乃強行拉A上車，A用力掙脫甲的拉扯，結果因用力過猛跌倒撞到頭死亡。因基本犯罪的剝奪行動自由僅屬未遂（結果未出現），無法成立剝奪行動自由致死罪（§302 II）之結果加重犯，甲應成立剝奪行動自由未遂罪（§302 III）與過失致死罪（§276）的想像競合犯，從一重論以過失致死罪。

2. 行為危險性理論

行為危險性理論（Theorie der Handlungsgefährlichkeit），認為基本犯罪之典型危險（或特殊危險）並不限於基本犯罪結果所內涵的典型危險，而是應延伸至基本犯罪的「整個行為過程」所內涵的典型危險都包括在內[56]。若採此種見解，則在上述《案例3》中，甲追打A之傷害行為的整個行為過程所內涵的典型危險都包括在內，而依經驗法則一般人在遭受他人追打時往往會逃跑，在驚慌、恐懼的情況下很可能會為了逃避追打而涉險（例如闖紅燈橫越馬路），故被害人此種涉險行為可能面臨的死傷風險，仍屬追打傷害行為的典型危險，因此A因逃避追打而冒險闖紅燈橫越馬路導致被車撞死，死亡結果與基本傷害犯罪間仍具構成要件典型的危險關聯，甲應成立傷害致死罪（§276 I）。

若採此種「行為危險性理論」的觀點，會導致縱使基本犯罪未遂（基本犯之結果未發生），仍可能得出肯定基本犯與加重結果間之構成要件典型危險關聯的結論，因而認為「基本犯未遂、但導致加重結果」的情形仍得構成結果加重犯。例如，甲欲性侵A而以強制力壓制A，A猛烈掙扎反抗卻不幸因此頭部撞到桌角而死亡，甲心虛立刻逃離，基本犯罪的強制性交罪雖僅屬未遂，但甲

56　Hohmann/Sander, BT, 4. Aufl., 2021, §7 Rn. 35 ff.；Wessels/Hettinger/Engländer, BT 1, 44. Aufl., Rn.0261 ff.；王皇玉，刑法總則，7版，2021，第167頁以下；許澤天，刑法總則，2版，2021，第534頁以下；同作者，刑法分則（下），3版，2021，第156頁以下。

仍得成立強制性交致死罪（§226 I）。

　　最高法院實務見解似乎係採取此種「行為危險性理論」，此可從二方面來加以觀察：首先，在類似個案中實務見解採相同之結論，例如最高法院100年度台上字第951號判決即謂：「……刑法上傷害致人於死之罪，祇須傷害行為，與死亡之發生，具有因果聯絡之關係，即屬成立，並非以被害人因傷直接致死為限，即如傷害後，因被追毆情急撞及他物致生死亡之結果，其追毆行為，即實行傷害之一種暴行，被害人之情急撞及他物，既為該項暴行所促成，自不得不認為因果關係之存在。……」應強調者，最高法院此處僅係單就因果關係的角度作形式論述，但並未實質論及基本犯罪與加重結果間之構成要件典型危險關聯的歸責問題。其次，最高法院向來實務見解均認為加重結果犯之成立，不以基本犯罪既遂為必要，如基本犯罪未遂、並設有處罰未遂犯規定，並因而導致加重結果者，仍可論以結果加重犯[57]。

3. 區別理論

　　「區別理論」（Die differenzierende Theorie）則主張，此問題非可一概而論，而是必須取決於個別結果加重構成要件的類型，經由解釋而得出結論，判斷關鍵則在於該結果加重犯之規定究竟係經由基本犯罪之行為抑或是經由基本犯罪之結果的典型危險所導致的加重結果而足以合法化刑罰的加重[58]。

　　本書認為「區別理論」的見解較為妥適，理由有二：

　　首先，若採取「行為危險性理論」將會進一步擴張結果加重犯的成立範圍，考量現行法對於結果加重犯在處罰上的嚴厲性，恐導致結果加重犯的適用幾近達嚴刑峻罰之程度。例如，實務上曾出現對他人施暴行脅迫使其遭受精神傷害，被害人因而不能自主致跌磕成傷死亡的案例，實務判決認為應論以傷害致死罪[59]，導致行為人面臨最重達無期徒刑的刑事制裁，即為明顯過苛之例。

　　其次，若採取「結果危險性理論」，雖然可以限縮結果加重犯的適用範圍，避免行為危險性理論的嚴苛結果，但可能與我國現行法的規定難以契合。例如，刑法的財產犯罪中有結果加重犯的規定（搶奪致死罪、強盜致死罪），

57　最高法院99年台上字第2964號判決、87年台上字第4416號判決。

58　Jescheck/Weigend, AT, S. 524 f.；Krey/Esser, AT, Rn. 1375.；Kühl, AT, 8 Aufl., 2017, §17a Rn. 48 ff.

59　原最高法院32年上字第2548號判例。

此類基本犯財產犯罪之結果為將他人之物置於自己實力支配之下，這個對他人財物的支配結果，事實上難以想像會有內涵導致被害人重傷或死亡之典型危險，若採「結果危險性理論」，此類結果加重犯將幾無成立空間，與我國立法現狀不符。

據此，經由個別構成要之解釋來認定基本犯罪的典型危險，應該是一個比較能適度限縮結果加重犯之嚴屬性且符合我國法現狀的見解。例如，在傷害致死罪（§277II）中，基本犯罪的典型危險應該係指源自於「基本犯罪（傷害罪）之結果」可能進一步導致重傷或死亡之典型危險性，因此若被害人並非死於傷害的結果，例如上述《案例3》的情形被害人係死於車禍，概念上即無法認為是內涵於基本犯傷害罪之典型危險的實現，兩者間欠缺構成要件典型的危險關聯，甲無法成立結果加重犯，應分別構成傷害罪與過失致死罪，依想像競合犯從一重處斷（§55）。

又如，在投放毒物致死罪（§190-1III）或流通食品下毒致死罪（§191-1III）中，基本犯罪的典型危險應該係指源自於基本犯罪（投放毒物入水體或在流通食品中下毒）之結果所可能進一步導致不特定公眾遭「被毒物污染之水體」或「被下毒之流通食品」致死或致重傷之典型危險性，因此若被害人之死亡結果並非係該土壤或水體遭有毒物質污染之結果，即無法成立結果加重犯。例如，甲欲投放毒物污染河川，路人A見狀出手阻止，在拉扯中不慎導致A跌入河川溺斃，因A溺斃之結果並非投放毒物基本犯罪之典型危險的實現，故甲即無法成立投放毒物致死罪之結果加重犯，僅應論以一行為觸犯投放毒物罪與過失致死罪之想像競合犯，從一重處斷。

相對地，若係搶奪致死罪、強盜致死罪或擄人勒贖致死罪此類財產犯罪，由於對財物的支配（犯罪既遂）難以想像有被害人於重傷或死亡之風險，可推知立法者訂定此類結果加重犯的考量並非是基本犯罪結果內含的危險，而是著眼於其「基本犯罪使用暴行之實行行為」（強暴、擄人）本質上內含可能導致被害人於行為過程死亡或重傷的危險，因此若行為人於實施強暴或擄人行為的「整個行為過程」當中導致他人死亡或重傷（例如被害人被強行拉走跌倒頭撞到石頭而死亡或顱內出血變植物人），即屬於基本犯罪典型危險的實現，行為人仍得成立結果加重犯。

其他基本犯罪係以對人實施強暴（或強制）行為為構成要件行為之結果加重犯類型，法律主要也是考量到此類強暴行為所可能導致被害人傷亡的危險，因此諸如強制性交致死罪、剝奪行動自由致死罪等，解釋上亦均屬於此類以基

本犯罪之「行為」的典型危險性為基礎所建構的結果加重犯類型，因此在構成要件典型危險關聯的判斷上即必須以基本犯罪的「整個行為過程」來認定是否係內涵於基本犯罪典型危險的實現，而非單純以基本犯罪之「結果」做認定。

二、違法性

於結果加重犯中，最有可能出現的阻卻違法事由應該是正當防衛。當行為人面臨現在不法之侵害，基於防衛自己或他人權利所實施的防衛行為而打傷對方，如果最後對方發生致死或致重傷的加重結果，就會產生結果加重犯是否可基於正當防衛而阻卻違法的問題。

《案例4》A持槍欲對甲行凶，甲基於防衛意思而反擊，因擔心一擊不重自己恐遭槍殺，遂持鋁棒直接猛擊A頭部，導致A當場死亡。

《案例5》B持刀攻擊乙，乙撿拾路旁鐵管反擊將B打傷，B逃離後逕自前往醫院治療，豈料到晚上B因遭乙打傷之傷口發生嚴重感染，雖經醫院治療但仍於三天後因感染不治死亡。

在《案例4》中，甲實施殺人之防衛行為時主觀上即具備殺人故意（因擔心自己遭槍殺，只好下重手殺對方），因此甲的行為應係直接該當殺人罪之構成要件，非屬結果加重犯之情形，此時只須針對甲的殺人罪構成要件該當行為直接適用正當防衛的要件去判斷是否可阻卻違法，因在本案中衡諸當時情勢甲之防衛行為應具備必要性而不存在防衛過當的問題，故應屬阻卻違法之正當防衛。

在《案例5》中乙實施正當防衛行為時僅有傷害故意，無殺人故意，但B因乙之防衛行為受傷後引發感染而死亡，此時乙之行為應如何論罪，解釋上不無疑問。對此，應分別情形加以討論，主要關鍵在於作為其防衛行為的基本傷害行為是否屬於正當防衛而得阻卻違法。

若乙造成B傷害的防衛行為本身得主張阻卻違法之正當防衛，則傷害之基本犯罪既已阻卻違法而不構成犯罪，此時作為結果加重犯前提要件的基本犯罪不存在，結果加重犯之構成要件不該當，乙不成立傷害致死罪。再加上基於合法的正當防衛行為所造成被害人死亡的結果，刑法評價上亦無法認定其有過

失，故乙在本案中也無過失致死罪的問題，最後之結果乙應是無罪。

若乙造成B傷害的防衛行為本身因逾越必要程度而無法主張阻卻違法之正當防衛，頂多只能因防衛過當而減輕罪責及刑罰，此時乙的防衛行為對B仍成立傷害罪。在故意基本犯存在且又出現被害人死亡之加重結果的情況下，就產生是否成立結果加重犯的問題，此時仍應依結果加重犯之要件進行判斷，亦即判斷基本傷害罪與B死亡之加重結果間是否具因果歸責以及對加重結果是否具預見可能性。在本案中，乙之防衛行為對B之死亡結果是不可或缺之條件，而B因傷口感染致死也是傷害行為典型風險的實現，行為與結果間具因果歸責，B的死亡結果也具預見可能性，傷害致死罪之構成要件該當，但因乙的行為屬防衛過當非阻卻違法之正當防衛，故傷害致死罪仍成立僅減輕罪責，應依刑法第23條但書關於過當防衛之規定減輕或免除其刑。

三、有責性

結果加重犯的有責性判斷，概念上也應包括責任能力、不法意識（禁止錯誤）、故意或過失罪責以及減免罪責事由（寬恕罪責事由）等，與其他犯罪類型的有責性判斷，解釋上並無不同。值得留意者在過失罪責的判斷，與結果加重犯構成要件中對於加重結果的預見可能性採客觀標準的「構成要件過失」不同，「過失罪責」的判斷標準採取的是主觀標準。

詳言之，在結果加重犯的構成要件階段，行為人對加重結果的過失性，採取的是以一般正常理性人之注意義務標準，來判斷行為人對加重結果的發生是否欠缺客觀預見可能性。若加重結果的發生欠缺客觀預見可能性，則構成要件不該當，不成立結果加重犯。但倘若對加重結果具客觀預見可能性而具構成要件過失，之後在有責性階層尚須進一步判斷是否具過失罪責。如果行為人因為個人特殊身體或心理缺陷，致使其本身注意能力明顯比一般人降低，導致其對加重結果的發生欠缺主觀預見可能性，此時將會因欠缺主觀注意義務違反性而排除其過失罪責，如此即無法成立結果加重犯。只是，在結果加重犯的類型中，要發生行為人對加重結果存在構成要件過失，但卻不具過失罪責之情形，實際上甚為罕見。

第四部分

不作為犯

第十一章　不作為犯

第一節　不作為犯導論

導引案例

(1)甲圖謀繼承父親龐大之遺產，遂於某日與其父相約至海邊散步，並趁其父不注意時將其推落海中，導致其父因而溺斃。

(2)承上例，若甲之父親係自己不慎失足落海，惟甲心想父親一死自己就可繼承龐大遺產，遂不理會父親的呼救而袖手旁觀，最後其父果真不幸溺斃。試問：此二題中甲之行為，在法律上評價是否有所不同？

(3)駕駛人乙未開大燈或未將故障的大燈修好即於夜間駕駛車輛上路，最後因而發生車禍導致他人受傷。試問，乙之行為應如何評價？

(4)丙某日在海港邊散步，突然聽見他人高喊救命之聲音，丙乃急忙解下岸邊救生圈準備拋給溺水者，但忽然間丙發現該溺水者竟是其仇敵A，因此丙又再將救生圈放回原處而離去，最後A乃因而溺斃。試問，丙的行為應如何評價？

(5)承上例，倘若救生圈已被拋至A隨手可及之處，此時丙才發現溺水者是其仇敵，乃於A快要抓住救生圈時立刻收回，致使A未能抓住救生圈而溺斃。此時，刑法對於丙之行為的評價是否有所不同？

一、純正不作為犯與不純正不作為犯

基本上，大多數的犯罪均屬於「作為犯」的性質，亦即指行為人藉由積極之作為以實現犯罪構成要件的情形。例如，本節導引案例(1)中甲透過將其父推落海的方式來違犯殺直系血親尊親屬罪。然倘若行為人係藉由消極之不作為來實現犯罪構成要件的話，就屬於所謂「不作為犯」的情形。刑法上的「不作

為犯」，基本上又可再分成「純正不作為犯」與「不純正不作為犯」兩種類型：

「純正不作為犯」（Echte Unterlassungsdelikte），亦稱為「真正不作為犯」，係指刑法分則之構成要件中本就明定須透過消極不作為之方式始得實現的犯罪類型。例如，（公然）聚眾不解散罪（§149）本即規定以不解散來作為其構成要件行為；無故留滯他人住宅不退罪（§306Ⅱ）則規定以受退去之要求而仍留滯為其構成要件行為，而不論是「不解散」或「留滯」，性質上都屬於不作為的行為模式。此種純正不作為犯，只要行為人對於法所要求之行為採取不作為之舉動即足以成立，故性質上往往屬於行為犯（舉動犯），不以結果之發生為必要。

「不純正不作為犯」（Unechte Unterlassungsdelikte），亦稱為「不真正不作為犯」，則指以消極不作為的方式來實現「作為構成要件」（亦即本應以作為方式予以實現之構成要件）的一種犯罪類型。此種不純正不作為犯之成立，必須以行為人具保證人地位（Garantenstellung）而負有作為義務為其前提。例如，本節導引案例(2)中甲有援救其父親之作為義務，卻袖手旁觀任其父溺斃，即係以不作為的方式實現殺人罪構成要件的情形，應成立不作為殺直系血親尊親屬罪（§§272, 15）。相對地，倘若不具備保證人地位的話（例如溺水者僅為陌生人），自不會僅因其袖手旁觀之不作為而構成殺人罪。

關於「不純正不作為犯」，刑法第15條規定：「對於犯罪結果之發生，法律上有防止之義務，能防止而不防止者，與因積極行為發生結果者同。」此項規定明白顯示，當行為人對於犯罪結果之發生具備「特定作為義務」時，如果違反此項作為義務之要求而仍不作為，在法律上將與經由作為而實現之構成要件結果等同視之。

二、作為與不作為之區別

行為人之行為究竟是屬於作為犯抑或是不作為犯，通常從行為的外觀上可以判斷出來。當行為人透過積極的行動去創造或改變外在事件的因果歷程，即屬於「作為」；相對地，如果僅單純消極放任事件因果歷程的進行或放任結果的發生，則屬於「不作為」，縱使其有能力改變因果歷程之進行或避免結果之發生，亦同。例如夫妻一同去爬山，太太一時失足墜落僅靠一條繩索懸在空中，此時先生如果為貪圖遺產之繼承而持刀割斷繩索，進而導致太太墜崖身

亡，係屬以作爲而爲之故意殺人行爲；倘若先生對太太所處的危險狀態，雖有救助之可能但卻怠於爲救助行爲，最後導致太太在幾小時後因繩索斷裂墜崖身亡，則屬於以不作爲而爲之故意殺人行爲。

　　刑法上所謂「不作爲」，並非完全沒有任何動作，其實質意義係指行爲人不爲法規範所要求之有效救助或防止行爲之意。例如，救生員在打掃時聽聞他人求救聲，卻發現溺水者正是其情敵，乃故意充耳不聞繼續其打掃工作，雖然事發當時救生員有進行打掃的動作，但由於其未爲法規範所要求的救助行爲，仍視爲是刑法意義上的不作爲。

　　不可諱言的，在特定情況下人的舉止究竟應認定爲係「作爲」或是「不作爲」確實仍然會發生爭議，特別是在同時含有作爲與不作爲要素的行爲模式中。例如，醫師爲絕症病患移除維生設備，就形式以觀存在一個積極的移除維生設備的動作（作爲），但若從規範評價的角度來看則是醫師不繼續急救（不作爲），此時醫師的行爲究竟應定性爲是「作爲」、抑或是「不作爲」，解釋上即不無爭議。而且此項爭議在刑事責任的認定上具有重要意義，因爲刑法原則上只處罰作爲，若僅是單純的不作爲（例如見死不救），除非法律上存有作爲義務（保證人義務），否則都不是現行法所處罰的對象。據此，在行爲人不負有作爲義務的情況下，認定其舉止究竟是「作爲」、抑或僅是「不作爲」，就是判斷其舉止是否可罰的關鍵，具有重要實益。

　　此處關於作爲與不作爲之判斷基準[1]，學說上有認爲應取決於其是否有在一個導致構成要件結果發生的因果歷程中積極「注入能量」（Energieeinsatz）[2]、也有認爲應取決於個人是否有輸出風險到他人的法權領域中[3]。本書採取的則是評價性觀點，亦即此處關於不作爲或作爲的判斷，並非單純的事實問題，而應該是一種考量社會行爲意義下的規範評價，而且往往取決於個案中「法律非難的重點」何在[4]。據此，僅就幾種在判斷作爲與不作爲上可能產生爭議的類型予以說明如下：

---

[1]　詳細討論可參見：周漾沂，刑法上作爲與不作爲之區分，收錄於「不作爲犯的現況與難題」，2015，第47頁以下。

[2]　Roxin, AT II, §31 Rn. 78.

[3]　周漾沂，刑法上作爲與不作爲之區分，第63頁以下。

[4]　Heinrich, AT, Rn. 866.；Wessel/Beulke/Satzger, AT, Rn. 700.

（一）過失作為含有不作為要素

在過失犯中，由於過失行為的實行（作為）往往會伴隨某種不作為的成分，亦即未盡到法所要求的注意義務，而此種注意義務要求之目的即在於防止其後該行為（作為）所產生的危險性，在這裡刑法評價的重點係置於後者，亦即因未盡注意義務而為之行為（作為）的部分，故此種過失行為在解釋上均應歸類為「作為犯」[5]。

《案例1》食品販賣者未做好食物清潔與保存措施（不作為），後將腐敗的食物賣給消費者（作為），導致消費者因食用腐敗食物而食物中毒，在這裡刑法過失致傷罪評價的重點並非在其未做好食物清潔與保存措施的部分，而係在其將腐敗食物賣給消費者的部分，故屬於過失致傷罪之「作為犯」。

在本節導引案例(3)中，駕駛人乙未開大燈或未將故障的大燈修好（不作為）即於夜間駕駛車輛上路（作為），最後因而導致車禍使他人受傷，此時刑法過失致傷罪評價的重點同樣地並非在其未開大燈或未將故障的大燈修好之不作為的部分，而係在其無大燈卻駕駛車輛之作為的部分，故性質上亦屬於過失致傷罪之「作為犯」。

（二）故意作為後緊接之不作為

倘若行為人以故意而著手實行某構成要件行為（作為），於犯罪既遂前再對其所可能導致之結果袖手旁觀（不作為），此時僅評價其最初的故意作為即可，故行為人應成立作為犯[6]。因為故意的內涵本來即包括對發生構成要件結果的意欲或容忍，故行為人在故意作為後緊接之不作為，解釋上也會被包含在最初的故意作為當中，在這裡刑法評價的重點僅在於最初的故意作為，因此性質上係屬於作為犯。

《案例2》甲基於殺人故意砍殺A數刀，A因而傷重倒地但尚未立即死亡，

---

[5] Ebert, AT, S. 173；周漾沂，刑法上作為與不作為之區分，第70頁以下，結論相同。

[6] Vgl. Heinrich, AT, Rn. 868.

甲當時雖仍有救助之可能性，但仍然逕行離去，最後A終於因流血過多而死亡，此時甲之行為仍屬於殺人之作為犯。

《案例3》恐怖分子乙裝置定時炸彈後，於炸彈爆炸前雖仍有將炸彈拆卸之可能，但仍然袖手旁觀，最後炸彈爆炸導致多人死亡，此時恐怖分子乙亦屬於殺人之作為犯。

應強調者，倘若行為人係因過失作為而導致構成要件結果發生之危險，然後又再故意怠於採取防止結果發生之措施（不作為），最後導致構成要件結果的實現，此時由於先前的過失作為無法包含其後之故意不作為，故應評價為二個行為予以分別論罪。

《案例4》丙超速闖紅燈撞傷路人後，路人倒臥在地、奄奄一息，但丙眼見四下無人隨即逃逸離去，最後路人乃因而傷重死亡。

在此案例中，由於最初的過失致傷行為解釋上並無法包含其後的故意不作為，因此應將其個別評價為兩個行為而成立數罪，亦即C最初超速闖紅燈撞傷路人之行為應成立過失致傷罪（§284）（作為犯），其後畏罪逃逸未救助被害人導致被害人死亡的部分，則應成立有義務者遺棄致死罪（§294II）與肇事逃逸罪（§185-4），兩罪成立法條競合之吸收關係，重罪吸收輕罪，僅論以有義務者遺棄致死罪[7]。又解釋上，此時先前之過失致傷罪（作為犯）性質上為「不罰前行為」，最後僅論以其後的有義務者遺棄致死罪（純正不作為犯）即可[8]。

（三）中斷救助行為

中斷他人或自己之救助行為，由於或多或少都同時含有作為與不作為要素，因而不無討論空間。首先，若行為人係以積極之作為而阻止他人之救助行為，雖然救助行為的中斷含有不作為之性質，但此時刑法非難的重點應在於其

7　關於此兩罪之競合，參閱本書第十二章、第二節、一的說明。

8　因前行為的過失傷害即後行為保證人義務的來源（危險前行為保證人地位），前行為的不法內涵以為後行為所包含，僅論以後行為即足以包含前行為的不法內涵。

透過積極作為去改變外在事件（他人救助行為）之因果歷程的部分，故解釋上應評價為「作為」[9]。

《案例5》甲看見A正在援救溺水者，走近一看發現溺水者竟然是其仇敵B，甲於是強行推開A令其無法進行救援，最後B果真因此而溺斃，此時甲的行為應評價為故意殺人之作為犯。

《案例6》兒子因貪圖繼承遺產，在醫生要幫父親進行急救時予以強行阻止，使醫師未能及時進行急救而導致其父死亡，此時兒子的行為亦應評價為殺直系血親尊親屬罪之作為犯。

　　不過，倘若行為人係先實施救助行為，其後又再因某種原因而放棄救助行動，此時究應評價為作為抑或不作為，解釋上不無疑義。在這裡，判斷的標準應取決於行為人先前之救助行為是否已經有效開啟了一個可實現的救援可能性而定[10]。詳言之，倘若行為人先前之救助行為尚未開啟一個可實現的救援可能性，則代表其後來放棄救助之行為並未惡化或改變該事件之因果歷程，故僅應視為是「不作為」，此時除非行為人具保證人地位，否則縱使其放棄救助行為也不會構成任何犯罪。

　　在本節導引案例(4)中，丙雖已解下岸邊救生圈準備拋給溺水者，但忽然間丙發現該溺水者竟是其仇敵A，因此又再將救生圈放回原處而離去，由於丙先前之救助行為尚未實際開啟一個可實現的救助可能性，故丙後來改變心意放棄救助又再將救生圈放回原處之行為僅能評價係「不作為」，由於丙對於其仇敵A並不負有任何救助義務，故縱使A最後因此而溺斃，丙在法律上亦不構成任何犯罪行為。

　　相對於上述情形，如果行為人先前之救助行為客觀上已經開啟了一個可實現的救援可能性（例如救生圈已被拋至溺水者隨手可及之處），倘若行為人後來又因某種原因而再度中斷原來之救助行為，此時由於其中斷救助之行為已經

---

[9]　通說之結論相同：林山田，刑法通論（下），第241頁；林鈺雄，新刑法總則，第526頁；周漾沂，刑法上作為與不作為之區分，第78頁；Ebert, AT, S. 173 f.；Kindhäuser, AT, §35 Rn. 11.；Kühl, AT, §18 Rn. 20.；Wessel/Beulke/Satzger, AT, Rn. 701.

[10]　Kindhäuser, AT, §35 Rn. 13.；Vgl. Baumann/Weber/Mitsch, AT, §15 Rn. 31 f. 相同結論：周漾沂，刑法上作為與不作為之區分，第75頁以下。

改變了該事件之因果歷程，故應視為是「作為」。例如在本節導引案例(5)中，當A正要抓住救生圈時，丙立刻收回致使A未能抓住救生圈而溺斃，此時該行為係將溺水者客觀上已出現的獲救可能性予以排除，積極改變了該事件的因果歷程，故該行為應視為是積極的「作為」，而非消極不作為，因此丙故意中斷A已經存在的獲救機會而直接導致A的溺斃，係屬以作為而實施之故意殺人罪。

（四）特別問題──醫師移除維生設備

由於現代醫學的進步，那些已經陷入無法復原之無意識狀態之重症病患，倘若對之進行維生治療、裝置維生設施，往往可以再維持一段時間的生命跡象（呼吸與脈搏），而不至於立刻死亡；相對地，只要醫師一將其維生設備移除，病患便極可能在短時間內死亡。於此，倘若醫師基於幫助病患進行安樂死（死亡協助）的理由，而移除無意識瀕死末期病患之維生系統，法律評價上究竟係屬作為或不作為，解釋上不無爭議。對此，雖有學說將此種移除維生設備之行為歸屬於積極之「作為」[11]，然此處以為此種撤除維生設備之行為在刑法上評價的重點，應係在於醫師未繼續實施延長生命之醫療行為，故解釋上仍宜認為係屬「不作為」[12]。

基於病患對其身體之自主決定權以及對病患人格權的尊重，醫師並不被允許從事任何違反病患意願的強制醫療行為，故在與病患放棄醫療之自主意願決定相符的範圍內，醫師所負有的繼續治療或急救的義務將被解除，因此在醫師欠缺作為義務的前提下，也不會因為移除病患之維生設施而有不作為殺人的問題。因為病患的自主決定權，在病患自主同意（承諾）的相對應的範圍內，具有限制或解除醫師保證人義務的效果[13]。關於此種基於病患意願的消極安樂死（Passive Euthanasie）或消極死亡協助（Passive Sterbehilfe）並不會構成犯罪的結論，是刑法學界的多數見解[14]。

---

[11] Ulsenheimer, Arztstrafrecht in der Praxis, 4. Aufl., 2008, Rn. 276.；周漾沂，刑法上作為與不作為之區分，第85頁以下。

[12] Heinrich, AT, Rn. 872.；Krey/Esser, AT, Rn. 1115.；Wessels/Beulke/Satzger, AT, Rn. 703.

[13] Vgl. Ulsenheimer, Arztstrafrecht in der Praxis, Rn. 288.

[14] 甘添貴，緩和醫療行為之適法性，月旦法學雜誌，第38期，1998/07，第12頁以下；林東茂，醫療上病患承諾的刑法問題，月旦法學雜誌，第157期，2008/06，第67頁；林鈺雄，從行為觀點談安樂死之基礎類型，刑事法雜誌，第42卷第3期，第59頁以下；陳子平，論安樂死與刑事責任，第461頁以下；蔡墩銘，醫事刑法要論，1995，第447頁以下。相對地，若認

第二節　不作為犯之構成要件該當性

導引案例

(1)警察甲某日於值勤時，發現有流氓A正準備著手毆打B，甲當時雖可予以制止，卻因故而未適時採取任何行動，最後讓A於毆傷B後順利揚長而去。試問，警察甲是否應負任何刑責？

(2)乙遵守交通規則並謹慎地開車行駛於公路，忽然對向車道有一機車因超速失控打滑侵入乙的車道，事出突然乙難以即時反應因而直接撞上機車，機車騎士C當場受重創昏迷。乙隨即打電話報警，但因緊張一時疏忽忘記通知救護車到場，遲至交通警察到場發現傷患後，始趕緊電叫救護車將C送往醫院急救，惟因延誤就醫，導致C傷重死亡。事後鑑定，乙對車禍無過失，但如果乙在第一時間就電叫救護車，C有幾近確定之高度可能性不致因延誤送醫而死亡。試問乙疏忽未即時電叫救護車是否應負刑責？

一、保證人地位與保證人義務

　　刑法第15條規定：「對於犯罪結果之發生，法律上有防止之義務，能防止而不防止者，與因積極行為發生結果者同。」本條除表明「不純正不作為犯」之成立必須以行為人在法律上有防止義務（作為義務）且有防止可能性為前提外，並規定不作為犯之法律效果與作為犯均為相同。刑法本以處罰作為犯為原則，故單純的不作為只有在行為人對於結果之發生具有防止義務（作為義務）時，才會構成犯罪。此處之防止義務，解釋上必須是從法的觀點所建立的作為義務，雖然不一定要有法律的明文規定，但如果僅是單純倫理或道德上的義務，尚不足以構成刑法上的保證人義務[15]，例如好朋友間雖應彼此共患難，但

為撤除維生醫療係屬於「作為」，則縱使有病患的自己同意，醫師而仍會成立得承諾殺人罪（§275Ⅰ）。

[15] Heinrich, AT, Rn. 928.

此僅是倫理道德上的要求，不足以形成刑法的保證人義務。

　　刑法第15條所指法律上應防止（構成要件）結果發生之防止義務在刑法學理上稱之為「保證人義務」（Garantenpflicht），而產生此種保證人義務的特定法律關係則稱之為「保證人地位」（Garantenstellung）。一個具備保證人地位之人，倘若怠於履行其所負之保證人義務（防止結果發生之作為義務）而導致構成要件結果的發生（或危險），此時就應負不純正不作為犯之責。一般而言，由保證人地位往往可以導出保證人義務的存在，然有時於具體個案中也可能排除保證人義務的存在，因此總是必須檢討該具備保證人地位之人於具體情況中是否負有為特定行為之義務。例如，配偶間互相具有保證人地位，此足以導出其互相負有防止對方遭受生命身體危險的義務，但並無法進一步導出配偶也負有阻止另一半實施犯罪行為的義務，此主要係基於「自我負責原則」的緣故[16]。

　　基本上，若從保證人義務的功能來作區分，保證人地位大致可分成二種類型，亦即：(一)「保護義務」（Schutzpflichten；Obhutspflichten）的保證人地位：此種保證人義務（保護義務）類型的主要內涵，係行為人具有直接保護或救助特定法益或法益持有者免於遭受危害之義務；(二)「監督義務」（Überwachungspflichten）的保證人地位：「監督義務」或稱「安全義務」（Sicherungspflichten），此種保證人義務（監督義務）之內涵，在於行為人具有監督或控制特定危險源之安全的義務，以避免該危險源之危險發散而對他人造成危害。「保護義務」與「監督義務」的區別界線主要來自於二者的義務內涵：「保護義務」具備保護對象之特定性，其所負的保護義務會指向特定（或可得特定）之法益或客體，例如民法第1084條第2項父母對於未成年子女的保護義務，其保護對象可得特定為子女；相對地，「監督義務」則欠缺保護對象之特定性，其僅在監控某危險源以避免其危險擴散造成對不特定人之危害，它的保護對象可能是危險擴散後遭受侵害的任何法益或客體。例如危險動物的飼養者有義務監控其所飼養的危險動物，避免對其他任何人造成危害；又如老師對學生負有教育義務，此等義務包含監督學生行為使其不致於對其他任何人造成侵害[17]。

---

[16]　Heinrich, AT, Rn. 919 ff.

[17]　除了老師對學生外，其他如父母對未成年子女、醫生對精神病院的病患、在監獄中負責監控受刑人之公務員與該受刑人間，均負有此種監督義務。Vgl. Heinrich, AT, Rn. 970.

（一）「保護義務」的保證人地位

倘若行為人負有直接保護特定法益或法益持有者免於遭受危害的義務，卻怠於履行此項保護義務，此時即有可能構成不純正不作為犯。此項「保護義務」的保證人地位，大致可分成以下幾種類型：

1. 法律特別規定

法律有時會針對某些特定情況予以明定其保證人義務之來源，較常見者如民法第1084條第2項父母對於未成年子女之保護及教養義務；道路交通管理處罰條例第62條第3項汽車肇事者對車禍受傷者之救護義務；醫師法第21條醫師對危急病人的救治義務（醫療法第60條第1項則規定醫院、診所對危急病人的急救義務）、海商法第102條船長對淹沒或其他危難之人的救助義務等。

2. 特定近親關係

某些特定的近親關係，雖然法律可能未明文規定其保護救助義務，但由於此類親屬關係乃基於法律所承認之血緣或婚姻所建立的近親關係，故亦應承認其得作為保證人義務的來源，包括父母子女、配偶、直系血親、兄弟姊妹[18]、以及訂有婚約之未婚夫妻[19]，彼此間均互負有保護義務[20]。

《案例1》婚後經常爭吵幾近翻臉的夫妻A與B，目前處於分居狀態，正在協議雙方離婚事宜。某日，A至B住處欲拿取私人物品，發現B心臟病病發倒地，A想到平日的爭吵以及雙方對協議離婚內容的

---

[18] 張麗卿，刑法總則理論與運用，第426頁；Krey/Esser, AT, Rn. 1153.；Stree/Bosch, in: Sch/Sch-StGB28, § 13 Rn. 18.；Wessels/Beulke/Satzger, AT, Rn. 718.不同見解：Jakobs, AT, 29/62，認為兄弟姊妹間如果欠缺建立法律上保證人地位基礎之共同生活性，彼此間將不互負保證人義務。類似見解：林山田，刑法通論（下），第253頁，雖承認兄弟姊妹間存在保證人義務，但認為其基礎來自於「生活共同體」，似亦認為未生活在一起之兄弟姊妹彼此間亦不互負保證人義務。

[19] 張麗卿，刑法總則理論與運用，第426頁；Wessels/Beulke/Satzger, AT, Rn. 718.另外，Ebert, AT, S. 178, 則認為至少在有事實上共同生活關係的婚約締結者，彼此間應互負保證人義務。

[20] 林東茂，不純正不作為犯，收錄於「甘添貴教授七秩華誕祝壽論文集（上）」，2012/04，第123頁以下，認為父母子女、兄弟姊妹、配偶等彼此間互負保證人地位是來自於密切生活關係的基礎。

爭執，心想如果B因此而病發身亡將可免去許多麻煩，因此A並未打電話叫救護車，以至於B最後因此死亡。

配偶相互間應互負保護義務固不待言，但對於已經分居之配偶間是否仍負有此等義務，即不無疑問存在？對此，學說上有認為當婚姻已經退卻至分居的狀態時，彼此間已失去對他方會於緊急情況下互相扶持之信賴，故縱使形式上的婚姻關係仍然存在，但配偶間互負保護義務之基礎已經消失[21]。惟此項保護義務既係基於法所承認之婚姻關係而來，故應認為在雙方婚姻關係之法律效力尚未消滅前，縱使彼此間已經分居，仍然互負有保護義務[22]。同理，對於成年後已不再一起共同生活的直系血親或兄弟姊妹，彼此間仍然互負有此項保護義務，自不待言。

據此，在上述案例中，既然A與B之間的法定婚姻關係仍未消滅，雙方應彼此互負保證人義務，A違反其義務之不作為導致B因此而病發身亡，且A主觀上亦具有容忍B死亡之未必故意，A應成立不作為殺人既遂罪（§§271 I，15 I）。

3. 緊密的生活或危險共同體

所謂「共同體」，係指透過某種連結建立起團體內相互的信賴，基於此種信賴讓團體內的成員相信彼此間於危難時會互相扶助的一種緊密團體。據此，所謂的「生活共同體」（Lebensgemeinschaft），即係指透過密切共同生活關係的連結而建立的一種共同體。此種「生活共同體」內的成員，基於密切共同生活的基礎，讓彼此間存在一種於危難時會互相救助的信賴，例如長久共同生活之家族成員間、事實上婚姻關係的同居人間，彼此間均互負有保護義務。

相對地，單純的好朋友、未同居之男女朋友，縱使整天在一起的時間很長，尚不足以構成保證人義務的來源。甚至是，學生或公司宿舍裡面住在同一個房間的室友，雖然有共同生活的事實，但由於欠缺彼此間會互相救助的信賴基礎，故解釋上仍然無法形成彼此間的保證人義務[23]。

---

[21] 林東茂，不純正不作為犯，第124頁；Stree/Bosch, in: Sch/Sch-StGB28, §13 Rn. 19/20.；Kühl, AT, §18 Rn. 58.

[22] Vgl. Krey/Esser, AT, Rn. 1131.

[23] Wessels/Beulke/Satzger, AT, Rn. 719.

至於「危險共同體」（Gefahrengemeinschaft），則係指多數人基於所參與活動之高危險性而組合成信賴彼此會於危難發生時相互救助之團體，例如登山隊、探險隊、遠征隊等均屬之。危險共同體的成員具有明示或默契，當發生危難時彼此會互相扶助與保護對方，因而相互形成保證人義務。應強調者，倘若當事人間僅是偶然的共同面臨危難之情況，例如因為船難或天然災害被共同困於災難現場，並不足以形成彼此間的保證人義務[24]，自不待言。

4. 自願承擔保護義務

行為人若出於自願承擔而對特定法益或法益持有者之保護義務時，亦會形成保證人地位。此種自願承擔保護義務的情形，雖通常均係基於契約關係（特別是僱傭契約）而來，例如褓姆對於受託照顧之嬰幼兒、救生員對於泳客、登山嚮導對於其帶領之遊客、醫生或護士對於其負責之病人、保全人員對於其負責之保護對象或區域等，然而建立此種保護義務的基礎主要仍在於是否存在「事實上的自願承擔保護義務」[25]，故縱使其原因關係之契約因某種原因而無效，只要客觀上確實存在自願承擔保護義務的情狀，仍然足以建立行為人之保證人地位。

《案例2》甲擔任褓姆為A照顧其年僅五歲的幼童，雙方約定甲應於早上八點到下午六點的時段內至A之住處負責照顧小孩。某日，甲因故已逾八點半仍未到達A住處，A因為擔心上班遲到乃先行出門，獨留其小孩在家，結果小孩因誤吞藥品而被送醫治療。此案例中，甲擔任褓姆雖遲誤其應負責看護小孩之時間，但由於其尚未在事實上承接看護小孩之責，事發當時甲仍未具有保證人義務，故甲毋庸對於小孩誤食藥品而受傷之事件負不作為傷害罪之責。

有時未基於特定原因，而僅是單純短暫的自願承擔特定保護義務，也會形成保證人地位，例如受託幫朋友看護其兒女，此時於其事實上承接看護之責後，在負責看護之期間內對受其照顧之幼兒負有保證人義務。

---

[24]　Ebert, AT, S. 178.

[25]　Krey/Esser, AT, Rn. 1141.；Wessels/Beulke/Satzger, AT, Rn. 720.；Ebert, AT, S. 178.

（二）「監督義務」的保證人地位

倘若行為人負有監督控制特定危險源之安全的監督義務，卻怠於履行此項義務，此時亦有可能構成不純正不作為犯。此種對特定危險源的監督義務，大致源自以下幾種保證人地位類型：

1. 危險前行為

刑法第15條第2項明定「因自己行為致有發生犯罪結果之危險者，負防止其發生之義務。」由此可知，行為人所為之危險前行為（gefährliches Vorverhalten；Ingerenz）亦會形成保證人地位，並發生保證人義務。例如，因亂丟煙蒂導致火警、因違規駕車而肇事等。有問題者在於，危險前行為是否必須具備義務違反性，才會形成保證人地位？例如在本節導引案例(2)中，乙於車禍發生當時並未有任何違反注意義務之情形，其是否仍會因其前行為而保證人地位，即發生爭議。

對此，學說上有認為，保證人地位的形成並不以危險前行為具義務違反性為前提，故縱使行為人並未違反法規範所要求之義務，只要其行為確實造成他人法益之危險，行為人就具備保證人地位[26]。若採此說，則於導引案例(2)中，乙雖然並無違反任何法規範所要求之義務（其完全遵守交通規則），但其行為既與機車騎士的受傷具因果關係，則乙就負有救助機車騎士之保證人義務，其因疏忽而違反此項作為義務導致機車騎士死亡，應成立不作為過失致死罪。

惟建立危險前行為保證人義務的基礎，應該在於前行為之義務違反性，而非因果關係，否則恐有導致其範圍不當擴大之虞，故解釋上危險前行為保證人地位的形成應以該前行為具有義務違反性為前提，因此若行為人之前行為本身欠缺義務違反性，就不會產生保證人地位與義務[27]。據此，於導引案例(2)中，由於乙之前行為並未有任何違反義務之情形，故雖然其行為與機車騎士的受傷具因果關係，在法律上亦不負有救助該機車騎士之保證人義務，因此其怠於呼叫救護車將機車騎士送醫之不作為，亦不至於構成任何刑責。

---

[26] 採此說者：Lackner/Kühl, StGB，§13 Rn. 13.另外，黃常仁，刑法總論，第155頁，似亦採此說。

[27] 此為目前學界多數說：林山田，刑法通論（下），第254頁以下；張麗卿，刑法總則理論與運用，第427頁；林鈺雄，新刑法總則，第534頁以下；Baumann/Weber/Mitsch, AT，§15 Rn. 66 f.；Ebert, AT, S. 180.；Gropp, AT，§11 Rn. 16.；Jescheck/Weigend, AT，§59IV4a., S. 625.；Krey/Esser, AT 2, Rn. 1146 ff.；Wessels/Beulke/Satzger, AT, Rn. 725 ff.

　　另外，倘若危險前行為具阻卻違法事由而排除其違法性，此時行為人是否仍具有保證人地位？於此，應視該行為是否有傷害到無辜第三者而作不同之處理，亦即：倘若該阻卻違法之危險前行為所傷害者並非係無辜第三人，此時該阻卻違法之危險前行為並不會產生保證人地位。例如，正當防衛只能針對攻擊者，故防衛人於實施正當防衛後，縱使造成對方的後續危險，防衛人也不會形成保證人地位；相對地，倘若該阻卻違法之危險前行為所傷害者係無辜之第三人，則應認行為人將因其危險前行為而對該受傷害之無辜第三人產生保證人義務。例如，在針對無辜第三人實施緊急避難的情形，實施緊急避難的行為人對於該受傷害之無辜第三人將負有保證人義務[28]。

　　應強調者，倘若行為人之防衛行為已經逾越了必要之程度而形成「過當防衛」，由於過當防衛之行為無法阻卻違法，故此時實施正當防衛之行為人解釋上仍應負有（危險）前行為保證人義務[29]，自不待言。

2. 對特定危險源的監控責任

　　倘若行為人係某特定危險源的監控者，例如危險物品的持有者、可能發生危險之設備的監控者、可能攻擊他人之動物的飼養者、可能發生危險之場所的管理者等，則對於該特定危險源所可能對他人產生之法益侵害結果，在法律上皆負有監控危險源以防止其對他人發生危害之作為義務[30]，倘若因其怠於履行此項作為義務而導致構成要件結果之發生，其在法律上即應負不純正不作為犯之責任。例如，遊樂場雲霄飛車的維護者，怠於履行其維修之作為義務，導致雲霄飛車出軌造成遊客死傷；或如鐵路維修人員疏於維修，導致列車因軌道問題出軌，均應負不作為過失致死與不作為過失致傷罪之刑責。

　　此種對特定危險源的監督義務，可能係來自於法律的規定，也可能經由事實上「自願承擔義務」之行為而來。也就是說，行為人因「自願承擔義務」之事實所建立的保證人義務內涵，可能為「保護義務」，也可能是「監督義務」。

28　張麗卿，刑法總則理論與運用，第427頁以下；林東茂，刑法綜覽，第1-175頁；林東茂，不純正不作為犯，第127頁以下。

29　Vgl. Kindhäuser, LPK-StGB, § 13 Rn. 51.

30　Ebert, AT, S. 179.

《案例3》甲在朋友出遠門時，受託為朋友照顧其所飼養的秋田犬，在甲
　　　　事實上承接看顧該犬之責後，即負有監控該犬以避免其攻擊他
　　　　人之義務，故倘若甲因疏忽未拴好該秋田犬導致其偷跑出去咬
　　　　傷別人，此時甲即應負不作為過失致傷罪之責（§§284Ⅰ，
　　　　15Ⅰ）。

　　應注意者，係關於父母對未成年子女的保護教養義務（民法§1084Ⅱ），
此種保護教養義務兼具「保護義務」與「監督義務」的性質：一方面，父母親
負有保護其未成年子女免於遭受侵害的「保護義務」；另一方面，父母親對於
未成年子女的教養義務，此種教養義務解釋上包含阻止未成年子女為犯罪行為
之義務，性質上係屬於「監督義務」[31]。
　　應特別討論者，依據警察法第2條之規定：「警察任務為依法維持公共秩
序，保護社會安全，防止一切危害，促進人民福利。」此項警察法上的一般條
款是否足以構成警察之保證人地位，解釋上不無疑問？於此，依據警察法第2
條的一般條款，警察應負有防止一切危害（防止一切對法益之危害）的任務，
此特別彰顯於警察對犯罪的防治與預防上。警察對於此項危險預防任務之行使
雖具有裁量權（合義務性之裁量），但倘若在裁量權萎縮至零（Ermessenss-
chrumpfung auf Null）的情況下，由於已無裁量空間存在之餘地，此時就會產
生警察基於法律規定而生的保證人地位[32]。也就是說，於此種情況下警察將具
備刑法第15條第1項所稱之法律上義務（作為義務），此種防止危害發生的保
證人義務性質上也是屬於「監督義務」。
　　在本節導引案例(1)中，警察甲於值勤時發現流氓A正準備著手毆打B，對
於B當時所立刻遭受之身體危害，衡諸當時情形已無不採取措施之裁量空間，
此時基於警察法上所負之危險預防任務，警察甲負有立刻採取措施防止危害發
生之保證人義務，卻怠於採取任何防止危害之行動，最後導致B受傷之結果，
此時警察甲應構成傷害罪的不作為幫助犯（§§277Ⅰ，15Ⅰ，30）。應強調
者，倘若當時流氓很多但警察卻孤身一人，解釋上可認為警察甲在足夠警力支
援到達前欠缺救助可能性，不構成犯罪。另外，倘若有數件犯罪案件同時發

[31] Krey/Esser, AT, Rn. 1132, 1162.

[32] Ellbogen/Stage, JA 2005, S. 355.；Krey/Esser, AT, Rn. 1164.；Jakobs, AT, 29/77d.；Kindhäuser, LPK-StGB, §13 Rn. 63.

生，而警察只有能力阻止其中一件，對於其餘犯罪案件之被害人不提供救助保護的部分，亦可能以「義務衝突」（Pflichtenkollision）為由而阻卻其不作為之違法性[33]。

二、防止結果發生的救助可能性

具保證人地位者，雖負有防止結果發生之作為義務，但此項作為義務必須以行為人在當時的情況下具有物理上之救助可能性為前提，如果事發當時在客觀上欠缺救助可能性。此即刑法第15條第1項規定「法律上有防止之義務，能防止而不防止者」之意義。解釋上，縱使行為人具備保證人地位，但是如果依事發當時的情況欠缺救助可能性者，此時其所負有之保證人義務將被解除，因而構成要件不該當。此種欠缺採取救助行為之可能性的情況，例如癱瘓、昏厥或被綑綁等完全欠缺行為能力的情況；空間的阻隔以致無法到達危險發生地；欠缺救助所必要的工具；個人欠缺為救援行為之能力等[34]。

《案例4》 父親發現兒子溺水，但因不會游泳而僅呼救未跳下水去救人，最後兒子不幸溺斃。此案例中，父親雖負有救助子女之保證人義務，但由於該父親本身不會游泳，在欠缺其他救助管道的前提下，不具備救助可能性，自毋庸負擔任何刑責。

至於，具保證人地位的行為人是否有認知到該危險的情狀，係屬於行為人是否具備故意的問題（主觀構成要件），與不作為犯的客觀構成要件無關。

三、不作為與結果間之因果歸責

「不作為犯」與「作為犯」類似，都存在因果歸責的問題，也就是應檢討行為人之不作為與構成要件結果之間是否存在因果關係（因果關聯），以及該構成要件結果在客觀上是否可以歸由行為人去負責的問題（客觀歸責）。

---

[33] Vgl. Jakobs, AT, 29/77d.

[34] Wessels/Beulke/Satzger, AT, Rn. 708.

（一）不作為與結果間之因果關聯

　　刑法對於「不純正不作為犯」的處罰係從規範評價的角度出發，但是「因果關係」作為一種存在的現象，必須具備一個能造成或改變因果歷程的實際物理外觀，而此種實際的物理外觀在不純正不作為犯中卻可能是不存在的，因此所謂不純正不作為犯的因果關係，實質上僅是一種「假設性的因果關係」（Hypothetische Kausalität）或是「準因果關係」（Quasi-Kausalität），與在作為犯領域經由「條件理論」所建立的實際因果關係並不相同[35]。也就是說，「不純正不作為犯」中所探討的因果關係，其實是一種規範評價上的因果關聯性（Kausalzusammenhang）。

　　基本上，倘若依據行為當時的情況加以判斷，如果行為人履行其作為義務實施法所要求之救助行為，則構成要件結果有「幾近確定的高度可能性」（Sicherheit grenzender Wahrscheinlichkeit）不至於會發生，此時即可認定不作為與構成要件結果間具備因果關聯性[36]。也就是說，倘若在當下保證人有及時履行其作為義務，則幾可確定結果就不會發生，此時其不作為與結果間方可認為具備因果關係[37]。

《案例5》一位慘遭家暴而傷痕累累的病患被送至醫院急救，負責值班之急診室醫師甲因疏忽而未發現其有顱內出血的現象，以至於未採取必要的急救措施，最後病患終於死亡。根據事後的醫學檢

---

[35] Vgl. Jescheck/Weigend, AT，§59III3., S. 618 ff.

[36] Baumann/Weber/Mitsch, AT，§15 Rn. 23.；Ebert, AT, S. 177.；Gropp, AT，§11 Rn. 71.；Ellbogen/Stage, JA 2005, S. 355.；Heinrich, AT, Rn. 888.；Jescheck/Weigend, AT，§59Ⅲ4., S. 619.；Kindhäuser, AT，§36 Rn. 12 f.；Krey/Esser, AT, Rn. 1123.；Kühl, AT，§18 Rn. 36 ff.；Wessels/Beulke/Satzger, AT, Rn. 711.從「危險升高」的觀點來理解不作為犯之因果關係者：Stratenwerth/Kuhlen, AT，§13 Rn. 52 ff.認為在不作為犯中，只要法所要求之作為足以「減少」結果發生之危險，即可肯定其因果關係。至於，Roxin, ATⅡ，§31 Rn. 54 f.則是認為倘若法所要求之作為，以幾近確定之高度可能性足以經由一種「減少危險的方式」來改變因果歷程，此時即應肯定不作為與結果間之因果關聯。

[37] 實務見解亦同，例如最高法院106年度台上字第3780號判決：「……刑法對於不作為犯之處罰，並非僅在於不履行作為義務，還須考慮如予作為，能否必然確定防止結果發生，而非無效之義務，以免僅因結果發生之『可能性』，即令違反作為義務之不作為均負結果犯罪責，造成不作為犯淪為危險犯之疑慮。從而，必行為人若履行保證人義務，則法益侵害結果『必然』或『幾近』確定不會發生，始能令之對於違反作為義務而不作為所生法益侵害結果負責，且此所謂『必然或幾近確定』可以避免結果發生，應由檢察官負舉證責任。……」

驗報告，倘若醫師甲當時能夠即時進行必要的急救手術，有20%的機率可以救活該位病患。

於此案例中，倘若醫師甲履行法所要求之作爲義務對病患實施必要之急救手術，病患死亡之結果仍只有20%的機率可以避免，並未達到「幾近確定的高度可能性」，故醫師甲的過失不作爲與病患死亡之結果間欠缺因果關聯，病患之死亡在刑法評價上無法作爲是醫師過失不作爲的結果，再加上刑法並不處罰過失未遂，故醫師甲的行爲不構成犯罪[38]。此案例中應爲病患之死負責之人爲家暴的行爲人，該施暴者應依其主觀故意爲傷害或殺人，而分別成立傷害致死罪（§§277II, 278II）或殺人既遂罪（§271I）。

此種經由「幾近確定之高度可能性」對不作爲因果關聯性在認定上所加諸的限制，在實務上尤其具重要意義，因爲在實際案例中很少可以完全排除「即使採取救助行爲但結果仍『可能』會發生」的情況[39]。

《案例6》乙的父親在海邊釣魚時不愼落海，在停車場的乙雖有聽到父親的呼救聲，但因想到父親死亡即可繼承龐大遺產，乙遂故意不施救，其父親終於溺斃。根據調查，依事發當時情況，乙若馬上對其父親施救，以當時停車場與其父落水處之距離來看，其父親獲救的可能性也只有30%。

此案例中，由於乙若履行法所要求之救助義務，得以阻止其父溺斃之機率也只有30%，未達「幾近確定的高度可能性」，故乙的故意不作爲與其父之死亡結果間欠缺因果關聯，其父之死亡在刑法評價上無法作爲是乙故意不作爲的結果，因此乙僅成立不作爲殺直系血親尊親屬未遂罪（§§271II, 272, 15I）。

（二）不作爲與結果間之客觀歸責

關於行爲與結果間之客觀歸責判斷，在「不純正不作爲犯」的領域，原則上亦應該適用與「作爲犯」相同的判斷規則，例如屬於「反常因果歷程」的情

---

[38]　Vgl. Heinrich, AT, Rn. 889.

[39]　Kühl, AT, §18 Rn. 37.

形、或有屬於應自我負責之被害人或第三人之行為，均可以排除不作為與結果
間之客觀可歸責性。惟關於「義務違反關聯性」（無效的義務）的部分，在不
純正不作為犯的客觀歸責中則不需要檢驗，因為此在不作為之領域係屬於上述
「因果關聯」（假設性因果關係）的問題[40]。

《案例7》甲為貪圖繼承父親之遺產而故意不將心臟病發之父親送醫急
　　　　救，此時適逢甲之妹妹回家發現父親病發，乃打電話叫救護車
　　　　將父親緊急送醫，但父親卻在送往醫院急救後，死於當晚醫院
　　　　所發生的火災當中。此案例中，父親因醫院火災而死亡之事件
　　　　屬於「反常因果歷程」，甲的不作為對於其父之死亡結果欠缺
　　　　客觀可歸責性，故甲僅成立不作為殺直系血親尊親屬未遂罪
　　　　（§§271Ⅱ, 272, 15Ⅰ）。

《案例8》乙的父親A在海邊釣魚時不慎落海，乙因貪圖繼承龐大遺產而故
　　　　意不施救，其父A在驚險海浪中用盡全力奮力游到岸邊，卻遇到
　　　　仇人丙而再將A推落入海，A體力耗盡最後溺斃於海裡。此案例
　　　　中，由於有應負責任之第三人丙的故意犯罪行為介入，而阻斷
　　　　了乙之不作為與結果間之客觀可歸責性，故乙仍僅成立不作為
　　　　殺直系血親尊親屬未遂罪（§§271Ⅱ, 272, 15Ⅰ）。

四、不作為故意

　　不純正不作為犯之故意與作為犯之故意一樣，都必須包含對所有客觀構成
要件事實的認知與意欲，因此屬於客觀構成要件的「保證人地位」，也是不作
為犯主觀上所應該認知之事實。也就是說，倘若行為人對於其具備保證人地位
以及存在可能的救助措施足以防止結果之發生均有所認知，卻仍決定採取不作

---

[40] Vgl. Gropp, AT, §11 Rn. 76 ff.；Kindhäuser, AT, §36 Rn. 28.不同見解：Wessels/Beulke/
Satzger, AT, Rn. 713.；Heinrich, AT, Rn. 891.在不作為犯之客觀歸責判斷上仍討論「義務違反
關聯性」的問題，認為若實施法所要求之救助行為，則依據當時情況有幾近確定的可能性足
以保護遭受危險之法益，例如避免了構成要件結果的發生、對生命延長起了決定作用或是減
少了法益的侵害等，則應該排除其客觀可歸責性。惟本書認為此種檢驗流程，與不作為與結
果間之因果關聯性判斷，並無不同，故毋庸於客觀歸責的部分再重複做判斷。

為而有意或容忍該構成要件結果之發生，此時行為人即具備不作為犯之故意。

倘若行為人具備保證人地位，但卻誤認自己不具備「保證人地位」，此時即發生「構成要件錯誤」，應阻卻其故意。因為「保證人地位」的存在屬於不純正不作為犯的客觀構成要件要素，如果行為人欠缺對此項要素的認知，自足以影響其構成要件故意（§13）。

《案例9》甲開車上班時發現遠處有車禍似乎有人昏迷在地，但甲因擔心被誤會為肇事者，乃逕自開車離去，豈料該因車禍昏迷躺在地上之人竟是其配偶。此案例中，甲因未認知到其具備保證人地位，欠缺不作為遺棄之故意，不成立有義務者之遺棄罪（§294）。

第三節　不作為犯之違法性與有責性

導 引 案 例

(1)某日，甲的屋子發生火災，甲的妻子、兒女一起身陷火海，甲在情急之下僅能救起兒子、女兒往外跑，無法同時拯救妻子，最後妻子不幸喪生火海。

(2)乙因為兒子忤逆不孝而登報斷絕父子關係，某日在乙與兒子爭吵的過程中，兒子不慎掉入魚塭，乙認為其已登報斷絕與不孝子之父子關係，對該不孝子並無救助義務，乃眼睜睜看著其兒子溺斃。

一、義務衝突

於「不純正不作為犯」中探討可能發生阻卻違法事由的情形，最主要者乃是數個作為義務間所發生之「義務衝突」（Pflichtenkollision）的情形。所謂「義務衝突」，係指同時存在數個互相衝突的作為義務，以致行為人無法全部

履行，只能選擇履行其中一個而犧牲其他的情形。例如在本節導引案例(1)中，甲的妻子、兒女同時身陷火海，甲在時間急迫下只能搶救兒子與女兒（履行二個救助義務），來不及搶救妻子，結果導致妻子喪生火海（未履行另一個救助義務），此時甲未救助妻子的不作為，雖仍具殺人罪之構成要件該當性，但得主張「義務衝突」而阻卻違法。

　　在「義務衝突」中，若涉及的相衝突法益，係屬於同位階之法益，例如本節導引案例(1)中所涉及者均為生命法益，此時行為人只要選擇履行其中任何一種作為義務，即可阻卻違法。但倘若所涉及的相衝突法益具有不同位階時，此時行為人應選擇履行救助較高位階法益之作為義務，始得阻卻違法[41]。例如，銀行保全人員為阻擋搶匪傷害銀行職員，而放任另一搶匪將財物劫走，可以阻卻違法。但若僅顧著阻止搶匪洗劫財物，而放任搶匪傷人，即無法主張阻卻違法的義務衝突。此處之情形類似於「緊急避難」中的利益衡量，故除了法益位階之外，尚應考慮到法益損害的強度、行為人對於保護法益的法律上地位（例如係存在保證人地位或僅是純粹的幫助義務）、救助成功的可能性等，予以綜合考量下的結果[42]。惟無論如何，若有涉及生命法益與其他法益之衝突者，均應以生命法益為優先。

《案例1》甲發現家中失火，其八十歲重病的老母親以及八歲兒子同時身陷火海，甲感念母親養育之恩而選擇先救八十歲重病的老母親，導致其八歲兒子喪生火海。在此案例中，甲選擇救助重病垂危之母親的生命、而犧牲兒子的生命，其未救助兒子的不作為仍然可以主張阻卻違法之義務衝突，因為就刑法評價而言，所有的生命都應具有同等價值。

《案例2》乙在火場中，選擇救助其深愛且即將論及婚嫁的女朋友，而犧牲其高齡八十且病重垂危的父親。在此案例中，乙對其父親具保證人地位，但對女朋友卻僅具有一般性的幫助義務，在義務衝突時應以救助負有保證人義務之父親為優先，故乙不救助其

41　高金桂，利益衡量與刑法之犯罪判斷，第141頁以下；Ebert, AT, S. 182 f.；Kühl, AT, §18 Rn. 136 f.；Wessels/Beulke/Satzger, AT, Rn. 736.

42　Wessels/Beulke/Satzger, AT, Rn. 736.

父親之不作為並無法主張阻卻違法之義務衝突，但得基於欠缺期待可能性之理由而減免其罪責[43]。

二、誡命錯誤

在作為犯中，倘若行為人欠缺不法意識而發生「禁止錯誤」，依法即得阻卻或減輕責任。同樣地，在不純正不作為犯中，亦有可能因為行為人欠缺「不法意識」，而形成所阻卻或減輕罪責的「誡命錯誤」。進一步言，在作為犯之領域，不法意識的對象是「禁止規範」（法禁止為特定行為），因此倘若行為人誤認其行為非法所禁止，即造成行為時不法意識的欠缺，此稱之為「禁止錯誤」（Verbotsirrtum）；相對地，在不純正不作為犯之領域，不法意識的對象則是「誡命規範」（法要求為特定行為），故倘若其未認知到法所要求的特定作為義務（行為人不知道存在作為義務），亦造成行為時欠缺不法意識的結果，此則稱之為「誡命錯誤」（Gebotsirrtum）。

基本上，不純正不作為犯所發生之「誡命錯誤」，應適用與在作為犯中所發生之「禁止錯誤」相同之規則，也就是同樣適用刑法第16條規定的「責任說」來加以處理[44]，亦即：若是「不可避免的誡命錯誤」則阻卻罪責無罪，若係「可避免的誡命錯誤」則予以減輕罪責並減刑。

行為人對於「保證人地位」之錯誤，屬於阻卻故意的「構成要件錯誤」，但若是對於「保證人義務」的錯誤，由於涉及對於所認知之事實的法律上評價，故屬於「誡命錯誤」[45]。據此，倘若行為人雖有正確認知到自己居於保證人地位，但卻誤認自己在當時的情況下欠缺「保證人義務」（作為義務），以致未採取任何救助之措施，此時並非構成要件錯誤，而係「誡命錯誤」的問題。

在本節導引案例(2)中，乙雖有認知到其具有保證人地位，但卻誤認其對已登報斷絕父子關係之不孝子並無救助義務，因而乃眼睜睜看著其兒子溺斃，應屬「可避免的誡命錯誤」的情形，僅得減輕罪責，並依刑法第16條後段之規定減輕其刑。

---

[43] Kindhäuser, AT, §36 Rn. 38.

[44] Jescheck/Weigend, AT, §60 S. 636.；Wessels/Beulke/Satzger, AT, Rn. 738.

[45] Ebert, AT, S. 181.；Heinrich, AT, Rn. 1168 ff.；Wessels/Beulke/Satzger, AT, Rn. 732.；川端博，刑法總論二十五講（甘添貴監譯／余振華譯），第22頁。

第四節　不作為犯之未遂

導引案例

甲女外出尋找深夜未歸的丈夫，在家附近之鐵軌旁發現其丈夫喝醉酒、醉倒在鐵軌上，當時為深夜火車稀少，只有半小時後會有唯一的一班夜車經過。甲女一想到無用的丈夫整天遊手好閒只會喝酒，突然興起讓丈夫死亡一了百了的念頭，決定不予救助。甲女在現場停留觀望了五分鐘後，確認無人發現，乃轉身離去。

其後，在回家的路上，甲女想起婚前談戀愛的往事，心生不忍，遂又回頭將丈夫從鐵軌上叫醒，攙扶一起回家。試問甲女之行為應如何論罪？

關於「不作為未遂犯」之成立要件，大致上均與作為犯之未遂相同，故此處僅討論在不作為未遂犯中具特殊性之領域。基本上，關於既未遂的判斷在「不純正不作為犯」與「作為犯」中並無不同，亦即：若客觀構成要件要素已經全部被實現（特別是構成要件結果已經發生），且行為與結果間亦具備因果關係與客觀可歸責性者，即論以既遂；相對地，若構成要件要素未完全被實現（特別是構成要件結果未發生），或是行為與結果間不具備因果關係或客觀可歸責性者，則僅得論以未遂。對此不作為既未遂間之判斷雖無疑義，然若係關於不作為犯之「預備」與「未遂」間的區別（不作為犯之著手時點）以及不作為犯之中止未遂等問題，即仍有另外加以討論之空間。

一、不作為犯之著手實行時點

由於不作為犯在外觀上往往欠缺物理性犯罪動作之表徵，其所呈現出來的犯罪行為歷程也與作為犯不盡相同，故關於不作為犯著手實行時點之判斷（預備與未遂之區別），雖基本上仍與作為犯相同係採取「主客觀混合」之觀點，但仍有其特殊性存在。在刑法學說上，關於「不作為犯」著手實行之時點的判

斷，主要存在以下三種不同的見解[46]：

（一）最後介入可能性理論

「最後介入可能性理論」（Theorie des letztmöglichen Eingriffs）認為，不作為犯之著手實行係存在於「最後救助可能性」的時點。也就是說，依據行為人之主觀之犯罪認知，若欲阻止犯罪結果的發生所必須介入救助的最後時間點，即為不作為犯著手實行之時點。在此理論之下，不可能存在有未終結未遂（著手未遂、未了未遂）的情形，因為不作為未遂的開始與終結幾乎同時發生，因此不作為未遂僅僅可能存在於「不能未遂」與「失敗未遂」（即為中止行為但失敗的情形）的情形[47]。

若依此說，在本節導引案例(1)中，必須至火車來臨前的最後一刻（最後救助可能性的時點）才算是不作為犯之著手，故甲女之行為仍未達不作為殺人之著手實行階段，因此僅成立不作為預備殺人罪（§§271III, 15 I）。至於甲女其後心生悔悟中止其犯行而回頭將丈夫救走之行為，屬於預備犯之中止，解釋上得類推適用刑法第27條中止犯之規定而予以減輕或免除其刑。

（二）最初介入可能性理論

「最初介入可能性理論」（Theorie des erstmöglichen Eingriffs）認為，不作為犯之著手實行係存在於作為義務出現，但行為人卻不履行其作為義務的那個時點。也就是依據行為人之主觀之犯罪認知，「最初救助可能性」出現的那個時點，即為不作為犯之著手實行。

若依此說，在本節導引案例(1)中，當甲女發現其丈夫處於生命危險而產生作為義務，卻決定不予以提供救助時，即為不作為犯之著手。因此，本案中甲女已經著手於殺人之不作為，但其在犯罪未既遂前因心生悔悟而中止犯行回頭將丈夫救走，應成立不作為殺人之中止未遂（§§271II, 27 I）。

---

[46]　相關理論之整理參閱：Hillenkamp, 32 Probleme aus dem AT, S. 108 ff.；Heinrich, AT, Rn. 752 ff.

[47]　採此說者：Welzel, Das deutsche Strafrecht, §28IV, S. 221.

（三）直接法益危險理論

「直接法益危險理論」（Theorie der unmittelbaren Rechtsgutsgefährdung）認為，當行為人經由救助行為之遲延而創造了一個對保護法益的直接危險，或是行為人將事件的因果歷程從自己手中釋放出去時，即為不純正不作為犯之著手實行（未遂開始）的時點。詳言之，「直接法益危險理論」關於不作為犯著手實行之判斷，應依危險之遠近來加以區別：1.倘若依據行為人之主觀認知已經存在發生構成要件結果之直接危險，則當行為人基於犯罪決意而在最初救助可能的時點採取不作為時，即為不作為犯之著手；2.倘若危險尚有距離，則需至危險已經迫近而行為人仍採取不作為時，或者是行為人放棄介入救助之可能性而放任事件進行（例如轉身離去）時，才算是不作為之著手[48]。由於「直接法益危險理論」依危險之遠近對不作為犯之著手時點予以區別判斷，亦稱之為「區別理論」（Differenzierende Theorie）。

「最後介入可能性理論」將不作為犯之著手實行置於「最後救助之可能性」上，導致不作為犯之著手實行與終結幾乎出現在同一個時間點，著實過於延後，並不合理。「最初介入可能性理論」雖可避免認定不作為犯著手時點過於延後的缺陷，但由於未考量法益危險之急迫性，有可能在距離法益危險為時甚遠之前，即界定為不作為犯之著手，在個案中有出現不當判斷之虞。因此，解釋上仍以採取「直接法益危險理論」較為妥適。

依據「直接法益危險理論」，在本節導引案例(1)中，當甲女發現其丈夫醉倒於鐵軌上而決定不予提供救助時，由於火車半小時後才會到來，危險仍有距離，尚難認為是不作為犯之著手，一直要等到甲女轉身離去放任事件進行而對於法益造成直接危險時，才算是不作為犯之著手。因此，本案中甲女已經著手於殺人之不作為，但其在犯罪未既遂前因心生悔悟而中止犯行回頭將丈夫救走，應成立不作為殺人之中止未遂（§§271II, 27 I）。

---

[48] 採此說者：林山田，刑法通論（下），第274頁以下；林東茂，不純正不作為犯，第131頁；張麗卿，刑法總則理論與運用，第439頁以下；Heinrich, AT, Rn. 755.；Jescheck/Weigend, AT, §60II2., S. 638.；Kindhäuser, AT, §36 Rn. 41.；Krey/Esser, ATII, Rn. 1245.；Wessels/Beulke/Satzger, AT, Rn. 741 f.至於，林鈺雄，新刑法總則，第547頁以下；許澤天，刑總要論，第313頁；Ebert, AT, S. 184.；Eser, in: Sch/Sch-StGB28, §22 Rn. 50 f.；川端博，刑法總論二十五講（甘添貴監譯／余振華譯），第254頁，則僅強調以對法益產生直接危險作為不作為犯之著手。另外，Lackner/Kühl, StGB, §22 Rn. 17，雖亦對法益之直接危險作為不作為犯之著手時點，但強調當行為人遠離危險現場而任由被害人交諸命運時，是否可認為是不作為犯之著手，仍有爭議。

二、不作為犯之中止未遂

在不純正不作為犯中，倘若依行為人之主觀認知只要單純為法最初所要求之行為即足以避免構成要件結果之出現者，此時仍屬於「未終結未遂」（著手未遂；未了未遂）[49]。在此種「未終結未遂」的情形，行為人只要因己意而中止不作為，亦即回復履行最初法所要求之作為義務，即足以成立「中止未遂」（§27）。

> 《案例1》母親甲決定餓死其因車禍而成為植物人的兒子，讓其獲得解
> 脫，遂中斷其兒子的進食，僅餵食水分。第二天，甲見兒子日
> 漸消瘦，心生不忍，遂再度恢復對兒子提供進食。於此案中，
> 甲回復履行對兒子提供進食之作為義務，應成立不作為殺人之
> 中止未遂。

倘若依行為人之主觀認知，單純為法最初所要求之行為已不足以避免構成要件結果之出現，尚須進一步為其他必要措施時，即屬於「終結未遂」（實行未遂；既了未遂）[50]。在此種「終結未遂」的情形，行為人若欲成立中止犯，應採取足以避免構成要件結果發生之必要措施，並成功阻止構成要件結果之出現，始足以成立「中止未遂」[51]。

> 《案例2》乙見太太在池塘落水載浮載沉，卻故意不施救，一開始乙只要
> 將岸邊的救生圈直接拋給太太，即足以將其救起，此時仍屬

---

[49] Ebert, AT, S. 184 f.；Gropp, AT, §9 Rn. 72.；Heinrich, AT, Rn. 816.；Wessels/Beulke/Satzger, AT, Rn. 743.

[50] Ebert, AT, S. 184 f.；Gropp, AT, §9 Rn. 72.；Heinrich, AT, Rn. 817.；Wessels/Beulke/Satzger, AT, Rn. 744.

[51] 不同見解：Roxin, ATII, §29 Rn. 268 ff，認為事實上所有的不作為未遂都應該被視為是「終結未遂」，因為在不作為犯中所有的中止都必須要有積極防止結果發生之努力，此與「終結未遂」之中止要求完全相同，而且在不作為犯中區別「未終結未遂」與「終結未遂」也有事實上的困難。此種將所有不作為未遂都視為是終結未遂的見解，學說上稱之為所謂的「絕對終結未遂理論」（Theorie der notwendigen Versuchsbeedignung）。相同結論：Welzel, Das deutsche Strafrecht, §28IV, S. 221，雖亦認為不作為未遂中不存在「未終結未遂」，但此乃係基於其對不作為犯之著手採取「最後介入可能性理論」所獲得的結果，因採取「最後介入可能性理論」的結果是不作為犯之著手與犯罪終結幾乎在同一個時間點發生。

「未終結未遂」，但倘若等到乙發現太太已經溺水狀似昏迷，單純拋救生圈已不足以救起太太時，就屬於「終結未遂」了。此時乙必須爲額外必要之救助行爲，例如跳下水救援、將太太立刻送醫急救，並實際避免太太死亡結果之出現，才能夠成立「中止未遂」。

第五節　不作為犯之正犯與共犯

導引案例

　　甲女與前夫離婚後，帶著與前夫所生之女兒A改嫁給乙男。某日，乙獸性大發欲暴力性侵A，A大叫「媽媽救命」，但甲女因經濟上仍須依賴乙男、不敢阻止，遂放任乙男性侵A而不予以阻止，最後乙男性侵A得逞。試問本案中甲女之不作為應否構成強制性交罪的不作為犯？如果構成不作為犯，是不作為正犯抑或是不作為共犯？

一、不作為犯之正犯與共犯

　　不作爲犯與作爲犯相同，也存在有關於「正犯」與「共犯」的問題，惟基於不作爲本質上之特殊性，解釋上不作爲「共同正犯」與「幫助犯」雖有成立之空間，但無論如何不作爲之「間接正犯」與「教唆犯」均無成立之可能。就「間接正犯」而言，由於行爲人必須藉由操控犯罪工具而取得對犯罪之意思支配地位，而此種意思支配並無法透過不作爲來達成，故事實上不可能存在有不作爲間接正犯之型態[52]。至於，在「教唆犯」的部分，由於教唆行爲必須引起他人之犯意，故解釋上亦僅限於作爲的方式始足以爲之，單純不作爲並無法成

---

[52]　Vgl. Krey/Esser, AT, Rn. 1185.；Kühl, AT, §20 Rn. 267.；Heinrich, AT, Rn. 1210.

立教唆犯[53]。

（一）不作爲之共同正犯

不作爲之「共同正犯」有可能以二種型態呈現，包括全部參與者都屬於不作爲犯的共同正犯、以及不作爲犯與作爲犯所成立的共同正犯。

倘若有多數具保證人地位之行爲人，基於導致構成要件結果出現之共同犯罪決意，而共同違反其保證人義務，於應作爲時採取不作爲，此時所有參與人均應論以不作爲之共同正犯。

《案例1》甲、乙、丙爲登山探險隊的共同成員，甲在登山過程中因高山症發作情況危急，但乙、丙二人爲圖謀甲之財物，竟決意將甲棄置山上不顧，最後甲果眞因此而死亡。此案例中，甲、乙、丙爲危險共同體之成員，彼此間互負保證人義務，今甲在登山過程中病發極需救助，乙與丙卻基於共同犯罪決意一起違反其救助義務而棄甲於不顧，導致甲因此死亡，乙與丙二人均應成立不作爲殺人既遂罪之共同正犯（§§271, 15 I, 28）。

倘若具保證人地位之行爲人，與不具保證人地位之他人，基於共同犯罪決意一起實行犯罪行爲，而具保證人地位者係以「特定不作爲」來分擔犯罪行爲之實施者，所有參與人亦均會構成共同正犯。

《案例2》甲於某美術館擔任保全警衛一職，乙有意竊取美術館內之名畫，二人共同計畫在甲輪值美術館夜間保全警衛之時段，由乙入內竊盜，甲則故意視而不見放任其竊取名畫，最後乙竊得名畫後順利出售，二人並一起分贓。此案例中，甲、乙二人基於竊盜之共同犯罪決意一起實行竊盜行爲，具保證人地位之甲則以「放任竊盜進行之不作爲」來分擔犯罪行爲之實行，甲與乙二人均應成立竊盜既遂罪之共同正犯。

---

[53] Vgl. Heinrich, AT, Rn. 1293.；Jescheck/Weigend, AT, §64II6, S. 691.；Kühl, AT, §20 Rn. 176, 271.；Wessels/Beulke/Satzger, AT, Rn. 568.

（二）不作為幫助犯

　　所謂「不作為幫助犯」，係指經由不作為而成立之幫助犯，此種不作為幫助犯之成立必須以幫助者具保證人地位（即具有作為義務）為前提[54]。有疑問者在於，當具保證人地位之人違反作為義務而不阻止第三人實施犯罪行為時，該違反義務之保證人究竟應該構成「不作為正犯」抑或是「不作為幫助犯」？例如，甲得知他人欲毒殺其妻，甲雖可阻止卻因貪圖繼承妻子的遺產而袖手旁觀，此時甲違反義務之不作為究竟應評價為殺人罪的（不作為）正犯或幫助犯，是刑法釋義學上的爭議難題。

二、不作為正犯與幫助犯之區別

　　由於刑法不承認不作為教唆犯的概念，故探討關於不作為犯之正犯與共犯的問題，實際上即在於界定「不作為正犯」與「不作為幫助犯」的區別標準。就實質而言，此項不作為正犯與幫助犯的區別爭議並非僅止於理論上的討論，在法律效果上也有其實益存在，因為除了在正犯未著手於犯罪實行之情形幫助犯係不可罰外，幫助犯本身的刑罰依法也應按正犯之刑予以減輕[55]。以前述未阻止他人毒殺配偶案為例，倘若該第三人最後並未著手實行毒殺行為，甲違反義務之不作為究應評價為正犯或是幫助犯，將會直接影響到甲是否有構成犯罪，此時區別不作為正犯與幫助犯的重要性即不言可喻。

　　刑法學說上，關於具保證人地位之人違反作為義務而不阻止第三人實施犯罪行為時，究應構成不作為正犯或幫助犯，大致上有以下幾種不同理論[56]：

（一）主觀理論

　　「主觀理論」（Subjektive Theorie）認為，在具保證人地位者不阻止第三人實施犯罪的情形，應視該不阻止犯罪之行為人係出於「正犯意思」或「共犯意思」，而分別成立不作為正犯或不作為幫助犯。也就是說，若行為人是基於

---

[54]　Baumann/Weber/Mitsch, AT, §32 Rn. 22.；Heinrich, AT, Rn. 1321.；Kindhäuser, AT, §42 Rn. 23.；Wessels/Beulke/Satzger, AT, Rn. 582.

[55]　Hoffmann-Holland, ZStW 118(2006), S.622.

[56]　詳細討論請參閱林書楷，不作為正犯與幫助犯之區別，收錄於「法學的實踐與創新（下）」，第623頁以下。

正犯意思而爲違反其作爲義務之不作爲，此時應成立正犯；若行爲人僅係基於共犯意思（幫助意思）而消極不作爲，則僅能成立幫助犯[57]。

　　若採此說，在本節導引案例中，應視甲之不作爲究竟係基於「正犯意思」抑或「共犯意思」，而分別成立不作爲正犯或不作爲幫助犯，由於甲對於犯罪結果並無任何利益，應係基於共犯意思而不作爲，甲應成立加重強制性交罪的不作爲幫助犯（§§222 I ②, 15, 30）。

（二）犯罪支配理論

　　學說上有認爲，通說所採區別正犯與共犯的犯罪支配理論，不論是在作爲犯或是在（不純正）不作爲犯中都應該一體適用[58]。也就是說，關於不作爲正犯與幫助犯之區別仍應該視該具保證人地位者之不作爲是否達到犯罪支配地位之程度而定，具犯罪支配地位者爲不作爲正犯，不具犯罪支配地位者則僅成立不作爲幫助犯。此種見解，文獻上通常仍將之稱爲「犯罪支配理論」（Tatherrschaftstheorie）[59]。

　　至於如何判斷保證人違反義務之不作爲已達到犯罪支配之程度，此種「犯罪支配理論」的見解主要取決保證人產生影響可能性之程度（Grad der Einflussmöglichkeiten des Garanten）而定：首先，在欠缺其他參與者的情況下，若保證人之積極作爲也無法避免結果之發生，則代表該事件並非係可支配的，此時由於欠缺結果避免可能性，保證人之行爲不罰；其次，若保證人積極作爲之介入仍不足以阻止他人犯罪結果之發生，或者尚須第三人的幫助（例如警察）始足以避免結果之發生，此時其不作爲僅應構成幫助犯；最後，若保證人具備足以阻止犯罪結果發生的力量時，代表其對於犯罪事件具支配地位，此時其不作爲即應成立正犯[60]。例如甲在他人下藥毒殺自己配偶時故意放任其發生而不予阻止，倘若甲之行爲介入足以阻止結果發生，則甲具備犯罪支配地位應構成不作爲殺人罪之正犯；相對地，若甲之行爲介入也不足以阻止毒殺結果之發生

[57]　採此見解者：BGH NJW 1992, 1246, 1247.；Baumann/Weber/Mitsch, AT, §29 Rn. 58f (59).；Arzt, JA 1980, S. 558.另外，Otto, Jura 1987, S. 251f (252)似亦採此說。

[58]　Gössel, ZStW 96 (1984), S. 335.；Joecks, in: MK-StGB, §25 Rn. 235 f.；ders, StGB, §13 Rn. 58 f.；Rengier, AT, §51 Rn. 18 ff.；Wessels/Beulke/Satzger, AT, Rn. 734.另外，林鈺雄，新刑法總則，第551頁以下，似亦採此說。

[59]　Heinrich, AT, Rn. 1214.；Hillenkamp, 32 Probleme aus dem AT, S. 156.

[60]　Joecks, in: MK-StGB, §25 Rn. 235 f.；ders, Studienkommentar zum StGB, §13 Rn. 58 f.

時，甲將因欠缺對犯罪之支配地位而僅成立殺人罪之不作為幫助犯。

　　若採此說，則在本節導引案例中，由於行為當時甲當下難以阻止犯罪發生，故解釋上甲不具犯罪支配地位，因此甲應成立加重強制性交罪的不作為幫助犯（§§222 I ②, 15, 30）。

（三）正犯理論

　　學界多數說認為，在作為犯的領域中，關於正犯與共犯之區別雖係以參與者是否具犯罪支配地位為基準，惟不純正不作為犯本質上為義務犯（Pflichtdelikte），在義務犯中決定正犯與共犯的標準並不是犯罪支配，而是在於特別義務的違反（結果避免義務），因此倘若具保證人地位者違反其作為義務而不阻止他人實施犯罪，除非是在親手犯或意圖犯的情形，否則結論上都應該成立不作為正犯[61]。因此，當父親不阻止母親殺死親生子女時，在其行為介入可能阻止結果發生的範圍內，父親都應該成立不作為殺人罪之正犯。類似此種見解，文獻上稱之為「義務犯說」（Pflichtdeliktslehre）[62]或「正犯說」（Tätertheorie bzw. Täterschaftstheorie）[63]。

　　若採此說，則在本節導引案例中，具保證人地位之甲違反其作為義務而不阻止乙性侵其女兒的不作為，應直接成立不作為加重強制性交罪（§§222 I ②, 15）。

　　惟持此種「義務犯說」見解之學者同時也認為，雖然保證人違反義務之不作為往往只能成立正犯，但在純正身分犯、親手犯或意圖犯等情形，具保證人義務但欠缺適格身分、或未親手實施犯罪、或欠缺意圖者，其違反義務之不作為仍無法構成正犯，而是應成立不作為共犯（不作為幫助犯）。因此，當父親違反義務不阻止其他血親與自己子女間之亂倫行為（Inzesthandlung）時，該父親僅應論以血親性交罪之不作為幫助犯，因為血親性交罪是親手犯，未親手

---

[61] 許澤天，不純正不作為犯的正犯判斷標準，收錄於「不作為犯的現況與難題」，2015，第462頁以下；Roxin, AT II, §31 Rn. 140 ff.；Bloy, JA 1987, S. 491 f.；Ellbogen/Stage, JA 2005, S. 355 f.；Gropp, AT, §10 Rn. 151 f.；Mitsch, Jura 1989, S. 197.另外，林山田，刑法通論（下），第281頁，似亦採此說。相同結論：Welzel, Das deutsche Strafrecht, S. 222.認為具保證人義務者之不作為均成立不作為正犯，因為其具有避免結果發生之行為能力，此代表「目的犯罪支配」（Finale Tatherrschaft）。

[62] Hoffmann-Holland, ZStW 118 (2006), S. 626.；Rengier, AT, §51 Rn. 16.

[63] Heinrich, AT, Rn. 1215.；Hillenkamp, 32 Probleme aus dem AT, S. 157.

實施亂倫行為者不論任何人均無法構成正犯；同樣地，當保全人員違反作為義務而未阻止他人之竊盜行為時，如果欠缺意圖為自己或第三人不法所有之意圖，也只能構成竊盜罪之不作為幫助犯[64]。

（四）幫助犯理論

學說上亦有見解認為，具保證人地位者違反其作為義務而不阻止他人之犯罪行為，往往僅是犯罪事件之配角而只能構成不作為幫助犯[65]。因為在違反保證人義務而不阻止他人犯罪之情形，只有那個直接實施犯罪之行為人具犯罪支配地位，而不作為相較於積極犯罪行為往往僅具備較少之犯罪操控力，因此違反作為義務而未採取介入措施之保證人僅屬於犯罪之配角，僅因其升高了正犯犯罪行為成功的機會而構成不作為幫助犯[66]。此種見解，文獻上通常稱之為「幫助犯理論」（Gehilfentheorie）[67]或「共犯理論」（Teilnahmetheorie）[68]。

「幫助犯理論」與前述犯罪支配理論觀點的不同處在於，此說認為參與他人作為犯罪之不純正不作為犯，不論其行為介入是否足以阻止犯罪結果之發生，該違反作為義務之保證人因欠缺犯罪支配而永遠只能構成幫助犯。以前述不阻止他人下藥毒殺自己配偶之案為例，實際下毒之人對於整個殺人事件具行為支配地位，至於甲故意不阻止他人毒殺自己配偶之不作為，則因欠缺犯罪支配而永遠只能構成殺人罪之不作為幫助犯。同樣情形，在保全人員放任竊賊偷東西的案例，直接下手行竊之竊賊是具行為支配的竊盜罪正犯，保全人員放任他人偷東西的故意不作為，則永遠僅能構成竊盜罪之不作為幫助犯。

若採此說，則在本節導引案例中，甲違反其保證人義務而不阻止乙性侵其女兒的不作為，均欠缺犯罪支配地位而僅能成立加重強制性交罪的不作為幫助犯（§§222Ⅰ②, 15, 30）。

---

[64] Roxin, ATII, §31 Rn. 140 ff.

[65] 蕭宏宜，竊盜行為的犯罪參與問題，月旦法學雜誌，第230期，2014/07，第278頁以下；Jescheck/Weigend, AT, §64III5., S. 696.；Gallas, Strafbares Unterlassen im Fall einer Selbsttötung, JZ 1960, S. 687.；Kühl, AT, §20 Rn. 230.；Lackner/Kühl, StGB, §27 Rn. 5.；川端博，甘添貴監譯／余振華譯，刑法總論二十五講，第25頁。

[66] Vgl. Kühl, AT, §20 Rn. 230.

[67] Hillenkamp, 32 Probleme aus dem AT, S. 158.

[68] Heinrich, AT, Rn. 1216.

（五）區別理論

　　學說上有從保證人義務類型出發而以之作爲區別不作爲正犯與幫助犯之基準者，主張在保證人違反作爲義務而不阻止他人犯罪之情形，究竟應成立正犯或共犯，應視保證人義務之保護功能而定。倘若具保證人地位者係違反保護義務（Schutzpflichten；Obhutspflichten）而不阻止他人實施犯罪，應視爲是不作爲正犯；但如果其所違反的是監督義務（Überwachungspflichten），則僅構成不作爲幫助犯[69]。例如在學校活動中學生甲毆打學生乙，在場的老師丙以及乙的父親丁都未阻止甲的傷害行爲，由於父親丁對於其子乙具有「保護義務」，故父親丁違反義務之不作爲應成立不作爲傷害罪之正犯；相對地，老師丙有義務阻止學生實施犯罪行爲，此性質上屬於「監督義務」，因此老師丁違反義務之不作爲僅構成傷害罪之不作爲幫助犯[70]。此類依違反作爲義務之類型而區別不作爲正犯與幫助犯的觀點，文獻上通常稱之爲「區別理論」（Differenzierende Theorie）[71]或「義務內涵理論」（Pflichtinhaltstheorie）[72]。

　　若採此說，則在本節導引案例中，具保證人地位之甲違反其對子女的「保護義務」而不阻止乙性侵其女兒的不作爲，應直接成立不作爲加重強制性交罪（§§222 I ②, 15, 30）。

（六）我國實務見解——「主客觀擇一理論」

　　最高法院105年度台上字第88號判決認爲在不作爲正犯與共犯的判斷上，仍應採取實務在作爲犯領域所採的「主客觀擇一理論（主客觀擇一標準說）」一貫之見解，而認爲若具保證人地位者與故意作爲之正犯間具有「以自己犯罪意思之共同正犯之犯意聯絡」，則不作爲參與人應成立共同正犯；倘若其與故意作爲之正犯間並「無共同正犯之犯意聯絡」，即僅能認其有幫助之犯意，此

---

[69] Krey/Esser, AT, Rn. 1181 ff.；Seier, Der Einheitstäter im Strafrecht und im Gesetz über Ordnungswidrigkeiten, JA 1990, S. 383 f.；類似見解：山中敬一，余振華譯，不作爲犯與作爲犯之共犯關係，收錄於「刑與思—林山田教授紀念論文集」，2008，第101頁以下，基本上採區別理論（其稱爲機能的二分說），但其在違反保護義務而不作爲的類型中，又再區分可能成立共同正犯、幫助犯或單獨正犯的情形。

[70] Seier, JA 1990, S. 383 f.

[71] Heinrich, Strafrecht AT, Rn. 1217.；Hillenkamp, 32 Probleme aus dem Strafrecht AT, S. 159.

[72] Bloy, JA 1987, S. 491.

時不作為參與人只能構成幫助犯[73]。

　　最高法院將在作為犯領域區分正犯與共犯之理論上所採的「主客觀擇一理論」，直接適用在不作為犯的領域，理論上等同於在不作為正犯與共犯的區別標準上採取主觀理論的判別標準。因為不純正不作為犯本質上僅屬消極不作為，事實上不會參與實行真正的犯罪構成要件行為，故在「主客觀擇一理論」中僅有可能係以「自己犯罪之意思（正犯意思）而參與犯罪構成要件以外之行為」來構成正犯。也就是說，關於不作為正犯與幫助犯之區別，實際上仍會取決於行為人基於「自己犯罪之意思」抑或是基於「幫助他人犯罪之意思」而定，行為人若基於「正犯意思」而不作為，應成立不作為正犯；反之，行為人若僅係基於「幫助意思（共犯意思）」而不作為，就僅成立不作為幫助犯。

　　惟問題在於，上述最高法院105年度台上字第88號判決中，卻把「共同正犯的共同犯罪決意（共同正犯之犯意聯絡）」等同於「將犯罪作為自己犯罪之正犯意思」，實際上已經將屬共同正犯主觀要件的共同犯罪決意，與區別不作為正犯與幫助犯的問題產生混淆。此項混淆其來有自，因為在主觀理論下所謂不作為犯的「正犯意思」（為自己犯罪之意思）與共同正犯彼此的共同犯罪決意，二者間很難找出合理的區別點，由此亦可知以「正犯意思」作為建立正犯性的主觀理論判準在不作為正犯與共犯的區別上實難具妥當性。

（七）本書見解——採「區別理論」

　　「主觀理論」與我國實務所採的「主客觀擇一理論」將區別不作為正犯與共犯的準則，繫於行為人是出於「正犯意思」或「共犯意思」之上，在欠缺明

---

[73] 最高法院105年度台上字第88號判決：「……就他人故意積極作為之犯罪所侵害法益具體結果之發生，負有法律上防止義務之人（即立於保證人地位者，下以此稱之），若對該他人之犯罪有所參與，其究竟應負共同正犯或從犯之責，原則上仍應依上開共同正犯、從犯之區別標準決定之。其中立於保證人地位者，縱僅消極不為阻止或防止行為，惟其與故意作為之正犯間，若於事前或事中已有以自己犯罪意思之共同正犯之犯意聯絡，其即係利用作為正犯之行為以達成其等共同犯罪之目的，即便其參與之方式，在形式上係以消極不阻止或防止之不作為使故意作為犯之構成要件行為（作為）易於實現，而未參與作為之構成要件行為，亦係共同正犯。若立於保證人地位者，對他人故意積極作為之犯罪，與該他人間並無共同正犯之犯意聯絡，而僅能認有幫助之犯意，且其僅有上述使故意作為犯之構成要件行為（作為）易於實現之消極不阻止或防止之不作為時，應成立該故意作為犯之幫助犯；若其主觀上亦難認有幫助之犯意（如對故意作為犯之作為無認識等），則在有過失犯處罰明文規定情形下，視其對故意作為犯之犯罪所造成之結果，是否符合應注意、能注意而不注意之過失要件，論以過失犯。……」

顯外觀動作之不作為犯中將面臨難以判斷之難題，個案中最後往往全繫於法官的裁量與自由心證，實難謂為妥當。縱使採「利益說」的觀點來作為「正犯意思」的認定基準，仍存在嚴重侷限性而僅於財產犯的適用上較具妥適性[74]，但在非財產犯中若將利益說的觀點予以一律適用將會模糊正犯與共犯的區別界線，甚至流於以參與者的動機來判斷其究竟應成立不作為正犯或幫助犯的結果。例如，行為人因貪圖繼承配偶之遺產或是想跟婚外情對象雙宿雙飛而放任他人下藥毒死自己配偶，是否算對犯罪結果存在利益而屬具正犯意思的不作為正犯？遭家暴的妻子不阻止他人毒殺其丈夫以期脫離家暴的陰霾，算不算對犯罪結果存在利益？這些案例若都肯定保證人具正犯意思，將大幅擴張不作為正犯的成立範圍，並導致不作為幫助犯之適用遭到大幅限縮，模糊不作為正犯與幫助犯的區別界線。相對地，若要視不同情況而予以區別行為人應構成不作為正犯或幫助犯，又陷入以參與者之動機來判斷其應成立正犯或共犯的窠臼，因為不論是出於繼承遺產、與外遇對象雙宿雙飛或是出於從家暴中解脫的意思，都是其之所以不作為的動機。然而，在刑法的犯罪判斷上行為人的動機向來就不是應該予以考慮的要素，頂多僅能作為刑罰裁量上的考量因素之一而已（§57①）[75]。

「犯罪支配理論」沿用適用於作為犯的犯罪支配概念來作為區別不作為正犯與幫助犯的準則，並以保證人的積極作為是否足以避免犯罪結果之發生來作為認定其是否具犯罪支配地位的標準，則是忽略了作為與不作為間的本質差異[76]，並且混淆了參與論與不作為因果關係的問題。因為具保證人地位者若採取符合其作為義務之行為是否足以避免犯罪結果之發生，解釋上應該是結果避免可能性或不作為與結果間之因果關係（因果關聯）的問題，這些問題是每個刑法上的不作為犯都應該加以檢驗的要件，不論是正犯或共犯都一樣[77]，因此與行為人是否具犯罪支配地位或不作為正犯與幫助犯的區別都無關。

「義務犯說」主張不純正不作為犯本質上為義務犯，保證人違反作為義務

---

[74] Vgl. Hoffmann-Holland, ZStW 118 (2006), S. 623.認為利益說的主張無法適用於法條文義中已經明確表示正犯可能係為他人利益而為行為的犯罪（例如為第三人利益之詐欺罪），因此利益說無法作為確定正犯的一般性準則，故以植基於利益說的正犯意思來作為區別不作為正犯與幫助犯的標準是不適當的。

[75] Roxin, Strafrecht AT II, 2003, §31 Rn. 140.

[76] Ellbogen/Stage, JA 2005, S. 355.

[77] Vgl. Hoffmann-Holland, ZStW 118 (2006), S. 624 f.

不阻止他人實施犯罪原則上均應成立不作為正犯，然此種見解在實際適用上可能會導致輕重失衡的結果。例如甲負責看守實驗室的毒性化學物質，當甲為了幫助乙殺人而將其所保管的毒性物質交給乙使用時，甲的行為（作為）應成立殺人罪的幫助犯；相對地，若乙係趁做實驗時夾帶毒性化學物質離開，甲故意視而不見放任不管任由乙將毒物拿去殺人，此時依據「義務犯說」甲違反義務的不作為卻應構成不作為殺人罪之正犯[78]。行為人的積極作為僅構成較輕之幫助犯，但消極不作為卻構成較重之正犯，此恐有輕重失衡、違反罪刑均衡原則之疑慮。

　　基本上，不論是「幫助犯說」抑或是「義務犯說」的見解，往往都植基於參與他人犯罪之不作為無法取得犯罪支配地位的思考，因而主張不作為犯應成立欠缺犯罪支配之幫助犯或違反義務之正犯。然而，刑法上的犯罪支配理論原本即屬於實質客觀理論的性質，所謂的「犯罪支配」本質上也是一種規範評價概念，此由「功能性犯罪支配」（Funktionelle Tatherrschaft）的概念，可以看得出來。因為在所謂的「功能性犯罪支配」中，行為人只要基於分工合作的功能性任務分配而對構成要件之實現提供重要貢獻即可，並非必須要達到實際支配犯罪因果流程的程度。因此，既然所謂的「犯罪支配」是一種規範評價概念，鑑於不作為與作為犯間的本質差異，在犯罪判斷上即不應將二者的犯罪支配概念予以無差別的適用，而是應該考量到不作為犯違反義務之本質以及保證人義務的實質內涵來詮釋不作為犯領域的犯罪支配概念，如此方足以契合不純正不作為犯之本質。

　　因此，「區別理論」考量到不作為犯違反義務之本質以及保證人義務之類型而做不同的區別劃分，相較於前述幾種見解，洵屬較優。有問題者在於為何違反保護義務應構成不作為正犯，而違反監督義務卻僅成立不作為幫助犯，其法理基礎何在？

　　本書認為其主要區別理由在於，「保護義務」具有保護對象之特定性，在刑法評價上保證人針對「特定保護對象」違反義務之不作為足以視為與其積極作為等價，故在第三人針對保護對象實施犯罪行為時，保證人違反保護義務之不作為可以直接評價為（不作為）構成要件行為而成立正犯。例如，在互負保證人義務之最近親屬間（保護義務之保證人地位），如果違反作為義務不阻止他人對最近親屬的侵害，均應構成不作為正犯。相對地，「監督義務」由於欠

---

[78]　Vgl. Hoffmann-Holland, ZStW 118 (2006), S. 626.

缺保護對象之特定性,其保護對象可能是危險擴散後遭受侵害的任何對象或法益,例如不受教之學生也可能對任何人犯下任何犯行(殺人、傷害、毀損、竊盜、詐欺等)。此時若將違反監督義務之不作為(不阻止學生犯罪)直接評價為構成要件行為,將使得「不作為構成要件」的範圍擴散,違反「構成要件明確性原則」,因此不應將保證人違反監督義務之不作為(不阻止其所監控之危險源對他人之犯罪行為)直接評價為(不作為)構成要件行為,故違反監督義務之保證人僅能構成不作為幫助犯。因此,諸如父母親不阻止兒女或老師不阻止學生對第三人之犯罪行為,或如警察不阻止他人對被害人的犯罪行為,父母、老師與警察均應構成不作為幫助犯。

應強調者,縱使是在違反「保護義務」之情形,倘若屬於「己手犯」構成要件,具保證人義務但未親手實施犯罪者,基於己手犯的本質其違反義務之不作為仍應僅成立不作為共犯(不作為幫助犯)[79]。例如父母違反保護義務不阻止其他血親與自己未成年子女間之性交行為,由於血親性交罪是己手犯,未親手實施構成要件行為者無法構成正犯,故父母親違反保護義務之不作為僅論以血親性交罪之不作為幫助犯。

---

[79] Vgl. Heine, in: Sch/Sch-StGB28, Vor § 25 ff Rn. 105.

第五部分

犯罪競合與
刑事制裁

第十二章
犯罪競合與選擇確定

第一節　法條競合

導引案例

(1) 甲女懷疑其先生A婚姻出軌，乃計畫蒐集A出軌的證據。遂暗地記下A電腦的帳號密碼，某日趁A上班時，甲女輸入先前記下的帳號密碼進入A在家中的電腦搜尋，果然發現諸多A與小三的通訊紀錄以及出遊照片，甲女遂將所有相關資料都複製進自己隨身碟以作為證據使用。試問：甲女之行為應如何論罪？

(2) 乙偷襲夜歸女子，將其強押至路旁陰暗處實施性侵。試問：乙之行為應如何論罪？

一、犯罪競合

當同一個人的行為同時符合數個構成要件罪名時，就會形成罪名競合的現象，此時刑法上的重要課題就是要確定最後應該如何對行為人論罪以及應該論以哪幾條罪，此即是所謂「犯罪競合」或「罪數論」的問題。在犯罪競合發生的時候，刑法上的處理可分成三種類型，亦即「法條競合」、「想像競合」與「數罪併罰」。

所謂「法條競合」（Gesetzeskonkurrenz），係指行為人以一行為、侵害相同法益，卻同時該當數個構成要件罪名，此時在評價上僅能適用其中一個構成要件論以一罪的情形[1]。由於在立法技術上為了充足的保護法益，立法者可

---

[1] 學說上肯定「法條競合」應具備保護法益同一性者：甘添貴，罪數理論之研究，2006，第91

能針對相同法益規定了許多不同的構成要件來加以保護，若行為人以單一行為而侵害了相同的法益，並因此該當好幾個構成要件，此時如果讓該數個構成要件的罪名都成立，會變成對於「同一行為、侵害相同法益」卻在法律上給予多次的評價，故為避免對「同一行為、侵害相同法益」的重複評價，此時只能選擇適用其中一個最適當的構成要件來加以論罪，此即為法條競合只論一罪的基礎。此種「法條競合」僅論以一罪的概念，其實寓含有「一行為、不二罰」以及「雙重評價禁止」（Doppelbewertungsverbot）[2]的意義在內，這也正是法條競合為何僅論以一罪而排除其他構成要件的理論基礎。

例如在導引案例(1)中，甲女的一行為因為階段進展會符合入侵電腦罪（§358）與無故取得他人電磁紀錄罪（§359）等兩條構成要件，由於此兩條構成要件的保護法益相同（都是電腦使用安全與個人私密及財產安全），因此若對於甲女侵害相同法益的一行為卻讓她成立兩罪，將會造成雙重評價，故基於「雙重評價禁止」的精神，這時僅能適用最適當的一罪來予以論處，亦即甲女僅成立無故取得他人電磁紀錄罪（§359）。

至於，所謂的「想像競合」，則是指行為人以一行為、侵害不同法益，並同時該當數個構成要件罪名的情形，此時應成立數罪，只是在法律效果上依法從一重罪處斷而已（§55）。此即刑法第55條規定：「一行為而觸犯數罪名者，從一重處斷」的情形。「想像競合」與前述「法條競合」雖然都是同時該當數個構成要件罪名，但其不同之處在於，法條競合是「一行為、侵害相同法益」，而想像競合則是「一行為、侵害不同法益」，由於針對不同的法益侵害予以獨立評價並不會有重複評價的問題，反而是對其中某個法益的侵害如果未予評價會發生評價不足的現象，因此「想像競合」在刑法評價上應該是成立數罪，只是立法政策上考量畢竟是同一行為所造成的結果，因此最後在法律效果

頁以下；黃榮堅，雙重評價禁止與法條競合，收錄於氏著「刑法問題與利益思考」，1995，第366頁以下；林鈺雄，新刑法總則，第593頁；柯耀程，刑法競合論，2000，第148頁以下（第150頁註68），則進一步強調除了法益侵害之同一性外，尚須加上行為客體同一性的條件，始足以確認假性競合關係（法條競合）。不同見解：陳志輝，九四/九五年度刑事判決評釋──競合部分，台灣本土法學，第90期，2007/01，第200頁；林山田，刑法通論（下），第325頁以下；許澤天，刑總要論，第332頁以下，認為「法條競合」並不以一行為侵害「單一法益」為限，在一行為侵害「數法益」的情形也可能構成法條競合，特別是在「吸收關係」的部分。至於，許玉秀，法條應該如何競合，收錄於氏著「刑法的問題與對策」，第262頁以下，則認為法條競合係以一行為或數行為侵害單一法益為必要。

2　關於作為法條競合基礎的「雙重評價之禁止」，詳細論述請參閱黃榮堅，雙重評價禁止與法條競合，第346頁以下。

上仍只從一重罪處斷。

　　例如，甲違規開車撞上前車，造成車內三人A與B死亡、C受輕傷，甲一個過失行為侵害不同被害人A、B的生命法益以及C的身體法益，法律上對於每一個法益的侵害都必須予以評價，因此甲應對A成立過失致死罪、對B成立過失致死罪、對C成立過失致傷罪，屬於一行為觸犯此三個罪名的想像競合犯，依刑法第55條規定從一重罪處斷論以過失致死罪。應強調者，雖然想像競合依法僅從一重罪處斷，但畢竟數個罪名都是成立的，因此法院在量刑時仍應考量其他未列入處斷罪名的不法與罪責內涵，來綜合決定該處斷罪名的宣告刑，所以通常在量刑上會較僅單純一罪的情形來的重。

　　最後，如果行為人是以「數個不同行為」而該當不同的構成要件罪名，此時即應成立「數罪併罰」，針對每個不同的罪名都予以論罪並加以處罰。因為針對「不同行為」予以分別處罰，天經地義，法律上並不會有違反「一行為不兩罰」或「重複評價禁止」的問題。例如甲今天打A，三天後遇到A又再打一次，前後兩個不同行為侵害A的身體法益，針對前後兩個不同的傷害行為予以分別處罰係天經地義，故甲前後兩個行為應成立兩個傷害罪，再適用刑法第50條以下之規定予以數罪併罰。

二、單一行為與數行為

　　刑法上的犯罪競合判斷與行為的單、複數（一行為或數行為）具有高度關聯性，故欲處理犯罪競合的問題，首先應確定行為人之行為是否為單一行為：

（一）自然的單一行為

　　所謂「自然的單一行為」，係指行為從自然意義上來看為單一行為之情形。原始意義的自然單一行為，是純粹由單一動作所構成的一行為，例如一槍斃命、在他人飲料投入一顆毒藥將其毒死、扒手趁人不注意以一個動作扒走他人的錢包、公然罵人一句三字經等。

　　另一種自然的單一行為，係指由多數本質相同之動作所構成的單一行為。此種單一行為雖然就形式以觀包含數個動作，但由於行為人係基於單一意思並在時空緊密相連的情況下，連續進行數個本質上相同之動作，以至於就第三人的角度予以客觀觀察，會很自然地將其當作是一個整體的行為。此種情形在學

說上往往稱之爲「自然的行爲單數」（Natürliche Handlungseinheit），我國實務上則多稱之爲「接續犯」[3]。

《案例1》甲基於殺人故意而連續砍殺A六刀，至第七刀時甲以刀刺入A之心臟，導致A當場死亡。此案例中，甲之殺人行爲雖由六個砍殺動作以及一個刺入動作所組成，但仍屬於自然的單一行爲，甲僅成立一個殺人既遂罪。

此種自然的單一行爲類型，在判斷上必須同時符合以下四項要件[4]：

1. 基於單一意思；
2. 實施數個本質相同之動作；
3. 各個動作間具有緊密的時間、地點關聯性；
4. 數動作間在客觀上對第三人而言亦具有可認知的關聯性[5]。

有問題者在於，當數個動作係針對不同的法益持有者時，此時是否有可能存在此類「自然的單一行爲」？對此，倘若所針對者係一般非專屬性法益，特別是財產法益，應認爲仍可能構成自然的單一行爲；相對地，倘若所針對者係個人專屬法益，此時若不同動作針對的是不同的法益持有者，解釋上均應認爲

---

[3]　最高法院71年台上字第2837號判決（原判例）：「一行爲觸犯數罪名之想像上競合犯，係指行爲人以一個意思決定發爲一個行爲，而侵害數個相同或不同之法益，具備數個犯罪構成要件，成立數個罪名之謂，乃處斷上之一罪；此與行爲人就同一犯罪構成事實，以單一行爲之數個舉動接續進行，以實現一個犯罪構成要件，侵害同一法益，成立一個罪名之接續犯不同，雖接續犯於犯罪行爲完畢之前，其各個舉動與該罪之構成要件相符，但行爲人主觀上係以其各個舉動僅爲全部犯罪行爲之一部，而客觀上，亦認係實施一個犯罪，是以僅成立一個罪名。」

[4]　Roxin, ATII, §33 Rn. 31.

[5]　實務對於接續犯之定義大抵相同，最高法院99年度第5次刑事庭會議（一）：「刑法於民國九十四年二月二日修正公布（九十五年七月一日施行）刪除連續犯規定之同時，對於合乎接續犯或包括的一罪之情形，爲避免刑罰之過度評價，已於立法理由說明委由實務以補充解釋之方式，發展接續犯之概念，以限縮數罪併罰之範圍。而多次投票行賄行爲，在刑法刪除連續犯規定之前，通說係論以連續犯。鑑於公職人員選舉，其前、後屆及不同公職之間，均相區隔，選舉區亦已特定，以候選人實行賄選爲例，通常係以該次選舉當選爲目的。是於刪除連續犯規定後，苟行爲人主觀上基於單一之犯意，以數個舉動接續進行，而侵害同一法益，在時間、空間上有密切關係，依一般社會健全觀念，難以強行分開，在刑法評價上，以視爲數個舉動之接續實行，合爲包括之一行爲予以評價，較爲合理，於此情形，即得依接續犯論以包括之一罪。否則，如係分別起意，則仍依數罪併合處罰，方符立法本旨。」

是數個行為，而非單一行為[6]。

《案例2》乙在電影院外，利用電影散場時人潮擁擠，在一分鐘內連續扒竊三個人的皮包得手，但旋即為警察當場逮捕。此案例中，由於針對的是非專屬性的財產法益，仍可視為是自然的單一行為，故乙應成立一行為觸犯數竊盜罪的想像競合犯。

《案例3》丙在暗巷以連續二刀分別接連刺入B與C之心臟，導致B與C均當場死亡。此案例中，由於針對的是專屬性之生命法益，解釋上應認為係二個行為而非單一行為，故丙之二個殺人行為應構成二個殺人罪，予以數罪併罰[7]。

（二）構成要件的單一行為

　　所謂「構成要件的單一行為」（構成要件之行為單數；Tatbestandliche Handlungseinheit），係指行為人之行為在自然意義上雖屬於數個行為，但由於法條構成要件已經將之包括為一個行為來看待，故從法律評價上而言亦僅視為是單一行為的情形。

　　構成要件的單一行為，特別是在所謂「多行為犯」（Mehraktige Delikte）的情形。所謂「多行為犯」，係指由多數個別行為結合而成一個具特殊不法內涵的構成要件，故該多數行為在刑法評價上乃應認為係一行為。例如擄人勒贖罪往往會包含擄人、將人拘禁、對家屬進行勒贖甚至取款等多個行為，但由於刑法第347條已將之包括為一個單一構成要件來看待，故解釋上僅評價為一個

6　Heinrich, AT, Rn. 1414 f.；Roxin, ATII, §33 Rn. 36 ff.

7　相同見解：陳志輝，九四／九五年度刑事判決評釋—競合部分，台灣本土法學，第90期，2007/01，第203頁；不同見解：實務認為此種情形仍為「一個行為」，例如最高法院93年台上字第4429號判決：「刑法第五十五條前段，所謂一行為而觸犯數罪名，固不以單一動作，觸犯數罪名為限，如基於同一犯意，由多數動作合為一個行為，而觸犯數罪名者，亦包括在內。但所謂多數動作，必須同時、同地、同次實施，無從分別先後者，始克相當。若對於另一犯罪，係臨時起意，而行為不止一個，或基於概括之犯意，而行為又先後可分時，即非想像競合犯範圍，應分別依數罪併罰或連續犯處斷。上訴人等基於同一殺人之不確定犯意，而或喝令大陸女子自行跳海，或推拉其下海，或急駛舢舨促其落海，即由多數動作合為一個行為，而觸犯六個殺人既遂、七個殺人未遂罪名……。其多數動作，既同時、同地、同次實施，無從分別先後，原判決以想像競合犯，從一重之殺人既遂罪處斷，其適用法則仍無違誤。」

擄人勒贖之行爲。

　　另外，構成要件上的單一行爲經常發生在「繼續犯」（Dauerdelikte）的情形。例如在刑法第302條的剝奪行動自由罪中，行爲人可能先將被害人綑綁抓走、帶到山區小屋囚禁、其間又再更換拘禁場所將其關於鐵籠子等，雖然在自然意義上屬於數個行爲，但在法律評價上都僅視爲是單一行爲。有時依據行爲人的計畫「繼續犯」僅是作爲實施「狀態犯」（Zustandsdelikte）的一種手段，此時二者合一觀察也應認爲是單一行爲[8]。例如侵入他人住宅竊盜的情形，侵入住宅行爲是爲了實施竊盜的手段，故理解上整個侵入住宅竊盜的行爲仍視爲是單一行爲，故此時應成立一行爲觸犯侵入住居（§306）與竊盜（§320）的想像競合犯，從一重論以竊盜罪[9]。

　　構成要件的單一行爲，在我國刑法廢除連續犯之規定後，最具實務上之意義者係在所謂「集合犯」的情形。所謂「集合犯」，係指在構成要件上本來即預定行爲人會反覆實行同種行爲的一種犯罪類型，由於立法當時即已預設此類行爲往往會反覆實行[10]，因此僅會概括地視爲是一行爲而論以包括一罪。刑法上可能的集合犯，大致包括「僞造犯」、「收集犯」、「散布犯」以及「販賣犯」等類型。例如，在路旁散布黑函給往來行人以誹謗某人名譽，行爲人可能在一小時內先後散布了數百張黑函給往來行人，但仍僅概括地視爲是一個加重誹謗行爲，而非一百個加重誹謗行爲，故行爲人僅包括論以一個加重誹謗罪（§310II）。又如，在舞會中於三小時之時間內先後販賣搖頭丸給數十個人，亦仍僅概括視爲是一個販毒行爲，僅包括成立一個販毒罪。

　　應強調者，在此種「集合犯」中，欲將之定位爲是構成要件上的單一行爲，仍然必須以行爲人係基於單一犯意（概括犯意）且具有時間地點之緊密關聯性爲必要，否則若係出於不同犯意或是利用欠缺時間地點緊密關聯性的不同機會場合而反覆實施，仍應視爲是數個行爲，而非單一行爲[11]。例如，行爲人不定期每逢假日即隨機在不同的舞廳或酒吧內販賣搖頭丸，次數高達數十次，

---

[8]　Stree/Sternberg-Lieben, in: Sch/Sch-StGB28, Vor §52 Rn. 91.；Gropp, AT, §14 Rn. 40.

[9]　不同見解：林鈺雄，新刑法總則，第607頁，認爲此種情形應成立實質競合而非想像競合。

[10]　蕭宏宜，侵害著作權的行爲數認定問題，收錄於氏著「科技發展與刑事立法」，2022，第175頁，明確指出集合犯作爲具同質性關係的複數行爲集合，不是邏輯上的必然關係，而是來自經驗上的概率關係。

[11]　關於此，請比較甘添貴，罪數理論之研究，第63頁以下。不同見解：蕭宏宜，侵害著作權的行爲數認定問題，第184頁以下，認爲集合犯的認定不需考量時間的間隔長短。

雖然同一日利用同一場所販賣給多數人之行爲仍概括視爲是一行爲，但欠缺時間地點之緊密關聯性的多次不同販毒行爲（例如數日後在不同場所販賣），仍應視爲是不同販賣行爲，應成立數個販賣毒品罪而予以數罪併罰。

實務見解亦承認「集合犯」的概念，最高法院95年度台上字第1079號判決即謂：「刑事法若干犯罪行爲態樣，本質上原具有反覆、延續實行之特徵，立法時既予特別歸類，定爲犯罪構成要件之行爲要素，則行爲人基於概括之犯意，在密切接近之一定時、地持續實行之複次行爲，倘依社會通念，於客觀上認爲符合一個反覆、延續性之行爲觀念者，於刑法評價上，即應僅成立一罪。學理上所稱『集合犯』之職業性、營業性或收集性等具有重複特質之犯罪均屬之，例如經營、從事業務、收集、販賣、製造、散布等行爲概念者是。」

不過，實務上雖承認「集合犯」的概念，但對於「集合犯」的使用卻似乎越來越趨於謹慎，例如，「販賣犯」一般認爲是集合犯的類型之一，但實務判決卻否認販賣毒品罪是集合犯，因此對於販毒罪均是採一行爲構成一罪而予以數罪併罰的見解[12]。相對地，在販賣猥褻物品罪的案例中，有實務判決認爲販賣猥褻物品罪是「集合犯」應論以包括一罪[13]，但近來則傾向於以「接續犯」的概念爲基礎論以包括一罪[14]，但結論上都是其反覆實行同種行爲僅視爲一行

---

[12] 最高法院97年度台上字第180號判決：「……所謂集合犯是指立法者所制定之犯罪構成要件中，本就預定有數個同種類之行爲將反覆實行之犯罪而言，將各自實現犯罪構成要件之反覆多數行爲，解釋爲集合犯，而論以一罪。是以對於集合犯，必須從嚴解釋，以符合立法本旨。觀諸毒品危害防制條例所定之販賣毒品罪之構成要件文義，實無從認定立法者本即預定該犯罪之本質，必有數個同種類行爲而反覆實行之集合犯行，故販賣毒品罪，難認係集合犯。因此，就刑法修正施行後多次販賣毒品之犯行，採一罪一罰，始符合立法本旨。……」對此類實務見解之批評，可參見蕭宏宜，侵害著作權的行爲數認定問題，第184頁以下。

[13] 臺灣高等法院101年度上易字第1911號判決：「……被告自100年4月19日後某日起，至101年1月10日17時30分許爲警查獲時止，持續在上開同一地點內販賣猥褻光碟片之行爲，具有不斷反覆實行之特性，乃屬集合犯行爲，應僅論以一罪……。」其他相同實務見解如臺灣高等法院105年度上訴字第2099號判決。

[14] 智慧財產法院101年度刑智上易字第74號判決：「……被告自99年7月起至同年9月8日爲警查獲止之該段期間內，持續在同一地點內販賣猥褻影音光碟片與有著作財產權之影音光碟片之行爲，具有不斷反覆實行之特性，故被告以其單一非法販賣猥褻影音光碟片之意思決定，開啓其嗣後之事實行爲，期間雖有多次違反上開犯行之構成要件被實現，惟無礙其於意思決定之初，即有預定實行複次作爲之性質，且客觀上，其等前開行爲，均係在密集期間內以相同之方式持續進行，未曾間斷，具有反覆、延續實行之特徵。職是，被告基於單一意思決定，在同一地點陸續所爲販賣猥褻影音光碟片等多次行爲，均係侵害同種類法益，時間緊密，地點相同，難以強行分開，應視爲數個舉動之接續施行，客觀上應以包括一行爲，加以評價較爲合理，是應論以包括一罪之接續犯。……」另，智慧財產法院109年度刑智上訴字第30

爲而論以一罪。另外，在「僞造犯」的情形，實務判決亦認爲僞造貨幣罪並非集合犯[15]。總的來說，實務於此處之見解頗爲紛亂，似有統一見解之必要。

三、法條競合

所謂「法條競合」，係指行爲人以單一行爲、侵害相同法益，卻同時該當數個構成要件，但在評價上僅須適用最適當的一條構成要件予以論罪的情形。在法條競合的情形，由於在評價上僅須適用其中一個構成要件即足以包含整個犯罪行爲之不法內涵的情形，其他構成要件均予以排除不用，故其實際上僅構成一罪，所謂法條的「競合」事實上僅是一種假象，因此學說上亦反對使用「法條競合」一詞，而主張以「法律單數」（Gesetzeseinheit）來加以取代者[16]，惟學說上似仍以使用「法條競合」一詞者占多數[17]，本書亦從之。

關於「法條競合」處理，必須依所涉及的數構成要件罪名彼此間的關係來據以決定其應適用的構成要件罪名，此處分成「特別關係」、「補充關係」、「吸收關係」與「擇一關係」幾種類型來加以說明：

（一）特別關係

所謂「特別關係」（Spezialität），係指存在於數構成要件間的一種邏輯包含關係（logisches Einschlußverhältnis）[18]，也就是一種百分百必然的包含關係。詳言之，某特別構成要件之內容，除了在形式上必然包含了某一般構成要

號判決亦同此見解。

[15] 最高法院99年度台上字第620號判決：「……觀諸妨害國幣懲治條例第三條第一項所定意圖供行使之用而僞造幣券罪之構成要件文義，實無從認定立法者本即預定該犯罪之本質，必有數個同種類行爲而反覆實行之集合犯行，故該項僞造幣券罪，難認係集合犯。……」

[16] 不使用法條競合一詞而以「法律單數」（法律單一）來加以取代者：林山田，刑法通論（下），第325頁以下；黃榮堅，基礎刑法學（下），第893頁以下；Ebert, AT, S. 219.；Gropp, AT, § 14 Rn. 1 ff.；Jescheck/Weigend, AT, § 69 I 1., S. 732.

[17] 甘添貴，罪數理論之研究，2006，第77頁以下；陳志輝，刑法上的法條競合，1998，第4頁以下；林東茂，刑法綜覽，第1-302頁以下；林鈺雄，新刑法總則，第592頁以下；陳子平，刑法總論，第650頁以下；張麗卿，刑法總則之理論與運用，第460頁以下；蔡墩銘，刑法精義，第375頁以下；Haft, AT, S. 270 ff.；Heinrich, AT, Rn. 1436 ff.；Kühl, AT, § 21 Rn. 51 ff.；Roxin, AT II, § 33 Rn. 170 ff.

[18] Baumann/Weber/Mitsch, AT, § 36 Rn. 7.

件的所有要素外，尚另外多出了一項或數項要素，故若實現該特別構成要件、也百分百必然會同時實現該一般構成要件，此時為避免造成雙重評價，僅適用該特別構成要件之罪名即可，該一般構成要件之罪名即予以排斥不用。例如某構成要件包含A、B、C等三項要素，若有另一構成要件除了A、B、C三項要素外尚另外多出了D要素，此時後一構成要件即屬於前一構成要件的「特別構成要件」。

　　基本上，法條競合之「特別關係」包含以下幾種情形：

1.「變體構成要件」與「基本構成要件」

　　「變體構成要件」包括「加重構成要件」與「減輕構成要件」二種，因其在結構上是基本構成要件外再加上某個加重或減輕要素，故此種「變體構成要件」與「基本構成要件」之間即存在法條競合的特別關係，因此僅須適用「變體構成要件」即可，「基本構成要件」即予以排斥不用。例如：加重強制性交罪（§222 I）為普通強制性交罪（§221）之加重變體構成要件，僅適用加重強制性交罪即可；又如義憤殺人罪（§273）為普通殺人罪之減輕構成要件，僅適用義憤殺人罪即可；再如加重竊盜罪（§321）為普通竊盜罪（§320）的加重構成要件，僅適用加重竊盜罪即可。

2.「加重結果構成要件」與「基本犯及過失結果之構成要件」

　　「結果加重犯」係行為人以故意為基本犯罪，但卻因過失而導致加重結果，由於加重結果構成要件在形式上必然包含該故意基本犯之構成要件以及該加重結果之過失犯構成要件，因此僅需適用加重結果構成要件即可，該故意基本犯與加重結果之過失犯構成要件即予以排斥不用。例如：傷害致死罪（§277 II）係傷害罪（§277 I）與過失致死罪（§276）的特別構成要件，僅適用傷害致死罪即可；又如剝奪行動自由致死罪（§302 II）係剝奪行動自由罪（§302 I）與過失致死罪（§276）的特別構成要件，亦僅構成剝奪行動自由致死罪即可。

3.「結合構成要件」與「個別構成要件」

　　「結合犯」係立法者把數個故意犯「個別構成要件」結合而成為一個結合犯構成要件的情形，因此「結合構成要件」與「個別構成要件」間亦存在特別關係，僅適用「結合構成要件」即為以足，而排斥該「個別構成要件」的適

用。例如強盜殺人罪（§332Ⅰ）與殺人罪（§271Ⅰ）及強盜罪（§328Ⅰ）間存在特別關係，僅適用強盜殺人罪之結合犯構成要件即可；又如擄人勒贖殺人罪（§348Ⅰ）與擄人勒贖罪（§347Ⅰ）及殺人罪（§271Ⅰ）間亦存在特別關係，僅適用擄人勒贖殺人罪之結合犯構成要件即可。

（二）補充關係

所謂「補充關係」（Subsidiarität），係指存在於數構成要件罪名間的一種規範上的補充關係，「補充關係」的產生是因為，刑法中的某些構成要件其規範目的是在補充其他主要構成要件的適用，因此只有在行為不該當於「主要構成要件」時，才可以適用「補充構成要件」來予以論罪科刑；倘若行為已經該當於「主要構成要件」了，即應直接論以主要構成要件之罪名，此時即無再適用「補充構成要件」之餘地。

具備「補充關係」的構成要件，通常得從法條構成要件的結構及其體系位置去判斷，此處僅舉出以下幾種常見的補充關係來說明：

1. 預備犯補充未遂與既遂犯、未遂犯補充既遂犯[19]

預備犯相對於未遂犯與既遂犯以及未遂犯相對於既遂犯均屬於「補充關係」，故若先預備而後著手實行，但行為卻止於未遂，此時僅論以未遂犯即可，補充構成要件之預備犯即排斥不用。若行為是從預備、至著手實行（未遂）、最後到犯罪既遂，此時僅論以主要構成要件之既遂犯即可，補充構成要件之預備犯與未遂犯均排斥不用。

2. 危險犯補充實害犯[20]

危險犯相對於實害犯而言係屬於「補充關係」，故若一行為侵害相同法益

19　通說承認此屬補充關係：甘添貴，罪數理論之研究，第132頁；柯耀程，刑法競合論，第170頁；林山田，刑法通論（下），第339頁以下；黃常仁，刑法總論，第284頁；張麗卿，刑法總則理論與運用，第465頁；林鈺雄，新刑法總則，第598頁；許澤天，刑總概要，第335頁；Baumann/Weber/Mitsch, AT, §36 Rn. 11.；Ebert, AT, S. 225.；Gropp, AT, §14 Rn. 17.；Haft, AT, S. 271.；Heinrich, AT, Rn. 1440.；Wessels/Beulke/Satzger, AT, Rn. 790.

20　通說承認此屬補充關係：甘添貴，罪數理論之研究，第135頁以下；柯耀程，刑法競合論，第170頁；林山田，刑法通論（下），第341頁以下；黃常仁，刑法總論，第284頁；張麗卿，刑法總則理論與運用，第465頁；林鈺雄，新刑法總則，第598頁；許澤天，刑總概要，第335頁；Baumann/Weber/Mitsch, AT, §36 Rn. 11.；Ebert, AT, S. 225.；Gropp, AT, §14 Rn.

而同時該當危險構成要件與實害構成要件時，僅適用主要構成要件的實害犯規定予以論處即可，屬於補充規定的危險構成要件即排斥不用。

《案例4》甲貪圖繼承父親遺產，乃故意將行動不便之父親載至偏遠山區遺棄，導致其父親因此而死亡。本案例中，甲的行為同時該當遺棄尊親屬罪（§§294 I，295）與殺直系尊親屬罪（§272）構成要件，但僅適用殺直系尊親屬罪予以論處即可，屬於補充規定的遺棄罪構成要件即因而排斥不用。

3. 共犯補充正犯、幫助犯補充教唆犯[21]

共犯相對於正犯係屬於「補充關係」，因此若以一行為侵害同一法益而同時構成共犯構成要件與正犯構成要件者，僅適用正犯構成要件即可，屬於補充規定之共犯構成要件即因之而排斥不用。

《案例5》乙與丙計畫共同侵入珠寶店竊盜，出發時乙並提供丙一組竊盜用之工具，抵達犯罪現場後乙按照計畫在外面負責把風，丙則入內進行竊盜。此案例中，乙僅與丙成立竊盜罪之共同正犯，並不會再另外成立竊盜罪的幫助犯。

在同屬共犯的類型中，幫助犯相對於教唆犯而言亦係屬於「補充關係」，因此若以一行為侵害同一法益而同時該當幫助犯構成要件與教唆犯構成要件構成要件者，僅適用教唆犯予以論處即可，屬於補充規定之幫助犯構成要件即被排斥不用。

---

17. ：Heinrich, AT, Rn. 1440.；Wessels/Beulke/Satzger, AT, Rn. 790.

21　通說承認此屬補充關係：甘添貴，罪數理論之研究，第136頁以下；林山田，刑法通論（下），第340頁以下；黃常仁，刑法總論，第285頁；林鈺雄，新刑法總則，第599頁；許澤天，刑總概要，第335頁；Baumann/Weber/Mitsch, AT, §36 Rn. 11.；Ebert, AT, S. 225.；Haft, AT, S. 271.；Gropp, AT, §14 Rn. 17.；Heinrich, AT, Rn. 1440.；Wessels/Beulke/Satzger, AT, Rn. 790. 另外，張麗卿，刑法總則理論與運用，第465頁以下，則認為只要從行為之角度言，論以外在客觀顯現之最後行為即可，亦即純就正犯、幫助犯等各別行為構成要件來觀察，似無解釋為補充關係之必要。

《案例6》丁教唆戊殺害其仇人，同時並提供戊手槍一把，戊果真持該手
　　　　槍將仇人射殺。此案例中，丁僅成立教唆殺人罪即可，毋庸再
　　　　論以殺人罪的幫助犯。

（三）吸收關係

　　所謂「吸收關係」（Konsumtion），係指存在於數構成要件間的一種「典型的伴隨關係」。所謂「典型伴隨關係」，係指行為人實施某較重之構成要件罪行時，在典型上通常會伴隨實現另一較輕之構成要件罪名，此時由於該典型伴隨行為的不法內涵與罪責內涵均已為該較重之犯罪行為所包含，故只要適用該較重之犯罪構成要件即可，該典型伴隨實現之較輕構成要件即被吸收而不再論罪。「吸收關係」此種典型伴隨行為的特質正足以與「特別關係」形成區別，亦即：在「特別關係」中，該當某構成要件百分百必定會實現另一構成要件（邏輯包含關係）；相對地，在「吸收關係」中，該當某構成要件僅是典型上通常會伴隨實現另一構成要件，但卻不是百分百必然（典型伴隨關係）[22]。

　　在本節導引案例(2)中，乙將夜歸女子押往路旁陰暗處性侵，由於強制性交行為的實施典型上往往會伴隨對被害人的剝奪行動自由結果，故對乙僅論以強制性交罪（§221 I）即足以完全評價該行為之不法與罪責內涵，至於剝奪行動自由罪（§302 I）構成要件即被吸收而不再論罪[23]。

《案例7》甲發現交往多年的女友懷孕，但由於甲還不想太早結婚，乃在
　　　　女友不知情的情況下讓其將墮胎藥誤以為是安眠藥而服用，最
　　　　後女友果真因此而流產。由於墮胎行為典型上往往都會伴隨對
　　　　被害人身體輕傷的結果，故甲僅成立未經同意之墮胎罪
　　　　（§291）即可，輕傷罪（§277 I）即被吸收而不再論罪。

---

[22]　Vgl. Heinrich, AT, Rn. 1441.；Wessels/Beulke/Satzger, AT, Rn. 791.

[23]　應注意者為強制性交與妨害自由是否為單一行為，如非屬一行為而係數行為，自仍應成立數罪，予以數罪併罰。參見最高法院67年度第3次刑庭庭推總會議決定（二）：「為強姦婦女而剝奪該婦女之行動自由時，是否於強姦罪外另成立妨害自由罪，須就犯罪行為實施經過之全部情形加以觀察，如該妨害自由之行為已可認為強姦行為之著手開始，則應成立單一之強姦罪，否則應認係妨害自由罪與強姦罪之牽連犯（註：新法廢止牽連犯之規定後，應成立數罪併罰）。……」

　　有爭議者爲殺人罪與毀損罪之間的關係，由於殺人行爲通常往往會伴隨發生被害人身上所穿衣物的毀損結果，例如持刀砍死被害人往往會伴隨發生被害人身上所穿衣物毀損的結果，故學說上多認爲此時應構成法條競合之「吸收關係」，僅論以殺人罪即可，毀損罪即被吸收而不再論罪[24]。惟學說上亦有認爲倘若行爲人另具有毀損衣物的故意，由於殺人罪與毀損罪構成要件之保護法益不同，仍有成立想像競合犯之空間[25]。從本書對「法條競合」採取一行爲侵害「相同法益」立場的角度出發，解釋上似仍以後說較爲妥適，且就結論言縱使成立殺人與毀損的「想像競合犯」，最後還是從一重以殺人罪處斷，亦不致出現不合理的結果。

　　應特別提出者爲侵入住宅竊盜罪與侵入住居、毀損罪間之關係，對此德國學界通說認爲由於侵入住宅竊盜典型上往往會伴隨侵入住居與毀損行爲（例如毀損門鎖、窗戶），故其彼此間應成立法條競合之「吸收關係」，僅論以侵入住宅竊盜罪即可，侵入住居罪與毀損罪均被吸收而不論[26]。惟從我國刑法的法條結構來看，侵入住宅竊盜（§321Ⅰ①）與普通竊盜罪（§320Ⅰ）及侵入住居罪（§306Ⅰ）間具有「邏輯包含關係」，一旦成立侵入住宅竊盜罪也百分百必然會同時實現侵入住居罪及普通竊盜罪，故其應屬於法條競合之「特別關係」，而非吸收關係。同理，毀越門窗竊盜罪（§321Ⅰ②）與毀損罪（§354）及竊盜罪（§320Ⅰ）間，也是屬於「特別關係」，僅論以毀越門窗竊盜罪（§321Ⅰ②）即可。如果行爲人毀越門窗後侵入住宅竊盜，雖同時符合二項竊盜加重構成要件，但仍僅成立一個加重竊盜罪[27]，其與侵入住宅罪、毀損罪以及竊盜罪間成立「特別關係」，仍僅論以一個加重竊盜罪（即毀越門窗侵入住宅竊盜罪）（§321Ⅰ①②）即可。

---

[24] 林山田，刑法通論（下），第343頁；張麗卿，刑法總則理論與運用，第466頁；林鈺雄，新刑法總則，第599頁；許澤天，刑總要論，第336頁。

[25] 甘添貴，罪數理論之研究，第95頁以下。

[26] Baumann/Weber/Mitsch, AT, §36 Rn. 13.；Ebert, AT, S. 226.；Gropp, AT, §14 Rn. 14.；Heinrich, AT, Rn. 1441.；Kühl, AT, §21 Rn. 60.；Wessels/Beulke/Satzger, AT, Rn. 791.我國學說上亦有採相同見解者：林山田，刑法通論（下），第342頁以下；林鈺雄，新刑法總則，第599頁以下。

[27] 此處如果論以侵入住宅竊盜與毀越門窗竊盜兩個加重竊盜罪，會對於竊盜的部分造成重複評價，故解釋上雖然符合兩款加重事實，但仍僅能論以一個加重竊盜罪。

第二節　想像競合

(1)甲在生意上與Ａ、Ｂ、Ｃ三人結仇，為求報復，乃一狀誣告Ａ、Ｂ、Ｃ三人偷竊其貨物。試問：甲應成立幾個誣告罪？

(2)縱火狂乙潑汽油縱火，結果燒毀了分屬三人所有的三間透天厝。試問：縱火狂乙應成立幾個放火罪？

(3)丙開車超速肇事，將機車騎士當場撞成昏迷。丙心想當時四下無人，竟然索性開車逃離現場，最後機車騎士被好心路人送醫撿回一命。試問：丙之行為應如何論罪？

一、想像競合與法條競合

　　刑法第55條規定：「一行為而觸犯數罪名者，從一重處斷。但不得科以較輕罪名所定最輕本刑以下之刑。」本條規定即為所謂的「想像競合」（Idealkonkurrenz）。與「法條競合」僅構成一罪不同，「想像競合」在實質上係構成數罪，只是在處斷上從一重罪而已。因此，想像競合犯性質上係屬於所謂的「科刑上一罪」或「裁判上一罪」。

　　「想像競合犯」，係指行為人以一行為、同時侵害數法益，並該當於數個構成要件罪名的情形。因為其侵害了數個法益，在法律評價上應構成數罪，只是因為其僅有單一行為，故法律乃規定僅從一重罪處斷。「想像競合」與「法條競合」的相同點在於同樣是以一行為而該當於數個構成要件，不同點則在於「法條競合」的情形涉及的數構成要件保護的是相同法益（或至少要有部分是相同法益），但「想像競合」的情形行為人卻是侵害了數個不同法益，為對於被侵害的數個不同法益予以充分保護（反面即為避免評價不足），必須就其行為所該當的數個構成要件均獨立加以評價，因此乃成立數罪[28]。雖說依據刑法

28　此為多數說見解：甘添貴，罪數理論之研究，第91頁；甘添貴／謝庭晃，捷徑刑法總論，第317頁；林東茂，刑法綜覽，第1-295頁以下；黃榮堅，基礎刑法學（下），第978頁；張麗

第55條之規定，想像競合犯在法律效果上仍係從一重罪處斷，然應強調者想像競合犯此僅是在處斷上以一罪論，但其本質上仍屬於數罪。

《案例1》甲欲開槍射殺A，但因槍法欠準而誤中B，導致B死亡，A卻逃過一劫。此案例中，甲的開槍殺人行為發生「打擊錯誤」，對A成立殺人未遂罪，對B則成立過失致死罪，構成一行為觸犯數罪名的想像競合犯，從一重以殺人未遂罪處斷。

《案例2》乙超速行駛與他車發生車禍，致他車上之乘客一人死亡、一人重傷、一人輕傷。乙以一行為過失致他車乘客一死、一重傷、一輕傷，應分別構成一個過失致死罪（§276）、一個過失致重傷罪（§284Ⅰ後段）與一個過失輕傷罪（§284Ⅰ前段），亦屬於一行為觸犯數罪名的想像競合犯，應從一重以過失致死罪處斷。

《案例3》丙潛入C家中竊盜，總計偷走C的現金5萬元、C之妻子的珠寶，以及C之兒子的筆記型電腦一台。此案例中，丙潛入他人家中竊盜之行為，雖偷走分屬三人所有之物，由於僅侵害一個概括的監督持有權（一個法益），故僅成立一個竊盜罪，而非想像競合犯[29]。

　　在本節導引案例(1)中，甲以一狀誣告A、B、C三人，由於誣告罪保護的是國家法益（國家司法權的正確性），故甲雖一狀誣告三人，仍僅屬於侵害一個法益，僅成立「一個誣告罪」，而非想像競合犯。

　　至於在本節導引案例(2)中，縱火狂乙以一縱火行為燒毀分屬三人所有的三間透天厝，由於放火罪之保護法益係不特定多數人生命身體與財產之公共安

卿，刑法總則之理論與運用，第470頁以下；不同見解：陳志輝，九四／九五年度刑事判決評釋—競合部分，台灣本土法學，第90期，2007/01，第204頁以下；林山田，刑法通論（下），第315頁以下；黃常仁，刑法通論，第292頁以下，認為不應以侵害法益數的多寡來作為區別罪數的標準，故想像競合亦不以侵害數法益為前提。

[29] 最高法院62年台上字第407號判決（原判例）：「上訴人等於夜間潛入某甲家中，將某甲所有財物及其妻某乙所有之國民身分證一併竊去，其所竊取者雖屬兩人之財物，但係侵害一個監督權，不生一行為而觸犯數罪名問題。」

全法益（社會法益），該縱火行為雖燒毀三間透天厝，概念上仍只侵害一個公共安全法益，故乙僅成立一個放火罪（§173）。至於，放火罪往往會典型伴隨發生毀損建築物罪（§353）與毀損器物罪（§354）的部分，多數說均認為應成立法條競合之「吸收關係」，僅論以一個放火罪為已足，其餘毀損建築物罪與毀損器物罪的部分均被吸收而不論[30]。惟放火罪之保護法益為公共安全，毀損罪之保護法益為所有權之財產法益，二者係不同法益，故解釋上似應認為成立「想像競合犯」，較為妥適[31]。

另外，想像競合犯在法律效果上雖係從重罪處斷，但刑法第55條特別規定「不得科以較輕罪名所定最輕本刑以下之刑」，讓輕罪的最輕本刑仍具有量刑上的封阻效力，使法院不得論知比輕罪最低本刑更低的刑罰。

惟有爭議者在於，法院依想像競合犯而適用重罪處斷時，可否同時論知輕罪的保安處分，因法律對此並未明文規定，解釋上不無爭議。對此，最高法院刑事大法庭108年度台上大字第2306號裁定係採肯定說之見解，認為在想像競合犯從一重罪處斷之情形，輕罪並未被重罪所吸收，因此法院仍得論知輕罪之保安處分[32]。

在本節導引案例(3)中，丙違規肇事後逃逸之行為同時構成肇事逃逸罪（交通事故逃逸罪）（§185-4）與有義務者之遺棄罪（§294Ⅰ），二者間應成立處理，解釋上不無疑問？

對此，最高法院以往實務見解認為二者間應成立法條競合之「特別關係」，以肇事逃逸罪為特別規定予以優先適用，有義務者之遺棄罪即排斥不論，但若被害人最後造成死亡之結果，則遺棄致死罪（§294Ⅱ）相較於肇事逃逸罪又轉變為特別規定，此時應論以遺棄致死罪，肇事逃逸罪即被排斥而不

---

[30] 甘添貴，罪數理論之研究，第146頁；林山田，刑法通論（下），第344頁；許澤天，刑總要論，第336頁。至於，原最高法院29年上字第2388號判例：「放火罪原含有毀損性質在內，放火燒燬他人住宅損及牆垣，自無兼論毀損罪之餘地。」僅言及無兼論毀損罪之餘地，但係基於何種理由，最高法院並未言明。

[31] 相同見解：陳志輝，刑法上的法條競合，第115頁。

[32] 最高法院108年度台上大字第2306號裁定：「行為人以一行為觸犯組織犯罪防制條例第三條第一項後段之參與犯罪組織罪，及刑法第三百三十九條之四第一項第二款之加重詐欺取財罪，依刑法第五十五條前段規定從一重之加重詐欺取財罪處斷而為科刑時，於有預防矯治其社會危險性之必要，且符合比例原則之範圍內，由法院依組織犯罪防制條例第三條第三項規定，一併宣告刑前強制工作。」

用[33]。之後，最高法院改變見解，認爲該兩罪保護法益不同，轉而改採應成立「想像競合犯」之觀點[34]。不過，2021年修法後，最高法院是否會改變見解，值得觀察。

從肇事逃逸罪於2021年的最新修法理由來看，立法者似乎認爲現行刑法第185條之4的肇事逃逸罪兼含保護「車禍被害人之生命身體、公共交通安全、釐清交通事故責任」等多重法益，若採此立法理由上的保護法益觀點，則肇事逃逸罪與有義務者遺棄罪之保護法益即有重疊（被害人之生命身體法益），爲避免雙重評價，解釋上應認爲肇事逃逸罪與有義務者遺棄罪應屬「法條競合」。而肇事逃逸罪與有義務者遺棄罪間，概念上並不存在邏輯的必然包含關係，例如被害人雖有受傷但未陷於無自救力狀態，此時行爲人逃逸即僅該當於肇事逃逸罪，但不會同時構成有義務者遺棄罪，故法理上難認該二罪屬於法條競合之「特別關係」。依經驗法則判斷，兩罪間應該會是屬於典型的伴隨關係，因肇事逃逸通常會伴隨成立有義務者遺棄罪，故解釋上兩罪應屬於「吸收關係」，由不法內涵較高的重罪吸收輕罪，而僅論以重罪即可[35]。

二、繼續犯的犯罪競合問題

在「狀態犯」中，從犯罪行爲的著手實行到終結，通常在短時間完成，因此在單一行爲的判斷上相形較無疑問。相對地，在「繼續犯」中，由於犯罪行爲的實行往往會持續一段時間，倘若在犯罪仍繼續進行的時間內，同一行爲人又有實行其他犯罪之行爲，此時即產生在法律上是否應將其視爲是單一行爲的問題。基本上，若視爲是單一行爲，則行爲人成立一行爲觸犯數罪名的「想像競合犯」，僅從一重處斷；相對地，若視爲是不同的數行爲，則行爲人應成立實質上的數罪，並予以「數罪併罰」。由此可知，關於「繼續犯」行爲數之判

---

[33] 最高法院91年度台上字第3364號判決。

[34] 最高法院93年度台上字第6513號判決：「……駕車肇事致人死傷而逃逸罪及遺棄無自救力之人罪，二者之構成要件不同，且所侵害之法益，前者爲社會之公共安全，後者屬個人之生命、身體之安全，亦屬有間。本件被告駕車肇事，致被害人受傷成無自救力之人後，基於遺棄之犯意，而駕車逃逸之一個行爲，係屬同時觸犯犯罪構成要件及侵害法益均不相同之上述二罪，爲想像競合犯。自不能認係同一犯罪構成要件之一個犯罪行爲，同時有數法條可適用之法規競合。……」

[35] 由於2021年修法後肇事逃逸罪的刑度係以被害人輕傷、重傷或死亡，以及肇事者有無過失，而異其法定刑，故於比較輕重罪時得視其屬何種肇事逃逸罪才能確定。

斷，對於行為人在科刑處斷的結果上有著相當大的影響。

（一）**繼續犯與他犯罪具重要關聯性**

《案例4》甲趁屋主全家出遊，侵入他人住宅進行竊盜，在主人房臥室中
　　　　竊得若干現金及珠寶。就在甲至其他房間搜尋時，赫然發現在
　　　　頂樓房間有女傭一名正在熟睡中，甲竟臨時色性大發，另行起
　　　　意性侵該女傭得逞。

　　在《案例4》的情形，行為人甲侵入住居罪（繼續犯）之行為繼續進行
中，行為人另外犯下竊盜罪與強制性交罪，此時應如何予以論罪科刑，不無疑
問。此問題的關鍵在於當繼續犯與狀態犯在時間地點上彼此互相重疊存在時，
在刑法上是否可將其直接評價為單一行為？

　　在這裡，解釋上單純藉由繼續犯的時間點的重疊尚不足以將數個犯罪行為
連結成單一行為，必須該繼續犯之行為與其他犯罪之間，自始即具有重要關聯
性始可。此種重要關聯性可能呈現在三個部分：1.繼續犯自始即作為實施其他
犯罪之手段；或2.繼續犯係實施其他犯罪的前提；或3.其他犯罪之實施目的在
維護或確保繼續犯之狀態[36]。倘若繼續犯與其他犯罪間，不僅時間點相互重疊
（至少須部分重疊），且彼此間亦具有上述重要關聯性，此時在刑法上始得將
其評價為單一行為。應強調者，倘若其他犯罪之實施，係基於新的犯罪決意而
另行起意，僅是利用原繼續犯之狀態而已，由於另行起意而犯其他罪名，在刑
法評價上往往會認為係另一個新的行為，故此時應認為行為人係數行為而成立
數罪，予以數罪併罰[37]。

　　據此，在《案例4》的情形，由於侵入住居與竊盜不僅有時間地點的重
疊，且侵入住居之行為自始即為甲實施竊盜罪之手段，故應將之視為是單一行
為的二個動作，此部分應成立法條競合之「特別關係」，僅論以加重竊盜罪
（§321Ⅰ①）[38]。至於，甲另行性侵女傭的部分，由於係基於新的犯罪決

36　Vgl. Heinrich, AT, Rn. 1430.；Stree/Sternberg-Lieben, in: Sch/Sch-StGB[28], Vor §52 Rn. 91, §123
　　Rn. 36.；Wessels/Beulke/Satzger, AT, Rn. 779.

37　Heinrich, AT, Rn. 1430.；Stree/Sternberg-Lieben, in: Sch/Sch-StGB[28], Vor §52 Rn. 90.；Wessels/
　　Beulke/ Satzger, AT, Rn. 779.

38　陳志輝，九四／九五年度刑事判決評釋—競合部分，台灣本土法學，第90期，2007/01，第
　　212頁，則認為應成立想像競合犯。

意，故應視爲是另一個行爲，再另行成立強制性交罪（§221 I），而與加重竊盜罪數罪併罰。

《案例5》乙與鄰居因土地越界糾紛而反目，乙爲進入鄰居家中理論，而大力踹開鄰居大門強行入內，導致鄰居大門門鎖損壞。此案例中，破壞門鎖是強行進入鄰居家中的手段，且兩者間亦具有時間的重疊，因此毀損門鎖與侵入住居之行爲應視爲是單一行爲，故乙成立一行爲觸犯侵入住居罪（§306 I）與毀損罪（§354）的想像競合犯，從一重論以毀損罪。

（二）繼續犯的「夾結效應」？

《案例6》甲爲實施擄人勒贖罪而向朋友借用手槍一把，在持槍將富商擄走後，將富商關在山上一間廢棄工寮中，此時甲即將手槍返還與朋友，並向富商家屬要求贖金。三天後，富商企圖逃跑被甲發現強制拖回廢棄工寮，過程中導致該富商受傷。再過一星期，甲於取得贖款後，將該富商予以釋放。

《案例7》乙爲了向A、B與C恐嚇取財，乃向他人購買刀械一把，並持之先後分別向A、B與C實施恐嚇取財。

　　一般通說認爲，數個在時間點上無任何重疊的個別犯罪，有可能因爲其分別與某「繼續犯」之犯罪行爲有時間上的重疊，而經由該「繼續犯」之連結而形成一個整體行爲（單一行爲）。此種情形學說上稱之爲繼續犯的「夾結效應」（Klammerwirkung）[39]。惟由於此種「夾結效應」影響被告的科刑頗爲重大，通說均將其適用範圍加以限制，亦即僅限於重罪可以夾結輕罪的情形，輕罪則無法夾結重罪[40]。

---

[39] 柯耀程，刑法競合論，第264頁以下，將之譯爲「涵攝效應」；另外，陳子平，刑法總論（下），第677頁，則稱此爲「鋸齒（鉤環）現象」。

[40] 採此種通說見解者：林山田，刑法通論（下），第312頁以下；林鈺雄，新刑法總則，第608頁以下；許澤天，刑總要論，第331頁；Ebert, AT, S. 227 f.；Haft, AT, S. 279 f.；Heinrich, AT,

　　若採取通說所謂「夾結效應」之見解，在《案例6》中，甲非法持有槍械與傷害行為彼此間雖無時間點的重疊，但由於透過擄人勒贖罪的「夾結效應」，可以將該二個個別獨立之構成要件予以夾結，而將三者全部評價為單一行為，故甲應成立一行為觸犯擄人勒贖罪、非法持有槍械罪以及傷害罪的「想像競合犯」，從一重以擄人勒贖罪論處。至於在《案例7》中，由於非法持有刀械罪（槍砲彈藥刀械管制條例§14III）係較恐嚇取財罪（§346）為輕的繼續犯，故無法以較輕之非法持有刀械罪夾結另三個恐嚇取財罪，四者應視為是各自獨立的數行為，因此乙應成立一個持有刀械罪以及三個恐嚇取財罪，數罪併罰。

　　本書認為要將在時間上完全未重疊且各自獨立的數個犯罪行為，僅單純透過第三犯罪行為的串連即全部視為是一個單一行為，欠缺足夠的法理基礎，故不採所謂「夾結效應」的見解。較妥適的做法，應該是視數個時間點重疊（至少部分重疊）的犯罪彼此間是否具有重要關聯性而定，如果彼此間完全不具關聯性，並不能僅單純因有第三犯罪行為的串連而變身為一個整體的行為。

　　據此，在《案例6》中，甲非法持有槍械係為擄人勒贖之手段，二者間不僅有時間點的重疊且具有重要關聯性，可評價為單一行為，成立一行為觸犯擄人勒贖罪與非法持有槍械罪的「想像競合犯」，從一重以擄人勒贖罪論處。至於，傷害部分係為了維護確保原擄人勒贖的狀態，雖與擄人勒贖行為間亦具有時間點的重疊及重要關聯性，但為避免導致對擄人勒贖行為的多重評價，故此處僅單純成立傷害罪，與前面之擄人勒贖罪一起「數罪併罰」[41]。同樣地，在《案例8》的部分亦應作相同處理，亦即非法持有刀械罪（槍砲彈藥刀械管制條例§14III）與最初對A的恐嚇取財罪（§346）評價為單一行為成立想像競合犯，從一重論以恐嚇取財罪，再與對B、C的另外二個恐嚇取財罪，三罪予以數罪併罰。

　　最高法院實務亦採取此種見解，而不採夾結效應的觀點。最高法院107年度台上字第1066號判決針對加入犯罪集團後多次實施加重詐欺之案例類型，即認為應就首次犯行論以參與犯罪組織罪及加重詐欺罪之想像競合犯，從一重論

Rn. 1431 f.；Kindhäuser, AT, §47 Rn. 16 ff.；Wessels/Beulke/Satzger, AT, Rn. 780.反對夾結效應者：黃榮堅，基礎刑法學（下），第906頁以下；Jakobs, AT, §33 Rn. 12.。

41 柯耀程，刑法競合論，第274頁以下，亦不採「夾結效應（涵攝效應）」之觀點，但主張將繼續犯之部分分別數次與其他個別犯罪成立想像競合犯而從一重處斷，然後再將個別處斷之數個罪名，成立數罪併罰。

以加重詐欺罪後，再與之後多次續犯的加重詐欺罪予以數罪併罰[42]。

第三節　不罰之前行為與不罰之後行為

導引案例

(1)甲計畫偷竊同學的新車，乃趁同學不注意時偷走其汽車鑰匙。當天晚上，甲再依照原訂計畫，以該竊得之鑰匙將同學停在路邊的新車偷走。試問甲之行為應如何論罪？

(2)乙偷東西得手後，原存放於自己家中，幾個月後因擔心東窗事發，在得到丙的首肯後，乙乃將贓物搬運至丙的倉庫中存放。

「法條競合」與「想像競合」，都是屬於一行為但同時該當數構成要件的情形，結果上也都只論以一罪而已。相對地，在數行為、該當數構成要件的情形，原則上即應論以數罪，而屬於所謂「數罪併罰」（§§50, 51）的情形。然而，在某些特殊情況下，雖屬於數行為、該當數構成要件的情形，但因其中某構成要件行為之不法內涵已經被另一構成要件行為所包括，因此亦僅例外的論以一罪而已，另一罪即不予以處罰，此即為學說上所謂「不罰之前行為」與「不罰之後行為」的情形[43]。

---

[42] 最高法院107年度台上字第1066號判決：「……倘若行為人於參與犯罪組織之繼續中，先後加重詐欺數人財物，因行為人僅為一參與組織行為，侵害一社會法益，應僅就首次犯行論以參與犯罪組織罪及加重詐欺罪之想像競合犯，而其後之犯行，乃為其參與組織之繼續行為，為避免重複評價，當無從將一參與犯罪組織行為割裂再另論一參與犯罪組織罪，而與其後所犯加重詐欺罪從一重論處之餘地。……」近期判決亦同，如最高法院111年度台上字第171號判決。

[43] 學說上亦有將「不罰前行為」與「不罰後行為」置於法條競合的「吸收關係」下討論者，例如Baumann/Weber/Mitsch, AT, §36 Rn. 12 f.；Ebert, AT, S. 226.；Gropp, AT, §14 Rn. 14 f.；Kindhäuser, AT, §46 Rn. 14 ff.

一、不罰前行為（與罰前行為）

在數行為、該當數構成要件的情形，因前行為已經被後行為之不法內涵所包括，故只論以後行為之罪，前行為即成為「不罰前行為」（Straflose Vortat）。但由於實際上所謂「不罰前行為」並非真的不罰，而是被合併在後行為中予以處罰，故學說上亦將之稱為「與罰前行為」（Mitbestrafte Vortat）。所謂「不罰前行為」通常係其後續主要犯罪行為的一個前置階段性過程，其在形式上雖然是一種完整的可罰行為，但實質上卻僅是後續主要犯罪行為的預備或未遂行為，因此只要論以後續主要既遂犯罪行為即已將其不法內涵共同評價在內，前行為即不再予以論處[44]。

在本節導引案例(1)中，甲為偷車先竊取汽車鑰匙，當天晚上再以該鑰匙把車偷走，其竊取汽車鑰匙的行為係為達偷車目的之預備行為，故竊取汽車鑰匙之行為雖然在形式上也是一個獨立的竊盜行為，但只要針對竊取汽車的部分論以竊盜罪即足以將竊取汽車鑰匙的部分共同評價在內，因此其先前偷走汽車鑰匙之行為係屬「不罰前行為」，不再另外論以竊盜罪，僅針對甲偷車的行為論以一個竊盜罪即可。

《案例1》甲欲以A之名義偽造私文書，乃先偽造A的印章，待一個月後時機成熟，再持該偽造之印章偽造私文書。由於偽造印章的行為係偽造私文書的預備行為，故只要論以偽造私文書罪（§210）即可，偽造印章罪屬於「不罰前行為」（§217 I）[45]。

另一種「不罰前行為」的情況存在於，當行為人因過失行為而造成對他人之法益危害後（過失作為犯），又再基於故意而不予以救助（故意不作為犯），此時僅須論以後面的故意不作為犯即可，前面的過失犯即成為「不罰前行為」[46]。

---

[44] Vgl. Kühl, AT, §21 Rn. 67.

[45] 應特別強調者，此案例中，若行為人偽造印章後隨即進行偽造私文書的行為，由於偽造印章與偽造文書均係基於單一意思且具有時間地點的緊密關聯性，評價上應屬於自然的單一行為，此時成立的即為一行為、侵害相同法益卻該當數構成要件的法條競合之「吸收關係」，偽造印章罪將為偽造文書罪所吸收，只論以偽造文書罪即可。

[46] 林山田，刑法通論（下），第368頁以下；Heinrich, AT, Rn. 1442.

《案例2》乙違規超速闖紅燈撞傷路人後，路人倒臥在地、奄奄一息，乙下車察看，發現該路人為其仇家，心想寧可讓仇人死在路旁也不願意予以救助，乙隨即開車離去。此案例中，乙前面之過失行為成立過失致傷罪（§284）[47]，後面肇事後離去之故意不作為構成一行為觸犯肇事逃逸罪（§185-4）與不作為故意殺人罪（§§271 I, 15）的想像競合犯，從一重論以不作為故意殺人罪。另外，由於先前之過失致傷罪屬於「不罰前行為」，故最後對乙實際上僅論以不作為殺人罪即可。

二、不罰後行為（與罰後行為）

「不罰後行為」（Straflose Nachtat）存在於，當行為人經由後續另一個新的行為來確保或利用前犯罪行為所取得之利益或狀態，而且也未對法益持有者造成新的損害時，此時該後續之行為將不予以處罰[48]。由於犯罪行為的目的本來即在於從該犯罪中獲取某種利益，因此後續確保或利用該利益之行為的不法內涵實際上已經被前行為所包括，此時僅須論以前行為之罪即足以將後續行為的不法內涵共同評價在內，故毋庸再論以後續行為之罪，因此該後續行為乃成為「不罰後行為」。於此，與不罰前行為相同，由於所謂的「不罰後行為」實際上並非真的不罰，在是被合併在前行為中予以處罰，故學說上亦稱之為「與罰後行為」（Mitbestrafte Nachtat）。

在本節導引案例(2)中，乙竊盜既遂後，又再隔幾個月後的搬運贓物行為，此係屬於「不罰後行為」，不再論以刑法第349條第1項之搬運贓物罪[49]。因為搬運贓物或將贓物處分等行為，均是為確保或利用竊盜所得之利益的典型

---

[47] 此處乙的前行為應構成過失致死罪或過失致傷罪，解釋上不無疑問。學說上有採前行為仍應構成過失致死罪之見解者，如Heinrich, AT, Rn. 1442.此殆同認為同一行為人的後續故意不作為無法阻斷前行為與構成要件結果間的歸責關聯性。惟本書認為行為人後續違反義務之不作為，應足以阻斷前行為與結果間的歸責關聯性，因為行為人先前過失行為所製造的風險正是其後行為保證人義務的來源（危險前行為保證人義務；§15 II），故當行為人後續故意違反義務之不作為出現時，即足以阻斷前行為的風險實現關係，而使最終的結果無法歸責給前行為。故於此案例中，乙之前行為僅成立過失致傷罪而非過失致死罪。

[48] Heinrich, AT, Rn. 1443.

[49] 原最高法院24年上字第3283號判例：「竊盜搬運贓物，為竊盜罪之當然結果，在論處被告以竊盜罪外，不能再依贓物罪論科。對於竊盜正犯，既不另成贓物罪，則竊盜幫助犯，因從屬關係之結果，自亦不能再依贓物論罪。」

伴隨行爲,立法者於立法時已將其考量在竊盜罪的刑度當中了,故僅論以竊盜罪就足以完全評價其後續贓物行爲的不法內涵,毋庸再另外處罰其後續的搬運贓物之行爲。而且,縱使乙日後因故再將偷來之物燒毀(毀損),或是再將其轉送別人(侵占),也都還是屬於「不罰後行爲」,無須再針對後行爲另外論以毀損罪或侵占罪。

應強調者,欲成立「不罰後行爲」,須符合以下二要件爲前提,亦即:(一)後行爲係對前行爲所侵害之同一法益爲侵害;(二)後行爲並未進一步惡化或加重前行爲所造成之損害。因此,倘若後行爲係侵害不同法益,或是加重了前行爲所造成之損害,此時單純處罰前行爲已不足以含括後續行爲之不法內涵,故後行爲仍應依其所犯之罪加以處罰。例如在本節導引案例(2)中,乙若將偷來的贓物欺騙他人謊稱爲具有合法來源的無瑕疵品,而使善意第三人因之陷於錯誤並支付金錢向其購買,此詐欺行爲雖亦屬利用前行爲所獲得利益之性質,但因侵害不同法益(第三人之法益),故乙後續之行爲仍可構成詐欺罪,而非不罰後行爲。

由於不罰後行爲係因爲已經被合併在前行爲中予以處罰,處罰前行爲即已足夠,故後續行爲才會不罰。因此倘若對前行爲的追訴處罰因爲某種因素而無法進行,則由於原先不罰的理由已經消失,此時將可再重新針對原來不罰的後行爲加以處罰[50]。例如若前行爲的追訴權時效已經完成或前行爲屬告訴乃論之罪而欠缺有告訴權人之告訴,此時仍可再對於後行爲予以處罰。

第四節　數罪併罰

導引案例

甲爲前科累累之黑社會分子,前後以多數行爲分別犯下恐嚇取財罪、強盜罪、重傷害罪以及擄人勒贖罪,各罪經法院分別判決宣告:(1)

---

[50] Heinrich, AT, Rn. 1443.；Kühl, AT, §21 Rn. 65.；Wessels/Beulke/Satzger, AT, Rn. 796.不同見解:Ebert, AT, S. 226,認爲若前行爲不罰,則後行爲仍然應該同樣不罰,理由爲前行爲所違犯的罪名建構了對整體行爲的排他性評價基礎,排除了後續確保利用前行爲所取得利益之行爲的獨立刑法評價,故若前行爲不罰,則後行爲也應該不罰。

恐嚇取財罪一年有期徒刑；(2)強盜罪七年有期徒刑，犯罪工具開山刀沒收，褫奪公權五年；(3)重傷害罪七年有期徒刑，犯罪工具手槍沒收；(4)擄人勒贖罪十二年有期徒刑，並褫奪公權十年。試問：法院應如何定其執行刑？

倘若行為人以數行為、侵害數法益、該當數構成要件，又無「不罰前行為」與「不罰後行為」之情形，此時行為人將會構成數罪，而應予以併合處罰，此即所謂的「數罪併罰」。刑法上的數罪併罰，並非將所有的罪名所宣告的刑期全部相加總予以處罰，而是有一套獨特的處理模式。例如在本節導引案例中，甲先後以數個行為分別犯下恐嚇取財罪、強盜罪、重傷害罪以及擄人勒贖罪，總計成立四個罪名，法院應先針對各個犯罪分別宣告其刑（宣告刑），然後再將各個「宣告刑」予以數罪併罰，定出一個最恰當的的「執行刑」。關鍵在於要如何定數罪的執行刑？

對此，刑法第51條規定：「數罪併罰，分別宣告其罪之刑，依下列各款定其應執行者：

一、宣告多數死刑者，執行其一。

二、宣告之最重刑為死刑者，不執行他刑。但罰金及從刑不在此限。

三、宣告多數無期徒刑者，執行其一。

四、宣告之最重刑為無期徒刑者，不執行他刑。但罰金及從刑不在此限。

五、宣告多數有期徒刑者，於各刑中之最長期以上，各刑合併之刑期以下，定其刑期。但不得逾三十年。

六、宣告多數拘役者，比照前款定其刑期。但不得逾一百二十日。

七、宣告多數罰金者，於各刑中之最多額以上，各刑合併之金額以下，定其金額。

八、宣告多數褫奪公權者，僅就其中最長期間執行之。

九、依第5款至第9款所定之刑，併執行之。但應執行者為三年以上有期徒刑與拘役時，不執行拘役。」

在本節導引案例中，甲之恐嚇取財罪被宣告一年有期徒刑、強盜罪七年有期徒刑、重傷害罪七年有期徒刑、擄人勒贖罪十二年有期徒刑，依據刑法第51條第5款之規定法院應於各刑中之最長期以上（即擄人勒贖罪的十二年）、各

刑合併之刑期以下（即四罪相加共二十七年）定其刑期，故法官所定甲的執行刑應介於十二年到二十七年有期徒刑之間。至於，褫奪公權部分，依刑法第51條第8款之規定，僅就其中最長期間執行之，即僅執行擄人勒贖罪所諭知的褫奪公權十年。另外，屬於犯罪工具及違禁品的開山刀及手槍，依刑法第51條第9款之規定應併執行之，故全部均予以沒收。

　　刑法之所以不採將所有數罪之「宣告刑」予以全部加總執行的處理模式，其背後最主要的理論基礎應在於「正面一般預防」（Positive Generalpräven-tion）的思想。「正面一般預防」主張刑罰的目的係在於藉由法院對犯罪人所科予之公正刑罰來彰顯法秩序的不可侵犯性，進而強化一般社會大眾的法意識（Rechtsbewusstsein）與法信賴（Rechtstreue），並因此達到預防犯罪的效果[51]。據此，欲強化一般大眾法意識與法信賴的關鍵在於「公正的刑罰」，此代表一種不會過猶不及的量刑，故那種將行為人所犯之數罪的宣告刑予以全部加總執行的量刑模式（被告可能被判刑一、二百年），只會帶給一般大眾過度嚴苛的酷刑之感，無助於法意識與法信賴的建立。

　　「數罪併罰」雖然通常均係針對同一訴訟程序中之數罪而言，但如果同一行為人之數罪經二個以上之裁判判決者，依法還是可以就此二裁判的各個宣告刑適用刑法第51條定其執行刑（§53）。倘若數罪併罰之各罪中有受赦免者，其餘罪名亦仍依刑法第51條之規定定其執行刑，如僅餘一罪者，則直接依該罪所宣告之刑執行（§54）。

　　無論如何，「數罪併罰」的前提必須是在裁判確定前（§50），如果於裁判確定後，始發覺裁判確定前已經存在、但卻未經裁判之餘罪者，此時就僅能針對餘罪另行予以處斷（§52）。但此時就餘罪所處斷之刑與先前經確定裁判的執行刑間應如何處理，係二者合併執行、抑或仍然可以再依刑法第51條定其執行刑，不無疑問？對此，基本上應以採肯定見解為宜，因為裁判確定前即存在應予以數罪併罰的罪名，若因法院漏未發覺而排除其得數罪併罰之可能性，將對受裁判之被告形成不利益。解釋上，就餘罪所處斷之後裁判與先前已定執行刑之確定裁判間，形式上亦形成二個裁判，故應可（類推）適用刑法第53條之規定，再依刑法第51條之規則重新定其應執行之刑。

51　從「罪責原則」的角度來談數罪併罰：黃榮堅，數罪併罰量刑模式構想，收錄於「刑法總則修正重點之理論與實務」，2005，第334頁以下。

第五節　罪疑唯輕原則與選擇確定

導引案例

　　甲夜間騎機車在路上被執行春安工作之憲警攔檢，警察查詢後發現，甲所騎乘之機車係一輛贓車，乃以準現行犯將甲予以逮捕。事後，甲被檢察官以涉嫌竊盜罪予以起訴，然在法院審理程序中，法院窮盡一切認知與調查程序後僅能確認甲的贓車並非來自合法管道，然關於甲究竟是偷來的、抑或是向他人購贓物而來，並無法確定。試問：此時法院應如何判決？

一、無罪推定與罪疑唯輕原則

　　「無罪推定」（Unschuldvermutung；Presumption of Innocence）可說是現代法治國家刑事司法程序中最重要的一項原則，在許多重要國際公約中都確認此項原則。西元1948年在聯合國大會中所通過的「世界人權宣言」（Universal Declaration of Human Rights）首次確認此項原則，「世界人權宣言」第11條第1項明定：「每一個遭受刑事控訴者，在尚未經過一個依法保障所有必要辯護的公正審判程序確定有罪判決之前，都有權被推定為無罪的。」另外，當代歐洲最重要的「基本自由及人權保護公約」[52]（Konvention zum Schutze der Menschenrechte und Grundfreiheiten (MRK)；Convention for Protection of Rights and Fundanmental Freedoms）第6條第2項亦規定：「因犯罪行為而遭受刑事控訴者，在依法被證明其罪責之前，都被推定為是無罪的。」

　　除了上述相關國際人權公約的規範外，學理上一般認為從「法治國原則」（Rechtsstaatsprinzip）的精神亦可以推衍出「無罪推定原則」[53]，故「無罪推定原則」誠具有憲法位階之效力，是每一個法治國家刑事司法程序都應該遵守

---

[52] 關於歐洲「基本自由及人權保護公約」之介紹，可參見廖福特，歐洲人權公約，新世紀智庫論壇，第8期，1999/12，第58頁以下。

[53] Kleinknecht/Meyer-Großner, Strfprozessordnung, A 4 MRK Art. 6 Rn. 12.

的基本原則。據此,我國刑事訴訟法第154條第1項乃明定:「被告未經審判證明有罪確定前,推定其爲無罪。」

基本上,「無罪推定原則」主張任何人在沒有經過法院以證據證明其犯罪事實之前都應該被推定是無罪的。在這樣的認知基礎上,「無罪推定原則」底下可衍生出二項最重要的基本內涵,包括犯罪事實應依證據認定的「證據裁判原則」(刑事訴訟法§154II)以及倘若對被告之犯罪事實有懷疑即應作有利於被告之認定(im Zweifel für den Angeklagten)的「罪疑唯輕原則」(Grundsatz "in dubio pro reo")[54]。對此,大法官釋字第384號解釋認爲,「證據裁判原則」係歸屬在憲法第8條之正當法律程序(due process of law)下的要求(參閱釋字第384號解釋理由書),因此作爲證據裁判原則上位概念的「無罪推定原則」在我國法上實具有憲法位階之效力。

依據「罪疑唯輕原則」的精神,當法院窮盡所有的認知與證據調查程序後,倘若仍然無法得出對被告犯罪事實的確信,此時法院即應作有利於被告之認定。也就是說,對於被告犯罪事實之認定,必須證明到「無合理懷疑存在」(beyond a reasonable doubt)的確信程度,倘若對於被告某項犯罪事實的認定仍然存有合理的懷疑,此時即應基於「罪疑唯輕原則」之精神而作有利於被告之認定,而此通常亦代表著無罪判決(懷疑下的無罪釋放)或是較輕的判決(例如對因果關係存有合理懷疑因而只論未遂犯)。

二、罪疑唯輕原則的適用

「罪疑唯輕原則」原則上僅適用於「事實問題」,特別是涉及行爲人(被告)是否成立犯罪以及其法律效果的相關事實,此大致等同於與構成要件該當性、違法性、有責性、甚至是個人阻卻或解除刑罰事由等有關事實的認定。至於「法律問題」,原則上並無「罪疑唯輕原則」的適用餘地,因爲法院不能因特定法律爭議不明即作有利於被告之無罪判決,而是應該對系爭法律爭議表示意見並做出決定,縱使此項法律見解的認定有可能被上級審改判,亦同[55]。

在「罪疑唯輕原則」的適用上,除了關於被告有罪無罪的判斷外,往往也會涉及到一種階層關係事實的認定判斷。茲說明如下:

---

[54] 參見許玉秀大法官,「釋字第582號解釋協同意見書」的貳、一、(一)。

[55] Heinrich, AT, Rn. 1451.

（一）邏輯階層關係

　　所謂「邏輯階層關係」（Logisches Stufenverhältnis），係指法院窮盡一切認知與證據調查程序後，雖然可以確認行為人（被告）至少有違犯基本構成要件，但是並無法確定其是否有進一步實現其他加重或減輕要件的情形。此時法院應基於「罪疑唯輕原則」，僅論以較輕之構成要件罪名。也就是說，在基本構成要件與加重構成要件之間應論以「基本構成要件」；在基本構成要件與減輕構成要件之間應論以「減輕構成要件」。

《案例1》甲與乙二人趁婦人從自動提款機領錢出來時，搶奪婦女皮包，二人被逮捕後在乙身上發現刀子一把，惟甲辯稱其對乙攜帶刀子一事並不知情，亦無其他證據足以確認乙攜帶刀子係在二人共同犯罪決意之內。此案例中，法院雖可確認甲必定有違犯搶奪罪（§325 I），但卻無法確定甲是否亦應負攜帶凶器之加重搶奪罪（§326 I）之責，此時法院應基於「罪疑唯輕原則」，僅對甲論以較輕之普通搶奪罪。

《案例2》丙女未婚懷孕生子，其嬰兒三天後被發現已經死亡。法院調查後雖可確認係丙女殺死其子，但無法排除其在甫生產後即將嬰兒殺死之可能性。此案例中，法院應依「罪疑唯輕原則」對丙女僅論以較輕之生母殺嬰罪（§274 I），而非普通殺人罪。

　　另外，一般學說上亦認為當法院無法確認行為人究竟應成立「未遂犯」抑或「既遂犯」時，也屬於邏輯階層關係，因為欲達犯罪既遂往往必須經過未遂之階段，故此時也應適用「罪疑唯輕原則」作有利於被告之認定，亦即僅對之論以「未遂罪」[56]。

《案例3》丁懷疑鄰居與妻子有染，乃基於殺意持刀砍殺鄰居，鄰居經緊急送醫急救後，撿回一命。後丁被檢察官以涉嫌殺人未遂罪起訴，豈料半年後鄰居突然因不明感染而死亡，經送醫學鑑定之

---

[56] 黃常仁，刑法總論，第326頁；Baumann/Weber/Mitsch, AT, §10 Rn. 10.；Heinrich, AT, Rn. 1460.；Kindhäuser, AT, §48 Rn. 4.

結果，並無法完全確定鄰居之死是否係由半年前的刀傷所導致。此案例中，法院應依「罪疑唯輕原則」作有利於被告之認定，亦即僅對丁論以殺人未遂罪。

（二）規範階層關係

所謂「規範階層關係」（Normatives Stufenverhältnis），係指可能選擇的數種構成要件間雖然不具邏輯階層關係，但由於彼此間具有不同的不法內涵強度（Intensität des Unrechtsgehalts），以至於形成一種法規範評價上的階層關係[57]。在此種「規範階層關係」的情形，法院亦應基於「罪疑唯輕原則」，而對被告論以較輕不法內涵之構成要件罪名。基本上，屬於此種「規範階層關係」的大致包括：

1. 正犯與共犯

正犯與共犯彼此間存在有「規範階層關係」，因此當不確定行為人（被告）係應成立正犯、教唆犯或幫助犯時，應依「罪疑唯輕原則」對之論以最輕（不法內涵）的「幫助犯」。倘若是不確定行為人究竟應成立正犯或教唆犯，此時依「罪疑唯輕原則」僅對之論以較輕之「教唆犯」。

《案例4》甲慫恿乙將其仇家殺死，幾天後乙果真殺死其仇家，並畏罪自殺身亡。倘若法院窮盡一切調查後仍無法確定乙之殺人犯意是否為甲所引起，此時法院應依「罪疑唯輕原則」僅對甲論以殺人罪之幫助犯（心理幫助），而非教唆犯。

《案例5》黑道分子丙命令其手下丁殺死A，丁果真執行此項殺人命令持槍將A射殺，但法院並無法確定丙對於丁之殺人犯行是否已經達到「組織支配」的程度。此案例中，法院應依「罪疑唯輕原則」對丙僅論以殺人罪之「教唆犯」，而非殺人之間接正犯。

---

[57]　Wessels/Beulke/Satzger, AT, Rn. 806.

2. 故意犯與過失犯

　　「故意犯」與「過失犯」彼此間存在有「規範階層關係」，因此當不確定行為人（被告）係基於故意而為之，抑或僅係違反注意義務所導致時，應依「罪疑唯輕原則」對之論以較輕的「過失犯」。

《案例6》甲與他人拉扯時導致對方跌倒受傷，經調查後並無法確認甲是基於故意或過失而為之。此時，法院應依「罪疑唯輕原則」，僅對甲論以過失致傷罪（§284Ⅰ）。

3. 作為犯與不作為犯

　　「作為犯」與「不作為犯」彼此間亦屬「規範階層關係」，倘若不確定行為人（被告）係以不作為或作為而犯之時，應依「罪疑唯輕原則」對之論以較輕的（不純正）不作為犯[58]。

《案例7》乙因對其溺水之父親見死不救而被起訴，但法院並無法確定其父親是自己不小心溺水，還是乙將其父親推落水。此案例中，法院應依「罪疑唯輕原則」僅對乙論以不作為殺直系血親尊親屬罪（§§272, 15Ⅰ）。

三、純正選擇確定

　　所謂「純正選擇確定」（Echte Wahlfeststellung），亦稱為「異種選擇確定」（Ungleichartige Wahlfeststellung），係指雖然可以無懷疑的確定行為人（被告）必定已經違犯了某項構成要件，但卻無法確認其所違犯者究竟為二種構成要件中的哪一種。例如在本節導引案例中，法院窮盡一切認知與調查程序後僅能確認甲若不是違犯竊盜罪（§320）就是違犯贓物罪（§349），但關於甲究竟是違犯竊盜罪抑或是贓物罪，則無法確定。此時從法院的角度而言，倘若一味直接適用「罪疑唯輕原則」，將導致不合理的結果出現。因為在此種

---

[58] Vgl. Baumann/Weber/Mitsch, AT, §10 Rn. 16.我國刑法雖未如德國刑法第13條第2項規定對於不純正不作為犯可以減輕其刑，惟解釋上「不純正不作為犯」的不法內涵仍較作為犯為低，兩者間具規範階層關係。

「純正選擇確定」的案例類型中，不僅在竊盜罪的部分存有合理懷疑（因爲甲可能是犯贓物罪、而非竊盜罪），甚至在贓物罪的部分也有合理懷疑存在（因甲可能是犯竊盜罪、而非贓物罪），此時機械式地雙重適用「罪疑唯輕原則」作有利於被告之認定的結果，將得出甲竊盜無罪、贓物也無罪的結論，如此的處理顯然不合事理之平。

對於此種「純正選擇確定」的情形，法院在判決上將面臨二難，一方面基於「法安定性原則」（Grundsatz der Rechtssicherheit）的考量，「罪疑唯輕原則」應予以一體適用；但另一方面，基於「個案正義原則」（Prinzip der Einzelfallgerechtigkeit）的考量，卻又要避免一體適用「罪疑唯輕原則」所產生之有悖正義的無罪判決，在這裡呈現出法安定性原則與實體正義的衝突。因此，通說乃採取折衷見解，認爲在「純正選擇確定」的情況下，原則上可以允許法院作有利於個案正義的認定，但關於適用「純正選擇確定」的前提要件則必須予以嚴格界定，以保障法安定性不至於過度被犧牲[59]。也就是說，「純正選擇確定」在某種程度上將作爲「罪疑唯輕原則的例外」而被理解。

據此，在符合特定前提要件下的「純正選擇確定」之情形，法院將被允許在該二項構成要件中，包括作成選擇性的有罪判決，並選擇較輕之罪進行刑罰裁量[60]。例如在本節導引案例中，法院於判決主文中可記載「被告應成立竊盜罪或贓物罪」，然後再依據較輕之贓物罪的法定刑進行刑罰裁量。

關於「純正選擇確定」所應具備之前提要件，學界多數說認爲在涉及的數個選擇性犯罪間，其應該在心理（psychologisch）與法律道德（rechtsethisch）上具有可比較性或等價性，此代表行爲人對於涉及的數行爲模式間具有本質上相同的心理關係以及本質上相同的法律道德非難[61]。

惟所謂「心理與法律道德之可比較性」實過於艱澀抽象，難以達到保障法安定性的功能，故本書基本上係採取少數說所謂「不法核心同一性」（Identität des Unrechtskerns）的標準。所謂「不法核心同一性」之判斷標準，包括

---

[59] Wessels/Beulke/Satzger, AT, Rn. 805.；Heinrich, AT, Rn. 1465 f.

[60] Baumann/Weber/Mitsch, AT, §10 Rn. 48 f.；Kindhäuser, AT, §48 Rn. 18.；Wessels/Beulke/Satzger, AT, Rn. 810.不同見解：Jescheck/Weigend, AT, §16III3., S. 149，認爲法院應直接適用「輕罪」（輕法）判決。

[61] 此主要是德國實務所發展出來的見解，而爲學界多數說所採納，包括：林山田，刑法通論（下），第390頁以下；Baumann/Weber/Mitsch, AT, §10 Rn. 41 ff.；Kühl, AT, §21 Rn. 68.；Lackner/Kühl, StGB, §1 Rn. 13.；Wessels/Beulke/Satzger, AT, Rn. 806.

「行爲非價」與「結果非價」的同一性，亦即除數犯罪間之侵害方式的應具備等價性（行爲非價的同一性）外，該數犯罪所指涉者亦須爲相同或同種類的法益侵害（結果非價的同一性）[62]。例如，竊盜罪與贓物罪、詐欺罪與竊盜罪、誣告罪與僞證罪等，其侵害方式與法益侵害均具有等價與類似性，故具有不法核心之同一性。但若如強盜罪與贓物罪間則欠缺不法核心同一性，因其侵害方式（行爲非價）明顯不等價，強盜罪的不法內涵遠高於贓物罪。

四、不純正選擇確定

　　所謂「不純正選擇確定」（Unechte Wahlfeststellung），亦稱爲「同種選擇確定」（Gleichartige Wahlfeststellung），係指雖然可以無懷疑的確定行爲人（被告）已經違犯了特定構成要件，但卻無法確認其係由同一行爲人之數個同種類行爲中的哪一個行爲所違犯。在此種「不純正選擇確定」之情形，「罪疑唯輕原則」亦無適用餘地，而仍應就該確定違犯之構成要件爲有罪判決[63]。

《案例8》甲因嫖妓而罹患梅毒，竟隱瞞其罹患梅毒之事，而在其後一個月內繼續與其配偶發生多次性行爲，導致其配偶遭傳染梅毒，經調查結果雖可確認其配偶之梅毒係由甲所傳染，但無法確認究竟是由哪一次的性行爲所導致。此案例中，甲可確定觸犯了傳染花柳病罪（§285）與傷害罪（§277 I），雖無法確認是哪一次性行爲所導致，但法院仍應就確定違犯之傳染花柳病與傷害罪爲有罪判決[64]。

《案例9》乙就與案情有重要關係之同一事實前後在民事庭與刑事庭擔任證人，卻分別做出不同的陳述，雖可確定其中必有一次證言爲

[62] Jescheck/Weigend, AT, §16III3., S. 150.；Kindhäuser, AT, §48 Rn. 17.另外，黃常仁，刑法總論，第335頁，似亦採此說。

[63] 此爲通說見解：黃常仁，刑法總論，第331頁；Baumann/Weber/Mitsch, AT, §10 Rn. 20.；Heinrich, AT, Rn. 1474.；Kindhäuser, AT, §48 Rn. 8.

[64] 至於二罪間之競合應如何處理？解釋上不無疑問。對此，甘添貴，刑法各論（上），第72頁，認爲二罪成立法條競合時，應爲「補充關係」，僅適用基本規定之傷害罪爲已足，而排除傳染花柳病罪之適用。

虛僞陳述，但並無法確認哪一次證言是虛僞的。此案例中，乙可確定觸犯了僞證罪（§168），雖無法確認哪一次證言係屬僞證，但法院仍應對乙做出僞證罪之有罪判決。

五、不定後行為與不定前行為

（一）不定後行為

所謂「不定後行為」（Postpendenz），係指二個在時間上係前後發生的行為中，當法官窮盡認知與調查程序後，後行為之事實雖然已經確定，但前行為的事實卻仍無法證實，而該確定之後行為應否處罰，卻取決於前犯罪行為是否成立的一種情形。

《案例10》甲在搬運贓物被逮捕，並坦承其明知該物為乙之贓物卻仍為其搬運，惟經法院調查後，發現甲與乙有可能是竊盜的共同正犯，但並無法證實此點。

在此案例中，倘若甲確實與乙為竊盜該物之共同正犯，則甲其後搬運贓物之行為將會成為「不罰後行為」。在此種情形下，倘若仍機械式地雙重適用「罪疑唯輕原則」，亦將得出甲不罰的結論，如此顯然是相當離譜的處理，因為無論如何在本案中至少甲故意搬運贓物之行為是已經被證實的。因此，在此種「不定後行為」之情形，犯行事實不確定的前行為（竊盜罪），固然可以依「罪疑唯輕原則」作出無罪判決，但在已經確定之後行為事實（搬運贓物罪）的部分，則應排除「罪疑唯輕原則」的適用，故法院仍應對後行為事實作出有罪判決，亦即本案中仍應判處甲搬運贓物罪（§349II）[65]。

（二）不定前行為

所謂「不定前行為」（Präpendenz），恰與「不定後行為」相反，亦即在二個前後發生的行為中，法官窮盡一切調查後雖然可以確認前行為事實的存

---

[65] 此為通說見解：黃常仁，刑法總論，第332頁以下；Baumann/Weber/Mitsch, AT, §10 Rn. 25 ff.；Heinrich, AT, Rn. 1455 f.；Kindhäuser, AT, §48 Rn. 19 f.

在，但後行為的事實卻仍無法證實，而該確定之前行為應否處罰，卻取決於後犯罪行為是否成立的一種情形。

《案例11》乙將同事的汽車鑰匙偷走，三天後同事的汽車亦被偷走，由於乙偷走同事汽車鑰匙之行為有被監視器錄下，故此部分之事實足以確定，但同事的汽車是否果真被乙所偷走，則無法證實。

　　在此案例中，倘若乙後來確實有偷走同事的汽車，則乙三天前偷走同事汽車鑰匙之行為將會成為「不罰前行為」。此種情形與不定後行為一樣，若仍機械式地雙重適用「罪疑唯輕原則」，亦將得出乙不罰的不當結論。據此，《案例11》中關於乙涉嫌偷走同事汽車之部分，由於無法確定其行為事實是否存在，故仍應依「罪疑唯輕原則」作有利於乙之認定，而予以無罪判決；至於，先前乙偷竊汽車鑰匙的部分，既然已經被監視器錄下而證實此部分之事實，法院仍應為竊盜罪之有罪判決[66]。也就是說，此部分並無「罪疑唯輕原則」之適用餘地，不得僅因竊取汽車鑰匙可能屬「不罰前行為」而作有利於被告乙之認定。

---

[66] 此為通說見解：黃常仁，刑法總論，第333頁；Baumann/Weber/Mitsch, AT, §10 Rn. 30.；Heinrich, AT, Rn. 1457 f.；Kindhäuser, AT, §48 Rn. 21.

第十三章
犯罪的法律效果——刑事制裁

第一節　刑事制裁概論

一、雙軌制的刑事制裁體系

　　如本書一開頭所述，刑法正如其名是一部關於「刑」的法律，刑法規定了何種行為會構成犯罪，以及對於該犯罪應該科予什麼樣的刑事制裁。依現行刑法的犯罪論體系，一個行為在經過了三階層犯罪要件的檢證之後，若確實具備了構成要件該當性、違法性、有責性（罪責）以及其他可罰性要件（例如客觀處罰條件），即是一個刑法上的犯罪行為。刑法的目的既然主要在於保護法益，對於此等侵害了法益且無正當化事由的犯罪行為，必然要規定對其施加制裁的法律效果，此即所謂的刑事制裁（Strafrechtliche Sanktionen）。整個刑事制裁體系的建構主要基於兩個目的而此也同時構成刑事制裁法上指導原則：第一是罪責衡平（Schuldausgleich），亦即透過國家對犯罪人所施加的刑事制裁去衡平其犯罪行為的罪責，並藉此回復法秩序的平和狀態；第二則是預防（Prävention），也就是透過刑事制裁的實施去預防行為人將來再犯，甚至是藉由國家對於犯罪人所科處的公正刑事制裁去達到預防一般社會大眾犯罪的目的[1]。

　　現行刑法的刑事制裁體系主要是採取所謂的「雙軌制」（Zweispurigkeit），也就是對犯罪行為的法律效果係採取刑罰（Strafe）與保安處分（Maßregeln der Besserung und Sicherung）雙軌並行的方式。「刑罰」主要係針對行為人已發生的犯罪行為而發動，目的在透過刑罰的執行制裁行為人的犯罪行為以衡平其罪責並預防其再犯，且依「罪責原則」刑罰的輕重必須與行為人的罪責成正比。目前，刑法中的刑罰計有死刑、無期徒刑、有期徒刑、拘役與罰金等五種類型（§33）。相形之下，「保安處分」不是針對行為人已發生

---

[1]　Vgl. Jescheck/Weigend, AT, S. 741.

的犯罪行為，而係針對行為人未來的可能再犯行為而發動，其目的在改善犯罪行為人的社會危險性，以預防其將來再犯，本質上為一種社會防衛的保安手段。基於此種防止再犯的社會防衛性質，保安處分之期限長短原則上無關犯罪行為的輕重，而是應與行為人的再犯危險性成正比。現行刑法所規定的保安處分，包括有感化教育、監護處分、禁戒處分、強制工作、強制治療、保護管束以及驅逐出境等均屬之（§86以下）。

「刑罰」取決於「罪責原則」（Schuldprinzip），必須以行為人具備罪責為前提，無罪責即無刑罰，且刑罰之輕重亦應與罪責之高低成正比；相對於此，「保安處分」則取決於「危險性原則」（Gefährlichkeitsprinzip），其基本上並不以行為人具罪責為發動前提，而有可能僅單純繫於不法行為之上，而且只要行為人將來存在繼續為不法行為之危險性即可對之施以保安處分[2]。例如，嚴重思覺失調症患者甲在無責任能力的狀態下殺人，其因行為時處於無責任能力狀態而無罪（§19Ⅰ），不得科處刑罰；但如果不將其精神病治好，甲將來仍有可能會因同樣的因素而再為不法行為，故依刑法第87條第1項之規定法院將無責任能力之行為人甲諭知監護處分，目的在於將其精神病治好以避免將來再犯。由此可明顯看出，保安處分的發動並不以行為人之罪責為前提，只要其行為具違法性且存在將來的再犯危險性，即得對之施以保安處分。

另外，刑法於104年12月修正（105年7月公布施行）將原規定於從刑（刑罰）中的「沒收」處分予以抽離出來，獨立成刑法第五章之一的「沒收」規定，讓沒收成為在形式上成為與刑罰及保安處分並列的第三種刑事制裁類型。立法者的目的在於冀望藉著沒收規定在刑法位置的變動來抹消沒收原本的的刑罰（從刑）性質[3]，希望藉此讓本次修法關於「沒收」得溯及既往的規定取得合理化的基礎[4]，期能迴避可能面對違反禁止溯及既往之「罪刑法定原則」的違憲質疑。然而，立法者此種意圖實過於一廂情願，欲單純藉由沒收規定於刑法中位置的變動就完全否定沒收制度所具有之某種程度的刑罰性質，理論上是

---

[2] Hoyer, AT Ⅰ, S. 3.

[3] 刑法第2條修法理由：「一、本次沒收修正經參考外國立法例，以切合沒收之法律本質，認沒收為本法所定刑罰及保安處分以外之法律效果，具有獨立性，而非刑罰（從刑）……。」

[4] 刑法第2條第2項：「沒收……適用裁判時之法律。」此規定讓沒收新制產生溯及既往的效力，可適用於105年7月1日新刑法生效後仍繫屬於法院中的所有案件。尤有甚者，刑法第2條第2項搭配新修正刑法第40條規定：「……犯罪所得，因事實上或法律上原因未能追訴犯罪行為人之犯罪或判決有罪者，得單獨宣告沒收。」甚至可讓先前從未繫屬於法院的案件，也能適用刑法的沒收新制予以單獨宣告沒收。

不可能的[5]，仍應回歸其制度的本質內涵來加以探究。

也就是說，縱使新刑法將「沒收」由原本的「從刑」抽離出來獨立規定為第三種刑事制裁類型，但我國刑法的刑事制裁體系所採者仍然是「雙軌制」，只是在純粹的刑罰與保安處分外，尚存在一種綜合了類似刑罰與保安處分性質的特殊刑事制裁類型「沒收」。由於「沒收」難以界定為單純的「刑罰」或是「保安處分」，性質上乃成為「雙軌制」刑事制裁體系中的一種例外體制[6]。

二、刑罰的意義與目的（刑罰理論）

刑罰理論主要在探討關於刑罰之意義與目的為何的問題，此問題是一個遠從古希臘羅馬時期即存在的爭論。其焦點往往集中在：刑罰的目的究竟是在「應報」（Vergeltung）？抑或是在「預防」（Prävention）？又或者是「應報」與「預防」兩者兼具？對此，學說上大致可歸納出以下幾種重要理論[7]：

（一）絕對刑罰理論（Absolute Straftheorie）

「絕對刑罰理論」主張刑罰在本質上係一種「對犯罪的應報」，此種應報性之刑罰其存在的合法性基礎係來自於社會對正義的要求。換句話說，由於犯罪行為破壞了法規範的要求，因此國家乃藉著對犯罪人科處刑罰的方式予以應報，並藉此衡平其罪責並回復已遭犯罪所破壞的正義狀態，故絕對刑罰理論往往亦被稱之為「應報理論」（Vergeltungstheorie）或「正義理論」（Gerechtigkeitstheorie）[8]。由於「絕對刑罰理論」將刑罰的意義從所有社會目的之考量中脫離出來，而單獨置於應報、法秩序回復與正義實現等基礎之上，其「絕對」之名乃由此而來[9]。應強調者，古典純應報思想的絕對刑罰理論在現代法治國家中已不復存在，當代「絕對刑罰理論」所謂的應報，事實上亦已經脫離「以牙還牙、以眼還眼」之同害復仇（Rache）的層次，它代表的其實

5　Vgl. Lackner/Kühl, StGB, §73 Rn. 4b.

6　Lackner/Kühl, StGB, Vor §38 Rn. 1.

7　詳細的中文文獻可參閱林山田，刑罰學，修訂版，1992，第45頁以下。

8　Stree/Kinzig, in: Schönke/Schröder StGB, Vor §38 Rn. 2.

9　Gropp, AT, §1 Rn. 101.；Hassemer/Neumann, in: Kindhäuser/Neumann/Paeffgen StGB, Vor §1 Rn. 270.；Krey/Esser, AT, Rn. 132.

是法律對犯罪人實施犯罪行為的一種反應，藉由國家對犯罪人施加刑罰的痛苦，藉此以衡平其罪責，補償犯罪人對法秩序所造成之傷害並實現正義[10]。在這裡，刑法的任務是在實現罪責衡平的正義（Gerechtigkeit durch Schuldausgleich）[11]。「絕對刑罰理論」此種法秩序回復與正義實現的概念，藉由與後來「正面一般預防」概念的連結，而賦予其新的意涵。

（二）相對刑罰理論（Relative Straftheorie）

「相對刑罰理論」認為刑罰的本質並非在於透過對犯罪之應報而實現正義的要求，而是具有預防犯罪的目的，此項預防犯罪的目的也正是刑罰存在的合法性基礎。換句話說，刑罰本身或許並非好事，它是根據有可能帶來的好結果（可以預防犯罪）而具有正當性的，在這裡犯罪的預防構成了目的，而實際的刑罰則成了達成目的一種手段。在「相對刑罰理論」的此種預防目的思想下，刑罰不再純粹以應報或正義回復為其唯一目的，方產生刑事政策存在的空間。例如，在輕微犯罪的情形，行為人雖然實際上確實犯了罪，但國家可能考量短期自由刑的使用對於行為人的社會復歸而言是百害而無一利，故基於犯罪預防的刑事政策考量乃放棄對之施以刑罰，而由檢察官予以職權不起訴或緩起訴處分（刑事訴訟法§253～253-2）。

「相對刑罰理論」將刑罰存在之目的求諸於對犯罪的預防，此種預防性的思想又可再細分成以下二種理論見解：

1. 一般預防理論（Theorie der Generalprävention）

「一般預防理論」主張刑罰的目的係在於其能針對「一般社會大眾」而產生犯罪預防的效果，亦即以刑罰作為手段來促使一般社會大眾產生遵守法律的動機，並因此而遠離犯罪行為。通常，一般預防理論又可再細分成「負面一般預防」與「正面一般預防」二種觀點：

負面一般預防（Negative Generalprävention）的概念，係將刑罰存在的合法性基礎求諸於「威嚇」（Abschreckung；deterrance），主張國家之所以對犯罪人科處刑罰，其目的乃在透過對犯罪人所施加之懲罰來威嚇一般社會大眾或潛在犯罪人，使其因畏懼刑罰的痛苦而不至於犯罪，並藉此達到犯罪預防的效

---

[10]　Meier, Strafrechtliche Sanktionen, S. 19.

[11]　Streng, Strafrechtliche Sanktionen, 1991, S. 8.

果。負面一般預防理論此種刑罰的威嚇思想，倘若過於強調，其結果經常容易衍生成所謂「治亂世用重典」的刑事政策，亦即：爲了抗制犯罪、降低犯罪率，應藉由嚴刑峻罰的刑事司法手段來強化刑罰的一般威嚇效果。例如每次台灣社會發生重大案件時就有人會提及引進鞭刑，主張引進者通常即立足此種負面一般預防的威嚇考量，近年歷次修法逐步將刑法第185條之3的醉態駕駛罪（酒醉駕車條款）予以加重處罰，也是基於刑罰威嚇爲基礎的刑事政策思考而來[12]。

負面一般預防思想由於可能導致爲了嚇阻他人犯罪因而對被告科處重刑的刑事政策，讓被告成爲國家爲了達到犯罪預防這個目的的手段，違反人性尊嚴[13]與刑事政策上的人道原則（Humanitätprinzip）[14]。甚至，法官量刑時爲了達到嚇阻效果而從重量刑[15]（例如爲了遏止搶劫歪風而對所有搶犯均一律判重刑），科處超過行爲人所應負責任的刑責[16]，如此又會違背刑罰應與罪責相符的「罪責原則」（Schuldprinzip）要求[17]。因此，法治國家的刑事司法上不宜太強調刑罰的負面一般預防功能，否則可能衍生過分迷信重刑思考的弊端。

相對的負面一般預防的概念，正面一般預防（Positive Generalprävention）的觀點則是主張，刑罰的目的並非在於威嚇，而是在於透過法院對犯罪人所科予公正刑罰來彰顯法秩序的不可侵犯性，藉以強化一般社會大眾的法意識（Rechtsbewusstsein）與法信賴（Rechtstreue），並因此而達到預防犯罪的效果。因爲在一個人民普遍具良好法意識與法信賴的國家，社會大眾會將守法的概念內化於自身行爲舉止之中，這個社會的犯罪率自然而然會降低。由於「正

---

[12]　但這樣「治亂世用重典」的刑事政策思考，至少在我國酒駕致死的統計上，是看不出明顯的效果的。見李佳玟，治酒駕用重典——一個實證的考察，月旦法學雜誌，第223期，2013/12，第150頁以下。

[13]　Hassemer/Neumann, in:Kindhäuser/Neumann/Paeffgen StGB, Vor §1 Rn. 282.

[14]　林山田，刑罰學，第125頁以下。

[15]　早期實務上的典型代表，可見「法院辦理重大刑事案件速審速結注意事項」第14項的規定：「重大犯罪之量刑……，尤應注意其犯罪對於社會安全秩序所生之影響，『從嚴』妥適量刑，……」（司法院79年6月22日版本）。現行版本則已經改成「爲妥適之量刑」，將從嚴兩字刪除了。

[16]　陳志龍，刑法的目的與預防思想，台大法學論叢，23卷1期，1993/12，第121頁，批評這樣已不僅僅是刑法上所要求的個人責任而已，而是社會責任、甚至團體責任了。

[17]　爲何需要「罪責原則」，其理由即在於避免個人在處罰時被工具化。由此亦可以看出，刑法上的「罪責原則」其實是從人性尊嚴的原理推演而來的。參見Gunther Jakobs, Das Schuldprinzip，許玉秀譯，罪責原則，刑事法雜誌，40卷2期，第47頁。

面一般預防」概念摒棄刑罰的威嚇思維，而強調對犯罪人科處公正刑罰的重要性，因此不會在立法與司法實務上過度陷於重刑的迷思。

現行法中關於正面一般預防的思維，最明顯的規定呈現在刑法第41條第1項但書，行為人犯最重本刑為五年以下有期徒刑之罪、而受六月以下有期徒刑或拘役之宣告，原則上本得易科罰金，但若行為人有「確因不執行所宣告之刑，難收矯正之效或難以維持法秩序」的情形，則不應准許易科罰金。此處但書所謂「難以維持法秩序」而不予易科罰金的規定，即是基於正面一般預防的考量。

另外，刑法針對數罪併罰的情形，規定宣告多數有期徒刑者，僅於各刑中之最長期以上、各刑合併之刑期以下，定其執行刑（§ 515），而不採將行為人所犯的數罪予以全部加總執行的處斷模式，其基礎即建立在正面一般預防的概念。因為欲強化人民法意識與法信賴的關鍵在於公正的刑罰，法院的量刑不宜過重或過輕，那種將行為人所犯數罪的宣告刑予以全部加總執行的併罰模式（被告可能被判刑一、二百年），只會讓社會大眾感覺刑罰過於嚴苛，無助於人民法意識的建立。

2. 特別預防理論（Theorie der Spezialprävention）

相對於前述「一般預防理論」主張刑罰應針對一般社會大眾而產生犯罪預防的效果，「特別預防理論」則強調刑罰的目的乃在於藉由對「個別犯罪人」所施以之矯治及懲罰而達成犯罪預防的目的。其亦可再細分成「負面特別預防」與「正面特別預防」二種概念：

負面特別預防（Negative Spezialprävention）的觀點一般又可包含以下二個部分：(1)個別威嚇：亦即藉由對個別犯罪人科處刑罰的痛苦來威嚇犯罪人，使其因懼怕刑罰的痛苦而不至於再犯；(2)隔離保安：藉由對危險犯罪人刑罰的執行將其與社會隔離，在刑罰執行的期間可以使社會或大眾免於遭受危險犯罪人的侵害。

至於正面特別預防（Positive Spezialprävention）的觀點，則是主張刑罰的目的乃在於矯治改善犯罪人、促成其再社會化（Resozialisierung），讓其能重新復歸社會以避免將來再犯。據此，法官的量刑以及刑罰的執行都應該考量到被告的社會復歸及對其未來社會生活的影響[18]，刑罰的執行並非對犯罪人的懲

---

[18]　Stree/Kinzig, in: Schönke/Schröder StGB, Vor § 38 Rn. 7.

罰，而應該是對犯罪人所實施的改善處遇，以期能教育矯治犯罪人促使其改善，將來不至於再犯。

（三）綜合理論（Vereinigungstheorie）

所謂「綜合理論」，係指針對刑罰的意義與目的不採單一、片面的理解，而是嘗試將上述絕對刑罰理論的罪責衡平應報以及相對刑罰理論的一般預防與特別預防等不同的觀點予以整合並作綜合觀察的見解。基本上，「綜合理論」是目前學界的主流看法[19]，不過即使是在綜合理論底下，依其整合個別刑罰理論形式上的差異，其又可再區分成以下二種類型[20]：

1. 應報思想的綜合理論（Die vergeltenden Vereinigungstheorie）

「應報思想的綜合理論」本質上係一種綜合應報與預防思想的刑罰理論，其認為應報、一般預防與特別預防等思想對刑罰的意義與目的而言，不應該是互相排斥，而應該是並立存在的。此理論最初雖係以應報目的為主，而後在應報與贖罪需求的前提下始納入一般預防與特別預防的考量，然近期之理論已經將應報、一般預防與特別預防予以等同視之為刑罰的目的。換句話說，刑罰同時具備衡平罪責的應報與犯罪預防的目的，犯罪預防是作為刑罰存在的合法性基礎，惟犯罪預防目的之實現只能限制在合正義之罪責衡平的範圍內[21]。

2. 預防思想的綜合理論（Die präventive Vereinigungstheorie）

「預防思想的綜合理論」主張刑罰的目的僅能是預防性質的，任何的應報目的都應被摒棄。「預防思想的綜合理論」強調刑罰存在必須具有一個合憲的目的，方足以讓刑罰的制定、科處與執行取得合法性的基礎，這個目的不能僅僅是一個抽象的價值傾向，以實現真理與正義作為刑罰的目的是不夠的，可以作為刑罰目的之基礎應與其他犯罪法律效果（如保安處分）一樣都是在於預防性的法益保護[22]，因此一般預防與特別預防必須同時並立存在作為刑罰的目的。「預防思想的綜合理論」雖然性質上是一種綜合理論，但其特徵乃在於完

---

[19]　Vgl. nur Meier, Strafrechtliche Sanktionen, S. 33.

[20]　Roxin, ATI, § 3 Rn. 33 ff.

[21]　Hassemer/Neumann, in: Kindhäuser/Neumann/Paeffgen StGB, Vor § 1 Rn. 286.

[22]　Meier, Strafrechtliche Sanktionen, S. 33.

全放棄刑罰的應報目的，而僅係針對不同類型之預防思想予以整合的一種刑罰理論。

（四）評析

　　不論是主張應報刑的「絕對刑罰理論」抑或主張目的刑的「相對刑罰理論」，甚至是各種相對刑罰理論的預防概念之間，均對刑罰意義與目的之理解流於片面，而不同的刑罰理論間卻又相互牴觸，故為避免出現所謂「刑罰目的矛盾」（Antinomie der Strafzwecke）的現象，因此有必要將各個刑罰理論予以綜合觀察與理解[23]，因此綜合理論應該是一個比較可以採行的觀點。此處認為刑罰的意義與目的應該同時包含「應報」、「一般預防」與「特別預防」，而且在不同的刑事立法與程序階段其所呈現的目的亦不盡相同[24]：

　　首先，刑事立法上明文規定對於各種犯罪類型科處刑罰，其目的主要在「負面一般預防」，亦即透過刑法所明文規定的刑罰來嚇阻社會中的潛在犯罪人，使其因畏懼刑罰的痛苦而不至於實施犯罪。應強調者，為擔保刑罰嚇阻犯罪的效力，應特別強化司法警察機關在犯罪偵防上的效率，努力提升破案率，而不是迷信治亂世用重典的思考，一味地在刑事立法或司法上以嚴刑峻罰來作因應。因為根據犯罪學上的實證研究，影響刑罰威嚇效力的關鍵並非在於處罰的種類或強度，反而是在於該犯罪行為被發現與被定罪的危險性，故唯有在犯罪偵防實務上大幅提高對犯罪之破案率，才能確保此刑罰的威嚇效力[25]。

　　其次，在審判階段，法官判刑的主要目的應在於給予衡平犯罪人罪責的公正制裁（絕對刑罰理論的衡平應報），此項審判之量刑應符合罪責原則，並藉由對犯罪人所科處的公正刑罰來彰顯法秩序的不可侵犯性，進而強化一般社會大眾的法意識與法信賴，產生「正面一般預防」的效果。在這裡，「絕對刑罰理論」關於正義實現與法秩序回復的思想，經由與正面一般預防的社會目的

23　林山田，刑罰學，第82頁。

24　Vgl. Ebert, AT, S. 236.

25　關於刑罰「負面一般預防」的威嚇效力，德國學者Schöch在1980年代的研究指出，影響人是否實施犯罪行為之可能性的主要原因不在於預期實際刑罰的方式或強度，而是在於其主觀感受的刑罰強度以及在個別犯罪中「被發現的危險性」。大約同時期，另一位德國學者舒曼（Schumann）在對不萊梅地區青少年所進行的問卷調查中，也得出類似的結果，其調查結果發現：對青少年而言，可預期懲罰措施的強度並非影響其為合法或非法行為的關鍵，而係在於其非法行為「被發現的危險性」。見Meier, Kriminologie, 2. Aufl., 2005, §9 Rn. 85.

（強化社會大眾法意識與法信賴以預防犯罪）相連結而功能化，賦予其現代法治國家版的新意涵[26]。應強調者，法官於此階段的量刑應嚴格禁止考量「負面一般預防」的威嚇目的，否則容易導致被告被科處超出其罪責之過重刑罰（即為殺雞儆猴而量處重刑），讓被告淪為國家為達成威嚇以預防犯罪之目的的一種手段[27]，此將造成對人性尊嚴的侵害。

最後，在刑罰執行的階段，對犯罪人執行刑事制裁的主要目的應在於「特別預防」，避免犯罪人將來再犯，此階段雖免不了可能包含「負面特別預防」的個別威嚇與隔離保安的功能，但刑罰執行的核心重點應該在於「正面特別預防」的教育矯治，亦即應該特別著重教育、矯治犯罪人以促成其再社會化的措施，讓犯罪人能經由刑罰的教化而重新復歸社會、避免再犯，進而達到刑法犯罪預防的最終目標。

第二節　刑罰

刑法上所規定的刑罰，可分為主刑（Hauptstrafe）與從刑（Nebenstrafe）兩種：所謂「主刑」，係指得獨立對犯罪人科處的一種主要刑罰的手段，現行法的主刑種類包括死刑、無期徒刑、有期徒刑、拘役與罰金五種（§33）。至於「從刑」，則是指必須附隨於主刑而科處之刑罰，現行法的從刑僅有「褫奪公權」一種（§36）。原則上，必先有「主刑」之存在，始能夠附帶對犯罪人科以「從刑」，因此若無主刑之存在，則從刑的科處亦將失所附麗。應強調者，如果主刑僅是受緩刑之宣告，由於緩刑之效力不及於從刑（§74Ⅴ），因此從刑的部分仍得執行。

學理上對刑罰的分類，主要是依剝奪犯罪人權利之內容不同而區分成剝奪犯罪人生命的「生命刑」、剝奪人身自由的「自由刑」、剝奪財產的「財產刑」以及剝奪犯罪人特定資格的「資格刑」等四種類型，至於對犯罪人之身體施加肉體上痛苦為目的之「身體刑」（例如鞭刑），並不存在於我國刑法當中。

---

[26]　Hassemer/Neumann, in: Kindhäuser/Neumann/Paeffgen StGB, Vor §1 Rn. 273.

[27]　德國大哲學家康德（Immanuel Kant）認為「法院的懲罰絕對不能作為促進另一種善的手段，不論是對於犯罪者本人，或是對於公民社會，因為一個人絕對不應該被作為達到他人目的的一種手段。」見Kant, Metaphysische Anfangsgründe der Rechtlehre。此處參閱中譯本，沈叔平譯，法的形而上學原理，1991，第164頁。

一、生命刑

「生命刑」（Lebensstrafe）為剝奪犯罪人生命之刑罰，因此也稱之為死刑（Todesstrafe）。憲法第8條規定：「人民之生存權……，應予保障。」在憲法意義下的生存權，是指國家除了消極的保障國民「存活的權利」外，也要積極地保障每一位國民「存活的有尊嚴」。前者涉及國家對生命權的尊重，後者則涉及對國民能過著符合人性尊嚴之生活的基本保障。不過，既然憲法要求國家要保障人民存活的權利，但是我國的法律中卻仍存在死刑制度，如此即產生死刑制度可能違憲的質疑？關於此問題，司法院大法官解釋的見解向來認為只要死刑的規定符合憲法第23條「比例原則」的要求，亦即具備目的正當性、手段必要性以及限制妥當性，則刑事法上所規定的死刑制度即不違憲[28]。

關於死刑存廢的問題是一個哲學與法學上的重大爭議，長久以來死刑制度均有其支持與反對的觀點，於此僅就正反雙方的論點簡述如下：

（一）反對死刑的觀點

1. **死刑違反「社會契約說」**：人民僅將一部分之自由與權利讓渡給國家，並未將最寶貴之生命權讓渡給國家，因此國家無權剝奪人民之生命權[29]。

2. **違反人道精神**：死刑剝奪人的生命，其殘忍性質不合人道且有違人類仁愛之精神。

3. **死刑沒有嚇阻效果**：從實際經驗來看，那些廢止死刑的國家，重大犯罪

28　見釋字第476號解釋。此號解釋承襲了大法官自釋字第194號解釋、第263號解釋向來的一貫見解，亦即認為死刑制度並不違憲。另外，針對死刑案件的程序，釋字第512號解釋亦認為：「對於被告判處死刑、無期徒刑之案件則依職權送最高法院覆判，顯已顧及其利益，尚未逾越立法機關自由形成之範圍，於憲法保障之人民訴訟權亦無侵害，與憲法第七條及第二十三條亦無牴觸。」

29　關於社會契約（Social Contract）的觀念，可將其追溯至霍布斯（Thomas Hobbes），但是真正奠定其地位的則是洛克（John Locke）與盧梭（J. J. Rousseau）。其主要的觀點大致是認為，人類在未有國家以前，係處於完全自由的一種「自然狀態」（state of nature）之中。而由於人性的自私與貪婪，人們便會互相爭奪利益，使人們陷於戰爭狀態或野蠻狀態之中，每個人的生命與財產都沒有保障。因此，為了自身的利益與安全，每一個人都讓出自己部分的自由或權利，訂立一個契約，而成立了國家社會，以全體的力量來保障每一個人生命及財產的安全。由這裡我們可以看出，國家的所有權力都是基於人民的讓與而來，如果人民在社會契約中沒有將殺死自己的權力讓渡給國家，那麼國家便沒有執行死刑的權力。

的犯罪率並沒有因此而增加，有些甚至還降低。而且犯罪學研究也證明，刑罰的嚴厲性並不是嚇阻犯罪的主因，破案率的高低才真正具有嚇阻犯罪的效果[30]。

4. **有可能錯殺無辜**：不論司法制度如何完善，誤判的可能性始終存在；如果誤判死刑，執行後就沒有再回復生命的可能性。

5. **易導致犯人的反抗情緒**：死刑，特別是唯一死刑的規定，容易導致犯人的激烈反抗，使其抱持著反正橫豎都是死，倒不如跟警察拼個你死我活，可能還有逃脫的機會，如此將導致第一線的司法警察人員經常會面臨與亡命之徒激烈反抗的危險。

6. **死刑並非永久隔離重大犯罪人的唯一方法**：可以用「不能假釋的無期徒刑」來代替死刑。

（二）支持死刑的觀點

1. **滿足應報與社會正義之必要。**

2. **絕對的社會保安功能**：可將具重大危險性之罪犯永久且絕對地隔離於社會之外，避免社會再遭受其危害。

3. **合乎經濟原則**：就國家經濟負擔而言，執行死刑遠較執行長期或無期徒刑來的經濟。

4. **具有嚇阻犯罪之作用**：針對重大犯罪死刑具有最大的嚇阻作用，如果廢除死刑，社會治安將嚴重惡化。

目前全世界已經有相當多的國家完全廢止了死刑，根據國際特赦組織的統計，截至2023年為止全世界在法律上針對所有犯罪已經全面廢止死刑的國家共計有112國，如果加計法律上雖存在死刑但實際上並不執行死刑的國家則有144國[31]。另外，縱使在死刑仍然存置的國家，死刑的使用亦有越來越限縮的趨勢，包括限縮死刑罪的範圍或廢除唯一死刑的規定，而且對於欠缺完全刑事責任能力之人排除死刑的適用。目前，我國法制上雖仍存在死刑，但已經沒有唯一死刑之規定，且針對未滿十八歲人或滿八十歲人的犯罪，法律上亦明文禁止判處死刑或無期徒刑，若本刑為死刑或無期徒刑者（例如§332Ⅰ的強盜殺人

---

[30] 關於死刑嚇阻效力的相關實證研究，可參見許春金／吳景芳／李湧清，死刑存廢之探討，行政院研考會委託專案研究，1994，第81頁以下。

[31] Amnesty International Global Report, Death Sentences and Executions 2023, 2024/05, p. 41.

罪），則必須減輕其刑（§63）。

　　司法判決實務上，目前最高法院對於死刑的判決極為謹慎，並在兩公約[32]的影響下開啓了死刑辯論程序，也建立了死刑的裁量基準，除了必須是最嚴重的犯罪外，還要進一步審酌刑法第57條的所有量刑情狀後，足認被告犯罪情節誠屬重大，無論自一般預防或特別預防的觀點均認爲應處以極刑時，才會不得已而做出死刑判決[33]。同時，由於刑事訴訟法第461條規定：「死刑，應經司法行政最高機關令准」，在我國司法實務上法務部長對於經判決死刑確定之死刑犯，往往以不簽署死刑執行令的方式來延緩死刑之執行。

二、自由刑

　　所謂「自由刑」（Freiheitsstrafe），係將犯罪人拘禁於一定之處所以剝奪其人身自由的一種刑罰。目前我國自由刑的執行處所是監獄，但如受刑人未滿十八歲者，則收容於少年矯正機構（監獄行§3）。

（一）自由刑的種類

　　在我國法上的自由刑，有「徒刑」與「拘役」兩種類型，而徒刑尚包括「無期徒刑」與「有期徒刑」兩種類型。

1. 無期徒刑

　　「無期徒刑」亦稱爲「終身自由刑」（Die lebenslange Freiheitsstrafe），其在原始的意義上是終身剝奪犯罪人人身自由的一種自由刑，然而現行法下的無期徒刑，並非必然會將犯罪人監禁一輩子，因爲只要無期徒刑的受刑人執行有期徒刑已逾二十五年[34]，且有悛悔實據者，依法得由監獄報請法務部許可，而獲得假釋、提前出獄（§77），甚至在特定情況下無期徒刑的受刑人亦有可

---

[32] 兩公約係指「公民與政治權利國際公約」（International Covenant on Civil and Political Rights）與「經濟社會文化權利國際公約」（International Covenant on Economic, Social and Cultural Rights），我國在2009年由立法院通過「公民與政治權利國際公約及經濟社會文化權利國際公約施行法」，並經總統公布實施，使兩公約藉此發生內國法的效力。

[33] 王正嘉，論死刑之裁量與界限，台大法學論叢，45卷2期，2016/06，第722頁以下。

[34] 依刑法第77條第3項之規定，「無期徒刑裁判確定前逾一年部分之羈押日數」應算入此項已執行之二十五年期間內。

能因被大赦或特赦而出獄（赦免法§§2, 3）。法制上有所謂「不能假釋之無期徒刑」的制度，通常係作為廢止死刑的替代，惟目前我國法上並未採用。

2. 有期徒刑

「有期徒刑」係指在特定期間內將犯罪人拘禁於監獄的一種自由刑，依法有期徒刑的期間為二月以上、十五年以下。但遇有加減時，得減至二月未滿或加至二十年（§33③）。如為數罪併罰的情形，法律則特別加以延長其最上限，最長可以宣告執行三十年的有期徒刑（§51⑤）。刑期原則上自裁判確定之日起算，但尚未受拘禁之日數，不算入刑期內（§37-1）。裁判確定前羈押之日數，以一日抵有期徒刑（或拘役）一日（§37-2）。

3. 拘役

所謂「拘役」，係指於短期間內將犯罪人拘禁於監獄的一種自由刑，其期間為一日以上，六十日未滿，但遇有加重時，得加至一百二十日（§33④）。另外，即使是在宣告多數拘役予以數罪併罰的情形，其執行刑最長仍然為一百二十日之拘役，法律並未予以特別延長其最上限之日數（§51⑥）。拘役在本質上係針對輕微犯罪所設置的一種最短期的自由刑，與有期徒刑不同之處在於拘役受刑人並不生假釋與累犯加重的問題，且處拘役者與處徒刑者雖均於監獄內執行，但依法應分別監禁之（監獄行§2II）。

（二）短期自由刑之易刑處分

刑法對於自由刑設有所謂「易刑處分」制度，亦即對於受六個月以下短期自由刑（kurzfristige Freiheitsstrafe）[35]之宣告者，在符合法定要件的前提下，得讓犯罪人毋庸入監服刑，而以其他替代方式來折抵其刑期的一種替代處分。此種易刑處分的設立主要是考量到短期自由刑（包含短期徒刑與拘役）的流弊而設，目的是讓法官在科刑時有短期自由刑的替代方案得資運用，而儘量避免短期自由刑的執行。因為短期自由刑的刑期過短，不僅難以對行為人實施有效的教化與矯治，反而讓行為人脫離原本正常的職業、家庭與同儕網絡而干擾其再社會化的機會[36]，甚至讓原本本質不壞的輕微犯罪人在監獄龍蛇雜處的環境

---

[35] Jescheck/Weigend, AT, S. 759.

[36] Jescheck/Weigend, AT, S. 760.

中接觸犯罪網絡、感染惡習導致最後變成眞正的犯罪人，不利於特別預防目的之達成，在刑事政策上被公認有害而無益，因此刑法乃設計易刑處分來替代短期自由刑的執行，藉此以避免短期自由刑的流弊。現行法針對短期自由刑的易刑處分主要有徒刑及拘役的「易科罰金」與「易服社會勞動」，以及拘役的「易以訓誡」三種[37]：

1. 易科罰金

所謂「易科罰金」，係指對於受短期自由刑之宣告者，爲防止短期自由刑之流弊，在符合法定要件的前提下，行爲人得以特定數額之金錢折抵其刑期，而毋庸入獄服刑的一種易刑處分。對此，刑法第41條第1項規定：「犯最重本刑爲五年以下有期徒刑以下之刑之罪，而受六個月以下有期徒刑或拘役之宣告者，得以新臺幣一千元、二千元或三千元折算一日，易科罰金。但易科罰金，難收矯正之效或難以維持法秩序者，不在此限。」

此處易科罰金的適用範圍限於法定刑爲五年以下有期徒刑之罪，不過若被告所犯雖原屬法定刑爲五年以下有期徒刑之罪，但卻因存在刑法分則（或特別刑法、附屬刑法中）的加重事由而導致加重後超過此範圍時，法官是否仍得予以易科罰金，解釋上不無疑問。對此，實務見解向來均認爲刑法分則之加重規定性質上係屬法定刑的加重，因此若其罪名經加重後導致法定刑超過得易科罰金的刑度範圍，即無法予以易科罰金[38]。例如，刑法第302條第1項的剝奪行動自由罪的法定刑爲五年以下有期徒刑，如對一般人犯剝奪行動自由罪尚屬得易科罰金之範圍，但如係對直系尊親屬犯剝奪行動自由罪，由於刑法第303條規定應加重其刑至二分之一，此時其法定刑已達七年六個月以下有期徒刑，即已非屬得易科罰金之範圍。

得易科罰金之罪除依前述法定刑必須爲五年以下有期徒刑外，依法尚須法院宣告六個月以下有期徒刑或拘役之罪，始得易科罰金。在數罪併罰的情形，若原來個別罪名的宣告刑均爲得易科罰金的五年以下有期徒刑，但卻因數罪併

---

[37] 刑法的易刑處分，除六個月以下有期徒刑或拘役得「易科罰金」或「易服社會勞動」外（§41），尚有罰金得「易服勞役或社會勞動」（§§42, 42-1）以及拘役或罰金得「易以訓誡」（§43）等類型，不論哪一種易刑處分，只要一經執行完畢者，其所受宣告之刑，即以已執行論（§44）。

[38] 最高法院51年台非字第71號判決（原判例）；51年台上字第166號判決（原判例）；49年台非字第52號判決（原判例）。

罰之結果定執行刑超過六個月有期徒刑時，各罪是否仍得易科罰金？對此，司法院釋字第366號及第662號解釋均採肯定見解，故刑法第41條第8項乃明定，若數罪併罰之數罪均得易科罰金（或易服社會勞動），其應執行之刑縱使逾六月者，仍得易科罰金[39]。

　　另外，縱使法院於判決中諭知得易科罰金，但個別受刑人如有不宜易科罰金之情形，在刑事執行程序中檢察官仍得依刑法第41條第1項但書之規定，審酌受刑人是否具有「確因不執行所宣告之刑，難收矯正之效，或難以維持法秩序」等事由，而為准許或駁回易科罰金聲請之處分。此處但書所謂難收矯正之效或難以維持法秩序而不予易科罰金的規定，可彰顯立法者此處對於刑罰的目的，難收矯正之效即不予易科罰金係基於正面特別預防的考量，而難以維持法秩序不准易科罰金則是基於正面一般預防的觀點。例如行為人之前屢屢酒駕均准予其易科罰金，卻仍不思悔改而再度酒駕遭依醉態駕駛罪（§185-3）判處六個月以下有期徒刑，審酌相關情節若不執行自由刑恐無法阻止其再犯或難以維持人民對法秩序的信賴，此時即不宜准予易科罰金。

　　刑法對易科罰金的折算金額分成新臺幣1,000元、2,000元或3,000元折算一日三種不同折算標準，主要是基於平等原則與正面一般預防的考量，因為各個犯罪人資力不同，若立法上一律訂為相同折算金額，對資力低者感受痛苦較高、對資力高者感受較低（甚至無感），將形成實質上的不平等，也會損及人民對法秩序的信賴，因此法官於個案中應妥適考量被告資力而為折算金額之訂定，讓不同資力者能感受到同等的罰金痛苦。不過，不容諱言的，現行刑法的易科罰金折算標準最重也僅達新臺幣3,000元折算一日，對於富豪級的行為人而言恐屬九牛一毛、無關痛癢，立法上實有必要再提高折算金額的上限以擴大法院的裁量範圍，否則除難符合平等原則之精神外，亦難達矯正或維持法秩序的犯罪預防目的。

2. 易服社會勞動

　　所謂「易服社會勞動」，係指對於受短期自由刑之宣告者，在符合法定要件的前提下，行為人得以服社會勞動來折抵其刑期，而毋庸入獄服刑的一種易

---

[39] 司法院釋字第662號解釋：「中華民國九十四年二月二日修正公布之現行刑法第四十一條第二項，關於數罪併罰，數宣告刑均得易科罰金，而定應執行之刑逾六個月者，排除適用同條第一項得易科罰金之規定部分，與憲法第二十三條規定有違，並與本院釋字第三六六號解釋意旨不符，應自本解釋公布之日起失其效力。」

刑處分。依刑法第41條第2項之規定，若依法原得易科罰金而未聲請易科罰金者，得以六小時折算一日易服社會勞動。另外，若行為人受六月以下有期徒刑或拘役之宣告，雖不符合刑法第41條第1項得易科罰金之規定，亦得以六小時折算一日易服社會勞動（§41III）。由此可知，現行法關於易服社會勞動的適用範圍會比易科罰金還要來的廣泛，縱使不符合易科罰金的條件，只要行為人受的是六月以下有期徒刑或拘役之宣告，仍得以易服社會勞動來代替短期自由刑的執行。例如，對直系尊親屬犯剝奪行動自由罪應加重其刑至二分之一（§303），此時法定刑已達七年六個月以下有期徒刑，雖不得易科罰金，但只要法官宣告六個月以下有期徒刑，仍可以易服社會勞動。

現行法亦訂有易服社會勞動的排除條款，亦即若行為人因身心健康之關係，易服社會勞動執行顯有困難，或易服社會勞動難收矯正之效或難以維持法秩序者，則不得易服社會勞動（§41IV）。由於易服社會勞動與易科罰金同屬短期自由刑之易刑處分，立法者在這裡也一樣考慮到正面特別預防的矯治與正面一般預防的法秩序維持觀點，因此若對行為人不執行自由刑難收矯治或維持法秩序之效時，即不宜准予易服社會勞動，仍應執行自由刑。

准予易服社會勞動的履行期間，依法最長不得逾一年（§41V）。而且，與易科罰金類似，在數罪併罰的情形，若併罰各罪之宣告刑均得易服社會勞動，縱使法院所定之執行刑逾六個月者，仍得易服社會勞動。但此時由於數罪併罰的應執行刑超過六個月，導致易服社會勞動折算的應履行勞動時數增加，故現行法亦同步拉長其履行期間，最長可以達三年。不過，若數罪併罰之應執行刑並未逾六個月，則履行期間仍維持不變，亦即最長不得逾一年（§41VIII, IX）。

若易服社會勞動之行為人違反其應履行之社會勞動義務，無正當理由不履行社會勞動情節重大，或履行期間屆滿仍未履行完畢者，則應改回執行易科罰金或執行原宣告刑（§41VI）。此種違反其應履行之社會勞動義務的狀況，如果是發生在數罪併罰之應執行刑易服社會勞動的情形，倘若該數罪均屬得易科罰金者，仍得改回易科罰金或執行原所定之執行刑，但若該數罪中有不得易科罰金者，由於原執行刑本不得易科罰金，此時就只能執行原判決所定之執行刑（§41X），而不得改回易科罰金。在這裡，不論是改回易科罰金或原定之執行刑，行為人之前原已繳納的罰金或已履行之社會勞動時數，仍依本法所定之標準折算日數（亦即以六小時折算一日），若有未滿一日者，則以一日計算（§41VII）。

3. 易以訓誡

行為人受拘役之宣告，而犯罪動機在公益或道義上顯可宥恕者，得易以訓誡（§43）。應留意者，易以訓誡之適用範圍僅及於受拘役或罰金之宣告者，不及於受短期徒刑之宣告者。由於拘役是現行法最短期的自由刑，縱有加重或數罪併罰之情形最長亦不得逾一百二十日，受拘役宣告者的犯行往往均屬輕微，故法律乃規定得易以訓誡以代替拘役之執行，可謂對被告最有利的一種短期自由刑之易刑處分。

（三）緩刑

所謂「緩刑」，係指對於受刑之宣告的輕微犯罪人暫緩執行其刑罰，若其在緩刑期間內表現良好而無再執行刑罰之必要，即不予以執行刑罰的一種制度。在刑事政策上，緩刑往往是被使用於針對偶發犯或機會犯的一種處遇制度。緩刑的使用除了可讓偶然初犯輕罪的行為人免於直接入獄、排除短期自由刑之流弊外，也具有在緩刑期間內督促行為人謹言慎行以避免緩刑遭撤銷的特別預防效果，且國家又可節省矯治資源將其集中運用於真正需要矯治的犯罪人身上，可謂具多重優點於一身的制度，而廣泛為世界各國所採用。

1. 緩刑要件

依刑法第74條第1項之規定，緩刑適用的要件如下：

(1) 須受二年以下有期徒刑、拘役或罰金之宣告

現行法緩刑之適用並不限於受二年以下有期徒刑之宣告者，對於受拘役、罰金者亦可適用緩刑，而且對於罰金金額亦未加限制。於此，刑法雖未明定適用緩刑之犯罪類型，但以受二年以下有期徒刑、拘役或罰金之宣告者為限，因此若行為人所犯者為法定最輕本刑超過二年以上有期徒刑之罪，除非有減刑事由，否則解釋上均不在得緩刑的範圍內。

(2) 須過去未曾因故意犯罪受有期徒刑以上刑之宣告；或是雖曾因故意犯罪受有期徒刑以上刑之宣告，但執行完畢或赦免後五年以內未曾再因故意犯罪而受有期徒刑以上刑之宣告

緩刑制度目的是為促使惡性輕微之被告或偶發犯、初犯改過自新而設，故

刑法擴大其適用範圍，只要過去未曾因「故意犯罪」而受有期徒刑以上刑之宣告者即在緩刑的適用範圍，因此縱使行為人之前曾因過失犯罪而受徒刑以上刑之宣告，仍屬可緩刑之範圍。甚至，行為人之前雖曾因故意犯罪受有期徒刑以上刑之宣告，但只要在執行完畢或赦免後五年以內未曾再因故意犯罪而受有期徒刑以上刑之宣告者，亦在可緩刑之範圍內。換句話說，此處刑法只將因故意犯罪有期徒刑執行完畢或赦免後五年內再因故意犯罪受有期徒刑以上刑之宣告者，排除在緩刑適用範圍之外。應注意者，此處所謂「五年之內未曾受有期徒刑以上刑之宣告」，指後案宣示判決之時，而非後案犯罪之時[40]。

(3) 須法院認為以暫不執行為適當

法院在決定是否予以緩刑時，必須審酌犯人之性格、年齡、環境、犯罪輕重、情節及犯後情狀等多方因素，而予以認定行為人是否以暫不執行刑罰為適當。而且，法院亦得斟酌情形訂定下列緩刑負擔，命犯罪行為人為履行，始予以緩刑宣告，包括（§74II）：

一、向被害人道歉。

二、立悔過書。

三、向被害人支付相當數額之財產或非財產上之損害賠償。

四、向公庫支付一定之金額。

五、向指定之政府機關、政府機構、行政法人、社區或其他符合公益目的之機構或團體，提供四十小時以上二百四十小時以下之義務勞務。

六、完成戒癮治療、精神治療、心理輔導或其他適當之處遇措施。

七、保護被害人安全之必要命令。

八、預防再犯所為之必要命令。

2. 緩刑期間

所謂緩刑期間，係指受緩刑宣告者的素行觀察期間。只要緩刑期間平穩經過，行為人的緩刑宣告未被撤銷，依法即會產生刑之宣告失效的法律效果（§76）。關於緩刑期間，不論行為人係遭受宣告有期徒刑、拘役或罰金，現

---

[40] 依最高法院94年度台上字第49號判決：「……刑法第74條第2款關於前受有期徒刑以上刑之宣告，執行完畢或赦免後，五年以內未曾受有期徒刑以上刑之宣告之緩刑要件，其所謂五年之內未曾受有期徒刑以上刑之宣告，指後案宣示判決之時，而非後案犯罪之時。……」

行法一律規定爲二年以上五年以下（§74Ⅰ），此規定之妥適性不無檢討空間。因爲依法拘役僅爲一日以上六十日未滿之短期自由刑，罰金刑之最低額度亦僅爲新臺幣1,000元，故縱使宣告幾十日拘役或數千元罰金，緩刑期間最少仍須二年，顯然不合比例，實有檢討修正之必要。

3. 緩刑的撤銷

在緩刑期間內，若受緩刑人發生緩刑撤銷之事由，得依法撤銷其緩刑，而仍執行原宣告之刑。現行法的撤銷緩刑事由，可分成「絕對撤銷緩刑事由」與「相對撤銷緩刑事由」兩種：

(1) 絕對撤銷緩刑事由

刑法第75條第1項規定：「受緩刑之宣告，而有下列情形之一者，撤銷其宣告：一、緩刑期內因故意犯他罪，而在緩刑期內受逾六月有期徒刑之宣告確定者。二、緩刑前因故意犯他罪，而在緩刑期內受逾六月有期徒刑之宣告確定者。」此爲「絕對撤銷緩刑事由」之規定，如發生此等事由，法官即必須依法撤銷緩刑宣告，無個案裁量之空間。因爲宣告緩刑主要是爲了督促受緩刑人於緩刑期間內能達到改善之目的，倘若行爲人於緩刑期中再因故意犯罪受逾六月有期徒刑之宣告確定，代表行爲人並未改善，此時自應撤銷其緩刑宣告。至於，行爲人於緩刑宣告前已犯其他故意犯罪，而在緩刑期內受逾六月有期徒刑之宣告確定者，原本即不應該予以緩刑，發現後自應撤銷其緩刑，而仍執行原宣告之刑。此項撤銷緩刑宣告之聲請，依法應於該有期徒刑判決確定後六個月內爲之（§75Ⅱ）。

(2) 相對撤銷緩刑事由

刑法第75條之1第1項規定：「受緩刑之宣告而有下列情形之一，足認原宣告之緩刑難收其預期效果，而有執行刑罰之必要者，得撤銷其宣告：

一、緩刑前因故意犯他罪，而在緩刑期內受六月以下有期徒刑、拘役或罰金之宣告確定者。

二、緩刑期內因故意犯他罪，而在緩刑期內受六月以下有期徒刑、拘役或罰金之宣告確定者。

三、緩刑期內因過失更犯罪，而在緩刑期內受有期徒刑之宣告確定者。

四、違反第七十四條第二項第一款至第八款所定負擔情節重大者。」

此為「相對撤銷緩刑事由」，如發生此等事由，並非必須一定要撤銷緩刑宣告，法官於個案中仍有裁量之空間，以審酌緩刑宣告是否難收預期效果而有執行刑罰之必要。此項緩刑宣告之撤銷，除以違反緩刑負擔情節重大為理由而撤銷外，依法亦均應於該有期徒刑判決確定後六個月內為之（§75-1 II 準用§75 II）。

4. 緩刑期滿緩刑未經撤銷的法律效果

依刑法第76條規定：「緩刑期滿，而緩刑之宣告未經撤銷者，其刑之宣告失其效力。但依第七十五條第二項、第七十五條之一第二項撤銷緩刑宣告者，不在此限。」本條規定雖係謂「刑之宣告失其效力」，但基於罪刑不可分原則，解釋上應認為緩刑期滿而緩刑宣告未經撤銷者，不僅免除其刑罰之執行，其原來的罪與刑之宣告均全部失效。據此，現行法係採取所謂的「罪刑附條件宣告主義」[41]，亦即罪刑宣告的生效附有一個緩刑遭撤銷的停止條件，若之後行為人的緩刑遭撤銷，則停止條件成就此時原罪刑宣告即開始生效，但倘若緩刑期滿而緩刑未遭撤銷，則原罪刑宣告均失其效力，與自始未曾受罪刑宣告一樣[42]。不過，因刑法第76條第5項已明定「緩刑之效力不及於從刑、保安處分及沒收之宣告」，故行為人縱使緩刑期滿而緩刑未遭撤銷，其主刑之罪刑雖均會失其效力，但從刑、保安處分及沒收之宣告則不會失效。例如之前對行為人所為之沒收，即仍屬有效。

另外，由於依第75條第2項、第75條之1第2項之規定撤銷緩刑宣告，依法應於判決確定後六月以內為之，此六個月的期間可能橫跨已緩刑期滿的時點，故刑法第76條但書乃設例外規定。也就是說，此種情形，縱使緩刑期滿時緩刑宣告尚未遭撤銷，如果在確定判決後六個月的期限內其緩刑宣告遭撤銷，則原來之罪刑宣告仍不失效。例如，行為人於緩刑期滿前的三個月，因故意犯罪而受逾六個月有期徒刑之宣告確定，依法一直到其緩刑期滿後三個月內都可以撤銷其緩刑宣告（§75 II），故刑法第76條但書才設例外規定讓原罪刑宣告在此種情形下不會於緩刑期滿時立刻失效，以避免解釋上之爭議。應強調者，倘若

---

[41]　許福生，刑事政策學，2版，2007，第421頁。

[42]　實務亦採相同見解，最高法院110年度台抗字第797號裁定：「……緩刑期滿，而緩刑之宣告未經撤銷者，其刑之宣告失其效力，刑法第七十六條前段定有明文。其立法理由載明，我國刑法對於緩刑制度採罪刑附條件宣告主義，認緩刑期滿未經撤銷有消滅罪刑之效力，亦即原罪刑之宣告均為無效，而以未嘗犯罪論。……」

檢察官遲誤撤銷緩刑之六個月法定期間[43]，由於此時已不符合刑法第76條但書之情況，解釋上應回歸第76條本文之適用，亦即原罪刑宣告仍失其效力，視同行為人自始未曾受罪刑宣告。

（四）假釋

　　所謂「假釋」，係指行為人受徒刑之執行經過一定之法定期間且有悛悔實據時，得附條件而將其提早釋放出獄，出獄後如果行為人在一定期間內未違反應遵守之條件，則其未執行之刑即視為已執行完畢的一種制度。與緩刑制度主要係以受短期自由刑宣告者為其對象不同，假釋制度主要是使用於非短期自由刑的受刑人（特別是長期自由刑的受刑人），藉提早出獄作為誘因，以促使受刑人能在獄中循規蹈矩、改過向善，達到順利復歸社會之目的。

1. 假釋要件

　　依刑法第77條第1項規定：「受徒刑之執行而有悛悔實據者，無期徒刑逾二十五年，有期徒刑逾二分之一、累犯逾三分之二，由監獄報請法務部，得許假釋出獄。」此處規定的徒刑執行期間係申請假釋的最低要件門檻，非謂時間一到即可假釋，仍應由監獄報請法務部審核申請假釋之受刑人是否確符合有悛悔實據的要件，方可准予假釋。

　　由於刑法第37條之2第1項規定：「裁判確定前羈押之日數，以一日抵有期徒刑或拘役一日。」因此，於計算已受徒刑執行之時期間，若受刑人於判決確定前有遭受羈押，解釋上即應將該羈押之日數計入其已受執行之期間予以加總計算。

　　惟問題在於刑法第77條第2項規定：「無期徒刑裁判確定前逾一年部分之羈押日數算入前項已執行之期間內。」此規定導致，無期徒刑受刑人於報請假釋時，其於裁判確定前曾受羈押之日數，逾一年部分始算入已執行之期間，但羈押日數未逾一年部分則不算入。司法院釋字第801號解釋認為，此規定造成無期徒刑受刑人與有期徒刑受刑人間，就裁判確定前之羈押日數是否折抵或算入假釋之已執行期間，存有不合理的差別待遇，與憲法第7條平等原則有違，

---

[43]　依臺灣高等法院暨所屬法院95年法律座談會刑事類提案第24號之結論，此六個月內聲請撤銷緩刑宣告之期間係屬法定強制期間，因此若檢察官遲誤此六個月的期間方聲請撤銷緩刑宣告，法院應予駁回，以使相關之法律關係早日確定。

自該解釋公布之日起立即失效。據此,自釋字第801號解釋後,無期徒刑受刑人執行期間之計算,可以跟有期徒刑之受刑人一樣,將其判決確定前「遭收羈押的全部期間」均予以計入,而不限於之前羈押超過一年的部分。

2. 禁止假釋事由

基於刑事政策的考量,刑法關於有期徒刑假釋之規定,在特定情況下並不適用,此等禁止假釋事由,包括(§77II):

(1) 徒刑執行未滿六個月

有期徒刑執行若未滿六個月者,不得假釋(§77II①)。由於有期徒刑執行的時間若過短,往往難收矯正之效,因此刑法乃明定至少應執行滿六個月的有期徒刑後始得予以假釋。例如遭判處十個月有期徒刑,有期徒刑逾二分之一時僅執行四個月,此時仍不得申請假釋,至少必須等到執行滿六個月後,才可以申請。

(2) 三犯重罪

犯最輕本刑五年以上有期徒刑之罪之累犯,於假釋期間,受徒刑之執行完畢,或一部之執行而赦免後,五年以內故意再犯最輕本刑為五年以上有期徒刑之罪者,不得假釋(§77II②)。於此種情形,由於行為人原本即已是犯最輕本刑五年以上重罪之累犯(已二次犯重罪),竟又於假釋期間或服刑期滿五年內再犯最輕本刑五年以上重罪(第三次犯重罪),刑事政策上以此等三犯重罪之人社會危險性重且難以矯治,因而規定不得予以假釋,此即所謂的「三振出局」條款。應注意者,由於若將三振出局條款適用於無期徒刑的受刑人將導致其終身不得出獄之結果,為避免此種情形,現行法乃規定三振出局條款僅適用於有期徒刑之受刑人,對無期徒刑之受刑人並不適用。也就是說,無期徒刑之受刑人縱使有三犯重罪之情形,仍適用刑法第77條第1項規定處理,亦即執行徒刑逾二十五年方得申請假釋。

現行法的三振出局條款,係仿效自美國法對三犯之重刑犯罪者採終身監禁不得假釋之「三振法案」,立法者主要是考量三犯重罪之受刑人刑罰教化功能對其已無效益,為社會之安全乃禁止其假釋[44]。立法上此種三振出局條款,固

---

44 見本款立法理由:「……對於屢犯重罪之受刑人,因其對刑罰痛苦之感受度低,尤其犯最輕

然有隔離保安的負面特別預防考量，但此種針對三犯重罪者禁止其假釋的規定，刑事政策上是否妥適，不無疑問。假釋制度的主要目的係在彌補長期自由刑的缺失，鼓勵受刑人在獄中循規蹈矩、改過自新，今遭三振條款限制而不可能假釋的長期徒刑受刑人，在不可能提前假釋出獄的情況下，出獄時間遙遙無期，容易陷於自暴自棄而難以期待其改善，不利於特別預防教育矯治目的的達成。更有甚者，甚至可能成為暴動或企圖脫逃的危險因子[45]，增加監獄管理上的困難度。現行法的三振出局不得假釋條款，實有加以重新檢討之必要。

(3) 危險性侵犯

犯刑法第91條之1所列妨害性自主與妨害風化相關罪名及其特別法之罪，而於徒刑執行期間接受輔導或治療後，經鑑定、評估其再犯危險未顯著降低者，不得予以假釋（§77Ⅱ③）。此不得假釋事由，主要是考量危險性侵犯罪人的再犯危險性高，仍須持續對之施以教育矯治以降低其危險性，因此明文規定經鑑定、評估其再犯危險尚未顯著降低前，不得予以假釋。

3. 假釋期滿未經撤銷之法律效果

行為人假釋出獄後，在無期徒刑假釋後滿二十年或在有期徒刑所餘刑期內未經撤銷假釋者，則其尚未執行之刑，以已執行論（§79Ⅰ）。例如，行為人本來應執行刑是十五年，關到第十年假釋出獄，如果假釋後在所餘五年刑期內其假釋均未遭到撤銷，就視為全部應執行刑已經執行完畢。

惟如果行為人在假釋中，另受刑之執行、羈押或其他依法拘束人身自由之期間，依法並不算入假釋期內（§79Ⅱ）。以前舉之例來說明，行為人本來應執行刑是十五年，關到第十年假釋出獄，本來在假釋後經過五年其假釋未遭撤銷就視刑已執行完畢。但若行為人中間因另案有遭羈押二個月，此二個月羈押期間原則上就不計入假釋期內，故行為人就得至假釋出獄後經過五年二個月假釋仍未被撤銷，才視為刑已執行完畢。不過，假釋期間因他案所受之羈押或其

本刑五年以上重罪累犯之受刑人，其已依第一項規定（執行逾三分之二）獲假釋之待遇，猶不知悔悟，於1.假釋期間、2.徒刑執行完畢或赦免後五年內再犯最輕本……刑五年以上之罪，顯見刑罰教化功能對其已無效益，為社會之安全，酌採前開美國『三振法案』之精神，限制此類受刑人假釋之機會應有其必要性，爰於第二項第二款增訂之。」

[45] 例如2015年高雄大寮監獄發生受刑人原企圖逃獄，但逃獄不成轉而挾持人質的事件，最後造成6名挾持人質的受刑人自殺身亡。挾持人質的受刑人所發表的聲明中，就有提到「三振條例連報假釋都不行，你們是官逼囚反」、「三振法案該改一改了，給人一點希望好嗎？」。

他拘束人身自由之期間，若行為人之後被不起訴處分或無罪判決確定，則之前曾受之羈押或拘束人身自由之期間，即又回復可再計入假釋期間的計算。

如果受刑人假釋出獄後，在假釋中又因故意更犯罪，且受逾六月有期徒刑之宣告確定者，撤銷其假釋，應撤銷其假釋（§78 I）。相對地，若於假釋中因故意更犯罪，但是有受緩刑或六月以下有期徒刑之宣告確定者，即非必然撤銷其假釋，尚有裁量判斷空間，只有在判斷行為人有再入監執行刑罰之必要時，方得撤銷其假釋（§78II）。此主要是由於行為人該假釋出獄的受刑人雖然又故意更犯罪，但因僅受緩刑或六個月以下有期徒刑而得易科罰金或易服社會勞動，代表其再犯之情節尚屬輕微，故若仍一律予以撤銷假釋讓其重返監獄，可能會導致假釋出獄的重罪受刑人僅因故意更犯輕微罪刑即必須撤銷假釋重返監獄再度面臨重刑，如此將有違比例原則及憲法保障人身自由之意旨[46]。

假釋一經撤銷，其出獄日數即不算入刑期內，因此行為人得再入監服刑並補足之前尚未執行完畢的剩餘刑期。應注意者，此項假釋的撤銷有法定時限的限制，若假釋期滿已逾三年，即不得再撤銷其假釋（§78）。

三、財產刑

所謂「財產刑」，係指處罰犯罪人令其向國家繳納特定數額之金錢的一種刑罰。現行法的財產刑，主要是罰金，其額度為新臺幣1,000元以上，以百元計算之（§33⑤）。我國法上科處罰金的型態大致包括專科罰金、選科罰金與併科罰金三種，至於易科罰金則為短期自由刑之易刑處分。所謂「專科罰金」，係指法律明定該罪名僅得科處罰金，例如侵占遺失物罪（§337）的法定刑僅得科處罰金。「選科罰金」則係指，該罪名可在徒刑、拘役或罰金中擇一科處，例如公然侮辱罪（§309 I）其法定刑為拘役或罰金。至於「併科罰金」，則是指該罪名除科處徒刑或拘役外、尚可同時一併科處罰金，例如詐欺取財罪（§339 I）的法定刑為五年以下有期徒刑、拘役或科或「併科」50萬元以下罰金。

刑法第58條規定：「科罰金時，……應審酌犯人之資力及因犯罪所得之利益，如所得之利益超過罰金最多額時，得於所得利益之範圍內，酌量加重。」據此，法院於罰金刑科刑時，除考量行為人罪責之輕重而量定外，也應斟酌受

46　參見司法院釋字第796號解釋。

刑人之資力及收入等狀況來決定其罰金的金額，此主要是基於正面一般預防的考量，因為若不考慮行為人之資力而均科處相同數額的罰金，對高資力的行為人而言可能無關痛癢、沒有感覺，會形成有錢就可以違法的印象（因為即使科處罰金也無關痛癢），此將損及人民對法秩序的信賴。

除此之外，刑法第58條尚規定應審酌犯人因犯罪所得之利益，如所得之利益超過罰金最多額時，得於所得利益之範圍內，酌量加重。惟現行法關於犯罪所得的部分本得予以沒收及追徵（§38-1），若法官在量刑時又考量犯罪所得利益再予以加重罰金，恐有雙重評價、甚至是雙重處罰的疑慮，因此現行法第58條關於科罰金得審酌犯罪所得利益予以酌量加重的規定，實有加以修正之必要。而在現行法第58條未修正前，法官宜本於雙重處罰禁止（雙重評價禁止）的精神，於量處罰金刑時將行為人犯罪所得的因素，摒除於審酌範圍之外。

現行法之罰金額依被告資力及財產狀況而為量定，其結果會造成對相同犯行卻宣告不同罰金額的狀況，形式上易生相同罪責而予以不同處罰之質疑。為彌補此缺失，比較法上有採所謂「日額罰金制」者，例如丹麥、芬蘭、瑞典與德國等。此種日額罰金的裁量基本上分成兩階段，第一階段先依據行為人所實現的不法及其罪責量定應科處罰金之日數（Anzahl der tagessätze），在此階段並不斟酌被告之資力與財產狀況，若是罪責相當即宣告相同罰金日數。第二階段則根據行為人之資力與財產狀況來量定其一罰金日應繳納之數額，即所謂日額（Höhe des Tagessatzes），資力越高者其一日應繳納之日額即越高，再將兩者相乘，即為行為人應繳納之日額罰金的總額[47]。此種「日額罰金制」的優點，能同時兼顧犯行罪責輕重與個別行為人之資力落差，於個案中達到刑罰與罪責相符以及實質平等的罰金刑裁量，或可作為將來我國改革罰金刑的參考。

刑法對於罰金亦設有易服勞役、易服社會勞動或易以訓誡等易刑處分，以犯罪人服勞役或社會勞動或對之訓誡來替代罰金刑的執行。刑法第43條第1項規定：「罰金應於裁判確定後二個月內完納。期滿而不完納者，強制執行。其無力完納者，易服勞役。」易服勞役以新臺幣1,000元、2,000元或3,000元折算一日。但勞役期限不得逾一年（§42III）。另外，罰金易服勞役，原則上得以提供社會勞動六小時折算一日，易服社會勞動（§42-1 I）。若行為人受罰金之宣告，而犯罪動機在公益或道義上顯可宥恕者，則得僅易以訓誡（§43）。

47　關於日額罰金可參見Kerner, Strafverfolgung und Sanktionierung in Deutschland, 許澤天／薛智仁譯，德國刑事追訴與制裁，2008，第10頁以下；Jescheck/Weigend, AT, S. 770 f.

不論是罰金易服社會勞動、易服勞役或易以訓誡，一經執行完畢，行為人所受宣告之刑，以已執行論（§44）。

四、資格刑

　　所謂「資格刑」，係指剝奪行為人之特定資格的一種刑罰。法理上，資格刑作為刑罰兼具罪責衡平與預防的目的：一方面以剝奪行為人資格的方式作為對其犯行之處罰，另一方面則是藉由在一定期間內剝奪行為人之特定資格，使其喪失從事某社會活動的機會（例如剝奪從事某項職業之資格）而無法再利用從事該活動的機會去危害法益。若從實際運作的角度而言，不可諱言地，資格刑的運用似乎更著重在後者的目的，最典型之例即為針對貪污遭判刑的公務員同時諭知褫奪公權，讓其於特定期間無法擔任公務員，排除其利用執行公務員職務之機會從事貪污行為，以預防貪污犯罪之再犯危險。

　　褫奪公權是刑法唯一的資格刑、也是僅剩唯一的從刑，依刑法第36條規定褫奪公權係剝奪行為人「為公務員之資格」以及「為公職候選人之資格」。也就是說，遭褫奪公權者在褫奪公權之期間內，不得擔任公務員、也不得參加公職選舉登記為公職候選人。

（一）宣告褫奪公權之要件

　　若行為人被宣告死刑或無期徒刑，依法必須同時宣告褫奪公權終身（§37 I），而且法院無裁量餘地，必須在裁判時一併宣告褫奪公權終身。相對地，若行為人被宣告者係一年以上有期徒刑[48]，則只有在「依犯罪之性質認為有褫奪公權之必要者」，法院方得同時宣告褫奪公權。此處所謂「依犯罪之性質認為有褫奪公權之必要者」，應從褫奪公權預防目的之角度來解釋，亦即有必要透過褫奪公權此種資格刑之運用以達預防其再犯同種類行為之目的時，法院方得宣告褫奪公權。例如，對違犯貪污罪之被告宣告褫奪公權，以避免其於期間內再利用擔任公務員之機會收賄；又如，對觸犯公職人員選舉罷免法之被告予以褫奪公權，以防止其於期間內登記為公職候選人再於選舉時違犯選罷法之相關罪名。

---

[48] 應強調者，若行為人被宣告者為未滿一年之有期徒刑、拘役或罰金，依刑法第37條第2項之反面解釋，法院即不得予以宣告褫奪公權，自不待言。

（二）褫奪公權之期間

關於褫奪公權之期間，若係被宣告死刑或無期徒刑者係褫奪公權終身，而且褫奪公權係自裁判確定時即開始發生效力（§37IV）[49]。若行為人係被宣告一年以上有期徒刑，而依犯罪之性質認有褫奪公權之必要者，法院則得宣告一年以上、十年以下之褫奪公權。此項褫奪公權，於裁判時併宣告之，而且亦自裁判確定時隨即發生效力（§37II, III, IV）。因此，若行為人受褫奪公權之宣告確定，即無法再應考公職或參加公職選舉登記為候選人，現已為公務員或民意代表者也會直接剝奪其公務員或民意代表的資格。甚至，由於依法緩刑之效力並不及於從刑（§74V），因此公務員依刑事確定判決受褫奪公權刑之宣告者，縱使同時有諭知緩刑，其職務亦當然停止（司法院釋字第84號解釋）。例如，立法委員因案受有罪判決確定並受褫奪公權之宣告確定，縱使法院對其同時諭知緩刑，但立法委員之資格也會立刻喪失。

應注意者，現行法關於褫奪公權期間之計算，除非是死刑或無期徒刑，否則並非是自判決確定時起算，而是自主刑執行完畢或赦免之日才開始起算。不過，若有同時宣告緩刑，則褫奪公權之期間仍則自裁判確定時即開始起算（§37V）。例如行為人遭判三年有期徒刑（無法諭知緩刑）、褫奪公權三年，其褫奪公權期間之計算係自行為人有期徒刑執行完畢後，才開始計算褫奪公權之期間，因此行為人實際上被褫奪公權之時間最高有可能會長達六年之久（即服刑三年加上褫奪公權期間三年）。

另外，在行為人提前假釋出獄的情形，因褫奪公權期間之計算是以「主刑執行完畢日」起算（§37V），若是假釋而提前出獄之受刑人在所餘刑期內假釋並未被撤銷，則其未執行之刑以「已執行論」（§79I），因此褫奪公權期間之計算也是於此時（即所餘刑期結束時）才會開始計算。有問題者，無期徒刑之褫奪公權期間是「褫奪公權終身」，受假釋者於假釋後滿二十年未被撤銷假釋法律效果亦是以無期徒刑「已執行論」，此時其褫奪公權之期間應如何計算，不無疑問？對此本文以為，刑法第37條第5項褫奪公權期間從主刑執行完畢或赦免後方開始起算的規定是針對有期徒刑褫奪公權期間之計算、不包含無期徒刑在內，代表死刑或無期徒刑並不存在褫奪公權期間起算的問題，死刑、無期徒刑之終身褫奪公權本質上是依附主刑一併執行的從刑。因此，若無期徒

---

[49] 司法院院解字第2933號解釋。

刑之受刑人於假釋後滿二十年未被撤銷假釋，其法律效果依法既係以無期徒刑「已執行論」（§79I），此時依附於無期徒刑執行上之褫奪公權（從刑）解釋上亦應屬已執行完畢而失效，不應產生終身褫奪公權之結果。

五、刑罰裁量與加減

（一）刑罰裁量因素

刑罰裁量（Strafzumessung）主要是在確定犯罪行為的法律效果，其包含制裁種類的選擇（例如徒刑、拘役或罰金以及是否褫奪公權）、刑度或數額的確定（例如幾年有期徒刑或多少罰金）等，甚至也包括是否得緩刑或易科罰金的決定[50]。刑罰裁量的主要目的應在於給予衡平犯罪人罪責的公正制裁，並藉由對犯罪人所科處的公正刑罰來彰顯法秩序的不可侵犯性，進而強化社會大眾的法意識與法信賴。因此，法官對於犯行經確認之行為人（被告）的量刑，除應符合其行為所實現的不法及罪責外，也要考量到刑罰的科處對於法秩序的維護，甚至是對行為人將來社會生活所可能產生的影響。

依據刑法第57條的規定：「科刑時應以行為人之責任為基礎，並審酌一切情狀，尤應注意下列事項，為科刑輕重之標準：

一、犯罪之動機、目的。
二、犯罪時所受之刺激。
三、犯罪之手段。
四、犯罪行為人之生活狀況。
五、犯罪行為人之品行。
六、犯罪行為人之智識程度。
七、犯罪行為人與被害人之關係。
八、犯罪行為人違反義務之程度。
九、犯罪所生之危險或損害。
十、犯罪後之態度。」

刑法第57條的規定，除明白表示法院量刑應以行為人之罪責為基礎外，並臚列了高達十款的刑罰裁量因素，作為法官在量刑時的指引方針。另外，針對

---

[50] Jescheck/Weigend, AT, S. 871.

罰金刑的裁量，除考量罪責及刑法第57條的裁量因素外，刑法並要求應額外審酌犯罪行為人之資力及犯罪所得之利益，且如所得之利益超過罰金最多額時，得於所得利益之範圍內酌量加重（§58）。不過如前所述，現行法關於科罰金得審酌犯罪所得利益予以酌量加重的規定，會造成對行為人雙重處罰的結果，法官宜本於雙重處罰禁止的精神，於量處罰金刑時將行為人犯罪所得的因素，摒除於審酌範圍之外。換句話說，法院在為罰金刑的量定時，不應考量行為人之犯罪所得的因素，對行為人犯罪所得的剝奪應透過沒收或追徵的方式來達成，而不是以額外的罰金來作為剝奪其犯罪所得的替代手段。

　　法官為刑罰裁量時，若認為行為人犯罪之情狀顯可憫恕，縱使科以所犯之罪的最低度刑仍嫌過重者，依法得予酌量減輕其刑（§59）。此規定可說是刑法賦予法官在量刑時的「減刑帝王條款」，當法官審酌各項量刑因素後認為犯罪情狀顯可憫恕，而有「情輕法重」的特殊情況時，此時法官即得動用此帝王條款再為被告減刑一次。而且，縱使已經依法律加重或減輕過了，還是可以動用此減刑帝王條款再予以酌量減輕其刑（§60）。

　　另外，對於下列輕微犯罪，若法官認為情節輕微顯可憫恕，依第59條規定減輕其刑仍嫌過重者，甚至得予以免除其刑，包括（§61）：

1. 最重本刑為三年以下有期徒刑、拘役或專科罰金之罪。但第132條第1項之公務員洩漏國防以外秘密罪、第143條之投票受賄罪、第145條之利誘投票罪、第186條之危險物品罪、第272條第3項之預備殺直系尊親屬罪，不在此限。
2. 第320條之普通竊盜罪、第321條之加重竊盜罪。
3. 第335條之普通侵占罪、第336條第2項之業務侵占罪。
4. 第339條之詐欺罪、第341條之準詐欺罪。
5. 第342條之背信罪。
6. 第346條之恐嚇取財罪。
7. 第349條第2項之贓物罪。

（二）累犯加重

　　刑法總則針對「累犯」的情形，特別設有予以加重其刑的制度。依刑法第47條第1項規定：「受徒刑之執行完畢，或一部之執行而赦免後，五年以內故意再犯有期徒刑以上之罪者，為累犯，加重本刑至二分之一。」據此，法官於

量刑時若發現行為人符合累犯要件，即得加重其刑至二分之一。甚至，若是裁判確定後始發覺為行為人為累犯，依法仍得依刑法第47條之累犯規定更定其刑。但若是刑之執行完畢或赦免後始發覺者，即不得再行更定其刑（§48）。

1. 適用範圍

應注意者，依刑法規定只有受有期徒刑與強制工作處分[51]經執行完畢或赦免後，五年內再犯有期徒刑以上之罪者，才有累犯加重規定之適用，故前罪若係受拘役、罰金或是其他種類保安處分之諭知者，自無適用累犯加重規定之餘地。同樣的，若被告於前罪徒刑執行完畢後，五年內再犯專科拘役或罰金之罪，也不生適用累犯規定加重的問題[52]。

由於刑法第47條第1項之累犯規定係以受有期徒刑執行完畢或一部執行赦免後、五年內再犯有期徒刑以上之罪為要件，因此若行為人被判處徒刑雖已確定，但尚未執行即更犯有期徒以上之罪，解釋上即無法適用累犯加重規定[53]。甚至，行為人於徒刑執行中越獄脫逃，亦非屬徒刑執行完畢或一部執行而赦免，故其越獄當下所犯的脫逃罪以及脫逃後五年內再犯之罪，也都無累犯規定適用之餘地[54]。

在行為人受有期徒刑之宣告但諭知緩刑的情形，若緩刑期滿且緩刑之宣告未經撤銷者，由於依法其罪刑之宣告均會失效（§76），性質上即不符合刑法第47條第1項所謂「受徒刑之執行完畢」的情形，故解釋上並無累犯加重規定之適用[55]。

在假釋的情形，若行為人於假釋出獄後，在假釋期間犯故意犯罪而受有期徒刑以上刑之宣告，只屬得撤銷假釋之原因，但非屬執行完畢或執行一部而赦免後再犯罪，因此即無累犯加重規定之適用[56]。不過，若行為人假釋出獄後，

---

[51] 因強制工作而依第98條第2項之規定免其刑之執行者，於受強制工作處分之執行完畢或一部之執行而免除後，五年以內故意再犯有期徒刑以上之罪者，依法亦以累犯論（§47Ⅱ）。

[52] 最高法院46年台上字第490號判決（原判例）。

[53] 最高法院47年台上字第1027號判決（原判例）。

[54] 最高法院19年非字第128號判決（原判例）、18年上字第633號判決（原判例）。

[55] 最高法院75年台上字第635號判決（原判例）：「緩刑期滿而緩刑之宣告未經撤銷者，其刑之宣告，失其效力，與以已執行論之效果，並不相同，嗣後縱然再犯，不發生累犯之問題。」

[56] 原最高法院25年非字第101號判例。

在無期徒刑假釋後滿二十年或在有期徒刑所餘刑期內均未經撤銷假釋，此時其尚未執行之餘刑，依法係視爲「已執行論」（§79Ⅰ），於此刑法既已將其法律效果視爲是徒刑已執行，故解釋上若其於假釋期滿後五年內再犯有期徒刑以上之罪，即仍應有累犯規定之適用。例如，行爲人遭判有期徒刑五年確定，於服刑滿三年半後假釋出獄，假釋後在所餘一年半刑期內未經撤銷假釋，則在服刑後滿五年時其尚未執行之刑依法視爲已執行，因此若其從此時起的五年內再故意犯有期徒刑以上之罪，即有累犯規定之適用，應加重本刑至二分之一。

2. 司法院釋字第775號解釋

刑法此種累犯加重的規定，係將行爲人已服刑完畢的前行爲再納入後行爲的量刑因素而予以加重，引發是否有違反憲法第8條「一行爲不二罰原則」以及「罪刑相當原則」的質疑？對此，司法院釋字第775號解釋認爲，刑法第47條有關累犯加重本刑的規定，其所加重處罰者係後罪行爲，而非前罪行爲，故「不生違反憲法一行爲不二罰原則之問題。惟其不分情節，基於累犯者有其特別惡性及對刑罰反應力薄弱等立法理由，一律加重最低本刑，於不符合刑法第五十九條所定要件之情形下，致生行爲人所受之刑罰超過其所應負擔罪責之個案，其人身自由因此遭受過苛之侵害部分，對人民受憲法第八條保障之人身自由所爲限制，不符憲法罪刑相當原則，牴觸憲法第二十三條比例原則。於此範圍內，有關機關應自本解釋公布之日起二年內，依本解釋意旨修正之。於修正前，爲避免發生上述罪刑不相當之情形，法院就該個案應依本解釋意旨，裁量是否加重最低本刑。」

釋字第775號解釋雖然不認爲刑法第47條的累犯加重規定全部違憲，但認爲此累犯規定不分情節一律加重最低本刑的部分，於個案中可能會發生違反「罪刑相當原則」的結果，故大法官乃對刑法第47條之規定做了一個「合憲性限縮」，亦即適用累犯規定時不一定要強制加重最低本刑，法院可以依個案裁量決定是否對符合累犯規定之行爲人予以加重最低本刑。

（三）自首減輕

所謂「自首」，係指針對尚未發覺的案件，犯罪行爲人向司法機關自陳其犯行之意。依刑法第62條規定：「對於未發覺之罪自首而受裁判者，得減輕其刑。但有特別規定者，依其規定。」由此規定可知，現行法對於自首的法律效

果是得減輕其刑，是否減刑仍繫於個案中法官的裁量，並非必減。此主要是由於2005年刑法修正將原自首必減刑之規定修改為得減，修法理由主要是考量到自首之動機不一而足，有出於內心悔悟者，有情勢所迫者，亦有基於預期可獲必減之寬典才自首者，一律減刑並非公平，因此方委由法官視具體情況來決定是否減輕其刑，對真誠悔悟者給予減刑自新的機會，而狡黠陰暴之徒亦無所遁飾，可符公平之旨。例如，角頭甲利用旗下小弟乙去殺人，並承諾給予安家費，再安排乙殺人後立刻前去警局自首以求能獲得減刑，此種情形縱行為人乙符合自首要件，法院仍可衡量其係濫用減刑制度而不予以減刑，教唆人甲並無自首行為無法適用自首規定，更不待言。

　　惟從刑事政策的觀點而言，自首減刑規定的主要目的係在藉由法定的減刑優惠作為誘因，鼓勵犯罪行為人向職司偵查犯罪職務的公務員自首，以讓犯罪事實真相能提早釐清，並減輕刑事司法體系在犯罪偵查上的負擔。2005年修法將原舊刑法的自首必減刑規定改為僅是「得減」，在自首不一定獲得法院減刑優惠的情況下，是否會導致此項誘因減弱或消失，導致鼓勵犯罪人自首的立法目的難以達成，恐怕是必須正視的問題[57]。

　　行為人是否可以成立自首的關鍵，依刑法第62條規定主要取決於其犯罪是否仍屬「未發覺之犯罪」。若尚屬未發覺之犯罪可成立自首，但若屬已發覺之犯罪即無自首減刑規定之適用。此處所謂的發覺，係指有職司犯罪偵（調）查職務之公務員（例如司法警察、檢察官）已知悉犯罪事實以及犯罪人而言，並不包括私人知悉的情況在內[58]。在犯罪事實的部分，犯罪事實必須確實存在、且為職司犯罪偵查職務之公務員所確知，始屬已發覺[59]。至於犯罪人的部分，則只要職司犯罪偵查職務之公務員對其發生嫌疑時即得謂為已發覺，並不以確知其人犯罪無誤為必要。但此項對犯人之嫌疑，仍須有確切之根據得為合理之可疑者，始足當之，若只是單純主觀上之懷疑，尚不得謂已發生嫌疑[60]。例

57　對此次修法的批評，可見林山田，刑法通論（下），第508頁以下。

58　原20年上字第1721號判例：「查刑法第三十八條之所謂發覺，係指該管公務員已知犯罪事實並知犯罪人之為何人而言，至被害人以及被害人以外之人知悉其事並知其人，而該管公務員猶未知之者，仍不能不認為合於該條所謂未發覺之規定，蓋該條之立法本旨自首減刑，係為獎勵犯罪者悔過投誠，而一方為免搜查逮捕株連疑似累及無辜，就此觀察，其所謂發覺，並不包括私人之知悉在內。」

59　最高法院75年台上字第1634號判決（原判例）。

60　最高法院72年台上字第641號判決（原判例）。

如，當警方知悉兇殺案發生，僅根據多年辦案經驗懷疑高額保險之受益人的配偶有嫌疑，但並無其他證據或線索，此時仍屬未發覺之犯罪，可成立自首；但若警方已經掌握證據懷疑其涉案時，因已存在合理犯罪嫌疑，解釋上即已不屬於未發覺之案件，故若此時向執法機關自陳其犯罪事實，即無法成立自首。此種情形一般稱之為投案，投案並非法定的減刑事由，只能作為法官量刑時的參考。

有爭議者，於想像競合犯之情形，若涉犯輕罪部分經偵查機關發覺，行為人於接受所涉輕罪之偵訊時，主動向檢警供述尚未被發覺之重罪部分的犯罪事實，此時針對該重罪部分行為人是否仍可適用自首減刑之規定，解釋上不無疑問。對此，最高法院實務見解係採取肯定說，認為針對行為人主動供述偵查機關尚未發覺之想像競合犯的另一犯罪，仍有自首減刑規定之適用[61]。例如，行為人持有他人所有之第三級毒品，之後將該毒品據為己有，並販賣予他人，係一行為觸犯侵占罪（刑法§335Ⅰ）與販賣三級毒品罪（毒品危害防制條例§4Ⅲ）之想像競合犯，依法應從重依販賣三級毒品罪論處（§55）。但若其因涉犯侵占罪部分遭偵查機關偵訊時，主動供出自己所犯但「偵查機關尚未發覺之販賣三級毒品罪」，此時就其所犯販賣三級毒品罪的部分仍有自首減刑規定之適用。

另外，實務見解認為自首係以對於未發覺之罪自首而受裁判為要件，犯罪行為人應於職司犯罪偵查職權之公務員未發覺犯罪事實或犯罪人之前自首其犯行，並接受裁判，兩項要件兼備，始能獲自首減刑之寬典。若犯罪行為人自首犯罪之後，拒不到案或逃逸無蹤，顯無悔罪投誠甘受裁判之情，與自首要件不符，不能予以減刑[62]。此項見解可資贊同，否則在行為人僅打電話或託人向犯罪偵查機關表達自首之意，但實際卻逃逸不到案的情形，若將來遭逮捕時仍可適用自首減刑之優惠，將與自首減刑規定的目的相違背。

行為人自首的方式並不限於自行到案，即使是託人代理自首或向非偵查機關請其轉送均無不可，但必須有向該管司法機關自承犯罪而受裁判之事實，始生效力。因此，若於犯罪後，僅向被害人或非有偵查犯罪職務之公務員陳述自己犯罪之事實，而無受裁判之表示，即與自首之條件不符[63]。應留意者，若是託人代理自首或向非偵查機關請其轉送，解釋上仍須自首訊息到達有偵查犯罪

---

[61] 最高法院刑事大法庭108年度台上大字第3563號裁定。

[62] 最高法院94年度台上字第5690號判決。

[63] 最高法院50年台上字第65號判決（原判例）。

職務之公務員時，其犯罪事實尚未被發覺或是其尚未被具體鎖定爲犯罪嫌疑人，始可以成立自首。例如，行爲人請託媒體代爲轉送警局其自首之訊息，但在媒體記者將自首訊息受達警局前，司法警察已經從證據鎖定其爲犯罪嫌疑人，此時即無法成立自首。

（四）刑之加減方式

　　刑法與其他刑事法規中均有不少加重或減輕其刑之規定，惟此等情形在個案中法院應如何加重、如何減輕，刑法總則有必要加以規定刑之加減的方式。

　　犯罪的法定刑若達死刑或無期徒刑，均無法再加重、僅得減輕。死刑減輕者，減爲無期徒刑，無期徒刑減輕者，則減爲爲二十年以下十五年以上之有期徒刑（§§64, 65）。例如公務員利用職務上機會放火燒毀他人住宅，由於放火罪（§173 I）的法定刑上限已達無期徒刑，縱使適用刑法第134條之規定予以加重，也不能將本刑加重到死刑。

　　有期徒刑、拘役、罰金減輕者，減輕其刑至二分之一。但同時有免除其刑之規定者，其減輕得減至三分之二（§66）。酌量減輕其刑者，亦準用減輕其刑之規定，亦即同樣減輕其刑至二分之一（§73）。有期徒刑或罰金加減者，其最高度及最低度同加減之（§67），相對地，由於拘役最低刑度僅一日拘役，事實上無法再減，故拘役加減者，則僅加減其最高度（§68）。而且，有二種以上刑之加重或減輕者，應遞加或遞減之（§70），但若同時有刑之加重及減輕者，則先加後減（§71 II）。

　　應留意者，有期徒刑與拘役之加重均有其上限，原本有期徒刑的範圍爲二月以上、十五年以下，遇有加減時，得減至二月未滿，但無論如何最多僅得加至二十年（§33③）；至於拘役，其原本的範圍爲一日以上、六十日未滿，但遇有加重時，最多亦僅得加至一百二十日（§33④）。

六、刑罰權時效

（一）追訴權時效

　　所謂追訴權時效期間（Verfolgungsverjährungsfrist），係指國家對於犯罪之追訴權，於經過一定期間未行使後、即不得再予行使的追訴期間。依我國刑法第80條之規定，除最重本刑爲十年以上有期徒刑且發生死亡結果之犯罪（例

如殺人罪、傷害致死罪、重傷致死罪等）無追訴權時效之限制外，其餘所有犯罪均依其法定刑之長短分別有五年至三十年的特定追訴權時效期間。

1.追訴權時效規制基礎與本質

　　刑法之所以規定犯罪之追訴權時效的基礎理由，亦即追訴權時效制度的規制基礎爲何，文獻上主要可分成三種不同的論述觀點[64]：

　　第一種是實體法的觀點，主要從「刑罰目的」的角度來理解，認爲追訴權時效制度的存在基礎，主要是因爲犯罪經過長時間未追訴已經導致一般預防（Generalprävention）及特別預防（Spezialprävention）的刑罰目的無法實現（或至少是難以實現），因此國家在刑事政策上已無再對其進行追訴處罰之必要[65]。另外，也有從國家怠於追訴而產生類似失權效的觀點來論述之見解，認爲追訴權時效是一種節制國家刑罰權的制度，當國家可歸責地怠於行使其追訴處罰的權利長達一段時間後，會導致其刑罰權確認與實現的權利消滅，因此國家乃不得再予以追訴處罰[66]。

　　第二種則是程序法的觀點，主要是從刑事訴訟程序的角度來觀察，認爲追訴權時效制度存在的基礎，是因爲犯罪經過長時間未進行追訴會導致證據情況的惡化（特別是人證的證據價值會快速流失），讓犯罪事實的證明更加困難，因此增加了法院誤判的危險，而追訴權時效制度除了可以避免這樣的誤判危險外，同時也有助於降低司法成本，讓司法資源可以做更有效率的運用；而且，透過追訴權時效對於刑事訴追機關所具有的督促作用，可以避免刑事訴追機關在犯罪追訴上的延宕[67]。

　　第三種則是混合實體法與程序法觀點的折衷見解（亦稱爲「混合的時效理論」），主張追訴權時效存在的基礎應該兼從實體法及程序法的觀點來理解，實體法上的理由是刑罰目的難以實現、程序法上的理由則是犯罪事實證明困難與避免法院誤判的危險[68]。

　　上述學說上對追訴權時效規制基礎在觀點上之歧異，通常會連帶影響到對

---

[64] 詳請參閱林書楷，論追訴權時效之起算—從過失犯之爭議談起，台灣法學雜誌，第394期，2020/06，第123頁以下。

[65] Bock, Die strafrechtliche Verfolgumgsverjährumg, JuS 2006, S. 12.

[66] 柯耀程，刑法釋論Ⅱ，2014，第557頁以下。

[67] Bock, JuS 2006, S. 13.

[68] 林山田，刑法通論（下），10版，2008，第604頁以下；Jescheck/Weigend, AT, S. 912f.

追訴權時效本質的定性。採實體法觀點者，通常會認爲追訴權時效完成在本質上應該是一種個人的解除刑罰事由（Strafaufhebungsgrund）。相對地，採程序法觀點者，則往往會認爲追訴權時效完成並不會影響到實體法上的犯罪成立與處罰，其性質上只是一種程序障礙或訴訟障礙事由（Prozesshindernis）。

　　從比較法的角度觀察，德國法院實務歷經多次演變，早期帝國法院採實體法觀點，之後改採實體法與程序法的混合觀點，但從帝國法院晚期即改採程序法觀點，之後包括聯邦最高法院與聯邦憲法法院也均延續採程序法觀點，並據此認爲追訴權時效完成在本質上是一種程序障礙或訴訟障礙事由[69]，這種程序法觀點也廣爲德國學界所採納而成爲具支配地位的多數說見解[70]。

　　從比較法的角度觀察，德國法院實務歷經多次演變，早期帝國法院採實體法觀點，之後改採實體法與程序法的混合觀點，但從帝國法院晚期即改採程序法觀點，之後包括聯邦最高法院與聯邦憲法法院也均延續採程序法觀點，並據此認爲追訴權時效完成在本質上是一種程序障礙或訴訟障礙事由[71]，這種程序法觀點也廣爲德國學界所採納而成爲具支配地位的多數說見解[72]。

　　在我國刑法學說上，有採實體法觀點者[73]，也有採混合實體法與程序觀點者[74]，但似乎未見純粹採程序法觀點者。至於實務見解方面，最高法院在近來的大法庭裁定中，對於追訴權時效的本質亦採取了混合實體與程序的觀點[75]。

---

[69] Vgl. Frank Saliger, in:Kindhäuser/Neumann/Paeffgen StGB, 5. Aufl., 2017, Vor § 78 Rn. 3.

[70] Bosch, Schönke/Schröder StGB, 30 Aufl., 2019, Vor § 78 Rn. 3.；Frank Saliger, aaO., Vor § 78 Rn. 3.；Lackner/Kühl, StGB, 29 Aufl., 2018, § 78 Rn. 2.；Mitsch, in:MüKoStGB, 3. Aufl. 2016, § 78 Rn. 1.

[71] Vgl. Frank Saliger, in:Kindhäuser/Neumann/Paeffgen StGB, 5. Aufl., 2017, Vor § 78 Rn 3.

[72] Bosch, Schönke/Schröder StGB, 30 Aufl., 2019, Vor § 78 Rn 3.；Frank Saliger, aaO., Vor § 78 Rn 3.；Lackner/Kühl, StGB, 29 Aufl., 2018, § 78 Rn 2.；Mitsch, in:MüKoStGB, 3. Aufl. 2016, § 78 Rn 1.

[73] 柯耀程，刑法釋論Ⅱ，2014，第557頁以下，採國家喪失刑罰權的失權效觀點；薛智仁，刑事追訴時效之理論根據、法律性質及法律效果，中研院法學期刊，第12期，2013/03，第278頁以下、第285頁以下，採積極一般預防力難以達成的觀點。

[74] 林山田，刑法通論（下），10版，2008，第604頁以下；張麗卿，新刑法時效規定之沿革與評析，月旦法學，第128期，2005/12，第144頁以下。

[75] 最高法院大法庭110年台上大字第5954號裁定：「時效已完成者，依刑事訴訟法第三百零二條第二款規定，應諭知免訴之判決，而同條應諭知免訴判決之其他情形，……均非屬程序事項。且刑法施行法第八條之一規定，追訴權時效已進行而未完成者，應比較修正前後之條文，適用最有利於行爲人之規定。足徵追訴權時效確具有實體法之性質，爲刑罰解除事由。惟追訴權時效，係因一定時間之經過，不再追究某特定之可罰性行爲，並未影響立法者對該

相較之下可發現，程序法觀點在德國居於實務與學界多數說的地位，但在我國學說與實務上純粹的程序法觀點卻似乎不受青睞。

　　以程序法觀點作為追訴權時效規制基礎的見解，與我國法制現況及現實經驗均無法吻合，犯罪長時間未追訴而導致對犯罪人實施刑罰制裁的目的難以實現，才是國家對該犯罪喪失追訴處罰權的主要理由，這也正是追訴權時效制度之所以會存在的最主要基礎[76]。據此，本書認為對於追訴權時效已經完成的犯罪行為，於刑法評價上雖然仍具備應刑罰性，但由於對此類犯罪進行追訴實際上已難以實現刑罰的目的而導致其欠缺刑罰必要性，故基於「比例原則」的精神國家乃對之予以放棄追訴處罰，因此追訴權時效完成在本質上仍然應該是一種具實體性質的「解除刑罰事由」。

2. 追訴權時效之計算

　　關於追訴權時效之計算，依刑法第80條第1項之規定：「追訴權，因下列期間內未起訴而消滅：

　　一、犯最重本刑為死刑、無期徒刑或十年以上有期徒刑之罪者，三十年。但發生死亡結果者，不在此限。

　　二、犯最重本刑為三年以上十年未滿有期徒刑之罪者，二十年。

　　三、犯最重本刑為一年以上三年未滿有期徒刑之罪者，十年。

　　四、犯最重本刑為一年未滿有期徒刑、拘役或罰金之罪者，五年。」

　　關於何種犯罪應適用多久的追訴權時效期間，係依該犯罪的法定刑而適用刑法第80條第1項來決定，若其本刑有應加重或減輕者，刑法特別明定仍依本刑來計算（§82）。至於，追訴權時效期間經過之計算，原則上自「犯罪成立之日」開始起算，但若是屬於繼續犯，由於其犯罪行為有繼續之狀態，此時追訴權時效則自「犯罪行為終了之日」才開始起算（§80II）。例如，在剝奪行動自由罪（§302）中，追訴權時效之計算係從被害人被釋放之日才會開始起算。

　　追訴權時效，因起訴而停止進行。另外，依法應停止偵查或因犯罪行為人逃匿而通緝者，亦同（§83I）。不過，若起訴後經法院諭知公訴不受理判決

特定行為可罰性之決定，亦無涉該行為之社會非難，且從時效完成之法律效果觀察，為追訴不能，則具有程序法之性質，為訴訟障礙事由。……」

[76]　詳細說明請參閱林書楷，論追訴權時效之起算—從過失犯之爭議談起，台灣法學雜誌，第125頁以下。

確定，或因程序上理由終結自訴確定者，或依法審判不能開始或繼續，或依法停止偵查或通緝其期間已達第80條第1項各款所定追訴權時效期間的三分之一者，時效停止原因視爲消滅（§83II），換句話說，此時追訴權時效即會開始再進行，而其期間之計算，係自停止原因消滅之日起，與停止前已經過之期間，一併計算（§83III）。

應強調者，對於個案中追訴權時效期間是否已完成之認定若發生疑慮，是屬於法院應依職權調查的事項，而且若法院窮盡一切認知與證據調查程序後仍然無法得出無合理懷疑的確信，此時應適用「罪疑唯輕原則」做有利於被告之認定[77]，亦即法院應爲追訴權時效已完成之認定。

3. 追訴權時效的排除

國家對犯罪的追訴權會因一定期間的經過而消滅，犯罪在其追訴權時效經過後，將產生國家不得再對其進行追訴的效果。惟由於考量到一些特定重大犯罪的追訴，縱使是年代久遠也仍有將犯罪人繩之於法並對之科處公正制裁的必要，如此才能在一般社會大眾的心理營造一種「法網恢恢、疏而不漏」的印象，不論是對威嚇社會中的潛在犯罪人的負面一般預防目的，抑或是對維護法秩序與法信賴的正面一般預防目的的達成而言，均仍能產生相當程度的強化作用。因此，刑法第80條第1項第1款但書乃將「最重本刑爲十年以上有期徒刑且發生死亡結果之重罪」排除在追訴權時效的適用範圍之外。也就是說，「最重本刑爲十年以上有期徒刑且發生死亡結果之重罪」在我國法上並無追訴權時效的適用。

由於追訴權時效涉及國家對犯罪之追訴及刑罰權的必要性與正當性，係具實體性質的「個人解除刑罰事由」，因此法理上仍應受「罪刑法定原則」的拘束，特別是「溯及既往禁止」的限制[78]。因此，2019年刑法第80條第1項第1款但書將「最重本刑爲十年以上有期徒刑且發生死亡結果之重罪」修法改爲不具時效性的規定，立法者特別於刑法施行法第8條之2規定將其溯及既往適用於

---

[77] Frank Saliger, in:Kindhäuser/Neumann/Paeffgen StGB, Vor § 78 Rn. 13, § 78a Rn. 9.；Lackner/Kühl, StGB, § 78 Rn. 12a.；Mitsch, in:MüKoStGB, § 78 Rn. 9.

[78] 持追訴權時效應受「罪刑法定原則」溯及既往禁止之拘束的見解者：柯耀程，刑法釋論II，第567頁；同作者，論刑罰權時效，軍法專刊，58卷3期，2012/06，第158頁；薛智仁，刑事追訴時效之理論根據、法律性質及法律效果，第309頁以下。不同見解：張麗卿，新刑法時效規定之沿革與評析，第145頁，認爲追訴權時效不涉及可罰性，而是涉及追訴可能性，在時效期間未屆滿前，時效期間的延長並沒有違反回溯禁止。

「新法施行前其追訴權時效已進行而未完成」之情形，此溯及既往條款之規定是否妥適，恐有檢討之空間[79]。

（二）行刑權時效

國家對於經有罪判決確定的行為人執行刑罰的權力，會因一定期間的經過而消滅，此即行刑權時效。在追訴權時效經過後，將產生國家不得再對經有罪判決確定之行為人執行刑罰的效果。依刑法第84條第1項規定：「行刑權因下列期間內未執行而消滅：
一、宣告死刑、無期徒刑或十年以上有期徒刑者，四十年。
二、宣告三年以上十年未滿有期徒刑者，三十年。
三、宣告一年以上三年未滿有期徒刑者，十五年。
四、宣告一年未滿有期徒刑、拘役或罰金者，七年。」
此行刑權時效之期間，自裁判確定之日起算。但因保安處分先於刑罰執行者，自保安處分執行完畢之日起算（§84II）。
行刑權之時效，原則上因刑之執行而停止進行。但有依法應停止執行、因受刑人逃匿而通緝或執行期間脫逃未能繼續執行、或受刑人依法另受拘束自由，而不能開始或繼續者，行刑權時效亦停止進行（§85I）。停止原因繼續存在之期間，如達於第84條第1項各款所定行刑權時效期間的三分之一者，其停止原因視為消滅（§85II）。換句話說，此時行刑權時效的期間就會再開始進行，而其期間之計算，也是自停止原因消滅之日起，與停止前已經過之期間，一併計算（§85III）。

---

[79] 刑法第80條第1項第1款但書將「最重本刑為十年以上有期徒刑且發生死亡結果之重罪」修法改為不具時效性的規定，是受到德國法的影響。由於德國學說與實務的多數說對於追訴權時效的規制基礎係採程序法觀點，導致多數說都認為追訴權時效完成只是一種程序障礙或訴訟障礙事由，並不適用「罪刑法定原則」的溯及既往禁止。Vgl. Bock, JuS 2006, S. 13.；Frank Saliger, in:Kindhäuser/Neumann/Paeffgen StGB, Vor § 78 Rn. 9.；Mitsch, in:MüKoStGB, § 78 Rn. 12.

第三節　保安處分

在刑法「雙軌制」的刑事制裁體系底下，保安處分的目的主要在消除犯罪行爲人的潛在犯罪因子，以預防其將來再犯，主要包括針對少年犯的「感化教育」處分、針對精神障礙或心智缺陷犯罪人的「監護」處分、針對有毒癮或酒癮之犯罪人的「禁戒」處分、針對因遊蕩慵懶成習之犯罪人的「強制工作」處分、針對性侵犯的「強制治療」處分、針對外國籍犯罪人的「驅逐出境」處分以及「保護管束」處分：

一、感化教育處分

若行爲人係未滿十四歲之未成年人，由於其欠缺責任能力而不成立犯罪，此時法院得令入感化教育處所，施以感化教育。倘若行爲人係十四歲以上、未滿十八歲之限制責任能力人，依法應減輕其刑，此時法院亦得於裁判時宣告其應於刑之執行完畢或赦免後，入感化教育處所，施以感化教育。但宣告三年以下有期徒刑、拘役或罰金者，感化教育得於執行前爲之。此項感化教育之期間爲三年以下。但執行已逾六月，認無繼續執行之必要者，法院得免其處分之執行（§86）。

不過，由於少年事件處理法係刑法之特別法，實務上由於對少年事件均適用少年事件處理法之程序，故若非行少年有施以感化教育之必要時，少年法院均係依少年事件處理法第42條第1項第4款來裁定論知感化教育處分，而非依據刑法第86條之規定。因此，在實務上幾乎用不到的情況下，刑法第86條關於少年犯感化教育處分之規定幾成贅文，似可考慮予以刪除[80]。

二、監護處分

刑法上的「監護處分」，係針對有精神障礙或心智缺陷之行爲人，爲消除其可能再犯之因子，而將其送入適當處所施以治療與監督照護的一種保安處分。例如，行爲人如果因嚴重的思覺失調症在產生幻覺、幻聽的情況下殺人，若不好好治療其思覺失調症，其將來再犯的可能性仍高，因此刑法乃定有監護

---

[80] 林山田，刑法通論（下），第587頁。

處分，可將其送往適當處所施以治療，俾降低其再犯危險性。

　　行為人於行為人若因精神障礙或其他心智缺陷，致完全欠缺責任能力時，依法不成立犯罪（§19 I），此時依「無罪責、即無刑罰」的罪責原則，不得對之科處刑罰。但如果其情狀足認有再犯或有危害公共安全之虞時，法院仍得令其入相當處所或以適當方式，施以監護處分（§87 I）。此主要是因為保安處分的實施並非基於行為人之罪責，而是基於其再犯危險性，因此縱使行為人因無責任能力而無罪，並不影響保安處分之諭知。

　　倘若行為人之精神障礙或心智缺陷，並未達完全欠缺責任能力之程度而仍具有部分責任能力時（限制責任能力），則犯罪仍然成立只是因行為人不具完全罪責而得依法減輕其刑（§19 II），此時如果法院認為其有再犯或危害公共安全之虞，亦得宣告於刑之執行完畢或赦免後，令其入相當處所或以適當方式施以監護處分[81]。但必要時，監護處分得於刑之執行前為之（§87 II）。

　　監護處分之期間為五年以下，原本依刑法的規定並無法延長，惟2022年修法時，立法者認為如此無法妥適因應個案具體情節，於行為人仍有再犯或危害公共安全之虞時將因期限屆至而無法施以監護，無法落實社會保安之目的，乃增訂延長監護期間及評估機制之規定，以達刑法之預防功能。因此，依據新法規定，在監護處分執行期間屆滿前，檢察官若認為有延長之必要者，得聲請法院許可延長之，第一次延長期間為三年以下，第二次以後每次延長期間為一年以下（§87 III）。據此，由於延長監護處分本法並無次數之限制，導致監護處分亦變成沾染絕對不定期保安處分的色彩，則在實務執行上務必要脫離刑事處罰的色彩，讓監護處分落實醫療處分之本質，以符合保安處分與刑罰的「明顯區隔原則」[82]，方能擺脫違反罪刑法定原則的違憲質疑。

　　應強調者，監護處分的執行，不論是最初的五年期間，抑或是之後延長執行的期間，均應每年評估有無繼續執行之必要（§87 IV）。基於保安處分的本質，若於執行中認為行為人之社會危險性已經顯著降低而無繼續執行之必要時，法院即應免其處分之執行（§87 III但書）。例如，若精神障礙之行為人的

---

[81]　監護處分之執行，依保安處分執行法第46條規定，檢察官應按其情形，指定令入司法精神醫院、醫院或其他精神醫療機構接受治療，或令入適當精神復健機構、精神護理機構、身心障礙福利機構或其他適當處所接受照顧、照護、復健或輔導，或接受特定門診治療、交由其法定代理人或最近親屬照顧，亦得為其他適當處遇措施，以使受監護處分人適時接受適當方式之監護，有效達成監護處分之目的。

[82]　司法院釋字第799號、第812號解釋。

病情已因監護處分期間的妥善治療而減緩、再犯可能已顯著降低，此時法院即得免其後續處分之執行。因保安處分之目的，本即在降低行為人之再犯危險性，今既然監護目的已達，自無再繼續執行監護處分之必要。

另外，若是先執行徒刑，在刑之執行完畢或赦免後，認為已無執行監護處分之必要時，法院得免其處分之執行；相對地，若係先執行保安處分，於處分執行完畢或一部執行而免除後，認為無執行刑之必要者，法院亦得免其刑之全部或一部執行（§98 I）。而且，如果行為人先前有遭依刑事訴訟法第121條之1執行暫行安置，因暫行安置是作為刑事確定判決前先將行為人（被告）送至醫療機構進行治療之監護處分的替代措施，因此若於執行暫行安置後，行為人之社會危險性已經顯著降低而無再執行刑之必要者，法院亦得免其刑之全部或一部執行（§98III）。應強調者，此處所謂「免其刑之執行」，均以有期徒刑或拘役為限（§98IV）。

三、禁戒處分

行為人若係施用毒品成癮者，法院得宣告於刑之執行前令其入相當處所，施以戒除毒癮之禁戒處分。此項戒除毒癮之禁戒處分的期限為一年以下。但執行中認無繼續執行之必要者，法院亦得免其處分之執行（§88）。實務上，由於毒品危害防制條例是刑法之特別法，故施用毒品成癮之犯罪人往往均應依毒品危害防制條例之相關規定先送觀察勒戒、甚至進一步實施強制戒治，刑法關於戒除毒癮之禁戒處分的規定實際上已無適用之空間，因此刑法第88條之規定實可考慮予以刪除。

另外，若行為人係因酗酒而犯罪者，如足認其已酗酒成癮並有再犯之虞，法院亦得宣告於刑之執行前，令其入相當處所，施以戒除酒癮之禁戒處分。此項戒除酒癮之禁戒處分的期限為一年以下。但執行中認無繼續執行之必要者（例如已戒酒成功），法院亦得免其處分之執行（§89）。此處所謂「免其刑之執行」，同樣僅以有期徒刑或拘役為限（§98IV）。

四、強制治療處分

若行為人觸犯刑法妨害性自主或妨害風化罪（包括§221強制性交罪、§222加重強制性交罪、§224強制猥褻罪、§224-1加重強制猥褻罪、§225趁

機性交猥褻罪犯、§226性侵之結果加重罪、§226-1性侵結合罪、§227與幼年男女性交猥褻罪、§228利用權勢性交猥褻罪、§229詐術性交罪、§230血親性交罪、§234公然猥褻罪、§332Ⅱ②強盜強制性交罪、§334②海盜強制性交罪、§348Ⅱ①擄人勒贖強制性交罪及其特別法之罪）及其特別法之罪，而有下列情形之一者，得令入相當處所，施以刑後強制治療（§91-1）：

　　(一)徒刑執行期滿前，於接受輔導或治療後，經鑑定、評估，認有再犯之危險者。

　　(二)依其他法律規定（例如性侵害防制法），於接受身心治療或輔導教育後，經鑑定、評估，認有再犯之危險者。

　　犯刑法第91條之1所列妨害性自主或妨害風化等罪之行為人，若於獄中經鑑定評估再犯危險性仍未降低，除依刑法第77條第2項第3款規定係禁止假釋不得提前出獄外，並得對之施以刑中強制治療。倘若該性侵犯罪人之後服刑期滿，但經鑑定評估再犯危險性仍未顯著降低，此時仍可於其服刑期滿後依法再對其繼續進行刑後強制治療（§91-1）。

　　本條規定之強制治療處分，係於性侵犯罪人徒刑執行期滿前，經鑑定評估認其有再犯危險時，由檢察官向法院聲請，法院若裁定施以強制治療，則該犯罪人於徒刑執行期滿後即無法出獄，而是接續施以刑後強制治療。此項刑後強制治療處分之期間，刑法原規定至「其再犯危險顯著降低」為止（舊§91-1Ⅱ），故若經鑑定評估該性侵害犯罪人之再犯危險性一直未顯著降低，則刑後強制治療處分即可一直持續，導致強制治療處分實質上幾乎等同於「拘束人身自由之絕對不定期保安處分」，學說上早有違反「罪刑法定原則」的質疑[83]。

　　針對舊法強制治療處分採絕對不定期之設計是否違憲的問題，憲法法庭考量實務上對於強制治療處分的需求，於釋字第799號解釋中作出原則尚不違憲的結論，惟仍提出二點違憲性警告：第一點是針對可能造成終身監禁疑慮的違憲警告，明示「若干特殊情形之長期強制治療仍有違憲之疑慮，有關機關應依本解釋意旨有效調整改善」；第二點則是針對強制治療處分在實務上執行時近乎刑罰執行的違憲警告，認為「現行強制治療制度長年運作結果有趨近於刑罰之可能，而悖離與刑罰之執行應明顯區隔之憲法要求，有關機關應自本解釋公布之日起3年內為有效之調整改善，以確保強制治療制度運作之結果，符合憲

83　林山田，刑法特論（下），第592頁。

法明顯區隔要求之意旨。」

　　相較於釋字第812號解釋憲法法庭直接宣告「強制工作」處分違憲，而直接讓整個強制工作的制度失效，從此消失在我國法制上。釋字第799號解釋對於強制治療處分，囿於實務需求的必要性不敢貿然直接宣告違憲，而只是予以違憲警告，並敦促政府改善，事實上頗具妥協的意味。惟無論如何，從釋字第799號解釋到第812號解釋，兩號解釋的結論雖然不同，但確立了保安處分之執行必須與刑罰具明顯區隔的憲法原則，即解釋中所謂的「明顯區隔原則」。據本書所信，憲法法庭似有意透過此「明顯區隔原則」要求的貫徹，讓強制治療處分回歸醫療（或治療）的本質，與刑罰執行產生明顯區隔、劃清界線，如此即可放寬（或甚至跳脫？）「罪刑法定原則」的拘束。

　　為回應憲法法庭關於長期強制治療有違憲疑慮之警告，2023年刑法第91條之1修法，將刑後強制治療處分的期間明定五年以下，但執行期間屆滿前，若檢察官認為有延長之必要，得聲請法院許可延長，第一次延長期間為三年以下，第二次以後每次延長期間為一年以下。但執行中認無繼續執行之必要者，法院得停止治療之執行（§91-1Ⅱ）。惟如此修法，僅使強制治療處分在形式上有最長期限的外觀而已，因法並無關於延長次數的限制，實質上仍可藉由不斷延長強制治療處分的方式而變相達到不定期的結果，故日後實務上恐仍有賴於法院在審查延長聲請時的確實把關，方得避免淪落至絕對不定期或長期強制治療處分的違憲質疑。

五、保護管束

　　所謂「保護管束」，係指將行為人交由特定之警察機關、自治團體、慈善團體、本人最近親屬、家屬或其他適當之人，而加以約束及保護之處分[84]。依法法院得裁定保護管束處分之情形，有以下幾種：

　　(一)以保護管束來作為上述感化教育處分、監護處分、禁戒處分或強制工作處分的一種替代處分。此種替代性保護管束處分之期間為三年以

84　依保安處分執行法第74條之2的規定：「受保護管束人在保護管束期間內，應遵守左列事項：一、保持善良品行，不得與素行不良之人往還。二、服從檢察官及執行保護管束者之命令。三、不得對被害人、告訴人或告發人尋釁。四、對於身體健康、生活情況及工作環境等，每月至少向執行保護管束者報告一次。五、非經執行保護管束者許可，不得離開受保護管束地；離開在十日以上時，應經檢察官核准。」

下。其不能收效者，得隨時撤銷之，仍執行原處分（§92）。

(二)受緩刑宣告者，得於緩刑期間付保護管束。但若係犯刑法妨害性自主
　　或妨害風化罪章或執行第74條第2項第5款至第8款的緩刑條件，則應
　　於緩刑期間付保護管束（§93Ⅰ）。

(三)假釋出獄者，在假釋中應付保護管束（§93Ⅱ）。

六、驅逐出境處分

　　外國人受有期徒刑以上刑之宣告者，得於刑之執行完畢或赦免後，驅逐出
境（§95）。此種針對外國籍的犯罪人於其服刑期滿後將之驅逐出境的保安處
分，其目的在避免該外國籍犯罪人出獄後將來再於本國領域內犯罪的可能性。
應注意者，只有針對外國籍的犯罪人才可驅逐出境，對本國籍的犯罪人並不適
用此種驅逐出境處分。

第四節　沒收

　　刑法沒收制度的法律性質為何，學說上意見雜踏分陳。筆者以為「刑法整
體的沒收制度」（含違禁物、犯罪關聯物沒收與犯罪所得沒收）是一種獨立的
特殊刑事制裁類型，其兼具類似刑罰、準不當得利衡平措施以及保安處分等多
重性質[85]，但不宜將之貿然定位為刑罰與保安處分外之刑事制裁的第三軌[86]。
也就是說，現行刑法將「沒收」由原本的「從刑」抽離出來獨立規定為第三種
刑事制裁類型，但我國刑法的刑事制裁體系所採者仍然是「雙軌制」，只是在

---

[85]　我國學界認為「沒收」兼具刑罰與保安處分之性質者：林山田，刑罰學，第313頁以下；林
　　山田，刑法通論（下），第482頁以下；柯耀程，刑法釋論Ⅱ，第76頁以下；黃榮堅，基礎
　　刑法學（上），第81頁以下；傅美惠，論沒收—刑法修正草案「沒收」規範評析，國立中正
　　大學法學集刊，第17期，2004/10，第184頁以下。類似見解：吳天雲，沒收犯罪所得的法律
　　性質與具體適用—以是否扣除成本為例，法學新論，第37期，2012/08，第126頁以下，認為
　　刑法的沒收是一種混和「刑罰」與「類似不當得利返還請求權」的制裁體系。不同見解：陳
　　重言，沒收新制之時的效力—裁判時新法適用原則與施行法統合效果，月旦法學雜誌，第
　　254期，2016/07，第82頁以下，認為「沒收」較貼近於「保安處分」之性質。

[86]　刑事法上比較會被談及作為刑事制裁體系之第三軌（dritte Spur）的，通常是指透過犯罪人
　　與被害人之衝突調處（Täter-Opfer-Ausgleich）以達成損害修復（Wiedergutmachung）的所謂
　　「修復式司法」（Restorative Justice）制度。Vgl. Meier, Strafrechtliche Sanktionen, S. 309 ff.

純粹的刑罰與保安處分外，尚存在一種綜合了不同沒收類型的一種特殊刑事制裁類型。由於刑法整體的沒收制度，難以界定純粹的刑罰或保安處分，性質上乃成為「雙軌制」刑事制裁體系中的一種例外體制[87]。

　　刑法沒收制度的本質，需從不同類型沒收的角度來分別加以觀察。其中對原屬犯罪行為人之物的沒收（例如沒收原屬行為人的犯罪工具）往往具懲罰色彩，較類似刑罰的性質；對具危險性之違禁物或犯罪關聯物的沒收，目的主要在於社會保安，避免危險違禁物品將來再遭用於犯罪，較類似於保安處分的性質；至於，對犯罪所得之沒收與追徵因採「總額原則」的緣故，性質上同時綜合了懲罰、不法利得剝奪與避免犯罪所得將來再遭用於犯罪的目的，兼含類似刑罰、準不當得利衡平措施與保安處分的特徵[88]。也因為刑法整體沒收制度難以被完全劃歸為刑罰或保安處分的其中一種類別，因此刑法乃將之獨立列為一種特殊的刑事制裁類型[89]。

　　現行刑法的沒收（Einziehung）主要可分成違禁物沒收、犯罪關聯物沒收以及犯罪所得沒收三種型態：

一、違禁物沒收

　　依法凡是屬於法所禁止流通的「違禁物」，不問屬於犯罪行為人與否，均應沒收之（§38 I）。例如非法槍砲、爆裂物或毒品等，由於此等物品或基於其危險性、或基於其對國民健康危害的考量，法律本來即禁止持有與流通，故法院於裁判時均應同時對違禁物一併宣告沒收（§40 I）。而且，既然違禁物在法律上本即禁止流通，故縱使欠缺科刑判決的存在，亦得單獨宣告沒收（§40 II）。

　　違禁物固然不問是否屬於犯罪行為人所有，依法均應沒收，但該違禁物如果係屬第三人所有，則應否沒收即應視該第三人是否原係合法所有為斷，如第三人係經合法經允許持有，即不在應行沒收之列。例如，被告所竊得之雷管雖屬違禁物，但原所有人係經依法申請核准持有供其砍伐林木之用，並非未受允

---

[87] Lackner/Kühl, StGB, Vor § 38 Rn. 1.

[88] Vgl. Kindhäuser, LPK-StGB, Vor § § 73-76a Rn. 2, 10 ff.；Lackner/Kühl, StGB, § 73 Rn. 4b., § 74 Rn. 1.

[89] 刑法第五章之一「沒收」之修法理由：「二、本次修法認為沒收為本法所定刑罰及保安處分以外之法律效果，具有獨立性。……爰將沒收增訂為獨立一章，以符合規範之意旨。」

准之無正當理由持有，此種情形即不在沒收之列[90]，而應將該物發還原合法持有之所有人。

二、犯罪關聯物沒收

（一）對犯罪行為人之沒收

　　雖非屬違禁物，但如屬於與犯罪相關聯之物，為避免其將來再遭用於犯罪或非法使用，依法亦得予以沒收。刑法第38條第2項規定：「供犯罪所用、犯罪預備之物或犯罪所生之物，屬於犯罪行為人者，得沒收之。但有特別規定者，依其規定。」據此，凡是「供犯罪所用、犯罪預備之物」或「犯罪所生之物」，屬於犯罪行為人者，均得沒收之。

　　所謂「供犯罪所用、犯罪預備之物」，指的均係「犯罪工具」之意，差別僅在於前者已經實際用於犯罪之實施、後者則尚處於預備供犯罪之用的階段，例如預備供縱火用之汽油、預備供搶劫所用之工具等，都屬供犯罪預備之物，但如已進一步實際用於犯罪中，即為供犯罪所用之物，均得予以沒收。解釋上，供犯罪所用或預備之物必須存在一個連結行為，若欠缺正犯不法行為之連結，即不得予以沒收。因此，在不處罰預備犯的犯罪類型中，若行為人之行為尚處於預備階段，則仍在預備階段的犯罪工具，即不得予以專科沒收。同理，若犯罪不處罰未遂，對於未遂行為的犯罪工具，解釋上亦不得以其為供犯罪預備之物而予以沒收[91]。惟應強調者，若該預備用於犯罪之工具性質上屬於違禁品（例如預備用於傷害的刀械），仍得適用違禁物沒收（§38Ⅰ），自不待言。

　　應留意者，若該供犯罪所用之物本身即為構成要件的一部分，此時該物即屬於實現構成要件事實所不可或缺之前提，缺少該物則構成要件即不可能實現，一般將此稱之為構成要件「關聯客體」。例如，醉態駕駛罪中行為人所駕駛之汽車或機車，即為構成要件關聯客體。依據最高法院實務見解，此等關聯客體本身並不具促成、推進構成要件實現的輔助功能，故非屬「供犯罪所用之物」，除非另有得沒收之特別規定，否則不得沒收。但若犯罪加重構成要件中

90　最高法院71年台上字第754號判決（原判例）。

91　李聖傑，犯罪物沒收，收錄於「沒收新制（一）刑法百年變革」，2016，第58頁；吳耀宗，第三人之犯罪物沒收──以提供型為中心（一），法務通訊，第2800期，2016/05，第6頁。

規定有特別工具，例如攜帶兇器竊盜罪、利用駕駛供不特定人運輸之交通工具之機會犯強制性交罪，該兇器、交通工具屬於犯罪行為人者，分別對於基本構成要件之普通竊盜罪、強制性交罪而言，仍具有促成、推進功能，仍屬於供犯罪所用之物，而在得沒收之列[92]。

　　對此等犯罪關聯物之沒收，若其全部或一部不能沒收或不宜執行沒收時，應追徵其價額（§38IV）。例如，行為人利用自己之私家小貨車走私，行為後隨即將該小貨車以市價轉賣給善意第三人並得款80萬元，由於犯罪工具之小貨車已移轉於善意第三人而無法沒收，此時法院即應宣告對犯罪行為人追徵與小貨車等值80萬元的價額。解釋上，此處追徵之價額應以應沒收物之通常價值來計算，而非以犯罪行為人的處分價格計算。例如，應沒收之汽車通常市價為100萬元，但行為人因為急於脫手而以90萬元的折扣價賣給善意第三人，此時追徵之價額即應為一百萬元，而非行為人實得之90萬元價額。

　　至於，所謂「犯罪所生之物」，指的則是因實施犯罪行為所生之產物，例如因犯偽造貨幣罪所生之新臺幣偽鈔、犯偽造支付工具罪所生之偽信用卡、偽造文書罪所生之偽造文書等。此等因犯罪所生之物，若屬於犯罪行為人所有，依法均得予以沒收（§38II）。

　　有爭議者，刑法第38條第2項對於「供犯罪所用之物」的沒收，除故意犯外，在過失犯罪的情形是否也可以沒收？例如，行為人因違規超速撞死無辜路人應構成過失致死罪，此時其所使用之汽車是否可以沒收。對此，學說上有採肯定見解，認為因法律並未規定限於故意犯始得沒收，故過失犯罪所使用之物也可以沒收，此時應由法官酌情決定沒收與否[93]。學說上也有採否定見解者，認為過失犯不法內涵較低，且從法條文義解釋來看應排除過失犯的適用[94]，實務見解亦採否定說[95]。筆者亦贊同否定說，因為刑法第38條第2項所使用之文字為「供犯罪所用之物」，在過失犯罪的情形行為人並不存在將該物供作犯罪之用的認知，故解釋上應不包含過失犯的情形在內。

---

[92]　最高法院106年度台上字第1374號判決。

[93]　黃榮堅，基礎刑法學（上），第83頁。

[94]　李聖傑，犯罪物沒收，第59頁以下。

[95]　最高法院106年度台上字第1374號判決。

（二）第三人沒收

　　關於對犯罪關聯物之沒收，舊刑法原規定僅有「屬於犯罪行為人」者始得予以沒收。2016年修正生效之新刑法則新增第三人沒收的規定，將此等犯罪關聯物沒收的範圍擴大及於犯罪行為人以外的第三人。依刑法第38條第3項規定，「供犯罪所用、犯罪預備之物」或「犯罪所生之物」此等犯罪關聯物，若屬於犯罪行為人以外之自然人、法人或非法人團體，而無正當理由提供或取得者，亦得予以沒收（§38III）。據此，依本條規定所實施之第三人沒收，可分成第三人提供型與第三人取得型兩類：

1. 第三人提供型

　　此係指第三人提供行為人犯罪工具的情形，例如甲出借自己所有之小貨車供朋友乙走私，若甲本即知悉乙借車是要做走私之用而仍借車予乙使用，由於甲具備幫助行為與幫助故意應構成走私罪之幫助犯，此時法院可直接適用刑法第38條第2項之規定對甲以「犯罪行為人」之身分，宣告沒收該作為犯罪工具之小貨車（§38II），此種情形尚非屬第三人沒收。倘若甲對乙要將小貨車用作於走私並不知情，此時甲雖因欠缺幫助故意而不構成幫助犯，但如果甲係「無正當理由」而提供犯罪工具，法院仍得適用刑法第38條第3項之規定予以沒收該作為犯罪工具的小貨車。

　　此處所謂「無正當理由」，解釋上係指輕率的使其物供作犯罪所用或犯罪預備之用的意思。也就是說，提供工具的第三人雖無幫助故意，但至少存有重大過失（輕率過失），而有可歸咎之情形[96]。例如，在前舉甲出借自己所有之小貨車供朋友乙之例，乙借車時雖並未告知甲借車係用於走私，但根據兩人熟識之程度甲只要稍加留意即可聯想到該車可能遭乙用於走私，卻仍輕率地出借其小貨車給乙，此時法院即得以甲係無正當理由而提供犯罪工具為由，適用刑法第38條第3項之規定沒該遭用於走私之甲所有小貨車。

　　應強調者，若提供工具之三人既不知情、也無過失，例如汽車租賃業者租車給客戶，但遭客戶擅自用作走私工具；或是僅有一般違反注意義務之過失但並非輕率過失（非重大過失），例如員工跟老闆借車、老闆因不便干涉員工私事在未細究其用途的情況下即出借，此兩種情形，解釋上均非屬輕率過失之無

---

[96] 吳耀宗，第三人之犯罪物沒收——以提供型為中心（二），法務通訊，第2801期，2016/05，第5頁以下。

正當理由情形，因此法院即不應依刑法第38條第3項之規定而對該第三人所有之汽車宣告沒收。

2. 第三人取得型

此係指第三人自行為人之處取得原供作犯罪工具之物或因犯罪所生之物的情形，此時縱使該犯罪關聯物已移轉至第三人名下，但若該第三人係「無正當理由」而取得者，依法亦得對之予以沒收（§38III）。此處所謂無正當理由而取得，係指第三人係惡意取得（例如在知悉該物為犯罪關聯物的情況下取得），或是雖非惡意但係無償或以顯不相當之對價而取得。例如犯罪行為人將用於運送走私物品的貨車，轉贈送與給第三人或以顯不相當之低價賤售與第三人（含自然人、法人與非法人團體），此時法院即得依第38條第3項之規定將該原作為犯罪工具但現已移轉至第三人名下的貨車予以沒收。

此種對第三人取得之犯罪關聯物的沒收，當其全部或一部不能沒收或不宜執行沒收時，同樣應追徵其價額（§38IV）。例如，甲以自有之貨車供走私用，於走私完畢後隨即將該車轉贈送給乙，但乙兩天後開著該貨車出門時發生車禍，導致該貨車全毀。由於乙是在未支付任何對價的情況下無償取得貨車，屬無正當理由而取得犯罪關聯物的情形，依法仍得將貨車予以沒收，但由於貨車現已撞毀、無法沒收，因此即應追徵其價額。應注意者，此時原應宣告沒收的對象是乙而非甲，因此解釋上應追徵價額之對象亦為乙而不是甲。

三、犯罪所得沒收（不法利得沒收）

（一）犯罪所得沒收之要件

犯罪所得沒收（Einziehung von Taterträgen），係指將犯罪行為人因不法行為所取得之利益或經由不法行為而取得之利益予以沒收之意，亦稱之為不法利得沒收。對此，刑法第38條之1第1項規定：「犯罪所得，屬於犯罪行為人者，沒收之。」刑法之所以規定對行為人因犯罪所生之不法利得予以沒收，目的在避免犯罪人坐享犯罪利益，並藉此消除犯罪之誘因，以達到犯罪預防的目的。不過，為避免損及犯罪被害人之權益，此處原則上僅針對屬於犯罪行為人的犯罪所得予以沒收，因此若確定犯罪所得之所有權仍歸屬原被害人，即不宜宣告沒收，而是應發還被害人。例如，竊盜所得之贓物，被害人在法律上仍保

有其所有權，非屬犯罪行為人所有，故不宣告沒收，而發還被害人（原所有人）。

　　不過，實務上若僅針對屬於犯罪行為人之犯罪所得實施沒收，在犯罪所得已經移轉至第三人時[97]，會出現犯罪所得追奪上的漏洞，因為無法對第三人實施犯罪不法利得沒收，因此2016年刑法特別增訂對第三人無正當理由而獲取之犯罪所得亦得實施沒收的規定，以彌補舊刑法犯罪所得沒收制度的缺漏[98]。在這裡，依現行刑法第38條之1的規定，若犯罪行為人以外之自然人、法人或非法人團體，因下列情形之一而取得犯罪所得者，亦應予以沒收，包括：

1. 第三人明知他人違法行為而取得

　　若第三人明知為犯罪所得而仍取得或收受者，依法得對該第三人所取得之犯罪所得實施沒收（§38-1 II ①）。例如，公務員甲向承包廠商收賄100萬元，甲將此事告知其太太乙並將賄款中的30萬元給乙、自己則保留70萬，此處法院除應沒收甲70萬元之犯罪所得外（§38-1 I），乙明知30萬為甲違法收賄之犯罪所得而仍收受，法院應依刑法第38條之1第2項第1款之規定將該30萬元予以沒收。

2. 第三人因他人違法行為而無償或以顯不相當之對價取得

　　若第三人自犯罪行為人處收受犯罪所得，縱使該第三人不知道其所收受之物為犯罪所得，但如其是無償或以顯不相當之對價而收受，依法亦得對該第三人所取得之物或利益實施沒收（§38-1 II ②）。例如公務員甲收受廠商行賄之筆記型電腦，甲再將該筆記型電腦送給其兒子乙，甲並告知乙這是其生日禮物，在此案例中乙雖屬於善意收受，但因其未支付任何代價即獲得甲犯收賄罪所取得之筆記型電腦，此時法院亦應對該已移轉給乙之筆記型電腦依刑法第38條之1第2項第2款規定予以宣告沒收。

---

[97] 關於第三人可能取得犯罪所得之類型，可分成代理型、挪移型與履行型三類，中文文獻介紹可參見許絲捷，第三人利得沒收—代理型、挪移型、履行型，法務通訊，第2791期，2015/03，第5頁以下。

[98] 事實上，此次修法的最主要動機即在於針對過去幾年發生的重大假油與混油案件，藉由修法來達到剝奪黑心油商販售假油之不法所得的目的。舊法時期相關沒收黑心油商不法利得的法律上爭議，可參見林書楷，食安犯罪之刑事規制及其解釋—以法人犯罪能力為中心，收錄於「全球風險社會刑法新議題」，2015，第288頁以下。

3. 犯罪行為人為他人實行違法行為，他人因而取得

　　若犯罪行為人係為第三人實行違法行為，而該違法行為之犯罪所得歸於該第三人身上時，此時法院亦得將該第三人所獲取之犯罪所得予以沒收（§38-1 II③）。例如黑心油商的負責人甲為A公司販售假油獲取暴利，由於販售假油之犯罪所得係歸屬於A公司（法人），此時法院即得依本款規定對A公司因販售假油所獲之犯罪所得予以宣告沒收。又如，承包政府工程的B公司，負責人乙在工程中偷工減料，並送錢行賄買通負責驗收的公務員，讓工程順利通過驗收，B公司因而不法獲利3,000萬元，此時雖然行賄罪的犯罪人是乙，但乙係為B公司實行違法行為，且B公司因而獲取不法所得，因此法院應依刑法第38條之1第2項第3款之規定將B公司的3,000萬不法所得予以沒收。

（二）犯罪所得之認定

　　關於犯罪所得之認定，除違法行為之原始所得外，尚包括其變得之物或財產上利益[99]及其孳息（§38-1IV），均屬於依法應沒收之犯罪所得。例如行為人將因犯罪而獲利500萬元，100萬元拿去買新車、300萬元拿去存在銀行孳生利息、剩下100萬現金藏在家裡，此時法院對於行為人藏在家中的100萬元，新買的車以及存在銀行300萬元的本金及其利息，依法全部均應宣告沒收。而且，在犯罪所得全部或一部不能沒收或不宜執行沒收時，亦應追徵其價額（§38-1 II）。例如在前例中，如果行為人以不法所得所買的車子已經因車禍意外而撞毀，此時法院應宣告追徵相當於該車價值的價額。

　　關於共同正犯的犯罪所得，可否連帶沒收的問題。以往實務原採取肯定說認為共同正犯之犯罪所得應合併計算並連帶沒收[100]，近期實務則已變更見解改採否定說，認為共同正犯之沒收仍應就其個人所分得之數予以沒收，亦即就個人實際犯罪所得、分別沒收[101]。實務見解此項轉變洵值肯定，沒收之性質在學

---

[99]　此處所謂之「財產上利益」，依本條之立法理由說明，包括積極利益與消極利益：前者例如占用他人房屋之使用利益、性招待利益等；後者則如法定應建置設備而未建置所節省之費用。

[100]　原最高法院64年度台上字第2613號判例、70年台上字第1186號判例（均已停止援用）。

[101]　最高法院104年度台上字第2521號判決：「……共同犯罪行為人之組織分工及不法所得，未必相同，特別是集團性或重大經濟、貪污犯罪，彼此間犯罪所得之分配懸殊，其分配較少甚或未受分配之人，如仍就全部犯罪所得負連帶沒收之責，超過其個人所得之剝奪，無異代替其他犯罪參與者承擔刑罰，顯失公平。故共同犯罪，其所得之沒收，應就各人分得之數為

理上雖仍有爭議，但不論認爲沒收是純粹（準）不當得利之衡平措施抑或是具刑罰色彩，基於不當得利剝奪以及自我負責原則，法理上均只能針對行爲人實際的犯罪所得實施沒收，斷無使其就他人（其他共同正犯）應遭沒收之額也負連帶責任（連帶沒收）的道理。

　　至於，應沒收犯罪所得之認定應否扣除行爲人實施犯罪所支出之成本？對此，新法不採用須扣除行爲成本的「淨額原則」（Nettoprinzip；差額說），而於立法理由中表明是採用不扣除行爲成本的「總額原則」（Bruttoprinzip；總額說）[102]。因此，在前述案例中，法院於計算應沒收之犯罪所得時，由於新法採「總額原則」，即不應扣除被告在犯罪過程中所支出之行爲成本。

　　不過，現行法此種採「總額原則」的犯罪所得沒收，在實務運作上固然有其便利性（因法院於裁判沒收時不用再去計算應扣除多少行爲成本），但於個案中可能會產生違反罪責原則（Schuldgrundsatz）與雙重處罰禁止原則（Verbot der Doppelbestrafung；Ne bis in idem）的疑慮。因爲採取「總額原則」的利得沒收，會涉及除純粹的犯罪所得外，對於行爲人本身之固有財產（其拿出來支應的行爲成本）也會被算入總額內一併沒收，這樣會讓犯罪所得沒收變成帶有懲罰性質的附加刑（Zusatzstrafe）[103]或類刑罰（strafähnliche）的制裁或措施[104]，甚至就是具備刑罰本質的一種刑罰[105]，而刑法第38條之1的沒收要件僅以實施違法行爲即爲已足，不以行爲人之罪責爲前提，如此將可能在個案中形成科處無罪責之刑罰的情況，而有違反「罪責原則」的疑慮[106]。

　　或許正是因爲可能遭受上述質疑的顧慮，最高法院在實務上也對於「總額原則」的適用加以限縮，而採取將「未沾染不法之中性成本」排除在犯罪所得

之……。」此已成爲現行最高法院的一貫見解，見104年度台上字第3864號判決、105年度台上字第2478號判決、106年度台上字第780號判決。

[102] 刑法第38條之1立法理由五（三）：「依實務多數見解，基於澈底剝奪犯罪所得，以根絕犯罪誘因之意旨，不問成本、利潤，均應沒收。」由於此立法理由已表明包含成本亦應沒收，故一般認爲係揭示採「總額原則」。

[103] Jescheck/Weigend, AT, S. 792 f.

[104] Vgl. Schönke/Schröder/Eser, StGB Vor §73 Rn. 19.；Hassemer/Karg, in:Kindhäuser/Neumann/PaeffgenStGB, §2Rn. 56.；Kindhäuser, LPK-StGB, §73 Rn. 4.；Lackner/Kühl, StGB 27. Aufl., 2011, §73 Rn. 4b f.；MüKoStGB/Schmitz, StGB §2Rn. 66.

[105] BeckOK StGB/Heuchemer, 38. Ed. 1.5.2018, EGStGB Art. 316h Rn. 1.

[106] Jescheck/Weigend, AT, S. 792 f.；薛智仁，刑事沒收制度之現代化——2015年沒收實體之立法疑義，台大法學論叢，第47卷第3期，2018/09，第1065頁以下。

概念之外的見解，也就是所謂的「相對總額原則」[107]。簡單地來說，就是將行為人自己所提出或支應的行為成本，區分成「未沾染不法的中性成本」以及「沾染不法的成本」來分別決定是否應從沒收總額中予以扣除。若是屬「未沾染不法的中性成本」即應予以扣除、不計入犯罪所得之總額，因而就不在沒收的範圍；但若是「有沾染不法的成本」，則於沒收時依據「總額原則」的精神此部分的成本即不予以扣除，而是計入犯罪所得總額中全部沒收[108]。

　　例如，甲為順利承包政府公共工程而以50萬元行賄公務員獲得底標資訊，甲順利以1億2,000萬元的價額得標，之後支出用於興建該工程的相關費用總計1億元，工程履約並完成驗收後甲實際獲得1億2,000萬元的工程款。此時在計算其犯罪所得時，其執行工程合約所支出之必要成本（例如購入工程材料、工資、稅金等成本）總計1億元，此部分屬「未沾染不法之中性成本」，應予扣除而不計入犯罪所得總額；至於，甲之前行賄公務員所支出的50萬元成本則是「有沾染不法的成本」，在相對總額原則下並不予扣除，因此法院針對甲為犯罪所得沒收的總額應該是2,000萬元。

　　至於，在「相對總額原則」下如何判斷是屬沾染不法的成本抑或是未沾染不法的中性成本，此應以其所涉及犯罪類型之構成要件行為來加以判斷[109]：

　　首先，若成本是「實行構成要件行為本身所支出之成本」，即是沾染不法之成本，此在採相對總則原則的概念下，解釋上應無疑問，因為該成本本身即為實行不法構成要件行為的支出。例如，在行賄罪中行為人實行行賄之構成要件行為所支出的賄款、在賭博罪中實行賭博構成要件行為的賭資、在詐欺罪中實行通訊詐欺所支出之電訊費用、在重利罪中所貸與之本金等，均屬於此類沾染不法之成本，在進行犯罪所得沒收時不予以扣除。其次，縱使是「為了實行構成要件行為所支出之其他附隨成本」，由於此成本係為了達成實行不法構成要件行為之目的所支出，解釋上仍屬沾染不法之成本，在相對總額原則下仍不予以扣除。例如，購買犯罪工具所支出之價金、在圖利供給賭博場所罪中向第三人租用該場所所支出之租金、在違法吸金罪中為欺騙投資人而製作文宣印刷品的支出等，亦屬沾染不法之成本，進行犯罪所得沒收時也而不應予扣除。

107　關於「相對總額原則」之介紹，可參見林鈺雄，相對總額原則／兩階段計算法（上），月旦法學教室，第197期，2019/06，第53頁以下。

108　最高法院106年台上字第3號判決、106年台上字第3464號判決。

109　林書楷，財經犯罪中之交易本金成本沒收，當代法律，第24期，2023/12，第63頁以下。

　　相對地，若成本非屬「實行構成要件行為本身所支出之成本」，也非「為了實行構成要件行為所支出之其他附隨成本」，此時即非屬沾染不法之成本。例如，在前舉行賄公務員獲得工程標案履行標案合約所支應的工程材料、工資等相關支出；或如，因犯罪所得收入事後遭課稅而繳交給國家之稅賦支出。此類未沾染不法之中性成本，在採「相對總額原則」之下，於計算犯罪所得之總額時即應予以扣除。

　　就實質而言，此種「相對總額原則」事實上是一種介於純粹總額原則與純粹淨額原則之間的「折衷說」，因為其並非像純粹的總額原則（絕對總額原則）一樣完全不扣除行為成本，也不像純粹的淨額原則一樣要扣除全部成本，而是一部分成本（未沾染不法的成本）要扣除、一部分（有沾染不法的成本）不可扣除。據此，若從「淨額原則」的角度來看，要將此種見解稱之為「相對淨額原則」，其實亦無不可。

（三）嚴格證明與估算條款

　　在刑事案件中，關於待證事實的證明，若是涉及實體事實（罪與刑）的證明應適用「嚴格證明法則」，必須具證據能力之證據，經合法調查，使法院對被告犯罪形成無合理懷疑存在之確信心證，始能判決被告有罪[110]；相對地，若不涉實體事實、僅屬程序事項的證明，則可不受嚴格證明法則之拘束，而僅以「自由證明」即為以足，此時法院即不受證據能力、證據調查之嚴格限制，心證程度也毋庸達無合理懷疑存在之確信程度，僅需達高度可能性之心證即可。在犯罪所得沒收的問題上，有爭議者在於對被告應沒收之犯罪所得的認定，究竟是應適用「嚴格證明法則」抑或是僅以自由證明為以足？此涉及犯罪所得沒收是否帶有刑罰（或類似刑罰）內涵的問題（亦即是實體事實或程序事項的問題），在學說與實務上不無爭議。

　　對此，實務以往見解多認為，犯罪所得沒收性質上屬準不當得利的衡平措施，非屬刑罰（即不涉實體事實、僅屬程序事項之意），因而不適用嚴格證明法則，僅以自由證明即為已足[111]。近期實務則有區分「利得存否」與「利得範圍」而異其認定標準之傾向，而認為關於前階段「利得存否」之認定，因涉及

---

[110] 參閱司法院釋字第582號解釋。

[111] 最高法院108年度台上字第4358號判決、108年度台上字第3658號判決、106年度台上字第3231號判決。

刑事不法行為之有無、既未遂之認定，應適用嚴格證明法則予以確認，並應於審判期日依法定程序進行調查；至於後階段「利得範圍」，則可由事實審法院綜合卷證資料，依自由證明法則釋明其合理之認定依據即足[112]。

　　相對地，學說上則多認為犯罪所得沒收（利得沒收）的認定應適用「嚴格證明法則」，理由則為犯罪所得之認定性質上屬犯罪事實的一環[113]，或是犯罪所得沒收具刑罰性質[114]，故屬實體事項應以嚴格證明為之。另外，學說上亦有採折衷見解者，認為在參與沒收程序不妨以自由證明為低標要求，但在單獨宣告沒收程序則必須適用嚴格證明方稱妥適[115]。

　　關於此問題，筆者認為，除非採純粹的淨額原則，否則在現行法採總額原則（或相對總額原則）下的犯罪所得沒收，因沒收範圍仍可及於被告之固有財產，在此種情形下誠難以否定犯罪所得沒收實質上係帶有刑罰的制裁性質，故關於沒收相關之待證事實應仍屬實體事實而有「嚴格證明法則」的適用。因此，法院在裁判沒收時，對於據以作為沒收基礎的事實以及與該事實相連結的沒收標的，解釋上均有「嚴格證明法則」的適用，也就是必須證明到無合理懷疑存在的確信程度，始得以諭知沒收。而且，此項嚴格證明的要求，縱使是在針對犯罪關聯物或犯罪所得單獨宣告沒收的情形（§40III），也同樣適用。

　　另外，刑法特別規定針對「犯罪所得之沒收與追徵」及「違禁物與犯罪關聯物之追徵」，若其範圍與價額在認定上顯有困難時，得以「估算」認定之（§38-2 I）。此項關於沒收的估算條款，目的在於降低刑事司法機關的舉證責任，修法理由中並言明，沒收估算「不適用嚴格證明法則，僅需自由證明為已足」[116]。實務見解認為此估算條款應屬補充性質，法院必須先善盡調查義務後，仍無法確定沒收的範圍與價額時，才能援用估算的規定（至於有無犯罪所得，則不包括在內）[117]，且於進行估算時仍應以合義務性之裁量為之、不得恣意，須具有合理之基礎，法院須先就估算基礎之連結事實加以調查審認，再選

---

[112] 最高法院110年度台抗字1386號裁定、106年度台上字第3464號判決。

[113] 柯耀程，沒收制度的實然與應然，東海大學法學研究，第53期，2018/01，第21頁以下。

[114] 蕭宏宜，利得沒收，當代法律，第24期，2023/12，第30頁以下。

[115] 朱石炎，沒收特別程序可探討之問題，司法週刊，第1819期，2016/10，第3頁。

[116] 關於沒收估算的詳細論述，可參閱許澤天，沒收之估算，月旦法學雜誌，第252期，2016/05，第52頁以下。

[117] 最高法院108年度台上字第559號判決。

擇合適之推估方式[118]。

　　不過，此處應強調者，為避免流於估算浮濫的弊端，並非任何無法確認沒收範圍及標的之情形，法官均可直接以估算認定。

　　筆者認為，解釋上仍必須先有基於證據所認定之事實據以確認沒收標的為何，此部分仍應適用「嚴格證明法則」需證明到無合理懷疑存在的確信程度；此時若針對該沒收標的之確切範圍及價額在認定上顯有困難，始得適用估算條款來加以認定，而此部分的估算才會僅適用自由證明為以足，而其證明程度也無須達到無合理懷疑之確信、只須具有高度可能性即可。例如，名下坐擁數棟豪宅、名車且有嚴重毒癮的毒販甲被起訴販毒罪，檢察官已證明甲自國外走私一公斤古柯鹼至我國販賣（此部分證明程度已達嚴格證明之無合理懷疑存在之確信程度），但甲遭逮捕時被查獲的古柯鹼僅剩300公克，此時除查獲之300公克古柯鹼直接以違禁物宣告沒收外，若法院無法確認甲究竟已賣出多少數量的古柯鹼及其販賣古柯鹼之犯罪所得數額（毒品實際賣價無法確認），此時即可適用估算條款，將原進貨數量扣除被查獲的剩餘數量以及甲合理自行吸食的部分後，以市價來估算甲販毒的犯罪所得總額並予以宣告沒收或追徵。在這裡，應嚴格禁止以「被告名下坐擁數棟豪宅名車、生活奢華顯可懷疑均為本次販毒所得」為由，而逕行「估算」犯罪不法所得的範圍包含其名下之所有房屋、名車，否則刑法的沒收估算條款恐將淪為「抄家式的財產刑」。

（四）擴大沒收（擴大利得沒收）

　　刑法上的沒收，除單獨宣告沒收之情形外，僅限於連結本案不法事實的犯罪所得始得予以沒收。因此，在通常情形下，若於本案中發現另案違法行為的犯罪所得，法院於判決時即難以依刑法的沒收規定一併判決沒收。例如，檢察官指揮偵辦甲涉嫌販毒罪，並查獲該次販毒之犯罪所得500萬元，事後在搜索甲住處時於地板夾層發現9,000萬元不明現金，檢察官懷疑是甲之前長期販毒之犯罪之不法所得，日後檢察官起訴甲販毒罪時，就該次販毒之「本案犯罪所得」500萬元的部分，法院固然得予以判決沒收，但針對9,000萬元疑似「他案犯罪所得」部分，法院即無法依刑法規定予以沒收。為解決此問題，以達徹底剝奪犯罪所得之刑事政策目的，乃出現「擴大沒收」的概念。

---

[118] 最高法院108年度台上字第4358號判決。

　　所謂「擴大沒收」，係指除本案不法利得沒收外，若發現被告有來自其他不明違法行為之不法所得，縱無法確定來自特定之違法行為（例如上例中並無法確定是來自哪一次販毒之所得），仍然可予以沒收之。我國法上，毒品危害防制條例第19條第3項明定，若有事實足以證明行為人所得支配之其他財物或財產上利益，係取自其他違法行為所得者（例如以往販毒、販賣槍枝、恐嚇取財所得者），亦應沒收之，此即「擴大沒收」條款。

　　在適用擴大沒收之規定判決沒收被告之他案犯罪所得時，關於「有事實足以證明係取自其他違法行為所得」的證明程度要求為何，解釋上不無爭議？此問題某種程度上可說是沒收究應適用「嚴格證明」或「自由證明」爭議的延伸，學說與實務上大致有以下兩種見解：

1. 完全確信基準

　　此說認為為避免違反法治國之無罪推定原則與侵害憲法對財產權之保障，擴大沒收中關於「有事實足證係取自其他違法行為所得」之證明，應達到「完全確信」之心證程度始得對系爭財物予以擴大沒收。此乃係指法院經過窮盡的證據調查與評價程序，並考量被告個人之經濟與生活狀況後，得到認為系爭標的確係源自其他違法行為所得之「完全確信的心證」（無合理懷疑存在的確信心證）。此「完全確信基準」的觀點，乃係德國歷經擴大沒收是否違憲之爭論後，德國聯邦最高法院[119]及德國聯邦憲法法院[120]為確保擴大沒收制度的合憲性而對於擴大沒收條款進行合憲性解釋後的結果。

2. 蓋然性權衡判斷基準

　　不同於「完全確信基準」要求應達到「完全確信」之心證程度始得對系爭財物予以擴大沒收，蓋然性權衡判斷基準則僅要求「有高度可能性」係取自其他違法行為所得者即得予以擴大沒收。憲法法庭113年憲判字第1號判決（毒品案件擴大利得沒收案）即採此見解，認為毒品危害防制條例第19條第3項[121]

---

[119] 可參閱潘怡宏，擴大利得沒收之合憲性解釋—德國聯邦最高法院刑事裁判BGHSt 40, 371譯介，收錄於「沒收新制（二）—經濟刑法的新紀元」，2016，第439頁以下。

[120] 可參閱連孟琦，擴大利得沒收之合憲裁判—德國聯邦憲法法院裁定BVerfG 2 BvR 564/95（BVerfGE 110,1）譯介，收錄於「沒收新制（二）—經濟刑法的新紀元」，第459頁以下。

[121] 立法理由中即謂擴大沒收條款乃參考2014/42/EU歐盟沒收指令第5條，其判斷基準即係蓋然性權衡判斷基準，指法院在具體個案上綜合所有之直接、間接證據或情況證據，依個案權衡

「……所稱『有事實足以證明』，應由檢察官就『行為人所得支配之上開條例第19條第1項、第2項規定以外之財物或財產上利益，係取自其他違法行為所得』之事實，負舉證之責；法院綜合一切事證，經蓋然性權衡判斷，認定行為人所得支配犯罪所得以外之財物或財產上利益，有高度可能性係取自其他違法行為所得者，即為已足。……」

3. 評析

關於此爭議，筆者贊同擴大沒收之適用應採「完全確信基準」的見解。首先，承襲個人所主張（採總額原則的）犯罪所得沒收具有刑罰（或類似刑罰）制裁的性質，一般犯罪所得沒收本即應適用嚴格證明法則，則額外增加沒收範圍的擴大沒收自然更應適用嚴格證明要求須達完全確信源自其他違法行為所得之心證程度。其次，縱使撇開犯罪所得沒收是否帶刑罰色彩之爭議，擴大沒收相較於一般犯罪所得沒收而言，對於憲法所保障之財產權的侵害危險顯然更高且更廣，理應採取更嚴格的判斷基準加以限縮，若仍採用「蓋然性權衡判斷基準」僅要求證明至具高度可能性源自其他違法行為即可對系爭財物予以擴大沒收，勢將弱化憲法對人民財產權的保障。

應補充說明者，縱使採「完全確信基準」，也僅需證明系爭標的確係源自其他違法行為所得之確信心證即可，毋庸證明系爭所得確實係源自特定或個別的違法行為，此為基於擴大沒收性質之當然理解。

（五）過苛調節條款

不管是對違禁物、犯罪關聯物抑或犯罪所得之沒收，刑法尚訂有「過苛調節條款」，明定沒收或追徵，若有過苛之虞、欠缺刑法上之重要性、犯罪所得價值低微，或為維持受宣告人生活條件之必要者，法院得不宣告沒收或酌減之（§38-2Ⅱ）。就實務角度而言，違禁物本即屬在法律上禁止流通之物，沒收毒品、槍砲等違禁品不存在讓行為人難以維持生活的問題，故對違禁物之沒收似乎不可能出現過苛的現象。至於犯罪關聯物沒收的部分，除非應沒收之標的屬於其唯一的謀生工具，否則法院沒收犯罪關聯物要出現過苛的情形，也屬罕見，而且刑法第38條的犯罪關聯物沒收本即採裁量沒收，而非強制沒收

判斷，認為系爭財產實質上較可能源於其他違法行為者。最高法院實務見解向來即遵循立法理由的基礎採權衡判斷基準，例如最高法院110年台上字第2231號判決。

（§38Ⅱ, Ⅲ），若法院覺得沒收犯罪關聯物會過苛，本可裁量不予沒收或追徵，似乎也沒有使用過苛調節條款之絕對必要性。

　　因此，刑法第38條之2第2項的過苛調節條款，實際上最主要的適用範圍應仍在對犯罪所得沒收（含追徵）這部分的調節，因為現行刑法對犯罪所得之沒收係採強制沒收、而非裁量沒收（§38-1），再加上犯罪所得之計算我國在立法上採取了對行為人較嚴苛的「（相對）總額原則」，因此立法者才特別於刑法第38條之2第2項規定了過苛調節條款來調節「總額原則」的嚴厲性。例如，犯罪行為人經營油品行，將普通麻油冠上特級純黑麻油販賣牟利違反（違反§255商品虛偽標記罪、食安法§49Ⅰ、§15Ⅰ⑦擅偽假冒罪），因現行法犯罪所得沒收採「總額原則」的緣故，沒收金額實際上會超過其真實不法獲利（因其拿出來的製油成本不扣除），如果其又已販賣多年則犯罪所得計算金額會更高，在這樣情況下對行為人所宣告之犯罪所得沒收與追徵的價額，可能行為人賣光家產都不夠賠付，若從實予以沒收將造成其全家生活陷入困境，此時法院即得動用過苛調節條款來予以酌減，甚至必要時不宣告沒收。

四、沒收採「從新原則」的違憲爭議

　　2016年施行的新刑法第2條第2項增訂：「沒收……適用裁判時之法律」，明文將沒收制度在法律有變更時採「從新原則」[122]，此規定將整個2016年7月1日開始生效施行的沒收制度溯及既往適用於所有尚在法院繫屬中的案件。此沒收新制的「溯及既往條款」，在立法前後均引發可能違反「罪刑法定原則」禁止溯及既往要求的疑慮。為回應可能引發的違憲質疑，立法理由大致列出幾點說明：一、新刑法已將沒收由原本的「從刑」抽離出來獨立規定為一章，故「沒收」已不具刑罰性質，無「罪刑法定原則」的適用；二、不法利得類似不當得利的性質，予以溯及剝奪不涉及刑罰的創設或擴張；三、德國施行法針對該國1975年增訂的利得沒收亦係適用裁判時法（新法），在德國實務上也從未

---

[122] 原本法務部陳報行政院經行政院函請司法院同意會銜提送審議之版本，關於沒收之時的效力，除單獨宣告沒收之情形外，係採取「從舊從輕原則」。該草案版本第2條第3項規定：「沒收，適用行為時之法律。但行為後之法律有利於行為人者，適用最有利於行為人之法律；第四十條第二項及第三項所定得單獨宣告沒收之方式，適用裁判時之法律。」惟之後進入立法程序，卻大逆轉翻盤為現今刑法第二條第二項採「從新原則」的版本。參閱朱石炎，評述刑法第二條第二項之修正—質疑修正沒收關於時之效力，司法週刊，第1782期，2016/01，頁2。

遭宣告違憲，比較法上有其先例。

　　雖如此，但立法理由中的說明並未平息爭議，導致之後引發憲法訴訟，憲法法庭在2022年作成判決（111年憲判字第18號判決），原則認定刑法第2條第2項關於沒收規定之效力採「從新原則」，於「適用相對總額原則之犯罪所得沒收」部分，並無牴觸罪刑法定原則與信賴保護原則，並未違憲。關於此爭議，此處擬從立法理由及憲法法庭之判決內容予以說明如下：

（一）沒收本質與其在法典中的規定位置無關

　　首先，立法理由認為新刑法已將沒收由原本的「從刑」抽離出來獨立規定為一章，故沒收已不具刑罰性質，因而無「罪刑法定原則」的適用。基本上，這是一個無效論證。「沒收」的性質究竟為何，決定的關鍵在於整個沒收制度的內涵及其本質，與沒收規定在法典中的位置無關，否則立法者只要單純藉由法條位置的變動就可以輕易架空「罪刑法定原則」[123]。因此，立法者希望藉由修法將沒收由法典中「從刑」的位置移出另成為獨立一章，就否定沒收可能具有的刑罰本質，理論上是不可能的[124]。用比較誇張的例子來作說明，如果立法者「於法典中位置變動可變更制度本質」的邏輯可以成立，那以後只要在立法上將有期徒刑移出「刑」那一章，再把它獨立一章冠以類似矯治保護措施的名稱，難道它的刑罰性質就會消失，這樣就可以不適用「罪刑法定原則」嗎？答案顯然是否定的，否則立法上只要輕易透過法條位置的變動，就可以輕易地將「罪刑法定原則」束之高閣，法治國的基礎也將崩壞。因此，關於刑法沒收的性質究竟為何，還是只能回到制度內涵本身去探究，與沒收規定在刑法典中的位置無關。

（二）犯罪所得沒收的性質

　　刑法於第2條第2項的立法理由中認為犯罪所得（不法利得）類似不當得利

---

[123] 此次修法刑法第2條第2項的「沒收新制溯及既往條款」是一種針對性立法，事實上係導因於法務部欲藉由修法溯及剝奪過去幾年黑心油商販售假油的不法利得以及追回拉法葉艦弊案仍被扣在瑞士的不法佣金，雖是用心良苦，但卻是以動搖法治國「罪刑法定原則」的根本作為代價，此惡例一開將來恐後患無窮。因日後執政者可尋此次修法之例，必要時即透過法條位置的變動，將特定刑事制裁種類移出「刑罰」一章另立名目來規避「罪刑法定原則」，如此則作為法治國根本的「罪刑法定原則」將被徹底架空。

[124] Lackner/Kühl, StGB, 27. Aufl., 2011, § 73 Rn. 4b.

的性質，並無類似刑罰的特徵，予以溯及剝奪不涉及刑罰的創設或擴張，故無違反罪刑法定原則的問題。然而，如果要貫徹犯罪所得沒收性質上屬不當得利剝奪（或準不當得利衡平措施）的論點，立法上就應該要採取針對犯罪所得沒收應扣除成本的「差額原則」，因爲只有「非自己固有財產以外的不法所得」性質上才會屬於不當得利的性質[125]，行爲人由其固有財產中所提出或支應的行爲成本原屬其自己所有，本質上無從將其定性爲不當得利，但新法對犯罪所得沒收卻是採「總額原則」，不扣除行爲成本所有總額予以全部沒收，這樣就會讓犯罪所得沒收的性質逾越純粹不當利得剝奪的範疇。因此，刑法學說上方有認爲，對超出純粹源自犯罪所得淨額以外部分的沒收，事實上都屬於帶有懲罰性質的附加刑[126]或至少是類似刑罰的制裁或措施[127]，甚至也有學者直接定性對超出犯罪所得淨額以外部分的沒收就是具刑罰本質的一種刑罰[128]。

　　針對此爭議，憲法法庭於111年憲判字第18號判決認爲，由於我國實務在進行犯罪所得沒收時係採取「相對總額原則」，僅沒收沾染不法的成本，至於未沾染不法的中性成本的支出仍會予以扣除，不至於全部沒收，故尙難僅因實務對犯罪所得之計算方式採相對總額原則，即逕認沒收具刑罰或類似刑罰之性質[129]。在這裡，憲法法庭的判決理由是認爲，犯罪所得沒收在實務採「相對總額原則」不沒收中性不法成本的情況下並不具類似刑罰的性質，故不適用罪刑法定原則，因此也沒有因違反罪刑法定原則而違憲的問題。反面以觀，判決理由這樣的見解，實質上已經是對犯罪所得的總額沒收規定做了一個合憲性解釋，亦即只有限縮在採「相對總額原則」的情況下才不違憲，相對地，如對犯罪所得沒收採「純粹總額原則」的解釋，則可能帶有刑罰色彩，此時若再採從新原則將其效力溯及既往可能就會有違憲之虞。

　　不過，關於採「相對總額原則」是否就可以讓犯罪所得沒收完全不沾染處罰（刑罰）的色彩，而成爲純粹的不當得利剝奪或準不當得利衡平措施，對此

---

[125] 類似見解：薛智仁，犯罪所得沒收制度之新典範？評析食安法第四十九條之一之修正，台大法學論叢，第44卷特刊，2015/11，第1350頁以下。

[126] Jescheck/Weigend, AT, S. 792 f.

[127] Vgl. Schönke/Schröder/Eser, StGBVor§73 Rn. 19.；Hassemer/Karg, in:Kindhäuser/Neumann/PaeffgenStGB，§2 Rn. 56.；Kindhäuser, LPK-StGB，§73 Rn. 4.；Lackner/Kühl, StGB 27. Aufl., 2011, §73 Rn. 4b f.；MüKoStGB/Schmitz, StGB §2 Rn. 66.

[128] BeckOK StGB/Heuchemer, 38. Ed. 1.5.2018, EGStGB Art. 316h Rn. 1.

[129] 111年憲判字第18號判決，編碼59以下。另外，憲法法庭尚有從民法不當得利風險分配的角度來論述。

筆者仍持保留態度。以油品摻偽假冒案件爲例，設若行爲人在製造橄欖油的過程中加入比較便宜的沙拉油一瓶製作成本爲100元，但標榜爲百分百純天然橄欖油而在市面上以高價販售200元，法官沒收犯罪所得時，因採總額原則不扣除犯罪成本，所以會認定每賣出一瓶油的犯罪所得就是200元。這裡縱使採「相對總額原則」解釋上亦無不同，因行爲人的不法行爲即是油品摻偽假冒[130]，因此行爲人用來製造摻偽假冒油品所支出的成本定性上屬沾染不法的成本無法扣除，因此應以一瓶200元的總額計算犯罪所得（不扣除製油成本）並予以全部沒收（或追徵）。但問題在於，總額沒收的200元中，有行爲人自己所支出的製油成本100元，這部分自始自終完全都是行爲人自己拿出來支出的錢，這100元的製油成本性質上怎麼能解爲是不當得利？

　　說穿了，立法背後的思維就是不能讓犯罪者保有最低犯罪成本，而應該將其所支出之成本一併剝奪作爲「懲罰」、以根絕犯罪誘因[131]，既然在總額原則底下要將行爲人所支出之成本一併沒收作爲對其犯行的懲罰，則此部分的沒收就難以完全擺脫帶有懲罰內涵而具有類似刑罰特徵，立法理由用所謂不當得利的衡平措施來包裝，就筆者的觀點實難認具有充足的說服力[132]。筆者認爲，除非對犯罪所得沒收改採扣除行爲成本的「淨額原則」，否則難以完全藉由不當得利剝奪（或準不當得利衡平措施）的論點來作爲其充足的立論基礎。

　　更何況，刑法第2條第2項是針對所有的沒收類型採「從新原則」，整個沒收制度中，除犯罪所得沒收外，尚包含對原屬行爲人所有之犯罪關聯物的沒收，例如行爲人開自己的貨車去走私載貨而依法將其貨車沒收，此部分不當得

---

[130] 食品安全衛生管理法第49條第1項：「有第十五條第一項第三款、第七款、第十款或第十六條第一款行爲者，處七年以下有期徒刑，得併科新臺幣八千萬元以下罰金。情節輕微者，處五年以下有期徒刑、拘役或科或併科新臺幣八百萬元以下罰金。」同法第15條第1項第7款：「食品或食品添加物有下列情形之一者，不得製造、加工、調配、包裝、運送、貯存、販賣、輸入、輸出、作爲贈品或公開陳列：……七、擾偽或假冒。」

[131] 這種思維可從立法理由中看出來，參見刑法第38條之1立法理由五、（三）：「依實務多數見解，基於澈底剝奪犯罪所得，以根絕犯罪誘因之意旨，不問成本、利潤，均應沒收。」

[132] 不同見解：相對於德國學界多認爲採「總額原則」的沒收是具刑罰特徵的一種制裁或措施，德國實務見解則認爲犯罪所得沒收採「總額原則」並不會因此就讓其具備刑罰的性質。其介紹可參見陳信安／王玉全，總額原則於利得沒收之適用—德國聯邦最高法院刑事裁判BGHSt 47,369譯介，收錄於「沒收新制（二）—經濟刑法新紀元」，2016，頁421以下；陳信安，由憲法觀點論刑法新修之不法利得沒收規定，收錄於同書，頁67以下，作者亦贊同德國實務見解。支持德國實務見解者，尚有王玉全，犯罪成本的沒收—以德國法的總額原則爲借鏡，收錄於「沒收新制（一）—刑法的百年變革」，2017，頁159。

利剝奪的論點根本無法解釋，因該犯罪關聯物（即行為人自己的貨車）本屬犯罪行為人的固有財產、何來所謂的不當得利[133]，但刑法第2條第2項卻將整個沒收制度全部一律適用「從新原則」而賦予溯及既往的效力。因此，所謂「不當得利剝奪」或「準不當得利衡平措施」的觀點，事實上無法作為將整個沒收新制溯及既往條款的立法基礎。也正因為如此，憲法法庭在111年憲判字第18號判決中才會限縮其釋憲範圍，僅針對「採相對總額原則的犯罪所得沒收」溯及既往的部分認定不違憲，但對於刑法第2條第2項所涵蓋的其他部分，特別是犯罪關聯物沒收溯及既往是否違憲的問題，則以非釋憲範圍為由而予以技術性的迴避。

（三）援引德國法的觀察

縱使撇開沒收是否具類似刑罰性質之爭議不談，沒收本質上既可能會造成對人民財產權的重大侵害，依法治國原則（Rechtsstaatsprinzip）在立法上本即應禁止賦予溯及既往的效力[134]。也因此，作為我國刑法沒收制度繼受對象的（舊）德國刑法，在其第2條第5項即明定不論是犯罪所得沒收（Verfall）抑或是犯罪關聯物沒收（Einziehung）均適用同條文前4項的「從舊從輕原則」以杜絕爭議[135]，理由即在於貫徹法治國禁止溯及既往的精神[136]。

在我國2016年的刑法修正理由中，立法者援引德國刑法施行法第307條（Art. 307 EGStGB）之規定作為比較法上的賦予沒收制度溯及既往效力的例證，事實上是一種嚴重誤解，因為德國刑法施行法第307條第1項雖然規定適用裁判時之新法，但同條文第3項也規定若舊法對相關人有利即排除第1項的適用（即排除適用新法）。也就是說，德國刑法施行法第307條對於沒收制度的修法事實上採取的是「從新從輕原則」的立法，並非直接適用新法的「從新原

[133] 實務見解亦認為犯罪工具之沒收是「刑罰」，例如最高法院110年台上字第3721號判決：「沒收因標的不同而異其性質，違禁物之沒收屬保安處分；犯罪工具之沒收則具刑罰之性質；犯罪所得之沒收為準不當得利之衡平措施，因性質多元，非得僅以刑罰視之，故刑法修正後，沒收係獨立於刑罰外之刑事制裁，然此不影響其係附隨於刑事違法行為而存在之法律效果之本質，沒收既以刑事違法行為存在為前提，自須就各個刑事違法行為分別諭知。」

[134] Vgl. Wessels/Beulke/Satzger, AT, Rn. 48.

[135] Vgl. Schönke/Schröder/Eser/Hecker, StGB § 2 Rn. 5.

[136] 德國刑法學說上往往認為沒收制度部分具類似刑罰之特徵，因此為避免爭議德國刑法第2條第5項才會規定應適用溯及既往禁止之原則。Vgl. Jescheck/Weigend, AT, S. 141.；Lackner/Kühl, StGB, § 2 Rn. 9.

則」，亦即只有在新法有利於行為人時才適用新法，否則仍應適用有利於行為人的舊法。相對地，我國刑法第2條第2項卻是規定一律適用「不利於行為人」的沒收新制，因此立法者於修正理由中援引德國刑法施行法作為該規定的比較法上例證，無疑是「指鹿為馬」的嚴重誤解，不僅無法作為賦予沒收新制溯及既往效力的合理基礎，反而更彰顯刑法第2條第2項沒收新制溯及既往條款的違憲疑慮。

在我國於2016年移植德國刑法的沒收制度進入我國刑法後，德國旋於2017年通過並施行「刑法財產剝奪改革法」（Gesetz zur Reform der Strafrechtlichen Vermögensabschöpfung），大幅修正其刑法中的沒收制度。其中值得留意者，在德國刑法施行法第316h條（Art. 316h EGStGB）的刑法財產剝奪改革法過渡條款中，對於犯罪所得沒收（含犯罪所得的擴大沒收）新法的效力一改之前同法第307條所採取的「從新從輕原則」，而直接採取了類似我國刑法第2條第2項的「從新原則」（但不完全相同），但另基於裁判安定性的考量對於新法施行前已經經過裁判宣告沒收或追徵的繫屬中案件，仍適用舊法處理[137]。

德國刑法施行法第316h條採取此種讓犯罪所得沒收修法規定產生溯及效力的「從新原則」，一如我國亦引發違憲質疑，有學說見解質疑其違反「罪刑法定原則」禁止溯及既往的要求[138]，甚至也導致部分德國下級法院以其違反德國基本法第103條第2項與歐洲人權公約第7條的罪刑法定原則為理由，而拒絕適用該溯及既往條款[139]，實務界也有律師表示期待有更多的法院能拒絕適用德國刑法施行法第316h條之規定[140]，爭議與我國可說如出一轍。

應強調者，現行德國刑法施行法第316h條的規定，與我國刑法第2條第2項的規定情況仍不盡相同，因為德國刑法施行法第316h條的規定僅針對犯罪所得沒收的部分適用「從新原則」，不包含犯罪關聯物之沒收，而且也考慮到裁判安定性的問題，但我國刑法第2條第2項的規定卻是一股腦的將整個沒收新制全盤採「從新原則」，也未考慮裁判安定性的問題而全盤適用於所有尚未判決確定的繫屬中案件。兩相比較之下，德國法的規定雖採「從新原則」但已顯得謹慎許多，卻仍同樣招致來自學界、實務界與律師界各方的質疑。

---

[137] 關於德國此次修法的介紹，可參見王士帆，2017德國沒收新法—從新原則與裁判安定性，司法週刊，第1863期，2017/08，第2頁以下。

[138] BeckOK StGB/Heuchemer EGStGB Art. 316h Rn. 1.

[139] LG Kaiserslautern vom 20.9.2017, 7 KLs 6052 Js 8343/16(3), juris Rn. 40 ff.

[140] Beukelmann, Keine Rückwirkung der Einziehung, NJW-Spezial 2018, 56.

　　憲法法庭判決雖以合憲性解釋的方式，宣告我國刑法第2條第2項規定針對「採相對總額原則下的犯罪所得沒收」適用「從新原則」並不違憲，但關於其他沒收類型憲法法庭的判決則並未觸及。筆者認為，法院日後遇到類似案件時，應遵循憲法法庭判決合憲性解釋的精神，將「從新原則」限縮在僅適用於不具刑罰特徵的沒收型態，亦即「因犯罪所生之物」及「實際源自於犯罪所獲取之利益」的部分，才適用「從新原則」予以溯及既往適用於修法前的案件。至於，針對「供犯罪所用或犯罪預備之物」以及「行為成本」的部分，則只針對新法公布施行後的案件予以適用新法進行沒收，不要溯及既往適用於新法生效前之舊案，以杜絕爭議。

附錄：犯罪檢驗結構模型

既遂犯

前置檢驗：是否屬於刑法上之行為。

壹、構成要件該當性

一、客觀構成要件

1. 與刑法分則的不法構成要件相符。
2. 因果關係與客觀歸責：（只有在結果犯才檢驗）
   (1) 因果關係：依「條件理論」之條件公式作判斷。
   (2) 客觀歸責：依「客觀歸責理論」作判斷。

二、主觀構成要件

1. 構成要件故意：實現客觀構成要件事實的知與欲（§13）。
   （如發生「構成要件錯誤」，有可能阻卻故意）
2. 特殊主觀構成要件要素：意圖（意圖犯）。

貳、違法性

反面判斷，僅檢驗有無阻卻違法事由（如正當防衛、緊急避難）的存在，僅「開放性構成要件」（例如§304強制罪）為例外，須另對構成要件該當行為進行「正面的違法性判斷」：
   一、客觀阻卻違法要件：例如正當防衛情狀、緊急避難情狀等。
   二、主觀阻卻違法要件：例如防衛意思、避難意思等。

參、有責性（罪責）

一、責任能力：實行行為時行為人是否具有責任能力（§§18～20）。
（特別注意：是否有「原因自由行為」的問題；§19III）

二、不法意識：欠缺不法意識會發生「禁止錯誤」的問題（§16）。
1. 不可避免的禁止錯誤：阻卻罪責（§16前段反面解釋）。
2. 可避免的禁止錯誤：減輕罪責、減刑（§16後段）。

三、故意罪責：多數說採「限制法律效果之責任說」，於發生「容許構成要件錯誤」（例如誤想防衛、誤想避難）時，阻卻故意罪責，不成立故意犯（但須再獨立檢驗是否成立過失犯）[1]。

四、減免罪責事由：例如過當防衛（§23但書）、減免罪責之緊急避難（§24但書）。

五、無期待可能性？（是否為獨立罪責要素有爭議）

肆、其他可罰性要件

一、客觀處罰條件[2]。
二、個人阻卻刑罰事由。
三、個人解除刑罰事由。

---

[1] 此處仍以通說的「限制法律效果之責任說」做表示，但本書對於「容許構成要件錯誤」係採「嚴格責任說」，視容許構成要件錯誤為「禁止錯誤」，直接適用刑法第16條處理。

[2] 「客觀處罰條件」學說上有認為屬構成要件之附加，若採此種見解，應將客觀處罰條件置於構成要件階層、主觀構成要件後面討論。

未遂犯

前置檢驗：若法律不處罰未遂，就不再接續討論（§25 II）。

壹、構成要件該當性

一、主觀構成要件

1. 構成要件故意：實現客觀構成要件事實的知與欲（§13）。
2. 特殊主觀構成要件要素：意圖。

二、客觀構成要件

1. 著手實行：重點在判斷著手實行時點之理論。
2. 未既遂：結果未發生或行為與結果間欠缺因果歸責。
3. 是否屬於「不能未遂」（§26）。

貳、違法性

此處同既遂犯，無特殊性。

參、有責性（罪責）

此處同既遂犯，無特殊性。

肆、其他可罰性要件

特別留意是中止犯（中止未遂）的個人解除刑罰事由（§27）。

過失犯

壹、構成要件該當性

一、過失行為：違反客觀注意義務之行為

1. 違反客觀結果預見義務：無認識過失（§14Ⅰ）。
2. 違反客觀結果迴避義務：有認識過失（§14Ⅱ）。
3. 注意義務的界限：容許風險（特別：交通事故中的「信賴原則」）。

二、過失行為與結果間之因果歸責

1. 因果關係：依「條件理論」判斷。
2. 客觀歸責：主要考慮以下三種排除客觀可歸責性的情形：
   (1) 無效之注意義務（欠缺義務違反關聯性）。
   (2) 非注意規範的保護目的範圍。
   (3) 被害人應負責的自我侵害或自我危險行為。

貳、違法性

參、有責性（罪責）

一、一般罪責要素（例如責任能力）。
二、過失罪責：主觀注義意務的違反（以個人能力作為判斷標準）。

不純正不作為犯

前置檢驗：是否存在一個刑法上的不作為（作為與不作為的區別）。

壹、構成要件該當性

一、客觀構成要件

1. 行為人具保證人地位：產生保證人義務（§15）。
2. 對於具救助可能性的結果，行為人違背其作為義務（救助義務）而不作為。
3. 不作為與結果間之因果歸責（因果關係與客觀歸責）。

二、主觀構成要件

1. 構成要件故意：對所有客觀構成要件要素的知與欲（§13）。
   （構成要件錯誤：對保證人地位的認知錯誤，阻卻故意）
2. 特殊主觀構成要件要素。

貳、違法性

特別留意「阻卻違法之義務衝突」。

參、有責性（罪責）

一、責任能力。
二、不法意識：未認知保證人義務構成「誡命錯誤」，適用第16條處理。

結果加重犯

前置檢驗：行為人對加重結果欠缺故意。

壹、構成要件該當性

一、故意違犯基本犯罪（PS：通常先獨立檢驗基本犯）。
二、過失導致加重結果：對加重結果具（客觀）預見可能性（§17）。
三、基本犯罪與加重結果間之構成要件典型危險關聯。

貳、違法性

是否有阻卻違法事由（例如正當防衛）。

參、有責性

一、一般罪責要素（例如責任能力）。
二、過失罪責：對加重結果的主觀預見可能性（個人能力標準）。
三、減免罪責事由。

主要參考書目[1]

川端博，甘添貴監譯／余振華譯，刑法總論，台北，元照出版公司，2008。

川端博，甘添貴監譯／余振華譯，刑法總論二十五講，台北，元照出版公司，1999。

王皇玉，刑法總則，7版，台北，新學林，2021。

甘添貴，刑法案例解評，台北，瑞興圖書公司，1999。

甘添貴，刑法之重要理念，台北，瑞興圖書公司，1996。

甘添貴，刑法總論講義，台北，嘉興書局，1988。

甘添貴／謝庭晃，捷徑刑法總論，修訂2版，台北，瑞興圖書公司，2006。

古承宗，刑法的象徵化與規制理性，台北，元照出版公司，2017。

古承宗，犯罪支配與客觀歸責，台北，元照出版公司，2017。

余振華，刑法總論，台北，三民書局，2011。

林山田，刑法通論（上），增訂10版，台北，台大法學院圖書部，2008。

林山田，刑法通論（下），增訂10版，台北，台大法學院圖書部，2008。

林山田，刑罰學，台北，商務印書館，1992。

林山田，刑事法論叢（一），台北，政大法學叢書，1987。

林東茂，刑法綜覽，修訂7版，台北，一品文化事業，2012。

林東茂，一個知識論上的刑法思考，台北，五南圖書公司，1999。

林東茂，危險犯與經濟刑法，台北，五南圖書公司，1996。

林書楷，刑事法理論與財經刑法之接軌，台北，翰蘆圖書出版公司，2012。

林鈺雄，新刑法總則，2版，台北，元照出版公司，2009。

林鈺雄主編，沒收新制（一）─刑法的百年變革，台北，元照出版公司，2016。

林鈺雄主編，沒收新制（二）─經濟刑法的新紀元，台北，元照出版公司，2016。

洪福增，刑事責任之理論，修正再版，台北，刑事法雜誌社，1988。

洪福增，刑法判解研究，台北，漢林出版社，1983。

---

[1] 此處所列書目均為本書最初參考版本，本書改版時如有引用新版教科書，則會於註腳內表明新版版次與出版年分，若未特別標明者即為引用此處書目之版本。

柯耀程，刑法概論，台北，元照出版公司，2007。

柯耀程，刑法競合論，台北，元照出版公司，2001。

柯耀程，變動中的刑法思想，台北，元照出版公司，1999。

高金桂，利益衡量與刑法之犯罪判斷，台北，元照出版公司，2003。

高仰止，刑法總則之理論與實用，3版，台北，五南圖書公司，1986。

許玉秀，刑法的問題與對策，台北，春風煦日論壇刑事法叢書系列，1999。

許玉秀，刑法第四章緒論及第二十八條至第三十一條註釋，行政院國科會專題
　　研究計畫，1997。

許玉秀，主觀與客觀之間，台北，春風煦日論壇刑事法叢書系列，1997。

許澤天，刑法總則，2版，台北，新學林，2021。

許澤天，刑總要論，增修2版，台北，元照出版公司，2009。

郭君勳，案例刑法總論，修訂版，台北，自刊，1992。

陳子平，刑法總論，增修版，台北，元照出版公司，2008。

陳子平，共犯處罰根據論—共犯論之研究（一），台北，自刊，1992。

陳子平，共同正犯與共犯論—繼受日本之軌跡及其變遷，台北，五南圖書公
　　司，2000。

陳志龍，法益與刑事立法，2版，台北，台大法學叢書，1992。

陳樸生，實用刑法，重定版，台北，自刊，1991。

黃東熊，刑法概要，台北，三民書局，1998。

黃常仁，刑法總論—邏輯分析與體系辯證，增修合訂版，台北，新學林，
　　2009。

黃常仁，間接正犯與正犯後正犯，台北，漢興書局，1998。

黃榮堅，基礎刑法學（上），4版，台北，元照出版公司，2012。

黃榮堅，基礎刑法學（下），4版，台北，元照出版公司，2012。

黃榮堅，刑罰的極限，台北，月旦出版社，1998。

黃榮堅，刑法問題與利益思考，台北，月旦出版社，1995。

靳宗立，刑法總論Ⅰ，台北，自刊，2010。

楊建華，刑法總則之理論與檢討，台北，自刊，1988。

張麗卿，刑法總則理論與運用，4版，台北，五南圖書公司，2011。

張麗卿，交通刑法，台北，學林文化，2002。

褚劍鴻，刑法總則論，增訂9版，台北，自刊，1992。

蔡聖偉，刑法案例解析方法論，3版，台北，元照出版公司，2020。

蔡聖偉，刑法判解評析，台北，新學林，2019。

蔡聖偉，刑法問題研究（二），台北，元照出版公司，2013。

蔡墩銘，刑法精義，台北，自刊，1999。

蘇俊雄，刑法總論（Ⅰ），台北，自刊，1995。

蘇俊雄，刑法總論（Ⅱ），修正版，台北，自刊，1998。

蕭宏宜，科技發展與刑事立法，台北，一品文化，2022。

蕭宏宜，未遂與犯罪參與，台北，三民書局，2015。

韓忠謨，刑法原理，增訂版，台北，自刊，1992。

Baumann/Weber/Mitsch, Strafrecht Allgemeiner Teil, 11. Aufl., Verlag Ernst und Werner 2003.

Ebert, Strafrecht Allgemeiner Teil, 3. Aufl., Heidelberg 2001.

Freund, Strafrecht Allgemeiner Teil, 2. Aufl., Springer Verlag 2009.

Frister, Strafrecht Allgemeiner Teil, 2. Aufl., Verlag C. H. Beck 2007.

Gropp, Strafrecht Allgemeiner Teil, 2. Aufl., Heidelberg 2001.

Gropp, Deliktstypen mit Sonderbeteiligung – Untersuchungen zur Lehre von der "notwendigen Teilnahme", Tübingen 1992.

Haft, Strafrecht Allgemeiner Teil, 8. Aufl., München 1998.

Hassemer, Einführung in die Grundlagen des Strafrecht, 2. Aufl., München 1990.

Heinrich, Strafrecht Allgemeiner Teil, 3 Aufl., Verlag W. Kohlhammer 2012.

Hillenkamp, 32 Probleme aus dem Strafrecht Allgemeiner Teil, 8. Aufl., Luchterhand 1996.

Hoffmann-Holland, Strafrecht Allgemeiner Teil, Mohr Siebeck 2011.

Hoyer, Srafrecht Allgemeinet Teil, Berlin 1996.

Ingelfinger, Anstiftervorsatz und Tatbestimmtheit, Duncker & Humblot 1992.

Jähnke/Laufhütte/Odersky(Hrsg.), Leipziger Kommentar StGB, 11. Aufl., Berlin 1993.

Jakobs, Strafrecht Allgemeinet Teil, 2. Aufl., Berlin 1993.

Jescheck/Weigend, Lehrbuch des Strafrecht Allgemeiner Teil, 5. Aufl., 1996.

Joecks/Miebach(Hrsg.), Münchener Kommentar zum Strafgesetzbuch Band 1
    （§§1-51 StGB), München 2003.

Kindhäuser, Strefrecht Allgemeiner Teil, 3. Aufl., Nomos Verlag 2008.

Kindhäuser, Strafgesetzbuch Lehr- und Praxiskommentar, 5. Aufl., Nomos Verlag
    2013.

Kindhäuser/Neumann/Paeffgen(Hrsg.), Nomos Kommentar zum Strafgesetzbuch, 5.
    Auf. 2017.

Krey/Esser, Strafrecht Allgemeiner Teil, 4. Aufl., Verlag W. Kohlhammer 2011.

Kühl, Strafrecht Allgemeiner Teil, 4. Aufl., München 2002.

Lackner/Kühl, Strafgesetzbuch mit Erläuterungen, 27. Aufl., Verlag C. H. Beck
    2011.

Lüderssen, Zum Strafgrund der Teilnahme, Baden-Baden 1967.

Mayer, Strafrecht Allgemeiner Teil, Stuttgart & Köln 1953.

Maurach/Zipf, Strafrecht Allgemeiner Teil–Teilband 1, Grundlehren des Strafrechts
    und Aufbau der Straftat, 8. Aufl., Heidelberg 1992.

Maurach/Gössel/Zipf, Strafrecht Allgemeiner Teil 2 – Erscheinungsformen des Ver-
    brechens und Rechtsfolgen der Tat, 7. Aufl., Heidelberg 1989.

Meier, Strafrechtliche Sanktionen, Heidelberg, 2001.

Meier, Krininologie, 2. Aufl., München, 2005.

Metzger/Blei, Strafrecht I – Allgemeiner Teil, 15. Aufl., München 1973.

Otto, Grundkurs Strafrecht – Allgemeine Strafrechtslehre, 7. Aufl., De Gruyter Ver-
    lag 2004.

Puppe, Strafrecht Allgemeiner Teil II, Baden-Baden 2005.

Rengier, Strafrecht Allgemeiner Teil, Verlag C. H. Beck 2009.

Roxin, Strafrecht Allgemeiner Teil Band I – Grundlagen Aufbau der Verbrechensleh-
    re, 4. Aufl., München 2006.

Roxin, Strafrecht Allgemeiner Teil Band II – Besondere Erscheinungsformen der
    Straftat, München 2003.

Roxin, Täterschaft und Teilnahme, 7. Aufl., Berlin 2000.

Samson, Strafrecht I , 7. Aufl., Alfred Metzner Verlag 1988.

Schmidhäuser, Strafrecht Allgemeiner Teil, 2. Aufl., Tübingen 1984.

Schönke/Schröder, Strafgesetzbuch Kommentar, 29. Aufl., Verlag C. H. Beck 2014.

Stratenwerth/Kuhlen, Strafrecht Allgemeiner Teil, 5. Aufl., Carl Heymanns Verlag 2004.

Trechsel, Der Strafgrund der Teilnahme, Bern 1967.

Tröndle/Fischer, Strafgesetzbuch und Nebengesetze, 50. Aufl., München 2001.

Wank, Die Auslegung von Gesetzen, 2. Aufl., Köln 2001.

Welzel, Das Deutsche Strafrecht, 11. Aufl., Berlin 1969.

Wessels/Beulke/Satzger, Strafrecht Allgemeiner Teil, 43. Aufl., C.F. Müller Verlag 2013.

Wittig, Wirtschaftsstrafrecht, Verlag C. H. Beck 2010.

德文略語索引目錄

a.a.O.	am angegebenen Ort
AT	Strafrecht Allgemeiner Teil
Aufl.	Auflage
Bd.	Band
BGH	Bundesgerichtshof
BGHSt	Entscheidungen des Bundesgerichtshofes in Strafsachen
BKK-StGB	Beck' sche kurz Kommentare zum StGB
BT	Strafrecht Besonderer Teil
ders	derselbe
f.	folgende
ff.	fortforgende
Fn.	Fußnote
FS	Festschrift
GA	Goltdammer's Archiv für Strafrecht
HK-GS	Nomos Handkommentar zu gesamtem Strafrecht
Hrsg.	Herausgeber
JA	Juristische Arbeitsblätter
JR	Juristische Rundschau
Jura	Juristische Ausbildung
JuS	Juristische Schulung
JZ	Juristenzeitung
LK-StGB	Leipziger Kommentar zum Strafgesetzbuch
LPK-StGB	Lehr- und Praxiskimmentar zum StGB
MDR	Monatsschrift für Deutsches Recht
MK-StGB	Münchener Kommentar zum Strafgesetzbuch
NJW	Neue Juristische Wochenschrift
NStZ	Neue Zeitschrift für Strafrecht
RG	Reichsgericht

RGSt	Entscheidungen des Reichsgerichts in Strafsachen
Rn.	Randnummer
S.	Seite
Sch/Sch-StGB	Schönke/Schröder StGB Kommentar
SK-StGB	Systematischer Kommentar zum Srafgesetzbuch
SSW-StGB	Satzger/Schmitt/Widmaier StGB Kommentar
StGB	Strafgesetzbuch
Vgl.	vergleiche
WiStG	Wirtschaftsstrafgesetz
wistra	Zeitschrift für Wirtschafts- und Steuerstrafrecht
ZStW	Zeitschrift für die gesamte Strafrechtswissenschaft

國家圖書館出版品預行編目資料

刑法總則／林書楷著. ──七版. ──臺北
市：五南圖書出版股份有限公司，2024.09
面；　公分
ISBN 978-626-393-696-6（平裝）

1.CST: 刑法總則

585.1　　　　　　　　　　113012233

1T58

刑法總則

作　　者 ─ 林書楷（120.6）

企劃主編 ─ 劉靜芬

責任編輯 ─ 呂伊真、林佳瑩

文字校對 ─ 楊婷竹

封面設計 ─ 封怡彤

出 版 者 ─ 五南圖書出版股份有限公司

發 行 人 ─ 楊榮川

總 經 理 ─ 楊士清

總 編 輯 ─ 楊秀麗

地　　址：106台北市大安區和平東路二段339號4樓

電　　話：(02)2705-5066

網　　址：https://www.wunan.com.tw

電子郵件：wunan@wunan.com.tw

劃撥帳號：01068953

戶　　名：五南圖書出版股份有限公司

法律顧問　林勝安律師

出版日期　2010年 3 月初版一刷
　　　　　2024年 9 月七版一刷

定　　價　新臺幣680元

經典永恆・名著常在

五十週年的獻禮——經典名著文庫

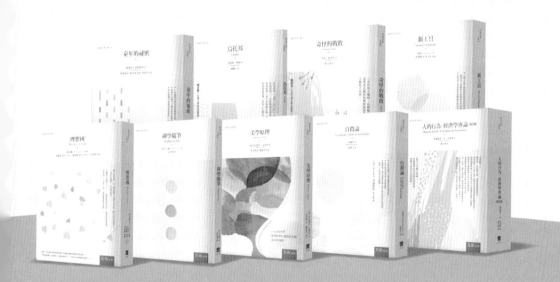

五南，五十年了，半個世紀，人生旅程的一大半，走過來了。

思索著，邁向百年的未來歷程，能為知識界、文化學術界作些什麼？

在速食文化的生態下，有什麼值得讓人雋永品味的？

歷代經典・當今名著，經過時間的洗禮，千錘百鍊，流傳至今，光芒耀人；

不僅使我們能領悟前人的智慧，同時也增深加廣我們思考的深度與視野。

我們決心投入巨資，有計畫的系統梳選，成立「經典名著文庫」，

希望收入古今中外思想性的、充滿睿智與獨見的經典、名著。

這是一項理想性的、永續性的巨大出版工程。

不在意讀者的眾寡，只考慮它的學術價值，力求完整展現先哲思想的軌跡；

為知識界開啟一片智慧之窗，營造一座百花綻放的世界文明公園，

任君遨遊、取菁吸蜜、嘉惠學子！